全本全注全译丛书

中华经典名著

罗　宁◎译注

东坡志林

中华书局

图书在版编目（CIP）数据

东坡志林/罗宁译注. —北京：中华书局，2025. 1（2025.1 重印）. —
（中华经典名著全本全注全译丛书）. —ISBN 978-7-101-16903-4

Ⅰ. K244.066

中国国家版本馆 CIP 数据核字第 2024R6T541 号

书　　名	东坡志林
译 注 者	罗　宁
丛 书 名	中华经典名著全本全注全译丛书
责任编辑	刘胜利
装帧设计	毛　淳
责任印制	陈丽娜
出版发行	中华书局
	（北京市丰台区太平桥西里 38 号　100073）
	http://www.zhbc.com.cn
	E-mail：zhbc@zhbc.com.cn
印　　刷	北京中科印刷有限公司
版　　次	2025 年 1 月第 1 版
	2025 年 1 月第 2 次印刷
规　　格	开本/880×1230 毫米　1/32
	印张 20½　字数 400 千字
印　　数	10001-20000 册
国际书号	ISBN 978-7-101-16903-4
定　　价	56.00 元

目录

前言

　　苏轼,字子瞻,号东坡居士,眉山(今属四川)人。生于北宋景祐三
年十二月十九日(1037年1月8日),卒于建中靖国元年七月二十八日
(1101年8月24日)。嘉祐元年(1056)苏轼兄弟随父亲苏洵入京师,次
年兄弟俩同中进士,嘉祐六年(1061)又同中制科,开始了他们的仕宦
生涯。苏轼初为凤翔府签判,三年后还朝为官。治平三年(1066)父亲
苏洵病故,苏轼兄弟归葬回乡。等到他俩熙宁二年(1069)年底再到京
师时,神宗即位,王安石次年二月为参知政事,开始推行新法。由于反对
新法,苏轼不久便出为外官,先后任杭州通判、密州知州、徐州知州。元
丰二年(1079)他任湖州知州不久,被御史台官员逮捕,押送京师审问,
此即乌台诗案。元丰三年至七年(1080—1084),苏轼贬居黄州,八年
(1085)底回朝,先后任起居舍人、中书舍人。元祐四年(1089)出为杭
州知州,六年(1091)召回为翰林学士,又出知颍州,迁礼部尚书,出知定
州。绍圣元年(1094)自定州贬惠州,四年(1097)又贬儋州,元符三年
(1100)放还,渡海北归,途中得旨官复朝奉郎,提举成都玉局观,任便居
住。次年在常州去世。

　　苏轼是一位伟大的文学家,他的一些诗词和文章为中国人所熟知,
但是关于《东坡志林》其书,知道的人也许不算多。不过,当翻到本书的
第三条《记承天夜游》时,相信有不少人会想起这段在中学时代学习过

的课文。如果细细阅读《东坡志林》，便会发现，类似这样的文段在全书中不在少数。《东坡志林》是苏轼留下的一部笔记小说，它为我们呈现出一个丰富多彩的苏轼的世界，妙趣横生，回味隽永。如果我们要了解苏轼丰富而曲折的人生，包括"其生平迁谪流离之苦，颠危困厄之状"（赵用贤序），感受其机智幽默的个性，领略其从容优雅的姿态，触摸其幽隐深慨的心灵，体察其诚笃坚毅的精神，管窥其博大包容的思想，那么《东坡志林》是值得仔细阅读和品味的。

《东坡志林》的内容和性质

中国古代的文言小说无所不写，无所不记，而记录见闻是其基本的写作原则。《东坡志林》也是如此。其书的大致内容，赵用贤序说是"纪元祐、绍圣二十年中所身历事"。元祐（1086—1093）是旧党执政而苏轼仕途顺利和生活愉快的时期，绍圣（1094—1097）是新党重出而苏轼贬谪惠州的时期。但实际上，本书各条的写作和题署的时间常有在此之外的，如卷一的《记游·记游松江》题元丰四年（1081），《修养·论修养帖寄子由》题元丰六年（1083），而卷一《记游·记过合浦》、卷二《异事·瞿仙帖》、卷二《道释·赠邵道士》、卷三《异事·故南华长老重辨师逸事》等，均作于元符三年（1100）。从本书各条的写作时间和地点来说，有熙宁四年至七年（1071—1074）苏轼在杭州为通判时，也有后来被贬在黄州（1080—1084）、惠州（1094—1097）、儋州（1097—1100）的时候，可以说囊括其一生的各个时段。至于书中条文所提到的一些事情，有的是自己早年的经历甚至幼年时的见闻，如卷三《异事·猪母佛》提到苏轼和妻兄的事，《异事·先夫人不许发藏》写母亲和妻子王弗，都是苏轼早年在眉山时的事，而《异事·太白山旧封公爵》写嘉祐七年（1062）祈雨封神，则是他二十多岁在凤翔做官时的事情。《东坡志林》还记载了更早的一些人和事，如五代时的延寿禅师、尔朱道士、黄损等，宋真宗时的盛度、钱惟演、杨朴等，仁宗时的孙抃、单骧、张愈、章詧、费孝先、元昊、朱炎、范镇、欧阳修等人，这些多来源于他的见闻，有些是早年在蜀中听到的故事，有的是入朝出郡时听前辈所说公卿士大夫以及幽人处士之事。至于书中写到或提到的苏轼同时代或稍早时代的人，如苏辙、刘敞、刘攽、王素、苏颂、李邦直、傅尧俞等，更有数十人之多，也从一个侧面可见其交游之广。

苏轼笔下对这些人和事的记载，不只是保留了珍贵的史料，也不只是让我们从他的经历和身边的人事去认识苏轼，其文字本身的优美和趣味，就带给读者美好的阅读体验。《记承天夜游》就是如此，我们从苏轼深夜造访张怀民的闲情雅致之中，也看到了两个"闲人"的空寂与寥落，身处黄州贬谪之中的苏轼，怎能不和张怀民同病相怜？同样在卷一《记游》中，《记游松江》则是苏轼在贬官黄州的寂寥中，回忆七年前他离开杭州时的欢愉，杨元素、陈令举、张子野以及刘孝叔陪伴苏轼乘船到了松江，夜半月出，置酒于著名的垂虹亭上，张子野作《定风波》词，"坐客欢甚，有醉倒者，此乐未尝忘也。今七年耳，子野、孝叔、令举皆为异物，而松江桥亭，今岁七月九日海风架潮，平地丈馀，荡尽无复子遗矣。追思曩时，真一梦耳"。《记游》中类似的怀人忆旧之作很多，怀念黎錞、刘贡父，云："二君皆入鬼录。坐念故友之风味，岂复可见？"（《黎檬子》）怀念刘原父、刘贡父兄弟，则云："原父既没久矣，尚有贡父在，每与语，今复死矣，何时复见此俊杰人乎？悲夫！"（《记刘原父语》）又如《忆王子立》一篇，文辞清丽，情感深挚：

> 仆在徐州，王子立、子敏皆馆于官舍。而蜀人张师厚来过，二王方年少，吹洞箫，饮酒杏花下。明年，余谪黄州，对月独饮，尝有诗云："去年花落在徐州，对月酾歌美清夜。今日黄州见花发，小院闭门风露下。"盖忆与二王饮时也。张师厚久已死，今年子立复为古人，哀哉！

《东坡志林》中记人叙事的条文颇多，其中不乏有意记之、以广见闻者。如卷三《技术·费孝先卦影》记述蜀中的占卜大师费孝先的轶事后说,"聊复记之,使后人知卦影之所自也"。如果说他记蜀中老人讲尔朱道士的故事,孙扑赴举时曾见异人之事,虔州布衣赖仙芝讲述的黄损留诗之事,还有几分广异闻、资谈助的意味,那么他记曹玮对王觌讲元昊之事,记仁宗说"贾氏实尝荐昌朝",记真宗信任李沆而不用梅询,陈执中向仁宗推举吴育为相而终未任命,还有神宗不鼓励告讦的事,颇有几分备史阙的用意,透露出他对为政为官的看法。

　　苏轼是一位文学天才,也是一位文化巨人,他的著作很多,除了诗词赋文等集部作品外,留下来的还有《易传》《书传》以及《论语说》三部经学著作,此外便是《东坡志林》和《仇池笔记》两部小说了。小说按古代目录分类法属子部,但实兼有史部的性质。《东坡志林》中的有些条文就有记录史实、以备史阙之意,而卷四《人物》中有的可视为史评,卷五《论古》则是史论之作。赵用贤序《东坡志林》,提到书中有名臣勋业、治朝政教、地里方域、梦幻幽怪、神仙伎术等方面的内容,这只是粗略的概括。从赵本《东坡志林》的29个门类设置上,便能看出其书内容的大致情况:

　　　　记游、怀古、修养、疾病、梦寐、学问、命分、送别、祭祀、兵略、时事、官职、致仕、隐逸、佛教、道释、异事、技术、四民、女妾、贼盗、夷狄、古迹、玉石、井河、卜居、亭堂、人物、论古。

　　这个分类也许不完全恰当,各门的条数以及文字风格、艺术水准也颇有差别,但门类的名称或可提示读者注意其书内容的多样性,让我们不至于被今人的小说观念以及对笔记的刻板印象所束缚。本来,小说虽为子书,却同时是一种"谈说理道或近于经","纪述事迹或通于史",且常含有"诗话文评"(胡应麟《少室山房笔丛》卷二十九《九流绪论下》)的自由体的著述形式。苏轼小说内容之丰富,行文之洒脱,文笔之简约,久为前人称赞。明人康丕扬在《东坡外集》序中就说:"若题跋、小说诸语,亦皆意指解颐,情景若画,令他人所极力而不能得者,公以微言画之而有馀致,文洵美矣。"袁中道也称赞道:"今东坡之可爱者,多其小文小说。"(《珂雪斋集》卷二十四《答蔡观察元履》)所说的便是以《东坡志林》为代表的苏轼小说和题跋、杂记类文章。晚明王纳谏编《苏长公小品》，仅在卷四的"题跋""杂记"中就有数十个条段见于《东坡志林》，如《修养帖寄子由》《金刚经跋尾》《题李岩老》《记承天夜游》《记游松风亭》《记白水书付过》《书赠鲁元翰暖肚饼》《录赵贫子语》《书李若之事》《记刘原父语》《记石塔长老答问》等。可以说，《东坡志林》中的这些小说条段，对明人"小品"这一概念以及该文类的产生，产生了重大的作用和影响。

　　《东坡志林》中的绝大部分条文，都可以在中华书局的《苏轼文集》中找到（本书在题解中均已标出），大多数在题跋和杂记这两个文类之中，而题目多与《东坡志林》相异。那么，这些文字到底是题跋、杂记还是小说呢？题目应该以何者为是呢？这涉及我们对古人写作中题跋、杂记和小说的认识，需要我们进一步了解古人（宋人）日常书写的情境和文献编纂的复杂情况。题跋是宋代才开始流行的一种文体，而小说是一种至唐代已颇为发达的著作样式（书籍类别），两者的共性是书写时十分自由。题跋不受具体文体的拘束，如像赋、墓志铭、行状、传、记等文体那样，需遵从某些形式、体制、品格（风格）等方面的要求。而小说也没有一定的形式要求，如像纪传体史书、编年体史书、经注等那样从形式到内容上都有规定，而且有完整性、准确性、正式性等方面的要求。多条文丛集是小说最常见的书籍样态，但其中的每一条怎么写，写什么，文字的长短详略，情感的欢欣悲戚，事实的重大琐细，态度的严肃戏谑，书写的正式随意，都是自由的。题跋和小说不仅在写作自由上具有相似性，事实上它们在很多时候本来就是一回事。

　　看《东坡志林》就可以知道，苏轼喜好笔墨，他在闲暇之时，酒后茶馀，读书有感，欢会送别，睡前梦后，常在纸上留下一些简单题写的文字，甚至有的只是随手抄写一点古书片段或前人诗句，稍有感慨，略添数字而已。如卷一《修养·导引语》抄写了两段导引家的话，只是各加一句

"此语极有理"和"此善譬喻者"而已。卷二《佛教·袁宏论佛说》前三分之二篇幅抄《后汉纪》的话,后三分之一是评论和感想。卷四《人物》的29条,多是援述史实,然后加以点评,如第一条《尧舜之事》全篇抄写《史记》,后面东坡居士的话实际上只有一句。典型的又如卷四《亭堂·名容安亭》:"陶靖节云:'倚南窗以寄傲,审容膝之易安。'故常欲作小轩,以'容安'名之。"全文就只有这两句话,一引陶渊明,一说自己的一个想法。苏轼平常有书写记录的习惯,或闻事而记,或因事(出游、读书、做梦、访友、交谈等)而书,或怀旧忆人,或临别书赠,或自志心意,或品评欣赏,留下了大量片纸单幅的文字。这些在书家看来是珍贵的墨迹书帖,在文章家看来是题跋文、杂记文,在小说家看来是小说。这样的文字本来大多没有题目,当其另增题目而作为文章收入文集之时,便成为题跋和杂记,而当其汇集成书,无论有无题目,无论有无分设门类,便是一部小说。明白了古人这样一种写作和编辑的情形,也就不难理解,《苏轼文集》题跋、杂记中的题目和赵本《东坡志林》多不一致,是因为它们基本上都不是原题,而是后人所加,其中一些甚至是不准确或错误的题目。从苏轼本人来说,他平日纵笔而成、随意题写的这些字纸,恐怕并没想将来把它们都编辑整理成为文章,收入文集。不过,选取其中一些编为小说,倒是苏轼曾经有过的计划。

《东坡志林》的成书及流传

《东坡志林》的成书情况十分复杂,苏轼生前未完成其书的编定,宋人编的《志林》现在又看不到,这就给今人留下了一个学术难题。

苏轼平生喜欢在纸上随笔书写,这些未定的文字,甚至原本就是草稿和废纸的书写,平时也有一些被收集起来。黄庭坚曾见到装有这些字纸的袋子:"往尝于东坡见手泽二囊,中有似柳公权、褚遂良者数纸,绝胜平时所作徐浩体字。……手泽袋盖二十馀,皆平生作字,语意类小人不欲闻者,辄付诸即入袋中,死而后可出示人者也。"(《跋东坡叙英皇事

帖》）大约苏轼在世时，黄庭坚曾见到苏轼放置片纸的两个袋子，苏轼去
世后，他听说有二十餘袋。所谓"手泽"，是对先人遗墨或遗物的称呼，
出自《礼记·玉藻》："父没而不能读父之书，手泽存焉尔。"黄庭坚这里
的"手泽"，显然是对自己的老师以及苏轼之子苏过等人对父亲那些片
纸遗墨的称呼，严格说来不是一种正式的书名。然而南宋陈振孙《直斋
书录解题》在小说家里便著录了一部名为《东坡手泽》（三卷）的书，并
说是"今俗本《大全集》中所谓《志林》者也"，《直斋书录解题》著录《东
坡别集》时又说，"麻沙书坊又有《大全集》，兼载《志林》《杂说》之类"。
推测起来，陈振孙见到的这部《东坡手泽》大概是从苏过等人保存的"手
泽"中辗转抄出的，而宋人刊印《东坡大全集》时，又将这部《东坡手泽》
（加上其他来自"手泽"的文字）收入编印，而称为《志林》。今所见涵
芬楼《说郛》卷二九保存的《东坡手泽》佚文15条，除"益智"条外均见
于稗海本《志林》，而宋代文献中引及的《东坡手泽》佚文也见于稗海本
《志林》，似可印证陈振孙的说法。四库馆臣论《东坡志林》说："盖轼随
手所记，本非著作，亦无书名，其后人哀而录之，命曰《手泽》。而刊轼集
者，不欲以父书目之，故题曰《志林》耳。"（《四库全书总目》卷一百二
十）这个说法是有道理的。

　　《东坡大全集》将"手泽"改名为《志林》，这个书名是书商胡乱取的
吗？并不是。苏轼在去世那一年（建中靖国元年，1101）给郑靖老的书
信中说过，"《志林》竟未成"（《与郑靖老四首》其三），可见他晚年确实
有意写一部《志林》，但这《志林》究竟会是什么样的东西呢？苏轼没有
说。现在能看到的最早的《志林》见于《东坡后集》卷十一，题为"志林
十三首"（即五卷本卷五的十三篇）。一般认为《东坡后集》是苏轼生前
编定的，至少其中的选文和编排是经过他认可的，但这并不能说明，苏轼
心目中的《志林》本来就只有这十三篇，或者说，《志林》只收这类具有
一定篇幅和思想性的史论文章。苏过曾说父亲"初欲作《志林》百篇"，
才就十二（疑为"十三"之误）篇而病（《邵氏闻见后录》卷十四）。苏轼

在海南时年老体衰,生活和写作的条件都有限,他还要忙着完成《书传》《易传》《论语说》,再花心力写"志林十三首"那样的史论文字一百篇,实在不可想象。他更有可能想过将"手泽"袋中的一些现成的条文(十三首是其中相对正式的部分),经修订而放入《志林》之中。《志林》作为书名,东晋虞喜已经用过,从其书佚文来看,包罗广泛,内容驳杂,正表现出虞喜"博学好古""博闻强识"(《晋书·虞喜传》)的特点。考虑到北宋小说的进化史,在苏轼的时代,正盛行着撰著笔记小说的风气,苏轼的师友便有《归田录》(欧阳修)、《笔记》或《笔录》(宋祁)、《嘉祐杂志》(江休复)、《东斋记事》(范镇)、《梦溪笔谈》(沈括)等书,皆是随笔杂记之书,而苏轼在贬儋州的时候,苏辙也先贬雷州(今属广东)后贬循州(治所在龙川,今广东惠州东北),且在循州时写了《龙川略志》《龙川别志》。在儋州的苏轼,不可能没想过留下一本类似《归田录》《东斋记事》《龙川略志》那样的书,《志林》应该就是苏轼为自己的笔记小说所取的书名吧。但和上述诸小说的内容多来自晚年追忆见闻不同,《志林》现在的条文多来源于"手泽"袋中的片纸单幅,也就是苏轼平时的随笔杂录,其内容更为驳杂,文字样态也更为丰富。

　　《东坡大全集》里的《志林》是什么样子,有多少卷,今天已不得而知。现今所传的《志林》共有三种,一卷本,五卷本,十二卷本。一卷本可追溯到《东坡七集》中的《东坡后集》(卷十一),13篇,各篇无题,后来南宋的《百川学海》、涵芬楼《说郛》(卷九五)所收相同。南宋《经进东坡文集事略》卷十二至十四收16篇,称"自此以下十六篇,谓之《志林》",各篇加题,原第五篇分为《范蠡论》与《子胥论》两篇,又增加了《宋襄公论》《士燮论》,故总为16篇。明代程宗重刻《东坡七集》本时,又将13篇重复收进《东坡续集》卷八的"论三十二首"中。五卷本源出明万历赵开美(赵琦美)刻本,分29类,共202条(题),其卷五的《论古》,就是一卷本的13篇。此后清代学津讨原本、民国涵芬楼本等均据赵开美本,中华书局今刊入"唐宋史料笔记丛刊"中(王松龄点校)。十

　　二卷本最早见于明万历商濬所刻《稗海》中，364条各条无题。后来清代《四库全书》、民国《笔记小说大观》所收为此本。赵开美本和商濬本的条文互有异同，商本有151条也见于赵本，而赵本的13篇史论（即第五卷）则为商本所无。

　　以上三种《志林》合起来，去其重复，大约共有四百多条，多时期、多方面、多层次地反映出苏轼丰富的人生和思想。值得一提的是，三种《志林》中的这些条文，几乎都见于明代茅维刊本的《东坡先生全集》（中华书局《苏轼文集》的底本）的题跋、杂记、史评诸文类之中，而《东坡先生全集》的这些内容，绝大部分又来自《重编东坡先生外集》。那么，赵开美本的前四卷以及稗海本是从哪里来的呢？有学者认为，赵本可以追溯到南宋，但实际情况恐怕不是那样。赵本很可能是据稗海本或其来源之本（钮石溪世学楼藏本）进行编辑的，又配补上一卷本的《志林》13篇作为卷五，又从别处抄取了一些条文，汇成一书，并进行了门类划分。赵本和稗海本的密切关系，从这两个版本对于一些条文的分合相同，一些文字的残缺和错讹相同，便可以看出来，而这些相同之处，却与《东坡外集》以及《仇池笔记》等书相异。稗海本《志林》的内容丰富，而且有着较早的并且是独立于《东坡外集》的来源，因此本书除收入常见的五卷本的全文和注译外，又在附录收入了全部十二卷的稗海本《志林》的白文，以便读者阅读。大体而言，这两部《东坡志林》涵盖了一半以上的苏轼所写的故事、小说（或者题跋、杂记），有人生的阅历和感悟，读书的心得和见识，闻见的知识和趣事，以及各种非正式的零星的只言片语。希望读者能从其中初步体会到苏轼其人其文以及古小说的魅力，引起进一步阅读更多苏轼作品以及其他古代典籍的兴趣，由此进入到中国古典文学和传统文化的美丽世界。

　　最后谈一下本书的整理情况。本书收入两个版本的《东坡志林》：一是赵开美于明万历年间刊刻的《东坡先生志林》五卷，一是商濬于明万历年间刊刻的《东坡先生志林》十二卷。赵本《东坡志林》有详细的题解、注释（含校勘）和翻译。之所以选用赵本作为主体进行注释和翻译，主要是考虑到这样两个原因：一是赵本收录了十三篇史论，而这应该是苏轼设想过的放在《志林》中的内容，这些条文颇能反映苏轼对历史以及现实问题的看法，大多富有卓见妙识以及行文的技巧，值得一读；二是赵本分有门类，设有题目，尽管这些门类有失之琐碎的地方，题目有失之准确的地方，但可以给今天的读者提供一些接近苏轼小说的理解视角和方便之门。商本尽管来源较早，条文更多，但它本来不过是宋代书坊《东坡大全集》中的版本，也不宜视为完本——《志林》原本就是一部未完之书。将商本内容作为附录收入本书，可以让读者更多地了解感受苏轼这类笔记小说的文字魅力。由于《东坡志林》的条文几乎都见于《苏轼文集》中，为了便于读者查对和进一步阅读，题解中将各条在中华书局本《苏轼文集》（孔凡礼整理）的卷数和题目进行了标识。整理时参考了张志烈、马德富、周裕锴主编的《苏轼全集校注》等书，谨致谢忱。由于个人的能力有限，在题解、校注和翻译中的错误应有不少，希望得到读者的批评指正。

罗宁

2024 年 10 月

序

【题解】

《东坡志林》没有经苏轼正式编纂成书，故而也没有苏轼的序。今本有明代万历二十三年（1595）赵用贤所作序文，该序后半部分交代了刻印此书的缘起，实际上是汤云孙、赵开美二人相继编纂并刻印的。序文综括了本书所包含的内容，多为苏轼平生的经历和见闻。序中提到的"生平迁谪流离之苦，颠危困厄之状"，以及"襟期寥廓，风流辉映"，从内容和风格上点出了《东坡志林》一书的特点。

《东坡先生志林》五卷，皆纪元祐、绍圣二十年中所身历事①，其间或名臣勋业②，或治朝政教③，或地里方域④，或梦幻幽怪⑤，或神仙伎术⑥，片语单词⑦，谐谑纵浪⑧，无不毕具。而其生平迁谪流离之苦⑨，颠危困厄之状，亦既略备。然而襟期寥廓⑩，风流辉映，虽当群口见嫉、投荒濒死之日⑪，而洒然有以自适其适⑫，固有不为形骸彼我、宛宛然就拘束者矣⑬。余友汤君云孙⑭，博学好古，其文词甚类长公⑮，尝手录是编⑯，刻未竟而会病卒⑰。余子开美因拾其遗⑱，复梓而卒其业⑲，且为校定讹谬⑳，得数百言。庶几汤君之志不孤㉑，而坡翁之在当时其趑趄于世途、軏缚于穷愁者㉒，亦略可见云。

万历乙未㉓，海虞赵用贤撰㉔。

【注释】

①元祐（yòu）、绍圣：均为宋哲宗赵煦（xù）的年号。元祐，自1086年至1093年。绍圣，自1094年至1097年。文中称"二十年"，实际包含元祐、绍圣前后数年之事，如神宗元丰（1078—1085）、哲宗元符（1098—1100）等。苏轼于建中靖国元年（1101）去世。

②勋业：功业。

③治朝：政治清明之朝代和时期。

④地里方域：此处指地理风貌及地方的风俗、掌故。

⑤梦幻幽怪：梦兆及鬼怪之事。本书卷一有"梦寐"类，卷二、卷三有"异事"类。

⑥神仙伎术：神仙和方术。本书卷二有"道释"类，卷三有"技术"类。

⑦片语单词：只言片语。本书有不少短小精警的言谈话语。

⑧谐谑（xuè）纵浪：戏谑玩笑，言语放诞。本书有不少轻松幽默之言谈。

⑨迁谪（zhé）流离：贬官谪居，迁徙辗转于各地。苏轼一生屡遭贬谪，最主要的地方有黄州（今湖北黄冈）、惠州（今属广东）、儋州（今海南儋州西北）。他在《自题金山画像》中说过："问汝平生功业，黄州惠州儋州。"

⑩襟期寥廓：胸怀宽广。襟期，指襟怀、胸怀。寥廓，意为阔大深远。

⑪群口见嫉：众人谗毁，嫉妒陷害。投荒濒死：置之于蛮荒之地，几至于死亡。

⑫洒然：潇洒，洒脱。自适其适：是《庄子·骈拇》里的话。自适，自由闲适，自得其乐。

⑬不为形骸彼我、宛宛然就拘束者矣:去除形骸之念和彼我之分,不受世间之事的拘碍束缚。形骸,形骸之念,指执着于个人的身体和境遇。彼我,彼我之分,指执着于个人与他人(外界)的区分,佛家称为"我执"或"人我执"。宛宛然,顺从的样子。

⑭汤君云孙:汤云孙,其人不详。

⑮长公:即苏轼。

⑯尝:曾经。手录:亲手抄写。

⑰竟:完成。会:赶上,逢。

⑱开美:赵开美,又名赵琦美,字玄度,自号清常道人,常熟(今属江苏)人。赵用贤子。以父荫补官太仆丞、南京都察院照磨、太常寺典簿、都察院都事,迁刑部郎中。撰有《脉望馆书目》。

⑲梓(zǐ):古代雕版以梓木为上,故以"刻梓"或"梓"指代刻版印刷。

⑳讹谬(é miù):错误。

㉑庶几:差不多,大概。

㉒赼趄(zī jū):走路跚跎的样子。这里是说仕途不顺利。靰(jī)缚:束缚,羁绊。

㉓万历乙未:万历二十三年(1595)。

㉔海虞:今江苏常熟。赵用贤:字汝师,号定宇,常熟(今属江苏)人。明代学者,藏书家。有《赵定宇书目》传世。

【译文】

《东坡先生志林》五卷,记录的都是元祐至绍圣二十年中苏轼亲身经历的事情,其中有的是名臣功业,有的是清明的朝政教化,有的是地理风貌及地方风俗掌故,有的是梦幻玄怪之事,有的是神仙方术之事,片语只言,戏谑放浪,无不详细记录。他生平经历的迁谪流离的苦难,艰危困窘的情状,也大致皆在。不过苏轼胸怀宽广,风流映照,哪怕在被群小妒忌加害而远放穷荒、濒临死亡之日,仍然洒脱自适,能够做到无形骸之念,无彼我之分,不为世间之事所拘束。我的朋友汤云孙,博学好古,他的文辞很像苏轼,曾经亲手抄录这部书,刻印未及完成便因病去世了。我的儿子赵开美于是整理他的遗稿,为之刻印以完其事,又校勘错讹之处,校出数百字。这样汤君的志意不至于无继,而东坡先生当时坎坷于世途、困厄于穷愁的事情,也大致可见了。

万历乙未(1595),海虞赵用贤撰。

卷一

记游

【题解】

《记游》是本书第一门，共12条。记平生游历行踪，涉及杭州、黄州、惠州、儋州等地。

记过合浦

【题解】

此条记苏轼元符三年（1100）六月从海南回到大陆之后，由海康（今广东雷州）到合浦（今属广西）的经历，时有廉州（州治为合浦县）安置之命。苏轼自绍圣四年（1097）由惠州贬昌化军（儋州），由广东至海南，又由海南返回大陆，多次航海而行。此时前往廉州，因连日大雨桥坏不能走陆路，不得已再次乘船沿海而行，夜宿于海中。此时他想到的是自己虽经历数险，但所写的三部书稿在身，尚未流传，上天一定不会让它们就此遭遇厄难的。又见《苏轼文集》卷七一《书合浦舟行》。

余自海康适合浦^①，连日大雨，桥梁大坏，水无津涯^②。自兴廉村净行院下乘小舟至官寨^③，闻自此西皆涨水，无复桥船，或劝乘蜑并海即白石^④。是日六月晦^⑤，无月，碇宿大海中⑥，天水相接，星河满天。起坐四顾，太息⑦："吾何数乘此险也！已济徐闻⑧，复厄于此乎？"稚子过在旁鼾睡⑨，呼不应。所撰《书》《易》《论语》皆以自随⑩，而世未有别本。抚之而叹曰："天未欲使从是也⑪，吾辈必济！"已而果然⑫。七月四日合浦记，时元符三年也⑬。

【注释】

① 自海康适合浦：从海康到合浦。海康，今广东雷州，北宋海康县为雷州治所。适，去，前往。合浦，在今广西，北宋合浦县为廉州治所。

② 津涯：岸边，水边。

③ 兴廉村净行院：兴廉村，在今广东湛江遂溪县乐民镇。净行院，当地一所佛教寺院名。苏轼有《自雷适廉，宿于兴廉村净行院》诗："荒凉海南北，佛舍如鸡栖。忽此榕林中，跨空飞栱枅。当门冽碧井，洗我两足泥。高堂磨新砖，洞户分角圭。倒床便甘寝，鼻息如虹霓。僮仆不肯去，我为半日稽。晨登一叶舟，醉兀十里溪。醒来知何处，归路老更迷。"记述了从雷州到廉州、经过兴廉村净行院的经历。官寨：在今广东廉江高桥镇红寨村。

④ 蜑（dàn）：亦作"蛋（dàn）"，指南方水边居住的渔民。这里指蜑人的渔船。并（bàng）海：傍海，沿着海。即：前往，到。白石：疑在今广西合浦白沙镇一带。

⑤ 六月晦（huì）：这一天是元符三年（1100）六月三十日。晦，农历每月的最后一天。

⑥ 碇（dìng）宿：放下石碇停船过夜。碇，停船时沉入水底，稳定船身的巨石。

⑦ 太息：大声长叹，深深地叹气。

⑧ 徐闻：徐闻县，今属广东湛江。苏轼元符三年（1100）六月二十日从海南渡海、抵达大陆之地即徐闻县。

⑨稚子过：苏过，字叔党，号斜川居士，苏轼第三子，北宋文学家。有
《斜川集》传世。苏轼在惠州和儋州时，均有苏过陪伴。

⑩《书》《易》《论语》：指苏轼所作《书传》《易传》《论语说》三书。
苏轼《答李端叔十首》其三："所喜者，在海南了得《易》《书》《论
语传》数十卷，似有益于骨朽后人耳目也。"（《苏轼文集》卷五二）
三书中，前二者今有传本，《论语说》有辑本。见卷五《论古·论
鲁三桓》题解及《论古·七德八戒》注。

⑪天未欲使从是也：上天不会让（我撰写的书）遭遇厄难的。《苏轼
文集》作"天未丧斯文"，这是借用《论语·子罕》里孔子的话。

⑫已而果然：后来果然是这样，即后来果然无事。已而，不久，后来。

⑬元符三年：1100年。元符，宋哲宗赵煦的年号（1098—1100）。

【译文】

我从海康去合浦时，连日大雨，桥梁毁坏严重，大水无边无际。从
兴廉村净行院乘小船到达官寨时，听说自此向西都是大水，再没有桥和
船可渡，有人劝说乘蜑民的船沿海而行，前往白石。这一天是六月的最
后一天，天上没有月亮，放下石碇，将船固定于大海中，天水相接，银河满
天。起身四面环视，叹息而言："我为何数次遇到这样的艰险啊！刚刚渡
海到了徐闻，难道还要被困于此吗？"小儿子苏过在身旁鼾睡，呼喊他而
未答应。我写的《书传》《易传》《论语说》都随身携带，世上再没有其他
的本子了。我摸着书感叹道："上天不会让你们与我一起遭遇厄难的，我
们一定能安全渡过！"后来果然无事。七月四日记于合浦，时在元符三
年（1100）。

逸人游浙东

【题解】

此条是苏轼于元符二年（1099）在海南儋州写给一个将要前去杭州

的僧人的便条，嘱咐他要去龙井寺、孤山六一泉、智果院、高峰塔等处，可谓是一个简明的杭州导游说明。其中提到的辨（辩）才、参寥，都是与苏轼交好的僧人，而此时都已去世。逸人，即逸民、隐士，这里指游浙的僧人。又见《苏轼文集》卷七一《书赠浙游僧》，末题"元符二年五月十六日，东坡居士书"。

　　到杭州一游龙井①，谒辨才遗像②，仍持密云团为献龙井③。孤山下有石室④，室前有六一泉⑤，白而甘，当往一酌。湖上寿星院竹极伟⑥，其傍智果院有参寥泉及新泉⑦，皆甘冷异常，当时往一酌⑧。仍寻参寥子妙总师之遗迹⑨，见颖沙弥亦当致意⑩。灵隐寺后高峰塔⑪，一上五里，上有僧，不下三十馀年矣⑫，不知今在否？亦可一往。

【注释】

①龙井：龙井寺，在今浙江杭州龙井村，已废，今有遗址。

②谒（yè）：拜见。辨才：一作"辩才"，释元净，号辨（辩）才，俗姓徐，杭州於潜（今浙江於潜）人。天台宗僧人。曾住杭州大悲阁、上天竺寺，晚年住龙井寺。苏轼与他交往甚密，曾为他的讷斋作《讷斋记》，还写有《祭龙井辩才文》《辩才大师真赞》等文。苏辙有《龙井辩才法师塔碑》。

③密云团：一种产于建州（今福建建瓯）的名贵茶，一名"密云龙"。龙井：此指龙井寺中的一口井。

④孤山：杭州西湖北侧的一座半岛小山。

⑤六一泉：孤山南麓有一石穴，前有泉，苏轼以六一居士（欧阳修）之名名之，有《六一泉铭并叙》记其事。

⑥寿星院："星"字原脱，据稗海本、《苏轼文集》补。寿星院是一座

寺庙,在杭州西湖北山葛岭。苏轼在《寿星院寒碧轩》《西湖寿星
院此君轩》诗中均写到院中的竹。伟:壮,高。

⑦智果院:今名"智果寺",在杭州西湖北山葛岭。参寥泉及新泉:两
口泉的名字。参寥泉因住智果院的参寥而得名。元祐六年(1091)
杭州知州苏轼离开杭州前不久,参寥于住处凿石得泉,故称"新
泉"。见苏轼《参寥泉铭并叙》。

⑧时往一酌:《苏轼文集》作"特往一酌"。

⑨参寥(liáo)子妙总师:参寥子,即释道潜,俗姓何,原名昙潜,苏轼
为其更名道潜,字参寥,号参寥子,杭州於潜(今浙江於潜)人。
云门宗大觉怀琏禅师的弟子。住杭州智果院。元祐八年(1093)
赐号妙总大师。

⑩颖沙弥:释法颖,俗姓朱,小名照僧。释道潜(参寥)之法孙,曾为
道潜编《参寥集》。苏轼在与参寥书信中,曾称赞"颖沙弥书迹
巉耸可畏,他日真妙总门下龙象也"(《苏轼文集》卷六一《与参
寥子二十一首》十八)。本书卷二《道释》门的《朱氏子出家》及
《付僧惠诚游吴中代书十二》(第十一条)均记法颖事。沙弥,梵
语音译词。指初出家的男性僧人。

⑪灵隐寺:杭州著名寺庙,在西湖西北的北高峰山麓。高峰塔:北高
峰峰顶之塔,今已不存。

⑫上有僧,不下三十馀年:苏轼《游灵隐高峰塔》诗中提到的"聋道
人",可能就是此人。

【译文】

到杭州后去游一次龙井寺,拜谒辨才大师的遗像,用密云团茶献祭
龙井。孤山下有个石洞,洞前有六一泉,色白而甘甜,应该去喝一喝。西
湖边上的寿星院,竹子极高大,旁边的智果院有参寥泉和新泉,皆甘甜清
冽,要去喝一喝。再寻访参寥子妙总大师的遗迹,如见到颖沙弥,也当代
为致意。灵隐寺后面有高峰塔,直上山五里路就到,那里有个僧人,不下

山三十馀年了,不知现在还在否? 也可一往。

记承天夜游

【题解】

此条记元丰六年（1083）苏轼在黄州（今湖北黄冈）时月夜寻访张怀民的事情。当时苏轼贬官为黄州团练副使,张怀民亦贬官此地,二人颇有同病相怜之慨。全篇文字简练,表现出苏轼纵适洒脱之情,最后以"闲人"自称,也透出几许无奈。又见《苏轼文集》卷七一《记承天夜游》,文末据《永乐大典》补"黄州团练副使苏某书"九字。

元丰六年十月十二日夜[①],解衣欲睡,月色入户,欣然起行。念无与乐者,遂至承天寺寻张怀民[②]。怀民亦未寝[③],相与步于中庭。庭下如积水空明,水中藻荇交横[④],盖竹柏影也。何夜无月,何处无竹柏,但少闲人如吾两人耳。

【注释】

①元丰六年:1083年。元丰,宋神宗赵顼（xū）的年号（1078—1085）。十二日:《永乐大典》引《苏东坡大全集·记承天夜游》作"十一日"。

②承天寺:寺庙名。遗址在湖北黄冈南。张怀民:苏轼旧友。此时亦贬官黄州。苏轼有《南歌子·黄州腊八日饮怀民小阁》词。一说张怀民即张梦得,一字偓佺。他在黄州建造了一个亭子,苏轼命名为"快哉亭",并写有《快哉亭记》以及《水调歌头·黄州快哉亭赠张偓佺》。

③怀民:二字原缺,据《苏轼文集》补。

④藻荇（xìng）：水藻和荇菜。泛指水草。

【译文】

元丰六年（1083）十月十二日夜，解衣欲睡之时，见月色照入房中，便欣然起行。想到无人与我同乐，便到承天寺寻访张怀民。张怀民也未睡，一起在中庭漫步。庭中如积水一般空明澄澈，似乎在水中有藻荇水草纵横，那应该是竹柏的阴影。何夜无月，何处无竹柏，只是少了像我俩这样的闲人啊。

游沙湖

【题解】

此条记苏轼在黄州期间的一次出行。元丰五年（1082）三月，他先去沙湖看田地（著名的《定风波·三月七日沙湖道中遇雨》也是这时候写的），其间得病，又去找麻桥的医生庞安常看病，然后一起游清泉寺及兰溪，留下了《浣溪沙（山下兰芽短浸溪）》。又见《苏轼文集》卷六八《书清泉寺词》。

黄州东南三十里为沙湖①，亦曰螺师店。予买田其间，因往相田，得疾②，闻麻桥人庞安常善医而聋③，遂往求疗。安常虽聋，而颖悟绝人，以纸画字，书不数字，辄深了人意。余戏之曰："余以手为口，君以眼为耳，皆一时异人也。"疾愈，与之同游清泉寺④。寺在蕲水郭门外二里许⑤，有王逸少洗笔泉⑥，水极甘。下临兰溪⑦，溪水西流。余作歌云："山下兰芽短浸溪，松间沙路净无泥，萧萧暮雨子规啼。谁道人生无再少？君看流水尚能西！休将白发唱黄鸡⑧。"是日剧饮而归⑨。

【注释】

①沙湖:《元丰九域志》记黄州黄冈县有七镇,其中有沙湖镇。今湖北黄冈市有沙湖大道。

②相田:看田地的情况。得疾:据苏轼《与陈季常二十首》之三亦记:"近因往螺师店看田,既至境上,潘尉与庞医来相会。因视臂肿,云非风气,乃药石毒也。非针灸之,恐作疮乃已。遂相率往麻桥庞家,住数日,针疗。寻如其言,得愈矣。"(《苏轼文集》卷五三)庞医即庞安常。

③麻桥:今湖北浠水县城西北有麻桥村、麻桥街,应即其地。庞安常:庞安时,字安常,蕲州蕲水(今湖北浠水)人。传祖业为医,著有《难经辨》(已佚),传世有《伤寒总病论》六卷。《宋史》有传。张耒有《庞安常墓志》。本书卷三《技术·单骧孙兆》云:"元丰五年三月,予偶患左手肿,安常一针而愈。"所说就是此次治病的事情。

④清泉寺:寺庙名。在今湖北浠水。

⑤蕲(qí)水:蕲水县,即今湖北浠水。北宋时属蕲州,今属湖北黄冈。

⑥王逸少:王羲之,字逸少,琅琊临沂(今山东临沂)人。东晋书法家。他在蕲水县的洗笔泉,可能是当地的传说。

⑦兰溪:即浠水,发源于云山,自东北向西南流,在今湖北浠水兰溪镇入长江。

⑧"山下兰芽短浸溪"数句:此为苏轼《浣溪沙》词,词题下注云:"游蕲水清泉寺。寺临兰溪,溪水西流。""君看"二字,今词作"门前"。"白发唱黄鸡"用白居易诗典故。白居易《醉歌示妓人商玲珑》:"罢胡琴,掩秦瑟,玲珑再拜歌初毕。谁道使君不解歌,听唱黄鸡与白日。黄鸡催晓丑时鸣,白日催年酉前没。腰间红绶系未稳,镜里朱颜看已失。"意谓妓人商玲珑唱黄鸡和白日,说黄鸡催晓,白日催年,人便迅速老去。苏轼反用其意,说虽然年老已有白

发，但看这兰溪水西流，"谁道人生无再少"，所以不要像商玲珑和白居易那样唱黄鸡白日之歌，感叹人老。

⑨剧饮：痛饮。

【译文】

　　黄州东南三十里为沙湖，也叫"螺蛳店"。我要在那里买田，前往看田时，患了病，听说麻桥人庞安常善医而耳聋，于是前往求医。庞安常虽然耳聋，但聪明过人，在纸上写字与他相谈，不用数字，就明白人意。我开玩笑说："我以手为口，君以眼为耳，都是一时的异人啊。"病好以后，与他同游清泉寺。寺在蕲水县城门外二里左右，寺中有王羲之的洗笔泉，水非常甘甜。其地下临兰溪，溪水西流。我作《浣溪沙》词云："山下兰芽短浸溪，松间沙路净无泥，萧萧暮雨子规啼。谁道人生无再少？君看流水尚能西！休将白发唱黄鸡。"这天痛饮而归。

记游松江

【题解】

　　此条是苏轼元丰四年（1081）在黄州，回忆熙宁七年（1074）离任杭州通判、赴任密州知州时，朋友送行聚会的往事，表达了对旧友的怀念。又见《苏轼文集》卷七一《书游垂虹亭》。

　　吾昔自杭移高密①，与杨元素同舟②，而陈令举、张子野皆从余过李公择于湖③，遂与刘孝叔俱至松江④。夜半月出，置酒垂虹亭上⑤。子野年八十五，以歌词闻于天下，作《定风波令》⑥，其略云："见说贤人聚吴分，试问，也应傍有老人星⑦。"坐客欢甚，有醉倒者，此乐未尝忘也。今七年耳，子野、孝叔、令举皆为异物⑧，而松江桥亭，今岁七月九日海风架潮，平地丈馀，荡尽无复孑遗矣^⑨。追思曩时^⑩，真一梦耳。元丰四年十二月十二日^⑪，黄州临皋亭夜坐书^⑫。

【注释】

①高密：高密郡，指北宋的密州，治所在今山东诸城。熙宁七年（1074）苏轼离任杭州通判，赴任密州知州。

②杨元素：杨绘，字元素，自号无为子，绵竹（今属四川）人。有《本事曲子集》，佚，今人有辑本。此时杨绘新任杭州知州不久，复召还翰苑。

③陈令举：陈舜俞，字令举，湖州乌程（今浙江湖州南）人。有《庐山记》《都官集》传世。张子野：张先，字子野，湖州乌程（今浙江湖州南）人。北宋词人。李公择：李常，字公择，南康建昌（今江西永修）人。此时为湖州知州。

④刘孝叔：刘述，字孝叔，湖州吴兴（今浙江湖州）人。北宋景祐元年（1034）进士。松江：今吴淞江，由太湖流经苏州、上海而入长江口。

⑤垂虹亭：吴淞江上的一处名胜，后文称"松江桥亭"，在今江苏苏州吴江区。今存遗迹，为全国重点文物保护单位。

⑥《定风波令》：张先作《定风波令》，题注云："霅（zhá）溪席上同会者六人，杨元素侍读，刘孝叔吏部，苏子瞻、李公择二学士，陈令举贤良。"

⑦老人星：指南极星。此为张先自喻，当时他已八十五岁。

⑧为异物：指人逝世。

⑨孑（jié）遗：遗留，残存。

⑩曩（nǎng）时：以前。

⑪十二月十二日：《苏轼文集》作"十月二十日"。

⑫黄州：北宋属淮南西路，治黄冈县（今湖北黄冈黄州区）。临皋

亭：黄州长江边的一座亭子，元丰三年、四年间（1080—1081）苏轼居此，有《南乡子·黄州临皋亭作》等作。苏轼写自己在临皋亭的生活："寓居官亭，俯迫大江，几席之下，云涛接天，扁舟草履，放浪山水间。"（《苏轼文集》卷五九《与王庆源十三首》之五）本书卷四《亭堂·临皋闲题》记临皋亭周边的环境，可参。

【译文】

我以前自杭州赴任密州，和杨元素同船而行，而陈令举、张子野二人跟从我到湖州拜访李公择，又与刘孝叔一起到吴淞江。那一夜夜半月出，我们在垂虹亭上置酒筵。张子野当时八十五岁，以写歌词闻名于天下，作《定风波令》，略云："见说贤人聚吴分，试问，也应傍有老人星。"座中之客大乐，有醉倒者，这快乐从未忘记。如今七年了，张子野、刘孝叔、陈令举皆已去世，而松江桥垂虹亭，今年七月九日海风引大潮，自平地起丈馀之高，冲毁殆尽，无一遗留。追思当时，真如一梦。元丰四年（1081）十二月十二日，黄州临皋亭夜坐书。

游白水书付过

【题解】

此条记绍圣元年（1094），苏轼与儿子苏过游惠州白水山佛迹院的经历。绍圣元年，苏轼贬宁远军节度副使、惠州安置，十月二日到惠州，不久即与儿子苏过游当地名胜白水山。次年三月和九月，苏轼又先后与惠州知州詹范、广东提刑程之才游白水山。又见《苏轼文集》卷七一《记游白水岩》。

绍圣元年十月十二日①，与幼子过游白水佛迹院②。浴于汤池③，热甚，其源殆可熟物④。循山而东，少北⑤，有悬水百仞⑥，山八九折，折处辄为潭⑦，深者磓石五丈不得其所止⑧。

雪溅雷怒,可喜可畏。水厓有巨人迹数十^⑨,所谓佛迹也。暮归倒行,观山烧壮甚^⑩,俯仰度数谷,至江。山月出^⑪,击汰中流^⑫,掬弄珠璧^⑬。到家二鼓,复与过饮酒,食馀甘^⑭,煮菜,顾影颓然^⑮,不复甚寐^⑯。书以付过。东坡翁。

【注释】

① 绍圣元年:1094年。十月十二日:《东坡外集》卷五五《记游白水岩》、茅维本《全集》作"十二月"。据苏轼《迁居》诗引,他"绍圣元年十月二日至惠州,寓合江楼,是月十八日迁于嘉祐寺"(参见本卷《送别·别王子直》),十月十二日不大可能游白水岩(山),疑作"十二月"为是。

② 幼子过:苏过,苏轼子。见本卷《记游·记过合浦》。白水佛迹院:"白水"指白水山,"佛迹院"是寺庙名,在今广东惠州惠城区汤泉风景区。苏轼三次到白水山,有《白水山佛迹岩》《咏汤泉》《同正辅表兄游白水山》等诗。

③ 汤池:温泉池。

④ 殆(dài):大概,或许。

⑤ 少(shāo):稍,稍微。

⑥ 悬水:瀑布。仞(rèn):古代长度单位。七尺或八尺为一仞。

⑦ 辄(zhé):犹则,承接连词。

⑧ 磓(zhuì)石:同"缒石",垂放石头。

⑨ 水厓(yá):水边。稗海本、《东坡外集》《苏轼文集》作"水涯"。巨人迹:巨大的脚印。

⑩ 观山烧壮甚:原作"观山烧火甚",据《东坡外集》《苏轼文集》改。山烧,指在山上烧火、烧荒。

⑪ 山:《东坡外集》作"上",与上句连续。

⑫ 击汰(tài):语出《楚辞·九章·涉江》:"乘舲船余上沅兮,齐吴

榜以击汰。"指划船。汰,水波。

⑬掬(jū):捧起。珠璧:指星月在江水中的倒影。

⑭馀甘:或称"馀甘子",即橄榄,因其回味有馀甘,故名。

⑮頹(tuí)然:酒醉的样子。

⑯甚寐:《东坡外集》《苏轼文集》作"能寐"。

【译文】

绍圣元年(1094)十月十二日,和幼子苏过游白水山佛迹院。在温泉池中洗浴,水很热,其源头恐怕可以煮熟东西。沿着山向东,稍转向北,有瀑布,百仞之高,随着山形曲折八九次,曲折之处即为潭,其中最深的一潭缒石五丈也不能到底。其水飞溅如雪,声如雷怒,可喜可畏。水边有巨人脚印数十,就是传说中的佛迹。傍晚时返归,沿原路返回,看到山上烧火,十分壮观,高低起伏地度过几处溪谷,来到江边。此时山月已出,乃在江中划船,掬水玩弄星月之影。到家二鼓,又与苏过饮酒,吃橄榄,煮菜,自顾已有醉态,不能入寐。便写下此文给苏过。东坡翁。

记游庐山

【题解】

此条写苏轼元丰七年(1084)四月游庐山的经历。又见《苏轼文集》卷六八《自记庐山诗》。

仆初入庐山,山谷奇秀,平生所未见,殆应接不暇,遂发意不欲作诗①。已而见山中僧俗,皆云"苏子瞻来矣!"不觉作一绝云:"芒鞋青竹杖②,自挂百钱游。可怪深山里,人人识故侯③。"既自哂前言之谬④,又复作两绝云:"青山若无素,偃蹇不相亲⑤。要识庐山面,他年是故人。"又云:"自昔忆清赏⑥,初游杳霭间⑦。如今不是梦,真个是庐山。"是日有以陈令举《庐山记》见寄者⑧,且行且读,见其中云徐凝、李白之诗⑨,不觉失笑。旋入开先寺⑩,主僧求诗,因作一绝云:"帝遣银河一派垂,古来唯有谪仙辞。飞流溅沫知多少,不与徐凝洗恶诗⑪。"往来山南北十馀日⑫,以为胜绝不可胜谈,择其尤者,莫如漱玉亭、三峡桥⑬,故作此二诗。最后与总老同游西林⑭,又作一绝云:"横看成岭侧成峰,到处看山了不同⑮。不识庐山真面目,只缘身在此山中。"仆庐山诗尽于此矣。

【注释】

①发意:立志,下决心。

②芒鞋:用芒草编成的鞋,草鞋。

③故侯:指曾为官长的人。这里是自指自己。此诗及下二首,今诗题为《初入庐山三首》。

④哂(shěn):嘲笑。

⑤偃蹇(jiǎn):高耸貌。

⑥清赏:清雅的景致。

⑦初游:《苏轼文集》作"神游"。杳霭(yǎo ǎi):亦作"杳蔼",云雾缥缈的样子。

⑧陈令举:陈舜俞,字令举。见本卷《记游·记游松江》。《庐山记》:三卷,陈舜俞所撰的一部有关庐山的地记,今存。

⑨徐凝:睦州(今浙江建德)人。中唐诗人。他有《庐山瀑布》诗一首,云:"瀑泉瀑泉千丈直,雷奔入江无暂息。今古长如白练飞,一条界破青山色。"李白:字太白,祖籍陇西成纪(今甘肃秦安),幼年迁居绵州(今四川江油),唐代诗人。他的《望庐山瀑布水二

首》其二云："日照香炉生紫烟，遥看瀑布挂前川。飞流直下三千尺，疑是银河落九天。"

⑩旋：不久。开先寺：原作"开元寺"，据《苏轼文集》改。按《庐山记》卷二《叙山南》有"开先禅院"，云："旧传梁昭明太子之居栖隐也，又筑招隐室于此。南唐元宗居藩邸时为书堂，即位后保大年始为伽蓝，号'开先'。冯延巳记碣见存。本朝兴国二年赐名'华藏'。"黄庭坚有《南康军开先禅院修造记》。

⑪不与徐凝洗恶诗：苏轼此诗今题名《世传徐凝瀑布诗云：一条界破青山色。至为尘陋，又伪作乐天诗称美此句，有"赛不得"之语。乐天虽涉浅易，然岂至是哉！乃戏作一绝》。

⑫山南北：原作"山南地"，据《苏轼文集》改。

⑬漱玉亭：在庐山秀峰景区。三峡桥：今名"观音桥"，在庐山观音桥景区。苏轼有《庐山二胜》诗，分别为《开先漱玉亭》《栖贤三峡桥》，题下叙云："余游庐山，南北得十五六奇胜，殆不可胜纪，而懒不作诗。独择其尤者作二首。"

⑭总老：常总，剑州尤溪（今福建尤溪）人。黄龙慧南法嗣。元丰三年（1080）庐山东林寺由律寺改为禅寺，出任住持。曾赐号广惠、照觉。苏轼游庐山时曾参访常总，还写有七绝《赠东林总长老》。西林：西林寺，在庐山西麓。

⑮到处看山了不同：今诗名《题西林壁》，此句作"远近高低总不同"，一本作"远近高低无一同"。

【译文】

　　我刚进入庐山，山谷奇秀，是平生从未见过的，我的两眼几乎应接不暇，便立意不作诗。后来见到山中僧徒俗士，都说"苏子瞻来了！"不觉便作了首绝句："芒鞋青竹杖，自挂百钱游。可怪深山里，人人识故侯。"既而又暗中笑话此前立意之谬，又作了两首绝句："青山若无素，偃蹇不相亲。要识庐山面，他年是故人。"又云："自昔忆清赏，初游香垆间。如今不是梦，真个是庐山。"当天有人拿陈令举的《庐山记》给我看，我便边走边读，看到其中说到徐凝、李白的诗，不觉失笑。不久到了开先寺，住持方丈求我作诗，于是作了一首绝句："帝遣银河一派垂，古来唯有谪仙辞。飞流溅沫知多少，不与徐凝洗恶诗。"我在庐山南北往来游玩十多天，认为景色极佳，不可胜数，若要挑选最好的，那就得说漱玉亭、三峡桥，所以作了两首诗。最后我与常总禅师一起游玩西林寺，又作了一首绝句："横看成岭侧成峰，到处看山了不同。不识庐山真面目，只缘身在此山中。"我的庐山诗就是这些了。

记游松风亭

【题解】

此条自记在惠州松风亭时的一则人生感悟：人生于何处（何时）不能休歇？这对于整日忙碌的现代人来说不啻一支清凉剂。又见《苏轼文集》卷七一《记游松风亭》。

余尝寓居惠州嘉祐寺①，纵步松风亭下②，足力疲乏，思欲就床止息③。望亭宇尚在木末④，意谓是如何得到？良久忽曰："此间有甚么歇不得处！"由是如挂钩之鱼⑤，忽得解脱。若人悟此，虽兵阵相接⑥，鼓声如雷霆，进则死敌，退则死法，当恁么时⑦，也不妨熟歇⑧。

【注释】

①惠州：今在广东省。宋哲宗绍圣元年（1094），苏轼被贬为宁远军节度副使，惠州安置。嘉祐寺：寺名。在惠州城内。本卷《送别·别王子直》云："绍圣元年十月二日，始至惠州，寓于嘉祐寺松风亭，

杖履所及,鸡犬相识。"

②纵步:漫步。松风亭:嘉祐寺中的一个亭子。苏轼有《十一月二
　十六日,松风亭下,梅花盛开》诗。

③床:底本作"林",据《苏轼文集》改。

④望亭宇尚在木末:这是说从山下往上看,亭子似乎在山的树梢之
　上。木末,树梢。杜甫《北征》诗:"我行已水滨,我仆犹木末。"

⑤如:《苏轼文集》作"心若"。

⑥兵阵:士兵之阵列。《苏轼文集》作"两阵"。

⑦恁(rèn)么时:那时候。恁,原作"甚",据《苏轼文集》改。

⑧熟歇:好好地休息。

【译文】

我曾借住于惠州嘉祐寺中,散步松风亭下,脚力疲软,就想上床榻休息。可仰望亭子还远在树梢之上,心想这如何能到啊? 过了一会儿,忽然想到:"这里有什么休息不得的!"于是感觉像咬了钩的鱼一下子得到解脱。人如果能领会到这一点,即使是两军对垒,战鼓如雷,往前死于敌人,后退死于军法,就在那样的时候,也不妨休息一下。

儋耳夜书

【题解】

此条自记在海南儋州时一次夜游的经历与感悟。苏轼在一个良月佳夜应邀外出夜游,回来见家人皆已睡熟,升起一个念头,是夜游为得、还是睡觉为得? 由此展开了"孰为得失"的思考——在自己的人生之中,孰得孰失? 自己来到海南,是得还是失? 又想到韩愈的诗"君欲钓鱼须远去,大鱼岂肯居沮洳",说要钓大鱼(比喻获得高位令名)就要去远方,苏轼幽默地说,我现在就来到这遥远的海外了,可未必就能钓上大鱼啊! 又见《苏轼文集》卷七一《书上元夜游》。

己卯上元①，余在儋耳②，有老书生数人来过，曰："良月佳夜，先生能一出乎？"予欣然从之。步城西，入僧舍，历小巷，民夷杂揉③，屠酤纷然④。归舍已三鼓矣，舍中掩关熟寝，已再鼾矣。放杖而笑，孰为得失？问先生何笑⑤，盖自笑也，然亦笑韩退之钓鱼无得⑥，更欲远去，不知走海者未必得大鱼也⑦。

【注释】

①己卯：元符二年（1099）。上元：指正月十五日。

②儋（dān）耳：海南儋州之别名，北宋设为昌化军。绍圣四年（1097）苏轼贬官琼州别驾、昌化军安置，七月抵儋州。"儋耳"二字，《苏轼文集》作"儋州"。

③民夷杂揉：汉人与少数民族混杂。杂揉，同"杂糅（róu）"。

④屠酤（gū）：宰杀牲口的人和卖酒的人。

⑤问先生何笑：《苏轼文集》作"过问先生何笑"，意思是苏过问父亲为何而笑。

⑥韩退之钓鱼：韩愈，字退之，唐代文学家。韩愈有《赠侯喜》诗，写侯喜邀韩愈到温水钓鱼，一天下来只钓上一只一寸长的小鱼，结句云"君欲钓鱼须远去，大鱼岂肯居泪洳（jù rù）"，意思是说侯喜你要钓鱼就要去那远处，这里的低洼水塘岂有大鱼居住。

⑦走海者：底本作"诲者"，据《苏轼文集》改。此处意指来到海南的苏轼。《庄子·外物》有任公子在东海钓大鱼的寓言故事，苏轼在这里融合韩愈诗和《庄子》故事，另出新意，说自己纵是来到海边也钓不上大鱼。

【译文】

己卯年（1099）上元日，我在儋州，有老书生数人来访，说："良月佳夜,先生能出去看看吗?"我欣然从之。步行至城西,进入僧舍,走过小巷,各色民众混杂,屠夫与卖酒的热闹纷纷。还家已是三更时分,屋中的人掩门熟睡,鼾声再起。我放下拄杖而笑,夜游与睡觉何为得何为失?如要问我为何而笑,实是笑自己此时尚在意于得失,然而也笑那韩愈钓不上鱼便要去远方钓鱼,却不知我已来到这遥远的海边,未必就能钓上大鱼。

忆王子立

【题解】

此条写于元祐四年(1089),此年王子立十月去世,苏轼回忆起十年前与王子立、王子敏兄弟交往的事情。又见《苏轼文集》卷六八《记黄州对月诗》。

仆在徐州①,王子立、子敏皆馆于官舍②,而蜀人张师厚来过③。二王方年少,吹洞箫,饮酒杏花下。明年,余谪黄州④,对月独饮,尝有诗云:"去年花落在徐州,对月酣歌美清夜。今日黄州见花发,小院闭门风露下⑤。"盖忆与二王饮时也。张师厚久已死,今年子立复为古人,哀哉!

【注释】

①徐州:在今江苏省。熙宁十年(1077)至元丰二年(1079),苏轼为徐州刺史。元丰二年,苏轼与王子立、王子敏、张师厚饮酒,有《月夜与客饮酒杏花下》诗。

②王子立、子敏:王适,字子立,赵州临城(今河北临城)人。苏辙女婿。王适之女后来又嫁给苏轼孙子苏符为妻。苏轼有《王子立

墓志铭》及《哭王子立次儿子迨韵三首》,苏辙有《王子立秀才文
集引》。王遹,字子敏,王适弟。

③张师厚:字天骥,号云龙山人,眉州(今四川眉山)人。隐居徐州云
龙山。曾建亭于山上,元丰元年(1078)苏轼为作《放鹤亭记》。

④谪黄州:苏轼元丰三年(1080)谪黄州(今湖北黄冈),为检校水
部员外郎、黄州团练副使,不得签书公事。

⑤小院闭门风露下:苏轼元丰三年(1080)所作诗《次韵前篇》("前
篇"为《定惠院寓居月夜偶出》),共二十句,此处仅录其开头四
句。今诗"对月酣歌美清夜"句有自注:"去年徐州花下对月,与
张师厚、王子立兄弟饮酒,作'苹'字韵诗。"

【译文】

我在徐州的时候,王子立、王子敏皆住在官府的房舍中,蜀人张师厚
来访。二王兄弟正当青春年少,吹洞箫,一同饮酒于杏花树下。次年,我
贬谪到黄州,对月独饮,曾有诗云:"去年花落在徐州,对月酣歌美清夜。
今日黄州见花发,小院闭门风露下。"便是回忆与二王饮酒之时。张师
厚去世已久,今年王子立也不在了,哀哉!

黎檬子

【题解】

此条是苏轼在海南回忆老友黎錞(chún)及刘攽(bīn)而作,最后
感叹今世再没有像他们那样不苟且、不随俗的人。又见《苏轼文集》卷
七二《黎檬子》。

吾故人黎錞①,字希声,治《春秋》,有家法,欧阳文忠公
喜之②。然为人质木迟缓,刘贡父戏之为"黎檬子"③,以谓

指其德,不知果木中真有是也。一日联骑出④,闻市人有唱是果鬻之者⑤,大笑,几落马。今吾谪海南⑥,所居有此,霜实累累⑦,然二君皆入鬼录⑧。坐念故友之风味⑨,岂复可见?刘固不泯于世者⑩,黎亦能文守道、不苟随者也。

【注释】

①黎錞(chún):字希声,广安(今属四川)人。庆历六年(1046)进士,曾为眉州知州。吕陶有《朝议大夫黎公墓志铭》。苏轼元丰元年(1078)作《眉州远景楼记》云:"今太守黎侯希声,轼先君子之友人也,简而文,刚而仁,明而不苟,众以为易。事既满,将代,不忍其去,相率而留之。上不夺其请,既留三年,民益信,遂以无事。因守居之北墉而增筑之,作远景楼。"(《苏轼文集》卷十一)黎錞善《春秋》,苏轼《寄黎眉州》诗也说"治经方笑《春秋》学,好士今无六一贤",并自注:"君以《春秋》受知于欧阳文忠公,公自号'六一居士'。"

②欧阳文忠公:欧阳修,字永叔,自号醉翁、六一居士,吉州庐陵(今江西吉安)人。北宋政治家、学者、文学家。官至枢密副使,参知政事。谥文忠。

③刘贡父:刘攽(bīn),字贡父,号公非先生,临江新喻(今江西新馀)人。北宋史学家。曾协助司马光编撰《资治通鉴》。黎檬子:底本作"黎檬子",据《苏轼文集》改,本篇题目亦据改。黎檬子是柠檬的一种。范成大《桂海虞衡志·志果》云:"黎朦子,如大梅,复似小橘,味极酸。"刘攽称黎錞为"黎檬子",是开玩笑称他为"檬子",义同"朦子",指迷糊迟钝的人。

④联骑:骑马并行或相续而行。

⑤鬻(yù):卖。

⑥谪海南:苏轼于绍圣四年(1097)谪授琼州别驾、昌化军安置,居

海南儋州（昌化军）三年，至元符三年（1100）始离岛返回大陆。

⑦霜实：经霜后的果实。亦指霜后才甘美的果实。

⑧入鬼录：指死去。鬼录，鬼的名录。

⑨风味：风操，风度。

⑩泯：混入，混合。

【译文】

我的老友黎錞，字希声，研治《春秋》之学，有师承家法，欧阳文忠公很赏识他。不过他为人质朴木讷，反应迟钝，刘攽开玩笑叫他"黎檬子"，以明其性格特征，没想到真有这样一种水果。有一日我们三人骑马并行，听见集市中有人叫卖这种水果，大笑，差点儿从马上掉下来。现在我谪居海南，居住之处就有这种东西，果实累累，而黎、刘二君皆已离世。由此想起二位老友的人品风操，世间岂能再见？刘攽不能与世相合，黎錞也是能文守道而又不苟且、不随俗之士。

记刘原父语

【题解】

此条记刘攽引《三国志》中的一段话，怀念刘敞、刘攽兄弟。据其文末称刘攽"今复死矣"，知作于元祐四年（1089）。又见《苏轼文集》卷六八《书黄州诗记刘原父语》。

昔为凤翔幕①，过长安，见刘原父②，留吾剧饮数日③。酒酣，谓吾曰："昔陈季弼告陈元龙曰④：'闻远近之论，谓明府骄而自矜⑤。'元龙曰：'夫闺门雍穆⑥，有德有行，吾敬陈元方兄弟⑦；渊清玉洁，有礼有法，吾敬华子鱼⑧；清修疾恶，有识有义，吾敬赵元达⑨；博闻强记，奇逸卓荦⑩，吾敬孔文举⑪；雄姿杰出，有王霸之略，吾敬刘玄德⑫。所敬如此，何骄之有？馀子琐琐，亦安足录哉！'"因仰天太息。此亦原父之雅趣也。吾后在黄州，作诗云："平生我亦轻馀子，晚岁谁人念此翁⑬？"盖记原父语也。原父既没久矣，尚有贡父在⑭，每与语⑮，今复死矣。何时复见此俊杰人乎？悲夫！

【注释】

①昔为凤翔幕：嘉祐六年（1061），苏轼为大理评事，签书凤翔府（今陕西凤翔）判官，至治平元年（1064）任期满回京师。《苏轼文集》于"幕"字后有一"官"字。

②刘原父：刘敞，字原父，号公是先生，临江新喻（今江西新馀）人。北宋史学家、经学家。庆历六年（1046），与弟刘攽同举进士。

③剧饮：痛饮，畅快地饮酒。

④陈季弼：陈矫，字季弼，下邳东阳（今江苏盱眙）人。三国时魏人。曾为尚书令，后加侍中、光禄大夫，迁司徒。陈元龙：陈登，字元龙，下邳淮浦（今江苏涟水西）人。东汉末曾为东阳长、广陵太守。陈矫和陈登的对话，见《三国志·魏书·陈矫传》。

⑤明府：汉魏以来对郡守的尊称。自矜（jīn）：自满，自大。

⑥雍穆：和睦，融洽。

⑦陈元方兄弟：指陈纪（字元方）和陈谌（字季方）兄弟，颍川许县（今河南许昌东）人。东汉末名士，二人以德行著称。

⑧华子鱼：华歆，字子鱼，平原高唐（今山东高唐）人。汉末三国时期的名士和大臣。

⑨赵元达：赵昱（yù），字元达，琅琊（今山东临沂）人。东汉末名士。曾为徐州刺史陶谦别驾从事，后出为广陵太守。

⑩卓荦（luò）：优异出众，卓越非常。

⑪孔文举：孔融，字文举，鲁国（今山东曲阜）人。善文章，为"建安七子"之一。

⑫刘玄德：刘备，字玄德，涿郡涿县（今河北涿州）人。三国时期蜀汉的开国皇帝。

⑬平生我亦轻馀子，晚岁谁人念此翁：此为苏轼《次韵和王巩六首》的第五首。

⑭贡父：即刘攽，字贡父。见上篇注。

⑮每与语：《苏轼文集》《仇池笔记》于此后有"强人意"三字。

【译文】

过去我去凤翔府幕下工作时，经过长安，见到刘原父，留我畅饮了几天。一次酒酣之时，他对我说："以前陈矫告诉陈登说：'听到远近四方的议论，都说明府大人骄傲自大。'陈登说：'说到家庭和睦，德行俱全，我敬重陈元方兄弟；说到人品冰清玉洁，深知礼法，我敬重华子鱼；说到修身自好，疾恶如仇，有识见，有义行，我敬重赵元达；说到博闻强记，奇矫不群，我敬重孔文举；说到雄姿英杰，有王霸大略，我敬重刘玄德。我所敬重便是如此，哪有什么骄傲的呢？至于其他人则凡俗庸碌，何足挂齿！'"刘原父说完便仰天叹息。这其实也是刘原父自己的趣味。我后来在黄州时，曾作诗云："平生我亦轻馀子，晚岁谁人念此翁？"便是引用了刘原父和陈登的话。刘原父已经离世很久了，刘贡父还在，常常与他谈话，现在也去世了。何时能再见这样的俊杰之人啊？真令人悲痛！

怀古

【题解】

《怀古》门共2条。一是辨阮籍名言"时无英雄,使竖子成名",不是说刘邦、项羽,而是说阮籍同时代的人;一则提到北宋已有三国故事的说书活动。

广武叹

【题解】

此条针对阮籍所言"时无英雄,使竖子成名"做出了解释,史经臣以及唐代诗人李白都将"竖子"理解为刘邦、项羽,苏轼则认为是指魏晋间和阮籍同时的人,也就是说,阮籍认为魏晋之时没有刘邦、项羽那样的英雄,才让当时一些凡庸低劣之人占据了高位。不过要指出的是,苏轼对阮籍本意的理解可能未必就是正确的,清人王琦注李白诗对此有所辩驳,可以参看。又见《苏轼文集》卷六七《书太白〈广武战场〉诗》。

昔先友史经臣彦辅谓余①:"阮籍登广武而叹曰②:'时无英雄,使竖子成其名③!'岂谓沛公竖子乎④?"余曰:"非也,伤时无刘、项也,竖子指魏晋间人耳。"其后余游润州甘露寺⑤,有孔明、孙权、梁武、李德裕之遗迹⑥,余感之赋诗⑦,其略曰:"四雄皆龙虎,遗迹俨未刬。方其盛壮时,争夺肯少安! 废兴属造化,迁逝谁控抟? 况彼妄庸子,而欲事所难。聊兴广武叹,不待雍门弹⑧。"则犹此意也。今日读李太白《登古战场》诗云⑨:"沉湎呼竖子⑩,狂言非至公。"乃知太白亦误认嗣宗语,与先友之意无异也。嗣宗虽放荡,本有意于世,以魏晋间多故,故一放于酒,何至以沛公为竖子乎?

【注释】

①先友史经臣彦辅:史经臣,字彦辅,眉山(今属四川)人。苏洵好友,博学能文,曾举贤良不中。苏洵有《祭史彦辅文》,苏轼有《史经臣兄弟》(《苏轼文集》卷七二,即稗海本《东坡志林》卷四第四条)。先友,指先父的友人。卷四《人物·黄霸以鹃为神爵》亦称"吾先君友人史经臣彦辅",苏轼《思子台赋》亦称"予先君官师之友史君"(《苏轼文集》卷一,实为苏过之作)。

②阮籍:字嗣宗,陈留尉氏(今河南尉氏)人。魏晋时期的名士,"竹林七贤"之一。广武:广武山,在今河南荥阳。刘邦、项羽曾在此对峙作战。

③竖子:轻蔑语,义同小子,指无才德没本事的人。阮籍此事此语,见《晋书·阮籍传》:"尝登广武,观楚、汉战处,叹曰:'时无英雄,使竖子成名!'"

④沛公:指刘邦。刘邦年轻时是沛县(今属江苏)泗水亭的亭长,秦末当地起义,县吏萧何、曹参等人推举刘邦为沛公。

⑤其后余游润州甘露寺:苏轼熙宁四年(1071)赴任杭州通判时经过润州,曾游甘露寺。游,底本作"闻",据稗海本、《苏轼文集》改。甘露寺,在润州(今江苏镇江)。

⑥孔明：诸葛亮，字孔明，三国时蜀汉丞相。孙权：三国时吴国皇帝。梁武：梁武帝萧衍，南北朝梁代的开国皇帝。李德裕：字文饶，唐代文宗、武宗时曾两度为宰相。武宗时封卫国公。甘露寺为李德裕任浙西观察使时所建（《历代名画记》卷三），所谓孔明、孙权、梁武帝遗迹皆后人附会。苏轼《甘露寺》诗题注（引）云："欲游甘露寺，有二客相过，遂与偕行。寺有石如羊，相传谓之狠石，云诸葛孔明坐其上与孙仲谋论曹公也。大铁镬二，案铭梁武帝所铸。画狮子一，菩萨二，陆探微笔。李卫公所留祠堂在寺，手植柏合抱矣。近寺僧发古殿基，得舍利七粒，并石记，乃卫公为穆宗皇帝造福所葬也。"大约就是本文所说的遗迹。

⑦赋诗：指苏轼《甘露寺》诗，此非全篇。

⑧"四雄皆龙虎"数句：苏轼诗说见此四雄遗迹，即如当年阮籍一样兴起广武之叹，感伤英雄已逝，不待雍门弹琴，即已黯然落泪。刓（wán），是磨损的意思。造化，自然。控抟（tuán），控制。妄庸子，指平庸凡劣之子。雍门弹，指雍门子周弹琴。战国时雍门子周见孟尝君，为说兴亡之事，又引琴而鼓，令孟尝君悲伤泪下。末句"待"字原作"得"，据原诗及《苏轼文集》改。

⑨李太白《登古战场》诗：指李白《登广武古战场怀古》。登古战场，稗海本作"登广武古战场"，《苏轼文集》作"广武古战场"。

⑩沉湎：沉溺，多指嗜酒好饮。"沉湎"二字底本作"沉缅"，据稗海本、《苏轼文集》改。

【译文】

以前先父的朋友史经臣问我："阮籍登上广武山而感叹：'时无英雄，使竖子成就其名位！'难道是说刘邦是竖子吗？"我说："不是。这是阮籍感叹当时无刘邦、项羽那样的人，竖子是指魏晋之间的人。"后来我游润州甘露寺，那里有诸葛亮、孙权、梁武帝、李德裕的遗迹，感而赋诗，其略曰："四雄皆龙虎，遗迹俨未刓。方其盛壮时，争夺肯少安！废兴属造化，迁逝谁控抟？况彼妄庸子，而欲事所难。聊兴广武叹，不待雍门弹。"也表达了这层意思。今日读李太白《登古战场》诗："沉湎呼竖子，狂言非至公。"才知道李白原来也误会了阮籍的话，和史经臣理解的一样。阮籍虽然放荡，本是有意在世上成就一番事业的人，因为魏晋之时多变故，所以放纵沉湎于酒，哪会以刘邦为竖子呢？

涂巷小儿听说三国语

【题解】

此条苏轼记载过去同事王彭的一段话，表达了对他的怀念。由王彭之说可见，北宋中后期的民间已经有说三国故事的说书活动，而且已经表现出尊刘抑曹的态度。又见《苏轼文集》卷六六《记王彭论曹刘之泽》。

　　王彭尝云①："涂巷中小儿薄劣②，其家所厌苦，辄与钱，令聚坐听说古话③。至说三国事，闻刘玄德败，颦蹙有出涕者④；闻曹操败⑤，即喜唱快⑥。以是知君子小人之泽，百世不斩⑦。"彭，恺之子⑧，为武吏⑨，颇知文章，余尝为作哀辞。字大年。

【注释】

①王彭：字大年，曾为凤翔都监。苏轼在《王大年哀词》中说他"少时从父讨贼甘陵，搏战城下，所部斩七十馀级，手射杀二人，而奏功不赏。或劝君自言，君笑曰：'吾为君父战，岂为赏哉？'予闻而贤之，始与论交。君博学精练，书无所不通。……其后君为将，日有闻，乞自试于边，而韩魏公、文潞公皆以为可用。先帝方欲尽其才，而君以病卒"（《苏轼文集》卷六三）。其子王说撰有《唐语林》。

②涂巷：街巷。薄劣：拙劣，顽劣。

③说古话：讲古代故事，一种说话（说书）艺术。据《东京梦华录》，北宋东京（开封）的瓦肆中就有"讲史"和"说三分"的说话活动。

④颦蹙（pín cù）：皱眉头，形容忧愁难过的样子。此二字，稗海本作"频眉蹙"。

⑤曹操：字孟德，沛国谯县（今安徽亳州）人。三国时期魏国的奠基者。建安十八年（213）封魏公，加九锡，定国都于邺城。建安二十一年（216）封魏王。其子曹丕称帝后追尊为武帝。

⑥唱快：高叫快活，形容很高兴的样子。

⑦百世不斩：这句话是由《孟子·离娄下》"君子之泽，五世而斩；小人之泽，五世而斩"而来，说无论君子、小人，其对后人的恩惠或影响，到了第五代就断绝消失了。这里是说，刘备、曹操（对应君子和小人）在后世影响巨大，即使经历了百世，人们还记得他们的善恶。斩，是断绝的意思。

⑧恺：当作"凯"。王凯，字胜之，五代宋初名将王全斌的曾孙。曾为麟州都监，武胜军节度观察留后，卒赠彰武军节度使，谥庄恪。《宋史》有传。

⑨武吏：底本作"辜式"，据《苏轼文集》改。

【译文】

王彭曾经说："街巷中的小孩子顽劣，家里人不胜其烦，便给他们钱，让他们去说书人那里聚在一起听讲古代故事。当说三国故事时，他们听到刘备败，便愁眉苦脸，甚至涕泪交下；听到曹操败，便高兴快意。由此可知，君子、小人的善恶美丑，哪怕百世之后也未尝消失而不为人所知。"王彭是王凯的儿子，为武官，颇通晓文章，我曾为他写过哀辞。他的表字是大年。

修养

【题解】

修养,指修道和养生。苏轼对此一直抱有浓厚的兴趣,他年轻时曾跟随道士张易简学习(见卷二《异事·道士张易简》),早年即与道教和修养之事结缘,晚年在《与刘宜翁使君书》中也说"轼龆龀好道"(《苏轼文集》卷四九)。苏轼在惠州、儋州时期,对于修养之事非常上心,本门所收15条,大多作于这一时期,有个人养生之体会,有抄录他人的歌诀妙方,有记录别人的经验与谈话等。此外他还写有《大还丹诀》《龙虎铅汞说》《养生诀》《问养生》《续养生论》《养生偈》等(大多见载《苏轼文集》卷六四《杂著》以及卷七三《杂记·修炼》中)。可以看出苏轼在这方面的兴趣和心得。黄庭坚《题东坡书道术后》:"东坡平生好道术,闻辄行之,但不能久,又弃去。谈道之篇传世欲数百千字,皆能书其人所欲言,文章皆雄奇卓越,非人间语。"(《山谷集》卷二十五)

养生说

【题解】

此条记一种观想鼻息的养生术,功法较为简单,也可视为修炼的初阶。苏轼与王巩书信中曾说:"道术多方,难得其要,然以某观之,惟能静心闭目,以渐习之,但闭得百十息,为益甚大。"(《苏轼文集》卷五二《与王定国四十一首》其八)便与本文所说相通。

　　已饥方食,未饱先止。散步逍遥,务令腹空。当腹空时,即便入室,不拘昼夜,坐卧自便,惟在摄身,使如木偶。常自念言:"今我此身,若少动摇,如毛发许,便堕地狱!如商君法①,如孙武令②,事在必行,有犯无恕!"又用佛语③,及老聃语④,视鼻端白,数出入息,绵绵若存,用之不勤⑤。数至数百,此心寂然,此身兀然⑥,与虚空等,不烦禁制,自然不动。数至数千,或不能数,则有一法,其名曰"随":与息俱出,复与俱入。或觉此息,从毛窍中,八万四千⑦,云蒸雾散。无始以来⑧,诸病自除,诸障渐灭⑨,自然明悟。譬如盲人,忽然有眼,此时何用,求人指路!是故老人,言尽于此。

【注释】

①商君法:商鞅的法令。商鞅本名公孙鞅,战国时卫人,为秦孝公立法,史称"商鞅变法"。

②孙武令:孙武的军令。孙武,字长卿,春秋时齐人。以兵法十三篇见吴王阖闾(hé lú),后为吴国大将。"商君法"和"孙武令"在此处是强调法令之严厉。

③佛语:佛陀的话。后面的"八万四千""无始""诸病""诸障"均为佛教术语,而四字句也是佛经中常见的写法。

④老聃(dān)语:老子的话。老聃即老子。

⑤绵绵若存,用之不勤:语见《老子》第六章。意思是绵延不断,似有似无,而又不费力、不执着。

⑥兀(wù)然:昏昏然、无知无识的样子。

⑦八万四千：佛教常用的表示数量之多的一个数字。此处指人身上的八万四千个毛孔。

⑧无始：没有开始。佛教认为生命、万物、时间等都是没有开始的，故名"无始"。此处可以理解为人的前世今生。

⑨诸障：各种烦恼。佛教所讲各种阻碍修道成佛的障碍，有三障、五障、十障等名目。

【译文】

吃饭应该是饥饿才进食，尚未吃饱便停止。饭后散步放松，要让腹中空下来。当腹空时即入内室，不拘于白天或夜晚，不论坐或卧，要控制身躯，如木偶一样。心中一直自念着："现在我的身体，如果稍有摇动，哪怕如毛发那样一丝丝，便堕入地狱！这个要求如商君之法，如孙武之令，势在必行，如有违犯，必无宽恕！"又运用佛家和老子之说，垂眼看鼻尖处的白点，默数呼吸出入，感觉鼻息绵绵不断，似有似无，但也不要过分用心于此。当数至数百，心便空寂，身便无知无觉，就像虚空一般，此时不须刻意禁制，身体自然不动。当数至数千，可能无法再数下去，则有一法，其名曰"随"：意念与鼻息俱出，又与之俱入体内，感觉此气息从八万四千个毛孔中散出，如云蒸雾散。如此则前世今生以来的各种疾病自然消除，各种烦恼障碍渐渐灭去，自然而然便明白彻悟。就像盲人忽然有了眼睛，此时何用乞求他人指路。老人我言尽于此了。

论雨井水

【题解】

此条记雨水和井水对于养生修炼的功效。又见《苏轼文集》卷七三《井华水》。

时雨降，多置器广庭中，所得甘滑不可名，以泼茶煮药①，皆美而有益,正尔食之不辍,可以长生。其次井泉甘冷者,皆良药也。乾以九二化坤之六二为坎②,故天一为水③。吾闻之道士,人能服井花水④,其热与石硫黄、钟乳等⑤,非其人而服之,亦能发背脑为疽⑥,盖尝观之。又分、至日取井水⑦,储之有方,后七日辄生物如云母状,道士谓"水中金"⑧,可养炼为丹,此固常见之者。此至浅近,世独不能为,况所谓玄者乎!

【注释】

①泼茶:即煮茶。

②乾以九二化坤之六二为坎:乾,指《周易》的乾卦(☰),"九二"指乾卦自下而上第二位阳爻(一)。坤,指《周易》的坤卦(☷),"六二"指坤卦自下而上第二位阴爻(--)。乾以其九二阳爻变去了坤的六二阴爻,于是坤卦变成了坎卦,而坎卦象征井和水。这句话是从《易经》卦象中寻找雨水和井水来自天地(乾坤、阳阴)的依据。

③天一为水:苏轼《续养生论》云:"阴阳之始交,天一为水。"《天庆观乳泉赋》亦云:"阴阳之相化,天一为水。"他认为阴阳相交而生水。《苏氏易传》卷七云:"阴阳一交而生物,其始为水,水者,有无之际也,始离于无而入于有矣。"《河图》里有"天一生水"的说法,《汉书·五行志》(《尚书大传》)有"天以一生水"的说法,苏轼借用来指天地相交或太一(太极)始生者为水,以强调雨水和井水的功效。

④井花水:亦作"井华水",指清晨第一次从井中汲来的水。

⑤其热:《苏轼文集》作"其效"。石硫黄:即硫黄,或作"流黄""硫黄"。钟乳:钟乳石。

⑥疽（jū）：毒疮。

⑦分、至日：指春分、夏至、秋分、冬至。

⑧水中金：一种井水中杂质因化学反应而生成的物质，可能是氢氧
化铁胶体。按古代五行相生的理论，金生水，但是修炼家（外丹、
内丹）必须以逆为顺，因此水中所生的"金"是炼丹的好材料。

【译文】

应时的雨水落下时，在广庭中多放些贮水的器具，所得雨水甘甜柔
滑，不可名状，用来煮茶煮药，都很佳美，有益健康，如此方法常饮而不
停，可以长生。其次是那种甘甜冷冽的井水，也是良药。乾卦的九二阳
爻变去坤卦的六二阴爻就得到了坎卦，象征井水，因此天地所始生为水。
我听道士讲，修炼的人服用清晨汲取的井花水，其热性与石硫黄、钟乳相
同有益修炼，但如果不能适应的人服用，则会背脑生毒疮，他曾经亲见其
事。另外，在春分、秋分、夏至、冬至之日取井水，按一定方法储存，过七
日水中便生长物质，如云母状，道士称作"水中金"，可用来炼丹，这也是
常见之物。这些都是很浅近简单的办法，世上之人却不能采用，何况那
些深奥玄妙的功法呢！

论修养帖寄子由

【题解】

此条论佛禅家之修养，写寄苏辙（字子由），元丰六年（1083）作于
黄州。其写作缘起是看到苏辙给孔平仲写的两首诗偈，有感而发。又见
《苏轼文集》卷六十《与子由弟十首（以下俱黄州）》其三。《东坡外集》
卷四四收本文题作《书子由答孔平仲二偈后》。

任性逍遥，随缘放旷①，但尽凡心，别无胜解②。以我观
之，凡心尽处，胜解卓然。但此胜解，不属有无，不通言语，

故祖师教人，到此便住。如眼翳尽③，眼自有明，医师只有除翳药④，何曾有求明药？明若可求，即还是翳。固不可于翳中求明，即不可言翳外无明。而世之昧者，便将颓然无知认作佛地，若如此是佛，猫儿狗儿⑤，得饱熟睡，腹摇鼻息，与土木同，当恁么时，可谓无一毫思念，岂谓猫狗已入佛地？故凡学者，观妄除爱⑥，自粗及细，念念不忘，会作一日，得无所住⑦。弟所教我者是如此否？因见二偈警策孔君⑧，不觉耸然⑨，更以闻之。书至此，墙外有悍妇与夫相殴，詈声飞灰火⑩，如猪嘶狗噑⑪。因念他一点圆明⑫，正在猪嘶狗噑里面，譬如江河鉴物之性⑬，长在飞砂走石之中⑭。寻常静中推求，常患不见，今日闹里忽捉得些子⑮。元丰六年三月二十五日⑯。

【注释】

①放旷：放达，旷达，不拘束。

②胜解：优胜的理解，妙解。

③眼翳（yì）：眼睛因眼疾生出的白翳，障蔽视线。翳，眼病引起的障膜。

④医师：《苏轼文集》无"师"字。

⑤猫儿狗儿：《苏轼文集》作"猫儿狗子"。下文"岂谓猫狗"，《苏轼文集》作"岂可谓猫儿狗子"。

⑥观妄除爱：《苏轼文集》作"但当观心除爱"。妄，指妄念和凡心。

⑦得无所住：《苏轼文集》作"得无所除"。按《金刚般若波罗蜜经》："应如是生清净心，不应住色生心，不应住声、香、味、触、法生心，应无所住，而生其心。"无所住，是指不停住和沉陷于六根之感觉，而应保持清静之心。

⑧二偈（jì）：苏辙写给孔平仲的两首诗偈，见《栾城集》卷十二《答

孔平仲二偈》：“熟睡将经作枕头，君家事业太悠悠。要须睡着元非睡，未可昏昏便尔休。”“龟毛兔角号空虚，既被无收岂是无。自有真无遍诸有，灯光何碍也嫌渠。”偈，梵语“偈佗”的简称，即佛教中的唱颂词。孔君：指孔平仲，字毅父，一字义甫，临江新喻（今江西新馀）人。治平二年（1065）进士，官提点京西刑狱。《宋史》有传。

⑨耸然：受到振动或震惊的样子。

⑩詈（lì）声：骂声。詈，骂，责备。

⑪嗥（háo）：嚎，吼叫。

⑫圆明：圆满光明之心。

⑬鉴：映照，照见。

⑭飞砂走石：这里是说江河裹挟沙石而下。砂，《苏轼文集》作“沙”，义同。

⑮些子：一些，一点儿。

⑯元丰六年三月二十五日：《苏轼文集》于此前有“如何如何”四字，于此后有“夜已封书讫复以此寄子由”十一字。

【译文】

任其天性，逍遥自适，自然随意，旷达放纵，只需除尽凡俗之念，并无其他的胜解妙法。据我看来，凡心除尽之处，便有妙解和觉悟。不过这妙悟不是有也不是无，无法以语言表达，因此佛教祖师教人，到此处便停。就如眼睛的翳障消除，眼睛自然能看见光明，医师只有除去翳障之药，何尝有令眼睛明亮之药？明亮如果需要去求，最终还是一种翳障。原不可从翳障之中求取光明，不能说翳障之外无光明。世上有愚昧的人，将懵然无知认作入佛之境，如果这就是成佛，那么猫狗吃饱熟睡，腹部随呼吸而起伏，就像土偶和木像一样无知无虑，当此之时，可说是没有一丝一毫的思虑知觉，难道说猫狗已经进入成佛成道的境地？因此学佛求道者，应观察妄念，除去爱欲，由粗略至于精微，念念不忘，会有一天到达“无所住"的境界。弟弟教我的是这样的吧？因为看到弟弟写的两首诗偈警策孔平仲，不觉思绪涌动，感触很多，便写下来告诉你。写到这里，墙外传来悍妇与其丈夫打架的声音，他们的吵骂之声如烟灰星火纷飞，又如猪嘶狗嚎。于是感觉到那一点儿圆明的本心自性，便在这猪嘶狗嚎里，就像江河有照见万物之性，却在飞沙走石中呈现。平时在静寂之中推求这圆明心性，常恨找不到，今日在这吵闹声中忽然感悟到了一点儿。元丰六年（1083）三月二十五日。

导引语

【题解】

此条记导引家所讲的两段话，苏轼认为极有道理。又见《苏轼文集》卷六六《记导引家语》。

导引家云①："心不离田②，手不离宅③。"此语极有理。又云："真人之心，如珠在渊④；众人之心，如泡在水⑤。"此善譬喻者。

【注释】

①导引：导气引体，一种将呼吸与躯体拉伸相结合的修炼方式。

②田：丹田。

③手不离宅：是说常以手摩擦面部。宅，指面部。《黄庭内景经·琼室章》云："寸田尺宅可治生。"唐代梁丘子注："谓三丹田之宅各方一寸，故曰'寸田'。……彼尺宅谓是面也。"

④珠在渊：《庄子·列御寇》："夫千金之珠，必在九重之渊，而骊龙颔下。"此处以"在渊之珠"比喻真人（修炼得道者）之心性如深藏之宝珠。

⑤泡在水：水泡浮于水上，顷刻即破灭。《维摩诘所说经·观众生品》云："菩萨观众生为若此：如智者见水中月，如镜中见其面像，如热时焰，如呼声响，如空中云，如水聚沫，如水上泡。"将众生浮世的短暂无常，比喻为水上泡沫。此处则以众人（常人）之心难有恒常。"泡在水"三字，《苏轼文集》《仇池笔记》卷下作"瓢在水"。

【译文】

导引家说："心念不离丹田，双手不离面部。"此语极有道理。又说："真人之心，如宝珠在深渊；众人之心，如泡沫在水面。"这是善作比喻。

录赵贫子语

【题解】

此条是赵贫子与别人的一段对话，苏轼曾闻其言，其中关于"神"的论述引起了苏轼的兴趣，故而记下。作于元丰六年（1083）在黄州时。又见《苏轼文集》卷七三《记赵贫子语》。

赵贫子谓人曰①："子神不全。"其人不服，曰："吾僚友万乘②，蝼蚁三军③，糠秕富贵而昼夜生死，何谓神不全乎？"贫子笑曰："是血气所扶，名义所激，非神之功也。"明日问其人曰："子父母在乎？"曰："亡久矣。""尝梦见乎？"曰："多矣。""梦中知其亡乎？抑以为存也？"曰："皆有之。"贫子曰："父母之存亡，不待计议而知者也。昼日问子，则不思而对；夜梦见之，则以亡为存。死生之于梦觉有间矣④。物之眩子而难知者⑤，甚于父母之存亡。子自以神全而不学，可忧也哉！"予尝与其语⑥，故录之。

【注释】

①赵贫子：为筠州高安县（今江西高安）的乞丐赵吉。敝衣蓬发，好饮酒，醉辄殴打辱骂市人。元丰三年（1080）苏辙贬官筠州，曾与其论养性。当时苏轼在黄州，赵生前往相见，留半岁而不去。苏辙曾作《丐者赵生传》（《栾城集》卷二五），此传中有一事与苏轼此文近似："一日遽问曰：'君亦尝梦乎？'予（苏辙）曰：'然。''亦尝梦先公乎？'予曰：'然。''方其梦也，亦有存没忧乐之知乎？'予曰：'是不可常也。'生笑曰：'尝问我养性，今有梦觉之异，则性不全矣。'予矍然异其言。"

②僚友万乘：以皇帝为同僚和朋友。

③蝼蚁（lóu yǐ）：蝼蛄和蚂蚁。泛指微小的虫子或生物。

④间：差距，距离。

⑤眩（xuàn）：迷惑，欺骗。

⑥与：《苏轼文集》作"预闻"。

【译文】

赵贫子对一人说："你的神不完全。"那人不服，说："我视万乘之君为僚友，视三军为蝼蚁，视富贵如糠秕，以生死之事为昼夜之变，怎么能说是神不全呢？"赵贫子笑着说："那些是靠着你的血气扶持，借助名义激发出来的，并非神的功效。"第二天又问那人："你的父母尚在吗？"答："亡故很久了。"问："曾经梦见他们吗？"答："有很多次。"问："你在梦中时知道他们亡故了吗？还是以为他们尚在呢？"答："两种情况都有。"赵贫子说："父母的存亡，不待思索即可知道。如果白天问你，你一定不用想便可回答；夜里梦见他们，你却以为亡故的还在世。生死的问题在梦与醒之间，认知尚有差距。而万事万物中有迷惑欺骗你的，其难以知晓和理解，更甚于父母存亡这件事。你自以为神全而不学，真是可忧啊！"我曾经亲闻他们的对话，故而记录下来。

养生难在去欲

【题解】

　　此条记苏轼与杨君采、张公规二人的一段对话，举苏武之事为例，意在说明养生"难在去欲"的道理。众人闻此大笑，可见众人戏谑之状，但"去欲"确实是苏轼晚年的一种实践。苏轼在《与徐得之十四首》其十三说到来惠州半年中，"绝欲息念"；在《答张文潜四首》其一说在惠州"清净独居，一年有半"，还讲了如何绝欲的方法，如断肉食一般。此条元丰六年（1083）作于黄州。又见《苏轼文集》卷七三《记张公规论去欲》。

　　昨日太守杨君采、通判张公规邀余出游安国寺①，坐中论调气养生之事。余云："皆不足道，难在去欲②。"张云："苏子卿啮雪啖毡③，蹈背出血④，无一语少屈，可谓了死生之际矣，然不免为胡妇生子⑤。穷居海上⑥，而况洞房绮疏之下乎⑦？乃知此事不易消除。"众客皆大笑。余爱其语有理，故为记之。

【注释】

①杨君采（biàn）：杨寀（shěn），字君采，时任黄州知州。张公规：时任黄州通判，生平不详。安国寺：位于黄州（今湖北黄冈）城南，始建于五代南唐保大二年（944）。苏轼有《黄州安国寺记》（《苏轼文集》卷十二）。

②去欲：去除和断绝人的欲。苏轼《答张文潜四首》其一也说"绝欲，天下之难事"（《苏轼文集》卷五二）。

③苏子卿啮（niè）雪啖（dàn）毡：苏武，字子卿，他吃雪和毡毛的事，见《汉书·苏武传》。当时苏武被关押在大窖中，不得饮食，"天

雨雪,武卧,啮雪与旃毛并咽之",得以不死。啮,嚼食。啖,吃。

④蹈背出血:苏武在匈奴时,曾引刀自刺,匈奴医生在地上凿出大坑,内置火炭,让苏武俯卧其上,医生"蹈(踩踏)其背出血",这样救活了苏武。这里举此事是说苏武在匈奴遭受的艰难困苦。

⑤为胡妇生子:《汉书·苏武传》记苏武晚年时,汉宣帝曾问苏武在匈奴时是否有子,苏武自陈离开匈奴时有胡妇生一子,名通国,希望汉朝派使者前往赎回。宣帝同意,后以苏通国为郎。

⑥海上:指北海(今俄罗斯的贝加尔湖)边上。《汉书·苏武传》记载苏武啮雪啖毡,得以不死,"匈奴以为神,乃徙武北海上无人处"。

⑦洞房:指幽深的内室、卧房。绮(qǐ)疏:指雕镂了绮丽花纹的门窗。

【译文】

昨日黄州知州杨君采、通判张公规约我到安国寺游玩,坐席之间谈到调养气息与养生之事。我说:"这些都不足道,重要而又极难的是断绝人的欲望。"张公规说:"当年苏武被匈奴扣押,吃雪与毡毛,又被踩背出血方才活命,绝无一句屈服之语,可以说是放下了生死,然而他却与胡妇生了儿子。穷困于北海之时尚且如此,更何况身处精美的洞房内室之中呢? 可见人的欲望是不易消除的。"众人皆大笑。我觉得他说得有道理,故而记载下来。

阳丹诀

【题解】

此条记录了一种于尿液中获取细砂的服食方,最后说到必须绝欲才能结出细砂,此可与上条参看。此条作年未详,疑在岭外时作。又见《苏轼文集》卷七三《阳丹阴炼》。

　　冬至后,斋居常吸鼻液,漱炼令甘,乃咽下丹田。以三十瓷器,皆有盖,溺其中,已,随手盖之,书识其上,自一至三十。置净室,选谨朴者守之^①。满三十日开视,其上当结细砂如浮蚁状,或黄或赤,密绢帕滤取。新汲水净淘澄,无度,以秽气尽为度,净瓷瓶合贮之。夏至后,取细研枣肉,为丸如梧桐子大^②,空心酒吞下^③,不限丸数,三五日后服尽^④。夏至后,仍依前法采取,却候冬至后服^⑤。此名阳丹阴炼,须清净绝欲^⑥,若不绝欲,其砂不结。

【注释】

①谨朴者:做事细致忠厚的人。

②为丸:"为"字原缺,据《苏轼文集》补,意为制成药丸。梧桐子:
　梧桐的果子。《苏轼文集》作"桐子"。

③空心酒:空腹(饮)酒。

④三五日后:《苏轼文集》作"三五日内"。

⑤候:底本无,据《苏轼文集》补。

⑥清净:《苏轼文集》作"尽"。

【译文】

　　冬至之后,在家里时常吸入鼻液,在口腔中漱荡,令其甘甜,然后咽下入于腹中丹田。准备三十个瓷器,都有盖子,小便于其中,完后即随手盖上,在上面书字标识,自"一"至"三十"。将这些瓷器放置净室中,挑选细致诚朴之人掌守。时间满三十日打开,尿液上当结有浮蚁状的细砂,或黄色,或赤色,以细密的绢帕过滤出来。用新汲的井水淘洗那些细砂,淘洗的程度没有一定的标准,以秽恶的气味淘尽为准,再以干净的瓷瓶贮藏。夏至之后,取出与枣肉一起混合细研,做成梧桐子大小的药丸,空腹和酒一起吞下,不限丸数,三五日中服完。夏至之后,也依前面所说的方法采取细砂，但要等到冬至后服用。此名"阳丹阴炼"，必须清净无欲，如不能断绝人欲，尿液中便不会结出细砂。

阴丹诀

【题解】

此条记载了一种服食方，作年未详，疑在岭外时作。又见《苏轼文集》卷七三《阴丹阳炼》。

取首生男子之乳①，父母皆无疾恙者，并养其子，善饮食之，日取其乳一升，只半升已来亦可②。以朱砂银作鼎与匙③，如无朱砂银，山泽银亦得④。慢火熬炼，不住手搅，如淡金色，可丸即丸，如桐子大，空心酒吞下，亦不限丸数。此名阴丹阳炼。世人亦知服秋石⑤，然皆非清净所结；又此阳物也，须复经火，经火之馀皆其糟粕，与烧盐无异也⑥。世人亦知服乳，乳，阴物，不经火炼则冷滑而漏精气也。此阳丹阴炼、阴丹阳炼，盖道士灵智妙用，沉机捷法⑦，非其人不可轻泄，慎之！慎之！

【注释】

①首生男子之乳：这里指女子生产首胎男婴后分泌的乳汁。

②已来：表示大约之数。《苏轼文集》作"以来"，义同。《苏轼文集》于"只半升"前有"少"字。

③以朱砂银作鼎与匙：朱砂银是一种用朱砂与白银等材料烧而炼成的银。鼎，指烧炼药物的容器。匙，这里指用来搅拌的器具。

④山泽银：一种用于南方山泽中出产的银矿烧炼成的银。

⑤秋石：一种药物，又名"溺白垽（yìn）""人中白"，用男子尿液烧炼
　　而得。《重修政和经史证类本草》卷十五"溺白垽"下有"秋石还
　　元丹""炼人中白方"。

⑥烧盐：将盐密封在容器内烧炼而得盐的结晶体。《重修政和经史
　　证类本草》卷一"食盐"下引用刘禹锡《传信方》记载有"崔中丞
　　炼盐黑丸方"。

⑦沉机：指深藏不露之秘诀妙法。沉，深沉。机，是机密、机要。捷
　　法：便捷之法。

【译文】

　　取女子生首胎男婴之乳汁，孩子父母都无疾病，供养他们以及孩子，饮食良善，每日取母乳一升，少的时候有大约半升亦可。用朱砂银制作炉鼎和调匙，如无朱砂银，山泽银也行。将乳汁在炉鼎中慢火熬炼，以手不停搅动，最后如淡金色，至可以制作成药丸时便作药丸，如桐子大，空腹与酒吞下，不限丸数。此名"阴丹阳炼"。世上人都知道服食秋石，但那不是清净之物所结；而且是阳性之物，还须经过火的烧炼，烧炼后剩下的其实都是糟粕，和烧盐无异。世上人也知道服用乳汁，但乳汁是阴性之物，不经烧煮而服用则性味冷滑，并且会令精气泄露。这就是阳丹阴炼和阴丹阳炼，是道士的灵智妙用，深藏不露的秘诀和便捷之法，不是修道之人不可对他轻泄，慎重啊！慎重啊！

乐天烧丹

【题解】

　　此条先叙白居易炼丹事，然后说到自己炼丹久而不成，是因为总有世间事的干扰，现在贬官惠州，看来可以实现夙愿了。末段引《尚书》中的话，进一步表明炼丹是自己的夙愿，而上天终于给了自己这机会。苏轼贬官惠州，不是悲叹"世间事"已败，而是庆幸炼丹这个"出世间事"

终于有望，其心境值得玩味。《曲洧（wěi）旧闻》卷五全载此文，称是苏轼与方士论内外丹时所说。又见《苏轼文集》卷七三《事不能两立》，末有"绍圣元年十月二十二日"，可知是初到惠州时所作。

乐天作庐山草堂①，盖亦烧丹也②。欲成而炉鼎败，来日忠州刺史除书到③。乃知世间、出世间事不两立也。仆有此志久矣，而终无成者，亦以世间事未败故也，今日真败矣。《书》曰："民之所欲，天必从之④。"信而有征。

【注释】

①乐天：白居易，字乐天，晚号香山居士。唐代著名诗人。庐山草堂：唐元和十年（815），白居易被贬为江州司马，期间曾到庐山；元和十一年（816），在山上香炉峰与遗爱寺之间修建草堂，次年堂成，作《庐山草堂记》。

②烧丹：炼丹。此处指炼外丹。

③忠州刺史：忠州，即今重庆忠县。唐元和十三年（818）十二月二十日，白居易由江州司马改任忠州刺史；元和十五年（820）夏，自忠州召还，回京任职。

④民之所欲，天必从之：语见《尚书·泰誓》。意为上天会依从人的欲求和需要。

【译文】

白居易修建庐山草堂，大概也是为了炼丹。丹快炼好时炉鼎坏了，第二天忠州刺史的任命就到了。由此可知，世间事和出世间事不能两立共存。我有炼丹之志很久了，而终无所成，也是因为行世间之事还未至败境的缘故，不过，今天可就真是大败了。《尚书》上说："人所欲求的，上天必定依从。"这话可信，在我这里得到了验证。

赠张鹗

【题解】

这是苏轼书赠张鹗的养生之方，由战国时齐国颜斶（chù）和齐宣王的对话中而来，其语详见卷四《人物·颜斶（zhú）巧于安贫》。本文后半段的议论，也和"颜斶巧于安贫"条一致："晚食以当肉，安步以当车，是犹有意于肉、于车也。晚食自美，安步自适，取其美与适足矣，何以当肉与车为哉！"又见《苏轼文集》卷六六《书四适赠张鹗》。

张君持此纸求仆书①，且欲发药②，不知药③，君当以何品？吾闻《战国策》中有一方④，吾服之有效，故以奉传。其药四味而已：一曰无事以当贵，二曰早寝以当富，三曰安步以当车，四曰晚食以当肉。夫已饥而食，蔬食有过于八珍⑤，而既饱之馀，虽刍豢满前⑥，惟恐其不持去也。若此可谓善处穷者矣，然而于道则未也。安步自佚⑦，晚食为美，安以当车与肉为哉？车与肉犹存于胸中，是以有此言也。

【注释】

① 张君：张鹗，其人不详。

② 发药：开药方。

③ 不知药：三字底本无，据《苏轼文集》补。

④ 《战国策》：一部记录战国时期谋士言论和各国史事的古书，今本是由西汉刘向编订完成的。下面的说法见于《战国策·齐策四》，参见本书卷四《人物·颜斶巧于安贫》。战国策，原无"策"字，据《苏轼文集》补。

⑤ 八珍：《周礼·天官·膳夫》说过"珍用八物"，后多泛指珍馐美味。

⑥刍豢（huàn）：猪牛羊之类的家畜。

⑦佚：安逸，舒适。

【译文】

张君拿着一张纸来请我写几个字，希望写药方，可我不懂药，张君应当用什么品类的药呢？我听说《战国策》中有一个药方，我用后感觉有效，因此转抄给他。这药方中只有四味药而已：第一味是"无事以当贵"，第二味是"早寝以当富"，第三味是"安步以当车"，第四味是"晚食以当肉"。感到饥饿再吃饭，这时普通蔬食胜过珍馐美味，而吃饱以后，即使面前摆着大鱼大肉，也不想再看一眼，只想让人赶快撤去。不过，这样做可以说是善处贫穷之中，但于道还未能达到。慢步则自然闲逸，饿了便吃自然美味，何必用乘车和吃肉来相比呢？颜蠋心里面还想着车和肉，所以才会说出这样未达道的话。

记三养

【题解】

这是苏轼写的一份关于饮食的自誓之词，要求自己饮食简省，这样既养生又省钱。题目中的"三养"，是指正文中的养福、养气和养财。又见《苏轼文集》卷七三《节饮食说》。

东坡居士自今日以往，早晚饮食①，不过一爵一肉②。有尊客盛馔，则三之，可损不可增。有召我者，预以此告之③，主人不从而过是者，乃止。一曰安分以养福，二曰宽胃以养气，三曰省费以养财。元丰六年八月二十七日④。

【注释】

①早晚饮食：此四字底本原无，据《苏轼文集》补。

②一爵："爵"是饮酒之器，"一爵"这里指一杯酒。

③告之：底本作"先之"，据《苏轼文集》改。

④元丰六年八月二十七日：原作"元符三年八月"，《苏轼文集》作
"元丰六年八月二十七日"，《侯鲭集》卷四载此事亦称"东坡在黄
州"，故从《苏轼文集》）。

【译文】

我东坡居士自今日以后，早晚两餐饮食，不超过一杯酒、一盘肉。如
有贵客和盛宴，则三倍于此，只可减损而不可增加。有邀我前往赴宴的，
预先以此规矩告诉他，如果主人不遵从而超过其数，便停止进食。这样
做的缘故，一是安分以养福，二是宽胃以养气，三是省费以养财。元丰六
年（1080）八月二十七日。

谢鲁元翰寄暖肚饼

【题解】

这是一篇游戏文，借暖肚饼的性状，来讲修养和心性之事，可略见苏
轼的道学思想。文中的不漏不悬、不解不缚、不方不圆等，借用了不少儒、
释二家的话头，多是双关之语。又见《苏轼文集》卷五七《与鲁元翰二
首》之二。

公昔遗余以暖肚饼①，其直万钱②，我今报公亦以暖肚
饼，其价不可言。中空而无眼，故不漏③；上直而无耳，故不
悬④。以活泼泼为内⑤，非汤非水；以赤历历为外⑥，非铜非
铅。以念念不忘为项⑦，不解不缚⑧；以了了常知为腹⑨，不

方不圆⑩。到希领取，如不肯承当，却以见还。

【注释】

①公：指鲁有开，字元翰，亳州谯（今安徽亳州）人。暖肚饼：饼在古代也可指馒头、包子一类的面食。"暖肚饼"大约是一种空心而内部温暖的馒头或包子状的面食。

②直：值。

③不漏：饼的表面无孔眼，所以不会漏泄其中的馅。此处暗用佛家所说的"无漏"，即保持心性圆满，不使泄露，以断离烦恼。

④不悬：因为饼无耳，故不能悬挂。这里的"悬"指隔绝悬远之状，"不悬"指不悬空，不凭虚。此处暗喻修养之功不能蹈虚，要以自足之本性为倚凭。《二程遗书》卷二上说："凡学之杂者，终只是未有所止，内不自足也。譬之一物，悬在空中，苟无所倚着，则不之东则之西，故须着摸佗别道理，只为自家不内足也。"内不足故而悬空无所倚凭。所倚凭者即下面说的"活泼泼"的生机。

⑤活泼泼：自然而富有生机和活力的样子。宋代禅师和理学家喜欢用这个词，如《临济义玄禅师语录》，说佛法"活泼泼地，只是勿根株，拥不聚，拨不散，求着即转远，不求还在目前"，《二程遗书》卷三说《中庸》引《诗经》的"鸢飞戾天，鱼跃于渊"，是"子思吃紧为人处，与'必有事焉而勿正心'之意同，活泼泼地。会得时，活泼泼地；不会得时，只是弄精神"。

⑥赤历历：光鲜显明的样子。

⑦念念不忘：北宋游酢注《论语·述而》"志于道"云："志于道者，念念不忘于道也；念念不忘，则将有以宅心矣。"

⑧不解不缚：不解开也不捆绑。语似来自《圆觉经》的"不即不离，无缚无脱"。

⑨了了常知：唐宋禅宗用此语称自性清静，如晁迥《法藏碎金录》

卷三云:"教文中有言云:灵灵不昧,了了常知。此乃妙性之本体也。"苏轼《浊醪有妙理赋》也说:"如如不动而体无碍,了了常知而心不用。"(《苏轼文集》卷一)《大还丹诀》又说"吾有了然常知者存乎其内"(《苏轼文集》卷七三),是同样的意思和用法。了了,很明白的样子。常知,指常存而不昧的知觉。

⑩不方不圆:原说饼的形状不规则,此处暗喻修养心性无须执着于外在的方或圆之外形或规矩。

【译文】

您以前赠送我暖肚饼,价值万钱,我现在也回赠您暖肚饼,其价不可言。其中空洞而无眼,故不漏;其上平直而无耳,故不悬。其内活泼泼,非汤非水;其外赤历历,非铜非铅。以念念不忘为颈项,不解不缚;以了了常知为肚腹,不方不圆。送到时希望能领取,如不愿接受,尚请送还。

辟谷说

【题解】

此条记苏轼在儋州时粮食匮乏,想起晋武帝时有人辟谷不食,乃书其事交给儿子苏过,表现出苏轼面对困苦时的豁达与戏谑。又见《苏轼文集》卷七三《学龟息法》。

洛下有洞穴①,深不可测。有人堕其中,不能出,饥甚,见龟蛇无数,每旦辄引首东望,吸初日光咽之,其人亦随其所向,效之不已,遂不复饥,身轻力强。后卒还家,不食,不知其所终。此晋武帝时事②。辟谷之法以百数,此为上,妙法止于此。能服玉泉③,使铅汞具体④,去仙不远矣。此法甚易知易行,天下莫能知,知者莫能行,何则? 虚一而静者⑤,

世无有也。元符二年，儋耳米贵，吾方有绝粮之忧⑥，欲与过子共行此法⑦，故书以授之。四月十九日记。

【注释】

① 洛下：洛阳。

② 晋武帝：司马炎，字安世，河内温县（今河南温县）人。司马昭之子，晋朝开国皇帝。咸熙二年（265）拜魏相国，袭封晋王，同年逼魏元帝曹奂退位，即皇帝位，建立晋朝。以上所说的事，未详其所出，《幽明录》有两则故事与之相似。一云汉代时洛下有洞穴，一人为其妇推入其中，于洞中经历九处都市，后自交州（今广东、广西及越南北部一带）出，归洛问张华，乃知所历为仙境。一云有人山行坠溪涧中，无出路，"见龟蛇甚多，朝暮引颈向东方，人因伏地学之，遂不复饥，体殊轻便"。后身体更加轻捷，数年后出涧还家，因吃人间食物，百日后复归于凡人体质。苏轼可能是无意中将两个故事进行了混合拼接。

③ 玉泉：口中津液。《茅亭客话》卷十《杜大举》云："服玉泉法：去三尸，坚齿发，除百病。玉泉者，舌下两脉津液是也。但能每旦起坐，瞑目绝虑，叩齿二七通，漱令满口，乃吞之，以意送至脐下丕海，一七遍，经久自然如流水沥沥下坎涧之声，如此则百脉和畅。"

④ 铅汞具体：铅汞本是炼丹的药材，后来在内丹术里一般指气和精。"具体"在此是指以身体为丹炉，在身中锻炼铅汞而成仙。苏轼在《龙虎铅汞论》《续养生论》中谈过这种修炼之法，可以参看。

⑤ 虚一而静：清虚专一而恬静。这本是道家对修道者的要求，后来也用在道德修养上。苏轼《拟进士对御试策》云："臣愿陛下先治其心，使虚一而静。"

⑥ 绝粮：《论语·卫灵公》记孔子"在陈绝粮，从者病，莫能兴"。此语暗用孔子之事，指断粮断炊。

⑦过:苏轼之子苏过。见本卷《记游·记过合浦》。

【译文】

洛阳有个洞穴,深不可测。有人坠落其中,出不来,非常饥饿,看见很多的乌龟和蛇,每到早晨便举头向东望着,吸取清晨的日光吞咽下去,此人也随着它们的方向,不停地效仿,于是就不再饥饿,身体轻健有力。他后来终于回家,不吃东西,不知所终。这是晋武帝时候的事。辟谷的方法有数百种,这是最好的,没有比它更妙的方法了。如再吞服玉泉,在身中锻炼铅汞,便离成仙不远了。这种辟谷之法容易明白,也容易施行,天下人却不知道,即使知道的人又做不到,这是为什么呢?因为能够清虚专一、恬静,世上是没有的。元符二年(1099),儋耳的米价很贵,我有断粮之忧,打算和苏过践行这种辟谷之法,因此写下来给他。四月十九日记。

记服绢

【题解】

此条议论姓张的医官所传的"服绢方",有滑稽诙谐之味。《古今事文类聚》别集卷二十《性行部·滑稽·吃衣着饭》引苏轼曰:"无糊绢,以桑柴灰水煮烂,更以清水煮脱灰气,细研如粉,酒煮面糊丸,如桐子大,空心酒下三、五十丸,治风壮元。此所谓着饭吃衣者也。或问:'饭非可着,衣非可吃。'答云:'所以着饭,不过为穷;所以吃衣,不过为风。正与孙子荆"枕流漱石"作对。'或人未喻,曰:'夜寒盖藁荐,岂非着饭也耶?'"可与本文参看。又见《苏轼文集》卷七三《服绢法》。

医官张君传服绢方①,真神仙上药也。然绢本以御寒,今乃以充服食,至寒时当盖稻草席耳。世言着衣吃饭,今乃吃衣着饭耶②?

【注释】

①张君：医官之名，其人不详。本书卷三《技术·医生》称他"用心平和，专以救人为事"。服绢方：把绢当作药或饭来吃的方子。

②世言着衣吃饭，今乃吃衣着饭："着衣吃饭"犹今言穿衣吃饭；而"吃衣着饭"则是故意反过来说。

【译文】

医官张君有一个把绢作药吃的方子，真可谓是神仙之药了。不过绢原本是用来御寒的，现在却拿来吃，那么寒冷时就该盖稻草席了。世人都说穿衣吃饭，现在要"吃衣穿饭"了吗？

记养黄中

【题解】

元符三年（1100）正月朔日（正月初一）苏轼在儋州时，以此日的时辰正当四土相会，有利修养心性，乃撰文叙此事。又见《苏轼文集》卷七三《记养黄中》。

元符三年，岁次庚辰，正月朔戊辰①，是日辰时则丙辰也。三辰一戊，四土会焉②，而加丙与庚：丙，土母，而庚其子也③。土之富，未有过于斯时也。吾当以斯时肇养黄中之气④，过子又欲以时取薤、姜、蜜作粥以啖⑤。吾终日默坐，以守黄中，非谪居海外，安得此庆耶？东坡居士记。

【注释】

①朔：旧历的每月初一。

②四土会：在五行理论中，天干中的戊、己和地支中的辰、戌、丑、未

都属于土,所以称"四土会"。

③丙,土母,而庚其子也:按五行学说,丙为火,庚为金,而在五行相生的理论中,火生土,土生金,所以说"丙,土母,而庚其子也"。

④肇(zhào):开始。黄中:指心。古代以五色配五行、五方,土居中,故以"黄"为中央正色。心居五脏之中,故称"黄中"。《周易·坤卦》:"君子黄中通理,正位居体,美在其中,而畅于四支,发于事业,美之至也。"

⑤过子:指苏过。原作"过此",据《苏轼文集》改。薤(xiè):又叫"藠(jiào)头",指一种多年生草本植物的鳞茎。新鲜鳞茎可做蔬菜。

【译文】

元符三年(1100),岁属庚辰年,正月初一日是戊辰日,这天早上的辰时为丙辰。这时有三辰一戊,按五行来说正好是四土聚会,再加上丙与庚:丙是土母,而庚是土之子。五行中土之富盛,没有超越这时的了。我应当在此时开始养心气,儿子苏过打算在这时取藠头、姜、蜜煮粥来吃。我终日静坐,意念守心,如果不是被贬谪到海外,哪里有如此的好事?东坡居士记。

疾病

【题解】

《疾病》门3条，第一条之后误将"畏威如疾"的一条文字混入，故实有4条。

子瞻患赤眼

【题解】

又见《苏轼文集》卷七三，题《口目相语》，而无"管仲有言"以下的文字。后一段文字又见《苏轼文集》卷七三，题《畏威如疾》，故本书分为两段。

一

【题解】

此条记苏轼患眼病后目与口的一次对话，充满想象力和谐趣。

余患赤目，或言不可食脍①。余欲听之，而口不可，曰："我与子为口，彼与子为眼②，彼何厚，我何薄？以彼患而废我食，不可。"子瞻不能决。口谓眼曰："他日我痼③，汝视物，吾不禁也④。"

【注释】

①脍（kuài）：即生鱼片。

②与：底本作"以"，据《苏轼文集》改。

③痼（gù）：口中生疮。《苏轼文集》作"瘖（yīn，哑的意思）"。

④吾不禁也：此后原文接下面的"管仲有言"一段，显然是另外的一段文本。这里似乎缺少"因此你（眼）不应禁止我吃东西"的结尾。

【译文】

我患上了红眼病，有人说不能再吃生鱼片。我准备听从，而我的口不愿意了，说："我是你的口，他是你的眼，为何厚彼薄此？因为他得了病我就不得美食，不行。"我无法决断。口对眼说："以后我生疮害病，你看东西，我不禁止。"

二

【题解】

此条引录管仲和《礼记》的话，以为应书绅铭记。

管仲有言①："畏威如疾，民之上也；从怀如流，民之下也②。"又曰："燕安鸩毒，不可怀也③。"礼曰："君子庄敬日强，安肆日偷④。"此语乃当书诸绅⑤，故余以"畏威如疾"为私记云。

【注释】

①管仲：名夷吾，字仲，也称"管子"，春秋时齐国宰相。辅佐齐桓公

成就霸业。其言论和思想见《国语·齐语》及《管子》等书。

②"畏威如疾"四句：语见《国语·晋语四》。为晋国公子重耳之妻姜氏劝说他离开齐国时说的一段话："《郑诗》云：'仲可怀也，人之多言，亦可畏也。'昔管敬仲有言，小妾闻之，曰：'畏威如疾，民之上也。从怀如流，民之下也。见怀思威，民之中也。畏威如疾，乃能威民。威在民上，弗畏有刑。从怀如流，去威远矣，故谓之下。其在辟也，吾从中也。《郑诗》之言，吾其从之。'此大夫管仲之所以纪纲齐国，裨辅先君而成霸者也。"朱熹《小学集注》解"威"为刑名，"怀"为贪欲，四句是说，畏惧刑名就像怕患疾病一样，这是君子（民之上），跟从贪欲和好处如水之往下流，这是小人（民之下）。管仲原话谈的是对民众的治理，苏轼借用以表达为人之道。苏轼在《上初即位论治道二首·道德》中也引用管仲这四句，并说"畏威之心，胜于怀私，则事无不成"（《苏轼文集》卷四），其《苏氏易传·家人》中解释"威如之吉，反身之谓也"说："畏威如疾，民之上也，故畏人者人亦畏之，慢人者人亦慢之，此之谓反身。"可见其义。

③燕安鸩（zhèn）毒，不可怀也：语见《左传·闵公元年》。意思是说，逸乐安适好比毒酒，不可贪恋。原文作"宴安鸩毒"，义同。

④君子庄敬日强，安肆日偷：语见《礼记·表记》。意为君子庄重恭敬，这样便日渐强健；而安逸纵肆，就会日渐松懈怠惰。

⑤书诸绅：语见《论语·卫灵公》："子张书诸绅。"邢昺疏："绅，大带也。子张以孔子之言书之绅带，意其佩服无忽忘也。"意为把重要的话书写在绅带上。绅，是古人系于腰间的宽大带子，一端垂下。

【译文】

管仲说过："畏惧刑名之威，如畏惧疾病，是君子；跟从贪欲好处，如水之下流，是小人。"又说："安逸是毒酒，不可贪恋。"《礼记》曰："君子庄重恭敬则日强，安逸放纵则日怠。"此语应当书写在绅带上，因此我以"畏威如疾"作为个人应铭记之语。

治眼齿

【题解】

此条记张耒讲的一段治疗眼疾和齿疾的方法和道理。约作于元祐中。又见《苏轼文集》卷七三《目忌点濯说》。

岁日①，与欧阳叔弼、晁无咎、张文潜同在戒坛②。余病目昏，数以热水洗之。文潜曰："目忌点洗③。目有病，当存之，齿有病，当劳之，不可同也。"又记鲁直语云："眼恶剔决，齿便漱洁④。治目当如治民⑤，治齿当如治军，治民当如曹参之治齐⑥，治军当如商鞅之治秦⑦。"颇有理，故追录之。

【注释】

①岁日：正月初一，元日。稗海本、《苏轼文集》作"前日"。

②欧阳叔弼：欧阳棐（fěi），字叔弼，欧阳修第三子，吉州庐陵（今江西吉安）人。晁无咎：晁补之，字无咎，济州巨野（今山东巨野）人。北宋文学家，苏门四学士之一。张文潜：张耒，字文潜，楚州淮阴（今江苏淮安淮阴区）人。北宋文学家，苏门四学士之一。戒坛：僧人传法受戒之坛。此指北宋东京太平兴国寺的戒坛院。

③点洗：点抹擦洗。《苏轼文集》作"点濯"，义同。

④又记鲁直语云"眼恶剔（tī）决，齿便漱洁"：稗海本无"眼恶剔决齿便漱洁"八字，《苏轼文集》无此十四字。鲁直，黄庭坚，字鲁直，号山谷道人、涪翁等，洪州分宁（今江西修水）人。北宋文学

家、书法家。苏门四学士之一。剔,是用刀刮削。决,通"抉",指
拨开、挑开。

⑤治目当如治民:此句前,稗海本有"又记鲁直语云"六字。

⑥治民当如曹参之治齐:曹参,沛县(今属江苏)人。汉朝开国功
臣,汉朝第二任相国。汉惠帝时曹参为齐国相,采用黄老学说,奉
行清静无为的理念,齐国大治,曹参称贤相。见《史记·曹相国
世家》。此句是说治民(治眼)当行无为之法。

⑦治军当如商鞅之治秦:商鞅,战国时卫国人,法家学者,为秦国变
法,为法严苛,刻薄少恩。此句是说治军(疗齿)当严如商鞅。

【译文】

　　元日这一天,我与欧阳叔弼、晁无咎、张文潜一同在戒坛院。我近来
眼睛昏花,多次用热水擦洗眼睛。张文潜说:"眼睛忌用水擦洗。眼睛有
病,应该让它休息保养,牙齿有病,应该多加使用,二者不同。"我又记得
黄庭坚说过:"眼睛害怕用刀刮和挑,漱口和清洁口腔有益于牙齿。治疗
眼睛应像治理百姓,治疗牙齿应像管理军队,治民当如曹参治理齐国,治
军当如商鞅治理秦国。"他说得很有道理,故而追忆记录下来。

庞安常耳聩

【题解】

　　这是苏轼和庞安常开的一个玩笑。又见《苏轼文集》卷七三,题
《庞安常善医》。此条文字与本卷《记游·游沙湖》中的一段颇为相近。
本书卷三《技术》的"参寥求医""单骧孙兆"二条均提及此人。

　　蕲州庞君安常①,善医而聩②,与人语,须书始能晓。东
坡笑曰:"吾与君皆异人也,吾以手为口,君以眼为耳,非异
人乎③!"

【注释】

①庞君安常：庞安时，字安常，蕲州蕲水（今湖北浠水）人。见本卷《记游·游沙湖》。

②聩（kuì）：耳聋。

③非异人乎：此句后底本有小字注文："此条见前《游沙湖》内，重出。"应是赵开美所加。

【译文】

蕲州庞安常善于医术，耳聋，和别人交流，须得书写才能明白。东坡笑曰："我与君都是异人啊。我以手为口，君以眼为耳，难道不是异人吗！"

梦寐

【题解】

苏轼受宋代流行的《圆觉经》的影响,对人生梦幻的体悟很深,也有意地记载了一些自己的梦境。本门共11条,《记梦》分4条,所以一共讲了14个小故事。

记梦参寥茶诗

【题解】

苏轼一夜梦参寥携诗来访,醒后犹能忆其两句及梦中对答,故记其事。此条作于元丰六年(1083)在黄州时。又见《苏轼文集》卷六八,题《记参寥诗》。后来元祐五年(1090)苏轼任杭州知州时游西湖智果院,参寥汲泉烹茶,苏轼写《书参寥诗》(《苏轼文集》卷六八)也提及此事。次年苏轼离任还京,又访参寥,时参寥居舍处凿得新泉,苏轼作《参寥泉铭》(《苏轼文集》卷一九)再次提及此事。后两次苏轼均以梦兆为说,可见此梦在他心中铭刻之深。

昨夜梦参寥师携一轴诗见过[①],觉而记其饮茶诗两句云:"寒食清明都过了,石泉槐火一时新。"梦中问:"火固新

矣,泉何故新^②?"答曰:"俗以清明淘井。"当续成诗,以纪
其事。

【注释】

①参寥师:即释道潜,字参寥。见本卷《记游·逸人游浙东》。

②火固新矣,泉何故新:古代寒食节禁火,此后重新生火,故云"火
新"。至于"泉新",梦中参寥答是因为有清明淘井的民俗。《书
参寥诗》云参寥所居智果院"有泉出石缝间",而未释其新,《参寥
泉铭》则以元祐六年(1091)参寥居处新凿泉为说。

【译文】

昨夜梦见参寥师拿着一卷诗来访,醒来还记得他的饮茶诗有两句
说:"寒食清明都过了,石泉槐火一时新。"我在梦中问他:"火固然是新
的,泉为何也是新的?"他回答说:"因为清明节有疏通淘洗井的风俗。"
我应该续作完成此诗,以铭记此事。

记梦赋诗

【题解】

苏轼自述嘉祐元年(1056)经过华清宫时,梦唐明皇让其作六言诗
《太真妃裙带词》,后在黄州时将此诗及其本事缘由书写赠予潘大临。这
首诗及相关故事在宋代流行甚广,《萍洲可谈》卷一记此事,称是"梦至
帝所见侍女月娥仙,为作裙带诗",又略有不同,盖传闻致讹者也。本条
在《东坡外集》卷四四题为《记梦中裙带词》,文字全同,《苏轼文集》据《志
林》收入《苏轼佚文汇编拾遗》中。《苏轼诗集》卷四八有《梦中赋裙带》,
即此诗。本书后面《梦中作靴铭》一条也有此诗,而所载故事则不同。

轼初自蜀应举京师,道过华清宫^①,梦明皇令赋《太真

妃裙带词》②，觉而记之。今书赠柯山潘大临邠老③，云："百叠漪漪水皱④，六铢继继云轻⑤。植立含风广殿⑥，微闻环佩摇声。"元丰五年十月七日。

【注释】

①华清宫：唐代行宫，初名"温泉宫"。唐玄宗经常出游华清宫。苏轼嘉祐元年（1056）入京应举，经过其地。

②明皇：唐明皇，即唐玄宗，名李隆基，唐代皇帝。712年至756年在位。唐玄宗在位的开元、天宝时期，国强民富，号称盛唐。太真妃：即杨贵妃，名玉环，唐玄宗贵妃。曾用道号"太真"。

③柯山潘大临邠老：潘邠老，字大临，号柯山，黄州（今湖北黄冈）人。北宋诗人。苏轼贬官黄州时，潘大临与之从游、学习，后来吕本中将他列入江西诗派。柯山，原作"何山"，潘大临号柯山，得名于黄州的柯山，《苕溪渔隐丛话》卷四一记此事作"柯山"，据改。

④百叠漪漪（yī）水皱：这一句是写裙带如水波涟漪和皱纹一样有褶皱。百叠，百层，百折。形容裙带的皱褶。漪漪，水波荡漾的样子，水之涟漪。水皱，水面如皱纹。

⑤六铢（zhū）继继（xǐ）云轻：这句说裙带如六铢衣，和云一样轻薄，长而下垂。六铢，四分之一两。此处指六铢衣，是说很轻薄的衣服，传说是神仙所穿。铢，古代重量单位。二十四铢为一两。继继，同"缡缡"，长而下垂的样子。

⑥植立含风广殿：这句说杨贵妃站在大殿之上，迎风而立。植，直立。广殿，指广阔的大殿。

【译文】

我早先自蜀中应举赴京师，路过华清宫，梦到唐明皇命我作《太真妃裙带词》，醒后尚能记忆其诗。现在书写下来赠给柯山潘大临，云："百叠漪漪水皱，六铢继继云轻。植立含风广殿，微闻环佩摇声。"元丰五年

（1082）十月七日。

记子由梦

【题解】

　　此条是苏轼记载的苏辙（字子由）的一首诗，抄写给苏过。元祐元年（1086）作。又见《苏轼文集》卷六八《书子由梦中诗》。

　　元丰八年正月旦日①，子由梦李士宁②，草草为具③，梦中赠一绝句云："先生惠然肯见客，旋买鸡豚旋烹炙④。人间饮酒未须嫌，归去蓬莱却无吃。"明年闰二月六日为予道之，书以遗过子⑤。

【注释】

　　①旦日：农历初一日。

　　②子由梦李士宁：子由，是苏辙的字，当时在筠州（今江西高安）监酒税。李士宁，蓬州（今四川蓬安）人。自言学道，多诡数，周游四方，结交达官贵人。此事苏辙有《正旦夜梦李士宁过我谈说神怪，久之，草草为具，仍以一小诗赠之》诗（《栾城集》卷十三），即本条所录绝句，唯"饮酒"《栾城集》作"饮食"，"蓬莱"《栾城集》作"蓬壶"。

　　③草草为具：简单而匆忙地准备饭食。

　　④旋：急忙。

　　⑤过子：指苏过。《东坡外集》卷四四《书子由梦中诗》作"迟子"，指苏辙子苏迟。据传世苏帖墨迹，当以"过子"为是。

【译文】

　　元丰八年（1085）正月元旦日这一天，子由梦到李士宁，为他简单地准备了饭食，还在梦中赠了一首绝句云："先生惠然肯见客，旋买鸡豚旋烹炙。人间饮酒未须嫌，归去蓬莱却无吃。"第二年闰二月六日苏辙对我讲述此事，写下来送给苏过。

记子由梦塔

【题解】

此条记苏轼在梦中与苏辙（字子由）见一僧人，三人吞服舍利子的事情。又见《苏轼文集》卷六十《与子由弟十首》其五。

明日兄之生日①，昨夜梦与弟同自眉入京，行利州峡②，路见二僧，其一僧须发皆深青，与同行。问其向去灾福，答云："向去甚好，无灾。"问其京师所需，"要好朱砂五六钱。"又手擎一小卵塔③，云："中有舍利④。"兄接得，卵塔自开，其中舍利灿然如花。兄与弟请吞之。僧遂分为三分，僧先吞，兄弟继吞之，各一两掬⑤，细大不等，皆明莹而白，亦有飞迸空中者。僧言："本欲起塔，却吃了！"弟云："吾三人肩上各置一小塔便了。"兄言："吾等三人，便是三所无缝塔⑥。"僧笑，遂觉。觉后胸中噎噎然⑦，微似含物。梦中甚明，故闲报为笑耳。

【注释】

①兄之生日：兄指苏轼，苏轼生于景祐三年十二月十九日（按公历算是1037年1月8日）。

②利州峡："利州"即今四川广元，"峡"或指明月峡。嘉祐元年（1056）三月，苏轼、苏辙随父入京应试，曾经此地。

③卵塔：原作"卯塔"，据《苏轼文集》改。"卵塔"指佛教用一块石
　头整体雕造而成的石塔，外形如卵（如鸡蛋），故名。

④舍利：也称"舍利子"，佛祖释迦牟尼焚化后凝结而成的坚硬珠状
　物。也可指高僧大德焚化后的遗骨或结晶物。

⑤掬（jū）：捧的意思。此字原缺，据《苏轼文集》补。

⑥无缝塔：即卵塔。传说唐代的南阳慧忠国师有无缝塔的公案。这
　里可能是说三人身体无缝，即佛教所说的"无漏"之意。见本卷
　《修养·谢鲁元翰寄暖肚饼》中的"不漏"注。

⑦噎噎（yē）：梗塞的样子。

【译文】

　　明日是兄长我的生日，昨夜梦到与弟一同自眉山入京，行经利州的
峡谷，途中见两个僧人，其中一僧人胡须、头发皆是深青色，与我兄弟俩
同行。我问他前面路途的祸福，他答道："前途甚好，无灾祸。"问他到京
师是为了何物，答说："要品质好的朱砂五六钱。"那僧人手中擎举一小
卵塔，说："这里面有舍利。"我接过来，卵塔自己便打开了，其中的舍利
灿烂耀眼，如鲜花盛开。我和弟求吞服此物。那僧人遂分为三份，他先
吞下一份，我们兄弟相继吞服，各有一两捧，舍利珠大小不等，都晶莹洁
白，也有一些飞迸到空中。僧人说："本打算用这些舍利来造塔，却被吃
掉了！"弟说："我们三人肩上各安了一座小塔。"我说："我们三人便是三
所无缝塔。"僧人大笑，于是醒来。醒后感觉胸中梗塞，似乎有什么东西
在内。而梦中事记得很清晰，故而写下告诉你，以为闲笑。

梦中作祭春牛文

【题解】

　　此条记录苏轼在黄州时梦中作的一篇祭春牛文及相关事情，写于元
丰六年（1083）。《东坡外集》卷四十题《记梦春牛文》，《苏轼文集》据

《志林》收入《苏轼佚文汇编》卷五。此事苏轼大概有所遗忘，此条所写的书帖可能一时未曾见到，后来他又有一篇《书梦祭句芒文》（见《苏轼文集》卷六六、《东坡外集》卷四十）也记载此事，末云："久已忘之，参寥能具道，乃复录之。今岁立春，便可用也。"

　　元丰六年十二月二十七日[①]，天欲明，梦数吏人持纸一幅，其上题云：请祭春牛文[②]。予取笔疾书其上，云："三阳既至[③]，庶草将兴[④]，爰出土牛[⑤]，以戒农事[⑥]。衣被丹青之好，本出泥涂[⑦]；成毁须臾之间，谁为喜愠[⑧]？"吏微笑曰："此两句复当有怒者。"旁一吏云："不妨，此是唤醒他。"

【注释】

①十二月：《东坡外集》卷四十《记梦春牛文》、涵芬楼《说郛》卷二一《云庄四六馀话》引《东坡手泽》作"十一月"。

②祭春牛文：春牛是用泥土做成的牛，古代在立春时或春耕前，人们有鞭打春牛的仪式以祈福，官员也用此来表示劝农。"祭春牛文"便是这时候所写的文章。

③三阳：古时以十一月之冬至为至阴之时（《易》以坤卦☷为其象征），过此则为"一阳来复"（复卦☳最下为一阳），此后十二月为临卦（☱），有二阳，一月为泰卦（☰），为三阳。三阳既至，意味着春天来到。

④庶草：众草，百草。

⑤爰（yuán）：这里，那里。

⑥戒：劝。

⑦衣被丹青之好，本出泥涂：说土牛身上用丹青涂料进行图画，但其物本来自泥土。这里暗喻某些人（官）今日虽有阶品文饰，然本

出自下层。

⑧成毁须臾（yú）之间，谁为喜愠（yùn）：是说春牛之做成和打坏，
都在短暂的时间之内，有谁为之欢喜，有谁为之恼怒。这里暗喻
人（官）之擢拔升迁和毁弃贬谪都在须臾之间。须臾，片刻，一会
儿。愠，怒。

【译文】

元丰六年（1083）十二月二十七日，天快亮的时候，梦见数名小吏拿
着一幅纸，其上题云：请写一篇祭春牛文。我取笔疾书其上，云："三阳既
至，庶草将兴，爰出土牛，以戒农事。衣被丹青之好，本出泥涂；成毁须臾
之间，谁为喜愠？"一小吏微笑着说："这后面的两句，怕是会有人不高兴
的。"旁边一吏云："不妨事，这样可以唤醒他。"

梦中论《左传》

【题解】

此条记苏轼梦中见人讨论《左传》中《祈招》诗的解释，感觉说得有
道理，故而记了下来。当时苏轼在颍州。又见《苏轼文集》卷六六《记
梦中论〈左传〉》。

元祐六年十一月十九日五更，梦数人论《左传》，云：
"《祈招》之诗固善语①，然未见所以感切穆王之心，已其车
辙马迹之意者。"有答者曰："以民力从王事②，当如饮酒，
适于饥饱之度而已。若过于醉饱，则民不堪命，王不获没
矣③。"觉而念其言似有理，故录之。

【注释】

①《祈招》之诗:《左传·昭公十二年》记载左史倚相之言,说以前周穆王好游乐,想周游天下,到处都留下他的车辙马迹,祭公谋父作了《祈招》之诗来劝止他。诗云:"祈招之愔愔,式昭德音。思我王度,式如玉,式如金。形民之力,而无醉饱之心。"善语:稗海本作"善讽"。

②以民力从王事:用百姓的人力物力来为王做事。

③王不获没:底本作"三不护没",本段最末有小字注云:"'三不护'疑作'王不获'。"稗海本、《苏轼文集》作"王不获没",据改。获没,得以善终。《左传·昭公十二年》记周穆王因《祈招》诗而止游,"是以获没于祇宫"。

【译文】

元祐六年(1091)十一月十九日五更,梦见数人讨论《左传》,一人说:"《祈招》之诗固然不错,但未能看出其所以能感化周穆王的游乐心、终止他车辙马迹遍天下的想法的地方。"有人答曰:"用民力来为王做事,当如饮酒那样,要知道恰当的醉饱程度。如果大醉和过饱,则人民不堪忍受,王也不能得到好下场。"我醒来回想其言,似乎颇有道理,故记录下来。

梦中作靴铭

【题解】

此条记苏轼梦为宋神宗召入禁中作靴铭,醒来尚能回忆其一联。梦中还见到宫女裙带上有六言诗一首(即前《记梦赋诗》中的《太真妃裙带词》)。文字与《冷斋夜话》卷一《东坡梦铭红靴》的文字近似,疑是后人自《冷斋夜话》中抄出的。《冷斋夜话》的记载来源不详,不无杜撰的嫌疑。前《记梦赋诗》既称六言诗是《太真妃裙带词》,这里又称是神宗宫女裙带上的一首诗,不应前后相异如此。《苏轼文集》卷十九《裙靴铭（并序）》云:"予在黄州时,梦神考召入小殿赐宴,乃令作《宫人裙铭》,又令作《御靴铭》:百叠漪漪风皱,六铢缞缞云轻。独立含风广殿,微闻环佩来声。寒女之丝,铢积寸累。天步所临,云蒸雾起。"文义不贯,事实错乱,又像是从本条中抄出而有舛讹。又见《苏轼文集》卷六六《书梦中靴铭》。

　　轼倅武林日①,梦神宗召入禁中②,宫女围侍,一红衣女童捧红靴一只③,命轼铭之。觉而记其一联云:"寒女之丝④,铢积寸累;天步所临,云蒸雷起⑤。"既毕,进御,上极叹其敏,使宫女送出,睇视裙带间有六言诗一首⑥,云:"百叠漪漪风皱,六铢缞缞云轻。植立含风广殿,微闻环佩摇声⑦。"

【注释】

①轼倅（cuì）武林日:指苏轼任杭州通判（熙宁四年至熙宁七年）期间,通判是知州的副手。倅,副职。武林,杭州的别称。

②神宗:宋神宗,名赵顼,治平四年（1067）登基,次年改元熙宁（1068—1077）,熙宁二年（1069）用王安石为参知政事,进行变法。后用年号元丰（1078—1085）。

③只:《冷斋夜话》卷一《东坡梦铭红靴》作"双"。

④寒女之丝:贫寒女子织出的丝。

⑤天步所临,云蒸雷起:皇帝脚下经过之处,云腾雾起,脚步声如雷。天步,指皇帝之脚步。

⑥睇（dì）视:看,视。

⑦"百叠漪漪风皱"四句:见前《记梦赋诗》条。

【译文】

我做杭州通判时，有一次梦见神宗召我入宫，宫女环立侍候，有一红衣女童捧红靴一双，神宗命我作铭。我梦醒后尚能记其一联云："寒女之丝，铢积寸累；天步所临，云蒸雷起。"写完后进呈神宗，神宗极叹敏捷，让宫女送我出来。我看见那宫女的裙带上写有六言诗一首，云："百叠漪漪风皱，六铢縰縰云轻。植立含风广殿，微闻环佩摇声。"

记梦

【题解】

本题下共有4条文字。

一

【题解】

此条记梦中有人携诗和文来访。又见《苏轼文集》六八《记梦诗文》。

予尝梦客有携诗相过者，觉而记其一诗云："道恶贼其身①，忠先爱厥亲②。谁知畏九折③，亦自是忠臣。"又有数句若铭赞者④，云："道之所以成，不害其耕⑤；德之所以修，不贼其牛⑥。"

【注释】

①道恶（wù）贼其身：大道憎恨（反对）残害身体。

②忠先爱厥亲：意为欲忠，先爱他们的双亲。厥，其，他们的。

③九折：西汉王阳为益州刺史，巡查来到邛崃山的九折阪，感叹说："我的身体是父母祖先所遗，为何要多次经历这样的艰险。"于是

以病辞官而去。王尊为益州刺史，也来到九折阪，问手下的小吏说："这就是令王阳害怕的道路吗？"小吏说"是"。王尊对驾车人说："往前驱车！王阳为孝子，王尊为忠臣。"见《汉书·王尊传》。

④又：原作"文"，据稗海本、《诗话总龟·记梦门》引《东坡诗话》改。

⑤道之所以成，不害其耕：道之所以能成，是因为不断耕耘（比喻修养）。

⑥德之所以修，不贼其牛：德之所以修养完善，是因为不残害其心。北宋禅宗以牛喻心，凡修养者皆欲心性圆满，不为外惑。不贼其牛，《诗话总龟·记梦门》引《东坡诗话》作"不以贼其生"。《苏轼文集》于此条末有"元丰七年三月十一日"九字。

【译文】

我曾梦到一客人带着他的诗来访，醒来还记得一首，曰："道恶贼其身，忠先爱厥亲。谁知畏九折，亦自是忠臣。"又有数句文字，似是铭赞，曰："道之所以成，不害其耕；德之所以修，不贼其牛。"

<h1 style="text-align:center">二</h1>

【题解】

本条记在黄州时梦至西湖，于寺中逢老友辨（辩）才、海月。苏轼《海月辩公真赞》也写到此事："余在黄州，梦至西湖上，有大殿榜曰弥勒下生，而故人辩才、海月之流，皆行道其间。"（《苏轼文集》卷二二）又见《苏轼文集》卷七二《梦弥勒殿》。

予在黄州，梦至西湖上，梦中亦知其为梦也。湖上有大殿三重，其东一殿题其额云"弥勒下生"①，梦中云："是仆昔年所书。"众僧往来行道，太半相识，辨才、海月皆在②，相见惊异③。仆散衫策杖，谢诸人曰："梦中来游，不及冠带。"既觉,亡之。明日得芝上人信④,乃复理前梦,因书以寄之。

【注释】

①弥勒:佛教中的未来佛。北宋以后传说五代时期的布袋和尚是弥勒佛化生,塑像皆作袒露胸腹的大肚之像。今杭州灵隐寺飞来峰、天王殿皆有弥勒像。

②辨才:一作"辩才",即释元净。见本卷《记游·逸人游浙东》。海月:释惠辩,一作"慧辩",字讷翁,俗姓富,秀州华亭(今上海松江区一带)人。天台宗僧人。明智韶法师弟子。曾为杭州下天竺寺住持,杭州都僧正。苏辙有《天竺海月法师塔碑》,苏轼有《吊天竺海月辩师三首》。

③惊异:《苏轼文集》作"惊喜"。

④芝上人:释法芝,字昙秀,斋名梦斋。苏轼有《次韵法芝举旧诗》《送芝上人游庐山》《赠昙秀》等诗,《书昙秀诗》《书过送昙秀诗后》《书昙秀龙尾砚》等文,本卷有《送别·昙秀相别》条。苏辙有《梦斋颂(并引)》:"昙秀上人游行无定,予兄子瞻作'梦斋'二字,名其所至居室。为作颂曰:'法身充满,处处皆一。幻身虚妄,所至非实。我观世人,生非实中。以寤为正,以寐为梦。忽寐所遇,执寤所遭。积执成坚,如丘山高。若见法身,寤寐皆非。知其皆非,寤寐无非。遨游四方,斋则不迁。南北东西,法身本然。'"此颂又见苏轼《梦斋铭(并叙)》(《苏轼文集》卷十九),称"子由为之铭曰",可见原为苏辙所作,但其中关于梦幻之书写,亦可见苏轼的梦与法身的思想。

【译文】

我在黄州时,有一晚梦至西湖上,梦中也知道这是在做梦。湖边有高大的殿宇,里外三重,东面一殿有题额,云"弥勒下生",我在梦中说:"这是我以前书写的。"众僧往来于道路之上,大半都认识,辨才、海月也都在，我们忽然相见，十分惊讶。我这时候衣衫不整，拄着手杖，便对众人道歉说："我于梦中来游，抱歉来不及穿戴整齐。"然后我便醒来了，梦境消失。第二天我收到芝上人昙秀的来信，于是重新回忆整理前面的梦，书写此梦寄给他。

三

【题解】

此条记任伯雨因其外甥之梦而寻得咸平六年《金光明经》刊本事，作于绍圣元年（1094）五月。又见《苏轼文集》卷七二《师续梦经》，文末云："绍圣元年同郡苏某题。"

宣德郎、广陵郡王院大小学教授①，眉山任伯雨德公②，丧其母吕夫人六十四日③，号踊稍间④，欲从事于佛。或劝诵《金光明经》⑤，具言世所传本多误，惟咸平六年刊行者最为善本⑥，又备载张居道再生事⑦。德公欲访此本而不可得，方苦卧枢前⑧，而外甥进士师续假寐于侧⑨，忽惊觉曰："吾梦至相国寺东门⑩，有鬻姜者云有此经⑪。梦中问曰：'非咸平六年本乎？'曰：'然。''有居道传乎？'曰：'然。'此大非梦也！"德公大惊，即使续以梦求之，而获睹鬻姜者之状，则梦中所见也。德公舟行扶枢归葬于蜀，余方贬岭外⑫，遇吊德公楚、泗间⑬，乃为之记。

【注释】

①广陵郡王院：指宋太祖第四子赵德雍的后嗣所居院。院，原作"完"，据《苏轼文集》改。大小学教授：指在其中教书的教授。古人八岁入小学，十五岁入大学。

②任伯雨德公：任伯雨，字德翁，眉山（今属四川）人。中进士，官左
正言，虢州知州。宣和初卒，年七十三。《宋史》有传。有《得得居
士戆草》一卷。苏轼有《与任德翁二首》。吕陶《夫人吕氏墓志
铭》："子一人，伯雨，……擢进士第，今为宣德郎、某王宫教授。"
德公，《苏轼文集》作"德翁"。

③吕夫人：眉山（今属四川）人。任孜妻，任伯雨母亲。见吕陶《夫
人吕氏墓志铭》。六十四日：《苏轼文集》作"之十四日"。

④号踊：哭号顿足，表示极度悲痛，古代孝子遇丧丁忧时常见的一种行
为和礼仪。《苏轼文集》作"号擗"，痛哭捶胸的意思。间：同"闲"，
空隙。这里是止息的意思。

⑤《金光明经》：佛经名。四卷，北凉昙无谶（chèn）译。

⑥咸平六年：1003年。咸平，宋真宗赵恒的年号（998—1003）。

⑦张居道再生事：今传《金光明经》元丰四年（1081）序的版本，经
文后有《金光明经忏悔灭罪传》，大意说，温州治中（管理文书档
案的）张居道，沧州景城（今河北沧州）人。因屠宰牛羊猪鸡鹅
鸭之类，得病而死，三夜复活。自说有使者四人引其入冥，乃知
是被屠之猪牛羊等怨家上诉。张居道求解脱之计。使者告他应
为所杀众生发心，造《金光明经》供养，以释怨家。张居道承应其
事。后又见阎王，阎王欲唤猪牛羊等诉讼者对证，却遍觅不得，乃
知是因张居道发愿造经，猪牛羊等已转生为人。于是阎王放张居
道归，令多造功德，断肉止杀，勿复悭贪。张居道后于卫州禅寂寺
访得《金光明经》，抄写供养。有温州安固县丞妻病，一年不食，
独自狂语，张居道说其夫抄经，病即痊愈。

⑧苫（shān）：一种简陋的草垫子，古代居丧时孝子睡在上面。

⑨师续：人名，生平不详。

⑩相国寺：亦名"大相国寺"，位于开封的一座著名寺庙。北齐时创
建，名"建国寺"，唐睿宗时改名"相国寺"，北宋至道二年（996）

扩建,太宗题额曰"大相国寺"。此寺地处宋代东京城的闹市之
中,也是商品交易和民众聚集之处。

⑪鬻(yù)姜:卖姜。《苏轼文集》作"鬻糟姜"。后文"鬻姜",《苏
　轼文集》亦作"鬻糟姜"。糟姜是将嫩姜用糟、酒、糖、盐等腌制
　而成的一种食物。

⑫贬岭外:指苏轼绍圣元年(1094)贬官惠州。

⑬楚、泗:楚州(今江苏淮安)、泗州(今江苏盱眙)。

【译文】

　　宣德郎、任广陵郡王院大小学教授的眉山任伯雨,为其母吕夫人
服丧至六十四日,哭号顿足稍稍停歇,想为亡母作佛事。有人劝他念诵
《金光明经》,又细说世间所传版本多误,唯有咸平六年(1003)刊行者是
最好的本子,其中详细记载了张居道再生的故事。任伯雨想寻访这个版
本却不可得,一次他卧在棺柩前的草垫上,外甥进士师续在旁边打盹,忽
然惊醒说:"我做梦到了相国寺东门,有一个卖姜的人说他有此经。我于
梦中问他:'是咸平六年的本子吗?'他说:'是的。'我问:'附有张居道传
吗?'他说:'是的。'这肯定不只是一个梦!"任伯雨大惊,便让师续根据
梦中所见去寻找,找到的卖姜人的容貌形像,正是梦中所见。任伯雨乘
船扶柩归葬于蜀,我这时候正贬谪于岭外,在楚州、泗州一带的途中遇到
任伯雨,乃吊祭其母,为他记下此事。

四

【题解】

　　此条记苏轼梦中所得学佛之语。又见《苏轼文集》卷六八《记梦中
句》。

　　昨日梦有人告我云:"知真飱佛寿①,识妄吃天厨②。"予
甚领其意。或曰:"真即飱佛寿,不妄吃天厨。"予曰:"真即

是佛，不妄即是天，何但飨而吃之乎？"其人甚可予言。

【注释】

　①知真飨（xiǎng）佛寿：这句是说懂得真实便可与佛陀同寿，有无
　　量寿。知，底本原作"如"，据稗海本、《苏轼文集》改。真，是佛教
　　所说的真实（不虚妄）、真谛。飨，通"享"，享用，享受。
　②天厨：天上神仙享用的厨房饭菜。

【译文】

　昨天梦见有人来告诉我说："懂得真实便可与佛陀同寿，识得虚妄
便可享用天厨。"我颇能明白他的意思。有人说："真实就能与佛寿同，
不虚妄就可以享用天厨。"我说："真即是佛，不妄即是天，岂止是与佛同
寿、同食而已？"那人很是同意我的话。

梦南轩

【题解】

　这是苏轼自记五十八岁时做的一次梦，梦到老家纱縠行的旧宅，而
自己坐在南轩之中。此梦的时间恰好在苏轼第二任妻子王闰之去世后
的第十天，妻子的去世显然勾起了苏轼对往事和故乡的思忆。已入老
年的苏轼虽然此时身居礼部尚书的高位，近些年来却一直在考虑回乡，
他在给妻子写的祭文中便说"我日归哉，行返丘园"（《祭亡妻同安郡君
文》），可惜"曾不少须，弃我而先"，还没来得及一起回到故乡，妻子便离
世了。又见《苏轼文集》卷七一。

　元祐八年八月十一日，将朝尚早，假寐^①，梦归縠行
宅^②，遍历蔬圃中。已而坐于南轩^③，见庄客数人方运土塞
小池，土中得两芦菔根^④，客喜，食之。予取笔作一篇文，有

数句云:"坐于南轩,对修竹数百,野鸟数千。"既觉,惘然思之⑤。南轩,先君名之曰"来风"者也。

【注释】

①假寐(mèi):穿着衣服打瞌睡、打盹。

②縠(hú)行:即纱縠行,交易纱縠的地方。"纱"是轻薄的丝织品,"縠"是带有褶皱的丝织品。这里指的是苏洵、苏轼、苏辙一家人在眉山的居所。本书书卷三《异事·先夫人不许发藏》:"昔吾先君夫人僦宅于眉,为纱縠行。"今四川眉山的三苏祠即在其地。

③南轩:苏轼家南面的轩亭。轩,是一种四面敞亮、无围挡的建筑。苏轼在《御史台槐榆竹柏四首·竹》也写到老家的南轩:"此君知健否,归扫南轩绿。"苏辙有《南轩记》。

④芦菔(fú)根:萝卜。

⑤惘(wǎng)然:怅然失意的样子,恍惚貌。思之:稗海本作"怀思久之"。

【译文】

元祐八年(1093)八月十一日,将要上朝,时间尚早,便坐着打盹,梦回老家的纱縠行旧宅,走遍了菜园花圃。之后坐在南轩中,看见有几个田庄的农民正在运土填塞小池塘,在土中得到两个萝卜,他们高兴地吃掉了。我取笔写了一篇文章,有几句云:"坐于南轩,对修竹数百,野鸟数千。"既而醒来,怅然而思。南轩,是先父命名为"来风"的地方。

措大吃饭

【题解】

此条记一民间笑话,又感叹马道士不如笑话中的人"得吃饭三昧"。

约作于元丰七年（1084）苏轼游庐山时（见本卷《记游·记游庐山》）。又见《苏轼文集》卷七三《二措大言志》。

有二措大相与言志①，一云："我平生不足，惟饭与睡耳，他日得志，当饱吃饭了便睡②，睡了又吃饭③。"一云："我则异于是，当吃了又吃，何暇复睡耶④！"吾来庐山，闻马道士善睡⑤，于睡中得妙。然吾观之，终不如彼措大得吃饭三昧也⑥。

【注释】

①措大：古代对贫寒读书人的戏称。相与：一起。

②当饱吃饭了便睡：稗海本作"当吃饱饭了便睡"，《苏轼文集》作"当饱吃饭，饭了便睡"。

③睡了又吃饭：《苏轼文集》无"饭"字。

④何暇（xiá）：哪有闲暇，哪有时间。

⑤马道士：其人不详，仅知为庐山道士。善睡：底本作"弟睡"，据《苏轼文集》改。稗海本作"嗜睡"。

⑥三昧：佛教音译术语。本指正念、正定，后泛用指奥义、妙法。

【译文】

有两个穷书生谈志向，一人说："我平生所欠缺的，就是饭食和睡觉，以后得志了，当吃饱了便睡，睡醒了又吃。"一人说："我不是这样，应该是吃了又吃，哪有工夫睡觉啊！"我来到庐山，听说马道士善于睡觉，能于睡梦中体悟到道的奥妙。不过在我看来，他毕竟还是不如穷书生得到了吃饭的三昧。

题李岩老

【题解】

　　此条记李岩老好睡。约作于黄州时。又见《苏轼文集》卷七一《书李岩老棋》。

　　南岳李岩老好睡[①]。众人食饱下棋，岩老辄就枕，阅数局乃一展转[②]，云："我始一局[③]，君几局矣？"东坡曰："岩老常用四脚棋盘，只着一色黑子[④]。昔与边韶敌手[⑤]，今被陈抟饶先[⑥]。着时自有输赢[⑦]，着了并无一物。"欧阳公诗云："夜凉吹笛千山月，路暗迷人百种花。棋罢不知人换世，酒阑无奈客思家[⑧]。"殆是类也。

【注释】

①李岩老：李樵，字岩老。苏辙有《代李樵卧帐颂（并引）》："子瞻在黄日，以卧帐遗李樵，以颂问曰：'问李岩老，何心居此，爱护铁牛，障阑佛子。'"

②展转：即辗转。此处指翻身。

③我始一局：四字底本原缺，据《苏轼文集》《苕溪渔隐丛话》前集卷三三补。底本"乃一辗转云"后有双行小字注："一本'云'字下曰'我始一局'。"

④岩老常用四脚棋盘，只着一色黑子：四脚棋盘，本指有四只脚支撑的棋盘，但这里暗指李岩老的身体，他用四角棋盘是说他睡觉。只着一色黑子，字面义是说只下一种黑色棋子，实际暗指他闭眼睡觉，仅有黑色。

⑤边韶：字孝先，陈留浚仪（今河南开封）人。东汉学者。《后汉书》

上记他曾经在白天打盹，他的弟子私下嘲笑说："边孝先，腹便便。懒读书，但欲眠。"苏轼用边韶眠的典故，来衬托李岩老的嗜睡。

⑥陈抟（tuán）：字图南，亳州真源（今河南鹿邑）人。宋太宗赐号希夷，北宋初道士。传说他"每寝处，多百馀日不起"，见《宋史·陈抟传》。饶先：让先手，高手一般让低手先下一子或数子，称为"饶先"。《苏轼文集》作"争先"。

⑦着：着棋，下棋。本文暗指睡着。自有：《苏轼文集》作"似有"。

⑧"夜凉吹笛千山月"四句：为欧阳修的《梦中作》诗。大意是说，夜晚清凉有人吹笛，月照千山之上，道路之上晦暗，唯能闻到各种花香。下完棋不知世间人世已经改换，酒残之时百无聊赖，客居之人思家怀乡。酒阑，酒席结束，客人散去。

【译文】

南岳李岩老喜好睡觉。众人吃饱后下棋，李岩老便就枕而卧，别人下了数局棋他才翻一个身，说："你们下了几局了？"东坡说："李岩老常用四脚棋盘，只下黑子一种颜色。过去能与边韶为敌手，现在被陈抟让先。下棋时自然有输有赢，下完棋便无一物在怀，睡时有长有短，睡着了便一切不知。"欧阳公诗云："夜凉吹笛千山月，路暗迷人百种花。棋罢不知人换世，酒阑无奈客思家。"大概就是说此类人吧。

学问

【题解】

《学问》门仅1条。记恩师欧阳修的写作经验。

记六一语

【题解】

此条记孙觉所讲的欧阳修的写作经验，就是多读多写。又见《苏轼文集》卷六六《记欧阳公论文》。

顷岁孙莘老识欧阳文忠公①，尝乘间以文字问之②，云："无它术，唯勤读书而多为之，自工。世人患作文字少，又懒读书，每一篇出，即求过人，如此少有至者。疵病不必待人指摘③，多作自能见之。"此公以其尝试者告人，故尤有味。

【注释】

①孙莘（shēn）老：孙觉，字莘老，高邮（今属江苏）人。北宋官员。曾知湖州等地。并推荐其女婿黄庭坚的诗文给苏轼。欧阳文忠

公：欧阳修,谥文忠。见本卷《记游·黎檬子》。

②乘间:趁机,找到空子。

③疵病:缺点,毛病。指摘(tī):挑出缺点错误。

【译文】

以前孙觉与欧阳修相识,曾经找了个机会问他写文章的诀窍,他说:"没有别的诀窍,只是勤读多写,自然便工。世人的弊病是写过的文字太少,又懒于读书,每写完一篇,就想要超过别人,像这样子是极少能写好文章的。至于文章的瑕疵毛病,不须他人批评挑剔,多写自然能看出来。"这是欧公将他的写作经验告诉别人,故而尤有值得回味之处。

命分

【题解】

　　《命分》门共3条,第三条中的"人生有定分",表现出苏轼的命定论思想。苏轼绍圣元年(1094)贬惠州时,在《与刘宜翁使君》的书信中,也说过"定命要不可逃"。对于经历人生磨难和坎坷的苏轼来说,相信人生有定分是很自然的,但他以《易经》"乐天知命,故不忧"的态度,发展出知命必尽人事的思想,写在《墨妙亭记》中:"余以为知命者,必尽人事,然后理足而无憾。物之有成必有坏,譬如人之有生必有死,而国之有兴必有亡也。虽知其然,而君子之养身也,凡可以久生而缓死者无不用,其治国也,凡可以存存而救亡者无不为,至于不可奈何而后已。此之谓知命。"

退之平生多得谤誉

【题解】

　　此条苏轼感叹自己和韩愈一样,平生常遭毁谤。卷二《异事·东坡升仙》中也记有类似的感慨。又见《苏轼文集》卷六七《书退之诗》。

　　退之诗云①:"我生之辰,月宿南斗②。"乃知退之磨蝎为身宫③,而仆乃以磨蝎为命④,平生多得谤誉,殆是同病也。

【注释】

①退之:韩愈,字退之,唐代文学家。此诗为韩愈的《三星行》,是有
　　感于谗言而作。

②月宿南斗:月处于南斗的位置。南斗,也叫"斗宿",是二十八宿
　　的北方七宿之一。底本作"直斗",据《苏轼文集》、韩愈诗改。

③磨蝎为身宫:指出生之时日为磨蝎(摩羯)宫。磨蝎,即摩羯,是
　　西方的黄道十二宫之一。古人将二十八宿与十二宫对应,韩愈出
　　生时月在斗宿之旁,即磨蝎宫的位置。身宫,出生时的星座。

④仆:我。以磨蝎为命:磨蝎为苏轼的命宫。苏轼有感于韩愈身宫为
　　磨蝎而受谗,认为自己同样如此,故而说自己的命宫也是磨蝎宫。

【译文】

韩愈诗云:"我生之辰,月宿南斗。"因此可知韩愈是磨蝎宫的人,而
我以磨蝎为命宫,平生多遭受诽谤,我们或许有着同样的不幸。

马梦得同岁

【题解】

这条苏轼自嘲贫穷,又拉出马梦得作陪,因为他更加贫穷。苏轼
《东坡八首》其八、苏辙《赠马正卿秀才》诗均写其贫穷之状,苏轼《书孟
东野诗》也由孟郊之贫想到马梦得,云:"元丰四年,与马梦得饮酒黄州
东禅,醉后诵孟东野诗云:'我亦不笑原宪贫。'不觉失笑。东野何缘笑
得原宪? 遂书此以赠梦得。只梦得亦未必笑得东野也。"孟郊不能笑原
宪之贫,马梦得和我苏轼又岂能笑孟郊之贫? 又见《苏轼文集》卷七二
《马梦得穷》。

马梦得与仆同岁月生①,少仆八日②。是岁生者无富贵
人,而仆与梦得为穷之冠。即吾二人而观之,当推梦得为首。

【注释】

①马梦得：字正卿，开封杞县（今河南杞县）人。苏轼为凤翔府签判时与他相识，后马梦得追随苏轼到黄州。

②少仆八日：比我少八日。苏轼生在景祐三年十二月十九日（按公历算是1037年1月8日），则马梦得生在十二月二十七日（1月16日）。

【译文】

马梦得和我同年同月生，比我小八天。这一年出生的没有富贵之人，而我和马梦得是其中最穷的。就我们二人来看，论穷还得推马梦得为上首。

人生有定分

【题解】

此条是苏轼的感叹，他在世间所求不过是有二顷田、可以吃粥而已，但却一直得不到，大概人生自有定分，想吃饱饭也不是那么容易的。又见《苏轼文集》卷七一《书田》。

吾无求于世矣，所须二顷田以足饘粥耳①，而所至访问，终不可得。岂吾道方艰难②，无适而可耶③？抑人生自有定分④，虽一饱亦如功名富贵不可轻得也⑤？

【注释】

①二顷田以足饘（zhān）粥：《苏轼文集》作"二顷稻田以充饘粥"。饘粥，稀饭，粥。

②吾道方艰难：我所秉持和践行之道义在当下遭遇到困难。这个说法来自杜甫《空囊》："世人共卤莽，吾道属艰难。"苏轼《送家安

国教授归成都》也说:"吾道虽艰难,斯文终典型。"

③无适而可耶:《苏轼文集》此句前有一"时"字。

④抑:还是。定分:固定的命运,宿命。

⑤虽一饱亦如功名富贵不可轻得也:《苏轼文集》此句末有一"耶"字。

【译文】

我与世无求,所需要的不过是二顷田、能有稀饭吃就可以了,而我到处寻访,最终也没能实现这点要求。难道是因为我的道不顺利,无处可施行? 还是人生自有定命,哪怕只是要吃饱馐粥,也像功名富贵一样不是轻易可得?

送别

【题解】

《送别》门一共6条。均是苏轼与朋友分别时所作,书字以为纪念。

别子开

【题解】

元祐三年(1088)十一月中书舍人曾肇言黄河事,因此得旨将往河北看水情,冬至苏轼前来府上贺节日,相与饮酒,书此条为别。又见《苏轼文集》卷七二《书别子开》。

子开将往河北相度河宁①,以冬至前一日被旨②,过节遂行。仆以节日来贺,且别之,留饮数盏,颓然竟醉③。案上有此佳纸,故为作草露书数纸④。迟其北还⑤,则又春矣,当为我置酒蟹、山药、桃、杏⑥,是时当复从公饮也。

【注释】

①子开:曾肇,字子开,建昌军南丰(今江西广昌)人。曾巩弟。治

平四年（1067）进士，官至吏部侍郎、翰林学士兼侍读。河北：宋代的河北路，大约相当于今河北省南部。相度：观察测量。原作"相渡"，据稗海本改。

②冬至：元祐三年冬至为十二月六日，即1088年12月21日。

③竟：稗海本作"径"。

④草露书：疑指垂露书。王愔《文字志》曰："垂露书如悬针而势不遒劲，阿那（婀娜）若浓露之垂，故谓之'垂露'。"（《初学记》卷二一引）

⑤迟（zhì）：等到。

⑥酒蟹：酒渍的螃蟹，也叫"醉蟹"。杏：稗海本作"李"。

【译文】

曾子开将往河北察看黄河水是否安宁，在冬至前一日得到命令，过完冬至节便出发。我前往道贺节日，同时与他告别，留下来饮酒数杯，竟然喝醉了。桌案上有此佳纸，故而以草露书写字，写满数纸。等他完成差使打北边回来，又该是春天了，应该为我早些准备酒蟹、山药、桃、杏，那时再和他一同畅饮。

昙秀相别

【题解】

昙秀到惠州看望苏轼，离去时苏轼送他自己书写的字纸（却冒称是僧志言所写），又在后面写下一段跋语叙其事。作于绍圣四年（1097）。又见《苏轼文集》卷六九《跋所赠昙秀书》。

昙秀来惠州见予①，将去，予曰："山中人见公还②，必求一物③，何以与之？"秀曰："鹅城清风④，鹤岭明月⑤，人人送与，只恐它无着处。"予曰："不如将几纸字去，每人与一纸，但向道此是言法华书⑥，里头有灾福⑦。"

【注释】

①昙秀：僧昙秀，见本卷《梦寐·记梦》之第二条。苏轼《书过送昙
　　秀诗后》也提到"今昙秀复来惠州见余"（《苏轼文集》卷六八），文
　　后题写的时间是丁丑正月二十一日，丁丑是绍圣四年（1097）。
　　予：稗海本作"坡"，《苏轼文集》作"东坡"。后文二"予"字，稗
　　海本、《苏轼文集》作"坡"。

②山中人：底本无"人"字，据《苏轼文集》补。"山中人"指与昙秀
　　一同在山中修道的僧徒道众。

③一物：《苏轼文集》作"土物"。

④鹅城：指惠州城。

⑤鹤岭：即惠州的白鹤峰。

⑥言法华：底本作"法言华"，据稗海本改。僧志言，俗姓许，寿春
　　（今安徽寿县）人。宋代僧人。常诵《法华经》，故称"华志言"
　　"言法华"。多奇行异事，《宋史》本传说他"或阴卜休咎，书纸挥
　　翰甚疾，字体遒壮，初不可晓，其后多验"。

⑦灾福：祸福。这是说文字中蕴含有将来的祸福。

【译文】

　　昙秀来惠州见我，将离去之时，我说："山中人见公回来，必定索求物
品，给他们什么呢？"昙秀说："鹅城的清风，鹤岭的明月，每人都可送与
一份，只怕它们无处安放。"我说："不如拿几张我写的字纸去，每人给一
纸，只对他们说这是言法华的书纸，里面的字含有祸福之兆。"

别王子直

【题解】

此条简单记叙了苏轼到惠州的经历，书字赠予王子直。又见《苏轼文集》卷七一《题嘉祐寺壁》。

绍圣元年十月二日[①]，始至惠州，寓于嘉祐寺松风亭[②]，杖履所及[③]，鸡犬相识。明年，迁于合江之行馆[④]，得江楼豁彻之观[⑤]，忘幽谷窈窕之趣[⑥]，未见其所休戚[⑦]。峤南、江北[⑧]，何以异也！虔州鹤田处士王原子直不远千里访予于此[⑨]，留七十日而去。东坡居士书。

【注释】

①二日：底本作"三日"，《苏轼文集》作"二日"。据苏轼《到惠州谢表》，当作"二日"。苏轼《迁居》诗之引亦云："吾绍圣元年十月二日至惠州，寓合江楼，是月十八日迁于嘉祐寺。二年三月十九日复迁于合江楼，三年四月二十日复归于嘉祐寺。"

②嘉祐寺松风亭：见本卷《记游·记游松风亭》。

③杖履（lǚ）：拐杖和鞋履。指拄杖步行。

④合江之行馆：即合江楼，在惠州东城，东、西二江之水在此合流，故名。

⑤得：稗海本作"在"。豁彻：豁然开朗，视线通透。

⑥忘：《苏轼文集》作"失"。窈窕（yǎo tiǎo）：幽深貌。

⑦休戚：《苏轼文集》作"欣戚"，都是指欢喜与忧愁的意思。

⑧峤（jiào）南：岭南，五岭之南。江北：《苏轼文集》作"岭北"。

⑨王原子直：王原，字子直，虔州（今江西赣州）人。住鹤田山，故名

"鹤田处士"。苏轼有《王子直去岁送子由北归,往反百舍,今又相逢赣上,戏用旧韵作诗留别》《赠王子直秀才》二诗,前云"二顷田应为鹤谋",后云"剩买山田添鹤口",都用了"鹤田"之意。

【译文】

　　绍圣元年(1094)十月二日,我刚刚到惠州,暂住在嘉祐寺松风亭,拄杖步行所经之处,与鸡犬相识。第二年,迁居合江楼中,有登楼眺望、敞亮畅彻的视野,忘记处于幽谷中隐居幽深的趣味,不再有欣喜或忧愁之感。身处岭南或是江北,又有什么差别呢!虔州鹤田处士王子直不远千里来访,逗留七十日才离去。东坡居士书。

别石塔

【题解】

　　此条记石塔长老与苏轼的对话,以语言的双关之义斗机锋。苏轼先说遗憾没能见到扬州石塔寺的石塔,石塔长老故意理解为是说自己,站起来答说"难道我这是砖塔吗",苏轼便答"你这是有缝塔",石塔长老又说"如果无缝,如何容纳世间众生"。据《墨庄漫录》卷四载,"东坡自常州赴登州,经过扬州石塔寺,长老戒公来别",其后对话如本篇所载,后又云"元丰八年八月二十七日",可知这段对话的时地和背景。又见《苏轼文集》卷七二《记石塔长老答问》。

　　石塔别东坡①。予云②:"经过草草③,恨不一见石塔④。"塔起立云:"遮个是砖浮图耶⑤?"予云:"有缝塔⑥。"塔云:"若无缝,何以容世间蝼蚁?"予首肯之⑦。

【注释】

　　①石塔:石塔长老,住扬州石塔寺的和尚戒公,字无择。苏轼有《余

将赴文登过广陵而择老移住石塔相送竹西亭下留诗为别》诗及《石塔戒衣铭》《重请戒长老住石塔疏》。别东坡:《苏轼文集》作"来别居士"。

② 予:《苏轼文集》作"居士",下一"予"字亦作"居士",末一"予"字作"坡"。稗海本、《墨庄漫录》(卷四)均作"坡"。

③ 经过:过访。草草:匆忙仓促。

④ 恨:遗憾。

⑤ 遮:这。个:原作"着",据《苏轼文集》《墨庄漫录》改。砖浮图:以砖砌成的浮图。浮图,是佛教音译词,即塔。

⑥ 有缝塔:有缝隙的塔,一般石块或砖头垒砌的塔均有缝,故称"有缝塔"。与无缝塔相对。参见本卷《梦寐·记子由梦塔》中的"无缝塔"注释。

⑦ 首肯:点头同意。《苏轼文集》文末有"元丰八年八月二十七日"十字。《墨庄漫录》亦称此年日。

【译文】

扬州石塔寺的石塔长老来与我道别。我说:"我过访扬州石塔寺很匆忙,遗憾没能见到石塔。"石塔长老站起来说:"这难道是砖作的浮图吗?"我说:"你这是有缝塔。"石塔说:"如果无缝,何以容纳世间的蝼蚁。"我首肯表示同意。

别姜君

【题解】

此条写出苏轼在海南儋州时的生活状态,每日唯以饮酒、读书为事。作于元符三年(1100)。又见《苏轼文集》卷六七《书柳子厚诗后》。

元符己卯闰九月①,琼士姜君来儋耳②,日与予相从,庚辰三月乃归③。无以赠行，书柳子厚《饮酒》《读书》二诗④，以见别意。子归，吾无以遣日，独此二事日相与往还耳。二十一日书。

【注释】

①元符己卯：宋哲宗元符二年（1099）。

②琼士姜君：琼州士人姜君弼，字唐佐，琼州（今海南海口）人。从苏轼学习。士，原作"本"，据《苏轼文集》改。

③庚辰：元符三年（1100）。

④柳子厚《饮酒》《读书》二诗：柳子厚即柳宗元，字子厚，唐代文学家。其《饮酒》诗："今夕少愉乐，起坐开清尊。……彼哉晋楚富，此道未必存。"《读书》诗："幽沉谢世事，俯默窥唐虞。……贵尔六尺躯，勿为名所驱。"

【译文】

元符己卯年（1099）闰九月，琼州士人姜君弼来儋州，每日和我来往，次年庚辰（1100）三月才返回琼州。我没有什么可赠送的，书写柳宗元的《饮酒》《读书》二诗，以表达送别的情意。你回去之后，我再没有什么可以消遣日子的，只有这饮酒和读书两件事可以做了。二十一日书。

别文甫子辩

【题解】

此篇是苏轼离开黄州时写给王文甫兄弟的。王文甫、王子辩是蜀人，原与苏轼相识，苏轼来黄州不久即来相见，此后时时相与来往，直到苏轼任汝州团练副使离开黄州。苏轼乃写下此纸，表达故人惜别之情。又见《苏轼文集》卷七一《赠别王文甫》。

　　仆以元丰三年二月一日至黄州。时家在南都^①,独与儿子迈来,郡中无一人旧识者。时时策杖在江上,望云涛渺然,亦不知有文甫兄弟在江南也^②。居十馀日,有长髯者惠然见过,乃文甫之弟子辩。留语半日,云:"迫寒食,且归东湖^③。"仆送之江上,微风细雨,叶舟横江而去。仆登夏隩尾高丘以望之^④,仿佛见舟及武昌^⑤,步乃还。尔后遂相往来,及今四周岁,相过殆百数。遂欲买田而老焉,然竟不遂。近忽量移临汝^⑥,念将复去,而后期未可必,感物凄然,有不胜怀者^⑦。浮屠不三宿桑下者^⑧,有以也哉! 七年三月九日。

【注释】

①南都:即应天府,今河南商丘。

②文甫兄弟:王齐愈,字文甫,王齐万,字子辩,嘉州犍为(今四川乐山)人。苏轼有《王齐万秀才寓居武昌县刘郎洑,正与伍洲相对,伍子胥奔吴所从渡江也》诗及《犍为王氏书楼》。

③东湖:《苏轼文集》作"车湖"。

④夏隩(yù):黄州西南的一个地名,据说是北宋天禧年间黄州知州夏竦开凿的,故名。原文作"夏燠",据《苏轼文集》改。隩,指江湖的水湾深曲之处。也作"澳"。

⑤仿佛:若有若无貌,隐约貌。武昌:武昌县,宋时属荆湖北路,治在今湖北鄂州鄂城区,在黄州的长江对岸。

⑥量移:指官吏贬谪远地后又酌情迁至近处任职。元丰七年(1084)三月,苏轼由黄州团练副使迁汝州团练副使。临汝:旧郡名。北宋为汝州(今属河南)。

⑦有不胜怀者:"者"字原无,据稗海本、《苏轼文集》补。

⑧浮屠不三宿桑下:语见《后汉书·襄楷传》:"浮屠不三宿桑下,不

欲久生恩爱，精之至也。”李贤注：“言浮居之人寄桑下者，不经三宿便即移去，示无爱恋之心也。”是说和尚不会在一棵桑树之下连续三晚住宿停留，以免对桑树因相处时间之久而生留恋之情。

【译文】

我于元丰三年（1080）二月一日到了黄州。当时家人都在南都应天府，我独自与儿子苏迈前往黄州，当地无一人是相识的旧友。我时时拄杖行走于长江边，看见江涛如云，绵延不绝，一望无际，也不知道王文甫兄弟就在江的南岸。过了十来天，有长髯者来拜访，是王文甫的弟弟王子辩。相谈半日，他说：“现在快到寒食节了，我要回东湖去了。”我送他到江边，微风细雨中，他乘一叶小舟渡江而去。我登上夏隩尾端的高丘眺望，隐约看见小舟到了武昌，才步行回来。此后便常相往来，至今四年，互相造访大约有百来次。我因此想在当地买田终老，最后竟不能成。近日忽得诏命量移临汝，想到马上要离去了，却不知还有没有后会之期，因而凄然伤感，以致胸怀不能承受。古人说和尚不在桑树之下停留三晚，确实有其缘故啊！元丰七年（1084）三月九日。

卷二

祭祀

【题解】

《祭祀》门有2条。一是讨论八蜡之礼,一是记道士朝斗(北斗)。

八蜡三代之戏礼

【题解】

此条写苏轼对八蜡之礼的看法,认为是古人的一种游戏。这反映出苏轼的游戏观。又见《苏轼文集》卷六四《蜡说》。

八蜡①,三代之戏礼也②。岁终聚戏,此人情之所不免也,因附以礼义。亦曰:不徒戏而已矣③。祭必有尸④,无尸曰奠⑤,始死之奠与释奠是也⑥。今蜡谓之"祭",盖有尸也。猫虎之尸⑦,谁当为之? 置鹿与女⑧,谁当为之? 非倡优而谁⑨。葛带榛杖,以丧老物⑩,黄冠草笠,以尊野服⑪,皆戏之道也。子贡观蜡而不悦⑫,孔子譬之曰"一张一弛,文、武之道"⑬,盖为是也。

【注释】

①八蜡（zhà）：上古时每年的年终进行的一种祭祀，祭祀的神或物有八种。《礼记·郊特牲》：“天子大蜡八。伊耆氏始为蜡，蜡也者，索也。岁十二月，合聚万物而索飨之也。”郑玄注：“蜡祭有八神：先啬一，司啬二，农三，邮表畷四，猫虎五，坊六，水庸七，昆虫八。”北宋吕希哲以为八蜡中无昆虫，猫、虎为二物（涵芬楼《说郛》本《（吕侍讲）杂记》）。

②三代：指夏、商、周。

③徒：只是。

④祭必有尸：尸是古代祭祀时装扮成受祭者或死者的人。苏轼有《尸说》（《苏轼文集》卷六四）一文，可参。

⑤无尸曰奠：奠，是指以食物、器具等陈放于死者灵前，“奠”字本有置放之义。奠时是没有尸的，故云“无尸曰奠”。《礼记·檀弓下》：“奠以素器，以生者有哀素之心也。”孔颖达疏：“奠谓始死至葬之时祭名。以其时无尸，奠置于地，故谓之奠也。”可见自死者死去至下葬之间的各种陈献之礼都称为“奠”。

⑥始死之奠：指人刚死时的奠礼。《礼记·檀弓下》里有“始死，脯醢之奠”，是说刚死时用脯（干肉）和醢（肉酱）为奠。释奠：古代学校设酒食以祭先圣先师的礼仪。《礼记·文王世子》：“凡学，春官释奠于其先师，秋冬亦如之。凡始立学者，必释奠于先圣先师。”郑玄注：“释奠者，设荐馔酌奠而已。”

⑦猫虎之尸：扮成猫虎的尸。祭猫虎是“八蜡”之一。

⑧置鹿与女：语见《礼记·郊特牲》：“大罗氏，天子之掌鸟兽者也，诸侯贡属焉。草笠而至，尊野服也。罗氏致鹿与女，而诏客告也，以戒诸侯曰：好田好女者亡其国。”大罗氏或罗氏是捕捉鸟兽以及掌管诸侯贡献的鸟兽的官，其名亦见《周礼·夏官·罗氏》。在蜡祭时，诸侯使者戴草笠（草编的笠帽）来朝，临走时罗氏准备鹿

和女子给使者,令转告诸侯说:"喜好田猎和女色,必将亡国。"

⑨倡优:古代宫廷中以音乐、歌舞、说唱、杂技等娱乐君主的人。后来也泛指各种表演艺人。

⑩葛带榛(zhēn)杖,以丧老物:《礼记·郊特牲》:"素服,以送终也。葛带榛杖,丧杀也。蜡之祭,仁之至、义之尽也。"郑玄注:"送终、丧杀,所谓老物也。"蜡祭时束着用葛制成的衣带,拄着用榛木制成的拄杖,祭祀万物之老者。《周礼·春官·籥章》说"国祭蜡……以息老物",说令其得到休息,义近之。

⑪黄冠草笠,以尊野服:语见《礼记·郊特牲》:"黄衣黄冠而祭,息田夫也。野夫黄冠;黄冠,草服也。……草笠而至,尊野服也。"意为农民田夫戴黄色帽子,草编的笠帽。野服,野人(农民)的服饰。苏轼将《礼记》中说的葛带、榛杖、黄冠、草笠、野服等都理解为倡优演出时的穿着装扮。

⑫子贡观蜡而不悦:事见《礼记·杂记下》:"子贡观于蜡。孔子曰:'赐也乐乎?'对曰:'一国之人皆若狂,赐未知其乐也!'子曰:'百日之蜡,一日之泽,非尔所知也。张而不弛,文武弗能也;弛而不张,文武弗为也。一张一弛,文武之道也。'"郑玄注:"张弛,以弓弩喻人也。弓弩久张之则绝其力,久弛之则失其体。""文武之道"是说周文王、周武王之道。苏轼强调孔子在讲蜡祭时说到了一张一弛,是为了证明蜡祭就是一种让人们放松的礼仪活动。

⑬孔子譬之曰"一张一弛,文、武之道":孔子用弓的张弛为比喻,以说明人们也需要游戏和放松。譬,譬喻,比喻。《苏轼文集》作"告"。

【译文】

八蜡,是夏、商、周时期的游戏性质的礼仪。年终时人们聚在一起玩耍游戏,这是人情所不免的,于是通过礼仪来实现。进一步来说:不只是游戏而已。祭礼必有尸,没有尸的叫"奠",如始死之奠和释奠。这蜡祭既称为"祭",就应该是有尸的。猫虎之尸,应当由谁担任呢?所谓"置鹿与女"中的鹿和女子,由谁担任呢? 不是倡优还能是谁。身饰葛带,手拄榛杖,以祭祀万物和老者,戴黄冠和草笠,以农民田夫之服为尊,都是表演的做法。子贡观看蜡礼感到不悦,孔子告诉他"一张一弛,文、武之道",正是由于蜡礼是游戏这个缘故。

记朝斗

【题解】

此条记苏轼在惠州时一次朝斗(北斗)祈福的经历。苏轼自酿了真一酒,请罗浮山道士邓守安来拜奠,礼拜中天呈异相,因此苏轼恭敬地书写一纸以记录此事。又见《苏轼文集》卷七一《记朝斗》。

绍圣二年五月望日①,敬造真一法酒成②,请罗浮道士邓守安拜奠北斗真君③。将奠,雨作,已而清风肃然④,云气解驳⑤,月星皆见,魁标皆爽⑥。彻奠,阴雨如初。谨拜首稽首而记其事⑦。

【注释】

①望日:农历每月的十五日。

②真一法酒:苏轼自酿酒的名称。他的《真一酒》引云:"米、麦、水三一而已,此东坡先生真一酒也。"又《真一酒歌》引云:"铅汞以为药,策易以候火,不如天造之真也。是故神宅空,乐出虚,蹒跚者以气升,孰能推是类以求天造之药乎? 于此有物,其名曰'真一'。远游先生方治此道,不饮不食,而饮此酒,食此药,居此堂。"远游先生是吴子野,见本卷《道释·陆道士能诗》。

③邓守安:字道立,北宋罗浮山冲虚观道士。苏轼在惠州时多与交

往，多次提及此人，如《与王敏仲十八首》其十一云："罗浮山道士邓守安，字道立。山野拙讷，然道行过人，广、惠间敬爱之，好为勤身济物之事。"《答张文潜四首》其二："罗浮有道士邓守安，虽朴野，养练有功，至行清苦，常欲济人，深可钦爱。见邀之在此，又颇集医药，极有益也。"拜奠：朝拜，祭拜。"奠"的解释见上篇《八蜡三代之戏礼》注。北斗真君：也称"北斗星君"，道教神仙。掌生死祸福。所谓"朝斗"即朝拜北斗，是一个古老的道教仪式。

④肃然：微风吹动的样子。

⑤云气解驳：这是说阴云逐渐消散，清气日光与之间杂。韩愈《南海神庙碑》："云阴解驳，日光穿漏。"驳，混杂，驳杂。

⑥魁标皆爽：《苏轼文集》作"魁杓（biāo）明爽"。魁标，指北斗七星。北斗七星的第一至第四星为魁，第五至第七星为标。标，同"杓"，即斗杓，指北斗七星斗柄部的三颗星。爽，明亮。

⑦拜首稽（qǐ）首："拜首"是跪下俯首以头触手，"稽首"是以头触地，表示最高的礼敬。记其事：其后《苏轼文集》有"东坡居士苏轼书"七字。

【译文】

绍圣二年（1095）五月望日，造好真一法酒，请罗浮道士邓守安来拜奠北斗真君。将拜奠之时，开始下雨，不久便清风吹拂，阴云消散，月亮、众星都可看见，北斗七星都清清楚楚。拜奠结束，阴雨如初。谨伏地而拜而记其事。

兵略

【题解】

《兵略》门2条。展现的并不是苏轼的兵家和战略思想,而是考释《汉书》中"全兵"的意思,以及考察奉节长江边的八阵图。古人小说笔记中多有辨订的内容,这两条以及上一门《祭祀》中的《八蜡三代之戏礼》,后面《古迹》门的前两条,《人物》门的《元帝诏与〈论语〉〈孝经〉小异》等,便是这类条文。

匈奴全兵

【题解】

此条是苏轼对《汉书》一处旧注的辨驳。又见《苏轼文集》卷六五《陈平论全兵》。

匈奴围汉平城[①],群臣上言[②]:"胡者全兵,请令强弩傅两矢外乡[③],徐行出围。"李奇注"全兵"云[④]:"惟弓矛,无杂仗也[⑤]。"此说非是。使胡有杂仗,则傅矢外乡之策不得行欤?且奇何以知匈奴无杂仗也?匈奴特无弩耳。"全兵"者,言匈奴自战其地,不致死不得与我行此危事也。

【注释】

①匈奴围汉平城：汉高祖七年（前200），高祖率兵追击匈奴，被围在平城（今山西大同）的白登山，后来用陈平之计贿赂冒顿（mò dú）单于的妻子，说服单于解除了包围，汉兵得以逃回。事见《史记·韩信卢绾列传》《史记·匈奴列传》以及《汉书·韩王信传》《汉书·匈奴传》。据后文引李奇注来看，苏轼讨论所据是《汉书·韩王信传》。

②群臣：《苏轼文集》作"陈平"。据《汉书·韩王信传》，建议者是"护军中尉陈平"。

③傅：捆绑。外乡：朝外。乡，通"向"。

④李奇：南阳（今属河南）人，汉魏之间的《汉书》学者。颜师古注《汉书》时多引用其说。此下注文见《汉书·韩王信传》。

⑤杂仗：弓、矛之外的各种兵器。

【译文】

匈奴将汉军包围在平城时，陈平上言说："胡人全兵，请让士兵在弩上绑两支箭，朝外，慢慢前行，走出包围。"李奇注"全兵"说："只有弓和矛，没有其他种类的兵器。"这个说法不对。难道胡人有杂仗，绑箭在弩上朝外的计策就不能成功了吗？而且李奇是怎么知道匈奴没有杂仗的呢？匈奴只是没有弩罢了。"全兵"，是说匈奴在他们自己的地盘上作战，不到生死存亡的关头不会冒险和我汉军拼死作战。

八阵图

【题解】

此条记重庆奉节长江边的八阵图。嘉祐四年（1059），苏轼与父亲、弟弟等一大家人由眉山沿岷江、长江出川入京，曾经过此地，考察过江边的垒石。又见《苏轼文集》卷六五《诸葛亮八阵》。

诸葛亮造八阵图于鱼复平沙之上[①],垒石为八行,相去二丈。桓温征谯纵[②],见之,曰:"此常山蛇势也[③]。"文武皆莫识。吾尝过之,自山上俯视,百馀丈,凡八行,为六十四蔟[④]。蔟正圜[⑤],不见凹凸处,如日中盖影。予就视,皆卵石,漫漫不可辨,甚可怪也。

【注释】

① 诸葛亮:字孔明,琅琊(今山东临沂)人。辅助刘备建立蜀汉政权。鱼复:古县名。即今重庆奉节。诸葛亮在奉节造八阵图的传说,起源很早,《晋书》和《水经注》已有记载。现代学者一般认为那些沙滩上的石堆是古代盐工堆砌的。

② 桓温:字元子,谯国龙亢(今安徽怀远)人。任荆州刺史,曾率众北伐。晚年专擅朝政,意欲受禅,未成而卒。永和二年(346)桓温率众伐蜀,次年平定蜀地,消灭李势的成汉政权。谯纵:巴西南充(今四川南充)人。东晋义熙元年(405)蜀地兵变,谯纵被推为主,率众攻下成都,后称"成都王""蜀王"。义熙九年(413)为刘裕所灭。此处苏轼误记桓温征蜀为征谯纵,实际是征李势。

③ 此常山蛇势:《晋书·桓温传》:"时李势微弱,温志在立勋于蜀,永和二年,率众西伐。……初,诸葛亮造八阵图于鱼复平沙之上,垒石为八行,行相去二丈。温见之,谓'此常山蛇势也'。文武皆莫能识之。"常山蛇阵,据《孙子兵法》说是"击其首则尾至,击其尾则首至,击其中则首尾俱至"。

④ 蔟(jué):古代礼仪活动时用茅草树立地上以标识位次。后泛指标志物。

⑤ 圜(yuán):同"圆"。

【译文】

　　诸葛亮在鱼复县的沙滩上设置八阵图,垒立石头,分为八行,每行相距二丈。桓温征谯纵的时候曾见过,说:"这是常山蛇的阵势。"文武官员都不认识。我曾经路过那里,从山上俯视,方圆百馀丈,共八行,有六十四处标志。那标志是正圆形,看不见有凹凸之处,就如太阳下车盖的影子。我走近细看,都是鹅卵石,漫布其地,不可辨识那些标志,颇为奇怪。

时事

【题解】

《时事》门一共有2条。一是儋州老人议论青苗法,一是白马县盗劫案有匿名告讦之事。都不算是什么政治大事或大案要案,但其背后深刻的为政理念却值得思考和注意。

唐村老人言

【题解】

此条记儋州唐村一老人之语,说当时施行的青苗法并不能均贫富,他认为贫富之不齐(均)是"自古已然"的,"虽天公不能齐",不只是历史的必然,也是天理之必然。这种思想可能来自《孟子》的"物之不齐,物之情也"。苏轼在《齐高帝欲等金土之价》(《苏轼文集》卷六五、稗海本《东坡志林》卷四第二十五条)中也引用过孟子这句话,可见他是十分认同的。元符三年(1100)作于儋州。又见《苏轼文集》卷七二《唐允从论青苗》。

儋耳进士黎子云言①:城北十五里许有唐村,庄民之老曰允从者②,年七十馀,问子云言:"宰相何苦以青苗钱困我③？于官有益乎？"子云言："官患民贫富不均，富者逐什一④，益富⑤，贫者取倍称⑥，至鬻田质口不能偿，故为是法以均之。"允从笑曰："贫富之不齐，自古已然，虽天公不能齐也⑦，子欲齐之乎？民之有贫富，由器用之有厚薄也⑧。子欲磨其厚，等其薄，厚者未动，而薄者先穴矣！"元符三年⑨，子云过予言此。负薪能谈王道⑩，正谓允从辈耶？

【注释】

①儋耳：儋州（今属海南）。原作"儋尔"，据《苏轼文集》改。黎子云：海南昌化军（儋州）人。苏轼在儋州时常相来往，有《和陶田舍始春怀古》《过黎君郊居》诗。《和陶田舍始春怀古》引云："儋人黎子云兄弟，居城东南，躬农圃之劳。偶与军使张中同访之，居临大池，水木幽茂。坐客欲为酾（jù）钱作屋，余亦欣然同之，名其屋曰'载酒堂'。"

②庄民：《苏轼文集》作"唐氏"。

③青苗钱：王安石于北宋神宗时实行青苗法，官府于青黄不接之时在民间放贷，借给百姓钱或粮，称"青苗钱"。百姓于收获后归还钱粮，利息二分。苏轼在《上神宗皇帝书》《再上皇帝书》中表达了对青苗法的反对。

④什一：十分之一。这里指经商贩卖获得什一（十分之一）的利益。

⑤益富：《苏轼文集》作"日益富"。

⑥倍称：加倍偿还，借一还二。这里指借高利贷后需加倍偿还。

⑦天公：《苏轼文集》作"天工"。

⑧由：好比。《苏轼文集》作"犹"，义同。

⑨元符三年：稗海本作"元符三年二月二十一日"，《苏轼文集》作"元符三年二月二十日"（"二十日"据《东坡纪年录》补）。

⑩负薪：背负薪柴的人。指平民百姓。

【译文】

儋耳进士黎子云说：城北约十五里处是唐村，村中有位老人名允从，七十多岁，曾问黎子云："宰相何苦搞青苗法，让我们困顿不堪？是因为对官府有好处吗？"子云说："官府担忧老百姓贫富不均，富人善经营，获什一之利，越来越富，穷人借一还二，越来越穷，甚至卖田、典质家人也无法偿还，因此用这个青苗法来均贫富。"允从笑着说："贫富不能齐平均等，自古而然，即使是上天也没法做到，你还想让他们齐平吗？人有贫富，就好比器具有厚薄。你想把厚的部分磨薄，让大家都一样薄，结果厚的地方没磨薄，而薄的地方先磨出了洞！"元符三年（1100），黎子云来访时讲了这些。负薪的平民能谈王道，说的就是允从这样的人吧？

记告讦事

【题解】

此条先叙元丰初白马县的一件案子，然后记苏颂称赞先帝（神宗）对此案处置得当，因为神宗考虑的是不能长告讦之风，由此苏颂认为神宗过去立手实等法并重赏告讦者，都是小人所为，非其本意。苏轼专门记载此事，是因为他一直对手实法等鼓励告密的新法颇有非议，他曾在《上韩丞相论灾伤手实书》中说："今又行手实之法，虽其条目委曲不一，然大抵恃告讦耳。昔之为天下者，恶告讦之乱俗也。故有不干己之法，非盗及强奸不得捕告。其后稍稍失前人之意，渐开告讦之门。而今之法，揭赏以求人过者，十常八九。"（《苏轼文集》卷四八）文中"小人"指吕惠卿等，苏轼《吕惠卿责授建宁军节度副使本州安置不得签书公事》说他"首建青苗，次行助役。均输之政，自同商贾；手实之祸，下及鸡豚"（《苏轼文集》卷四八）。又见《苏轼文集》卷七二《神宗恶告讦》。

元丰初,白马县民有被劫者①,畏贼,不敢告,投匿名书
于县。弓手甲得之而不识字②,以示门子乙③。乙为读之,甲
以其言捕获贼,而乙争其功。吏以为法禁匿名书,而贼以此
发,不敢处之死,而投匿名者当流,为情轻法重④,皆当奏。
苏子容为开封尹⑤,方废滑州⑥,白马为畿邑⑦。上殿论奏:"贼
可减死,而投匿名者可免罪。"上曰:"此情虽极轻,而告讦
之风不可长⑧。"乃杖而抚之⑨。子容以谓,贼不干己者告捕
而变主匿名⑩,本不足深过,然先帝犹恐长告讦之风,此所谓
忠厚之至。然熙宁、元丰之间,每立一法,如手实、禁盐、牛
皮之类⑪,皆立重赏以劝告讦者,皆当时小人所为,非先帝本
意。时范祖禹在坐⑫,曰:"当书之实录。"

【注释】

①白马县:旧县名。县治在今河南滑县东留固镇白马墙村,北宋亦为
滑州州治所在。被劫:原作"被杀",《苏轼文集》作"被劫",据改,
《三朝名臣言行录》卷十一《丞相苏公》引《东坡集》作"被盗"。

②弓手:宋代的一种吏役,又称"弓箭手",在县里负责巡逻、缉捕之
事。神宗变法后由差役改为雇役。甲:指代某人姓名。

③门子:看门的人。也泛指其他仆役。

④情轻法重:情节较轻而据法条处罚太重。这是指上面说的投匿名
信告发盗贼的人反而被流放。

⑤苏子容:苏颂,字子容,泉州同安(今福建厦门同安区)人。北宋大
臣,学者,文人。元丰元年(1078),苏颂权知开封府,即开封尹。

⑥废滑州:滑州曾于熙宁五年(1072)被废,元丰四年(1081)复置。

⑦畿(jī)邑:畿县。宋代将县分为赤、畿、中、望、紧几个等级。白马
原是滑州属县,滑州撤销后,直属开封府,故升为畿县。"方废滑

州白马为畿邑"九字,《苏轼文集》原缺,《三朝名臣言行录》引作"方废滑州白马为邑",且为小字,当是。

⑧告讦(jié):告密,揭发。

⑨抚:抚慰,宽抚。《苏轼文集》《三朝名臣言行录》引作"免"。

⑩贼不干己者告捕而变主匿名:意思是,不相干的人告发抓捕盗贼但又隐匿受害者姓名。此句《苏轼文集》作"贼许不干己者告捕而彼失者匿名",《三朝名臣言行录》同本书。变主,指遭受抢劫的事主。

⑪手实:北宋熙宁七年(1074)参知政事吕惠卿推行手实法,让百姓自己申报人口、田产等,以作为征税的根据,同时鼓励告密,以免有人瞒报。苏辙《乞责降吕和卿状》曾说吕惠卿与其弟吕和卿共建手实法,"其法以根括民产、不遗毫发为本,以奖用检险、许令告讦为要。估计家财,下至椽瓦,抄札畜产,不遗鸡豚"。禁盐:禁止私人贩卖盐。牛皮:这里是指官府征收牛皮。苏轼《上韩丞相论灾伤手实书》说:"近者军器监须牛皮,亦用告赏。农民丧牛甚于丧子,老弱妇女之家,报官稍缓,则挞而责之钱数十千,以与浮浪之人,其归为牛皮而已,何至是乎!"(《苏轼文集》卷四八)

⑫范祖禹:字淳甫,或纯父,成都华阳(今四川成都)人。北宋大臣,史学家。曾协助司马光编修《资治通鉴》,撰《唐鉴》十二卷。元祐元年(1086)范祖禹开始参与《神宗实录》的修撰,至元祐六年(1091)修成。

【译文】

元丰初,白马县有人被抢劫,因为害怕强盗,不敢告官,写了匿名信投入县衙中。弓手甲得到了信,但不识字,给门子乙看。乙为他念了信,甲由此捕获强盗,乙来争功。审案官吏以为,按律法是禁止投匿名书信的,盗贼又是因书信而被发现,故不敢处死;投匿名信的人应当流放,但其情节较轻却遭受严厉的处罚,故而两案都应该上奏由上级定夺。苏颂做开封尹，当时滑州刚撤销，白马县升为开封的畿县。他上殿论奏说："盗贼可减死罪，而投匿名信的人可免罪。"神宗皇帝说："这人的情节虽然非常轻，但告讦之风不可长。"于是处以杖打，同时加以抚慰。苏颂认为，与盗贼无关之人告发盗贼将其抓捕归案，事主匿名报告，原本不必深究其过，但先帝仍然担心如果对匿名告发者不加惩罚会让告讦之风更盛，这正是忠厚之至的德行。熙宁、元丰之间，每设立一法，如手实、禁盐、牛皮之类，都悬设重赏以鼓励告讦者，这些都是当时小人所为，不是先帝本意。此时范祖禹在座，说："这事当写入《神宗实录》。"

官职

【题解】

《官职》门4条。没有统一的观念和思想。

记讲筵

【题解】

此条记韩维元祐元年（1086）二月十五日为哲宗皇帝讲《三朝宝训》的经过。当讲到真宗不忍杀羔羊时，韩维借此发挥《孟子》的理论，希望皇帝能推此心以及于百姓。苏轼作为起居舍人亲见此次讲书经过，以为"其言深切，可以推明圣德"，特意记录下进奏皇帝，以为采览。又见《苏轼文集》卷七《书韩维读三朝宝训》。

秘书监侍讲傅尧俞①，始召赴资善堂②，对迩英阁③，尧俞致谢，上遣人宣召答曰："卿以博学，参预经筵，宜尊所闻，以辅不逮。"尧俞讲毕，曲谢④，上复遣人宣谕："卿讲义渊博，多所发挥，良深嘉叹。"是日，上读《三朝宝训》⑤，至天禧中有二人犯罪⑥，法当死，真宗皇帝恻然怜之⑦，曰："此等安

知法？杀之则不忍，舍之无以励众。"乃使人持去，笞而遣
之⑧，以斩讫奏。又祀汾阴日⑨，见一羊自掷道左，怪问之，
曰："今日尚食杀其羔⑩。"真宗惨然不乐，自是不杀羊羔。
资政殿学士韩维读毕⑪，因奏言："此特真宗皇帝小善耳，然
推其心以及天下，则仁不可胜用也。真宗自澶渊之役却狄
之后⑫，十九年不言兵而天下富，其源盖出于此。昔孟子论
齐王不忍杀觳觫之牛⑬，以为是心足以王，今恩足以及禽兽
而功不及于百姓，岂不能哉？盖不为耳！外人皆云皇帝陛
下仁孝发于天性，每行见昆虫蝼蚁，违而过之⑭，且敕左右
勿践履，此亦仁术也。臣愿陛下推此心以及百姓，则天下幸
甚！"轼时为右史⑮，奏曰："臣今月十五日侍迩英阁，切见资
政殿学士韩维因读《三朝宝训》，至真宗皇帝好生恶杀，因论
皇帝陛下在宫中不忍践履虫蚁。其言深切，可以推明圣德，
益增福寿。臣忝备位右史⑯，谨书其事于册，又录一本上进，
意望陛下采览，无忘此心，以广好生之德。臣不胜大愿⑰！"

【注释】

①傅尧俞：字钦之，郓州须城（今山东东平）人，徙居孟州济源（今河
　南济源）。北宋仁宗庆历二年（1042）进士。哲宗立，自知明州
　召为秘书少监兼侍讲，旋为给事中。《宋史》有传。

②资善堂：宋代皇子读书学习的地方。

③迩（ěr）英阁：宋代禁苑中的官殿，皇帝常于此听侍讲、侍读官员
　讲经说书，是为经筵之所。《苏轼文集》卷八有《迩英进读》八篇，
　可参。

④曲谢：行细致完备的谢礼。

⑤《三朝宝训》：三朝，指太祖、太宗、真宗三朝。北宋仁宗时将他们的嘉言善行编成《三朝宝训》，供皇帝阅读和学习。

⑥天禧：宋真宗赵恒的年号（1017—1021）。

⑦真宗皇帝：名赵恒，宋朝第三位皇帝，宋太宗第三子，997至1022年在位。

⑧笞（chī）：鞭打。

⑨汾阴：古地名。在今山西万荣荣河镇西南庙前村北古城，因在汾水之南而得名。汉武帝以后，历代帝王常到此处进行祭祀大典，大中祥符四年（1011）二月，宋真宗到此地祭祀后土。

⑩尚食：掌管帝王膳食的官员。

⑪韩维：字持国，祖籍真定灵寿（今河北灵县），开封雍丘（今河南杞县）人。北宋名臣韩亿之子。宋神宗时为翰林学士、知开封府，以反对新法出知外州。宋哲宗立，拜门下侍郎。

⑫澶（chán）渊之役：宋真宗景德元年（1004）秋，辽军入侵宋朝，宋真宗御驾亲征至澶州（今河南濮阳）督战，十二月两国订立和约。澶州，在宋朝亦称"澶渊郡"，故史称"澶渊之盟"。自此时至真宗卒年计十九年。

⑬孟子论齐王不忍杀觳觫（hú sù）之牛：《孟子·梁惠王上》记载齐宣王见到牛将被杀而不忍见其觳觫，让释放牛，孟子说"是心足以王矣"（有这样的心便足以称王），"君子之于禽兽也，见其生，不忍见其死，闻其声，不忍食其肉"，这就是"仁术"。但是齐宣王"恩足以及禽兽，而功不至于百姓"，其实是因为未曾认真施行王政，"王之不王，不为也，非不能也"。觳觫，因恐惧而战栗的样子。

⑭违：绕开，避开。《尚书·太甲中》："天作孽犹可违，自作孽不可逭（huàn）。"孔安国传："言天灾可避，自作灾不可逃。"

⑮轼：《苏轼文集》《宋朝事实类苑》作"某"。右史：传说上古史官分左、右史，《礼记·玉藻》记史官记录天子言行，"动则左史书

之,言则右史书之"。唐宋以左史、右史为起居郎和起居舍人之雅称。时苏轼为起居舍人,故自称"右史"。

⑯忝(tiǎn):有愧于。常用作谦辞。

⑰不胜:《苏轼文集》《宋朝事实类苑》《三朝名臣言行录》均作"不任",义近。

【译文】

秘书监侍讲傅尧俞,起初召到资善堂,应对于迩英阁,傅尧俞致谢,哲宗皇帝派人宣召答复:"卿博学多识,故命你参与经筵侍讲,应据你所闻所知,辅助我的不足。"傅尧俞侍讲后多方致谢,皇帝又派人宣谕:"卿所讲意义渊博,多所发挥,实可赞叹。"这天,哲宗皇帝学习《三朝宝训》,读到天禧年间有二人犯罪,据法当死,真宗皇帝恻然怜悯说:"这样的人哪里知道法律? 杀则不忍心,释放则无法劝勉民众。"于是让人带走,鞭打后释放,而以斩杀奏报。又讲到真宗祭祀汾阴那天,见一只羊自己摔倒在路旁,怪而问之,回答说:"今日尚食杀了它的小羊羔。"真宗惨然不乐,自此后不再杀羊羔。资政殿学士韩维读完这些,便奏言说:"这只是真宗皇帝的小善罢了,不过如能推其仁心以及于天下,则其仁德不可胜用。真宗自澶渊之役使夷狄退兵之后,十九年不言兵而天下富足,其根源便出于此。从前孟子论齐宣王不忍杀恐惧战栗的牛,以为这样的仁心足以为王,而其恩可及于禽兽,功却不及于百姓,难道是不能吗? 是他不为而已! 外面人都说皇帝陛下的仁孝出自天性,每次走路见到昆虫蝼蚁都会绕开,还命令左右不要踩踏它们,这也是仁术啊。臣愿陛下将此仁心推及百姓,则天下之人幸甚!"我苏轼当时为右史,上奏说:"臣今月十五日在迩英阁,看见资政殿学士韩维讲《三朝宝训》至真宗好生恶杀之事,因而论皇帝陛下在宫中不忍践踏虫蚁。他的话深刻切实,可以推明圣德,增加福寿。臣忝为右史之职,谨记此事于典册,又抄录一本呈上,希望陛下阅览,不要忘记此种仁心,以广陛下好生之德。臣不胜切盼!"

禁同省往来

【题解】

元祐初,中书省为了防止消息泄露,要将舍人厅"栽篱插棘"地围起来,这背后反映出的是当时激烈的党争。苏轼对这样的工作环境感到不满,看到白居易时东、西两省尚可来往,深为感叹。不过,程大昌《雍录》卷八《唐两省》引东坡语并考此事云:"其(白居易)谓开窗过酒者,是从本省之地开窗以通本省右常侍之直,而隔窗对饮,非能自西掖开窗,以与东省之左常侍对饮也。……承天门前有朱雀街,东省则处街左,西省则处街右,中间正隔通衢,愈无凿壁过酒之理也。"又见《苏轼文集》卷六八《记乐天西掖通东省诗》。

元祐元年,余为中书舍人①,时执政患本省事多漏泄②,欲于舍人厅后作露篱③,禁同省往来。余曰:"诸公应须简要清通④,何必栽篱插棘⑤!"诸公笑而止。明年竟作之。暇日读《乐天集》⑥,有云:"西省北院新构小亭,种竹开窗,东通骑省,与李常侍隔窗小饮,作诗⑦。"乃知唐时得西掖作窗以通东省⑧,而今日本省不得往来,可叹也。

【注释】

①中书舍人:唐宋时期重要而清贵的中央官员,掌制诰文书的起草,属中书省。苏轼自元祐元年(1086)至四年(1089)为中书舍人。

②执政:宋代指高级官员,包括左右丞相、参知政事、三省长官等。这里疑指中书侍郎张璪(zǎo),当时为台谏所论,苏辙也上《言张璪札子》,元祐元年(1086)九月乃出知郑州。

③露篱:显露在外可见的篱笆。

④余曰诸公：稗海本作"余白诸公"，《苏轼文集》作"予白执政"。
简要清通：此语原出《世说新语·赏誉》的"裴楷清通，王戎简
要"（又见《晋书·裴楷传》和《蒙求》），本来是说两个人的风格
通达简练，苏轼此处借用，是说执政诸公为政应当简练不繁，通达
明畅。

⑤栽篱插棘（jí）：竖立起篱笆和荆棘。苏轼这里用了唐代《大唐新
语·文章》中的一则故事："（吕太一）迁户部员外。户部与吏部
邻司，吏部移牒户部，令墙宇悉竖棘，以防令史交通。太一牒报
曰：眷彼吏部，铨综之司，当须简要清通，何必竖篱插棘。"栽篱，
《苏轼文集》作"树篱"。

⑥读：《苏轼文集》《仇池笔记》作"偶读"。《乐天集》：即《白居易
集》。

⑦"西省北院新构小亭"五句：白居易诗有《西省北院新构小亭，种
竹开窗，东通骑省，与李常侍隔窗小饮，各题四韵》一首。西省，即
中书省。构，建造。骑省，此指门下省。"东通"二字及"隔窗小
饮"四字，底本作"东道"及"窗下饮酒"，《苏轼文集》《仇池笔记》
《苕溪渔隐丛话》《雍录》以及白居易原诗题均作"东通"和"隔窗
小饮"，据改。

⑧西掖：即西省，中书省。东省：门下省。

【译文】

元祐元年（1086），我为中书舍人，当时的执政官考虑到本省的事情
消息常常泄漏出去，打算在舍人厅后面竖立一排露天篱笆，禁止同省人
员往来。我说："诸位应该是简要明晰、清澈通达的，何必在这里栽篱插
棘！"诸公大笑，停止其事。但第二年还是设置了篱笆。我闲暇日读《白
居易集》，有诗题云："西省北院新构小亭，种竹开窗，东通骑省，与李常侍
隔窗小饮，作诗。"才知道唐时能从中书省开窗以通门下省，而今日连本
省之人也不能来往，真是可叹。

记盛度诰词

【题解】

此条记盛度和钱惟演的往事,赞叹翰林学士、知制诰盛度撰词有味,写出了钱惟演联姻外戚和权要的趋炎附势之状。"三星之姻"一联,清人彭元瑞《宋四六话》和孙梅《四六丛话》均收入,可见亦为后人认可。元祐三年(1088)十二月作于开封府。又见《苏轼文集》卷七二《盛度责钱维(惟)演诰词》。

盛度①,钱氏婿②,而不喜惟演③,盖邪正不相入也④。惟演建言二后并配⑤,御史中丞范讽发其奸⑥,落平章事⑦,以节度使知随州。时度几七十,为知制诰⑧,责词云:"三星之姻⑨,多戚里之家⑩;百两所迎⑪,皆权要之子。"盖惟演之姑嫁刘氏⑫,而其子娶于丁谓也⑬。人怪度老而笔力不衰,或曰:"度作此词久矣。"元祐三年十二月二十一日讲筵⑭,上未出,立延龢殿中⑮,时轼方论周穜擅议宗庙⑯,苏子容因道此⑰。

【注释】

①盛度:字公量,世居应天府(今河南商丘),徙居馀杭(今浙江杭州馀杭区)。历官礼部侍郎,参知政事,知枢密院事。谥文肃。《宋史》有传。

②钱氏:指五代吴越国主钱镠(liú)家族。盛度可能是吴越国末代君主钱俶(chù)的女婿。

③惟演:钱惟演,字希圣,临安(今浙江杭州临安区)人。吴越王钱俶之子。入宋后累官至翰林学士,枢密使。

④不相入:不相投,不相容。

⑤二后并配：二后，指宋真宗的刘皇后和李宸妃。刘皇后，名刘娥，
成都华阳（今四川成都）人。宋真宗妃，真宗郭皇后死后，册立
为后。真宗死后，以皇太后的身份听政十一年，直至去世。谥庄
献明肃（后改为章献明肃）。李宸妃，杭州（今属浙江）人。初为
刘皇后侍女，后得幸而生仁宗，刘皇后以为己子，抚养成长。刘后
去世后，仁宗始知为李妃所生，乃尊为皇太后，谥庄懿（后改为章
懿）。钱惟演为讨好仁宗，于明道二年（1033）五月上疏，请以二
后并祔真宗之室。"二后并配"即指此事，"配"在这里是祭祀配
享的意思。二后，原作"一后"，据《苏轼文集》改。

⑥范讽：字补之，齐州（今山东济南）人。宋代大臣。曾任户部郎
中、右谏议大夫、权御史中丞。钱惟演倡议献、懿二太后宜祔真宗
庙室，范讽弹奏，言其在刘太后时权宠甚盛，且与后族联姻，请行
降黜。乃责钱惟演赴本镇随州（今属湖北）。《宋史》有传。

⑦平章事：宋代高级官员在其本官之外加"同平章事"的头衔，便
是宰相，但节度使带"平章事"并非真宰相。天圣三年（1025）时
任保大节度使的钱惟演加同平章事，判许州，欲入朝为真宰相，未
成。明道二年（1033），由于御史中丞范讽弹劾，崇信节度使、同
平章事、判河南府的钱惟演落平章事，赴本镇，即去往崇信军的驻
地随州。

⑧知制诰：掌管起草制诏诰命。宋初多以他官带此职，为差遣。当
时盛度是以翰林学士知制诰。他写的《责钱惟演崇信军节度赴
本镇诏》（明道二年九月丙寅）云："三星之媾，姑务结于戚藩；百
两所迎，率相依于权利。乃复妄议宗庙，越侵官常。"（《宋朝大诏
令集》卷二百五）与本文所引文字略异。

⑨三星之媾（gòu）：《诗经·唐风·绸缪》："绸缪束薪，三星在天。
今夕何夕？见此良人。"毛传："三星在天，可以嫁娶矣。"媾，指重
叠交互为婚，亲上加亲。钱惟演将其妹嫁给刘美（刘皇后兄），为

其子娶郭皇后妹,还打算与李妃家族为婚,故云。

⑩戚里:皇帝的亲戚,外戚。

⑪百两:百辆车。《诗经·召南·鹊巢》:"之子于归,百两御之。"毛传云:"百两,百乘也。诸侯之子嫁于诸侯,送御皆百乘。"郑玄笺云:"御,迎也。"两,同"辆"。

⑫刘氏:刘美,字世济,华阳(今四川成都)人。本姓龚,刘皇后小时候为其所收养,入宫后以其为兄,改姓刘。《宋史》有传。《宋史·钱惟演传》称钱惟演将其妹嫁给刘美,与此说"姑"有异。

⑬丁谓:字谓之,苏州长洲(今江苏苏州)人。宋真宗时官至宰相,封晋国公。《宋史》有传。丁谓与钱惟演有姻亲关系。《宋史·钱惟演传》云:"惟演见丁谓权盛,附之,与为婚。谓逐寇准,惟演与有力焉。"

⑭讲筵:讲经筵。见本卷《官职·记讲筵》。此日苏轼进讲经筵。范祖禹曾称苏轼"在经筵进读,最为有补"(《荐士札子》其三)。

⑮延龢(hé)殿:"龢"同"和",即延和殿,北宋宫殿,皇帝休息之处,也常于此处召见大臣。

⑯周穜(tóng):字仁熟,泰州(今属江苏)人。熙宁九年(1076)进士。元祐元年(1086)苏轼举荐为郓州教授。元祐三年(1088)十二月,时为江宁府司理参军、郓州州学教授的周穜上疏,请以王安石配享神宗,朝士愕然。苏轼作《论周穜擅议配享自劾札子二首》(《苏轼文集》卷二九),自劾举官不当,周穜罢官。

⑰苏子容:苏颂,字子容。见本卷《时事·记告讦事》。钱惟演与周穜都因为"擅议宗庙"而被人弹劾,所以苏颂和苏轼聊起钱惟演的往事。

【译文】

盛度是钱家的女婿,但不喜欢钱惟演,这大概是邪正不能相处的缘故。钱惟演上疏说让刘、李二后一同配享真宗庙,御史中丞范讽揭发他的奸邪之状，取消了他平章事之衔，以节度使之名知随州。当时盛度年近七十，为知制诰之职，书写贬责之词云："三星之媾，多戚里之家；百两所迎，皆权要之子。"钱惟演之姑嫁给刘美，他的儿子娶了丁谓家女儿。时人奇怪盛度年老而笔力不衰，有人说："盛度写作这篇制词已经很久了。"元祐三年（1088）十二月二十一日我赴宫中进讲经筵，皇帝还未从后宫出来，我站立在延和殿中，当时我正要讨论周種擅议宗庙的事情，苏颂便讲了这件事。

张平叔制词

【题解】

此条由白居易一则制诰文章而发，揭露唐穆宗时张平叔上疏建议官府垄断卖盐，实为盘剥残害百姓之小人。宋神宗时实行新政，加强官府榷盐（官府垄断盐的产销），苏轼持反对意见，有《上文侍中论榷盐书》等文，可知本篇实是有感而发。又见《苏轼文集》卷六五《乐天论张平叔》。

乐天行张平叔户部侍郎判度支制诰云[①]："吾坐而决事，丞相以下不过四五，而主计之臣在焉[②]。"以此知唐制，主计盖坐而论事也，不知四五者悉何人。平叔议盐法至为割剥[③]，事见退之集[④]。今乐天制诰亦云："计能析秋毫，吏畏如夏日[⑤]。"其人必小人也。

【注释】

①乐天：白居易，字乐天。白居易长庆二年（822）为中书舍人时写有《张平叔可户部侍郎判度支制》。行：行文。这里意为撰写。张平叔：吴郡（今江苏苏州）人。中唐时期官员。曾官京兆少尹，

迁户部侍郎、判度支,后贬通州刺史。制诰:皇帝的诏令。《苏轼
文集》作"制词",后文亦同。

②"吾坐而决事"三句:见白居易《张平叔可户部侍郎判度支制》:
"然间日与吾坐而决事者,自丞相已下不过四五,而主计之臣在
焉。"制文以皇帝的口吻说,和我一起坐而决断政事的人,包括丞
相也不过四五人。主计之臣,掌管财政的大臣。这里指判度支。

③割剥:盘剥侵害百姓。

④退之集:韩愈的文集。韩愈,字退之。韩愈有《论变盐法事宜状》,
针对张平叔提出的由官府专卖盐的建议十八条,逐一提出批评。
当时中书舍人韦处厚也反对此议,唐穆宗最终未听从张平叔榷盐
之议。见《旧唐书·韦处厚传》。

⑤计能析秋毫,吏畏如夏日:语见《张平叔可户部侍郎判度支制》。
意思是说,张平叔的财会计算之才可以分辨秋毫,小吏害怕他就
像人们害怕炎炎夏日。"夏日"的比喻出自《左传·文公七年》,
说严厉的赵盾如"夏日之日"。白居易原文并无贬斥之意,但苏
轼理解为这是对张平叔的批评。

【译文】

白居易为张平叔户部侍郎、判度支的任命写制诰云:"和我一起坐而
裁断政事,包括丞相在内也不过四五个人,而主计之臣在其中。"因此可
知唐代的制度,主计之臣是坐而论事的,不知道那四五个人是什么官员。
张平叔建议官府垄断卖盐,极为盘剥侵害百姓,事见韩愈文集。如今看
白居易写的制诰也说:"算计才能可分辨秋毫,小吏畏之如畏夏日。"张
平叔这人必定是个小人。

致仕

【题解】

致仕，指辞官退休。本门共3条。苏轼一生宦海沉浮，多次萌发致仕退休的念头。元祐五年（1090），他在杭州知州任上写给王庆源的信中说："某为郡粗遣，衰病怀归，日欲致仕。既忝侍从，理难骤去，须自藩镇乞小郡，自小郡乞官观，然后可得也。自数年日夜营此，近已乞越，虽未可知，而经营不已，会当得之。致仕有期，则拜见不远矣。"（《苏轼文集》卷五九《与王庆源十三首》之十三）苏轼当时五十五岁，自述已为致仕经营数年（大约起于元祐元年底为朱光庭等人弹劾），计划先求越州知州，再求提举官观的闲职，则完全退休。本门《请广陵》一条还说到了返乡的水路路程。不过，苏轼正式向朝廷提出致仕则是建中靖国元年（1101）六月在常州时，其《乞致仕状》云："百病横生，四肢肿满，渴消唾血，全不能食者二十馀日矣，自料必死。"（《苏轼文集·苏轼佚文汇编》卷一）当时已染重病，七月二十八日便离世迁化了。

请广陵

【题解】

元祐六年（1091）春，苏轼由杭州召回，多次请求再任外郡，其间又遭台谏官员贾易等人弹劾，八月乃以龙图阁学士知颍州（今安徽阜阳），复有广陵（今江苏扬州）之请（见《苏轼文集》卷二四《扬州谢到任表二首》其二），次年二月便有知扬州之命。本条文字当作于在京师或在颍州时期。在经历官场风波之后，苏轼颇有归乡之念。又见《苏轼文集》卷七一《书请郡》。

今年吾当请广陵，暂与子由相别①。至广陵逾月，遂往南郡②，自南郡诣梓州③，溯流归乡④。尽载家书而行，迤逦致仕⑤，筑室种果于眉⑥，以须子由之归而老焉⑦。不知此愿遂否？言之怅然也。

【注释】

①子由：苏辙字。当时苏辙在京城任尚书右丞。

②南郡：秦置郡名。治在今湖北荆州。后以"南郡"泛指今湖北一带。

③诣（yì）：前往，到。梓州：宋代梓州路，包括今四川德阳东部及遂宁、广安、资阳、自贡、宜宾、泸州一带，治在今四川德阳三台县。

④溯（sù）流：逆流。文中"自南郡诣梓州，溯流归乡"，是说由湖北一带沿长江上溯至宜宾，再沿岷江溯流至眉山老家。

⑤迤逦（yǐ lǐ）：缓行貌。致仕：辞官退休。

⑥眉：眉州，今四川眉山，苏轼的家乡。

⑦须：等待。

【译文】

今年我会请求前往广陵任职，暂时与子由离别。到广陵后过一个月，便前往南郡，由南郡上溯至梓州路，再逆水流而上回到眉山家乡。把家书都装载于船上而行，慢慢回到家乡退休，在眉山建造房屋，种植果木，等待子由回乡一同养老。不知这心愿能实现否？说到这里便怅然不已。

买田求归

【题解】

　　元丰七年（1084）春，苏轼自黄州移汝州团练副使，乃沿江而下到达金陵（今江苏南京）、真州（今江苏仪征）、润州（今江苏镇江）一带，曾先后计划在金陵、润州等地买田，最后在常州宜兴买得田地。本条即佛印要为苏轼在润州附近买田，苏轼想起十多年前在这里写诗说过，如果有田便归隐，现在难道会食言吗？本条元丰七年（1084）九月作于润州。又见《苏轼文集》卷七一《书浮玉买田》。

　　浮玉老师元公欲为吾买田京口^①，要与浮玉之田相近者，此意殆不可忘。吾昔有诗云："江山如此不归山，江神见怪惊我顽。我谢江神岂得已，有田不归如江水^②！"今有田矣，不归，无乃食言于神也耶？

【注释】

①浮玉老师元公：即佛印，字觉老，法号了元，饶州浮梁（今江西浮梁）人。曾住江州（今江西九江）开先寺、归宗寺、云居寺，润州（今江苏镇江）金山寺、焦山寺等处。浮玉，指浮玉山，即润州的金山。老师，是对僧人的尊称。京口：古地名。今江苏镇江。

②"江山如此不归山"四句：见苏轼熙宁四年（1071）十一月所作的《游金山寺》诗。大意是说，有如此美丽的长江和金山而不归隐，江神都会怪我顽劣。我特此向江神谢罪，这实在是不得已啊，我向江水发誓，有田而不归隐，那是绝对不会发生的！这首诗从"我家江水初发源，宦游直送江入海"开始，中间还写到了思乡之情，"试登绝顶望乡国，江南江北青山多"，最后以本文所引的四句写归隐结束。江神见怪，原作"山神见怪"，据苏轼诗改。谢，谢

罪，道歉。

【译文】

浮玉老师元公想帮我在京口买田，田要与浮玉的田地邻近，他的深情厚谊永不会忘记。我从前有诗说："江山如此不归山，江神见怪惊我顽。我谢江神岂得已，有田不归如江水！"现在我真的要有田了，如果还不归隐，难道要食言于神灵吗？

贺下不贺上

【题解】

苏轼一生仕途坎坷，多次经历升迁和降黜，这令他对俗语所说"贺下不贺上"深有感触，此条即为此而发。他又想到恩师欧阳修一直想要解官归田，却迟迟不得实现，感慨君子欲退之难。本条写作时间不详，从文末之意看，似乎"为进者之戒"也是写给自己的，如果是那样，则大约作于元祐中。此时苏轼一方面受高太后和哲宗眷顾，一方面又屡遭毁谤和弹劾，因此多次请求外放，也产生了致仕退休的念头。又见《苏轼文集》卷六九《跋欧阳文忠公书》。

贺下不贺上[1]，此天下通语。士人历官一任，得外无官谤，中无所愧于心，释肩而去，如大热远行，虽未到家，得清凉馆舍，一解衣漱濯[2]，已足乐矣。况于致仕而归，脱冠佩，访林泉，顾平生一无可恨者，其乐岂可胜言哉！余出入文忠门最久[3]，故见其欲释位归田可谓切矣。他人或苟以藉口，公发于至情，如饥者之念食也，顾势有未可者耳。观与仲仪书[4]，论可退之节三，至欲以得罪、病而去。君子之欲退，其难如此，可以为进者之戒[5]。

【注释】

①贺下不贺上：祝贺任官结束或罢职，而不祝贺新任官职或差遣。《瀛奎律髓》卷六云："俗谚云：于仕宦谓贺下不贺上。凡初至官者，乃任事之始，未知其终也，故不贺。解官而去，则所谓善终者也。"

②漱濯（zhuó）：洗涤。

③文忠：指欧阳文忠公，即欧阳修。见卷一《记游·黎檬子》。欧阳修早在皇祐元年（1049）任颍州知州时（43岁）已有归隐之意，自熙宁元年（1068）后连续七次上表乞求致仕，至四年（1071）始得诏允。

④仲仪：王素，字仲仪，大名莘县（今山东莘县）人。宋真宗时宰相王旦之子。赐进士出身，历知定州、成都府、开封府、许州、渭州、太原府，累官至工部尚书。谥懿敏。《宋史》有传。苏轼有《王仲仪真赞》。"与仲仪书"，指欧阳修的《与王懿敏公》一文，其中提到疲病、罪谴、困废，"舍是三者，未有偷安之计"。

⑤进者：《东坡外集》卷四八《跋欧阳公帖》作"欲进者"。

【译文】

祝贺任官结束，而不祝贺新任官职，这是天下流行的说法。士人做满一任官，能够在外面没有官场的毁谤，在心中没有愧疚之感，放下肩上重任而去，这就像大热天远行，虽未到家，找到一处清凉的馆舍，解衣洗涤，便已足够轻松愉快了。何况退休而归，脱去冠冕及佩饰，寻访山林泉瀑，回想平生毫无可遗憾之事，这种快乐怎说得完呢！我出入欧阳文忠公之门最久，常常见他想要解职归田，心情可谓急切。别的人可能只是随意以此为借口以为他图，欧阳公却发乎至情，像饥饿的人渴望食物那样想要归隐，只是形势未能许可而已。看他写给王仲仪的书信，说到可得退养的情况只有三种，竟然要以得罪、得病为由而去。君子想要辞官退隐，竟然如此困难，求进者应该以此为戒。

隐逸

【题解】

隐逸是中国古代重要的文化现象，本门共2条，分别记隐士杨朴和西蜀隐士张愈（俞）的故事。

书杨朴事

【题解】

此条先叙宋真宗时隐士杨朴事，接下来苏轼说起自己在湖州任上被御史台官员抓捕时的事情，虽猝然遭此变故，将与妻子诀别，但仍用开玩笑的方式来宽解惊惧不安的家人，这也可见其性格中戏谑的一面。又见《苏轼文集》卷六八《题杨朴妻诗》，《苏轼佚文汇编》卷五《题魏处士诗》。两篇记事互有同异。前篇开头无"昔年过洛见李公简（柬之）言"，而于篇末小字注云："昔年过洛，见李公柬之言杨朴妻赠行一绝，因览魏处士诗，偶复记之。"后篇（据《东坡外集》补）以"昔年过洛，见李公柬之言"开头，以"上大笑，放还山。因览魏野处士诗，偶复记之"结束，无苏轼别妻子一段。本书所记近于前篇。

昔年过洛^①，见李公柬之言^②："真宗既东封^③，访天下隐

者，得杞人杨朴④，能诗。及召对，自言不能。上问：'临行有人作诗送卿否？'朴曰：'惟臣妻有一首云⑤：更休落魄耽杯酒⑥，且莫猖狂爱咏诗。今日捉将官里去⑦，这回断送老头皮⑧。'上大笑，放还山⑨。"余在湖州⑩，坐作诗追赴诏狱⑪，妻子送余出门，皆哭。无以语之，顾语妻曰："独不能如杨处士妻作诗送我乎⑫？"妻子不觉失笑，余乃出。

【注释】

①昔年过洛：苏轼一生五次经过洛阳，此次应为嘉祐六年（1061）由京师赴任凤翔府签判途中经过。李柬之当时为判西京留司御史台，在洛阳。过洛，经过洛阳。

②李公柬之：李柬之，字公明，濮州（今山东鄄城）人。李迪子。宋仁宗朝拜天章阁待制、河北都转运使，加龙图阁直学士，判西京留司御史台。宋英宗时自工部尚书拜太子少保致仕。谥懿清。《宋史》有传。李公柬之，底本及稗海本均误作"李公简"，据《苏轼文集》改。

③真宗既东封：大中祥符元年（1008）十一月，宋真宗在泰山封禅。

④杨朴：一作"杨璞"，字契玄，自号"东里遗民"，郑州新郑（今河南新郑）人。宋初隐逸诗人。《宋史》有传。本文称杨朴是杞（今属河南）人，可能是传闻之误。

⑤妻：原作"妾"，据稗海本、《苏轼文集》《侯鲭录》（卷七）、《苕溪渔隐丛话》（前集卷四二）改。

⑥落魄：放荡之意。耽：沉溺。

⑦捉将官里去：捉到官府去。

⑧断送：送走的意思。老头皮：这里指老头、老汉。

⑨放还山：《苏轼文集》于此下有"命其子一官就养"七字。

⑩余在湖州：元丰二年（1079）四月苏轼任湖州（今属浙江）知州，七月被捕赴御史台狱，推治其谤讪朝廷之罪。十二月，责授检校尚书水部员外郎，充黄州团练副使，不得签书公事。史称"乌台诗案"。

⑪坐：因为。诏狱：奉皇帝令关押犯人的牢狱。

⑫杨处士：原作"杨子云处士"，据稗海本、《苏轼文集》《侯鲭录》（卷七）、《苕溪渔隐丛话》（前集卷四二）删"子云"二字。

【译文】

往年路过洛阳，见到李东之，他说："宋真宗泰山封禅之后，寻访天下隐士，找到了杞县人杨朴，擅长作诗。召见之时，他却说不会作诗。皇帝问：'临出来之时有人为你作诗送行吗？'杨朴说：'只有我妻子作了一首：更休落魄耽杯酒，且莫猖狂爱咏诗。今日捉将官里去，这回断送老头皮。'真宗大笑，放他回家了。"我在湖州时，因为作诗被逮捕下诏狱，妻子和孩子送我出门，都在哭泣。我不知道该说什么，回头对妻子说："你就不能像杨朴妻子那样为我作首诗送行吗？"妻子和孩子都破涕为笑，我才出门。

白云居士

【题解】

张愈是北宋仁宗时的隐士诗人，有一首《蚕妇》诗脍炙人口："昨日入城市，归来泪满巾。遍身罗绮者，不是养蚕人。"苏轼父亲苏洵与张愈有交往，故而苏轼早知其人其诗。元祐五年（1090）苏轼知杭州时，在西湖边见到张愈的诗句，乃感怀其人，命寺僧刻石。又见《苏轼文集》卷六八《题张白云诗后》。

张愈①，西蜀隐君子也。与予先君游，居岷山下白云溪^②，自号白云居士。本有经世志，特以自重难合，故老死草野，非槁项黄馘盗名者也^③。偶至西湖静轩^④，见其遗句，怀仰其人，命寺僧刻之石^⑤。

【注释】

①张愈：一作"张俞"，字少愚，又字才叔，号白云居士，成都郫（pí）县（今四川成都郫都区）人。曾除试秘书省校书郎，不就。遨游天下，杜门著书。"张愈"二字，《苏轼文集》作"张俞少愚"。

②岷山下白云溪：青城山下的白云溪，在今四川都江堰青城山中。其地原有晚唐道士杜光庭故居，庆历四年至七年（1044—1047）文彦博知益州时，将其地给张愈居住。

③槁项黄馘（xù）：语见《庄子·列御寇》。意为干枯的颈项，黄瘦的面庞。馘，指脸面。

④西湖静轩：据本文记载，当是位于西湖边某寺中的一处敞轩，不知具体所在。

⑤刻之石：将张愈的诗刻在石上。石，《苏轼文集》无，而有"元祐五年九月五日"八字。

【译文】

张愈，是一位西蜀的隐居君子。和先父相交，住在岷山下的白云溪边，自号"白云居士"。原本有经世的志向，只因他自珍自爱，与世难合，故老死于草野之中，并非是那种枯颈、面黄肌瘦的欺世盗名之人。我偶然到西湖静轩，见到他的遗诗，怀念敬仰其人，让寺中僧人将其诗刻于石上。

佛教

【题解】

　　苏轼是一位佛教信徒，本门6条，多记他对佛教义理的理解，后面的《道释》门又记载了他和僧人交往的一些事情。

读《坛经》

【题解】

　　此条是苏轼发表对佛家法身、报身、化身这三身的理解。又见《苏轼文集》卷六六《论六祖坛经》。

　　近读《六祖坛经》①，指说法、报、化三身②，使人心开目明。然尚少一喻，试以喻眼：见是法身，能见是报身，所见是化身。何谓见是法身？眼之见性，非有非无③。无眼之人，不免见黑，眼枯睛亡，见性不灭，故云见是法身。何谓能见是报身？见性虽存，眼根不具④，则不能见，若能安养其根，不为物障⑤，常使光明洞彻，见性乃全，故云能见是报身。何谓所见是化身？根性既全，一弹指顷，所见千万，纵横变化，俱是妙用,故云所见是化身。此喻既立,三身愈明。如此是否?

【注释】

①《六祖坛经》:中国禅宗最重要的经典,记载禅宗六祖慧能的语录和事迹。

②法、报、化三身:即法身、报身、化身。宗宝本《六祖坛经》在《忏悔品》中论述了法身、报身、化身的理论,认为人身之中有三身佛,即清净法身佛、圆满报身佛、自性化身佛。法身是真如本性(真实不变之法性),报身指获得圆满果报之身,化身指随类应化、千变万化之身。

③非有非无:"见"并非有,因为"见"之性不是物质性的实体;也并非无,因为"见"之性实有。

④眼根:佛教将能产生感觉、知觉以及心理活动的器官和机能(神经)称为"根",有眼、耳、鼻、舌、身、意六根,分别对应色、声、香、味、触、法六尘。

⑤物:这里指眼翳(yì)以及白内障之类的遮挡眼睛的事物。

【译文】

最近读《六祖坛经》,其中解说法身、报身、化身这三身,让人心开眼明。不过还少一个比喻解说,试以眼睛为喻:"见"是法身,"能见"是报身,"所见"是化身。为什么说"见"是法身呢? 眼睛具有"见"的本性,此性非有也非无。那些没有眼睛的人,看到的黑,但即使眼睛失明,眼睛的"见"之本性不会消失,所以说"见"是法身。为什么说"能见"是报身呢? 因为"见"之性虽然存在,但眼之视觉没有了,则不能看见,如能安心保养它的视觉神经,不为翳物所遮挡,常让它光明洞彻,"见"之本性便得以完全抱有和呈现,所以说"能见"是报身。为什么说"所见"是化身呢? 因为视觉既得保全,一弹指之间,所见则有万千事物,纵横变化,都是"见"性之妙用,所以说"所见"是化身。这个比喻确立后,"三身"之义就更加明晰了。如此解说是否恰当呢?

改观音咒

【题解】

苏轼认为《观音经》里的一段文字不能体现观音菩萨的慈悲胸怀,应该改一下。不过他写的句子,不像是为了佛经的义理圆融而作,更像是一种戏谑玩笑。又见《苏轼文集》卷六六《改观音经》。

《观音经》云①:"咒咀诸毒药②,所欲害身者③,念彼观音力,还着于本人。"东坡居士曰:"观音,慈悲者也。今人遭咒咀,念观音之力而使还着于本人,则岂观音之心哉?"今改之曰:"咒咀诸毒药,所欲害身者,念彼观音力,两家总没事④。"

【注释】

①《观音经》:指鸠摩罗什所译《妙法莲华经》中《观世音菩萨普门品》,后人取出单独流传,称《观音经》。

②咒咀(zǔ)诸毒药:是说诅咒的话如各种毒药一般。咒咀,即诅咒。咀,通"诅"。

③害身:伤害他人之身。

④总:都,皆。

【译文】

《观音经》说:"咒诅诸毒药,所欲害身者,念彼观音力,还着于本人。"东坡居士说:"观音,是大慈大悲的菩萨。如果有人被诅咒了,便念诵观音的神力让它还给那发出诅咒的人,这难道是观音的用心吗?"现在把它修改为:"咒诅诸毒药,所欲害身者,念彼观音力,两家总没事。"

诵经帖

【题解】

此条记载东坡食肉吃荤后将要诵经，由此有和僧人的一段对话，其中似有机锋在焉。又见《苏轼文集》卷七二《诵经帖》。

东坡食肉诵经，或云："不可诵。"坡取水漱口，或云："一碗水如何漱得！"坡云："惭愧阇黎会得^①！"

【注释】

①惭愧阇（shé）黎会得："惭愧"一般有两个意义：一是羞愧，感到不好意思；一是难得，幸好，表示感激。《苏长公小品》于此段有眉批"无诤三昧"，语出《金刚经》，原是不与人争辩之意，似乎此处说"惭愧阇黎会得"又有讥讽之意。此外《唐摭言》记载王播"惭愧阇黎饭后钟"的故事，似乎也为苏轼暗中所用。阇黎，亦作"阇梨"，梵语"阿阇梨"的省称，指高僧，也泛指僧人。会得，懂得，明白。

【译文】

东坡刚吃完肉便要念诵佛经，有人说："不可以念诵。"东坡取水来漱口，那人说："一碗水如何能漱得干净！"东坡云："惭愧惭愧，幸好阇黎懂得！"

诵金刚经帖

【题解】

此条是苏轼记载听来的一则故事，古代将这种故事称为灵验记，这是一则《金刚经》灵验记。元符三年（1100）作于儋州。又见《苏轼文集》卷七二《金刚经报》。

　　蒋仲甫闻之孙景修言①：近岁有人凿山取银矿至深处，闻有人诵经声。发之，得一人，云："吾亦取矿者，以窟坏不能出，居此不知几年②。平生诵《金刚经》自随③，每有饥渴之念，即若有人自腋下以饼饵遗之④。"殆此经变现也⑤。道家言"守一"⑥，若饥，"一"与之粮；若渴，"一"与之浆。此人于经中，岂所谓"得一"者乎⑦？

【注释】

①蒋仲甫：生平不详。《东坡外集》卷五八《金刚经报》、《苏轼文集》作"蒋仲父"。孙景修：孙颀，字景修，长沙（今属湖南）人。北宋后期官员。曾官太常少卿，湖北转运使，朝议大夫知荆南，直龙图阁知广州等。撰《古今家诫》二卷，苏辙为其作序。

②不知几年：《东坡外集》《苏轼文集》作"不记年"。

③《金刚经》：全称《金刚般若波罗蜜经》，佛教重要经典，有鸠摩罗什、菩提流支等译本。自随：《东坡外集》《苏轼文集》《仇池笔记》（卷下《诵金刚经》）作"常以经自随"。

④饼饵：饼类食品的总称。古代所说的饼可指所有蒸熟或烤熟的面食，包括馒头乃至面条（汤饼），不只是扁圆形的面饼。

⑤变现：变化而显现。

⑥守一："一"在道家中的意义丰富，有万物之始、大道之初、太一（神）等多种意思。早期道家已将持守和凝思于"一"作为重要的修养之术。如《庄子·在宥》云："我守其一，以处其和，故我修身千二百岁矣，吾形未常衰。"（苏轼《庄子解》对此语曾专做解释）《抱朴子·内篇·地真》引仙经云："子欲长生，守一当明。思一至饥，一与之粮；思一至渴，一与之浆。……守一存真，乃能通神。"即本文所引。苏辙《抱一颂》亦云："真人告我，昼夜念一。

行一坐一，眠一食一。子若念一，一亦念子。子不念一，一则去子。子若得一，万事皆毕。饥而念一，一与子粮。渴而念一，一与子浆。寒而念一，一与子裳。病而念一，一与子方。"

⑦岂所谓"得一"者乎："得一"见《老子》第三十九章："昔之得一者：天得一以清，地得一以宁，神得一以灵，谷得一以盈，万物得一以生，侯王得一以为天下贞。"苏辙《老子解》："一，道也。物之所以得为物者，皆道也。"又云："夫一果何物也？视之不见，执之不得，则亦天下之至微也。"此句《苏轼文集》作"岂得所谓一者乎"，其后又有"元符庚辰□月二日，偶与慧上人夜话及此，因出纸求仆缮写是经，凡阅月而成。非谪居海外，安能种此福田也。苏轼谨题"四十七字。元符庚辰为元符三年（1100）。此四十七字，《东坡外集》、茅维本《全集》原无，《苏轼文集》系据墨迹补。

【译文】

　　蒋仲甫听孙景修说：近些年有人开凿山洞挖掘银矿至很深的地方，听到有人念诵佛经。挖开，见到一人，这人说："我也是来开挖矿的，因为山洞崩坏不能出去，住在这里不知道多少年了。我平生一直背诵《金刚经》，每有饥渴的感觉，就好像有人从腋下拿饼送给我。"大概是这《金刚经》变化显现的吧。道家说"守一"，若遇饥饿，"一"能供给粮食；若遇口渴，"一"能供给水浆。此人于佛经之中，难道就是所谓的"得一"吗？

僧伽何国人

【题解】

　　唐宋时期泗州大圣僧伽信仰在江淮一带颇盛，此条前半叙僧伽来自西域何国，后半则叙苏轼经历的一件僧伽感应的异事。苏轼好友道潜（参寥）《东坡先生挽词》也曾写到此事："临淮大士本无私，应物长于险处施。亲护舟航渡南海，知公盛德未全衰。"其自注中据邹浩所述，也略记其事。又见《苏轼文集》卷七二《僧伽同行》。

　　《泗州大圣僧伽传》云①:"和尚,何国人也。"又世云莫知其所从来②,云不知何国人也③。近读《隋史·西域传》④,乃有何国。余在惠州,忽被命责儋耳⑤。太守方子容自携告身来⑥,且吊余曰⑦:"此固前定,可无恨。吾妻沈素事僧伽谨甚,一夕梦和尚告别,沈问所往,答云:'当与苏子瞻同行,后七十二日当有命。'今适七十二日矣,岂非前定乎!"余以谓事之前定者,不待梦而知。然余何人也,而和尚辱与同行,得非夙世有少缘契乎⑧?

【注释】

①泗州大圣僧伽:僧伽,西域何国(在今乌兹别克斯坦撒马尔罕西北)人。唐代名僧。唐高宗时来唐,始于泗州(其地在今江苏盱眙、泗洪一带)建寺,后唐中宗赐名普光王寺,诏赴长安,居荐福寺。景龙四年(710)坐化,俗龄八十三。五代以后有"大圣僧伽和尚"之名,民间亦称"泗州大圣",或谓"观音大士化身"。苏轼有《泗州僧伽塔》诗。泗州,底本作"泗洲",据《苕溪渔隐丛话》(后集卷三十)引东坡、《分门古今类事》(卷八《僧伽同行》)改。此处所说"《泗州大圣僧伽传》",可能是《宋高僧传》中的《唐泗州普光王寺僧伽传》。

②世云:稗海本、《苏轼文集》《分门古今类事》作"云世",《苕溪渔隐丛话》作"曰世"。

③不知何国人:宋代以后由于一般人不知唐时有何国,乃以为"何国人"之说为僧伽和尚对答的禅机。如《景德传灯录》卷二七云:"泗州僧伽大师者,世谓观音大士应化也。……或问师何姓,即答

曰：我姓何。又问师是何国人，师曰：我何国人。"

④《隋史·西域传》：《隋书·西域传》云："何国，都那密水南数里，
旧是康居之地也。其王姓昭武，亦康国王之族类，字敦。"

⑤命责儋耳：绍圣四年（1097）四月十七日，苏轼在惠州忽得告命，责
授琼州别驾、昌化军（即儋耳）安置，十九日即离开惠州前往海南。

⑥方子容：字南圭，莆田（今属福建）人。皇祐五年（1053）进士，时
为惠州知州。告身：任命官职的文凭。

⑦吊余曰：原作"吊曰余"，据稗海本改，《苏轼文集》《分门古今类事》
作"吊予曰"，《苕溪渔隐丛话后集》作"语余曰"。吊，安慰。

⑧缘契：因缘，缘分。

【译文】

《泗州大圣僧伽传》说："僧伽和尚是何国人。"但世上又说不知道他
从哪里来，说不知道是何国之人。我最近读《隋书·西域传》，乃见到有
"何国"。我在惠州时，忽然接到官命贬往儋耳。惠州太守方子容亲自带
着委任文书来，并安慰我说："这本是前世注定的事情，不必遗憾。我妻
子沈氏向来供奉僧伽和尚，颇为恭谨，有一晚她梦见僧伽和尚来告别，沈
氏问他去哪里，回答说：'要与苏子瞻同行，过七十二日就会接到命令。'
今天刚好七十二日，这难道不是前世所定的吗！"我觉得事情如果是前
定的，无须从梦中获知。不过我又算什么人，竟然有劳僧伽和尚与我同
行，难道前世与他有些因缘吗？

袁宏论佛说

【题解】

此条抄写袁宏《后汉纪》中介绍佛教的一段话，苏轼认为虽然比较
粗浅，但大体上的意思都说全了。后面又举了吃鹿肉来作比喻，鹿肉简
单煮食就很好吃，各种烹饪方法，并不能让美味有其丝毫的增加。又见

《苏轼文集》卷六六《记袁宏论佛》。

袁宏《汉纪》曰①:"浮屠②,佛也,西域天竺国有佛道焉③。佛者,汉言觉也,将以觉悟群生也。其教也,以修善慈心为主,不杀生,专务清净④,其精者为沙门⑤。沙门,汉言息也,盖息意去欲,归于无为。又以为人死精神不灭,随复受形,生时善恶皆有报应,故贵行修善道以炼精神,以至无生⑥,而得为佛也。"东坡居士曰:此殆中国始知有佛时语也,虽浅近,大略具足矣。野人得鹿,正尔煮食之耳⑦,其后卖与市人,遂入公庖中,馔之百方,然鹿之所以美,未有丝毫加于煮食时也。

【注释】

①袁宏:字彦伯,阳夏(今河南太康)人。东晋学者。撰《后汉纪》三十卷,以编年体形式记载东汉历史。本文所说的《汉纪》即《后汉纪》。

②浮屠:即佛(佛陀),也写作"浮图",都是梵语音译。《魏书·释老志》云:"'浮屠'正号曰'佛陀','佛陀'与'浮图'声相近,皆西方言,其来转为二音。华言译之,则谓'净觉'。"

③天竺国:中国古代对印度的称呼。

④清净:佛家语。意指不受外界干扰,远离烦恼。

⑤沙门:梵语音译词。亦译作"桑门",意为修善去欲之人。《魏书·释老志》云:"诸服其道者,则剃落须发,释累辞家,结师资,遵律度,相与和居,治心修净,行乞以自给。谓之'沙门',或曰'桑门',亦声相近,总谓之'僧',皆胡言也。"

⑥无生:佛家语。不生不灭,即不再入轮回。

⑦正尔：犹今言便那样。

【译文】

　　袁宏《汉纪》曰："浮屠，就是佛，西域天竺国有佛法。佛，汉语解释就是'觉'，要让众生觉悟。该教以修善行和慈悲心为主，不杀生，专求清净无染，其精于此道的人是沙门。沙门，汉语说就是'息'，就是停止意念、除去欲想，终归于无为。该教又认为，人死后精神不会消失，随即再次投胎获得躯体，而在生时所行善恶都会有报应，因此重视修行善道，明心见性，最后达到无生无死的境界，从而成佛。"东坡居士说：这大致是中国刚开始知道有佛法时的话，虽然说得粗浅，大体上的意思都有了。这就像乡野之人得到鹿，便煮着来吃，后来鹿肉卖给市场上的人，进入众人厨房之中，烹饪之法有上百种之多，但是鹿肉的美味，比起简单煮食之时并没有增加丝毫。

道释

【题解】

本门共12条，第十二条《付僧惠诚游吴中代书十二》，又包括12条文字，故实际为23条。内容记释、道二家的人和事。其名"道释"者，不只是本门中兼有二家故事，一些条文在一条之内便兼及二家，如第一条《赠邵道士》，写的却是"义出《楞严》"的佛家道理。释、道二家之合流，于此亦可见一斑。

赠邵道士

【题解】

此条是写给邵道士的一段谈佛理的话，其"来时一，去时八万四千"，和前面《佛教·读〈坛经〉》的"根性既全，一弹指顷，所见千万，纵横变化，俱是妙用"的道理相近。苏轼在《成都大悲阁记》中说千手千眼观音，"非无身无以举千万亿身之众，非千万亿身无以示无身之至。故散而为千万亿身，聚而为八万四千母陀罗臂、八万四千清净宝目，其道一尔"（《苏轼文集》卷十二），也是如此。又见《苏轼文集》卷六六《书赠邵道士》。苏轼似乎很喜欢"身如芭蕉，心如莲花"这段话，《苕溪渔隐丛话》后集卷三七引《东皋杂录》记载了另一个故事："蓬州道士贾善翔，字鸿举,能剧谈,善琴嗜酒,士大夫喜与之游。东坡尝过之,戏书问曰:'身如芭蕉,心如莲花,百节疏通,万窍玲珑。来时一,去时八万四千。'末云:'鸿举下语。'贾答曰:'老道士这里没许多般数。'张天觉跋其后云:'去时八万四千,不知落在那边。若不斩头觅话(活),谁知措大参禅。'"

身如芭蕉①,心如莲花②,百节疏通,万窍玲珑③。来时一④,去时八万四千⑤。此义出《楞严》⑥,世未有知之者也。元符三年九月二十一日⑦,书赠都峤邵道士⑧。

【注释】

①身如芭蕉:是说身体如芭蕉,内里虚空,也即后文所说"百节疏通",芭蕉并无关节,枝干层层包裹,其心却是空无一物的。《维摩诘经》里说:"身如芭蕉,中无有坚。"身,底本作"耳",据《东坡外集》卷四十《书赠邵道士》改。《苕溪渔隐丛话》作"身如芭蕉"。

②心如莲花:心性如莲花一尘不染。莲花比喻心性纯明,不染浊世烦恼。

③万窍玲珑:身上的万千毛孔和七窍均通畅明彻。玲珑,通畅明彻的样子。

④一:指真如本性(心性),清净法身。

⑤八万四千:佛教用此数极言其多。这里是说显现和应用有万千之多。见卷一《修养·养生说》。

⑥《楞(léng)严》:《楞严经》,又称《首楞严经》《大佛顶首楞严经》,著名佛教经典,通行译本是唐僧般刺蜜帝所译《大佛顶如来密因修证了义诸菩萨万行首楞严经》十卷。

⑦二十一日:《东坡外集》《苏轼文集》作"二十日"。

⑧都峤(qiáo):都峤山,道教传说第二十洞天,在广西容县。邵道士:名彦肃。苏轼有《藤州江上夜起对月赠邵道士》《送邵道士彦

肃还都峤》诗。

【译文】

身如芭蕉，空虚不坚，心如莲花，一尘不染，全身关节均疏通，万千孔窍皆通畅。来的时候是"一"，离去时化为八万四千。这个义理出自《楞严经》，世上没有人知道。元符三年（1100）九月二十一日，书写赠予都峤邵道士。

书李若之事

【题解】

此条由《晋书》中记载的幸灵，联想到京师道士李若之能"布气"，曾为苏轼的次子苏迨治疗疾病。所谓"布气"，今天多称为发功或运气，《夷坚志》《历世真仙体道通鉴》等书里常记宋代的道士做这件事。又见《苏轼文集》卷七三《李若之布气》。

《晋·方技传》有幸灵者①，父母使守稻，牛食之，灵见而不驱。牛去，乃理其残乱者。父母怒之。灵曰："物各欲食，牛方食，奈何驱之？"父母愈怒，曰："即如此，何用理乱者为？"灵曰："此稻又欲得生。"此言有理，灵固有道者耶？吕猗母皇得痿痹病十馀年②，灵疗之，去皇数步坐③，瞑目寂然④。有顷，曰："扶起夫人坐⑤。"猗曰："老人得疾十年⑥，岂可仓卒令起耶⑦？"灵曰⑧："且试扶起⑨。"两人夹扶而立，少顷去夹者，遂能行。学道养气者，至足之馀，能以气与人。都下道士李若之能之⑩，谓之"布气"⑪。吾中子迨少羸多疾⑫，若之相对坐为布气，迨闻腹中如初日所照，温温也。盖若之曾遇得道异人于华岳下云⑬。

【注释】

①《晋·方技传》：指《晋书·方技传》，实际上《晋书》中此卷为《艺术传》（此"艺术"即方技之意），其中有幸灵传。本篇所叙守稻及治吕猗母病事，俱见传中。

②吕猗（yī）：东晋时王敦的参军。王敦叛乱攻打石头城时，吕猗曾劝说王敦杀害了大臣周颉（yǐ）和戴若思。皇：指吕猗的母亲皇氏。原作"足"，据《苏轼文集》《晋书》改。痿痹（wěi bì）：肢体不能动作或丧失感觉，即今所说的瘫痪。

③去皇数步坐："皇"原作"母"，《苏轼文集》作"皇"，据改。《晋书》此句作"去皇氏数尺而坐"。

④瞑（míng）目：闭上眼睛。瞑，闭。寂然：形容沉默不语、安静的样子。

⑤扶起夫人坐：《苏轼文集》无"坐"字，《晋书》作"扶夫人令起"。

⑥老人：原作"夫人"，据《苏轼文集》《晋书》改。

⑦仓卒（cù）：即仓猝，仓促。卒，同"猝"。

⑧灵：原作"虚"，据《苏轼文集》《晋书》改。

⑨且：《苏轼文集》《晋书》作"但"。

⑩李若之：其人不详，本文称"都下道士"，即东京汴梁的道士。

⑪布气：气功术士对旁人进行运气发功。

⑫迨：苏轼子苏迨（dài），初名叔寄，字仲豫，眉州眉山（今四川眉山）人。苏轼次子。元祐中以父荫为承务郎，后为驾部员外郎。羸（léi）：瘦弱。

⑬华岳：华山，在今陕西关中平原东部，秦岭山脉的东段。

【译文】

《晋书·艺术传》中有一个名叫幸灵的，父母让他守水稻，有牛来吃，幸灵看见却不驱赶。牛离去之后，便整理修复那些残存和压乱的水稻。父母很生气。幸灵说："动物都要吃东西，牛正吃稻，何必去赶它？"父母更加生气，说："既然如此，为何又整理那些残乱的水稻？"幸灵说：

"那些水稻也想生存呀。"这话颇有道理，辛灵一定是有道的人吧？吕猗的母亲皇氏得了瘘痹瘫痪之病十多年，辛灵为之治疗，他在距离皇氏几步远的地方坐下，闭上双眼，静默不语。过了一会儿，他说："把夫人扶起来。"吕猗说："老人患病十年，怎么能突然就让她起身？"辛灵说："姑且试着扶她起来。"两人从旁夹持着让她站立起来，过了一会儿，去掉扶持的人，皇氏便能走路了。学道养气的人，修养完足之馀，能把真气输送给别人。京师道士李若之会这气功，称作"布气"。我的次子苏迨，从小就瘦弱多病，李若之和他相对而坐，为他运气发功，苏迨感到腹中好像有初升的太阳照耀，暖暖的。李若之曾经在华山下遇到过得道的异人。

记苏佛儿语

【题解】

　　此条记合浦老人苏佛儿的一段对话，他针对"即心是佛，不在断肉"的禅修说法，提出普通人不应随便以此为口实而放松持戒，因为普通人难受感化，却很容易随波逐流。苏轼以为其说有理，故特为记录。苏轼重持戒的思想，也见于他的《盐官大悲阁记》："斋戒持律，讲诵其书，而崇饰塔庙，此佛之所以日夜教人者也。而其徒或者以为斋戒持律不如无心，讲诵其书不如无言，崇饰塔庙不如无为。其中无心，其口无言，其身无为，则饱食而嬉而已，是为大以欺佛者也。"（《苏轼文集》卷十二）《记故人病》也说"戒生定，定生惠，此不刊之语也。如有不从戒、定生者，皆妄也"（《苏轼文集》卷七三，又见稗海本《东坡志林》卷七第三十条）。又见《苏轼文集》卷七三《记合浦老人语》。

　　元符三年八月，余在合浦^①，有老人苏佛儿来访^②。年八十二，不饮酒食肉，两目烂然^③，盖童子也。自言十二岁斋居修行，无妻子，有兄弟三人，皆持戒念道，长者九十二，次者九十。与论生死事，颇有所知。居州城东南六七里。佛儿尝卖菜之东城，见老人言："即心是佛④，不在断肉⑤。"余言⑥："勿作此念，众人难感易流⑦。"老人大喜，曰："如是！如是⑧！"

【注释】

①合浦（pǔ）：廉州合浦县（今广西合浦）。元符三年（1100）苏轼由昌化军（海南儋州）安置量移廉州安置。见卷一《记游·记过合浦》。

②苏佛儿：合浦当地的一位老人，馀不详。

③烂然：明亮貌。

④即心是佛：禅宗常见的说法，意思是明心见性即可成佛。《景德传灯录》卷七："（明州大梅山法常禅师）初参大寂，问如何是佛。大寂云：'即心是佛。'师即大悟。"但要注意这里的"心"指自性清净心、真如心，不是普通人的心。

⑤断肉：戒断吃肉，即不吃荤食。

⑥余：此处应是苏佛儿自称，非东坡自称。

⑦难感易流：意思是大众难以受到感化而勤修，却很容易随波逐流而放松对自己的修炼。

⑧如是：此后《苏轼文集》有"东坡居士记"五字。

【译文】

元符三年（1100）八月，我在合浦，有老人苏佛儿来访。他年纪八十二岁，不饮酒食肉，两眼炯炯有神，是童子之身。他自言十二岁开始斋戒修行，没有妻子儿女，有兄弟三人，都持戒念佛，大哥九十二，二哥九十岁。和他谈论生死之事，颇有见识。他居住在廉州城东南六七里的地方。苏佛儿曾到东城卖菜，见一老人言："即心是佛，不在于断肉吃素。"他说："不要有这个念头，普通人难得感化勤修，却容易随波逐流。"老人大喜，说："是这样！是这样！"

记道人戏语

【题解】

北宋都城汴梁（今河南开封）的大相国寺是非常热闹的大市场，苏轼记载有道人在那里卖"赌钱不输方"可谓荒唐，然而竟有人买下，回去一看，内容不过是"但止乞头"，教人别下场赌博，光看热闹分点儿好处就行。又见《苏轼文集》卷七三《记道人戏语》。

绍圣二年五月九日①，都下有道人坐相国寺卖诸禁方②，缄题其一曰③：卖赌钱不输方。少年有博者，以千金得之。归，发视其方，曰："但止乞头④。"道人亦善鬻术矣⑤，戏语得千金，然亦未尝欺少年也。

【注释】

①绍圣二年五月九日：绍圣二年（1095）苏轼在惠州，而这里讲的是东京汴梁（今河南开封）之事，这个日期可能是指书写此条的时间。

②都下：都城，京师。道人：可指道士，也可指僧人。此处疑为僧人。相国寺：又名"大相国寺"，寺内有大型集市。见卷一《梦寐·记梦》第三条。禁方：秘方。

③缄（jiān）题：信函的封题。

④乞头：赌博时旁观者分到的好处。《夷坚志》丁志卷一《夏氏骰子》云："夏麖字几道，卫州汲县人。崇宁、大观间居太学，甚久未成名。家故贫，至无一钱，同舍生或相聚博戏，则袖手旁观，时从胜者觅锱铢，俗谓之乞头是也。"

⑤善：底本无此字，据《苏轼文集》补。鬻（yù）：售卖。

【译文】

绍圣二年（1095）五月九日，京城有一位道人坐在大相国寺卖各种秘方，其中一个封皮上题字道：卖赌钱不输方。有位喜欢赌博的少年，用千金买下。回家，打开秘方，里面写道："只拿乞头钱。"这位道人也真是精于贩卖之术，用一句戏语就得到千金，然而也并未欺骗那位少年。

陆道士能诗

【题解】

陆道士是苏轼的同乡，但二人于苏轼在黄州时始相识，苏轼贬惠州时又前去看望。陆道士能诗，苏轼《书陆道士诗》也称"诗人陆道士"，《对韩柳诗》记二人论韩、柳诗（见《苏轼文集》卷六八、卷六七），可惜其诗不传，仅于《书陆道士诗》中可见一联。本卷《异事·道士张易简》亦可见陆道士其人。苏轼《书陆道士镜砚》作于绍圣三年（1096）十二月一日，本条似作于十一月，题于陆诗之后。又见《苏轼文集》卷六七《书陆道士诗》。

陆道士惟忠[①]，字子厚，眉山人，好丹药，通术数，能诗，萧然有出尘之姿[②]。久客江南，无知之者。予昔在齐安[③]，盖相从游，因是谒子由高安[④]，子由大赏其诗。会吴远游之过彼[⑤]，遂与俱来惠州，出此诗。

【注释】

①陆道士惟忠：陆惟忠，字子厚，家中世代为道士。能诗。绍圣四年（1097）住河源（今属广东）开元观，卒。苏轼有《陆道士墓志铭》《与陆子厚》。

②萧然:潇洒、悠闲的样子。

③齐安:即黄州。唐代曾于此地设齐安郡,故有此名。

④高安:高安县(今属江西),为筠州州治。元丰三年(1080)六月
　至元丰八年(1085)八月,苏辙为监筠州酒税。

⑤吴远游:"游"字原缺,据《苏轼文集》补。吴复古,字子野,号远
　游先生,潮阳(今广东汕头潮阳区)人。曾于齐州、黄州、惠州、儋
　州等地拜访苏轼,交情甚厚。建中靖国元年(1101)卒。苏轼有
　《祭吴子野文》《答吴子野》书信七首。吴复古与陆惟忠来惠州事,
　也见苏轼《和陶岁暮作和张常侍》诗之序:"(绍圣三年)十二月二
　十五日酒尽,取米欲酿,米亦竭。时吴远游、陆道士皆客于余,因
　读渊明《岁暮和张常侍》诗,亦以无酒为叹,乃用其韵赠二子。"

【译文】

　　陆惟忠道士,字子厚,眉山人,好丹药,通术数,能作诗,潇洒悠闲,有
世外高人之姿。在江南客居多年,没有人知道他。我以前在黄州时,与
他相交来往,因此他又去高安谒见子由,子由十分欣赏他的诗。最近恰
逢吴远游造访他,于是一同来惠州,出示这首诗。

朱氏子出家

【题解】

　　此条记参寥的法孙法颖。苏轼元祐五年(1090)知杭州时便认识他
(见后《付僧惠诚游吴中代书十二》第十一条),那时他七八岁,这里称其
九岁,故本条应作于元祐六年(1091)或七年(1092)初。又见《苏轼文
集》卷七三《朱照僧》。

　　朱氏子出家,小名照僧①,少丧父,与其母尹皆愿出家。
照僧师守素②,乃参寥子弟子也③。照僧九岁,举止如成人,

诵《赤壁赋》，铿然鸾鹤声也。不出十年，名闻四方^④。此参寥子之法孙，东坡之门僧也^⑤。

【注释】

①照僧：即释法颖。见卷一《记游·逸人游浙东》。

②守素：参寥弟子，俗姓锺。苏轼《锺守素》云："参寥行者锺守素，事参寥有年矣，未尝见过失。窃尝密察其所为，似有意于慕高远者。"（《苏轼文集》卷七二）

③参寥子：释道潜。见卷一《记游·逸人游浙东》。

④名闻四方：《苏轼文集》作"名冠东南"。后来道潜诗《示法颖》中还提到苏轼的这个期盼："莫负谪仙当日语，十年名誉满东州。"谪仙指苏轼。

⑤门僧：平时常有来往、可入家门做佛事的僧人。

【译文】

朱氏有一男子出家，小名照僧，少时丧父，与其母尹氏都愿意出家。照僧的师父是守素，乃是参寥子的弟子。照僧九岁时，行为举止便像成年人，朗诵《赤壁赋》，铿锵动听，如鸾鹤的鸣叫声。不出十年，名闻四方。他是参寥子的法孙，是我东坡的门僧。

寿禅师放生

【题解】

此条记五代名僧永明延寿禅师事。其早年为"北郭税务专知官"的说法，与《宋高僧传》《景德传灯录》等书所记小异（前书说"为吏督纳军须"，后书说"为华亭镇将"），坐死赴市复得释的故事，也不见于他书，可备异闻。约绍圣四年（1097）作于儋州。又见《苏轼文集》卷七二《寿禅师放生》。

钱塘寿禅师①，本北郭税务专知官②，每见鱼虾，辄买放生，以是破家③。后遂盗官钱为放生之用，事发坐死④，领赴市矣。吴越钱王使人视之⑤，若悲惧如常人，即杀之；否，则舍之。禅师淡然无异色，乃舍之。遂出家，得法眼净⑥。禅师应以市曹得度⑦，故菩萨乃现市曹以度之⑧。学出生死法，得向死地走之一遭，抵三十年修行。吾窜逐海上，去死地稍近，当于此证阿罗汉果⑨。

【注释】

①钱塘：钱塘县，唐宋时为杭州州治所在。寿禅师：即永明延寿，字冲元，俗姓王，馀杭（今浙江杭州馀杭区）人。师从法眼宗文益禅师的弟子天台德韶。住杭州永明寺，又为杭州灵隐寺开山祖师。后被奉为净土宗六祖、法眼宗三祖。

②北郭税务专知官：指北城集市的税务官员。北郭，北城。

③破家：破产。

④坐死：原作"主死"，据稗海本、《苏轼文集》改。因罪被处死。坐，犯罪。

⑤吴越钱王：这里指吴越国王钱元瓘（guàn），字明宝，杭州临安（今浙江杭州临安区）人。吴越国第二位国君，谥文穆，武肃王钱镠（liú）之子。

⑥法眼净：分明洞见真谛谓之"法眼净"。这里是说延寿得法眼宗之传。法眼宗为禅宗的一枝，是青原行思禅师下第八世清凉文益禅师所创，文益谥为大法眼禅师，故名其宗为"法眼宗"。"法眼净"三字原作"法服净"，据稗海本、《苏轼文集》改。

⑦禅师应以市曹得度：延寿禅师管理市集和征税，且在市集上被刑而又得释。市曹，集市热闹之处，古代常于其地处决罪犯。

⑧菩萨乃现市曹:这句是说寿禅师在集市上见到鱼虾,以及后来在集市行刑,都是菩萨的示现。之:稗海本作"以",属下句。《东坡外集》卷五八《寿禅师放生》无"之"字,亦无"以"字。

⑨阿罗汉果:小乘佛教修行的最高果位。能断绝贪瞋痴及一切烦恼,则证得阿罗汉果。

【译文】

钱塘延寿禅师,本是北城负责税务的官员,每次看到贩卖鱼虾,就买来放生,因此倾家荡产。后来竟然偷盗官钱,作为放生之用,其事暴露后被判处死刑,被带往刑场准备处决。吴越国王命人观察,假如他像普通人那样悲哀恐惧,就处死他;如果不是,就释放他。禅师神色平淡无异色,吴越国王便把他释放了。于是禅师出家,获得法眼净,传法眼宗。禅师应是在市集之上得到度化,所以菩萨乃显现于市集上以度化他。修习脱离生死的法门,得向死亡之地走一趟,这样可抵三十年的修行。我被贬黜驱逐到海南,距离死亡之地比较近,应当在这里修炼得道。

僧正兼州博士

【题解】

此条先叙唐世僧人有赐紫衣和师号的荣赏,是为了说明宋朝庆历年间种世衡为蕃僧补授三班借职是一种将在外的权宜。苏轼写此,可能是因其出任定州知州而关注边境军备的缘故,他在《乞增修弓箭社条约状》中也写到当年"范仲淹、刘沪、种世衡等,专务整缉蕃汉熟户弓箭手"之事。大约作于元祐八年(1093)十月后。又见《苏轼文集》卷六六《书杜牧集僧制》。

杜牧集有《敦煌郡僧正兼州学博士僧慧苑除临坛大德制词》①,盖宣宗复河湟时事也②。蕃僧最贵中国紫衣、师号③，种世衡知青涧城④，无以使此等，辄出牒补授⑤。君子予其权⑥，不责其专也。

【注释】

①杜牧：字牧之，号樊川居士，京兆万年（今陕西西安）人。唐代诗人。曾为黄州刺史、中书舍人、湖州刺史。杜牧《樊川文集》卷二十有《敦煌郡僧正慧菀除临坛大德制》，其文中称"敦煌管内释门都监察僧正兼州学博士僧慧菀"。"菀"与"苑"通用。僧正：管理僧人的官员。州学博士僧：底本作"州博士学僧"，据种海本、《苏轼文集》《樊川文集》改。州学，州中设立的学校。此处的"州"指沙州，也即敦煌郡。博士，教授官。

②宣宗：唐宣宗，名李忱，唐宪宗子。唐朝皇帝。会昌六年（846）三月唐武宗驾崩，李忱即位，次年改元大中，大中十三年（859）卒。复河湟："河"指黄河，"湟"指湟水，"河湟"指两水之间的地区，大致相当于今甘肃与青海东部一带。唐代自"安史之乱"后，这一地区被吐蕃占领统治，大中五年（851）二月，沙州刺史张义潮来降，不久发兵攻略其旁之瓜、伊、西、甘、肃、兰、鄯、河、岷、廓十州，遣其兄张义泽奉十一州图籍入京觐见，于是河、湟之地尽入于唐。十一月，置归义军于沙州，以张义潮为节度使、十一州观察使。

③蕃（fān）：通"番"，泛指外族。紫衣：紫色的袈裟。唐代武周时期怀义与法明等人造《大云经》，并封县公，赐紫袈裟，是为僧人赐紫衣之始。"赐紫"后来成为官方给予僧人的一种荣誉，是僧人社会地位的象征。师号：指朝廷给僧人封某某大师（禅师）的名号。赞宁《大宋僧史略》有"赐僧紫衣""赐师号"两节，可参。

④种（chóng）世衡：字仲平，洛阳（今属河南）人。北宋将领。官至东染院使、环庆路兵马钤辖。《宋史》有传。青涧城：在今陕西清涧。宋仁宗康定元年（1040），种世衡向延州知州范仲淹建议，在

延州（今陕西延安）东北二百里故宽州城旧址处建造青涧城。

⑤出牒（dié）补授：这里是说种世衡补授王嵩（光信）官职之事。光信本为蕃僧，骁勇善战，多为种世衡出力。《续资治通鉴长编》卷一三五载："（庆历二年四月辛巳）补延州僧光信为三班借职（为三班小使臣的阶列，北宋入品武阶中最低一个阶级）。知青涧城种世衡言，光信与西贼战，屡获首级，又言光信本姓王，请赐名嵩，仍乞擢授一官，故以命之。"牒，指命官的凭证。

⑥君子：此处应指种世衡的上司范仲淹、韩琦等人。权：权宜，变通。

【译文】

杜牧集中有一篇《敦煌郡僧正兼州学博士僧慧苑除临坛大德制词》，是唐宣宗收复黄河与湟水一带的事情。番僧最看重中国赐的紫衣袈裟和封号，种世衡知青涧城时，无法使用这等方法，就私自发出牒文补授官衔。在朝君子，既然已经给予地方官权力，就不会追究种世衡自作主张了。

卓契顺禅话

【题解】

此条记契顺到惠州看望苏轼刚见面时的一段禅机。东坡居士问契顺带了什么苏州的土产，意思是问其有何禅法见教。契顺展开双手（禅宗语录中多有禅师"展两手"开示的记载），表示居士佛性自具，不待外求。东坡说："可惜远行数千里，竟空手而来。"而契顺做出荷担的姿势，则表示自己虽空手来，此时已满载而归。实际上，契顺此行带来了苏轼在宜兴的儿子苏迨、苏迈以及苏州通判钱世雄的问候（书信），还有其师定慧寺长老守钦的诗（苏轼后作《次韵定慧钦长老见寄八首》）。又见《苏轼文集》卷七二《记卓契顺答问》。

苏台定惠院净人卓契顺①，不远数千里，陟岭渡海②，候无恙于东坡③。东坡问："将甚么土物来④?"顺展两手。坡云："可惜许数千里空手来。"顺作荷担势⑤，信步而去⑥。

【注释】

①苏台：姑苏台。此指苏州。定惠院：亦作"定慧院"，寺院名。净人：在寺院中任杂役的未出家的信徒。卓契顺：契顺，俗姓卓，苏州定慧寺长老守钦的侍者（见后《付僧惠诚游吴中代书十二》第七条）。苏轼《书归去来词赠契顺》云："余谪居惠州，子由在高安，各以一子自随。馀分寓许昌、宜兴，岭海隔绝。诸子不闻余耗，忧愁无聊。苏州定慧院学佛者卓契顺谓迈曰：'子何忧之甚，惠州不在天上，行即到耳，当为子将书问之。'绍圣三（二）年三月二日，契顺涉江度岭，徒行露宿，僵仆瘴雾，黧面茧足以至惠州。得书径还。"

②陟（zhì）岭渡海：翻越南岭，渡过大海。陟，登，翻越。

③候无恙：问候身体无恙（病）否，表示探望。

④将：拿着，携带。土物：本地的土产、物产。

⑤荷担势：挑担的姿势、动作。

⑥信步：漫步。

【译文】

苏州定惠院的杂役卓契顺，不远数千里，越过南岭，渡过大海，来问候东坡是否无恙。东坡问他："带着什么苏州土产来?"契顺展开两手。东坡说："可惜这数千里的路，竟空手而来。"契顺做出挑担的姿势，漫步而去。

僧文荤食名

【题解】

宋人作诗喜用代名，是为诗歌增添艺术效果，而僧人给一些东西取别名代号，苏轼认为是"自欺而已"。其实本文提到的三个代名，是食荤犯戒的僧人故弄狡狯。北宋窦苹的《酒谱·异域》就说，"今北僧多云'般若汤'，盖廋（sōu）辞（指隐语，谜语）以避法禁尔"。又见《苏轼文集》卷七二《僧自欺》。

僧谓酒为"般若汤"[①]，谓鱼为"水梭花"，鸡为"钻篱菜"，竟无所益，但欺而已[②]，世常笑之[③]。人有为不义而文之以美名者，与此何异哉[④]！

【注释】

①般若汤："般若"是梵语音译词，意为真实究竟之智慧。"般若汤"是僧人给酒取的别名，"水梭花""钻篱菜"也是如此。

②欺：《苏轼文集》作"自欺"。

③笑：稗海本作"有"。

④与此何异哉：此句末《苏轼文集》多"俗士自患食肉，欲结卜斋社，长老闻之，欣然曰：老僧愿与一名"二十四字。"卜"字误，《东坡外集》作"十"是正确的。

【译文】

僧人称酒为"般若汤"，称鱼为"水梭花"，称鸡为"钻篱菜"，其实一点儿益处也没有，只是自欺欺人罢了，世人常取笑他们。人有做不义的事却用美好的名称来文饰的，与此相比有何不同呢！

本秀非浮图之福

【题解】

宗本、法秀是禅宗云门宗两位重要的僧人,分别在东京开封的慧林寺和法云寺担任住持,将云门宗带向兴盛。苏轼《请净慈法涌禅师入都疏》说:"京师禅学之盛,发于本、秀二公。"但是,苏轼对二人奔走于王公之间,通过在朝廷和京师来传播佛法的路线颇为担忧,认为这会招致猜忌,有败亡的危险。云门宗在"靖康之乱"后一蹶不振,部分地证明了苏轼的观察和预言的准确性。又见《苏轼文集》卷七二《本秀二僧》。

稷下之盛[①],胎骊山之祸[②];太学三万人,嘘枯吹生[③],亦兆党锢之冤[④]。今吾闻本、秀二僧[⑤],皆以口耳区区奔走王公[⑥],汹汹都邑[⑦],安得而不败[⑧]? 殆非浮屠氏之福也[⑨]。

【注释】

①稷(jì)下之盛:战国时期齐国在都城临淄的稷门旁(称"稷下")建立学宫,招揽天下的各色人才,齐宣王时达到极盛。

②骊(lí)山之祸:指秦始皇坑儒之事。《艺文类聚》卷八七引《古文奇字》,说秦始皇冬月时在骊山有温泉的山谷中种瓜,瓜熟后令诸生前往察看和解释,于是发动机关,从上填土,将诸生埋葬谷中。"稷下之盛"与"骊山之祸"本无直接关系,苏轼之意为人多势众,恐将招来朝廷猜忌和整肃。

③太学三万人,嘘枯吹生:此指东汉末年太学生互相品题标榜。《后汉书·党锢传》:"流言转入太学,诸生三万馀人,郭林宗、贾伟节为其冠,并与李膺、陈蕃、王畅更相褒重。学中语曰:天下模楷李元礼,不畏强御陈仲举,天下俊秀王叔茂。又渤海公族进阶、扶风魏齐卿,并危言深论,不隐豪强。自公卿以下,莫不畏其贬议,屣

履到门。"《后汉书·郑太传》:"孔公绪清谈高论，嘘枯吹生。"李贤注："枯者嘘之使生，生者吹之使枯。言谈论有所抑扬也。"三万，原作"士万"，据稗海本、《苏轼文集》改。嘘枯吹生，比喻极力的褒扬人、贬抑人。

④党锢之冤：东汉末宦官专权，一些士大夫和官僚与他们斗争，由此在延熹九年（166）和建宁元年（168）两次发生党锢事件。朝廷将这些士大夫和太学生称为党人，进行杀害、流放和禁锢（禁止为官）。见《后汉书·党锢传》。

⑤本、秀：宗本和法秀。宗本，字无喆，俗姓管，常州无锡（今江苏无锡）人。师事苏州承天寺永安道升，又参义怀禅师。先后住苏州瑞光寺、杭州净慈寺。奉诏入东京住慧林寺，神宗赐号"圆照禅师"。法秀，秦州陇城（今甘肃秦安陇城镇）人。俗姓辛，谒义怀禅师。冀国大长公主（英宗之女）建法云寺，召为住持。神宗赐号"圆通禅师"。

⑥区区：极力奔走的样子。

⑦汹汹：纷繁热闹、声势盛大的样子。

⑧安得而不败：《苏轼文集》作"安有而不辞"。

⑨浮屠氏："浮屠"是梵语音译词。即可指佛陀、佛教、佛塔等。此处指佛教。

【译文】

战国时稷下学宫之中士子众多，是秦始皇在骊山坑儒的祸根；东汉末太学有学子三万人，他们议论纷然，主宰着舆论，是后来党锢之冤的先兆。如今我听说宗本、法秀二位僧人，都以口说耳传佛法，竭力奔走于王公大臣间，在京城中声势煊赫，这怎么会不招致败亡呢？恐怕不是佛门的好事。

付僧惠诚游吴中代书十二

【题解】

此下是苏轼绍圣二年（1095）在惠州时一次性写给僧惠诚的12篇书帖，所写都是吴越一带与苏轼多有交往的僧人。惠诚是永嘉（今浙江温州）僧人，此时将返回浙东，苏轼"录此数人以授惠诚，使归见之，致予意，且谓道予居此起居饮食状，以解其念也"。以下每条分别作题解。

一

【题解】

此条写好友参寥子。又见《苏轼文集》卷七三《妙总》。

妙总师参寥子①，予友二十馀年矣，世所知独其诗文②，所不知者盖过于诗文也。独好面折人过失③，然人知其无心，如虚舟之触物④，盖未尝有怒者。

【注释】

①妙总师参寥子：即释道潜，赐号"妙总大师"。见卷一《记游·逸人游浙东》。

②世所知独其诗文：原作"世所独知其诗文"，据秭海本、《苏轼文集》改。

③面折人过失：当面指出和批评别人的过失。

④虚舟：无人驾驭的船只。《庄子·山木》云："方舟而济于河，有虚船来触舟，虽有褊心之人不怒。"是说无人之虚船（虚舟）来触碰自己的舟船，哪怕急躁的人也不会生气。

【译文】

妙总师参寥子，和我相交二十多年了，世上所知的只是他的诗文，而有所不知的则是诗文之外的修为。只是有一点，他喜欢当面指出别人的过失，但是旁人知道他是无心的，正如一只空船碰到自己，未曾有人会因此而生气。

二

【题解】

此条记杭州径山寺住持维琳。径山寺本来是一座师徒相继的子孙丛林，苏轼知杭州时让外来的和尚维琳当住持，改为十方丛林，此事遭到寺中僧众的反对，则可想而知。不过苏轼对径山寺方丈制度的改革是成功的，径山寺后来成为名满天下的大寺，显然和它能招纳各地高僧有关。又见《苏轼文集》卷七二《维琳》。

径山长老维琳①，行峻而通②，文丽而清。始，径山祖师有约③，后世止以甲乙住持④。予谓以适事之宜而废祖师之约，当于山门选用有德⑤，乃以琳嗣事⑥。众初有不悦其人，然终不能胜悦者之多且公也。今则大定矣。

【注释】

①径山：山名兼寺名。在今浙江杭州馀杭区径山镇。唐代国一法钦禅师在此开山，南宋时为禅宗五山十刹之首。维琳：俗姓沈，自号"无畏"，武康（今属浙江）人。云门宗大觉怀琏禅师法嗣。苏轼知杭州时聘他做径山寺的住持。

②峻：高洁，严峻。

③径山祖师：疑指径山寺第三祖洪諲（yīn）禅师，俗姓吴，吴兴（今浙江湖州）人。晚唐僧人。中和三年（883）赐紫袈裟，景福二年（893）吴越国王钱镠奏举赐号法济大师，光化四年（901）辞众而

卒。洪谞卒时遗诫其弟子云："自吾去后,汝等传器住持。凡度徒弟,皆礼吾真为师。兄弟相摄,无忘此语。"(释宗净辑《径山集》卷中《第三代法济禅师》)

④甲乙:寺院中住持以师徒、师兄弟关系的人为继承人,称"甲乙制"。

⑤山门:佛寺的大门。此处指代寺院。

⑥嗣事:继承事业。指任径山寺的住持。

【译文】

径山寺长老维琳,行止严峻而通达,文章绮丽而清新。过去,径山祖师有规约,后世只能以本寺徒子徒孙为住持。我认为为了事情做得适宜,可以废除祖师之约,寺院当选用有德之人,因此以维琳继为主持。寺中僧众中有些人一开始不喜欢他,然而最终不能胜过那些喜欢他的人,他们的人数更多,而且依从公义。现在就全部安定下来了。

三

【题解】

此条记杭州圆(元)照律师。又见《苏轼文集》卷七二《圆照》。

杭州圆照律师①,志行苦卓,教法通洽②,昼夜行道,二十馀年矣,无一念顷有作相③。自辨才归寂④,道俗皆宗之。

【注释】

①圆照:即元照,字湛然,号安忍子,俗姓唐,杭州馀杭(今浙江杭州馀杭区)人。传习律宗、净土宗、天台宗等,以律为本。曾住杭州灵芝寺、明州开元寺。宋高宗赐谥大智律师。

②教法:这里指净土宗和律宗。通洽:通晓,贯通。

③一念顷:一念之间,形容时间极短。顷,原作"须",据稗海本、《东

坡外集》改。作相：六根由结业（结习）而发挥其作用功能，指沉
迷俗世，怠惰于修道。《维摩诘经·弟子品》记维摩诘对阿那律
说："天眼所见，为作相耶？无作相耶？假使作相，则与外道五通
等。若无作相，即是无为，不应有见。"僧肇注："三界报身，六情
诸根从结业起，名为有作相也。法身出三界，六情诸根不由结业
生，名为无作相。夫以有作，故有所不作，以法身无作，故无所不
作也。"

④辨才：即辩才。见卷一《记游·逸人游浙东》。苏轼在《与大觉
禅师》书信中说："南方耆旧凋落，惟明有老师（指大觉怀琏），杭
有辩才，道俗所共依仰，盖一时盛事。"归寂：圆寂，离世。

【译文】

杭州圆照律师，志向卓绝，戒行严苦，贯通净土教和律法，日夜行道
传法二十多年，从无片刻有作相而懈怠。自辨才圆寂之后，僧徒俗众皆
以他为宗师。

四

【题解】

此条记秀州本觉寺长老释守一。又见《苏轼文集》卷七二《秀州长
老》。

　　秀州本觉寺一长老①，少盖有名进士②，自文字言语悟
人。至今以笔研作佛事③，所与游皆一时文人。

【注释】

①秀州：今浙江嘉兴。一长老：释守一，号法真，俗姓沈，江阴（今属
　江苏）人。宗本弟子。宗本有《送一长老住秀州本觉》诗。
②进士：应进士举的士子。

③笔研：毛笔和砚台。指以文字笔墨为事。佛寺里有不少需要应用
　　性文字书写的地方。研，《苏轼文集》作"砚"，二字通用。

【译文】

秀州本觉寺的守一长老，年轻时是有名的进士，由文字言语悟入佛
法。至今仍以文字笔墨作佛事，所交游的都是当代的文人。

五

【题解】

此条记净慈寺楚明。又见《苏轼文集》卷七二《楚明》。

净慈楚明长老自越州来①。始，有旨召小本禅师住法云
寺②，杭人忧之，曰："本去则净慈众散矣。"余乃以明嗣事。
众不散，加多，益千馀人。

【注释】

①净慈：净慈寺，在杭州西湖南侧的南屏山下。楚明长老：释楚明，
　　号宝印，俗姓张，越州（今浙江绍兴）人。善本禅师法嗣，住净慈
　　寺。苏轼有《与净慈明老五首》，其一云："法涌赴阙，道俗一意，皆
　　欲公嗣此道场。"也提到明长老嗣净慈寺事。越州：今浙江绍兴。
②小本禅师：释善本，字法涌，号大通，俗姓董，颍州（今安徽阜阳）
　　人。宗本禅师法嗣。继宗本之后为杭州净慈寺住持，又继法秀为
　　开封法云寺住持。世称"小本"，以与"大本"（宗本）相应。苏轼
　　有《送小本禅师赴法云》诗和《请净慈法涌禅师入都疏》。宗本、
　　法秀见前《本秀非浮图之福》。

【译文】

净慈寺楚明长老来自越州。最初有圣旨召善本禅师从净慈寺到法
云寺做住持的时候，杭州人很担心，说："善本师离开了，净慈寺的僧人就

要散了。"我便以慈明长老为住持继嗣其事。此后僧人没有散去,反而更多了,超过了千馀人。

六

此条记苏州的仲殊和尚。又见《苏轼文集》卷七二《仲殊》。

苏州仲殊师利和尚能文^①,善诗及歌词,皆操笔立成,不点窜一字^②。予曰:"此僧胸中无一毫发事。"故与之游。

【注释】

①仲殊:字师利,俗姓张,自号雪(zhá)川空叟,安州(今湖北安陆)人。原为士人,后出家为僧。曾住苏州承天寺、杭州宝月寺。能诗词,有《宝月集》(佚)。今存词较多,为僧中词杰。苏轼有《安州老人食蜜歌(赠僧仲殊)》诗。

②点窜:删改,改动。

【译文】

苏州仲殊师利和尚,能文,善诗词,皆操笔立成,从不改动一字。我说:"此僧胸中无一毫发事。"故而与之交游。

七

【题解】

此条记苏州定慧寺长老释守钦,文字与苏轼《次韵定慧钦长老见寄八首》的引相近:"苏州定慧长老守钦,使其徒卓契顺来惠州,问予安否,且寄《拟寒山十颂》。语有璨、忍之通,而诗无岛、可之寒,吾甚嘉之,为和八首。"又见《苏轼文集》卷七二《守钦》。

　　苏州定慧长老守钦^①，予初不识。比至惠州，钦使侍者卓契顺来问予安否^②，且寄十诗^③。予题其后曰："此僧清逸绝俗^④，语有璨、忍之通^⑤，而诗无岛、可之寒^⑥。"予往来吴中久矣^⑦，而不识此僧，何也？

【注释】

①守钦：苏州定慧寺的住持。

②卓契顺：守钦的侍者。见本卷《卓契顺禅话》。

③十诗：指守钦所作的《拟寒山十颂》，今不存。见题解中所引《次韵定慧钦长老见寄八首》。

④绝俗：《苏轼文集》作"超绝"。

⑤璨（càn）、忍：指僧璨、弘忍。僧璨是中国禅宗的第三祖，弘忍是五祖。

⑥岛、可：贾岛、无可。贾岛，字阆（làng）仙，范阳（今河北涿州）人。唐代诗人。无可：俗姓贾，范阳（今河北涿州）人。贾岛从弟。唐代诗僧。寒：寒酸单薄之感。苏轼曾说"郊寒岛瘦"（《祭柳子玉文》），认为贾岛的诗风寒俭单薄。

⑦吴中：吴地，今江苏苏州一带。也可泛指整个吴越地区。

【译文】

　　苏州定慧寺住持守钦，我原来不认识。及至我到了惠州，守钦让他的侍者卓契顺来此问候探望，并寄了十首诗。我在诗后题跋云："此僧清逸绝俗，语言有如僧璨、弘忍之通达，而诗句没有贾岛、无可那样的寒俭之态。"我往来吴中很久了，却不认识此僧，这是为何呢？

八

【题解】

此条记杭州下天竺寺的思义。又见《苏轼文集》卷七二《思义》。

　　下天竺净慧禅师思义①,学行甚高,综练世事②。高丽非时遣僧来③,予方请其事于朝,使义馆之④。义日与讲佛法,词辨蜂起⑤,夷僧莫能测⑥。又具得其情以告。盖其才有过人者。

【注释】

①下天竺:寺名。浙江杭州西湖的西侧有天竺山,相邻有上、中、下三天竺寺。下天竺寺,今名"法镜寺"。思义:字和甫,号净慧,俗姓凌,武康(今属浙江)人。明智韶法师弟子,住下天竺寺。

②综练:通晓熟悉,广泛了解。原作"結练",据稗海本、《苏轼文集》改。

③高丽:古国名。918年,王建称王,国号高丽,都开京(今朝鲜开城),后统一朝鲜半岛。1392年,高丽国末代君主恭让王(名王瑶)为大将李成桂所废,不久李成桂以"朝鲜"为国号。遣僧来:指元祐四年(1089)高丽僧义天派遣使者寿介来华。义天是高丽国的王子,也是一位高僧,曾于元丰八年(1085)入宋,随杭州慧因寺净源学法,次年返国。元祐三年(1088)净源圆寂,次年义天派寿介五人来祭奠,寿介又称高丽国母令其贡献金塔二所。苏轼当时知杭州,上奏建议拒绝其贡献,令祭奠完后限日离开。苏轼撰有《论高丽进奉状》《论高丽进奉第二状》《乞令高丽僧从泉州归国状》,即后文所说的"予方请其事于朝"。

④馆:安置。苏轼《论高丽进奉第二状》云:"令本州所差伴话僧思义只作己意体问所献金塔次第。其高丽僧寿介,知臣不为闻奏,

方始将出僧统义天付身文字，以示思义，乃是欲将金塔二所舍入杭州惠因院等处，祝延圣寿，仍云随身收管，不可擅动元封，俟续有疏文到日，方可施纳。以此显见高丽人将此金塔尝探中国意度。"即此事及后文所说的"具得其情以告"。

⑤蜂起：像群蜂飞起，纷然众多的样子。

⑥测：稗海本作"制"。

【译文】

下天竺寺净慧禅师思义，学问和品行高超，且能通晓世事。高丽国不按时节无端派遣僧人来，我当时忙着上书朝廷，请旨处理其事，让思义安置他。思义每日与他讲论佛法，辩论纷然，外国僧莫能测其学问。思义还探得高丽僧人的真实情况来报告。可见思义的才华有过人之处。

九

【题解】

此条记杭州孤山寺的思聪禅师。又见《苏轼文集》卷七二《闻复》。

孤山思聪闻复师①，作诗清远如画工②，而雅逸可爱③，放而不流，其为人称其诗。

【注释】

①孤山：杭州西湖上的小岛，其上有孤山寺。闻复：释思聪，字闻复，钱塘（今浙江杭州）人。杭州孤山寺僧人。善弹琴作诗。苏轼《赠诗僧道通》诗有"雄豪而妙苦而腴，只有琴聪与蜜殊"句，自注云："钱塘僧思聪，总角善琴，后舍琴而学诗，复弃诗而学道，其诗似皎然而加雄放。安州僧仲殊，诗敏捷立成，而工妙绝人远甚。殊辟谷，常啖蜜。"

②清远如画工：苏轼《送钱塘僧思聪归孤山叙》："十五舍书而学诗，

诗有奇语,云烟葱胧,珠玑的皪,识者以为画师之流。"(《苏轼文集》卷十)

③雅逸可爱:《苏轼文集》作"雄逸变态"。

【译文】

孤山寺思聪闻复禅师,作诗清远如画工描摹,而风雅飘逸,十分可爱,疏放而不流荡,其为人和其诗相称。

十

【题解】

此条记可久和清顺两位诗僧。又见《苏轼文集》卷七二《可久清顺》。

祥符寺可久、垂云清顺二阇黎①,皆予监郡日所与往还诗友也②,清介贫甚,食仅足而衣几于不足也,然未尝有忧色。老矣,不知尚健否?

【注释】

①祥符寺:杭州大中祥符寺,梁大同二年(536)建,名"发心寺",唐名"龙兴寺",北宋大中祥符年间改为"大中祥符寺"。苏轼有《祥符寺九曲观灯》诗。可久:字逸老,钱塘(今浙江杭州)人。杭州祥符寺僧人。苏轼有《上元过祥符僧可久房萧然无灯火》。此条底本与上条相连,据稗海本及《苏轼文集》分列两条。垂云:杭州垂云寺,后唐天成二年(927)钱氏建,治平二年(1065)改为宝严院。元丰中清顺在此建垂云亭。清顺:字怡然。诗僧。《避暑录话》卷下云:"钱塘西湖旧多好事僧,往往喜作诗,其最知名者,熙宁间有清顺、可久二人。顺字怡然,久字逸老,其徒称顺怡然、久逸老。所居皆湖山胜处,而清约介静,不妄与人交,无大

故不至城市。上大夫多往就见。"二阇黎,原作"三阇黎",据《苏
轼文集》改。

②监郡日:指苏轼任杭州通判时,在熙宁四年(1071)至七年(1074)。

【译文】

大中祥符寺的可久、垂云寺的清顺两位僧人,都是我任杭州通判时
交往的诗友,十分清介孤贫,仅能吃饱饭而穿衣几乎不足,但未尝有忧
色。现在老了,不知他们还健康否?

十一

【题解】

此条记法颖儿童时事。又见《苏轼文集》卷七二《法颖》。

　法颖沙弥①,参寥子之法孙也②,七八岁事师如成人。
上元夜予作乐于寺③,颖坐一夫肩上顾之④。予谓曰:"出家
儿亦看灯耶?"颖愀然变色⑤,若无所容,啼呼求去。自尔不
复出嬉游,今六七年矣。后当嗣参寥者。

【注释】

①法颖:见卷一《记游·逸人游浙东》。沙弥:梵语音译词。指初出
　　家的男性僧人。

②参寥子:即释道潜。见卷一《记游·逸人游浙东》。

③上元夜:农历正月十五日夜。据后文"今六七年矣"推算,这应该
　　是元祐五年(1090)的上元夜。于寺:原作"灭慧",据《苏轼文
　　集》改。

④顾:稗海本作"观"。

⑤愀(qiǎo)然:脸色忽然改变的样子。

【译文】

小沙弥法颖，是参寥的法孙，七八岁的年纪，服侍师父的时候就像个成年人。上元夜之时我在寺中游乐，法颖坐在一个人的肩膀上看灯。我说："出家的孩子也看灯啊？"法颖变了脸色，像是无地自容，哭啼着要离开。从那以后不再出来游玩，至今六七年了。将来他必定是参寥的继承人。

十二

【题解】

此条为最后一帖，交代写作之意。又见《苏轼文集》卷七二《惠诚》。

予在惠州，有永嘉罗汉院僧惠诚来①，谓曰："明日当还浙东。"问所欲干者②。予无以答之，独念吴越多名僧，与予善者常十九，偶录此数人以授惠诚，使归见之，致予意，且为道予居此起居饮食状③，以解其念也。信笔书纸，语无伦次，又当尚有漏落者，方醉④，不能详也。绍圣二年三月二十三日东坡居士书⑤。

【注释】

①永嘉：今浙江温州。罗汉院：据《（万历）温州府志》卷四《祠祀志》，永嘉县有崇信教院，云："在城内礼贤坊。石晋天福间建。初马大卿舍为寺，号罗汉寺，宋祥符赐今名。有石塔二，砖塔七。"惠诚：原作"惠戒"，据秤海本、《苏轼文集》改。前题"付僧惠诚游吴中代书十二"，可知其名作惠诚为是。僧人名，不详里贯法系。

②干（gān）：拜谒，问候。

③为：原作"谓"，据秤海本、《苏轼文集》改。

④方醉：正当醉酒之时。

⑤三月二十三日：六字原无，据稗海本、《苏轼文集》补。

【译文】

我在惠州，永嘉罗汉院的僧人惠诚来访，说："明日就要回浙东了。"问我想要看望什么人。我没有什么东西可以相赠，但想起吴越一带多名僧，和我有交情、关系好的，十中有其九，随意记录书写上面的这些人，交给惠诚，让他回去拜见诸人，转达我的情意，并转告他们我在此地起居饮食的情况，以疏解他们的挂念。信笔而书，语无伦次，必定还有遗漏的人，此时醉酒，不能做到周详全面了。绍圣二年（1095）三月二十三日东坡居士书。

异事上

　　《异事》门共32条，是本书条数最多的一个门类。所记多为神仙鬼怪、僧人道士、隐士异人之事，有入冥者的自述（《李氏子再生说冥间事》《陈昱被冥吏误追》），有学佛修道者的体悟（《朱炎学禅》），有苏轼本人对一些怪异事件的看法（《辨附语》），也有对某些仙家之语、禅家之行的评论（《三老语》《桃花悟道》），内容驳杂。而《瞿仙帖》则无关异事或释道，只是对司马相如的评论，《苏轼文集》置于《史评》，稍近其实。

王烈石髓

【题解】

　　此条先以嵇康无缘成仙之事，以说明神仙之有定分，不可力求；继而话锋一转，举韩愈之气性不为神仙所容的诗，又说像嵇康那样幸直又甚于韩愈的人，自然是无缘神仙了。又见《苏轼文集》卷七三《仙不可力求》。

　　王烈入山得石髓^①，怀之以饷嵇叔夜^②。叔夜视之，则坚为石矣。当时若杵碎，或错磨食之^③，岂不贤于云母、钟乳辈哉^④！然神仙要有定分^⑤，不可力求。退之有言^⑥："我能诘曲自世间，安能从汝巢神山^⑦！"如退之性气^⑧，虽出世间人亦不能容，叔夜婞直又甚于退之也^⑨。

【注释】

①王烈：三国时期的隐士。《晋书·嵇康传》云："（嵇）康又遇王烈，共入山，烈尝得石髓如饴，即自服半，馀半与康，皆凝而为石。"《太平广记》卷九《王烈》引《神仙传》亦记此事，称王烈字长休，邯郸（今属河北）人。石髓：指石中的液体状物质。《太平广记》的描写是："石中有一穴口，经阔尺许，中有青泥流出如髓。"苏轼《石芝》也写到此事："亦知洞府嘲轻脱，终胜嵇康羡王烈。神山一合五百年，风吹石髓坚如铁。"

②饷（xiǎng）：赠送。嵇叔夜：嵇康，字叔夜，谯国铚县（今安徽濉溪）人。三国时期的文学家、思想家。嵇，原作"稽"，据《苏轼文集》改。

③错磨：磨碎。

④云母、钟乳：云母，是一种半透明、有光泽的结晶体石片。钟乳，是含碳酸钙的水在山石中凝结而成的锥状物。古人认为服食云母、钟乳可以延年益寿。

⑤要：应该，应当。定分：固定的命运、命数。

⑥退之：韩愈的字。

⑦我能诘曲自世间，安能从汝巢神山：所引为韩愈《记梦》诗，记韩愈梦中与人随一神官入山，而韩愈之行为惹神官不欢，末云："乃知仙人未贤圣，护短凭愚邀我敬。我能屈曲自世间，安能从汝巢神山？"意为我若能委屈媚世，自能在世间亨通富乐，又何必随你去住在山中。能诘曲，《苏轼文集》作"宁诘曲"。诘曲，也作"诘屈"，屈曲，屈折。神山，原作"神仙"，据《苏轼文集》及韩愈原诗改。

⑧性气：性情脾气。这里是说有脾气、气性。苏轼《书韩李诗》（《苏轼文集》卷六七）也举"我宁屈曲自世间，安能随汝巢神仙（山）"

句以说明"韩愈倔强"。

⑨婞（xìng）直：倔强，刚直。原作"婞息"，稗海本、《苏轼文集》作"悻直"，据改"息"字。

【译文】

王烈入山得到石髓，收入怀中，赠送给嵇康服用。嵇康看到之时，已经变成坚硬的石头了。如果当时把它用杵捣碎，或者打磨成粉，服食这岂不强于云母、钟乳之类的东西！不过，神仙之事终归是有定分的，不可以力求。韩退之有言："我能诘曲自世间，安能从汝巢神山！"像韩退之那样的性情脾气，哪怕是出世间之人也不能容下，而嵇康性格之刚直，更甚于韩退之。

记道人问真

【题解】

此篇记道士徐问真异事。元祐六年（1091）十一月作于颍州。又见《苏轼文集》卷七二《徐问真从欧阳公游》。

道人徐问真①，自言潍州人②，嗜酒狂肆，能啖生葱鲜鱼。以指为针，以土为药，治病良有验。欧阳文忠公为青州③，问真来从公游，久之乃求去。闻公致仕，复来汝南④，公常馆之，使伯和父兄弟为之主⑤。公常有足疾，状少异，医莫能喻⑥。问真教公汲引气血自踵至顶⑦，公用其言，病辄已。忽一日求去甚力，公留之，不可，曰："我友罪我与公卿游，我不复留⑧。"公使人送之，果有冠铁冠丈夫长八尺许，立道周俟之⑨。问真出城，顾村童⑩，使持药筥⑪。行数里，童告之，求去。问真于髻中出小瓢如枣大，再三覆之掌中，得酒满掬者二⑫，以饮童子，良酒也。自尔不复知其存亡，而童子径发狂⑬，亦莫知其所终。轼过汝阴⑭，公具言如此。其后贬黄州，而黄冈县令周孝孙暴得重腄疾⑮，轼试以问真口诀授之，七日而愈。元祐六年十一月二日，与叔弼父、季默父夜坐话其事⑯，事复有甚异者，不欲尽书，然问真要为异人也⑰。

【注释】

①徐问真：道士名。其人之事仅见本书记载。《夷坚志》支志庚卷六《徐问真道人》引《坡志林》略同。

②潍州：今山东潍坊。

③欧阳文忠公：即欧阳修。见卷一《记游·黎檬子》。熙宁元年（1068）欧阳修连上表致仕，八月改知青州（今属山东）。

④汝南：汉魏之汝南郡，北宋为蔡州，州治汝阳县（今河南汝南）。熙宁四年（1071）六月，欧阳修在知蔡州任上致仕。

⑤伯和：欧阳发，字伯和，吉州庐陵（今江西吉安）人。欧阳修子。累迁殿中丞。父（fǔ）：对男子的美称。这里所说"伯和父兄弟"，可能还包括欧阳奕（字仲纯）、欧阳棐（fěi，字叔弼）等人。

⑥喻：明白，了解。

⑦自踵（zhǒng）至顶：从脚底到头顶。踵，脚跟。

⑧我友罪我与公卿游，我不复留：此句中"友"字原作"有"，据《东坡外集》卷五八《徐问真从欧公游》、《夷坚志》改。不复留，《苏轼文集》作"不敢复留"。

⑨道周：道旁，路边。俟（sì）：等。

⑩顾：通"雇"，雇佣之意。《苏轼文集》作"雇"。

⑪笥（sì）：竹箱。

⑫掬（jū）：两手捧物。

⑬径：便，就。《苏轼文集》《东坡外集》作"竟"。

⑭汝阴：宋颍州州治所在，今安徽阜阳。熙宁四年（1071）苏轼任杭
　　州通判，上任途中经颍州，九月曾拜见欧阳修。

⑮周孝孙：黄冈县令，馀不详。重腿（zhuì）：脚肿病。

⑯叔弼：欧阳修子欧阳棐之字。季默：欧阳修子欧阳辩之字。元祐
　　六年（1091）八月苏轼知颍州，与欧阳棐、欧阳辩兄弟多有来往，有
　　《景贶、履常屡有诗，督叔弼、季默唱和，已许诺矣，复以此句挑之》
　　《与赵、陈同过欧阳叔弼新治小斋，戏作》《以屏山赠欧阳叔弼》等诗。

⑰要：总之，总归。

【译文】

　　道士徐问真，自己说是潍州人，嗜酒，狂放不羁，能吃生葱和鲜鱼。
用手指当针，以泥土为药，治病很有效果。欧阳文忠公在青州做官时，徐
问真去那里跟着他，过了一段时间，才请求离去。后来他听说欧公退休，
又到汝南来相见，欧公常给他安排住处，命欧阳伯和等兄弟负责接待。欧
公长久以来患有脚疾，情况有些特别，医生也弄不明白。徐问真教欧公自
脚下导引气血至头顶，欧公按他说的做，脚病就好了。忽然有一天，徐问
真态度坚决地请求归去，欧公挽留他，他不肯，说："我的朋友怪罪我与公
卿交游，我不能再留下。"欧公派人送他，果然有个头戴铁冠、身高八尺左
右的男子站立道旁等候他。徐问真出城后，雇村中童子为他拿药箱。走
了数里路，童子告诉他想要回去。徐问真从发髻中取出像枣一般大的小
瓢，把它多次向手掌中倾倒，得到满满一捧的酒，如此两次，给童子喝，竟
是味道醇美的好酒。自此之后人们不知他的生死，那个童子竟发疯了，也
不知下落。我经过汝阴时，欧公曾向我讲了上面这些事情。后来我被贬
黄州，黄冈县令周孝孙突然患腿肿疾，我试着把徐问真导引气血的口诀传
授给他，七日便痊愈了。元祐六年（1091）十一月二日，我与欧阳叔弼、
欧阳季默兄弟夜间坐谈，说到徐问真的事，还有更奇异的事情，我不想全
部写下来，总之他确实是一个异人。

记刘梦得有诗记罗浮山

【题解】

此条原本是苏轼绍圣元年（1094）所作《游罗浮山一首示儿子过》诗的自注文字，分散在五处，其第一段注文以"刘梦得有诗记罗浮夜半见日事"开始，后人误将这些注文抄合在一处，以为是苏轼的书帖墨迹，又误将注文改换作题目，收入《志林》和《文集》中。下面依原注将各段分开，以便理解。又见《苏轼文集》卷七一《书刘梦得诗记罗浮半夜见日事》。

山不甚高，而夜见日，此可异也。山有二楼，今延祥寺在南楼下①，朱明洞在冲虚观后②，云是蓬莱第七洞天③。

【注释】

①延祥寺：在广东博罗县罗浮山上。邹师正《罗浮指掌图记》："游山者自龙华寺七里登山，初至延祥寺。"南楼：前文云二楼（二石楼），其南曰南楼。

②朱明洞在冲虚观后：邹师正《罗浮指掌图记》："循延祥而东七里馀，抵冲虚观，……观后朱明洞（道书云朱真人所治，榛莽不可入）。"

③蓬莱第七洞天：《云笈七签》卷二七《天宫地府图》记十大洞天，"第七罗浮山洞。周回五百里，名曰朱明辉真之洞天。在循州博罗县属"。按，以上数句原为《游罗浮山一首示儿子过》诗前的四句"人间有此白玉京，罗浮见日鸡一鸣。南楼未必齐日观，郁仪自欲朝朱明"的注文："刘梦得有诗记罗浮夜半见日事，山不甚高，而夜见日，甚可异也。山有二石楼，今延祥寺在南楼下，朱明洞在冲虚观后，云是蓬莱第七洞天。"

【译文】

罗浮山不太高,而夜晚可见日,这是可怪之事。山上两座石楼,现今的延祥寺在南楼之下,朱明洞在冲虚观后,号称是蓬莱第七洞天。

唐永乐道士侯道华,以食邓天师药仙去①。永乐有无核枣,人不可得,道华得之。余在岐下,亦得食一枚云②。

【注释】

①唐永乐道士侯道华,以食邓天师药仙去:据《太平广记》卷五一《侯道华》记载,河中府永乐县道净院,唐文宗时有道士邓太玄在此炼丹,药成,留院中。蒲州人侯道华住院中。蒲中多大枣,人传岁中不过一二无核者,而侯道华连续三年皆得啖之。一日众人晨起不见侯道华,方知其窃邓道士药成仙而去。永乐,唐代蒲州(河中府)永乐县,今山西芮城永乐镇。侯道华,唐代道士。邓天师药,原作"邓天师枣",据《游罗浮山一首示儿子过》自注及《太平广记》改。

②余在岐(qí)下,亦得食一枚云:苏轼嘉祐六年(1061)至治平元年(1064)任凤翔府签判。按,此段见《游罗浮山一首示儿子过》"道华亦尝啖一枣"句自注:"唐永乐道士侯道华,窃食邓天师药,仙去。永乐有无核枣,人不可得,道华独得之。予在岐下,亦尝得食一枚。"苏轼在《与蒲廷渊》书信中也提到此枣,云:"河中永洛出枣,道家所贵,事见《真诰》。唐有道士侯道华,尝得无核者三,食之后,竟窃邓太主药上升。君到彼,试求之,但恐得之不偶然,非力求所能致耳。"岐下,指凤翔(今属陕西)。

【译文】

唐代永乐县的道士侯道华,因为服食邓天师的丹药成仙而去。永乐有无核枣,人不可得,侯道华得到过。我以前在凤翔时,也曾得食一粒。

唐僧契虚^①，遇人导游稚川仙府^②，真人问曰：“汝绝三彭之仇乎^③?”虚不能答^④。

【注释】

① 契虚：《太平广记》卷二八《僧契虚》记，僧契虚，姑臧（今甘肃武威）李氏子。一日，有道士称其有仙骨，将于商山中遇一梣（fèng）子（背竹篓的商贩），导其游稚川。后果有一年少梣子引其入山，见城邑宫阙，至一宫殿，见稚川真君。真君问："尔绝三彭之仇乎?"契虚不能对。后梣子为之解曰："彭者三尸之姓，常居人中，伺察其罪。每至庚申日，籍于上帝。故学仙者当先绝其三尸，如是则神仙可得；不然，虽苦其心无补也。"后郑绅在华山见契虚，契虚叙其游稚川之事，郑绅作《稚川记》。

② 稚川仙府：神仙葛洪所居住的府第。见上一条注。葛洪，字稚川，号抱朴子，丹阳句容（今江苏句容）人。东晋学者。

③ 三彭：又称"三尸"，道教以"三彭"在人身中，观察记录人之过失，报告上帝。见前"契虚"注。葛洪《抱朴子·微旨》云："身中有三尸。三尸之为物，虽无形而实魂灵、鬼神之属也"，"每到庚申之日，辄上天白司命，道人所为过失"。

④ 虚不能答：按，此段见《游罗浮山一首示儿子过》"契虚正欲仇三彭"句自注："唐僧契虚，遇人导游稚川仙府，真人问曰：汝绝三彭之仇乎? 契虚不能答。"

【译文】

唐朝僧人契虚，遇到一人引导他游览稚川仙府，稚川真人问："你断绝了三彭吗?"契虚无法回答。

冲虚观后有朱真人朝斗坛^①，近于坛上获铜龙六、铜鱼一^②。

【注释】

①朱真人朝斗坛：邹师正《罗浮指掌图记》："循延祥而东七里馀，抵冲虚观，……观后朱明洞（道书云朱真人所治。榛莽不可入）、朱真人朝斗坛（在朱明洞口）。"朱真人，一说是汉代人，一说是唐初成都隐士朱桃椎。朱，原作"米"，据《游罗浮山一首示儿子过》诗注改。朝斗，指朝北斗。见本卷《祭祀·记朝斗》。

②铜龙六、铜鱼一：道士举行斋醮仪式所用器物。按，此段见《游罗浮山一首示儿子过》"斗坛画出铜龙狞"句自注："冲虚观后有朱真人朝斗坛，近于坛上获铜龙六，铜鱼一。"苏轼《题罗浮》也记载了绍圣元年（1094）九月二十六日的罗浮山之游，"入延祥宝积寺，礼天竺瑞像，饮梁僧景泰禅师卓锡泉，品其味，出江水上远甚。东三里至长寿观。又东北三里至冲虚观。观有葛稚川丹灶。次之诸仙者（登朱仙人）朝斗坛，观坛上所获铜龙六、鱼一。坛北有洞，曰朱明，榛莽不可入。水出洞中，锵鸣如琴筑，水中皆菖蒲，生石上"（《苏轼文集》卷七一，又见稗海本《东坡志林》卷十一第十二条）。

【译文】

冲虚观后有朱真人朝斗坛，近来在坛上得到六个铜龙、一个铜鱼。

　　唐有梦铭，云紫阳真人山玄卿撰①。又有蔡少霞者，梦遣书碑②，题云："五云阁吏蔡少霞书③。"

【注释】

①紫阳真人山玄卿：《太平广记》卷五五《蔡少霞》（引《集异记》）记陈留人蔡少霞，幼而奉道，为兖州泗水丞时，一日昏睡，有褐衣鹿帻人召至石碑之侧，令书写碑字，所写之文是"紫阳真人山玄卿"所撰《苍龙溪新宫铭》。

②书碑:原作"书牌",据《游罗浮山一首示儿子过》诗注改。

③五云阁吏蔡少霞书:《太平广记》卷四九《张及甫》(引《逸史》)记唐元和中青州有张及甫、陈幼霞同学,一夜俱梦至一处,见道士数人,令二人书碑,碑文是"苍龙溪主欧阳某撰太皇真诀",后题"五云书阁吏陈幼霞、张及甫"。至晓,二人共言,悉同。按,此段见《游罗浮山一首示儿子过》"汝应奴隶蔡少霞,我亦季孟山玄卿"句自注:"唐有梦书《新宫铭》者,云紫阳真人山玄卿撰。又有蔡少霞者,梦人遣书碑,其末题云:五云书阁吏蔡少霞书。"由《太平广记》所记蔡少霞、陈幼霞故事来看,"五云阁吏蔡少霞"的说法是错误的,应是"五云书阁吏陈幼霞"。洪迈《容斋随笔》卷十三《东坡罗浮诗》对此已有辨证。

【译文】

唐朝有梦中书写铭文的事,称是紫阳真人山玄卿撰文。又有蔡少霞,在梦中被人差遣书碑,后题:"五云阁吏蔡少霞书。"

记罗浮异境

【题解】

绍圣元年(1094)九月,苏轼在去惠州的路上游览了道教名山罗浮山,写下很多诗文,寻仙访道的念头又浓厚起来。此条记当时听说的传闻,足见他对于罗浮山中的异境充满了幻想。绍圣二年(1095)他在《寄邓道士》诗引中说:"罗浮山有野人,相传葛稚川之隶也。邓道士守安,山中有道者也,尝于庵前见其足迹,长二尺许。"邓守安,见本卷《祭祀·记朝斗》。又见《苏轼文集》卷七一《记罗浮异境》。

有官吏自罗浮都虚观游长寿①,中路睹见道室数十间②,有道士据槛坐③,见吏不起。吏大怒,使人诘之④。至,则人室皆亡矣。乃知罗浮凡圣杂处，似此等异境，平生修行人有不得见者，吏何人，乃独见之。正使一凡道士，见己不起，何足怒，吏无状如此，得见此者，必前缘也。

【注释】

①罗浮都虚观：罗浮山的都虚观，即冲虚观。《罗浮山志会编》卷三："晋咸和中葛洪至此以炼丹，从观者众，乃于此置四庵。山南曰都虚，又曰玄虚，又改名冲虚。"长寿：指长寿观。邹师正《罗浮指掌图记》云："长寿观本南汉天华宫，今呼为'南天华'。"

②中路：半路中。"中路"也是罗浮山的一处地名，据《罗浮山志会编》卷三："黄子书堂在中路，今名'书院坑'。五代时真人黄励修养之所，庵迹犹存。"

③槛：门槛。

④诘（jié）：责问。

【译文】

有一位官吏自罗浮山都虚观往长寿观游玩，半路中看见有修道房屋数十间，有一道士坐在门槛上，见吏也不起身。吏大怒，让人去责问。走到那里，人和房间都不见了。由此可知罗浮山是凡人和神仙杂处之地，像这样异境，平生修行之人都有不能遇见者，此吏是何等人，竟然能见到。即便是一个平凡的道士见到自己不起身，也不足以生气，而此吏竟发怒，如此不像样，却能见到这种异人异境，必定是有前缘。

东坡升仙

【题解】

苏轼生前屡有其死亡或成仙的传闻，此条便记载了三个。苏轼似乎不太理解这是一种名人效应，想到的是自己平生经常招来口舌闲话，进而认为这是一种命。苏轼认为自己和韩愈生时相似，才引来一生的谤誉。本书卷一《命分·退之平生多得谤誉》对此也有表达。此条作于元符三年（1100），时在儋州。又见《苏轼文集》卷七一《书谤》。

　　吾昔谪黄州，曾子固居忧临川，死焉^①，人有妄传吾与子固同日化去，且云如李长吉死时事^②，以上帝召他^③。时先帝亦闻其语^④，以问蜀人蒲宗孟^⑤，且有叹息语。今谪海南，又有传吾得道，乘小舟入海不复返者，京师皆云儿子书来言之。今日有从广州来者^⑥，云太守柯述言^⑦，吾在儋耳一日忽失所在，独道服在耳^⑧，盖上宾也^⑨。吾平生遭口语无数^⑩，盖生时与韩退之相似^⑪，吾命在斗间而退之身宫在焉^⑫，故其诗曰："我生之辰，月宿南斗^⑬。"且曰："无善声以闻，无恶声以扬^⑭。"今谤我者或云死，或云仙，退之之言，良非虚尔！

【注释】

①曾子固居忧临川，死焉：曾子固，曾巩，字子固，南丰（今江西广昌）人。北宋文学家。元丰五年（1182）曾巩因母丧罢职，次年卒。居忧，犹言守孝，居父母之丧。临川，北宋时抚州临川县，今江西抚州临川区。

②李长吉：李贺，字长吉，唐宗室郑王之后，生于河南昌谷（今河南宜阳）。唐代诗人。据李商隐《李长吉小传》记载，李贺死前梦见绯衣人来，称天帝建成白玉楼，召君作记文。故本文说"以上帝召他"。死时事：原无"死"字，据《东坡外集》卷五五《书谤》、《苏轼文集》补。

③他：《东坡外集》《苏轼文集》作"也"。

④先帝：指宋神宗。

⑤蒲宗孟：字传正，阆州新井（今四川南部）人。北宋官员、文人。与苏轼为姻亲。宋神宗因闻苏轼病殁而问蒲宗孟并叹息之事，详见《春渚纪闻》卷六《裕陵惜人才》："公在黄州，都下忽盛传公病殁。裕陵以问蒲宗孟，宗孟奏曰：'日来外间似有此语，然亦未知的实。'裕陵将进食，因叹息再三，曰：'才难。'遂辍饭而起，意甚不怿。"

⑥广州：原作"黄州"，据《东坡外集》《苏轼文集》改。

⑦柯述：底本作"何述"，据《苏轼文集》改。柯述，字仲常，泉州南安（今福建南安）人。时为广州知州。苏轼《异鹊》诗曾记熙宁中有两鹊栖其衙之事。

⑧道服：道士所穿之服。也泛指居家所穿的袍服。

⑨上宾：道教说人羽化成仙，去到天上。

⑩口语：口舌议论，说闲话或坏话。

⑪韩退之：韩愈，字退之，唐代文学家。

⑫吾命在斗间而退之身宫在焉："退之"二字原无，据秭海本补。《东坡外集》、茅维本《全集》作"吾命宫在斗牛间，而身宫亦在焉"（《苏轼文集》据秭海本改为"吾命宫在斗牛间，而退之身宫亦在焉"）。这句说自己的命宫在斗宿，韩愈身宫在斗宿，均属磨（摩）蝎宫，故生平常遭毁谤。见卷一《命分·退之平生多得谤誉》。

⑬我生之辰，月宿南斗：见韩愈诗《三星行》。南斗，原作"斗直"，据《东坡外集》《苏轼文集》及《三星行》改。

⑭无善声以闻，无恶声以扬：见韩愈诗《三星行》，原诗作"无善名已闻，无恶声已欢"，意为虽无良善，但名声远播，虽无过恶，但毁谤之声喧腾。

【译文】

　　我以前贬谪到黄州的时候，曾巩服丧住在临川，不久去世了，当时有人乱传我和曾巩同一天羽化升仙了，还说就像过去李贺死时那样，是天帝要召他去写文章了。当时先帝也听说这个传闻，便去问蜀人蒲宗孟，还为此而感叹。现今我谪居海南，又有人传说我得道成仙、乘小舟入海不返，京师的人都说是我儿子来信讲的。今天有从广州来的人，说太守柯述讲，我在儋耳，有一日忽然不知所踪，只有道服尚在，应该是上天成仙去了。我平生遭受谣言无数，应是生辰命数与韩愈相似，我命宫在斗，而韩愈身宫在斗，所以韩愈有诗说："我生之辰，月宿南斗。"又说："无善声以闻，无恶声以扬。"现在那些毁谤和传谣的人，有人说我死，有人说我成仙，韩愈的话，确实不是虚言啊！

黄仆射

【题解】

　　本条记五代南汉黄损作诗之事。此诗文字与今传贺知章《回乡偶书》二首其二几乎一样，由于贺、黄二人的诗集均未传世，此诗的归属权尚是一个疑问。又见《苏轼文集》卷七二《黄仆射得道》。

　　虔州布衣赖仙芝言①：连州有黄损仆射者②，五代时人。仆射盖仕南汉也③，未老退归，一日忽遁去④，莫知其所存亡。子孙画像事之，凡三十二年，复归，坐阼阶上⑤，呼家人。其子适不在，孙出见之。索笔书壁云："一别人间岁月多，归来人事已消磨。惟有门前鉴池水，春风不改旧时波⑥。"投笔竟去，不可留。子归，问其状貌，孙云："甚似影堂老人也⑦。"连人相传如此。其后颇有禄仕者。

【注释】

　　①虔州：宋属江南西路，治赣县（今江西赣州章贡区）。赖仙芝：虔
　　　州布衣。苏轼《题白水山》记绍圣二年（1095）三月四日游白水

山,同游者有赖仙芝。苏轼又有《正月二十四日,与儿子过、赖仙
芝、王原秀才、僧昙颖、行全、道士何宗一同游罗浮道院及栖禅精
舍,过作诗,和其韵,寄迈、迨》诗。

②黄损:字益之,连州(今属广东)人。后梁龙德二年(922)登进士
第。仕南汉高祖,累官尚书左仆射。

③南汉:五代十国时期在今广东、广西一带建立的政权。后梁贞明
三年(917)刘龑(yǎn)在广州称帝,国号大越,次年改国号汉,都
广州,史称“南汉”。南汉大宝十四年(971)为宋所灭。

④遁(dùn):离开,消失。

⑤阼阶:堂前东面的台阶,一般是主人行走的。

⑥“一别人间岁月多”四句:此诗在北宋孔延之的《会稽掇英集》中
题为《回乡偶书》(二首其一),属贺知章。更早的《祖堂集》载
晚唐五代时的化度和尚已称引“唯有门前镜湖水,清风不改旧时
波”之句。

⑦影堂:供奉祖师或祖先画像的堂屋。前文说“子孙画像事之”,可
知此影堂中有黄损画像。

【译文】

虔州的平民赖仙芝说:连州有个黄损黄仆射,是五代时人。尚书仆
射是他出仕南汉朝所任的官,未及年老便退休归乡了,一日他忽然远遁
而去,不知存亡如何。家中子孙画了他的画像祭拜,有三十二年了,忽然
他回家来,坐在堂前东边台阶上,呼唤家人。他的儿子刚好不在,孙子出
来相见。他索要了笔在墙壁上写道:“一别人间岁月多,归来人事已消
磨。惟有门前鉴池水,春风不改旧时波。”写完放下笔便离去,挽留不住。
他的儿子回家后问他的状貌,孙子说:“很像影堂中画的老人。”连州人
一直口口相传这件事。后来他家颇有一些仕进做官的人。

冲退处士

【题解】

此条名为"冲退处士"，又名"书章詧诗"，但实际上是写李士宁。李士宁是宋神宗时期一个有名的异人，广泛结交士大夫，欧阳修、王安石、苏辙等都为他作过诗。他除了预言苏轼"当策举首"，还预言过王安石要当宰相，最后又因牵涉政治而入狱。欧阳修《赠李士宁》云："蜀狂士宁者，不邪亦不正，混世使人疑，诡谲非一行。平生不把笔，对酒时高咏。初如不着意，语出多奇劲。倾财解人难，去不道名姓。……言不纯师，行不纯德，而滑稽玩世，其东方朔之流乎？"可见一斑。又见《苏轼文集》卷六八《书章詧诗》。

章詧①，字隐之，本闽人，迁于成都数世矣。善属文，不仕。晚用太守王素荐②，赐号冲退处士。一日，梦有人寄书召之者，云东岳道士书也。明日，与李士宁游青城③，濯足水中，詧谓士宁曰："脚踏西溪流去水。"士宁答曰："手持东岳寄来书。"詧大惊，不知其所自来也。未几，詧果死。其子襫亦以逸民举④，仕一命乃死⑤。士宁，蓬州人也。语默不常，或以为得道者，百岁乃死。常见余成都⑥，曰："子甚贵，当策举首⑦。"已而果然。

【注释】

①章詧（chá）：字隐之，号冲退处士，成都双流（今四川双流）人。北宋蜀中隐士、学者。至和二年（1055）成都知府张方平曾奏以处士之号旌表，不报。嘉祐四年（1059）成都知府王素与成都府路转运使赵抃复奏，乃赐"冲退处士"之号。

②用：因，以。王素：字仲仪，北宋仁宗时官员。见本卷《致仕·贺下不贺上》。王素嘉祐三年至五年（1058—1060）知成都府，嘉祐四年（1059）荐授章詧处士之号。

③李士宁：蓬州（今四川蓬安）人。见卷一《梦寐·记子由梦》。青城：青城山，是一座道教名山，号称第五洞天，在今四川都江堰市。

④禩（sì）：章禩，章詧之子。嘉祐六年（1061）五月，章禩赐进士出身，为绵竹知县。逸民：隐士。

⑤一命：指低级官员。

⑥常：通"尝"，曾经。见余成都：至和二年（1055）苏洵带苏轼、苏辙兄弟到成都，会见成都知府张方平等人，与李士宁相见可能在这时。

⑦举首：荐举科考的第一名。苏轼嘉祐二年（1057）应礼部进士试，本为第一，考官欧阳修以为是弟子曾巩的试卷，乃置于第二名。

【译文】

章詧，字隐之，原本是福建人，迁居成都已经好几代了。善于著述，未曾出仕做官。晚年以成都知府王素的荐举，赐号"冲退处士"。有一日，他梦见有人寄书召他去，说是东岳道士的书信。第二天，与李士宁游青城山时，在溪水中濯足，章詧对李士宁说："脚踏西溪流去水。"李士宁答道："手持东岳寄来书。"章詧大惊，不知他从哪里知道其梦境的。不久，章詧果然死了。其子章禩也以逸民的身份被荐举，做过小官便死了。李士宁，是蓬州人。有时说话，有时沉默，有人以为是得道之人，到百岁才死。他以前在成都见到我，说："你颇为显贵，当科考为第一名。"不久果然如此。

臞仙帖

【题解】

此条比较司马相如和贾谊的人格、思想，显然苏轼看不上同为蜀人的司马相如，认为他谄事汉武帝，在武帝开边、封禅和求仙等事上起到了不好的作用。苏轼在《司马相如之谄死而不已》里也说过与本文类似的话："谄谀之意，死而不已，犹作《封禅书》。如相如，真可谓小人也哉！"（《苏轼文集》卷六五，又见稗海本《东坡志林》卷四第六条）本条作于元符三年（1100）八月，时在廉州（治今广西合浦南）。又见《苏轼文集》卷六五《臞仙帖》。

司马相如谄事武帝[①]，开西南夷之隙[②]。及病且死，犹草《封禅书》[③]，此所谓死而不已者耶？"列仙之隐居山泽间，形容甚臞"[④]，此殆四果人也[⑤]，而相如鄙之，作《大人赋》[⑥]，不过欲以侈言广武帝意耳[⑦]。夫所谓大人者，相如孺子[⑧]，何足以知之！若贾生《鵩鸟赋》[⑨]，真大人者也。庚辰八月二十二日，东坡书[⑩]。

【注释】

①司马相（xiāng）如：字长卿，成都（今属四川）人。西汉文学家。武帝：汉武帝，名刘彻，前141年至前87年在位。

②开西南夷之隙：《史记·司马相如列传》记汉武帝用司马相如的建议，拜其为中郎将，建节出使，略定西夷，邛（qióng）、筰（zuó）、冉、駹（máng）、斯榆之君，使为内臣。苏轼认为这是开启边隙。苏轼一贯反对开边生隙，其《缴进沈起词头状》说："伏见熙宁以来，王安石用事，始求边功，构隙四夷。王韶以熙河进，章惇以五

溪用，熊本以泸夷奋，沈起、刘彝闻而效之，结怨交蛮，兵连祸结，死者数十万人。"（《苏轼文集》卷二七）西南夷，中国西南地区的少数民族。隙，仇隙，仇怨。

③封禅（shàn）书：讨论封禅之礼的书。《史记·司马相如列传》记他死后，汉武帝派人前往家中取所著书，仅有札书一卷，言封禅事。

④列仙之隐居山泽间，形容甚臞（qú）：原是《史记·司马相如列传》中的话（见后）。苏轼在海南期间因为饮食条件差，在《闻子由瘦（儋耳至难得肉食）》诗中说："相看会作两臞仙，还乡定可骑黄鹄。"便用此典，将自己和弟弟比为臞仙。形容，外形容貌。臞，同"癯"，瘦弱。《东坡外集》卷三八《书相如大人赋后》作"癯"。

⑤四果：佛教声闻乘有四阶果位，按梵语音译，称为"须陀洹（huán）果""斯陀含果""阿那含果""阿罗汉果"。声闻乘属于小乘佛教，其修行者多僻居山林，形貌瘦臞，故苏轼这样说。四果，《苏轼文集》作"得道"，《东坡外集》作"得果"。

⑥《大人赋》：司马相如作《大人赋》的动机，据《史记·司马相如列传》说，"相如以为列仙之传居山泽间，形容甚臞，此非帝王之仙意也，乃遂就《大人赋》"。实际上是通过描写大人的游仙活动，来渲染歌颂皇帝超凡出世之伟大。《史记》载汉武帝看后，"飘飘有凌云之气，似游天地之间意"。

⑦侈（chǐ）言：夸大不实的语言。

⑧孺子：犹小子、竖子，含藐视轻蔑意。

⑨贾生：贾谊，洛阳（今属河南）人。西汉初学者。《史记·屈原贾生列传》记其为长沙王太傅时作《鵩（fú）鸟赋》，以排遣忧愁。赋中借用老庄的语言和思想，既有祸福相依、死生有命的思想，又追求"至人遗物兮，独与道俱""其生若浮兮，其死若休""德人无累兮，知命不忧"的境界。

⑩庚辰八月二十二日，东坡书：《东坡外集》作"庚辰八月二十日

书"。庚辰,元符三年(1100)。

【译文】

司马相如谄事汉武帝,引起与西南夷民的仇隙,等到生病将死时,还在起草《封禅书》,这就是所谓的至死而不已吧?"仙人隐居在山林水泽之间,形貌清癯",这大概是小乘佛教说的修得"四果"之人,而司马相如竟看不起,写《大人赋》,其实不过是想用夸饰的语言来强化汉武帝的求仙之意罢了。所谓"大人",司马相如那小子,哪里会知道!而像贾谊写的《鹏鸟赋》中的人格,才是真正的大人。庚辰年(1100)八月二十二日,东坡书。

记鬼

【题解】

苏轼喜欢听鬼故事。叶梦得《避暑录话》记他在黄州以及岭外时,每日不招客来聊天,便是出去访客。往来的人也不挑选,根据各人的知识水平,相与谈笑,"有不能谈者,则强之说鬼,或辞无有,则曰'姑妄言之'"。此条便记载了从秦观那里听来的一则鬼故事,文中的"夜会说鬼"四字,正可为苏轼"姑妄言之"这个典故做一注脚。又见《苏轼文集》卷六八《记鬼诗》。

秦太虚言①:宝应民有以嫁娶会客者②,酒半,客一人竟起出门③。主人追之,客若醉甚将赴水者,主人急持之。客曰:"妇人以诗招我,其辞云:'长桥直下有兰舟,破月冲烟任意游。金玉满堂何所用,争如年少去来休④。'仓皇就之,不知其为水也。"然客竟亦无他。夜会说鬼,参寥举此⑤,聊为之记。

【注释】

①秦太虚：秦观，字太虚，又字少游，号淮海居士，高邮（今属江苏）人。北宋文学家。苏门四学士之一。

②宝应：楚州宝应（今江苏宝应）。

③竟：直接，径直。《苏轼文集》《仇池笔记》《诗话总龟·鬼神门》（引《东坡诗话》）、《苕溪渔隐丛话》作"径"。

④"长桥直下有兰舟"四句：此诗大意为，长桥之下便是兰舟，可以冲破朦胧月色四处游玩。家中金玉满堂毫无意义，不如趁年少青春乘舟而去。去来，离去离开。休，句末语气助词，无义。

⑤参寥：即释道潜。见卷一《记游·逸人游浙东》。

【译文】

秦观说：宝应县有个人因嫁娶之事宴会宾客，酒喝到一半，有个客人起来出门而去。主人追赶，那客人就像喝得大醉要跳河一样，主人急忙抓住他。客人这才说："有个女子以诗招我，其辞云：'长桥直下有兰舟，破月冲烟任意游。金玉满堂何所用，争如年少去来休。'我正匆忙赶去，不知道那是在水里面。"不过那客人最后也没什么事。夜里众人相聚，谈说鬼故事，参寥讲了此事，我便随意记下来。

李氏子再生说冥间事

【题解】

此条所记是比较典型的入冥故事，是一种常见的佛教故事。卷一《梦寐·记梦》第三条提到的"张居道再生"，卷三《异事·陈昱被冥吏误追》，都是类似的故事。元符元年（1098）作于海南昌化军（儋州）。又见《苏轼文集》卷七二《处子再生》。

戊寅十一月①，余在儋耳，闻城西民李氏处子病卒两日复生^②。余与进士何旻同往见其父^③，问死生状。云：初昏，若有人引去，至官府，幕下有言^④："此误追^⑤。"庭下一吏云："可且寄禁^⑥。"又一吏云："此无罪，当放还。"见狱在地窟中，隧而出入。系者皆儋人^⑦，僧居十六七。有一妪^⑧，身皆黄毛，如驴马，械而坐，处子识之，盖儋僧之室也^⑨。曰："吾坐用檀越钱物^⑩，已三易毛矣^⑪。"又一僧，亦处子邻里，死已二年矣，其家方大祥^⑫，有人持盘飱及钱数千^⑬，云："付某僧。"僧得钱，分数百遗门者^⑭，乃持饭入门去，系者皆争取其饭，僧饭所食无几。又一僧至，见者擎跪作礼^⑮。僧曰："此女可差人速送还。"送者以手擘墙壁使过^⑯，复见一河，有舟，使登之。送者以手推舟，舟跃，处子惊而寤^⑰。是僧岂所谓地藏菩萨耶^⑱？书此为世戒。

【注释】

①戊寅：即元符元年（1098）。此年苏轼在海南昌化军。十一月：《苏轼文集》作"十月"。

②处子：此指未出嫁的女子。

③何旻（mín）：儋州人，馀不详。

④幕下：幕后。稗海本、《苏轼文集》作"帘下"。

⑤追：拘捕，抓捕。

⑥寄禁：监禁。

⑦系者：被羁押的人。

⑧妪（yù）：老妇人。

⑨室：妻子。宋代岭南地区的和尚多有妻室。

⑩坐：因为。檀越：梵语音译词。指施主。

⑪三易毛：是说三次投胎转世。佛教认为人死后转世为畜生（如驴马）则披毛，再转世为人则去毛，再转世为畜生复披毛。易毛，脱换改易身上的毛。

⑫大祥：父母过世两周年的祭礼。

⑬飧（sūn）：同"飱"，熟食。

⑭门者：看门人。

⑮擎跽（qíng）跪：拱手跪拜。《苏轼文集》作"擎跽（jì）"，义同。

⑯擘（bò）：分开。

⑰寤（wù）：醒。

⑱地藏菩萨：佛教传说在释迦牟尼佛涅槃之后，弥勒降生之前，地藏菩萨自誓要超度众生后才成佛，经常现身于地狱之中以救苦难。

【译文】

戊寅年（1098）十一月，我在儋州，听说城西李家未出嫁的女儿病死两日后又复生了。我和进士何旻一同前往，见到她父亲，询问死去和复生的情形。他说：女儿刚刚昏厥时，好像有人引导而去，到了一官府，帘幕后有人说："这拘捕有误。"庭中有一小吏说："可以暂且监禁。"又一小吏说："此人无罪，应当放还。"女儿看见监狱设在地洞之中，通过隧道出入。关押的都是儋州人，僧人占了十之六七。有一老妪，身上长满黄毛，如驴马那样，戴了枷杻坐着，女儿认识她，是儋州某僧人的妻室。老妪说："我因为使用施主的钱物，已经三次脱易身上的毛了。"又见一僧，也是女儿的邻居，死去已两年，他的家中正在做大祥祭礼，有人拿着盘装的熟食和数千钱，说："交给某僧。"那僧人得钱后，分了数百给看门人，端着饭入门去，狱中的关押者都争着抢他的饭，那僧人吃到的饭没有多少。又有一僧人走过来，见到他的人都拱手跪拜作礼。他说："此女可差人速速送还。"来送女儿的人用手分开墙壁，让她过去，见有一条河，上面有舟，让她登上去。送行之人用手推舟，小舟晃动，女儿便惊醒了。最后这个僧人难道就是所谓的地藏菩萨吗？书写此事以为世人之警戒。

道士张易简

【题解】

此条记苏轼年轻时的同学陈太初。当年苏轼和他都是老师张易简
的得意门生,但苏轼科举及第,名满天下,陈太初仅为郡小吏。多年后苏
轼谪居惠州,修炼之心复炽(见卷一《修养》),忽而听说陈太初得道成
仙,心里恐怕别有一种滋味。又见《苏轼文集》卷七二《陈太初尸解》。

吾八岁入小学①,以道士张易简为师②。童子几百人,
师独称吾与陈太初者③。太初,眉山市井人子也。余稍长,
学日益,遂第进士、制策④,而太初乃为郡小吏。其后余谪
居黄州,有眉山道士陆惟忠自蜀来⑤,云:“太初已尸解矣⑥。
蜀人吴师道为汉州太守⑦,太初往客焉。正岁日见师道⑧,求
衣食钱物,且告别。持所得尽与市人贫者,反坐于戟门下⑨,
遂卒。师道使卒舁往野外焚之⑩,卒骂曰:‘何物道士⑪,使
吾正旦舁死人!’太初微笑开目,曰:‘不复烦汝。’步自戟门
至金雁桥下⑫,趺坐而逝⑬。焚之,举城人见烟焰上眇眇焉有
一陈道人也⑭。”

【注释】

①小学:古代儿童和少年接受的初等教育。古代有八岁入小学,十
　五岁入大学的说法。
②张易简:眉山天庆观道士。苏轼《众妙堂记》云:“眉山道士张易
　简,教小学,常百人,予幼时亦与焉。居天庆观北极院,予盖从之
　三年。”
③陈太初:其人仅见本文所记。“太初”一词即《庄子·知北游》的

"大初",成玄英解释为"道本"。《列子·天瑞》云:"太初者,气之始也。"

④第进士、制策:苏轼嘉祐二年(1057)进士及第,嘉祐六年(1061)应贤良方正直言极谏科,制策入三等(前二等虚置)。

⑤陆惟忠:字子厚。见本卷《道释·陆道士能诗》。《苏轼文集》于"陆惟忠自蜀来"后,有"云:有得道者曰陈太初。问其详,则吾与同学者也。前年,惟忠又见予于惠州"二十九字。稗海本、《苕溪渔隐丛话后集》卷三八记此事亦无此二十九字。

⑥尸解:道教称成仙的一种方式,虽如凡人一样显露其死后形骸,实际其人已成仙。

⑦吴师道:成都(今属四川)人。北宋皇祐间进士及第。元祐中致仕。李之仪有《吴师道藏海斋记》《跋吴师道诗》《跋吴师道小词》。汉州:今四川广汉。

⑧正岁日:正月初一日,也称"正旦日""元旦日"。稗海本作"正岁旦",《苏轼文集》作"正岁旦日"。

⑨戟(jǐ)门:古代在官殿、官衙以及高官宅第的门外立戟。这里指汉州州治的官府门,衙门。

⑩舁(yú):抬。

⑪何物:什么东西,什么人。常带有骂詈的语气。

⑫金雁桥:在四川广汉城北金雁江(今名"鸭子河")上。

⑬跌(fū)坐:也称"跌跏""跌跏坐",双足交叠而坐。

⑭眇眇(miǎo):飘动貌。

【译文】

我八岁入小学,以道士张易简为师。当时有学生童子接近百人,老师唯独称赞我和陈太初。陈太初,是眉山市井人的儿子。我年龄渐长之后,学问也日益增长,于是中进士第,制策入等,而陈太初当了眉山的小吏。后来我谪居黄州,有眉山道士陆惟忠自蜀中来,说:"陈太初已经尸解成仙了。蜀人吴师道做汉州太守，陈太初去他那里为宾客。正旦日，陈太初拜见吴师道，求衣食钱物，同时与之告别。他得到东西之后，全给了市井中的穷人，返回来坐在官衙的大门外，便死了。吴师道派士卒把尸体抬到野外去火化，士卒骂道：'是什么道士，让我们在大年初一这天抬死人！'陈太初忽然微笑着睁开双眼，说：'不麻烦你们了。'便自己从官府大门走到金雁桥下，盘腿正坐而逝。焚烧时，全城的人都看见烟焰之上飘飘然似有一陈道人。"

辨附语

【题解】

　　对于附语之事，苏轼的态度很有意思，一方面他相信确有附语这种事情发生，甚至相信附语者能说出一些隐秘的事情；但是另一方面，苏轼又认为附语者所说的内容不可信。本条所记的远行者的故事中，妻子听到了空中有丈夫的声音，能说出金钗所藏之处，故而相信他的话，但他所说的"吾已死"则是假话。这就可见苏轼的矛盾之处。苏轼猜测是有"奇鬼"在搞怪，不是真有死者去附他人之身说话，可见他又相信鬼的存在。又见《苏轼文集》卷七二《鬼附语》。

　　世有附语者[①]；多婢妾贱人，否则衰病不久当死者也，其声音举止皆类死者，又能知人密事。然皆非也[②]。意有奇鬼能为是耶？昔人有远行者，欲观其妻于己厚薄，取金钗藏之壁中，忘以语之。既行而病且死，以告其仆。既而不死。其妻在家[③]，忽闻空中有声，真其夫也，曰吾已死，以为不信，金钗在某处。妻取得之，遂发丧[④]。其后夫归，妻乃反以为鬼也。

【注释】

①附语：神鬼附着于人的身体说话。

②然皆非也：《苏轼文集》作"然理皆非也"。

③其妻在家：四字原无，据涵芬楼《说郛》卷四《仇池笔记》补。

④发丧：原无"发"字，据稗海本、《苏轼文集》《仇池笔记》补。

【译文】

世间有死者附着他人之身传语的事，多附着在婢妾之类的低贱之人的身上，要不就是重病快死的人身上，其声音和举止都很像已死去的人，又能知晓人们的隐秘之事。但是这些都不是真的。猜想大概是有些奇特的鬼做附语这样的事吧？从前有个人要出远门，想看看妻子对自己的感情是深是浅，把一支金钗藏在墙壁中，忘记告诉妻子。此人远行之后，生病将死，便告诉仆人他的病情让他回家报告。但后来此人并没有死。妻子在家，忽然听见空中有声，真是她丈夫的声音，说我已死，如果不信，金钗在某处。妻子找到了金钗因此相信他所说的，于是为丈夫发丧。后来丈夫回来，妻子反而以为他是鬼。

三老语

【题解】

道教追求长生，也有很多极言生命之长的说法，除了动不动八百岁、三千年的数字外，还喜欢用一种曲折的说法来表达。如《洞冥记》记黄安常坐一龟上，别人问他坐了多少年，他说以前伏羲造网罟时得到此龟送我，我坐其上，现在龟背已平。又说此龟怕光，两千年探一次头，我已见五次出头了。苏轼本条所记也是此类"大言"，不过他提出，这样的长寿，和朝生暮死的蜉蝣又有什么不同呢？又见《苏轼文集》卷七三《三老人论年》。

　　尝有三老人相遇，或问之年。一人曰："吾年不可记，但忆少年时与盘古有旧①。"一人曰："海水变桑田时②，吾辄下一筹③，尔来吾筹已满十间屋。"一人曰："吾所食蟠桃④，弃其核于昆仑山下⑤，今已与昆仑齐矣⑥。"以余观之，三子者与蜉蝣、朝菌何以异哉⑦？

【注释】

①盘古：传说中开天辟地的巨人。

②海水变桑田：大海里的水变干，海底成了种桑的田地，形容时间之长久。原故事来自《神仙传》中王方平和麻姑的对话。

③筹：计数使用的竹签一类的器具。

④蟠（pán）桃：传说天上种植的仙桃，其树枝蟠屈三千里，故名"蟠桃"。据说蟠桃三千年一结子。

⑤昆仑山：传说中的神山，极高峻，西王母所住。

⑥昆仑：原作"昆山"，据稗海本、《苏轼文集》改。

⑦蜉蝣（fú yóu）：一种朝生夕死的小虫。朝菌：一种朝生暮死的菌类植物。《庄子·逍遥游》说："朝菌不知晦朔，蟪蛄不知春秋。"这里用"蜉蝣"和"朝菌"来比喻极短暂的生命。

【译文】

　　曾有三老人相遇，有人问他们的年岁。一人说："我的年龄记不得了，只记得年轻时和盘古交往。"一人说："海水变成桑田之时，我就放一个算筹，自那以来我的算筹已堆满十间屋了。"一人说："吾吃了蟠桃，把核丢弃在昆仑山下，现在蟠桃核已经堆起来和昆仑山一样高了。"依我看，这三个人和蜉蝣、朝菌又有什么差别呢？

桃花悟道

【题解】

此条是批评那些抱着公案话头、执着于其物事言词的人，认为他们吟诵桃花、将桃花做饭吃，就像听说张旭见担夫争路而悟书道、于是每天跟着担夫学书一样，是根本无法悟道的。清初尤侗曾说："此论可破效颦之习。"（《读东坡志林》）又见《苏轼文集》卷六九《书张长史书法》。

世人有见古德见桃花悟道者①，争颂桃花，便将桃花作饭五十年②，转没交涉③。正如张长史见担夫与公主争路而得草书之气④，欲学长史书，便日就担夫求之，岂可得哉？

【注释】

①古德：佛教徒对年高有道的高僧的尊称。此处指晚唐的灵云志勤禅师。《景德传灯录》卷十一记载："福州灵云志勤禅师，本州长溪人也。初在沩山，因桃华悟道。有偈曰：三十来年寻剑客，几逢落叶几抽枝。自从一见桃华（即桃花）后，直至如今更不疑。"

②将桃花作饭：《苏轼文集》作"将桃花作饭吃，吃此饭"。

③转没交涉：反而是毫无关系和作用。交涉，关系，关联。

④张长史：张旭，字伯高，苏州吴县（今江苏苏州）人。曾官金吾长史、左率府长史，故称"张长史"。担夫：挑担子的人。《国史补》卷上载张旭之语："始吾见公主担夫争路，而得笔法之意。后见公孙氏舞剑器，而得其神。"担夫与公主争路，《太平广记》卷二百八《张旭》（引《国史补》）作"公主与担夫争路"，这大约是本文"担夫与公主争路"之误的来由。

【译文】

世人见有高僧因见桃花而悟道，因此争着吟诵桃花，又将桃花做饭吃五十年,这样反倒于悟道毫无用处。正如张旭见担夫与公主争路而悟得草书之气势,想要学张旭的书法,每日找担夫,岂能学得到呢?

尔朱道士炼朱砂丹

【题解】

苏轼看《本草》时看到丹砂出涪陵的记载,联想起过去听眉山的老人讲的尔朱道士的故事。这是一位在巴蜀地区有很多传说的神仙,或说是晚唐人,或说是五代时人,其成仙故事多与涪陵的浮石、白石有关。在苏轼记载的故事版本中,也出现了这些要素。又见《苏轼文集》卷七三《符陵丹砂》。

尔朱道士晚客于眉山^①,故蜀人多记其事。自言受记于师云^②:"汝后遇白石浮,当飞仙去。"尔朱虽以此语人,亦莫识所谓。后去眉山,乃客于涪州^③,爱其所产丹砂,虽琐细而皆矢镞状^④,莹彻不杂土石^⑤,遂止。炼丹数年,竟于涪州白石仙去^⑥,乃知师所言不谬。吾闻长老道其事甚多,然不记其名字,可恨也。《本草》言^⑦:"丹砂出符陵谷^⑧。"陶隐居云^⑨:"符陵是涪州。今无复采者。"吾闻熟于涪者云:"采药者时复得之,但时方贵辰、锦砂^⑩,故此不甚采尔。"读《本草》偶记之也。

【注释】

①尔朱道士:"尔朱"是复姓。宋初陶岳《五代史补·尔朱先生上升》记其事,略言蜀人尔朱遇异人与一丸丹药,尔朱欲服,异人曰:今若服必死,未若见浮石而后服之,则仙道成矣。自是尔朱每见

一石必投之水，欲其浮，如此者殆一纪，人皆以为狂。后渡江，有老叟舣舟，尔朱问其姓氏，对曰石氏，问此地何所，答曰涪州。尔朱豁然悟曰：异人浮石之言，斯其应乎？遂服其药，轻举成仙。元代赵道一《历世真仙体道通鉴》记此人名尔朱洞，字通微，自号"归元子"，载其事颇多。上述二书均无"尔朱晚客眉山"的说法，这可能是苏轼听眉山当地人讲的。

②受记：即受记别。"记别"或作"记莂（bié）"，指佛祖对弟子讲来生因果及将来成佛的预言。后来佛、道二教用"受记"来指大德神仙指点弟子或其他凡人成佛、成仙的事情。

③涪（fú）州：宋代属夔州路，州治涪陵县，今重庆涪陵区。

④琐细：原作"锁细"，据稗海本改。《苏轼文集》作"琐碎"。矢镞（zú）：箭头。

⑤莹彻：莹洁透明。

⑥白石：据文意似是涪州一地名。《历世真仙体道通鉴》记尔朱洞成仙事云，尔朱为太守纳于竹笼沉江中，流至涪陵为二渔人网出。尔朱问其人，曰姓白、石，问其地去铜梁几何？有三都乎？答去铜梁四百里，东即酆都县（今重庆丰都）平都山仙都观。尔朱曰：吾师谓吾遇三都白石浮水乃仙去，应即此处。与二渔人升云而去。此书及《五代史补》所记故事与本文互有出入。尔朱故事中所谓白石、浮石，应指涪陵长江中的白鹤梁。

⑦《本草》：古代记录药物的书籍。历代均有增订，苏轼时代流行的是官修《（嘉祐）本草》（佚）。

⑧丹砂出符陵谷：据《本草经集注》，丹砂"生符陵山谷"，注："符陵是涪州，接巴郡南，今无复采者。乃出武陵、西川诸蛮夷中，皆通属巴地，故谓之'巴砂'。"

⑨陶隐居：陶弘景，字通明，号华阳隐居，谥贞白先生，丹阳秣陵（今江苏南京）人。南朝齐、梁时期的重要学者。撰有《本草经集注》

《真灵位业图》《真诰》《登真隐诀》《养性延命录》以及《华阳陶
隐居集》等。

⑩辰、锦砂：辰州（今湖南沅陵）和锦州（今湖南麻阳）所产的丹砂，
都是优质丹砂。《重修政和经史证类本草》的"今注"（《开宝本
草》）云："今出辰州、锦州者，药用最良，馀皆次焉。"

【译文】

尔朱道士晚年客居于眉山，所以蜀中人多记其故事。他自言曾得到
师父的预言："你将来遇到白石浮水，便当飞升成仙。"尔朱把这话告诉
别人，都不知其所谓为何。后来他离开眉山，客居于涪州，喜爱当地所产
的丹砂，虽然细小，却都呈箭头的形状，晶莹明彻，不含沙石，便留在此
处。炼丹数年，最终在涪州白石升仙而去，由此可知师父当年所言不差。
我以前听老年人说尔朱道士的事甚多，然而不记得他的姓名字号，真是
遗憾。《本草》里说："丹砂出符陵谷。"陶弘景注云："符陵是涪州。现在
当地不再采丹砂。"我听熟悉涪州的人说："当地采药人有时也还能采得
丹砂，但现今以辰州、锦州的丹砂为贵，因此不太采涪州的了。"我读《本
草》，偶然想起这些记下来。

异事下

朱炎学禅

【题解】

此条记朱炎与僧人义江的对话，以朱炎作偈为得道之证。朱炎所问应是由《楞严经》中讲身、心关系而起。经中记阿难先是以为心在身内，后又以为心在身外，皆为佛所反驳。而朱炎尚未领悟，竟问死后心将何住。义江不直接回答，反问他此身尚在时，心又在何处。这是让他重新思考阿难和佛的问答。朱炎悟道的心路及所写偈的意思，可参看苏辙晚年自撰的《颍滨遗老传》。这篇自传在末尾忽然谈及佛理，云："昔予年四十有二，始居高安，与一二衲僧游，听其言，知万法皆空，惟有此心不生不灭。以此居富贵、处贫贱二十馀年，而心未尝动，然犹未睹夫实相也。及读《楞严》，以六求一，以一除六，至于一六兼忘，虽践诸相，皆无所碍。""六"是包括身在内的"六根"，"一"是心性，最后的境界是"一六兼忘"。又见《苏轼文集》卷六六《记朱炎禅颂》。

芝上人言[1]：近有节度判官朱炎[2]，学禅久之，忽于《楞严经》若有所得者[3]。问讲僧义江曰[4]："此身死后，此心何住？"江云："此身未死，此心何住[5]？"炎良久以偈答曰："四大不须先后觉⑥，六根还向用时空⑦。难将语默呈师也⑧，只在寻常语默中。"师可之。炎后竟坐化⑨，真庙时人也⑩。

【注释】

①芝上人：释法芝。见卷一《梦寐·记梦》第二条。

②朱炎：寿阳（今属山西）人。据《梦溪笔谈》卷二十《神奇》载，范仲淹守南阳（邓州）时，有掌书记朱炎，好佛学。范仲淹命往见尹洙，目睹尹洙坐逝之异。本文所说"节度判官"即掌书记。

③《楞严经》：又称《首楞严经》《大佛顶首楞严经》，著名佛教经典。通行译本是唐僧般刺蜜帝所译《大佛顶如来密因修证了义诸菩萨万行首楞严经》十卷。

④讲僧：讲经的僧人。义江：僧人名，事迹不详。

⑤住：稗海本作"在"。

⑥四大：佛教以地、水、火、风为"四大"，分别对应坚、湿、暖、动四种性质，"四大"和合乃成世界，也包括人身。这里用指人身。

⑦六根：佛教将能产生感觉、知觉以及心理活动的器官和机能（神经）称为"根"，为根源之意。人有眼、耳、鼻、舌、身、意"六根"，分别对应色、声、香、味、触、法"六尘"。

⑧语默：语本《周易·系辞上》："君子之道，或出或处，或默或语。"意为说话或沉默不语。

⑨坐化：佛教信徒端坐而逝，称为"坐化"。一般认为须有道高僧或居士方能如此。

⑩真庙：宋真宗。见卷二《官职·记讲筵》。

【译文】

芝上人说：近时有节度判官朱炎，学禅已久，忽然于《楞严经》若有所得。他问讲僧义江："此身死后，此心何住？"义江反问："此身未死，此心何住？"朱炎过了很久作偈答道："四大不须先后觉，六根还向用时空。

难将语默呈师也，只在寻常语默中。"得到师父认可。朱炎最终坐化，他是真宗时的人。

故南华长老重辨师逸事

【题解】

此条即南华寺重辨长老的异事，前半先引出契嵩茶毗和慧辩入藏时的异事。在佛教高僧里有不少此类异事。又见《苏轼文集》卷六六《书南华长老重辩（辨）师逸事》。

契嵩禅师常瞋^①，人未尝见其笑；海月慧辩师常喜^②，人未尝见其怒。予在钱塘^③，亲见二人皆趺坐而化。嵩既茶毗^④，火不能坏，益薪炽火，有终不坏者五^⑤。海月比葬^⑥，面如生，且微笑。乃知二人以瞋喜作佛事也。世人视身如金玉，不旋踵为粪土^⑦，至人反是^⑧。予以是知一切法，以爱故坏，以舍故常在，岂不然哉！予迁岭南^⑨，始识南华重辨长老^⑩，语终日，知其有道也。予自岭南还^⑪，则辨已寂久矣。过南华吊其众，问塔墓所在，曰："我师昔有寿塔在南华之东数里^⑫，有不悦师者葬之别墓，既七百馀日矣，今长老明公独奋不顾^⑬，发而归之寿塔。改棺易衣，举体如生，衣皆鲜芳。众乃大愧服。"东坡居士曰："辨视身为何物？弃之尸陁林以饲乌鸢何有^⑭，安以寿塔为？明公知辨者，特欲以化服同异而已^⑮。"乃以茗果奠其塔而书其事，以遗其上足南华塔主可兴师^⑯。时元符三年十一月十九日^⑰。

【注释】

① 契嵩禅师：字仲灵，号潜子，俗姓李，藤州镡津（今广西藤县）人。北宋僧人。宋仁宗赐号"明教大师"。曾住杭州灵隐寺、佛日禅院。著有《镡津文集》等。瞋（chēn）：瞪眼。这里指瞋怒、生气。

② 海月慧辩：慧辩，原作"慧辨"，据《苏轼文集》改。慧辩是天台宗僧人。见卷一《梦寐·记梦》第二条。后文说慧辩葬时异事，亦见苏轼《海月辩公真赞》："一日，师卧疾，使人请余入山。适有所未暇。旬馀乃往，则师之化四日矣。遗言须余至乃阖棺，趺坐如生，顶尚温也。"（《苏轼文集》卷二二）

③ 钱塘：今浙江杭州。熙宁四年至七年（1071—1074）苏轼任杭州通判。

④ 茶毗（pí）：亦作"茶毗"，梵语音译词。意为焚烧。多指僧人死后将尸体火化。

⑤ 终不坏者五：意为其尸体有五处没有完全烧成灰烬。居简《明教禅师五种不坏赞并引》说："明教禅师阇维（同"茶毗"）不坏者五，曰顶，曰耳，曰舌，曰童真，曰数珠。"《五灯会元》卷十五记同。

⑥ 比：等到。

⑦ 旋踵：掉转脚跟，形容时间很短。

⑧ 至人：指超凡脱俗的得道之人。《庄子·逍遥游》里说"至人无己"。

⑨ 岭南：指五岭以南，主要指今广东、广西地区。绍圣元年（1094）苏轼责授宁远军节度副使惠州安置。九月度过大庾岭，十月到惠州。

⑩ 南华重辩长老：《建中靖国续灯录》卷十四记荆门军玉泉谓芳禅师法嗣有韶州六祖南华重辩禅师。苏轼绍圣元年（1094）贬官赴惠州时，路过曹溪南华寺（在今广东韶关曲江区），与重辩相识。

⑪ 岭南：《苏轼文集》作"海南"。

⑫ 昔有寿塔在南华之东：原作"昔在寿塔南华之东"，据稗海本改。

《苏轼文集》作"昔作寿塔南华之东"。寿塔，僧人在圆寂前建造的塔。

⑬明公：原作"朗公"，据稗海本、《苏轼文集》改。下文亦改。即南华德明禅师，云门宗慧林宗本的法嗣。苏轼元符三年（1100）由海南返回大陆，一路北上，经南华寺而见明公。建中靖国元年（1101）正月一日为其作《题名记》（《苏轼文集》卷十二《南华长老题名记》）。苏轼另有《与南华明老》尺牍三首。

⑭尸陁林：也作"尸陀林"，梵语音译词。指僧人弃尸之处。乌鸢（yuān）：乌鸦和老鹰。《庄子·列御寇》："庄子将死，弟子欲厚葬之。……弟子曰：'吾恐乌鸢之食夫子也。'庄子曰：'在上为乌鸢食，在下为蝼蚁食，夺彼与此，何其偏也。'"何有：用反问的语气表示简单容易。

⑮同异：相异的想法，异议。

⑯上足：高足弟子，高徒。可兴：和尚名。

⑰十一月：《苏轼文集》作"十二月"。

【译文】

契嵩禅师经常瞋怒，旁人未尝见其笑；海月慧辩师经常欢喜，旁人未尝见其怒。我以前在钱塘时，亲眼看见这二人都是端坐圆寂的。契嵩火化时，火未能烧烂其尸体，于是添加薪柴，烧起大火，最终还是有五处无法烧成灰烬。海月下葬之时，脸色如生，而且微笑。由此可见，这二人分别以瞋怒和欢喜来行佛法。世人把身体看得贵如金玉，其实不多久便会化为粪土，而得道的至人正好相反。我因此明白，一切世间之法，因为贪恋之故而速坏，因为舍弃之故而常在，难道不是这样吗！我贬谪去岭南的时候，初次认识南华寺的重辩长老，相谈终日，知道他是有道之人。我从岭南返还时，他已经圆寂很久了。我去南华寺凭吊重辩长老，问他的塔墓在何处，其徒众说："师父以前有座寿塔，在南华寺东数里，师父死后，有对其不满的人把他葬到别处的墓中，已经有七百馀天了，最近明公长老奋不顾身，挖开墓将尸骨归藏寿塔之中。更换棺材和衣服时，看到师父全身就如在世时一样，身上的旧衣服都鲜洁芳香。众人感到十分惭愧和敬服。"东坡居士说："重辨长老会把身体当作什么呢？随意丢在尸陀林、让乌鸦老鹰啄食是最简单的，又怎会建造寿塔？明公知道重辨长老的用意，就是要以此来感化镇服有不同看法的人罢了。"于是我以茶茗、水果祭奠其塔，书写其事，交给其高徒南华塔主可兴师。时元符三年（1100）十一月十九日。

冢中弃儿吸蟾气

【题解】

此条记富弼仁宗朝知青州时，一小儿被抛弃在空冢中而不死之事。这和东汉末一四岁小女在空冢中效龟吞气而不死的故事很相近，见《抱朴子·对俗》引陈寔（字仲弓）《异闻记》。苏轼在《和陶读〈山海经〉十三首》（这一组是读《抱朴子》有所感而作）的第五首时曾写此事："乱离弃弱女，破冢割恩怜。宁知效龟息，三岁号穷山。长生定可学，当信仲弓言。支床竟不死，抱一无穷年。"又见《苏轼文集》七二《空冢小儿》。

　　富彦国在青社①，河北大饥②，民争归之。有夫妇襁负一子③，未几④，迫于饥困，不能皆全，弃之道左空冢中而去⑤。岁定归乡，过此冢，欲收其骨，则儿尚活，肥健愈于未弃时。见父母，匍匐来就。视冢中空无有，惟有一窍滑易⑥，如蛇鼠出入。有大蟾蜍如车轮，气咻咻然⑦，出穴中。意儿在冢中常呼吸此气，故能不食而健。自尔遂不食，年六七岁，肌肤如玉⑧。其父抱儿来京师，以示小儿医张荆筐⑨。张曰："物之有气者能蛰⑩，燕、蛇、虾蟆之类是也⑪。能蛰则能不食,不食则寿,此千岁虾蟆也。决不当与药^⑫,若听其不食不娶,长必得道。"父喜,携去,今不知所在。张与余言,盖嘉祐六年也^⑬。

【注释】

①富彦国:富弼,字彦国,洛阳(今属河南)人。北宋官员。曾与范仲淹推行庆历新政。官至宰相。青社:此处指京东东路或青州(路守驻地)。庆历七年(1047)五月,富弼为京东东路安抚使,知青州(今属山东)。苏轼《富郑公神道碑》记载富弼为知青州兼京东东路安抚使时,河朔大水,灾民流亡至京东,富弼曾赈灾济民,活五十餘万人(《苏轼文集》卷十八)。苏辙《龙川别志》卷下亦记"富公知青州,岁穰而河朔大饥"。

②河北:指宋代的河北西路、河北东路,大致相当于今河北省(霸州、雄县至保定徐水、阜平一线及其南部)、河南省黄河以北、天津市海河以南的地区。

③襁(qiǎng)负:用襁褓背负。

④未几:没多久。

⑤冢(zhǒng):坟墓。

⑥滑易:平滑,光滑。

⑦咻咻(xiū):喘气呼气的声音。

⑧肌肤如玉:稗海本、《苏轼文集》作"肌理如玉"。

⑨张荆筐:小儿科医生,其人不详。《东京梦华录》卷三《大内西右掖门外街巷》有"西大街荆筐儿药铺",疑即其家药铺。

⑩气:《苏轼文集》作"灵"。蛰(zhé):潜伏起来不动。

⑪虾(há)蟆:即蛤蟆。

⑫决:稗海本、《苏轼文集》作"法"。

⑬嘉祐六年:1061年。此时苏轼与父亲苏洵、弟苏辙在京师,苏轼、

苏辙应直言极谏科,均入等,苏轼除凤翔府判官,苏辙除商州军事
推官。

【译文】

富弼在京东东路做安抚使时,河北一带饥荒,民众争相来到京东东
路。有一对夫妇用襁褓背负一婴儿,不久,因为饥饿窘困,无法做到大人
小孩都保全活命,只好将孩子丢弃在路旁的空冢之中离去。饥荒结束后
夫妇俩返回家乡,经过那座空冢,打算收孩子尸骨,不料孩子还活着,身
体硕健,比丢弃前更好了。看见父母,便向他俩爬行过来。看冢中空无
一物,只有一个小洞,表面光滑,像有蛇或鼠出入的样子。此时有一只大
蟾蜍,体型大如车轮,喘息发出"吁吁"的声音,从洞中爬了出来。父母
猜测这孩子在冢中常呼吸蟾蜍呼出的气息,故能不食而保持健壮。此后
孩子便不吃饭,长到六七岁时,肌肤如玉般洁白。父亲曾抱孩子来京师,
去看小儿科医生张荆筐。张荆筐说:"有气息的动物能够蛰伏,燕、蛇、蛤
蟆之类便是。能蛰就能不食,不食则寿,这是千岁的蛤蟆。一定不要给
他吃药,如果听任他不食不娶,长大后必然得道成仙。"父亲大喜,带着
孩子离去,现今不知他们的所在。张荆筐对我说及此事,那是在嘉祐六
年(1061)。

石普见奴为祟

【题解】

石普醉酒时杀一奴仆而有悔意,后来就见死者来作祟,当他知道奴
仆并没有死以后,祟就消失了。由此可知,看见死者作祟往往是由于自
己的心理原因。北宋熙和之役的名将王韶,晚年也常见到"斩头截脚
人"在眼前,就是因为心里"打过不得"(过不去),最后暴病而死(见
《乐善录》卷四)。石普两次入蜀平叛,苏轼此条所记可能是流传于蜀中
的故事。又见《苏轼文集》卷七二《石普嗜杀》。

石普好杀人①，以杀为娱，未尝知暂悔也。醉中缚一奴，使其指使投之汴河②，指使哀而纵之。既醒而悔，指使畏其暴，不敢以实告。居久之，普病，见奴为祟③，自以必死。指使呼奴示之，祟不复出，普亦愈。

【注释】

①石普：幽州（今北京）人，徙居太原（今属山西）。北宋将领。曾入蜀平李顺、王均，历官左千牛卫将军，以左卫将军分司西京。

②指使：宋代将领身边供差遣的低级军官。汴河：稗海本作"于河"。

③为祟（suì）：即作祟，指妖怪鬼物出来作怪和害人。祟，原作"崇"，据稗海本、《苏轼文集》改。

【译文】

石普好杀人，以杀人为乐，从未有一刻知道后悔。有一次他喝醉酒绑缚一名奴仆，让手下的军官将奴仆投入汴河中，那军官可怜奴仆，悄悄释放了他。石普酒醒后便后悔了，但那军官害怕其凶暴，不敢以实情报告。过了一些时日，石普生病，看见奴仆作祟，自以为必定会死。那军官招来奴仆见他，此后便不再有祟，石普病也好了。

陈昱被冥吏误追

【题解】

本书卷二《异事》已有《李氏子再生说冥间事》一则入冥故事，此为第二则。又见《苏轼文集》卷七二《陈昱再生》。

今年三月，有书吏陈昱者暴死①，三日而苏。云：初见壁有孔，有人自孔掷一物，至地化为人，乃其亡姊也。携其手自孔中出，曰："冥吏追汝，使我先见。"吏在旁。昏黑如夜，极望有明处，空有桥，榜曰"会明"，人皆用泥钱②。桥极高，有行桥上者。姊曰："此生天也③。"昱行桥下，然犹有在下者，或为鸟鹊所啄。姊曰："此网捕者也④。"又见一桥，曰"阳明"，人皆用纸钱。有吏坐曹十馀人，以状及纸钱至者，吏辄刻除之⑤，如抽贯然⑥。已而见冥官，则陈襄述古也⑦。问昱："何故杀乳母？"昱曰："无之。"呼乳母至。血被面，抱婴儿，熟视昱，曰："非此人也，乃门下吏陈周⑧。"官遂放昱还，曰："路远，当给竹马。"又使诸曹检己籍，曹示之，年六十九，官左班殿直。曰："以平生不烧香，故不甚寿。"又曰："吾辈更此一报，即不同矣。"意谓当超也⑨。昱还，道见追陈周往。既苏，周果死。

【注释】

①书吏：抄写文书的小吏。《苏轼文集》《分门古今类事》作"中书吏"。陈昱（yù）：其人生平不详。

②泥钱：用泥制成的铜钱模样的仿制品，常为儿童游戏之用。

③生天：投生于天道。天道是众生轮回的去处，与人道、阿修罗道、畜生道、饿鬼道和地狱道并称"六道"。

④网捕者：用网捕鸟的人。

⑤刻除：扣除，扣减。

⑥抽贯：古代一种税收形式，由每贯钱中抽取若干枚。

⑦陈襄述古：陈襄，字述古，号古灵先生，谥忠文，福州侯官（今福建福州）人。庆历二年（1042）进士。曾官杭州知州，时苏轼为杭

州通判。累迁尚书右司郎中、枢密直学士、判太常寺。

⑧门下吏：门下省小吏。据元丰官制，门下省有吏额四十九人。陈
　　周：其人生平不详。

⑨超也：原作"超之"，据稗海本、《苏轼文集》改。超，指超迁，越级
　　晋升提拔。

【译文】

今年三月，中书省的小吏陈昱暴死，过了三天又复活了。他说：刚开始见到墙壁有个孔洞，有人从孔洞中掷进来一物，落地便化为人，是他已经亡故的姐姐。姐姐拉着他的手从孔洞中出去，说："冥间的吏要逮捕你，让我来带路。"于是见到冥吏就在孔洞旁边。四周昏黑如夜，眺望极远之处有光明，空中有座桥，榜额上写着"会明"。那里的人都用泥做的钱，桥极高，有人行走于桥上。姐姐说："这是转生入天道的。"陈昱行走在桥下，不过还有处在更下面的人，有的正被鸟鹊啄咬。姐姐说："这些都是以前用网捕鸟的人。"又看见一座桥，榜额上写着"阳明"，那里的人都用纸钱。有十馀个吏坐在衙署中，有拿着文书和纸钱来的，吏便扣除一些钱，就像抽贯一样。不久见到冥间的长官，就是陈述古。他问陈昱："为何杀害乳母？"陈昱说："并没有此事。"于是传唤乳母过来。乳母满脸是血，抱着一个婴儿，仔细看了看陈昱，说："不是这人，是门下省的小吏陈周。"冥官于是放陈昱还家，说："道路遥远，应给他竹马骑行。"又让各衙署的吏察看他的档案，拿给他看，上面写着，年寿六十九岁，官做到左班殿直，说："因为你平生不烧香拜佛，所以寿命不太长。"又说："经历了这次磨难，会有不同。"意思是说会有超迁升职。陈昱回来时，在路上见冥吏抓陈周前往。陈昱苏醒后，陈周果然就死了。

记异

【题解】

此条记一能烧炼银子的异人。又见《苏轼文集》卷七二《道士锻铁》。

有道士讲经茅山①，听者数百人。中讲，有自外入者，长大肥黑②，大骂曰："道士奴！天正热，聚众造妖何为？"道士起谢曰："居山养徒，资用乏③，不得不尔。"骂者怒少解，曰："须钱不难，何至作此！"乃取釜灶杵臼之类④，得百馀斤，以少药锻之，皆为银，乃去。后数年⑤，道士复见此人，从一老道士，须发如雪，骑白骡⑥，此人腰插一骡鞭，从其后。道士遥望叩头，欲从之。此人指老道士，且摇手作惊畏状，去如飞，少顷即不见。

【注释】

①茅山：道教名山。在今江苏句容。

②肥黑：体胖而色黑。《苏轼文集》作"丑黑"。

③资用乏：《苏轼文集》作"费用匮乏"。

④釜灶：泛指烹煮食物的炊器，如锅之类。杵臼：是舂捣粮食或药物等的工具。

⑤数年：《苏轼文集》作"数十年"。

⑥白骡：底本原作"白驴"，《苏轼文集》作"白骡"，本文下句有"骡鞭"，当以"骡"为是。

【译文】

有道士在茅山讲经，听众有数百人。正当讲的时候，有人自外闯入，高大黑胖，大骂道："道士奴！天气正热，你聚众作妖干什么？"道士站起陪谢说:"居住山中,带着不少徒弟,钱财不足,不得不如此。"骂者怒气稍解,说:"要钱不难,何至于做这种事!"于是取来釜锅、杵臼之类的器物,有百馀斤,加入少许药进行烧炼,都变成了银,然后离去。数年后道士又见到此人,跟着一老道士,须发如雪,骑一头白色骡子,此人腰间插着一赶骡的鞭子,紧随老道士之后。道士远远望见即向他叩头,想跟从他们。此人手指老道士,又摇手做出惊畏的样子,远去如飞,一会儿就不见了。

猪母佛

【题解】

本条所记是苏轼年轻时亲历的事,青神县(今属四川)有奉祀所谓"猪母佛"的庙,其实就是猪龙。猪龙是一种传说中兼有猪和龙两种属性的动物。唐代濮阳有个叫续生的,天旱时他在烂泥里打滚,就会下雨,当地人说他是猪龙(《太平广记》卷八三《续生》)。五代时邛州临溪县有个"母猪龙湫",地方官到那里祈雨成功(《太平广记》卷四二三《临汉(溪)豕》)。可见猪龙是一种什么样的动物。又见《苏轼文集》卷七二《猪母佛》。

眉州青神县道侧有一小佛屋,俗谓之"猪母佛",云百年前有牝猪伏于此①,化为泉,有二鲤鱼在泉中,云盖猪龙也②。蜀人谓牝猪为猪母③,而立佛堂其上,故以名之。泉出石上,深不及二尺,大旱不竭,而二鲤莫有见者。余一日偶见之,以告妻兄王愿④,愿深疑,意余之诞也⑤。余亦不平其见疑,因与愿祷于泉上曰:"余若不诞者,鱼当复见。"已而二鲤复出。愿大惊,再拜谢罪而去。此地应为灵异。青神文及者⑥，以父病求医，夜过其侧，有鬃而负琴者邀至室⑦。及辞以父病不可留，而其人苦留之，欲晓乃遣去。行未数里，见道傍有劫贼所杀人，赫然未冷也⑧。否则及亦未免耳⑨。泉在石佛镇南五里许⑩，青神二十五里。

【注释】

①牝（pìn）：雌性，阴性。与"牡"相对。

②猪龙：传说中一种兼有猪和龙的属性的动物。

③猪母：即母猪。古人以及四川人中有将母猪称猪母者（如《舆地纪胜》记雅州卢山县有猪母泉），故苏轼特为解释，以明"猪母佛"之得名。"猪母"二字，底本及稗海本、《东坡外集》均无"猪"字，《四库全书考证》称旧本有，据补。

④王愿：苏轼妻王弗的兄长，青神（今属四川）人。

⑤诞：虚妄，诞妄，说大话。

⑥青神文及：《苏轼文集》作"青神人朱文及"。文及，人名。

⑦鬃（zhuā）：头部两侧裹束的发髻叫作"鬃"。

⑧赫然：鲜明显眼的样子。这里是说血色未干鲜红的样子。

⑨否则：稗海本、《苏轼文集》作"否者"。

⑩石佛镇：《元丰九域志》载眉州眉山县有六镇，其中有石佛镇，其地在今眉山东坡区南石佛村一带。

【译文】

眉州青神县道路边有一座小庙，供奉的是当地俗称的"猪母佛"，说百年前有一只母猪藏在这里，变化为泉水，还有两只鲤鱼在泉水中，又说那母猪可能是猪龙。蜀人称母猪为猪母，在其上建立佛堂，所以用"猪母佛"来命名。泉水由石中流出，深不到二尺，大旱时也不枯竭，不过传说中的两只鲤鱼没人见过。我有一天偶然看到，告诉我妻子的哥哥王愿，他颇为怀疑，以为我是吹牛说谎。我对他的怀疑感到不平，因而和他

一起到泉边祷告："如果我没说谎，就请鲤鱼再次出现。"一会儿两只鲤
鱼又出来了。王愿大惊，再次道歉后离去。这个地方应当是有灵异的。
青神县有个人叫文及，因父亲生病外出求医，夜晚时经过这里，见到有一
人，头上束了双鬐，身上背着琴，邀他进屋。文及辞谢说父亲生病，不可
久留，但那人还是苦苦挽留，到天快亮时才让他离去。他走出没有数里，
就见路旁有强盗杀害的人，血色鲜红，其尸体尚未冷。如果不是被强留
在庙中，文及也不免被害。泉在眉山石佛镇南面五里左右，南距青神县
二十五里。

王翊梦鹿剖桃核而得雄黄

【题解】

　　王翊救鹿得报的故事应该是苏轼在黄州时听闻的。王翊所在的岐
亭，苏轼多次去过，好友陈季常也住在那里。此事苏轼也曾告诉赵令畤，
赵令畤《侯鲭录》（卷八）以"桃黄事"名之，所记稍异，称王翊为棋人而
不著其名，梦人溺水而非殴伤，吞食雄黄后不复食而非仅是断荤肉（《苏
轼佚文汇编》卷六据此录入，题《书桃黄事》）。所谓"桃黄"，即桃仁状
的雄黄，或者是具有类似石黄（雄黄）、牛黄那样的药效的桃仁。南宋
《舆地纪胜》又记黄州有桃黄庵、桃丹井，王翊自号"桃黄山人"，故事愈
演愈繁。又见《苏轼文集》卷七二《王翊救鹿》。

　　黄州岐亭有王翊者①，家富而好善。梦于水边见一人，
为人所殴伤②，几死，见翊而号，翊救之，得免。明日偶至水
边，见一鹿为猎人所得，已中几枪。翊发悟，以数千赎之。
鹿随翊起居，未尝一步舍翊。又翊所居后有茂林果木，一
日，有村妇林中见一桃，过熟而绝大，独在木杪③，乃取而食

之。翊适见，大惊。妇人食已，弃其核。翊取而剖之，得雄黄一块④，如桃仁，及见而吞之⑤，甚甘美。自是断荤肉⑥，斋居一食，不复杀生。亦可谓异事也⑦。

【注释】

①黄州：今湖北黄冈。岐亭：今湖北麻城岐亭镇。《元丰九域志》载黄州麻城县有六镇，岐亭镇为其一。苏轼有《岐亭五首》诗。

②欧伤：殴打而受伤。欧，同"殴"。稗海本作"殴"。

③木杪（miǎo）：树梢。

④雄黄：一种矿物，也叫"鸡冠石""雄精""石黄"，中医常做解毒杀虫之用。

⑤及见：稗海本作"乃见"，《苏轼文集》作"乃嚼"。

⑥荤：指带有浓烈辛香味的菜，如葱、蒜、韭、薤之类。原作"薰"，据稗海本、《苏轼文集》改。

⑦亦可谓异事也：底本于此后有双行小字："翊，一作'诩'。"

【译文】

　　黄州岐亭有个叫王翊的人，家中富裕，好为善事。他曾梦见水边有一人被殴打受伤，快要死去，那人看见王翊就大声哭号呼救，王翊便去救他，得以幸免。第二天王翊偶然来到水边，看见一只鹿被猎人捕获，身上中了好几枪。王翊忽然明白，用数千钱把鹿买下来。鹿跟随王翊生活，从未有一步离开过他。王翊住处的后面有一片茂盛的果林，一天，有个村妇在林中看见一个桃子，已经完全熟了，长得特别大，单独一颗长在树梢上，就摘下来吃。王翊正好看见，大为惊奇。村妇吃完桃子，把桃核丢了。王翊拾取桃核剖开，得到一块像桃仁的雄黄，咀嚼后吞咽下去，味道非常甘美。从此之后，王翊断绝荤腥肉食，过着斋居的生活，每天只吃一顿饭，不再杀生。这也可以说是一件异事。

徐则不传晋王广道

【题解】

此条前半是摘录概述《隋书·徐则传》的内容，自"予以谓"以下是苏轼的评论。苏轼的论点颇出人意表，但这并不是徐则和《隋书》所在的中古时代的观念，那时候人们虽然认同隐士不事王侯，但还是以得到征召为荣的。苏轼书帖中常有此类读史书有感而发的文字。又见《苏轼文集》卷六六《书徐则事》。

东海徐则隐居天台①，绝粒养性②。太极真人徐君降之③，曰："汝年出八十，当为王者师，然后得道。"晋王广闻其名④，往召之。则谓门人曰："吾年八十来召我⑤，徐君之言信矣。"遂诣扬州⑥。王请受道法，辞以时日不利。后数日而死，支体如生⑦。道路皆见其徒步归，云："得放还山。"至旧居，取经书分遗弟子⑧，乃去。既而丧至。予以谓徐生高世之人⑨，义不为炀帝所污，故辞不肯传其道而死。徐君之言，盖聊以避祸⑩，岂所谓危行言逊者耶⑪？不然，炀帝之行，鬼所唾也，而太极真人肯置之齿牙哉！

【注释】

①东海：隋代东海郡，大致即今江苏连云港一带。徐则：东海郯（tán，今山东郯城）人。受业于梁代学者周弘正，善《老》《庄》《易》三玄，精于议论。后入缙云山（今浙江缙云仙都山）修道，又入天台山。隋晋王杨广请受道法，辞以时日不便，随即尸解仙去。天台：天台山，道教名山，也是佛教名山，在浙江天台县北。

②绝粒：犹辟谷，不食五谷粮食，以求延年益寿。《隋书·徐则传》称

其"绝谷养性,所资唯松水而已"。

③太极真人徐君:道教神仙,名徐来勒。据《神仙传》记载,太极真人曾与太上老君降天台山,授葛玄《灵宝》等经三十六卷。

④晋王广:晋王杨广,即隋炀帝,弘农华阴(今陕西华阴)人。开皇元年(581)封晋王,开皇十年(590)为扬州总管,开皇二十年(600)立为太子,仁寿四年(604)即位为隋炀帝。

⑤吾年八十来召我:《隋书·徐则传》原文作"吾今年八十一,王来召我",《仇池笔记》作"吾今年八十三,王来召我"。

⑥诣(yì):前往,到。

⑦支体:即肢体。支,同"肢"。

⑧遗(wèi):给。

⑨予:原无此字,据稗海本、《苏轼文集》补。

⑩盖:原作"岂",据稗海本、《苏轼文集》改。聊:姑且,暂且。

⑪危行言逊:语出《论语·宪问》:"子曰:邦有道,危言危行;邦无道,危行言逊。"意为正直的行为,恭敬委婉的语言。这里是说,徐则在晋王征召时,本来不愿前往,也不应前往,但那样可能招来道观和门人的灾祸,于是假称曾有太极真人授记,说年过八十将为王召,如此他去扬州以及后来成仙则世人不疑。

【译文】

东海徐则隐居于天台山,辟谷不食,修身养性。太极真人徐君从天上下降,说:"你年纪过了八十岁时,会成为王者之师,然后得道成仙。"晋王杨广听闻徐则的高名,派人去召他出山。徐则对门人说:"我今年八十岁,晋王来召我,徐君说的话果然是可信的。"于是前往扬州。晋王请他传授道法,徐则以时间日期不吉利的理由推辞。几天后他就死了,肢体柔软如在世之时。道路上的人都看见他徒步返回,还对众人说:"得晋王恩准放还归山。"回到旧居,他取出经书分送弟子,然后离去。不久扬州的灵柩到了天台山。我觉得,徐则是高洁出世之人,秉持道义,绝不会为隋炀帝玷污，故而找借口推辞、不肯传道而死。太极真人徐君的话，是徐则为避祸而伪托的，这难道就是孔子所说的"危行言逊"吗？如果不是的话，隋炀帝的行为连鬼都唾弃，太极真人的口中怎会提到他呢！

先夫人不许发藏

【题解】

此条是苏轼记母亲程夫人不取非分之物的事情。《礼记·曲礼》里讲"临财毋苟得"，程夫人显然做到了。明代洪应明的《菜根谭》说："非分之福，无故之获，非造物之钓饵，即人世之机阱。此处着眼不高，鲜不堕彼术中矣。"虽然也讲这个道理，但又多了几分算计。苏轼还有一篇《记先夫人不残鸟雀》（《苏轼文集》卷七三，即稗海本《东坡志林》卷二第十九条），也记母亲教育家中人尊重生命，与自然和谐相处。又见《苏轼文集》卷七三《记先夫人不发宿藏》。

昔吾先君夫人僦宅于眉①，为纱縠行②。一日，二婢子熨帛③，足陷于地。视之，深数尺，有大瓮，覆以乌木板。先夫人急命以土塞之。瓮有物，如人咳声，凡一年乃已。人以为此有宿藏物，欲出也。夫人之侄之问者闻之④，欲发焉。会吾迁居，之问遂僦此宅，掘丈馀，不见瓮所在。其后某官于岐下⑤，所居大柳下，雪方尺不积⑥；雪晴，地坟起数寸⑦。轼疑是古人藏丹药处，欲发之。亡妻崇德君曰⑧："使吾先姑在⑨，必不发也。"轼愧而止。

【注释】

①先君夫人：程夫人，眉山（今属四川）人。其父为大理寺丞程文应。

年十八嫁苏洵。见司马光《程夫人墓志铭》。僦（jiù）宅：租房子。僦，租赁。

②为：稗海本、《苏轼文集》作"之"。纱縠（hú）行：交易纱縠的地方。"纱"是轻薄的丝织品，"縠"是带有皱纹的丝织品。

③熨帛：原作"悬帛"，据稗海本、《苏轼文集》改。

④之问：程之问，苏轼舅父之子。

⑤官于岐下：指苏轼嘉祐六年至治平元年（1061—1064）任凤翔府签判，凤翔在岐山之下。

⑥方尺：一尺见方。稗海本作"方丈"。

⑦坟（fèn）起：隆起，高起。

⑧崇德君：即王弗，眉州青神（今四川青神）人。年十六嫁于苏轼，生子苏迈。治平二年（1065）卒于京师。追封崇德君。苏轼有《亡妻王氏墓志铭》。

⑨姑：妻子对丈夫母亲的称谓，今人多称"婆婆"。

【译文】

从前我母亲程夫人在眉山租房，经营纱縠行。有一天，两个婢女正熨烫丝帛，忽然脚陷到地里。细看下面，数尺深，有一只大瓮，上面盖着乌木板。我母亲赶紧让人用土把塌陷的地方填上了。瓮中好像有某种东西，发出像人一样的咳嗽声，过了一年才停息。大家都觉得这是有过去埋藏很久的东西想要钻出来。我母亲的侄子程之问听说了此事，想要把它挖出来。恰好我家迁居离开，程之问便租下这房子，掘地一丈有馀，却不见大瓮。后来我在凤翔做官，所居住地方的大柳树下，下雪时有一尺见方的地方不积雪；雪停放晴时，那一块地面隆起数寸。我怀疑那是古人埋藏丹药的地方，打算挖掘。亡妻崇德君说："如果我婆婆还在的话，一定不会挖掘的。"我感到羞愧，便没有做此事。

太白山旧封公爵

【题解】

嘉祐七年（1062）春，凤翔大旱，祈祷太白山神而不应，苏轼以为是该神近岁被封济民侯，比唐代所封的灵应公（应为"神应公"）低了一个等级，因此以为太守祷告时应予承诺，若有灵验，当乞复公爵。苏轼代太守宋选作《代宋选奏乞封太白山神状》上奏朝廷说，"功效至大，封爵未充，使其昔公而今侯，是为自我而左降，揆以人意，殊为不安"（《苏轼文集》卷三七）。后来果有大雨，终为太白山神请得"明应公"的封号。又见《苏轼文集》卷七二《太白山神》。

　　吾昔为扶风从事①，岁大旱，问父老境内可祷者，云："太白山至灵②，自昔有祷无不应。近岁向传师少卿为守③，奏封山神为济民侯，自此祷不验，亦莫测其故。"吾方思之，偶取《唐会要》看，云："天宝十四年，方士上言，太白山金星洞有宝符灵药，遣使取之而获，诏封山为灵应公④。"吾然后知神之所以不悦者。即告太守，遣使祷之，若应，当奏乞复公爵。且以瓶取湫水归郡⑤。水未至，风雾相缠，旗幡飞舞，仿佛若有所见。遂大雨三日，岁大熟。吾作奏检，具言其状⑥，诏封明应公⑦。吾复为文记之⑧，且修其庙。祀之日，有白鼠长尺馀，历酒馔上⑨，嗅而不食。父老云："龙也。"是岁嘉祐七年。

【注释】

①扶风：旧郡名。唐代改名"凤翔郡"。此指宋代的凤翔府。苏轼

嘉祐六年至治平元年（1061—1064）为凤翔府签判。

②太白山：在凤翔府郿县（今陕西眉县）南，是秦岭的主峰。

③向传师：北宋宰相向敏中之子，皇祐四年（1052）曾知凤翔府，后为光禄少卿。少卿：原作"少师"，据《苏轼文集》改。又据《宋会要辑稿》礼二一："仁宗至和二年七月，知府事李昭遘言，山下有湫，祷雨辄应，诏封济民侯。"可见封济民侯是李昭遘为知府时事，在至和二年（1055），非向传师。

④封山为灵应公：山，《苏轼文集》作"山神"。今《唐会要》无此文。《唐会要》卷四七《封诸岳渎》云："（天宝）八载闰六月五日，敕文封太白山为神应公。其九州镇山除入诸岳外，并宜封公。"《旧唐书·玄宗纪》云："太白山人李浑言太白山金星洞有帝福寿玉版石记，求得之，乃封太白山为神应公，金星洞为嘉祥公，所管华阳县为贞符县。"

⑤湫（qiū）：此字原无，据《苏轼文集》补。"湫"是深潭，这里指太白山顶的冰斗湖，今名"大爷海"。苏轼《壬寅二月，有诏令郡吏分往属县减决囚禁。……作诗五百言，以记凡所经历者，寄子由》诗有"春旱忧无麦，山灵喜有湫。蛟龙懒方睡，瓶罐小容偷"之句，自注："道过太白山，相传云，军行鸣鼓角过山下，辄致雷雨。山上有湫甚灵，以今岁旱，方议取之。"《代宋选奏乞封太白山神状》也说："臣采之道途，得于父老，咸谓此山旧有湫水，试加祷请，必获响应。"

⑥吾作奏检，具言其状：这是说苏轼所作《代宋选奏乞封太白山神状》，文中也说到："案唐天宝八年，诏封山神为神应公。迨至皇朝始改封侯，而加以济民之号。"检，是检查，查考。具言，指详言。

⑦诏封明应公：苏轼有《告封太白山明应公祝文》，此前有《凤翔太白山祈雨祝文》（均见《苏轼文集》卷六二）。据《宋会要辑稿》礼二一："嘉祐七年（1062）七月封明应公，神宗熙宁八年（1075）

六月加封王。”

⑧复为文记之：指苏轼撰写的《太白词五首》，其叙云"岐下频年大旱，祷于太白山辄应，故作《迎送神辞》一篇五章"。苏轼此外还有《喜雨亭记》（《苏轼文集》卷十一）。

⑨馔（zhuàn）：食物，菜肴。

【译文】

我以前在凤翔府做签判官时，有一年天大旱，我向当地老人询问，府境之内何处可以祈雨，他们说："太白山极为灵验，自古以来祈祷必应。前些年向传师做知府时，奏封山神为济民侯，从此之后祈祷便不灵验了，也不知是什么缘故。"我开始研究思考这事，偶然取《唐会要》看，其中说："天宝十四载，方士上书说，太白山的金星洞有天宫符记和灵药，朝廷派使者去取回，下诏封山神为灵应公。"我这下知道山神为何不高兴了。我立即对知府说，请派使者去祈雨，若有灵应降雨，应当上奏朝廷请求恢复其公爵爵位。此外用瓶装取湫水回凤翔。水尚未取回，忽然风雾交加，旗幡飞舞，仿佛其中有什么东西。于是大雨三日，这年收成丰厚。我上奏朝廷详言这一情况，于是下诏封太白山神明应公。我此后又撰文记此事，修缮其庙。祭祀那天，有只白鼠，长一尺多，爬过酒菜食物，闻一闻却不吃。当地父老说："这是龙变化的。"那是嘉祐七年（1062）的事。

记范蜀公遗事

【题解】

范镇是苏轼所敬仰的师长，元祐三年（1088）底去世后，苏轼作《范景仁墓志铭》，开篇即将他和司马光一同称赞："熙宁、元丰间，士大夫论天下贤者，必曰君实、景仁。其道德风流，足以师表当世，其议论可否，足以荣辱天下。"铭文又曰："世皆谓公，贵身贱名。孰知其功，圣人之清。贪夫以廉，懦夫以立。不尸其功，无丧无得。"本篇又提到范镇临终前须发变黑和体有四乳的异相。又见《苏轼文集》卷七二《蜀公不与物同尽》。

　　李方叔言^①：范蜀公将薨数日^②，须发皆变苍^③，眉目郁然如画也^④。公平生虚心养气，数尽神往而血气不衰，故发于外耶？然范氏多四乳^⑤，固与人异，公又立德如此，其化也必不与万物同尽，盖有不可知者也。元符四年四月五日^⑥。

【注释】

①李方叔：李廌（zhì），字方叔，华州（今陕西渭南华州区）人。北宋文学家，苏门四学士之一。

②范蜀公：范镇，字景仁，成都华阳（今四川成都）人。历官翰林学士、户部侍郎、知通进银台司，以户部尚书致仕。封蜀郡公。卒赠右金紫光禄大夫，谥忠文。苏轼有《范景仁墓志铭》。薨（hōng）：死的别称。

③变苍：《苏轼文集》作"发苍黑"，《曲洧旧闻》卷三引此事作"变苍黑"。

④眉目：二字原无，据《曲洧旧闻》（卷三）补。郁然：色泽深厚鲜明的样子。

⑤多四乳：此应为有四乳之意。嘉靖本、学津讨源本《曲洧旧闻》（卷三）引此事无"多"字。传说周文王有四乳，是吉人之相。又据苏轼《范景仁墓志铭》，范镇之兄范镃（zī）及镃之子范百常体有四乳。

⑥元符四年：元符仅三年，无四年，或为元祐四年（1089）之误，四月时苏轼、李廌均在京师。"元符四年四月五日"八字，《苏轼文集》《曲洧旧闻》（卷三）均无。

【译文】

李方叔说：范蜀公将去世前几日，胡须头发都变成了黑色，眉目鲜亮如画。蜀公平生能虚心养气，虽然命数已尽，神魂逝去，但是血气不衰，因此显露于外表。范蜀公身上有四个乳头，原本便与常人不同，又在世间立德如此，他去世后一定不会和万物一同消尽，其中有常人所不知道的事情。元符（祐）四年（1089）四月五日。

记张憨子

【题解】

宋代有很多像张憨子这样的异人、奇人，常常疯疯癫癫，出入市井，语默无常。苏轼在黄州见到的另一个异人赵贫子也是如此，苏辙《丐者赵生传》说他"散衣蓬发，未尝沐洗，好饮酒，醉辄殴詈其市人。虽有好事时召与语，生亦慢骂，斥其过恶。故高安之人皆谓之狂人，不敢近也"。又见《苏轼文集》卷七二《张憨子》。

黄州故县张憨子①，行止如狂人，见人辄骂云"放火贼！"稍知书，见纸辄书郑谷《雪》诗②。人使力作③，终日不辞。时从人乞，予之钱，不受。冬夏一布褐④，三十年不易⑤，然近之不觉有垢秽气⑥。其实如此，至于土人所言，则有甚异者，盖不可知也。

【注释】

①故县：北宋黄州麻城县有故县镇。张憨子：苏轼《张先生》诗序亦记其人，云："先生不知其名，黄州故县人，本姓卢，为张氏所养。阳狂垢污，寒暑不能侵。常独行市中，夜或不知其所止。往来者欲见之，多不能致。余试使人召之，欣然而来。既至，立而不言，与之言，不应，使之坐，不可，但俯仰熟视传舍堂中，久之而去。夫孰非

传舍者，是中竟何有乎？然余以有思维心追蹑其意，盖未得也。"

②郑谷：字守愚，袁州宜春（今江西宜春）人。晚唐诗人。《雪》诗：指郑谷《雪中偶题》诗："乱飘僧舍茶烟湿，密洒歌楼酒力微。江上晚来堪画处，渔人披得一蓑归。"苏轼《书郑谷诗》称"此村学中诗"，但苏轼诗词中用其句或其意者不少，《谢人见和前篇二首》其一有"渔蓑句好应须画"之句，《定风波》词"一蓑烟雨任平生"，也是出自此诗以及郑谷的"殷勤一蓑雨，只得梦中披"（《试笔偶书》）。

③力作：努力劳作，做苦力。

④布褐（hè）：粗布衣。

⑤易：换。

⑥垢秽气：指垢浊臭秽之气味。垢，原作"姤"，据《苏轼文集》改。

【译文】

黄州故县镇的张憨子，行为举止看起来像疯子，见人就骂"放火贼！"略微会写一些字，见到有纸就在上面写郑谷的《雪》诗。别人让他做苦力活，干一天也不拒绝。时而向人乞讨饭食，给他钱却不接受。冬天夏天都穿一件粗布衣，三十年也没换过，但是靠近他也闻不到污秽的气味。他确实就像这样，至于当地人所说的，则有更加奇异的事情，是难以知晓明白的。

记女仙

【题解】

苏轼《记太白诗二首》其一亦云："余在都下，见有人携一纸文书，字则颜鲁公也，墨迹如未干，纸亦新健。其首两句云：'朝披梦泽云，笠钓青茫茫。'此语亦非太白不能道也。"（《苏轼文集》卷六七，稗海本《东坡志林》卷九第二十六条）与本条前半相近。本条重在后半文字，论降神之有无,态度与苏轼的《天篆记》相近:"世人所见常少,所不见常多,奚必于区区耳目之所及,度量世外事乎?"(《苏轼文集》卷十二)又见《苏轼文集》卷七二《广州女仙》。

予顷在都下①,有传太白诗者②,其略曰"朝披梦泽云"③,又云"笠钓青茫茫"④。此非世人语也,盖有见太白在肆中而得此诗者⑤。神仙之道⑥,真不可以意度⑦。绍圣元年九月,过广州,访崇道大师何德顺⑧,有神仙降于其室,自言女仙也,赋诗立成,有超逸绝尘语。或以其托于箕帚⑨,如世所谓"紫姑神"者疑之⑩。然味其言,非紫姑所能至。人有入狱鬼、群鸟兽者,托于箕帚,岂足怪哉!崇道好事喜客,多与贤士大夫为游,其必有以致之也哉!

【注释】

①顷:以前,往昔。都下:京师。此指开封。

②太白:李白,字太白,唐代大诗人。

③披:分开,拨开。梦泽:即云梦泽。泛指古代湖北、湖南沿长江一带的江河和湖泊。

④又云"笠钓青茫茫":"又云"二字,《苏轼文集》无,《侯鲭录》卷二载此诗亦相连作一联。"青"原作"清",据《苏轼文集》《诗话总龟》(卷七)、《侯鲭录》(卷二)改。以上二句的意思是,早上冲破云梦泽湖中的云雾,头戴斗笠在水边的茫茫雾气中垂钓。今传本李白诗《上清宝鼎诗二首》第二首有此二句,可能并非李白诗。

⑤在肆:在市集上的商铺或酒楼中。此二字《苏轼文集》作"于酒肆",《诗话总龟》卷七引作"在酒肆",《侯鲭录》亦称"见李白酒肆中诵其近诗"。

⑥神仙之道:《苏轼文集》作"神仙之有无"。

⑦意度:揣测,想象。

⑧"绍圣元年九月"三句:绍圣元年(1094)苏轼贬宁远军节度副使、惠州安置,九月途经广州。何德顺,广州天庆观道士,苏轼曾为之作《众妙堂记》。

⑨箕帚:"箕"指畚箕或筲箕,"帚"是扫帚。古人在箕的尾部插一支筷子,两人扶持箕,令其在沙盘或米上写字,以占卜吉凶。或者装饰帚如妇人样貌,令其手持筷子,二人扶持写字。后称"扶箕""扶乩(jī)"。

⑩紫姑神:厕神,传说是一婢妾死后的神灵。六朝已有正月十五扎草木为人形、请紫姑下降以占卜年岁吉凶的风俗,后多用箕或帚插箸,令人扶持写字。苏轼《子姑神记》曾记他元丰四年(1081)在黄州时,当地进士潘丙告诉他,"公之始受命,黄人未知也。有神降于州之侨人郭氏之第,与人言如响,且善赋诗,曰,苏公将至,而吾不及见也。已而公以是日至,而神以是日去"。第二年正月,潘丙告诉他神仙又下降到郭氏家中,"予往观之,则衣草木为妇人,而置箸手中,二小童子扶焉,以箸画字"(《苏轼文集》卷十二)。此记中,子(紫)姑神自称原为唐代寿阳刺史的侍妾,名何媚,字丽卿,被刺史妻杀害于厕中。能作诗和跳舞。苏轼《天篆记》又记下降黄州人汪若谷家的子姑神,名李全,字通德(《苏轼文集》卷十二)。

【译文】

我以前在京城时,有传说是李白的诗,曰"朝披梦泽云",又曰"笠钓青茫茫"。这不是尘世间人能说出的话,是有人在市集酒楼见到李白而得到这诗句的。神仙的事情,确实无法揣测想象。绍圣元年(1094)九月,我路过广州,拜访崇道大师何德顺,有神仙下降到他的房间,自称是女仙,作诗片刻就写成,且有超逸绝尘的句子。有人以为那女仙是借着箕帚而显灵、如同世人所说的紫姑神那样，因此怀疑该女仙。但仔细品味其诗句的语言，不是紫姑神能写出来的。有的人可以入地狱见到鬼，有的人与鸟兽同群而不惊，有的神仙凭借箕帚显灵，又有什么可奇怪的！崇道大师何德顺热情好客，经常与贤士大夫往来，他一定有招来仙女的道理吧！

池鱼踊起

【题解】

此条记池鱼飞腾之异事，任达认为是被蛟龙带走，苏轼则认为是鱼化为蛟龙，其意大概是在说明飞升成仙的意愿的重要性。又见《苏轼文集》卷七二《池鱼自达》。

眉州人任达为余言①：少时见人家畜数百鱼深池中，沿池砖甃②，四周皆屋舍，环绕方丈间，凡三十馀年，日加长。一日天清无雷，池中忽发大声如风雨，鱼皆踊起，羊角而上③，不知所往。达云："旧说不以神守，则为蛟龙所取，此殆是尔。"余以为蛟龙必因风雨，疑此鱼圈局三十馀年④，日有腾拔之念，精神不衰，久而自达，理自然尔。

【注释】

①任达：其人不详。眉山人任孜（字遵圣）及其兄任伋、其子任伯雨（见卷一《梦寐·记梦》第三条），均与苏洵、苏轼父子相交，任达应为同族。

②甃（zhòu）：以砖瓦等砌井壁或地面。

③羊角：旋转的样子。也指羊角风，即旋风。

④圈（juān）局：局限受困在狭小的地方。

【译文】

　　眉州人任达曾对我说：小时候见有一家人在深池中养了数百条鱼，沿池壁用砖铺砌，池四周都是房屋，鱼在这一丈见方的池中环游，过了三十馀年，日渐长大变长。有一天天晴无雷，池中忽然发出巨响，如风雨大作，鱼都从水中跃起，旋转而上，不知到哪里去了。任达说："前人说，不以神灵守护，便会被蛟龙所得，这大概就是了。"我认为，蛟龙需要凭借风雨，怀疑是这些鱼被圈养三十馀年，每日都有飞腾的念头，精诚从未衰减，时间一长便实现了，道理自然应是如此。

孙抃见异人

【题解】

　　此条是苏轼家乡的故事，应该也是年轻时听到的。又见《苏轼文集》卷七二《华阴老姥》。

　　眉之彭山进士有宋筹者①，与故参知政事孙抃梦得同赴举②。至华阴③，大雪。天未明过华山下，有牌堠云"毛女峰"者④，见一老姥坐堠下，鬓如雪而无寒色。时道上未有行者，不知其所从来，雪中亦无足迹。孙与宋相去数百步，宋先过之⑤，亦怪其异，而莫之顾。孙独留连与语，有数百钱挂鞍，尽与之。既追及宋，道其事。宋悔，复还求之，已无所见。是岁孙第三人及第⑥，而宋老死无成。此事蜀人多知之者。

【注释】

①彭山：眉州彭山县，今四川眉山彭山区。宋筹：其人不详。

②孙抃（biàn）：字梦得，谥文懿，眉州眉山（今四川眉山）人。天圣八年（1030）进士及第。累官至参知政事。

③华阴：华州华阴县（今陕西华阴），北宋属永兴军路。华山在华阴县。

④堠（hòu）：用来记里程或行政区划界限的土堆以及其他标志物。毛女峰：陕西华山一座山峰的名字。传说秦始皇时有宫女避乱入华山中，食松柏，体生长毛，后为人所见，名其地为"毛女峰"。今其地有毛女洞。

⑤先：原作"相"，据稗海本、《苏轼文集》改。

⑥是岁：指天圣八年（1030）。

【译文】

眉州彭山县有举进士者名宋筹，和以前的参知政事孙抃一同赴京赶考，走到华阴县，正下大雪。天还没亮，经过华山之下，有个地标堠的牌子上写着"毛女峰"，看见一老姥坐在堠下面，双鬓雪白，全无寒冷的感觉。此时道上还没有行路的人，不知她从哪里来的，雪中也没有足迹。孙抃和宋筹两人相距数百步，宋筹先走过老姥，也觉得她有点儿奇怪，但没有理会。孙抃却停下来和她说话，挂在马鞍上有数百钱，全部给了她。孙抃追上宋筹后，告诉他这件事。宋筹感到后悔，又返回去找，已经看不见人了。这一年，孙抃进士第三人及第，而宋筹直到老死都无所成就。这件事蜀中有不少人知道。

修身历

【题解】

本条在《苏轼文集》中分为两条，见卷七三《记子由言修身》与卷七二《温公过人》（本条"晁无咎言"以下文字）。《咸淳临安志》卷七八《寺院·龙井延恩衍庆院·跋帖》录"静坐帖"，其文即本条中间"无事静坐"至"多咽不下"一段，而《苕溪渔隐丛话》（后集卷二七）引东坡云，也正是这一段话。综合来看，此条原来应分为三条，不知何故被抄到了一起。第一部分"子由言"和第三部分"晁无咎言"在意义上有连贯之处，可能是被合并抄写的原因，但"静坐帖"不知是如何插入其中的。关于"静坐帖"，《苕溪渔隐丛话》（后集）在引了东坡的话后，又云："坡《题息轩诗》云：'无事此静坐，一日如两日，若活七十年，便是百四十。'正此意也。苕溪渔隐曰：余连蹇选调四十年，在官之日少，投闲之日多，固能知静坐之味矣；第向平婚嫁之志未毕，退之啼号之患方剧，正所谓'无好汤使，多咽不下'也。"是对"静坐帖"很好的补充和发挥。叶梦得《避暑录话》卷上记赵概云："中岁常置黄、黑二豆于几案间，自旦数之，每兴一善念，为一善事，则投一黄豆于别器，暮发视之。初黑豆多于黄豆，渐久反之。既谢事归南京，二念不兴，遂彻豆无可数。人强于为善，亦要在造次之间每日防检。此与赵清献公焚香日告其所行之事于上帝同。"东坡说置历书每日记昼日之所为，颇似赵概之投黄豆、黑豆，可看作是后来功过格的前身。

子由言①：有一人死而复生，问冥官如何修身可以免罪。答曰："子宜置一卷历，昼日之所为，莫夜必记之②，但不记者，是不可言、不可作也。"无事静坐，便觉一日似两日，若能处置此生常似今日，得至七十便是百四十岁③。人世间何药可能有此效？既无反恶④，又省药钱。此方人人收得，但苦无好汤使⑤，多咽不下⑥。晁无咎言⑦：司马温公有言⑧："吾无过人者，但平生所为，未尝有不可对人言者耳⑨。"予亦记前辈有诗曰："怕人知事莫萌心⑩。"皆至言，可终身守之。

【注释】

①子由：苏辙，字子由。

②莫（mù）夜：即暮夜。稗海本、《苏轼文集》作"暮夜"。莫，同
　"暮"。

③得至七十便是百四十岁：苏轼《司命宫杨道士息轩》诗写过类似
　的话："无事此静坐，一日似两日。若活七十年，便是百四十。"

④反恶：中药学术语。指多种药材混合使用时发生药性药效的相反
　和相恶。

⑤使：指中药学所说的"相使"，也就是一种药物需辅助配伍另一种
　使用。

⑥多咽不下：《苏轼文集》此后有"元祐七年四月二十五日"十字，
　此时苏轼刚到杭州任知州。但此十字在《咸淳临安志》卷七八
　《寺院·龙井延恩衍庆院·跋帖》录"东坡跋楚逵二上人书经"
　之后，其后又接"静坐帖"。此题署年日的十字应属上，即"跋楚
　逵二上人书经"（《苏轼文集》卷六九作《书若逵所书经后》）。

⑦晁无咎：晁补之，字无咎，济州巨野（今山东巨野）人。北宋文学
　家，苏门四学士之一。苏轼元祐七年（1092）知扬州时，晁补之为
　扬州通判。本文记晁无咎之言应在此年。

⑧司马温公：司马光，字君实，号迂叟，世称"涑水先生"，陕州夏县
　（今山西夏县）人。宋代著名学者、政治家。官至尚书左仆射兼
　门下侍郎（丞相），卒后赠太师、温国公，谥文正。

⑨不可对人言：《苏轼文集》作"对人不可言"。晁无咎语又见《侯
　鲭录》卷三引，亦作"对人不可言"。

⑩怕人知事莫萌心：怕人知道的事，不要萌发于心中。《晁氏客语》
　云："张子厚送人诗云：'十载相从应学得，怕人知事莫萌心。'邹
　至完诵之。或谓程公辟所作，刻于石。"据此可知，此诗是张载
　（字子厚）作，或谓是程师孟（字公辟）作。

【译文】

子由说：有一人死而复生，询问冥官应如何修身，才可以免去罪过。冥官答曰："你应该准备一卷日历，白天所做的事情，夜晚就记录在上面，但凡有不记录的，就是不可说、不可做的事。"无事静坐，便觉得一日就像过了两日，如果能安排生活常常像今天这样，活到七十岁，便是一百四十岁。人世间有什么药可以有这样的效果？既不会有药材之间的相反相恶，又节省药钱。这个药方人人收得，但是苦于没有好的汤相使相配，大多数人吞咽不下。晁无咎说：司马温公有言："我没有什么过人之处，但是平生所作所为，未尝有不可对人言说的。"我也记得前辈有诗句说："怕人知事莫萌心。"这些都是至理名言，可以终身谨守。

技术

【题解】

《技术》门共14条。古代所说的技术包括医、巫、星、卜等内容，本门均有涉及。

医生

【题解】

本条论北宋医官仇鼎和张君宜，称赞用心平和的张君宜。作于元丰七年（1084）四月，此时苏轼在黄州移汝州团练副使而将行。又见《苏轼文集》卷七三《记张君宜医》。

近世医官仇鼎①，疗痈肿为当时第一②。鼎死，未有继者。今张君宜所能③，殆不减鼎。然鼎性行不甚纯淑，世或畏之。今张君用心平和，专以救人为事，殆过于鼎远矣④。元丰七年四月七日。

【注释】

①仇鼎：北宋医官。曾任翰林医官副使、榷易副使。王安石有《殿中省尚药奉御直医官院仇鼎充翰林医官副使制》，王安礼有《翰林医官副使殿中省尚药奉御仇鼎可依前殿中省尚药奉御充榷易副使制》。《括异志》卷二《张郎中》记仇鼎为获张景晟厚谢，以毒药溃其创而致其死亡，后为冥吏追摄之事，时在熙宁四年（1071）。后文称"鼎性行不甚纯淑"，大概即是此类事情。

②痈肿：身上长疮，肿大化脓的症状。

③张君宜：其人不详。

④殆：原作"治"，据稗海本、《苏轼文集》改。

【译文】

近代的翰林医官仇鼎，治疗痈肿的医术是当时第一人。他死后无人继承其医术。现在张君宜的医术，大致也不输于仇鼎。仇鼎的人品行为不太好，人们有时会害怕他。张君宜用心平和，一心以救人为事，比仇鼎强多了。元丰七年（1084）四月七日。

论医和语

【题解】

苏轼读《左传·昭公元年》所记医和的一段话，认为其中说女子"为阳物而内热"很有道理，又联系了《易经》《尚书》里的话，进行阐释。又见《苏轼文集》卷六六《书〈左传〉医和语》。

男子之生也覆，女子之生也仰①，其死于水也亦然。男子内阳而外阴②，女子反是，故《易》曰"坤至柔而动也刚"③，《书》曰"沉潜刚克"④，古之达者盖知此也⑤。秦医和曰⑥:"天有六气⑦,淫为六疾⑧:阳淫热疾,阴淫寒疾,风淫末疾,雨淫腹疾,晦淫惑疾,明淫心疾。夫女,阳物而晦时,故淫则为内热蛊惑之疾⑨。"女为蛊惑,世之知者众,其为阳物而内热,虽良医未之言也。五劳七伤⑩,皆热中而蒸⑪,晦淫者不为蛊则中风,皆热之所生也。医和之语,吾当表而出之。读《左氏》⑫,书此。

【注释】

①女子:原无"子"字,据稗海本、《苏轼文集》补。

②内阳而外阴:《苏轼文集》作"外阳而内阴"。

③坤至柔而动也刚:《周易·坤卦·文言》里的话,是说坤卦皆是阴爻,其运动必然向阳刚转变。《苏氏易传》云:"夫物,非刚者能刚,惟柔者能刚耳,畜而不发。及其极也,发之必决,故曰'沉潜刚克'。"

④沉潜刚克:这是《尚书·洪范》里的话,旧注说:"地虽柔,亦有刚,能出金石。"此处引申说阴柔者亦内含阳刚。《东坡书传》卷十:"沉潜,地也。坤,至柔而动也刚,是以刚胜也。"

⑤古:原作"世",据稗海本、《苏轼文集》以及《苏沈良方》(拾遗卷下)改。知此:各本均作"如此",《苏沈良方》作"知此",据改。

⑥医和:春秋时良医的名字。晋平公生病,求医于秦,秦景公派医和前往看视。医和认为晋平公惑于女子,因淫生疾,不可治。后面所说的话,就是医和对晋平公所说。见《左传·昭公元年》的记载。

⑦天有六气:《左传·昭公元年》记医和之言曰:"天有六气,降生五味,发为五色,征为五声。淫生六疾。六气曰阴、阳、风、雨、晦、明也,分为四时,序为五节,过则为灾:阴淫寒疾,阳淫热疾,风淫末疾,雨淫腹疾,晦淫惑疾,明淫心疾。女,阳物而晦时,淫则生

内热惑蛊之疾。"六气,指六种气象、气候。这六种天气的时间太长,过度了,人便会生出六种疾病。

⑧淫:过度,无节制。

⑨淫则为内热蛊惑之疾:由于女子是阳(外阳而内阴),又以晦时(夜晚)与男子相交接,故而无节制的淫乱就会生出内热,并受女子蛊惑而迷乱、猜疑。为,《苏轼文集》及《左传》原文作"生"。

⑩五劳七伤:泛指人身体所受的劳累和损害。具体所指,说法不一。陶弘景《延性养命录》以志劳、思劳、心劳、忧劳、疲劳为"五劳"。七伤,一说指大饱伤脾,大怒气逆伤肝,强力举重、久坐湿地伤肾,形寒、寒饮伤肺,忧愁思虑伤心,风雨寒暑伤形,大恐惧不节伤志(见巢元方《诸病源候总论》)。

⑪热中而蒸:蒸是内热发作的意思。

⑫《左氏》:即《左传》。

【译文】

男子出生时脸朝下,女子出生时仰面朝上,男女溺水时也是这样。男子内阳而外阴,女子正相反,所以《周易》上说"坤至柔而动也刚",《尚书》上说"沉潜刚克",古代通达事理之人便知道这个道理。秦国的医和说:"天有六种气候气象,天气如果过度,人便会生出六种疾病:天晴过度生热疾,天阴过度生寒疾,刮风过度四肢生疾,下雨过度腹中生疾,晦暗过度生蛊惑之疾,明亮过度生心病。女子是阳物,与男子在晦暗时交接,过度则生内热,有蛊惑猜疑之疾。"女子易蛊惑人,世人大多知道这一点,但女子为阳物而内热,哪怕是良医也没说过。五劳七伤,都是因为内里过热而向外蒸发,夜晚淫乱无度的人,即使不生蛊惑之疾,也会得中风之病,都是内热发作出来的。医和的话,我应把它揭示出来。正读《左传》见此,故书写出来。

记与欧公语

【题解】

元祐六年（1091）苏轼出知颍州（今安徽阜阳），船快行到颍州时，想起二十年前在此拜见恩师欧阳修，欧阳修说乘船遇风浪受惊得病用舵板的粉末来医治而自己反驳的事。又见《苏轼文集》卷七三《医者以意用药》。

欧阳文忠公尝言[1]：有患疾者，医问其得疾之由，曰："乘船遇风，惊而得之。"医取多年柂牙为柂工手汗所渍处[2]，刮末，杂丹砂、茯神之流[3]，饮之而愈。今《本草》注引《药性论》云[4]："止汗，用麻黄根节及故竹扇为末服之。"文忠因言："医以意用药多此比，初似儿戏，然或有验，殆未易致诘也。"予因谓公："以笔墨烧灰饮学者，当治昏惰耶？推此而广之，则饮伯夷之盥水[5]，可以疗贪；食比干之馂馀[6]，可以已佞；舐樊哙之盾[7]，可以治怯；臭西子之珥[8]，可以疗恶疾矣[9]。"公遂大笑。元祐六年闰八月十七日[10]，舟行入颍州界[11]，坐念二十年前见文忠公于此，偶记一时谈笑之语，聊复识之。

【注释】

①欧阳文忠公：欧阳修，谥文忠。见卷一《记游·黎檬子》。

②柂（duò）牙：此指装橹的榫（sǔn）头。柂，也作"柁"。渍（zì）：沾染。

③茯（fú）神：寄生在松树根上的菌类块状植物茯苓，其中有一些将

松根抱含在其中，称为"茯神"。底本原作"伏神"，据《苏轼文集》改。

④今《本草》：指宋仁宗时掌禹锡等修订的《嘉祐本草》。引：原作"别"，据《苏轼文集》改。《药性论》：《重修政和经史证类本草》云："《药性论》，不著撰人名氏，集众药品类，分其性味君臣主病之效，凡四卷。"已佚。《重修政和经史证类本草》卷八"麻黄"注云："臣禹锡等谨按《药性论》云：麻黄，……根节能止汗。方曰：并故竹扇、杵末扑之。"即后文所引说法的来由。

⑤伯夷之盥（guàn）水：伯夷洗手的水。伯夷和叔齐是商代孤竹君的两个儿子。周武王伐纣时，二人叩马谏阻，武王灭商后，二人耻食周粟，逃到首阳山采薇而食，后来饿死（见《史记•伯夷列传》）。后人视伯夷以及叔齐为清正廉洁的典型。盥，原作"盟"，据《苏轼文集》改。

⑥比干之馂（jùn）馀：比干吃剩的食物。比干是商代国君纣王的叔父。纣王淫乱，比干强谏，被纣王剖心杀害（见《史记•殷本纪》）。后人视他为忠臣的典型。馂馀，指剩馀的食物。

⑦舐（shì）樊哙（kuài）之盾：舐樊哙的盾牌。樊哙，沛县（今属江苏）人。汉朝开国将领。樊哙随刘邦赴项羽的鸿门宴，项羽意欲在营帐中杀害刘邦，帐外的樊哙得知后，持剑和盾闯入营帐，用盾撞倒卫士。项羽赐他斗酒彘肩，他将盾放在地下做案板，用剑切彘肩而食之（见《史记•项羽本纪》和《史记•樊郦滕灌列传》）。舐，原作"砥"，据《苏轼文集》改。

⑧臭（xiù）西子之珥（ěr）：闻西施的耳饰。臭，嗅，闻。《苏轼文集》作"齅"，义同。西子，即西施，是春秋时期越国的美女。越国被吴国打败后，越王勾践将她进献给吴王夫差，惑乱吴王，越王终得灭吴（见《吴越春秋》）。珥，指珠玉做的耳饰，耳珠。

⑨恶疾：不治之症。这里指麻风病，病人症状多有眉毛须发脱落，鼻

梁塌陷,面部畸形,以及生疮长藓等。

⑩六年:原作"三年",元祐三年(1088)苏轼在朝中任职,元祐六年
　　(1091)出知颍州,且后文称"二十年前",计其时正当元祐六年,
　　故改为"六年"。

⑪颍(yǐng)州:北宋属京西北路,州治汝阴县,今安徽阜阳。熙宁
　　四年(1071)苏轼任杭州通判,上任途中经颍州,曾拜见欧阳修。

【译文】

　　欧阳文忠公曾对我说:有个人生了病,医生问他是如何得病的,他
说:"乘船时遇到风浪,受惊吓而生病。"医生取来舵工使用多年、沾满汗
渍的梢牙,刮下一些粉末,混合了丹砂、茯神之类的药物,让他服下便好
了。如今的《本草》注引《药性论》说:"要止汗,可以服用麻黄的根节和
旧的竹扇的粉末。"文忠公因此说:"医生凭自己的想法用药,很多就像
这样,初看像是儿戏,然而偶尔有效,这种事的道理实在是不易研究的。"
我于是对文忠公说:"用笔墨烧成灰给学者服用,可以治糊涂懒惰吗?如
果能这样,推而广之,那么喝伯夷洗手的水,可以治疗贪浊之病;吃比干
剩下的饭食,可以治疗奸佞之病;舔樊哙的盾牌,可以治疗怯懦之病;嗅
西子的耳珠,可以治疗麻风恶疾。"文忠公大笑。元祐六年(1091)闰八
月十七日,舟行进入颍州地界,因此想起二十年前在此拜见文忠公,偶然
记得当时的一段谈笑,聊且记下来。

参寥求医

【题解】

　　苏轼元丰七年(1084)五、六月在九江时,与道士胡洞微、僧人参寥
子多有交往。参寥子想找胡道士看病,却先求苏轼的字以作为将来看病
的酬谢。苏轼用《庄子》故事开玩笑,说他这样实在是耽误时间。又见
《苏轼文集》卷六十《与胡道师四首》其一,《东坡外集》卷四八《题跋》

题作《书赠胡道士》。

　　庞安常为医^①，不志于利，得善书古画^②，喜辄不自胜。九江胡道士颇得其术^③，与予用药，无以酬之，为作行草数纸而已。且告之曰："此安常故事^④，不可废也。"参寥子病^⑤，求医于胡，自度无钱，且不善书画，求予甚急。予戏之曰："子粲、可、皎、彻之徒^⑥，何不下转语作两首诗乎^⑦？庞、胡二君与吾辈游^⑧，不日'索我于枯鱼之肆'矣^⑨。"

【注释】

①庞安常：庞安时，字安常，北宋名医。见卷一《记游·游沙湖》《疾病·庞安常耳聩》。

②善书古画：好的书画作品。善，稗海本、《苏轼文集》作"法"。

③胡道士：胡洞微，九江天庆观道士，与苏轼有交往。苏轼《和李太白》诗序记胡洞微示其师所刻李白《浔阳紫极宫感秋》诗的石本，苏轼乃和诗。

④故事：先例，旧例。

⑤参寥子：即释道潜。见卷一《记游·逸人游浙东》。

⑥粲、可、皎、彻：指僧璨、慧可、皎然、灵彻。僧璨，隋代高僧，中国禅宗的三祖。无可，晚唐诗僧，贾岛从弟，与之齐名。皎然，俗姓谢，谢灵运后裔，中唐诗僧。灵彻，俗姓汤，会稽（今浙江绍兴）人。中唐诗僧。

⑦转语：禅宗称拨转心念、令人开悟的机锋语言。

⑧庞、胡二君：《苏轼文集》作"庞二安常"。

⑨不日：不久。日，原作"曰"，据稗海本、《苏轼文集》改。索我于枯鱼之肆：意为在卖干鱼的集市上找我。这是《庄子·外物》里的

故事。庄子看见车辙中有只鲋鱼，快死了，请求庄子给它升斗之水，庄子说，我现在去吴越之地，用西江水来迎你，可以吗？鲋鱼愤然作色说："吾得斗升之水然活耳，君乃言此，曾不如早索我于枯鱼之肆。"苏轼引用这话，是说庞、胡二君跟我们这些人来往，看病只能得到书、诗这些东西，恐怕不久就该饿死了。

【译文】

庞安常行医，不以获利为意，得到好的书法和古画作品，就喜不自胜。九江的胡道士学得他的医术，给我用药治病，我没什么可作为报酬，便为他写了几张行草的字。并且告诉他说："这是庞安常以前的老规矩，不要废弃了。"参寥子生病了，向胡道士求医，考虑到自己没钱，又不善作书画，便非常急迫地来求我写字。我开玩笑说："你是僧璨、慧可、皎然、灵彻之流的人物，何不说一句机锋转语，为他写两首诗呢？庞、胡二君与我们这些人交游，看病只能得到书、诗，不多久就该'索我于枯鱼之肆'了。"

王元龙治大风方

【题解】

苏轼元丰七年（1084）十一月在楚州见王安国之子王莜，有《和王莜》诗二首。本条当作于此时。又见《苏轼文集》卷七三《钱子飞施药》。

王莜元龙言①："钱子飞有治大风方②，极验，常以施人。一日梦人云③：'天使己以此病人，君违天怒，若施不已，君当得此病，药不能愈。'子飞惧，遂不施。"仆以为天之所病不可疗耶，则药不应服有效；药有效者，则是天不能病。当是病之祟，畏是药而假天以禁人耳。晋侯之病④，为二竖子；

李子豫赤丸⑤,亦先见于梦,盖有或使之者。了飞不察,为鬼所胁。若余则不然,苟病者得愈,愿代受其苦。家有一方,能下腹中秽恶⑥,在黄州试之,病良已。今后当常以施人。

【注释】

①王游(liú):字元龙,临川(今江西抚州临川区)人。王安国之子。尝知滑州,京西路提刑。

②钱子飞:钱明逸,字子飞,钱塘(今浙江杭州)人。钱易子。历任右正言,知谏院,翰林学士,知开封府,知永兴军等。卒赠礼部尚书,谥修懿。《宋史》有传。大风:这里指麻风病。

③梦人云:原作"梦人自云",据《仇池笔记》《苏轼文集》删"自"字。

④晋侯之病:《左传·成公十年》记载,晋景公病,求医于秦,秦桓公派医缓前往晋国,"未至,公梦疾为二竖子,曰:'彼良医也,惧伤我,焉逃之?'其一曰:'居肓之上、膏之下,若我何?'医至,曰:'疾不可为也,在肓之上、膏之下,攻之不可,达之不及,药不至焉,不可为也。'公曰:'良医也。'厚为之礼而归之"。

⑤李子豫赤丸:《搜神后记》卷六载,李子豫善医方,豫州刺史许永弟得病,"心腹疼痛十馀年,殆死。居一夜,忽闻屏风后有鬼谓腹中鬼曰:'何不促杀之。不然,明日李子豫当从此过。以赤丸打汝,汝其死矣。'腹中鬼对曰:'吾不畏之。'及旦,于是路永遂使人候子豫,果来。未入门,病者忽闻腹中有呻吟声。及子豫入视,曰:'鬼病也。'遂于巾箱中出八毒赤丸子与服。须臾,腹中雷鸣鼓转,大利数行,遂差"。

⑥能下腹中秽恶:《苏轼文集》于前有"以傅皮肤"四字。秽恶,污浊。

【译文】

　　王游说:"钱子飞有医治麻风病的药方,极有效验,常常施用于病人。一天他梦见人说:'上天让我用这病来传染于人,你违背天命,惹怒上天,如果继续用那药方治病,你便会得此病,药也不能治愈。'钱子飞感到害怕,便不再用那药方。"我认为,上天传播的病如果真是不可治疗的,用药方便不应服用而奏效;既然用药有效,则说明上天本不会让人得这病。这应当是病鬼作祟,害怕此药而假借天意以禁止有人来治病。晋侯的病,是因为两个孩子样的病鬼作怪,李子豫用赤丸治病,也是病人先在梦中见到病鬼,所以钱子飞的梦应该是有病鬼作祟。钱子飞不能明察于此,却被病鬼威胁。如果是我的话就不会这样,如果病人能康复,我愿意代他受苦。我家里有个药方,能除腹内的污浊秽恶之气,此前在黄州时试用过,病全都好了。今后应当常将此方施用于人。

延年术

【题解】

世上到底有没有长生不老的异人和神仙,苏轼在此表达了一点儿怀疑。又见《苏轼文集》卷七三《异人有无》。

自省事以来,闻世所谓道人有延年之术者,如赵抱一、徐登、张无梦①,皆近百岁,然竟死,与常人无异。及来黄州,闻浮光有朱元经尤异②,公卿尊师之者甚众,然卒亦病③,死时中风搐搦④。但实能黄白⑤,有馀药金⑥,皆入官。不知世果无异人耶?抑有而人不见,此等举非耶?不知古所记人虚实,无乃与此等不大相远,而好事者缘饰之耶?

【注释】

①赵抱一:秦州(今甘肃天水)人。北宋道士。大中祥符四年(1011)
　至京师为道士,居太一官。事见《杨文公谈苑》《宋史·方技传》

《历世真仙体道通鉴》等。徐登：《玉壶清话》卷六："徐登者，山东人。世传近二百岁，得异术以固龄体，搢绅所以待礼焉。……登无他奇，朴直不矫，不以屑事干公势，（郑）毅夫尝言，登虽不以实年告人，每说周末国初事，则皎如目击，校之已百五十岁矣。"张无梦：字灵隐，号鸿蒙子。少入华山师事陈希夷，后游天台山修道十馀年。著诗百首，题《还元篇》（《道枢》录十二首）。宋真宗召见论道，赐号不受。年九十九终于金陵。事见《中山诗话》《三洞群仙录》《道门通教必用集》《历世真仙体道通鉴》等。底本原作"张元梦"，据《苏轼文集》改。

②浮光：浮光山，在光州光山县（今河南光山），此借指光州。光州北宋属淮南西路，治定城县（今河南潢川）。朱元经：苏轼《朱元经炉药》云："光州有朱元经道人者，百许岁，世多言其有道术。予来黄州，本欲一过之，既而不果。到黄未久，遂闻其死。故人曹九章适为光守，遂与棺敛葬之，亦无他异。但有药金银（指药金和药银，即假的金银）及药甚多，郡中争欲分买其药，曹不许，悉封付有司。余以书语曹，他日或为贪者所盗换，不若以闻于朝廷、入秘府为嘉也。不知曹能用否？黄金可成，本非虚语，然须视金如土者乃能得之。"（《苏轼文集》卷七三）

③卒亦病：《苏轼文集》作"卒亦病死"。

④搐搦（chù nuò）：痉挛，抽搐。

⑤黄白：黄白术，古人将贱金属（铜铁锡等）炼化为金银的方术，因金为黄色和银为白色，故名。也叫"炼金术"。

⑥药金：古人炼金术常将铜和锌制成铜锌合金，称为"药金"，即假金。

【译文】

　　我自懂事以来，听说世上修道者中有会延年长生之术的人，如赵抱一、徐登、张无梦，都年近百岁，然而最终都死了，与常人无异。后来到了黄州，听说光州的朱元经尤为奇异，公卿士大夫中尊他为师的人有很多，然而最后也生病，死的时候中风抽搐。不过他确实会黄白之术，有剩下的假黄金，都收入官府了。不知世上是不是果真没有异人？或者有但常人看不见，上面说的这些人都不是异人？不知是不是古人所记的异人，其真假虚实恐怕与上面这些人差不多，不过是好事者的夸饰而已呢？

单骧孙兆

【题解】

元丰五年（1082）三月，苏轼由黄州去沙湖看田的途中（见卷一《记游·游沙湖》），忽然手臂肿大，经庞安常扎针治愈。苏轼联想到医官单骧，认为他和庞安常医术精妙，且不以酬谢为意，博学多识，有过人之处。又见《苏轼文集》卷七三《单庞二医》。

蜀人单骧者[①]，举进士不第，顾以医闻[②]。其术虽本于《难经》《素问》[③]，而别出新意，往往巧发奇中，然未能十全也。仁宗皇帝不豫[④]，诏孙兆与骧入侍[⑤]，有间[⑥]，赏赍不赀[⑦]。已而大渐[⑧]，二子皆坐诛，赖皇太后仁圣[⑨]，察其非罪，坐废数年[⑩]。今骧为朝官，而兆已死矣。予来黄州，邻邑人庞安常者，亦以医闻，其术大类骧，而加之以针术绝妙。然患聋，自不能愈，而愈人之病如神。此古人所以寄论于目睫也耶[⑪]？骧、安常皆不以贿谢为急[⑫]，又颇博物，通古今，此所以过人也[⑬]。元丰五年三月，予偶患左手肿，安常一针而愈，聊为记之。

【注释】

① 单骧（xiāng）：蜀人，北宋名医。历官中都令、太常寺主簿、大理寺丞等。苏辙《龙川略志》卷二《医术论三焦》，称有彭山隐者通古医术，单骧从之学，遂以医术名于世，治平中曾与苏辙论三焦之说。

② 顾：反而，转而。《苏轼文集》作"颇"。

③ 《难经》：古代医书。旧题秦越人（扁鹊）撰，分八十一难（问答），论述了中医的一些理论问题。《素问》：又称《黄帝内经素问》，古代医书。八十一篇，以黄帝与岐伯对答的形式讲述中医理论。与《灵枢》合称《黄帝内经》。

④ 仁宗皇帝：名赵祯（zhēn），宋朝第四位皇帝，宋真宗第六子，1022年至1063年在位。不豫：天子有疾病称为"不豫"。

⑤ 孙兆：北宋名医。历官殿中丞。《宋史翼》有传。《续资治通鉴长编》卷一九八嘉祐八年（1063）三月记仁宗久病，"诏前郓州观察推官孙兆、邠州司户参军单骧诊御脉。上初不豫，医官宋安道等进药，久未效，而兆与骧皆以医术知名，特召之"。

⑥ 有间（jiàn）：病情有所好转。

⑦ 赏赉（lài）：赏赐。不赀（zī）：意谓不可计算，不可胜数。赀，估量，计算。

⑧ 已而：不久。大渐：病危。

⑨ 皇太后：此处指宋仁宗皇后曹氏，真定灵寿（今河北灵寿）人。宋初大将曹彬的孙女。景祐元年（1034）为仁宗皇后，英宗时为皇太后，谥号慈圣光献皇后。

⑩ 坐废：罢官免职。

⑪ 寄论于目睫：这是《史记·越王勾践世家》里的故事。齐威王派使者去游说越王，他认为越王对各国争伐大势的认识，是"用智之如目，见豪（毫）毛而不见其睫也"（运用心智，就好比运用眼睛，能看见毫毛之细，却看不到自己的睫毛），"今王知晋之失计，而不

自知越之过,是'目论'也",将这种论别人头头是道而不能反观
自身的认识称为"目论"。《后汉书·班固传》论说:"(班)固伤
(司马)迁博物洽闻,不能以智免极刑,然亦身陷大戮,智及之而
不能守之。呜呼!古人所以致论于目睫也。"苏轼之语由此出。

⑫贿谢:酬谢以礼物。这里是指治病而接收酬劳。此说"安常皆不
以贿谢为急",即前《参寥求医》所说的"庞安常为医,不志于利"。

⑬此所以过人也:底本的原文"此古人"后接"所以过人也",无"所
以寄论于目睫也耶? 骥、安常皆不以贿谢为急,又颇博物,通古
今,此"二十七字,据稗海本、《苏轼文集》补。

【译文】

蜀人单骥,参加进士考试不中,转而以医术闻名。他的医术虽然本
于《难经》《素问》,却能别出新意,往往有巧思而能奏效,但不能全部都
成功。仁宗皇帝生病,诏孙兆和单骥入侍,病情好转,赏赐丰厚。不久病
情加重而危急,二人都获死罪,幸好有赖皇太后仁慈圣明,详察非二人之
罪,改为罢官停职数年。现在单骥做朝官,而孙兆已死。我来到黄州,旁
县的庞安常,也以医术闻名,他的医术很像单骥,又加上绝妙的针灸术。
不过他耳聋,自己无法治愈自己,治疗别人却有神效。这大约就是古人
所说的将理论运用于睫毛吧? 单骥、庞安常都不以酬谢为意,又很博学
多识,贯通古今,这就是他们能超越常人的原因。元丰五年(1082)三
月,我的左手忽然肿大,庞安常扎了一针便痊愈了,聊为记下这些事情。

僧相欧阳公

【题解】

欧阳修说年轻时有僧人给他看过相,其中"唇不着齿"这一点,苏
轼说"不知其何如",大概因为齿在唇中,唇齿是否相触碰,从外面是无
法看到的。也许正因为"唇不着齿"无法观察,在后来的面相说法中就

变成了"唇不盖齿"或"唇不包齿",如《金瓶梅》第九十六回有"唇不盖齿,一生惹是招非"的说法。又见《苏轼文集》卷七二《文忠公相》。

　　欧阳文忠公尝语①:"少时有僧相我:耳白于面,名满天下②;唇不着齿③,无事得谤。其言颇验。"耳白于面,则众所共见,唇不着齿,余亦不敢问公,不知其何如也。

【注释】

　　①欧阳文忠公:欧阳修,谥文忠。见卷一《记游·黎檬子》。
　　②名满天下:旧题宋齐丘《玉管照神局》卷上《杂论》云:"耳白过面,天下钦羡。"名满,《苏轼文集》作"名动"。
　　③唇不着(zhuó)齿:唇合上时不能接触碰到牙齿。陈师道《后山谈丛》卷二:"六一为布衣,客相之曰:耳白于面,名则远闻,唇不贴齿,一生惹谤。言语毁誉,岂亦有命?"所记相近,"唇不着齿"写作"唇不贴齿",义同。

【译文】

　　欧阳文忠公曾说:"我年轻时有僧人给我看相,说我耳朵比脸白,将来会名满天下;嘴唇不触碰牙齿,会无缘无故地招来毁谤。他说得都很灵验。"耳朵比脸白,众人所共见,至于唇不触碰牙齿,我也不敢问公,不知到底是怎样的。

记真君签

【题解】

　　绍圣元年(1094)苏轼贬官惠州途中,到虔州祥符宫九天使者堂下求签。本文写在一张印有天尊像的签纸上,写了求签的经过、签文的内容以及自励修道的决心。又见《苏轼文集》卷七一《题虔州祥符宫乞签》。

冲妙先生李君思聪所制观妙法象^①。居士以忧患之
馀^②，稽首洗心，归命真寂^③。自惟尘缘深重，恐此志未遂，敢
以签卜^④。得吴真君第三签^⑤，云："平生常无患，见善其何
乐。执心既坚固，见善勤修学。"敬再拜受教。书《庄子·养
生主》一篇^⑥，致自厉之意^⑦，不敢废坠，真圣验之^⑧。绍圣元
年八月二十一日^⑨，东坡居士南迁过虔^⑩，与王嵩翁同谒祥符
宫^⑪，拜九天使者堂下^⑫，观之妙象^⑬，实闻此言^⑭。

【注释】

①冲妙先生：李思聪，号冲妙先生，虔州（今江西赣州）祥符宫道士，
　撰有《璇（xuán）霄列象拱极图》《道门三界咏》等。李思聪，原作
　"季思聪"，据《苏轼文集》改。观妙法象：似指印刷有天尊像和签
　文的签纸，由李思聪印制。观妙，语出《老子》第一章"故常无欲
　以观其妙"，指观神妙之道。苏轼有《观妙堂记》（《苏轼文集》卷
　十二）。

②居士：东坡居士，苏轼自称。此二字，《苏轼文集》作"轼"。忧患
　之馀：语出杜甫《宿凿石浦》："斯文忧患馀，圣哲垂象系。"意为忧
　愁困苦之际。

③归命：《苏轼文集》作"皈（guī）命"。真寂：佛教称"涅槃（niè pán）"，
　即得道证佛。

④签卜：用抽签的方式来占卜。

⑤吴真君：吴猛，字世云，豫章（今江西南昌）人。七岁事父母以孝
　闻，及长，事南海太守鲍靖（靓），因语至道。见《太平广记》卷十
　四《吴真君》引《十二真传》。

⑥《庄子·养生主》：《养生主》为《庄子》内篇中的一篇，讲保身全

生的道理。"主"字原无,据《苏轼文集》补。

⑦自厉:自我勉励。厉,同"励"。

⑧真圣:即吴真君。

⑨二十一日:《苏轼文集》作"二十三日"。王宗稷《东坡先生年谱》作"二十一日"。

⑩南迁过虔:绍圣元年(1094),苏轼贬宁远军节度副使、惠州安置,经过虔州(今江西赣州)。

⑪王嵒(yán)翁:其人不详。祥符宫:原名"紫极宫",始建于唐代,大中祥符三年(1010)扩建改名"大中祥符宫",侵占虔州孔子庙之地。清代其址复为文庙。

⑫九天使者:又名"九天采访使",乃是上天使者。开元中唐玄宗曾梦九天使者说将于庐山建一专祠,即后之太平兴国宫(太平观)。

⑬观之妙象:《苏轼文集》作"观观妙法象"。

⑭实闻此言:这是祈求和发誓的话,是对九天使者说,望你能听见我说的话,作为见证。闻,原作"同",据《苏轼文集》改。

【译文】

冲妙先生李思聪印制的有天尊法像的签纸。我在历经忧患之时,稽首敬礼,洗心革面,愿意归向真寂之道。自念尘世之缘太过深重,担心志愿不能实现,故而斗胆请灵签为卜。于是得到吴真君第三签,上面说:"平生常无患,见善其何乐。执心既坚固,见善勤修学。"恭敬再拜,领受教诲。书写《庄子·养生主》一篇,以为自我激励之意,不敢半途而废,请真君考察检验。绍圣元年(1094)八月二十一日,东坡居士南迁经过虔州,和王嵒翁一同拜谒祥符宫,拜于九天使者的堂下,望真君妙像能听见我的话。

信道智法说

【题解】

　　苏轼南迁儋州的次年，游天庆观求签，对于签文所说的话有所得，乃阐发其理，主要是讲道和信、法和智两对概念的关系。"入道需信"比较好理解，"法以智为先"则反映出苏轼的"法活"（活法）观念。又见《苏轼文集》卷七一《书北极灵签》。

　　东坡居士迁于海南①，忧患之馀②，戊寅九月晦③，游天庆观④，谒北极真圣⑤，探灵签，以决馀生之祸福吉凶。其辞曰："道以信为合，法以智为先。二者不离析，寿命乃得延⑥。"览之竦然⑦，若有所得，书而藏之⑧，以无忘信道、法智二者不相离之意。轼恭书，古之真人，未有不以信入者⑨。子思则曰⑩："自诚明谓之性。"此之谓也。孟子曰："执中无权，由执一也。"⑪法而不智⑫，则天下之死法也。道不患不知，患不凝⑬；法不患不立，患不活。以信合道则道凝，以智先法则法活。道凝而法活，虽度世可也，况延寿乎！

【注释】

①东坡居士迁于海南：绍圣四年（1097）苏轼贬官琼州别驾、昌化军安置，七月抵儋州。

②忧患之馀：《苏轼文集》作"忧患不已"。

③戊寅九月晦：元符元年（1098）九月三十日。晦，为农历每月的最后一日。

④天庆观：在昌化军。苏轼有《天庆观乳泉赋》，说"吾谪居儋耳，卜筑城南，邻于司命之宫"（《苏轼文集》卷一），"司命之宫"即天庆观。

⑤北极真圣：也称"北极真君""玄天上帝""玄武（真武）大帝"，道教的北方尊神。

⑥乃得延：原作"不得延"，据稗海本改。《苏轼文集》作"已得延"。

⑦竦（sǒng）然：通"悚然"，惊惧的样子。

⑧书而藏之：稗海本作"谨书藏之"，《苏轼文集》作"敬书而藏之"。

⑨以信入：因真诚信仰的缘故而入道得道。原作"以信人"，据稗海本、《苏轼文集》改。

⑩子思：孔伋（jí），字子思，孔子的孙子。一般认为《中庸》是子思的著作。下面的话见《中庸》："自诚明，谓之性；自明诚，谓之教。"苏轼《中庸论》云："夫诚者何也？乐之之谓也。乐之则自信，故曰诚。夫明者何也？知之之谓也。知之则达，故曰明。"（《苏轼文集》卷二）苏轼《送钱塘僧思聪归孤山叙》也引了子思的这句话，并说"诚明合而道可见"。

⑪孟子曰"执中无权，由执一也"：《孟子·尽心上》："执中无权，犹执一也。"朱熹注："执中而无权，则胶于一定之中而不知变，是亦执一而已矣。"意为主张中道而不知道变通，就跟偏执于一端是一样的。苏轼举这句话是为了说明"法以智为先"，要遵从大道之法，求法修道，需先有智慧，不可执着于法，那样的法是死法。权，权变，变通。由，通"犹"。

⑫法而不智：《苏轼文集》作"守法而不智"。法，指佛法。

⑬凝：专注，凝神。后面说的"道凝"，是指持续专注于道，修道不懈。

【译文】

东坡居士贬谪于海南，忧愁困苦之际，于戊寅年（1098）九月晦日游天庆观，拜谒北极真圣，抽灵签占卜，以明我馀生的祸福吉凶。签文说："道以信为合，法以智为先。二者不离析，寿命乃得延。"看后一惊，似有所得，写下珍藏起来，以示不会忘记签文说的信道、法智二者不相离之意。我恭敬地书写道，古代的真人，没有不以诚信而入道的。子思说：

"自诚明谓之性。"就是这个意思。孟子说:"执中无权,犹执一也。"求道行道之法如没有智慧,则是天下的死法。不怕不晓得道,就怕不能专注于道;不怕法不得树立,就怕运用时不灵活。以诚信求合于道则能够专心凝神,以智慧为法之先导则法是灵活的而非死法。能够专心于道而施用之法灵活,普度世人都可以,何况是一己之延年益寿呢!

记筮卦

【题解】

苏轼在儋州时思念弟弟苏辙而用《周易》卜卦,所得卦象苏轼感觉颇能喻示其现在的处境及未来,认为其中道理精详,故特意书写收藏。又见《苏轼文集》卷七一《书筮》。

戊寅十月五日①,以久不得子由书②,忧不去心,以《周易》筮之③。遇涣之三爻④,初六变中孚⑤,其繇曰⑥:"用拯,马壮,吉⑦。"中孚之九二变为益⑧,其繇曰:"鸣鹤在阴,其子和之。我有好爵,吾与尔靡之⑨。"益之初六变为家人⑩,其繇曰:"益之,用凶事,无咎。有孚中行,告公用圭⑪。"家人之繇曰:"家人:利女贞⑫。"象曰:"风自火出,家人。君子以言有物而行有常也⑬。"吾考此卦极精详,口以授过⑭,又书而藏之。

【注释】

①戊寅十月五日:"戊寅"为元符元年(1098),苏轼此时在海南昌化军(儋州)。十月五日,《苏轼文集》作"九月十五日"。

②子由:苏辙字。苏辙绍圣四年(1097)为化州别驾、雷州(今属广

东）安置，元符元年（1098）八月改为循州（今广东惠州东北）安置。此时在循州。

③筮（shì）：用蓍草占卜算卦。

④涣之三爻：指涣卦的下三爻，即八卦之坎卦（☵），坎卦为水、为险、为隐，喻示苏轼居海岛，处险境，同时也居于隐伏的状态。涣，《易》六十四卦的卦名，卦形䷺，坎下巽上。《周易·序卦》云："说而后散之，故受之以涣；涣者离也。"涣，有分散、分离之意，正合苏轼占卜兄弟分离之事。

⑤中孚：《易》六十四卦的卦名，卦形䷼，兑下巽上。初六变中孚，是说涣卦之初六阴爻变而为阳爻，则成中孚。中孚卦辞有"利涉大川"（顺利渡过大河），象辞有"君子以议狱缓死"，都与苏轼的经历契合。

⑥繇（zhòu）：通"籀"，卦象的占辞。

⑦用拯，马壮，吉：见《周易·涣》初六爻辞。《苏氏易传》解云："九二在险中，得初六而安，故曰'用拯，马壮，吉'。明夷之六二，有马不以自乘，而以拯上六之伤；涣之初六，有马不以自乘，而以拯九二之险。故象皆以为顺，言其忠顺之至也。"喻示苏轼身在险中而终得赈救安顺。

⑧中孚之九二变为益：是说中孚之九二阳爻转变为阴爻，则成益卦。益卦卦辞有"利涉大川"，象辞有"凡益之道，与时偕行"，象辞有"君子以见善则迁，有过则改"等。益，《易》六十四卦的卦名，卦形䷩，震下巽上。

⑨"鸣鹤在阴"四句：这四句是《中孚》卦九二的爻辞，喻示苏轼与其子苏过如鹤之相和鸣，爵禄（命运）相始终。爵，爵禄（一说酒杯）。靡（mí），共有。

⑩益之初六变为家人：疑当为"益之六三变为家人"，是说益卦之六三阴爻变为阳爻，则成为家人卦。家人，《易》六十四卦的卦名，

卦形☲，离下巽上。

⑪"益之"五句：这是《益》卦六三的爻辞，谓虽有凶事而无灾祸。《苏氏易传》云："君子之遇凶也，恶衣粝食，致毁以自贬。上九虽吾应，然使其自损以益我，彼所不乐也。故六三致毁以自贬，然后能固而有之。彼以我为得其益而不以自厚也，则信我而来矣，故曰'有孚中行'。"这段话喻示苏轼在贬谪之中及其与用事者之关系。

⑫利女贞：和谐而女子贞正。家人卦的象辞说："家人，女正位乎内，男正位乎外，男女正，天地之大义也。家人有严君焉，父母之谓也。父父、子子、兄兄、弟弟、夫夫、妇妇，而家道正；正家而天下定矣！"《周易·序卦》说："伤于外者必反其家，故受之以家人。"此卦与家人有关，正合苏轼占卦的本意。家人卦又云："初九，闲有家，悔亡。象曰：闲有家，志未变也。"悔亡指祸害消亡。荀爽注："初在潜位，未干国政，闲习家事而已。未得治官，故悔，居家理治，可移于官，守之以正，故悔亡而未变从国之事，故曰志未变也。"这里说的"居家理治""志未变"，皆合苏轼当时之情志。

⑬"风自火出"三句：均见家人卦的象辞。风自火出，家人卦下为离（☲），上为巽（☴），而按《周易·序卦》的说法，离为火，巽为风，故云风自火出。《苏氏易传》云："火之所以盛者，风也，火盛而风出焉。家之所以正者，我也，家正而我与焉。"常，《苏轼文集》及《周易》原作"恒"，苏轼避宋真宗赵恒讳写作"常"。

⑭过：苏轼之子苏过。见卷一《记游·记过合浦》。

【译文】

戊寅年（1098）十月五日，由于很久不得子由的书信，心中忧虑，便以《周易》占卜。得涣卦的三爻，其初六阴爻变而中孚卦，繇辞曰："用拯，马壮，吉。"中孚之九二阳爻变为益卦，繇辞曰："鸣鹤在阴，其子和之。我有好爵，吾与尔靡之。"益之初六变为家人卦，繇辞曰："益之，用凶事，无咎。有孚中行，告公用圭。"家人卦的繇辞曰："家人：利女贞。"

象辞曰:"风自火出,家人。君子以言有物,而行有常也。"我细考这次卜卦,道理非常精详,口述其义告诉苏过,又书写下来收藏。

费孝先卦影

【题解】

费孝先的轨革卦影术,在宋代流行一时。此条叙其卦影法的来源,乃传自青城山一老人。文中称费孝先"始来眉山",大约是苏轼年轻时在家乡听说的故事。南宋初李光《竹几》诗曾用这个故事:"虚滑轻凉任自然,水边林下最相便。他年若遇青城叟,成坏方知尽属天。"原注:"青城叟见费孝先事。"又见《苏轼文集》卷七二《费孝先卦影》。

至和二年①,成都人有费孝先者始来眉山②,云近游青城山,访老人村,坏其一竹床。孝先谢不敏,且欲偿其直③。老人笑曰:"子视其下字,云:此床以某年月日某造,至某年月日为费孝先所坏。成坏自有数④,子何以偿为?"孝先知其异,乃留师事之。老人受以《易》轨革卦影之术⑤,前此未知有此学者⑥。后五六年,孝先以致富⑦。今死矣,然四方治其学者所在而有,皆自托于孝先,真伪不可知也。聊复记之,使后人知卦影之所自也。

【注释】

①至和:宋仁宗赵祯的年号,共两年,即1054年至1055年。

②费孝先:成都(今属四川)人。北宋《易》学家。他将轨革卦影的卜筮法发扬光大,在宋代流行一时。魏泰《东轩笔录》卷十一称"自至和、嘉祐已来,费孝先以术名天下,士大夫无不作卦影,而应

者甚多"，可见盛况。其生平事迹又见《搜神秘览》《东轩笔录》《墨客挥犀》《萍洲可谈》《挥麈馀话》等书。

③直：价值。

④成坏：形成和毁坏。佛教认为世界有成、住、坏、空四个阶段。有数：有一定的气数或因缘。

⑤轨革卦影："轨革"大约是一种根据生辰、历日进行占卜的方术；"卦影"则是将卜卦所得绘制成图形，作为预示。朱彧《萍洲可谈》卷三："熙宁间，蜀中日者费老筮《易》，以丹青寓吉凶。在十二辰则画鼠为子，画马为午，各从其属。画牛作二尾则为失，画犬作二口为哭，画十有一口则为吉。其类不一，谓之卦影。亦有繇词，以相发明。其书曰《轨革》，费老筮之无不验。其后转相祖述，不知消息盈虚者往往冒行此术，盖中否未可知也。求筮者得幅纸画人物，莫测吉凶，待其相符，然后以为妙。……其画人物不常，鸟或四足，兽或两翼，人或儒冠而僧衣，故为怪以见象。朝士米芾好怪，常戴俗帽，衣深衣而蹑朝靴，绀缘缬，朋从目为活卦影。"可见画像的大致情况。《挥麈馀话》卷二："蔡元长帅成都，尝令费孝先画卦影，……末后画小池，龙跃其中。又画两日两月，一屋有鸱吻，一人掩面而哭。不晓其理。后元长南窜，死于潭州昌明寺，始悟焉。"可见以卦影做预示的情形。《霞外攟屑》卷十《圆光古名轨革亦名卦影》考证较详，可参。

⑥前此未知有此学者：《苏轼文集》《分门古今类事》作"前此未有知此学者也"。

⑦孝先以致富：此句前《苏轼文集》有"孝先名闻天下，王公大人皆不远千里以金钱求其卦影"二十二字，《分门古今类事》作"后五年孝先名闻天下王公大人不远千里皆以金钱求其卦影"。

【译文】

至和二年（1055），成都人费孝先初次来眉山，说他最近游青城山，拜访老人村,弄坏了一张竹床。费孝先赔罪道歉,并要按价赔偿。老人笑着说:"你看床下写着字:此床在某年某月某日由某人制作,至某年某月某日被费孝先损坏。物之成坏自有其定数,你为何要赔偿呢?"费孝先知道这老人不寻常,便留下来拜他为师。老人教授他《周易》里的轨革卦影的占卜术,在此之前没有知道这种占卜法的学者。过了五六年,费孝先凭此而致富。现在费孝先已经死了,但学他占卜术的人到处都是,都自称得于费孝先,不知真假。聊且记下,让后人知道卦影术是从何而来的。

记天心正法咒

【题解】

　　本条又见《苏轼文集》卷六六,题《书咒语赠王君》,应以此题为是。"汝是已死我"四句并非天心正一法的咒语,很可能只是苏轼随口编造的一段话而已。晚明的《五朝小说》及重编《说郛》中有一种托名苏轼的《调谑编》便收入了此条。

　　王君善书符、行天心正法①,为里人疗疾驱邪。仆尝传咒法②,当以传王君。其辞曰:"汝是已死我,我是未死汝。汝若不吾祟,吾亦不汝苦③。"

【注释】

　　①王君:其人不详。符:道教术士书写的一种图形或符号,据说可以驱邪消灾。天心正法:道教的一种驱邪治病、役鬼降魔的法术,多配以符箓和咒语。《正统道藏》有《上清天心正法》七卷、《上清北极天心正法》一卷。

　　②仆尝传咒法:原作"仆尝传此咒法",据《苏轼文集》删"此"字。

　　③汝若不吾祟(suì),吾亦不汝苦:这两句可以翻译为,你如果不来

祸害我，我也不去找你麻烦。祟，指鬼出来祸害人。

【译文】

王君擅长书符，用天心正法，来为乡里百姓治病驱邪。我曾经得到一个咒法，应当传给王君。那咒语说："汝是已死我，我是未死汝。汝若不吾祟，吾亦不汝苦。"

辨五星聚东井

【题解】

汉元年（前206）十月五星聚东井，《汉书》上多次书写的异象，是汉高祖得天下的征兆。北魏时高允怀疑此事的可靠性，崔浩推算认为时间是在之前的三个月。苏轼继续辩论这一话题，他认为其实汉元年的十月就相当于后世的八月，所以史书记载的时间无误。本来苏轼和崔浩的说法并无不同，但苏轼大概误记是崔浩说史官为了神化汉高祖而改写了时间，故批评崔浩的说法不对。又见《苏轼文集》卷六五《崔浩占星》。

天上失星，崔浩乃云"当出东井"①，已而果然，所谓"亿则屡中"者耶②？汉十月，五星聚东井③，金、水常附日不远④，而十月日在箕、尾⑤，此浩所以疑其妄⑥。以余度之，十月为正⑦，盖十月乃今之八月尔。八月而得七月节⑧，则日犹在翼、轸间⑨，则金、水聚于井亦不甚远。方是时，沛公未得天下⑩，甘、石何意诣之⑪？浩之说未足信也⑫。

【注释】

①崔浩：字伯渊，清河东武城（今山东诸城）人。北魏大臣，学者。当出东井：据《魏书·崔浩传》记载，崔浩明识天文，后秦皇帝姚

兴死前一年（416），北魏太史奏，荧惑（火星）在匏瓜星中，一夜忽然亡失，不知所在。太宗（拓跋嗣）闻之大惊，召硕儒十数人与史官讨论，崔浩说："庚午之夕，辛未之朝，天有阴云，荧惑之亡，当在此二日之内。庚之与未，皆主于秦，辛为西夷。今姚兴据咸阳，是荧惑入秦矣。"众人都不相信。"后八十馀日，荧惑果出于东井，留守盘旋，秦中大旱赤地，昆明池水竭，童谣讹言，国内喧扰。明年，姚兴死，二子交兵，三年国灭"。古人认为荧惑（火星）出现的地方有灾祸，东井（井宿）是二十八星宿之一，按星宿分野当秦之地，因此荧惑出现在东井预示后秦将大乱。

②亿则屡中：语出《论语·先进》："赐不受命，而货殖焉，亿则屡中。"原是说子贡做生意，预测料事常常很准。苏轼这里是说崔浩占星很准，但有怀疑的意味。亿，通"臆"。

③汉十月，五星聚东井：《汉书》数次记载汉高祖元年（前206）十月五星聚东井之事，如《高帝纪》："元年冬十月，五星聚于东井。"《天文志》："汉元年十月，五星聚于东井，以历推之，从岁星也。此高皇帝受命之符也。"作为汉高祖得天命的征兆。

④金、水常附日不远：金星、水星一般都靠近太阳，相距不远。常，原作"尝"，据《苏轼文集》改。《魏书·高允传》论此亦作"常"（见后）。

⑤日在箕、尾：太阳运行在箕宿和尾宿的位置。箕、尾，是二十八星宿的东方七宿中的两宿，和东方七宿的井宿相去很远。

⑥浩所以疑其妄：应指《魏书·高允传》记载崔浩与高允的一次争论："允曰：'天文历数不可空论。夫善言远者必先验于近。且汉元年冬十月，五星聚于东井，此乃历术之浅。今讥汉史，而不觉此谬，恐后人讥今，犹今之讥古。'浩曰：'所谬云何？'允曰：'案《星传》，金、水二星常附日而行。冬十月，日在尾、箕，昏没于申南，而东井方出于寅北。二星何因背日而行？是史官欲神其事，不复

推之于理。'浩曰:'欲为变者何所不可,君独不疑三星之聚,而怪二星之来?'允曰:'此不可以空言争,宜更审之。'……后岁馀,浩谓允曰:'先所论者,本不注心,及更考究,果如君语,以前三月聚于东井,非十月也。'"从《魏书》来看,先是高允对《汉书》汉元年十月五星聚于东井的记载提出了怀疑,然后崔浩经过研究,同意高允的怀疑,并做出解释,即五星聚东井是在十月之前的三个月。

⑦十月为正:汉朝建立之初,延续秦代以十月为一年之始的(颛顼历),至太初元年(前104)行太初历,以一月为始。

⑧八月而得七月节:是说八月的前一部分所行仍是七月立秋后的节候(而非八月节白露之后的节候)。节,指时期、节候。古代二十四节气分布到各月,每月有一个节和一个中(中气),七月的节是立秋,中气是处暑。

⑨日犹在翼、轸(zhěn)间:太阳运行在翼宿和轸宿的位置。按古代节候和星象的对应关系,立秋、处暑前后,日行于翼宿、轸宿。二十八宿的南方七宿是井、鬼、柳、星、张、翼、轸,井与翼、轸(相对箕、尾)较近,故而后文说金星、水星跟随太阳,"聚于井亦不甚远"。

⑩沛公:指汉高祖刘邦。秦末陈胜起义后,刘邦起兵于老家沛县,为众人拥立,称"沛公"。

⑪甘、石何意诏之:甘公和石申何须去讨好他(高祖)。甘公和石申都是星相学家。苏轼所说应是《汉书·张耳传》所记之事,当时甘公对张耳说:"汉王之入关,五星聚东井。东井者,秦分也。先至必王。"在苏轼看来,甘公提到"五星聚东井"是在汉高祖元年(前206年,无论十月还是八月),这时候沛公还没完全获得天下(刘邦于汉五年即前202年才打败项羽),甘公无须去讨好他。苏轼文中称"甘、石",但《史记》和《汉书》记载游说张耳的都只有甘公,而无石申。

⑫浩之说未足信:崔浩的说法不可信。考察苏轼的意思,似乎他认

为崔浩说过,甘公的话(包括《汉书》突出的五星聚井的兆应)是史官的修改和增饰。但据《魏书》,崔浩并无此意,只有高允说过"史官欲神其事"的话。

【译文】

天上荧惑星消失了,崔浩说"当出现在东井",后来果然如此,这就是所谓的"亿则屡中"吗? 汉元年(前206)十月,五星聚于东井之宿,金星、水星一般都附于太阳不远处,而十月时太阳在箕宿、尾宿一带,这就是崔浩怀疑其记载不实的原因。根据我的考察,汉初以十月为岁首,那个十月其实是现在的八月。在八月时仍是七月的节候,那时太阳还在翼宿、轸宿之间,那样的话,金星、水星距离东井之宿也不太远。这时候沛公还未得天下,甘公和石申何须谄媚高祖呢? 崔浩认为是史官修饰的说法,是不足为信的。

四民

【题解】

"四民"是士、农、工、商。本门3条,涉及士、工、商。

论贫士

【题解】

苏轼曾引欧阳修语,称赞"晋无文章,惟陶渊明《归去来》一篇而已"(《苏轼文集》卷六六《跋退之送李愿序》,又见稗海本《东坡志林》卷七第二十三条),而本文则由"瓶无储粟"一句,感叹陶渊明"平生只于瓶中见粟",颇涉调谑。后来葛胜仲《嘲渊明》有"粟贮瓶中能几何"的句子,显然是受苏轼的启发。本条实际应分为两条,前一条见《苏轼文集》卷六六《书渊明归去来序》,后半的欧阳修论孟郊诗见《苏轼文集》卷六七《记永叔评孟郊诗》。

俗传书生入官库,见钱不识。或怪而问之,生曰:"固知其为钱,但怪其不在纸裹中耳。"予偶读渊明《归去来词》云①:"幼稚盈室,瓶无储粟。"乃知俗传信而有征。使瓶有储粟,亦甚微矣,此翁平生只于瓶中见粟也耶?马后宫人见大练反以为异物②,晋惠帝问饥民何不食肉糜③,细思之,皆一理也。聊为好事者一笑。永叔常言:"孟郊诗:'鬓边虽有丝,不堪织寒衣。'纵使堪织,能得多少?"④

【注释】

①渊明:陶渊明,晋宋之际的隐士和文学家。《归去来词》:稗海本作《归去来辞》,即《归去来兮辞》,是陶渊明的名篇。其中有"幼稚盈室,瓶无储粟"的句子,意思是幼童挤满家中,而瓶中已无储存的粮食。瓶是口小腹大的容器。

②马后官人见大练反以为异物:马后,指汉明帝的马皇后,马援之女,谥号明德皇后。据《后汉书·皇后纪》记载,马后常穿大练,裙不加边饰。宫中诸姬来朝见,远远看见她袍衣粗陋,反以为是精细的丝绸。此句原作"马后夫人见大练以为异物",据《苏轼文集》改。稗海本作"马后纪夫人见大练乃以为异物"。练,是较为粗陋的丝织品。

③晋惠帝:名司马衷,字正度,晋武帝司马炎次子,西晋第二位皇帝,290年至306年在位。肉糜:用碎肉末煮成的粥状物,肉酱。《晋书·惠帝纪》记载,天下饥荒,晋惠帝听说有人饿死,说道:"何不食肉糜?"

④"永叔常言"数句:《苏轼文集》于《书渊明归去来序》文末无之,另作一条,题《记永叔评孟郊诗》,见《苏轼文集》卷六七。《苕溪渔隐丛话》(前集卷四)引此,"永叔常言"一段在"细思之,皆一理也"后,"聊为好事者一笑"前。永叔,欧阳修的字。见卷一《记游·黎檬子》。常言,稗海本、《苕溪渔隐丛话》作"尝言",义同。孟郊诗,这是贾岛《客喜》诗的末两句,可能是苏轼误记。孟郊,字东野,湖州武康(今浙江武康)人。唐代诗人。

【译文】

有个民间故事说,有书生进了官府的仓库,见到钱却不认识。有人感到奇怪，问他，书生说："我当然知道这是钱，但奇怪它没有包裹在纸中。"我偶然读陶渊明《归去来兮辞》，云："幼稚盈室，瓶无储粟。"才感觉民间故事是有根据的。就算瓶中有储存的粟，也不会多，这老汉难道平生只在瓶中见过粟吗？马后的宫女见到大练还以为是珍异之物，晋惠帝问饥民何不食肉糜，细细想来，都是一个道理。记此且博好事者一笑。欧阳永叔曾说："孟郊诗：'鬓边虽有丝，不堪织寒衣。'就算能用鬓丝来织衣，又能织得几件？"

梁贾说

【题解】

本条写一汴梁（今河南开封）的商人在自身条件改善后便目中无人，甚至休妻，苏轼批判其"不常其所守"，贬为"名教罪人"。这应该是一条讽刺反复无常的小人的寓言。又见《苏轼文集》卷六四《梁贾说》。

梁民有贾于南者①，七年而后返。茹杏实海藻②，呼吸山川之秀，饮泉之香，食土之洁，泠泠风气③，如在其左右。朔易弦化④，磨去风瘤⑤，望之蟠蛴然⑥，盖项领也。倦游以归，顾视形影，日有德色⑦。徜徉旧都⑧，踌躇顾乎四邻，意都之人与邻之人，十九莫己若也。入其闺，登其堂，视其妻，反惊以走："是何怪耶？"妻劳之，则曰："何关于汝！"馈之浆⑨，则愤不饮；举案而饲之，则愤不食；与之语，则向墙而欹歜⑩；披巾栉而视之⑪，则唾而不顾。谓其妻曰："若何足以当我？亟去之⑫！"妻俯而怍⑬，俯而叹曰："闻之：居富贵者不易糟糠⑭，有姬姜者不弃憔悴⑮。子以无瘿归⑯，我以有瘿逐。呜呼！瘿邪！非妾妇之罪也！"妻竟出⑰。于是贾归家。

三年，乡之人憎其行，不与婚。而土地风气，蒸变其毛脉，啜菽饮水^⑱，动摇其肌肤，前之丑稍稍复故。于是还其室，敬相待如初。君子谓是行也，知贾之薄于礼义多矣。居士曰：贫易主，贵易交^⑲，不常其所守，兹名教之罪人^⑳，而不知学术者，蹈而不知耻也。交战乎利害之场^㉑，而相胜于是非之境，往往以忠臣为敌国，孝子为格虏^㉒，前后纷纭^㉓，何独梁贾哉！

【注释】

① 梁：古地名。此指北宋的东京汴梁（今河南开封）。贾：经商，做生意。

② 茹（rú）：吃。

③ 泠泠（líng）：清凉、清冷貌。

④ 朔易：指岁末年初，万事改易更新。弦化：指弦月变化，是说岁月更迭。

⑤ 风瘤：身体外表所长的瘤子。

⑥ 蝤蛴（qiú qí）：天牛幼虫，色白身长。《诗经·卫风·硕人》有"领如蝤蛴"之句，以写美女之颈项。

⑦ 德色：自以为对人有恩德而表现出来的傲慢自得的神色。

⑧ 倘佯（cháng yáng）：与下文"踌躇（chóu chú）"皆为徘徊、盘旋往返之义。

⑨ 馈（kuì）：赠送。

⑩ 欷歔（xī xū）：抽泣，叹息。

⑪ 披巾栉（zhì）：梳洗打扮。

⑫ 亟（jí）：赶快，赶紧。

⑬ 怍（zuò）：羞惭。

⑭ 糟糠（zāo kāng）：指妻。《后汉书·宋弘传》记宋弘语，"贫贱之知

不可忘,糟糠之妻不下堂",以示不忘早年患难与共、同食糟糠的妻子。

⑮有姬姜者不弃憔悴:语出《左传·成公九年》引《诗》:"虽有丝麻,无弃菅蒯。虽有姬姜,无弃蕉萃。"杜预注:"姬姜,大国之女。蕉萃,贱陋之人。"姬姜,"姬"是周王室的姓,"姜"是齐国的姓,故以"姬姜"称贵族妇女。憔悴,指卑贱俗陋之人。

⑯瘿(yǐng):颈部的瘤子或囊肿。

⑰出:抛弃,离婚,休妻。

⑱啜菽(chuò shū)饮水:语出《礼记·檀弓下》。意为吃豆类,喝清水,指简单的饮食。

⑲贫易主,贵易交:《后汉书·宋弘传》有"贵易交,富易妻"之语,这是变其语而成,意思是贫穷则改变其主人,富贵则改变交往的朋友。

⑳名教:以正名分、定尊卑为核心的礼教。梁贾任意改变夫妇之分,故称为"名教之罪人"。

㉑交战乎利害之场:在利害之间权衡取舍。

㉒格虏:强悍、不顺从的奴仆。《史记·李斯列传》引韩子曰:"慈母有败子,而严家无格虏。"

㉓纷纭:混乱不一。

【译文】

有一个汴梁人到南方做生意,七年后返回家乡。他在南方吃杏仁和海藻等,呼吸山川的秀气,喝香甜的泉水,吃洁净的土产,泠泠清风,围绕在左右。岁月更迭,消去了原来颈项上的瘿瘤,脖子上的皮肤望上去如蜻蛴一样长而白皙动人。他倦游归来,回看自己的样貌影子,渐渐带有骄傲的神色。他在都城里悠闲地散步,得意地看着四周的邻居,认为都城和四邻之人大部分都不如自己。他回到家里,进入屋内,看到自己的妻子,却惊讶地要跑开,说:"这是什么怪物啊?"妻子伺候他,他却说:

"我和你有什么关系！"妻子给他端水，他愤然不喝；妻子做好饭菜放到盘子里端给他，他愤然而不吃；妻子和他说话，他却面向墙壁唏嘘伤叹；妻子梳洗打扮出来让他看，他唾而不看。他对妻子说："你怎么能配得上我呢？赶快离开！"妻子低头感到羞愧，叹息道："我听说：富贵了的人不会抛弃糟糠之妻；即使有贵族女子可选，也不会厌弃低贱之妻。你现在回来已经没有瘿瘤了，我却因为有瘿瘤要被赶走。唉！这是瘿瘤的错！不是我的过错啊！"妻子最终被休弃赶走。商人在家乡三年，乡里的人憎恶其品行，不与他缔结婚姻。而本地的土质气候改变着他的毛发血脉，饭食饮水，改变着他的肌肤，他渐渐恢复到以前丑陋的样子。于是他让妻子回来，相待如初。君子认为，从汴梁商人的行为中，可知其薄情寡义。东坡居士说：贫穷时变换主人，富贵了变换朋友，不能坚守常道，这是名教罪人，而不学无术的人，走到这一步还不以为耻。在利害之间权衡取舍，不顾是非曲直，常把忠臣当敌人，把孝子当作悍仆，前后变化不一，像这样的难道只有汴梁商人吗！

梁工说

【题解】

本条和《梁贾说》一样都是寓言。写汴梁一个烧炼金银的人，从方士处学艺未精，却自以为尽得所传，结果终身疲于其事却一无所获。可能是讥讽那些学术不精却欲"强兵"的人。又见《苏轼文集》卷六四《梁工说》。

梁工治丹灶有日矣①。或有自三峰来②，持淮南王书③，欲授枕中奇秘、坎离生养之法④，阴阳九六之数⑤，子女南北之位⑥，或黄或白⑦，生生而不穷，以是强兵，以是绪馀以博施济众⑧。而其始也，密室为场，空地为炉，外烬山木之上煮天一⑨，坏父鼎母⑩，养以既济⑪，风火絪缊⑫，而瓦铄化生⑬。方士未毕其说，工悦之，然以为尽之矣。退试其术，逾月破灶，而黄金已芽矣。于是谢方士，方士曰："子得予之方，未得究其良，知其一不知其二。余弗邀利于子，后日不成，不以相仇，则子之惠也。"工重谢之曰："若之术殚于是矣⑭，予固知之矣，岂若愚我者哉！"遂歌《骊驹》以遣送之⑮。束书在于腰，长揖而去。工日治其诀，更增益剂量，其贪婪无厌。童东山之木⑯，汲西江之水，夜火属月魄⑰，昼火属日光，操之弥勤，而其术愈疏，为之不已。而其费滋甚，牛马销于铅汞⑱，室庐尽于钳锤⑲，券土田，质妻子，萧条褴褛⑳，而其效不进。至老以死，终不悟。君子曰：术之不慎、学之不至者然也，非师之罪也。居士曰：圬墙画墁㉑，天下之贱工，而莫不有师。问之不下，思之不熟，与无师同。其师之不至，圬墙画墁之不若也。不至，则欺其中，亦以欺其外。欺其中者已穷，欺外者人穷。如梁工盖自穷，亦安能穷人哉！

【注释】

①治丹灶：指炼丹和炼金，道教称为外丹黄白术。丹灶，炼丹的灶炉。

②三峰：指华山的三峰，即落雁峰（南峰）、朝阳峰（东峰）、莲花峰（西峰）。

③淮南王书：西汉的淮南王刘安的书。据《汉书·楚元王传》："上复兴神仙方术之事，而淮南有枕中鸿宝、苑秘书，书言神仙使鬼物为金之术，及邹衍重道延命方。"这里指代珍奇隐秘的炼金之书。

④枕中奇秘：藏在枕中的珍奇隐秘之书。此指丹书。坎离生养：道教炼丹术用坎（☵）、离（☲）二卦象征炼丹的原料，以"坎离生

养"（取坎填离）表示炼丹。

⑤阴阳九六之数：《周易》以"九"为阳爻，"六"为阴爻。这里是指炼丹术中使用的卦象易数。

⑥子女南北之位：指炼丹时采取的方位。"子女"疑为"子午"之误。子居北，是坎之正位；午居南，是离之正位。

⑦或黄或白："黄"指黄金，"白"指银子。

⑧绪馀：残馀物。博施济众：语出《论语·雍也》："子贡曰：如有博施于民而能济众，何如？可谓仁乎？子曰：何事于仁，必也圣乎！"意为广泛施行，帮助民众。

⑨烬（jìn）：烧成灰烬。天一：指水。烬山木之上煮水，是说火在下，水在上。炼丹术中讲水火相济，配以易象，就有坎（水）离（火）相交的说法。

⑩坏（pī）父鼎母：《黄帝九鼎神丹经诀》卷九《作炼锡灰坏炉法》："以土墼垒作方炉，其中安炼灰作坏模，以金锡着灰坏中，上安铁镣。"这里用"坏鼎"指炼丹炉，说它如父母生养婴儿（丹）。坏，同"坯"，指灰坏，烧炼时在炉釜中安置的材料。

⑪养以既济：即坎离既济，指炼丹完成。既济，是《周易》卦名，卦形䷾，离下坎上。从卦象上说，坎水润下，离火炎上，水与火相交相合，故以此喻炼丹成功。

⑫风火缊缊（yīn yūn）：风与火相合，烟气弥漫。这是说丹炉中火旺烟盛。

⑬瓦铄化生：疑当作"瓦砾化金"，将瓦砾变化为黄金。苏辙《广福僧智昕西归》云："悟老非凡僧，瓦砾化金银。"

⑭若：你。后面"若愚"的"若"也是"你"的意思。殚（dān）：尽，竭尽。

⑮《骊驹》：逸《诗》篇名。古人在告别时所唱的歌曲。

⑯童东山之木：指砍尽东山之木。山无草木叫作"童"。这里作动词。

⑰月魄：指月亮、月光。

⑱铅汞：炼丹使用的两种主要原料。

⑲钳锤：钳子和锤子，炼丹时使用的工具。

⑳褴褛（lán lǚ）：破旧。

㉑杇（wū）：涂抹，粉刷。画墁（màn）：出自《孟子·滕文公下》。本指涂画粉墙，比喻做无用无益之事，但此处同"杇墙"一样仅指粉刷墙壁。墁，涂饰。

【译文】

汴梁有一位工匠从事炼丹之术有很长时间了。有个人从华山三峰而来，带着淮南王的秘书，要把淮南王传下来的枕中奇秘之术和坎离生养之法教授给他，还有阴阳九六之数、子午南北定位之法，可产出黄金、白银，无穷无尽，学会这些方术后可以用它来富国强兵，而用剩余部分来广泛救济民众。刚开始时，要用密室作为冶炼之地，在空地上建起炉灶，燃烧山中的树木，烧炼天一之水，以炉坯和丹鼎为父母，生养丹药，直到卦象成为既济亨通之卦，炉鼎中烟火弥漫腾飞，最终连瓦砾都变化成为黄金。方士还没说完，工匠便大悦，以为自己已经把方士的技能全学到了。他回来便开始试验方士的冶炼术，过了一个月后打开炉灶，黄金已经初步形成了。于是去感谢方士，方士说："你虽然学到了我的方法，但还没到精良的程度，现在只是知其一却不知其二。我不求从你这里得到什么好处，以后你冶炼不成，不仇视我就是你对我的恩惠了。"工匠再次道谢说："你的方法已尽于此，我都知道了，难道你还会愚弄我吗？"于是他唱着《骊驹》送方士离开。方士把淮南王的秘书绑在腰部，作长揖后就离开了。工匠每天按方士的秘诀冶炼，又增加剂量，贪得无厌。他砍光了东山的树木，汲取西江的水，夜晚在月光下生火，白天在日光下生火，炼制得更勤了，但他炼制的次数越来越多，而冶炼的技术越来越差，仍然不停歇。他的开销变大，卖掉牛马以购买铅汞做原料，卖掉房屋以购买钳锤做工具，卖了田地和妻儿，最后家中空虚破旧，但他的冶炼却毫无提升。直至老死，也不能晓悟其原因。君子说：因为他学炼丹术时不细心谨慎，学习时未能达到极致，才会这样，这不是老师的罪过啊。东坡居士说：天下像粉刷墙壁这种低贱的工种，也都要有师傅。如果求教不能让师傅倾囊相授，思考琢磨未能达到精熟，那就跟没有师傅是一样的。如果跟老师没有学好，其实连粉刷墙壁的都不如。学习没到位就会自我欺骗，也会欺骗别人。欺骗自己会使自己陷于困窘，欺骗别人会使别人困窘。像汴梁的这个工匠，就是欺骗自己而陷入困窘，哪里能使别人困窘呢！

女妾

【题解】

本门汇集了有关女子的三则故事,贾氏(贾南风)和石崇家婢女的事,来自《晋书》,苏轼主要是进行评论。而宋仁宗透露贾婆婆荐贾昌朝的故事,大约是苏轼得自前辈的传闻。

贾氏五不可

【题解】

苏轼由晋武帝为太子娶妻之事,感叹小人(荀颢、荀勖等)之口,能把好和恶相混淆。像群臣称誉贾氏这种事,岂止是把乌龟说成鳖(那至少长得相像),简直就是把乌龟说成了蛇,完全是颠倒错乱了。又见《苏轼文集》卷六五《晋武娶妇》。

晋武帝欲为太子娶妇①,卫瓘曰②:"贾氏有五不可③:青、黑、短、妒而无子④。"竟为群臣所誉,娶之,竟以亡晋。妇人黑白美恶,人人知之,而爱其子,欲为娶妇且使多子者⑤,人人同也。然至其惑于众口,则颠倒错缪如此⑥。俚语曰"证龟成鳖"⑦，此未足怪也，以此观之，当云"证龟成蛇"。小人之移人也，使龟蛇易位，而况邪正之在其心，利害之在岁月后者耶！

【注释】

①晋武帝：晋朝开国皇帝，名司马炎，字安世，河内温县（今河南温县）人。265年至290年在位。太子：司马衷，永熙元年（290）即位为晋惠帝。永康二年（301）正月被赵王司马伦逼迫禅让，囚于金墉城。四月齐王司马冏等起兵杀赵王伦等，迎惠帝复辟。光熙元年（306）十一月，惠帝中毒身亡。

②卫瓘（guàn）：字伯玉，河东安邑（今山西夏县西北）人。晋武帝时曾出任乌桓校尉，官至司空。惠帝初被贾后所杀。

③贾氏：贾南风，小名昚（shí），平阳（今山西临汾）人。贾充之女。为人妒忌而多权诈，惠帝为太子时娶为妃，惠帝即位后成为皇后。暴戾荒淫，与外戚干预朝政，杀害太子，酿成"八王之乱"，后导致五胡乱华和西晋灭亡。

③青、黑、短、妒而无子：据《晋书·贾皇后传》："武帝欲为太子取卫瓘女，元后（武帝杨皇后）纳贾、郭亲党之说，欲婚贾氏。帝曰：'卫公女有五可，贾公女有五不可。卫家种贤而多子，美而长白；贾家种妒而少子，丑而短黑。'元后固请，荀颚、荀勖并称充女之贤，乃定婚。"据此贾氏的"五不可"是妒而少子、丑而短黑，并非"青、黑、短、妒而无子"（不过《晋书·贾皇后传》里也提到她"短形、青黑色"）。苏轼在此除了误记"五不可"的具体内容，还将说话者晋武帝误为卫瓘。短，指身材矮小。

⑤娶妇：《苏轼文集》作"娶好妇"。

⑥错缪（miù）：即错谬。缪，通"谬"，错误。

⑦证龟成鳖：证明乌龟就是鳖，把乌龟说成是甲鱼，意思是认知发生

混淆和错误。《景德传灯录》卷二二有"三人证龟成鳖"之语，这应该是当时的"俚语"。

【译文】

晋武帝想为太子娶妻，卫瓘说："贾氏的女儿有五不可：脸色青、皮肤黑、身材短、嫉妒而且可能无子。"后来因为群臣都赞誉贾氏，晋武帝为太子娶了贾氏，最终令晋朝灭亡。一个女子长得是黑是白，是美是恶，人人都知道，而疼爱自家儿子，要给他娶妻，令多生子，人人都是这样。然而晋武帝为众人之口所骗，竟至于如此颠倒错乱。俚语说"证龟成鳖"，倒没啥奇怪的，从这件事来看，简直就是"证龟成蛇"。小人之善于骗人，竟能让龟和蛇颠倒相易，何况事情的是非邪正隐藏在他们的内心深处，事情的利害关系要经过很长的岁月后才能看见呢！

贾婆婆荐昌朝

【题解】

宋仁宗是宋代风评最好的皇帝，苏轼在《试馆职策问三首》其一提到"仁祖之忠厚"（《苏轼文集》卷七），由本条所记的故事也可见他确实是个忠厚的人。大约此事苏轼得之传闻，而他对仁宗"盛德"的称赞，也是出自真心的。又见《苏轼文集》卷七二《仁祖盛德》。

温成皇后乳母贾氏①，宫中谓之贾婆婆。贾昌朝连结之②，谓之姑姑。台谏论其奸③，吴春卿欲得其实而不可④。近侍有进对者曰⑤："近日台谏言事，虚实相半，如贾姑姑事，岂有是哉！"上默然久之，曰："贾氏实曾荐昌朝。"非吾仁宗盛德，岂肯以实语臣下耶！

【注释】

①温成皇后：张贵妃，河南永安（今河南巩义西南）人。宋仁宗宠幸的嫔妃。死后追册为皇后，谥温成。《宋史》有传。贾氏：张贵妃乳母。张贵妃死后，贾氏封遂宁郡君（郑獬《郧溪集》卷七《皇后乳母贾氏可封遂宁郡君制》）。

②贾昌朝：字子明，真定获鹿（今河北获鹿）人。官至同中书门下平章事兼枢密使。庆历七年（1047）罢相，判大名府。《宋史》本传云："昌朝在侍从，多得名誉。及执政，乃不为正人所与，而数有攻其结宦官、宫人者。初，昌朝侍讲时，同王宗道编修资善堂书籍，其实教授内侍，谏官吴育奏罢之。"贾昌朝罢相的经过，王巩《闻见近录》有详细记载。

③台谏：御史台和谏院，宋代两个重要的政府机构。也指在这两个机构工作的官员，有纠察百官、谏正君臣的职责。这里所说的台谏应指陈旭等人。据《续资治通鉴长编》卷一八七嘉祐三年（1058）六月记载，当时文彦博自求罢相，"文彦博始求退，谏官陈旭等恐昌朝代之，乃疏昌朝'交通女谒'"，贾昌朝也罢枢密使。《续资治通鉴长编》又解释说："温成皇后乳母贾氏，宫中谓之贾婆婆，昌朝以姑事之，谏官劾昌朝交通女谒，指贾氏也。"

④吴春卿：吴育，字春卿，建安（今福建建瓯）人。吴育与贾昌朝相争事在庆历五年和六年（1045、1046）。《宋史·吴育传》云："庆历五年，拜右谏议大夫、枢密副使。居数月，改参知政事。……育在政府，遇事敢言，与宰相贾昌朝数争议上前，左右皆失色。育论辨不已，乃请曰：'臣所辨者，职也；顾力不胜，愿罢臣职。'乃复以为枢密副使。明年大旱，御史中丞高若讷曰：'大臣喧争为不肃，故雨不时若。'遂罢昌朝，而育归给事中班。"吴育与贾昌朝相争之事，与台谏弹劾贾昌朝交通女谒，并非一时之事，苏轼叙述有误。

⑤近侍：皇帝身边亲近的人，经常侍从皇帝的大臣。进对：觐见皇帝

和对答。

【译文】

温成皇后的乳母贾氏，宫中称为贾婆婆。贾昌朝和她交往勾结，称她姑姑。台谏官员奏论贾昌朝之奸恶，参知政事吴春卿想要寻得其实而不可得。有一个侍从官在进对皇帝时说："近日台谏官议论政事，虚实相半，像贾昌朝勾结贾氏、认作姑姑的传闻，哪有这样的事啊！"宋仁宗默然不语好一阵子，说："贾氏确实曾推荐过贾昌朝。"如果不是我朝仁宗有如此的盛德，岂会以实情告诉臣下啊！

石崇家婢

【题解】

《晋书·王敦传》中所记王敦在石崇家上厕所的故事，一般人读史至此，看到的都是王敦做贼的本色，而苏轼关注的竟是婢女的识人之才和石崇的不知人。由此可见，苏轼读书时常有不同寻常的关注点，这是他善作史论文字的原因之一。又见《苏轼文集》卷六五《石崇婢知人》。

王敦至石崇家①，如厕，脱故着新，意色不怍②。厕中婢曰："此客必能作贼也。"此婢能知人，而崇乃令执事厕中，殆是无所知也③。

【注释】

①王敦：字处仲，琅琊（今山东临沂）人。西晋灭亡后，与堂弟王导一同辅佐晋元帝建立东晋，任大将军。永昌元年（322）王敦叛乱，起兵攻入建康石头城，诛除异己。太宁二年（324）王敦再次起兵攻建康，不久病死。《晋书》有传。石崇：字季伦，小名齐奴，生于青州（今属山东）。西晋文学家、官员。大司马石苞子，曾为

南中郎将、荆州刺史，兼领南蛮校尉。《晋书》有传。

②怍（zuò）：羞惭。石崇如厕不怍之事，见《晋书·王敦传》："石崇以奢豪矜物，厕上常有十馀婢侍列，皆有容色，置甲煎粉、沉香汁，有如厕者，皆易新衣而出。客多羞脱衣，而敦脱故着新，意色无怍。群婢相谓曰：'此客必能作贼。'"也见于《世说新语·汰侈》。两书均称"群婢"，而苏轼称"此婢"，显然他误以为是一人。

③殆是无所知也：《苏轼文集》作"是殆无知耶"。

【译文】

王敦到石崇家做客，其间上厕所，要脱去旧衣穿上新衣，脸上没有一点儿不好意思的神色。守厕所的婢女说："这位客人一定能做贼。"这个婢女能知人，而石崇却令她服侍于厕所之中，真是无知啊！

贼盗

【题解】

本门共2条。一记九江一带的江上强盗，一记苏轼自己遇到的梁上君子。

盗不劫幸秀才酒

【题解】

本条记载的幸思顺只是一个卖酒的人，竟能得到强盗的尊敬，足见也是一个异人。强盗不抢劫幸思顺所亲之人，可见盗亦有道。又见《苏轼文集》卷七二《幸思顺服盗》。

幸思顺①，金陵老儒也。皇祐中②，沽酒江州③，人无贤愚皆喜之。时劫江贼方炽，有一官人舣舟酒垆下④，偶与思顺往来相善，思顺以酒十壶饷之。已而被劫于蕲、黄间⑤，群盗饮此酒，惊曰：“此幸秀才酒邪？”官人识其意，即绐曰⑥：“仆与幸秀才亲旧。”贼相顾叹曰：“吾俦何为劫幸老所亲哉⑦！”敛所劫还之，且戒曰：“见幸慎勿言。”思顺年七十二⑧，日行二百里，盛夏曝日中不渴，盖尝啖物而不饮水云⑨。

【注释】

①幸思顺：其人不详。本文谓是"金陵老儒"，金陵即今江苏南京。
　　底本于题目"盗不劫幸秀才酒"下有小字："幸，一作'辛'。"

②皇祐：宋仁宗赵祯的年号（1049—1053）。

③沽（gū）酒：卖酒。沽，卖。江州：宋属江南东路，治德化县（今江
　　西九江）。

④舣（yǐ）舟：使舟船靠岸停泊。酒垆（lú）：酒店，酒肆。

⑤蕲（qí）、黄：蕲州与黄州，宋时均属淮南西路。蕲州治蕲春县（今
　　属湖北），黄州治黄冈县（今属湖北）。

⑥绐（dài）：欺诳，欺骗。

⑦吾侪（chóu）：我们这些人。

⑧七十二：稗海本作"七十一"。

⑨啖（dàn）：吃。

【译文】

　　幸思顺，是金陵的一位老儒。皇祐年间，他在江州卖酒，不论什么样
的人，都喜欢他。那时候长江上打劫的盗贼颇为猖獗，有一位官员泊舟
于幸思顺的酒店下，因此与他交往，相谈甚欢，幸思顺赠给他十壶酒。不
久这位官员在蕲州、黄州一带被打劫，强盗们饮此酒而大惊道："这是幸
秀才的酒吗？"那官员看出他们的心意，便骗他们说："我和幸秀才是亲
近的老友。"强盗们互相看了看感叹道："我们为何要抢劫幸老亲近的人
啊！"于是将抢劫的东西还给他，又叮嘱说："见到幸老时千万别提起这
事。"幸思顺七十二岁了，一天能走二百里之远，盛夏时曝晒于阳光下也
不渴，大约他吃过什么东西而不须饮水吧。

梁上君子

【题解】

这是苏轼记自家遭贼的文字,可能是元祐三年(1088)魏王赵颢卒葬后所写。大概盗贼以为苏轼护葬有一笔不菲的收入,故而连连光临。苏轼乃自嘲钱已花光,"梁上君子当是不知耳"。又见《苏轼文集》卷七三《梁上君子》。

近日颇多贼,两夜皆来入吾室。吾近护魏王葬①,得数千缗②,略已散去,此梁上君子当是不知耳③。

【注释】

①魏王:赵颢(yūn),初名仲恪,宋英宗子,宋神宗弟,宋哲宗叔父。曾封曹王、荆王,位至太尉。卒赠太师、尚书令、荆徐二州牧、魏王,谥端献。赵颢卒后,苏轼有《皇叔故魏王启殡祭文》《皇叔故魏王外殡前一夕夜祭文》《皇叔故魏王下事祭文》,就是本文所说的"护魏王葬"。

②缗(mín):一千文钱为一缗。

③梁上君子:盗窃之贼的雅称。典出《后汉书·陈寔传》:"时岁荒民俭,有盗夜入其室,止于梁上。寔阴见,乃起自整拂,呼命子孙,正色训之曰:'夫人不可不自勉。不善之人未必本恶,习以性成,遂至于此。梁上君子者是矣!'盗大惊,自投于地,稽颡归罪。"

【译文】

近日盗贼颇多,两个晚上都来到我家里。我最近护魏王葬,得到数千缗钱,差不多都已花出散去,梁上君子应是不知道这一点吧。

夷狄

本门共3条。一条涉及西夏，两条涉及高丽。苏轼两度在杭州为官时都处理过高丽相关事务："熙宁中通判杭州日，因其馈送书中不禀朝廷正朔，却退其物。待其改书称用年号，然后受之，却仍催促进发，不令住滞。及近岁出知杭州，却其所进金塔，不为奏闻。及画一处置沿途接待事件，不令过当。"（《苏轼文集》卷三五《论高丽买书利害札子三首》之一，"金塔"事可参见本书卷二《道释·付僧惠诚游吴中代书十二》第八条注）苏轼对待高丽的态度总体来说是反对的，他曾说："臣伏见高丽人使，每一次入贡，朝廷及淮浙两路赐予馈送燕劳之费，约十馀万贯，而修饰亭馆，骚动行市，调发人船之费不在焉。除官吏得少馈遗外，并无丝毫之利，而有五害"，"臣素意欲稍稍裁节其事，庶几渐次不来，为朝廷消久远之害"（《论高丽买书利害札子三首》之一）。

曹玮语王鬷元昊为中国患

元昊是宋仁宗时期最大的边患，元昊去世时，苏轼年仅十三岁，但苏轼后来对当年之事了解颇多，如他在《陈公弼传》中写到赵禹上书言元

昊必反、人传张元走夏州为元昊谋臣等事,在《富郑公神道碑》和《张文
定公墓志铭》中也屡次写到元昊相关之事。本文所叙涉及枢密使王鬷,
元昊反时他和同知枢密使张观、陈执中因不知兵事而被罢。本文记早年
曹玮曾劝告王鬷学习兵事而他未听取,这个故事来自王鬷的孙子王適,
足备轶闻。又见《苏轼文集》卷七二《曹玮知人料事》。

天圣中,曹玮以节镇定州①。王鬷为三司副使②,疏决
河北囚徒③,至定州。玮谓鬷曰:"君相甚贵,当为枢密使。
然吾昔为秦州④,闻德明岁使人以羊马货易于边⑤,课所获多
少为赏罚⑥,时将以此杀人。其子元昊年十三⑦,谏曰:'吾
本以羊马为国,今反以资中原,所得皆茶缯轻浮之物⑧,适足
以骄惰吾民,今又欲以此戮人。茶缯日增,羊马日减,吾国
其削乎!'乃止不戮。吾闻而异之,使人图其形,信奇伟⑨。
若德明死,此子必为中国患,其当君之为枢密时乎?盍自今
学兵讲边事⑩?"鬷虽受教,盖亦未必信也。其后鬷与张观、
陈执中在枢府⑪,元昊反,杨义上书论土兵事⑫,上问三人,
皆不知,遂皆罢之。鬷之孙为子由婿⑬,故知之。

【注释】

①曹玮(wěi):字宝臣,真定灵寿(今河北灵寿)人。北宋名将,枢
密使曹彬第四子。宋仁宗天圣五年(1027)出为真定路马步军都
部署、定州都总管。卒赠侍中,谥武穆。《宋史》有传。王安石有
《彰武军节度使侍中曹穆公行状》。定州:今属河北。

②王鬷(zōng):字总之,赵州临城(今河北临城)人。曾以左司郎
中、枢密直学士知益州。拜右谏议大夫、同知枢密院事。景祐五
年(1038)参知政事。明年,迁尚书工部侍郎、知枢密院事。《宋史》

有传。王鬷天圣六年(1028)曾使河北,本文所述之事,亦见《宋史》本传。三司副使:三司的副长官。三司,指盐铁、度支、户部三个部门。北宋元丰改制以前,三司总管国家的财政和经济事务。

③疏决:清理审理。

④秦州:宋属秦凤路,治成纪县(今甘肃秦安)。据《续资治通鉴长编》卷八五,大中祥符八年(1015)九月甲寅,知渭州曹玮领英州团练使、知秦州。

⑤德明:李德明,小字阿移。党项族。西夏国王。宋景德元年(1004)夏国王李继迁去世,其子李德明嗣位。与宋、辽作战,亦接受两国册府,为夏国王。

⑥课:考核。

⑦元昊:李元昊,原名曩霄。党项族。李德明子,西夏皇帝,庙号景宗。宋明道元年(1032)嗣夏王之位,1038年称皇帝,国号大夏,改元天授礼法延祚。屡与宋、辽作战,曾形成三国鼎立之势。

⑧茶綵(cǎi):茶和彩色的丝织品。

⑨信:的确,确实。

⑩盍(hé):何不,为什么不。

⑪张观:字思正,绛州绛县(今山西绛县)人。宋仁宗时迁太常丞,擢右正言、直史馆,为三司度支判官,同修起居注,改右司谏、知制诰、判登闻检院,出知杭州。宝元元年(1038)除同知枢密院事。《宋史》有传。其中亦称:“康定中,西兵失利,因议点乡兵,久之不决,遂与王鬷、陈执中俱罢,以资政殿学士、尚书礼部侍郎知相州。”陈执中:字昭誉,洪州南昌(今江西南昌)人。宝元元年(1038)同知枢密院事。庆历五年(1045)拜同中书门下平章事、集贤殿大学士兼枢密使,皇祐五年(1053)再入相,以吏部尚书复拜同平章事、昭文馆大学士。《宋史》有传。

⑫杨义:疑为杨偕之误。杨偕,字次公,坊州中部(今陕西黄陵)人。

举进士,释褐坊州军事推官、知汧源县。历官判吏部流内铨,徙三司度支副使,后判太常、司农寺,右谏议大夫,以尚书工部侍郎致仕。《宋史》有传。本传记载:"元昊反,刘平、石元孙战没。……夏竦为陕西经略使,请增置土兵,易戍兵归卫京师。偕言:'方关中财用乏,复增土兵,徒耗国用。今贼势方盛,虽大增土兵,亦未能减戍兵东归,第竦惧败事,欲以兵少为解尔。'竦复奏偕不忠,沮边计,偕争愈力。"《宋史·夏竦传》亦载二人之词。《续资治通鉴长编》卷一二五亦云:"夏竦请增置土兵,易戍兵东归,令既下,知河中府、龙图阁直学士杨偕言:'西兵比继迁时十增七八,县官困于供亿,今州复益一二千人,则岁费缗钱又增百馀万,国用民力,恐籧此屈。若训习士卒,使之精锐,选任将帅,求之方略,自然以寡击众,以一当百。又竦云:土兵募足,量加训练,可代东兵。此徒虚语耳。自德明纳款以来,东兵犹不可代,况今日乎?'"这就是本文所说的"上书论土兵事"。土兵,指北宋的地方兵,北宋的正规部队为禁军,即上文所称的"戍兵"。

⑬子由:苏辙。《苏轼文集》作"黄门",也指苏辙。"黄门"本指汉代的黄门侍郎,宋人用作"门下侍郎"的雅称。苏辙曾为门下侍郎,故有此称。婿:这里指王適,字子立。苏轼《王子立墓志铭》云:"祖皦,工部侍郎知枢密院,赠太尉,谥忠穆。"(《苏轼文集》卷十五)见卷一《记游·忆王子立》。

【译文】

天圣年间,曹玮出为定州都总管。王䂮为三司副使,清理审判河北的囚徒,来到定州。曹玮对王䂮说:"你的面相甚贵,将来必定会当枢密使。我以前做秦州知州时,听说李德明每年派人在边境上用羊马交换货物,并考核他们所获得的多少以为赏罚,有一次要因此杀人。李德明的儿子元昊那时十三岁,进谏说:'我们本来是靠羊马为生的国家,现今反而用来资助中原,所得到的不过是茶叶、丝绵之类的轻薄之物,这些东西

恰好让我国人民骄纵懒惰，现在又要因这些东西杀人。茶叶丝绵日渐增
多，羊马日渐减少，我国怕是要衰落了！'李德明便没有杀人。我听说这
件事后感到惊异，派人去画了他的形貌，果然长得很奇伟。李德明死后，
这个人必定是中国的大患，那时候可能正当你做枢密使吧，你为何不从
现在就开始学一些兵法，研究一下边境事务？"王鬷虽然表示受教，但心
里并不太相信他的话。后来王鬷和张观、陈执中在枢密院的时候，元昊
反叛，杨义上书论土兵之事，仁宗问三人，都不懂这些事，于是全都罢职。
王鬷的孙子王适是子由的女婿，故而我知道这件事。

高丽

【题解】

　　陈敦说"人言'弄胡孙'，不知为胡孙所弄"，苏轼颇觉有理，又因此
论及朝廷对待高丽和三佛齐等外国之道，感觉有相似之处。宋朝接纳
高丽朝贡，有些人以为辽国还不知道高丽向宋朝朝贡，并希望将来能让
高丽牵制辽国，哪知高丽同时也向辽国称臣朝贡，会将宋朝所赐的银锭
分给辽国。在苏轼看来，宋朝对高丽的接待以及赐予假金银锭，也像是
一种"弄胡孙"却为"胡孙所弄"的事情。本条约作于元丰八年（1085）
初。又见《苏轼文集》卷七二《黄寔言高丽通北虏》。

　　昨日见泗倅陈敦固道①，言："胡孙作人状②，折旋俯仰
中度③，细观之，其相侮慢也甚矣④。人言'弄胡孙'，不知
为胡孙所弄！"其言颇有理，故为记之。又见淮东提举黄寔
言⑤："奉使高丽人言⑥：'所致赠作有假金银锭，夷人皆坼
坏⑦，使露胎素⑧，使者甚不乐。夷云：非敢慢也，恐北虏有
觇者以为真尔⑨。'"由此观之，高丽所得吾赐物，北虏盖分

之矣。而或者不察，谓北虏不知高丽朝我，或以为异时可使牵制北虏，岂不误哉！今日又见三佛齐朝贡者过泗州^⑩，官吏妓乐，纷然郊外，而椎髻兽面^⑪，睢盱船中^⑫，遂记胡孙弄人语良有理，故并记之。

【注释】

①昨日见泗倅（cuì）陈敦固道：陈敦固道，陈敦，字固道，曾任泗州通判，馀不详。元丰七年（1084）苏轼离黄州赴汝州团练副使之任，十二月一日至泗州，次年正月四日离泗州，苏轼见陈敦、黄寔以及"见三佛齐朝贡者过泗州"，应在此时。泗倅，泗州通判。泗州于北宋属淮南东路，在今江苏盱眙、泗洪一带。倅，指副职。

②胡孙：也作"猢狲"，指猴子。作人状：装扮成人的样子。《苏轼文集》作"作人服"。

③折旋俯仰中度：这里是说猴子的行为举止都像懂得礼仪的人一样中规中矩。折旋，指行走时转弯和回旋。俯仰，指身体前后倾斜。

④侮慢：戏辱轻慢。

⑤黄寔（shí）：原作"黄实"，据稗海本、《苏轼文集》改。黄寔，字师是，陈州（今河南周口淮阳区）人。历官司农主簿，提举京西、淮东常平，提点梓州路、两浙刑狱，京东、河北转运副使。《宋史》有传。黄寔两女嫁给苏辙子苏适（kuò）、苏远（逊）为妻，苏辙有《祭黄师是龙图文》《祭八新妇黄氏文》《再祭八新妇黄氏文》。本文称见"淮东提举黄寔"当在元丰七年（1084）年底。苏轼有《泗州除夜雪中黄师是送酥酒二首》。

⑥高丽：即今朝鲜。918年，王建称王，国号高丽，都开京（今朝鲜开城），后统一朝鲜半岛。1392年，高丽国末代的恭让王（名王瑶）为大将李成桂所废，不久李成桂以朝鲜为国号。

298 东坡志林

⑦坼（chè）：裂。

⑧胎素：器物内部的底子、坯子或填充物。

⑨北虏：指辽国。觇（chān）：窥见，侦察。

⑩三佛齐：古国名。其地位于今马来半岛和大巽他群岛上，宋时常遣使者来中国。《宋史·外国传·三佛齐》云："三佛齐国，盖南蛮之别种，与占城为邻，居真腊、阇婆之间，所管十五州。土产红藤、紫矿、笺沉香、槟榔、椰子。……元丰中，使至者再，率以白金、真珠、婆律薰陆香备方物。广州受表入言，俟报，乃护至阙下。天子念其道里遥远，每优赐遣归。"

⑪椎（chuí）髻兽面：这句是描述三佛齐人的长相容貌。椎髻，指头发扎束如椎（棒槌）状。兽面，是说脸上的颜色和装饰像野兽一样。

⑫睢盱（huī xū）：快乐的样子。苏轼《浣溪沙（徐门石潭谢雨道上作）》："照日深红暖见鱼，连溪绿暗晚藏乌。黄童白叟聚睢盱。"

【译文】

昨日见到泗州通判陈敦，他说："猢狲学人的样子，走路转弯，俯仰身躯，都能依礼合度，但细细观察，它的样子其实是狎侮轻慢的。人们常说'弄猢狲'，不知其实是被猢狲所作弄！"他说得颇有道理，故而记之。我又见到淮东提举黄寔说："有奉使高丽的人说：'我朝赠送的礼物有假金银锭，高丽的夷人都拆开砸烂，露出其中填充物。我朝使者颇为不乐。夷人说：不是我们轻慢，是怕有辽国来偷看的人以为是真的。'"由此可见，高丽得到我朝所赐的礼物，辽国会分去一些。有的人不细察此事，还以为辽国不知道高丽来朝我大宋，将来可使高丽牵制辽国，实在是大误！今天我又见到三佛齐国朝贡的人经过泗州，泗州当地的官吏妓乐相伴，闹哄哄地在郊外宴会，那些外国人头上扎着椎髻，脸上颜色装饰如野兽一般，在船中笑乐欢呼，我因此想起"猢狲弄人"的话确实有道理，因此一并记下来。

高丽公案

由于辽国势力的崛起和强大,高丽在北宋天圣九年(1031)后便不再与中国相来往。熙宁初神宗密谕福建转运使罗拯,令商人转告高丽国王欲求通好的信息,商人带回高丽文牒,云欲来朝贡,"朝廷议者亦谓可结之以谋契丹"(《宋史·外国传·高丽》),此后两国来往不绝。苏轼对招徕高丽持反对意见,据本文记载,当时天下人都在批评罗拯,苏轼则以为当罪枢密使吕公弼(可能就是《宋史》所说的"朝廷议者")。又见《苏轼文集》卷七二《吕公弼招致高丽人》。

元祐五年二月十七日①,见王伯虎炳之言②:"昔为枢密院礼房检详文字③,见高丽公案④。始因张诚一使契丹⑤,于虏帐中见高丽人,私语本国主向慕中国之意,归而奏之,先帝始有招徕之意。枢密使吕公弼因而迎合⑥,亲书札子乞招致⑦,遂命发运使罗拯遣商人招之⑧。"天下知非拯⑨,而不知罪公弼。如诚一,盖不足道也。

【注释】

①元祐五年:1090年。稗海本、《苏轼文集》作"元祐二年"。

②王伯虎:字炳之,福清(今属福建)人。嘉祐四年(1059)进士,历枢密院编修,枢密院礼房检详文字,校书郎、权知饶州,刑部员外郎。

③枢密院礼房检详文字:也称"检详"或"检详官",其职责是检阅、查看枢密院各房(兵、吏、户、礼)的文书、档案。

④公案:官府的案牍和文书。

⑤张诚一:开封(今属河南)人。张耆子。曾为枢密副都承旨,舒州

团练使,观察使、知潞州。张诚一曾于熙宁四年(1071)五月接待高丽使(《续资治通鉴长编》卷二二三),熙宁八年(1075)三月接待辽使(《续资治通鉴长编》卷二六一),未见有使辽且会见高丽人的记载。《石林燕语》卷二记其熙宁中曾接待高丽使者,使者云高丽王王徽作诗表达对中国之向往,"会神宗遣海商喻旨,使来朝,遂复请修故事"。苏轼的《张诚一责受左武卫将军分司南京》和《缴进张诚一词头状》皆斥张诚一不孝事,故后文云其人"不足道"。

⑥吕公弼:底本作"李公弼",据《苏轼文集》改。吕公弼,字宝臣,寿州(今安徽寿县)人。仁宗朝宰相吕夷简子。历河北转运使,权知开封府,知渭州、延州、成都等州府。治平四年(1067)任枢密使,熙宁三年(1070)以反对新法罢职,出知太原府。卒赠太尉,谥惠穆。《宋史》有传。

⑦札子:一种宋代官员的上呈文书,用于向皇帝或长官进言议事。

⑧遂命发运使罗拯遣商人招之:罗拯,原作"崔极",《类说》本《仇池笔记》作"罗极",《苏轼文集》作"崔拯",据《宋史》等改。罗拯,字道济,祥符(今河南开封)人。第进士,历官知荣州,知秀州,江西转运判官,福建转运使,江淮发运使,永兴军路安抚使,知颍州,秦凤路经略使等。《宋史·罗拯传》云:"拯使闽时,泉商黄谨往高丽,馆之礼宾省,其王云自天圣后职贡绝,欲命使与谨俱来。至是,拯以闻,神宗许之,遂遣金悌入贡。高丽复通中国自兹始。"《宋史·外国传·高丽》《高丽史》(卷八)亦详载其事。

⑨非拯:原作"非极",《苏轼文集》作"罪拯"。苏轼兄弟对罗拯招徕高丽颇有异议,苏轼《乞禁商旅过外国状》云:"自熙宁四年发运使罗拯始遣人招来高丽,一生厉阶,至今为梗。"(《苏轼文集》卷三一)苏辙在《乞裁损待高丽事件札子》中详述其理由云:"臣伏见高丽,北接契丹,南限沧海,与中国壤地隔绝,利害本不相及。

本朝初许入贡,祖宗知其无益,绝而不通。熙宁中罗拯始募海商,诱令朝觐,其意欲以招致远夷为太平粉饰,及掎角契丹为用兵援助而已。然自其始通,及今屡至,其实何益于事,徒使淮浙千里劳于供亿,京师百司疲于应奉,而高丽之人所至游观,伺察虚实,图写形胜,阴为契丹耳目。"(《栾城集》卷四五)

【译文】

元祐五年(1090)二月十七日,我听王伯虎说:"以前任职枢密院礼房检详文字官时,看到高丽的公牍档案。最初是张诚一出使契丹时,在契丹人的大帐中见到高丽人,悄悄跟他说本国的君主心向中国之意,张诚一回来奏报,先帝神宗才有了招徕高丽的念头。而枢密使吕公弼便迎合先帝,亲自书写札子呈上请求招徕高丽,于是先帝命江淮发运使罗拯让商人前往转告相招。"现在天下人都在批评罗拯,却不知怪罪吕公弼。至于张诚一,其人则不值一提。

卷四

古迹

【题解】

　　本门共5条。3条是苏轼在黄州时所见，一为年轻时在成都所见，一为经过陈州时所见。由这些内容可见苏轼对于访古和考古有着浓厚的兴趣。他在黄州时的《念奴娇·赤壁怀古》，可说就是由古迹而兴发写成的。

铁墓厄台

【题解】

　　此条记载了陈州的两处遗迹，铁墓和厄台，苏轼对厄台是孔子厄于陈、蔡所居的旧说进行了辨驳。小说中常有辨订的文字，此即一例。又见《苏轼文集》卷六六《记铁墓厄台》。

　　余旧过陈州①，留七十馀日，近城可游观者无不至。柳湖旁有丘②，俗谓之"铁墓"，云陈胡公墓也③，城濠水往啮其址④，见有铁锢之。又有寺曰"厄台"，云孔子厄于陈、蔡所居者⑤，其说荒唐不可信⑥。或曰东汉陈愍王宠散弩台、以控黄巾者⑦,此说为近之。

【注释】

①陈州:北宋属京西北路,治宛丘县,在今河南周口淮阳区。熙宁四年(1071)六月苏轼出为杭州通判,七月出京至陈州,九月方至颍州(今安徽阜阳),他游陈州并逗留七十馀日,当在此时。

②柳湖:在陈州城西北。苏轼到陈州时,苏辙为陈州教授,二人作诗唱和,苏辙有《柳湖感物》,苏轼有《次韵子由柳湖感物》。

③陈胡公:亦称"胡公满"。周武王伐纣后,求舜帝后人,得妫(guī)满,封之于陈,以奉舜祀,是为陈胡公。见《史记·陈杞世家》。

④城濠:护城河。注:《苏轼文集》作"注"。啮(niè):侵蚀,冲刷。

⑤孔子厄于陈、蔡:孔子曾经在陈、蔡之间的边界上被当地人围困七天,以至于绝粮断炊。见《史记·孔子世家》。《庄子》《吕氏春秋》等书都提到过这件事,《孔子家语》有《在厄》篇。

⑥不可信:原作"在不可信",据稗海本、《苏轼文集》删"在"字。

⑦陈愍王宠:东汉明帝之子敬王刘羡的三世孙刘宠,《后汉书》记载他善弩射,黄巾军起,各郡县均弃城逃跑,刘宠有强弩数千张,出军都亭,陈州得以保存,有十馀万百姓归附。陈愍王,底本作"陈思王",据《苏轼文集》及《后汉书》改。散弩台:《苏轼文集》作"教弩台"。控:稗海本、《苏轼文集》作"控扼"。

【译文】

我以前途经陈州,逗留了七十馀天,靠近陈州城且可以游观的地方,无不前往。柳湖旁有个土丘,俗称之为"铁墓",说是陈胡公的墓,护城河水侵蚀了墓的基座,可以看到下面有铁圈围住。当地又有座寺庙叫"厄台",说是孔子当年困于陈、蔡时住的地方,其说甚是荒唐,完全不可信。有人说这是东汉陈愍王刘宠的散弩台,建来抵御黄巾军的,这个说法较近事实。

黄州隋永安郡

【题解】

此条记黄州之永安城（女王城），苏轼反驳了当时以永安城为春申君故城的说法。又见《苏轼文集》卷六六《记黄州故吴国》。

昨日读《隋书·地理志》，黄州乃永安郡①。今黄州东十五里许有永安城②，而俗谓之"女王城"③，其说甚鄙野，而《图经》以为春申君故城④，亦非是。春申君所都乃故吴国，今无锡惠山上有春申庙⑤，庶几是乎？

【注释】

①黄州乃永安郡：黄州在隋代大业三年（607）曾改名永安郡，唐武德三年（620）改回黄州，天宝元年（742）改为齐安郡，乾元元年（758）又改回黄州。

②东：原作"都"，据稗海本、《苏轼文集》改。许：在数量词后表示大约之数。永安城：《太平寰宇记》卷一三一《黄州》："永安城，即楚相黄歇所都，隋改黄州为永安郡，取此为名。今有永安乡，在县西北约六十里。"

③女王城：据《舆地纪胜》卷四九，黄州有女王城，注云："《齐安志》云：初，春申君相楚，受淮北十二县之封，以其地介于蕲春、申息之间，故曰'春申'。今之女王城，盖昔之楚王城之讹耳。"苏轼有《正月二十日，往岐亭，郡人潘、古、郭三人送余于女王城东禅庄院》诗。今湖北黄冈黄州区北有禹王城遗迹，即此地，禹王城应是女王城在宋代以后的讹称。

④春申君：名黄歇，战国时楚人。楚考烈王以其为相，是战国四公子

　　之一。

　　⑤无锡惠山：在今江苏无锡梁溪区。《舆地纪胜》卷六记载春申君祠
　　　在无锡历山，即惠山。

【译文】

　　昨天读《隋书·地理志》，知道黄州即永安郡。今天黄州十五里左
右有座永安城，当地人称"女王城"，这说法颇为鄙俗，黄州的《图经》以
为那是春申君的故城，也不对。春申君的封地乃是过去吴国的地方，如
今无锡惠山上有春申君庙，大概就是其封地所在吧？

汉讲堂

【题解】

　　汉景帝时文翁来成都为蜀郡守，大兴教化，修建官学，至宋时为成都
府学（张俞有《成都府学讲堂颂》），其址今为成都石室中学。苏轼叙述
所见的汉时讲堂，疑是他嘉祐元年（1056）或熙宁元年（1068）在成都所
见。他在《送家安国教授归成都》诗中说："苍苔高朕室，古柏文翁庭。"
可见其状。又见《苏轼文集》卷七一《记汉讲堂》。

　　汉时讲堂今犹在①，画固俨然②。丹青之古，无复前此。

【注释】

　　①汉时讲堂：汉朝时建立的讲堂，指成都的文翁讲堂（石室）。东晋
　　　王羲之有《汉讲堂帖》云："知有汉时讲堂在，是汉和帝时立此。
　　　知画三皇五帝以来备有，画又精妙，甚可观也。"南宋李石《府学
　　　十咏·礼殿》注引范镇云："屋制甚古，非近世所为，秦汉以来有
　　　也。"引王素云："其屋制绝异今制，后之葺者惜其古，不敢改作。"
　　②画固俨（yǎn）然：成都府学讲堂有古画。或说是东汉高朕命画。

郭若虚《图画见闻志》卷一云："汉文翁学堂在益州大城内，昔经颓废，后汉蜀郡太守高朕复缮立，乃图画古人圣贤之像及礼器瑞物于壁。"李石《府学十咏》称是晋人画，其《礼殿晋人画》云："耆旧传云西晋太康中益州刺史张收画，而东晋王右军已有书问蜀中事：知有汉时讲堂在，知画三皇五帝以来人物，精妙画文，欲因摹取，得广异闻。则疑非收辈所画耳。然画之后前既无可考，则当以收为正。嘉祐中王素命摹写为七卷，总一百五十五人，为《成都礼殿圣贤图》。蜀守席益又尝摹其容貌、名位可别识者一百六十八人于石经堂。"

【译文】

汉朝时的讲堂至今尚在，壁画鲜明。这是最古老的绘画，没有比它更早的了。

记樊山

【题解】

苏轼在黄州期间，经常泛舟渡江，到对岸的武昌县（今湖北鄂州鄂城区）游览，樊山、寒溪寺、西山寺、九曲亭、吴王岘等名胜，屡见于笔下。本文大约是苏轼元丰三年（1080）到黄州不久后所作。又见《苏轼文集》卷七一《记樊山》。

自余所居临皋亭下①，乱流而西②，泊于樊山③，为樊口④。或曰燔山⑤，岁旱燔之，起龙致雨；或曰樊氏居之，不知孰是。其上为卢洲⑥，孙仲谋泛江遇大风，柂师请所之，仲谋欲往卢洲，其仆谷利以刀拟柂师，使泊樊口⑦。遂自樊口凿山通路归武昌，今犹谓之"吴王岘"⑧。有洞穴，土紫色，可以磨镜。循山而南，至寒溪寺⑨，上有曲山⑩，山顶即位坛、九曲亭⑪，皆孙氏遗迹。西山寺泉水白而甘，名菩萨泉⑫，泉所出石，如人垂手也。山下有陶母庙⑬，陶公治武昌⑭，既病登舟，而死于樊口。寻绎故迹⑮，使人凄然。仲谋猎于樊口，得一豹，见老母曰："何不逮其尾？"忽然不见⑯。今山中有圣母庙。予十五年前过之⑰，见彼板仿佛有"得一豹"三字，今亡矣。

【注释】

①临皋亭：苏轼初至黄州时居住的地方。见卷一《记游·记游松江》及本卷《亭堂·临皋闲题》。皋，指水边高出之地。

②乱流：横渡江河。

③樊山：在今湖北鄂州，今为西山公园。

④樊口：樊山在樊溪（由梁子湖而来）与长江交汇处，其地称"樊口"。苏轼在黄冈时屡游其地，《武昌西山》诗回忆游樊口云："春江渌涨蒲萄醅，武昌官柳知谁栽。忆从樊口载春酒，步上西山寻野梅。西山一上十五里，风驾两腋飞崔嵬。同游困卧九曲岭，褰衣独到吴王台。中原北望在何许，但见落日低黄埃。"武昌即今湖北鄂州鄂城区。

⑤燔（fán）：焚烧。

⑥卢洲：长江中的一个沙洲。《水经注》卷三一作"芦洲"，《三国志·吴书·吴主传》注引《江表传》作"罗州"（见后）。《文选》卷二七鲍照《还都道中作》注："庾仲雍《江图》曰：芦洲至樊口二十里，伍子胥初所渡处也。"

⑦"孙仲谋泛江遇大风"五句：孙仲谋，孙权，字仲谋，吴郡富春（今浙江杭州富阳区）人。三国时吴国的建立者，222年至252年在

位。谷利,三国时孙权的近幸小臣。《三国志·吴书·吴主传》注引《江表传》云:"谷利者,本左右给使也,以谨直为亲近监,性忠果亮烈,言不苟且,权爱信之。"本文所述孙权泛江及谷利之事,亦见《三国志·吴书·吴主传》注引《江表传》:"权于武昌新装大船,名为长安,试泛之钓台圻。时风大盛,谷利令柂工取樊口。权曰:'当张头取罗州。'利拔刀向柂工曰:'不取樊口者斩。'工即转柂入樊口,风遂猛不可行,乃还。权曰:'阿利畏水何怯也?'利跪曰:'大王万乘之主,轻于不测之渊,戏于猛浪之中,船楼装高,邂逅颠危,奈社稷何?是以利辄敢以死争。'权于是贵重之,自此后不复名之,常呼曰'谷'。"拟:指向,比划。这里指用刀架在他人身上。

⑧ 吴王岘(xiàn):小而高的山岭,在樊山旁。吴王,指孙权。

⑨ 寒溪寺:苏辙《武昌九曲亭记》云:"子瞻迁于齐安,庐于江上。齐安无名山,而江之南武昌诸山,陂陁蔓延,涧谷深密,中有浮图精舍,西曰西山,东曰寒溪,依山临壑,隐蔽松枥,萧然绝俗,车马之迹不至。"苏轼《游武昌寒溪西山寺》诗记其地:"连山蟠武昌,翠木蔚樊口。……西上九曲亭,众山皆培塿。却看江北路,云水渺何有。离离见吴宫,莽莽真楚薮。空传孙郎石,无复陶公柳。"

⑩ 曲山:疑当作"九曲山",或名"九曲岭"。《舆地纪胜》卷八一《景物·九曲岭》:"在武昌九曲亭下,山九折,东坡因亭名之。苏子由有记,将适西山,行于松柏之间,羊肠九曲而获少平是也。"

⑪ 九曲亭:苏辙《武昌九曲亭记》记其地:"羊肠九曲而获少平,游者至此必息。倚怪石,荫茂木,俯视大江,仰瞻陵阜,旁瞩溪谷,风云变化,林麓向背,皆效于左右,有废亭焉,其遗址甚狭,不足以席众客。"苏轼曾重修该亭。

⑫ 菩萨泉:苏轼《菩萨泉铭》云:"今寒溪少西数百步,别为西山寺,有泉出于嵌窦间,色白而甘,号'菩萨泉',人莫知其本末。"(《苏

轼文集》卷十九）

⑬陶母：陶侃的母亲湛氏，豫章新淦（今江西新干）人。见《晋书·列
女传》。

⑭陶公：陶侃（kǎn），字士行，本鄱阳（今属江西）人，徙家江州寻阳
（今江西九江）。东晋名将。永嘉五年（311）任武昌太守。后为
江州刺史、湘州刺史、荆州刺史。《晋书》本传载其"薨于樊溪"。

⑮寻绎（yì）：推究探索。

⑯忽然不见：此段叙事见《水经注》卷三一引《武昌记》："樊口南有
大姥庙，孙权常猎于山下，依夕，见一姥，问权：'猎何所得？'曰：
'止得一豹。'母曰：'何不竖豹尾？'忽然不见。"此"大姥庙"即
后文之"圣母庙"。

⑰十五年前：指治平三年（1066），当时苏轼兄弟护苏洵丧由京师回
眉山，途经武昌。

【译文】

从我居住的临皋亭下到江中，乘船横渡向西，停泊在樊山边，这就
是樊口。又名"燔山"，年岁遇旱时于此山燔火，能令龙腾雨致；有人说
因为是樊氏居住其地，故名，不知哪种说法是对的。由樊口往上游是卢
洲，当年孙权泛舟江上，忽遇大风，掌舵船工询问去向何处，孙权想往卢
洲，他的仆人谷利用刀架着掌舵船工，让他停泊在樊口。于是自樊口凿
山通路，回到武昌，现在还称此山为"吴王岘"。山有洞穴，其中泥土为
紫色，可用来磨镜。顺山往南就到了寒溪寺，寺后有九曲山，山顶就是即
位坛、九曲亭，都是孙权留下的遗迹。西山寺的泉水清白甘甜，名叫"菩
萨泉"，泉水流出处的山石，像人下垂的手。山下有陶母庙，陶侃治理武
昌时，生病后登舟，死于樊口。寻访这些故迹，令人凄然神伤。传说孙权
在樊口打猎，猎得一头豹子，忽有老太婆出现，说："何不抓住它的尾巴？"
忽然又不见了。现今山中有圣母庙。我十五年前经过那庙，见那榜上仿
佛有"得一豹"三字，现在没有了。

赤壁洞穴

【题解】

苏轼的《赤壁赋》《后赤壁赋》以及《念奴娇·赤壁怀古》,令黄州赤壁之名流传千古。本文记载了当年赤壁的形貌,其中说到"二鹊巢其上",与《后赤壁赋》的"履巉岩,披蒙茸,踞虎豹,登虬龙,攀栖鹘之危巢,俯冯夷之幽宫",《李委吹笛》诗引说"置酒赤壁矶下,踞高峰,俯鹘巢",可以相互印证。文末提及江边的细石,就是现在说的雨花石,可见那时候的苏轼便懂得收集和欣赏雨花石之美了。又见《苏轼文集》卷七一《记赤壁》。

黄州守居之数百步为赤壁①,或言即周瑜破曹公处②,不知果是否? 断崖壁立,江水深碧,二鹊巢其上③,有二蛇④,或见之。遇风浪静,辄乘小舟至其下,舍舟登岸,入徐公洞。非有洞穴也,但山崦深邃耳⑤。《图经》云是徐邈,不知何时人,非魏之徐邈也⑥。岸多细石,往往有温莹如玉者,深浅红黄之色,或细纹如人手指螺纹也。既数游,得二百七十枚,大者如枣栗,小者如芡实⑦。又得一古铜盆盛之,注水粲然⑧。有一枚如虎豹首⑨,有口鼻眼处,以为群石之长。

【注释】

①赤壁:宋代黄州长江中的一处石壁,颜色赤红,故名。苏轼《与范子丰八首》其七云:"黄州少西山麓,斗入江中,石室如丹。传云曹公败所、所谓赤壁者,或曰非也。"(《苏轼文集》卷五十)其地今名东坡赤壁,在湖北黄冈黄州区。

②周瑜破曹公:周瑜,字公谨,庐江舒县(今安徽庐江西南)人。三

国时吴国大将。曹公,指曹操。建安十三年(208),周瑜率孙权、刘备联军在赤壁(今湖北赤壁)大败曹操军队。赤壁之战发生地并非在黄州,但苏轼沿当地传说之误,将黄州赤壁(今名东坡赤壁)当作周郎赤壁。

③鹘(hú):也叫"隼(sǔn)",一种体型较小的猛禽。

④有二蛇:稗海本作"有二蛟",《苏轼文集》作"上有二蛇"。

⑤但:只是。山崦(yān):山坳,山之曲折深幽处。

⑥徐邈:字景山,燕国蓟(今北京西南)人。三国时魏国名臣。

⑦芡(qiàn)实:又名"鸡头",一种水生睡莲科芡属植物的种子,可食用和药用。

⑧粲(càn)然:光亮、鲜明的样子。

⑨首:稗海本作"者"。

【译文】

距黄州太守住所数百步的地方是赤壁,有人说就是当年周瑜大破曹操军队之处,不知道是否如此。峭壁耸立江中,江水深绿,有两只鹘在赤壁上筑巢,另外还有两条蛇,有时能见到。江中风平浪静的时候,我便乘坐小舟到那里,舍舟登岸,进入徐公洞。其实那不是真正的洞穴,只是山坳幽深之处而已。当地的《图经》上说徐公是指徐邈,不知道哪个时代的人,并不是三国魏国那个徐邈。岸滩有许多小石子,常有晶莹剔透像玉石一样的,颜色有深有浅,有红有黄,有的石子上还有细小的纹路,像人的手指螺纹那样。我去那里游历了几次,共收集到二百七十枚石子,大的像枣子、栗子,小的像芡实。我又得到一个古时的铜盆,将石子放在里面,倒进水,石子光亮美丽。这些石子中有一枚好像虎豹的头,有口、有鼻、有眼,是众石子中最美的。

玉石

【题解】

本门2条。一记辨真玉的方法，一记青州红丝石砚。

辨真玉

【题解】

玉石非常坚硬，在古代，一般的金（铜）和铁工具很难对它进行加工，所以人们以此来判断是否是玉。但苏轼听人说，能耐受金铁、不受其损伤的不过是珉之精者，真正的玉须是经得起定州瓷的芒刺的。又见《苏轼文集》卷七一《书贾祐论真玉》。

步军指挥使贾逵之子祐为将官徐州[①]，为予言：今世真玉甚少[②]，虽金铁不可近，须沙碾而后成者[③]，世以为真玉矣。然犹未也，特珉之精者[④]，真玉须定州磁芒所不能伤者乃是云[⑤]。问后苑老玉工[⑥]，亦莫知其信否。

【注释】

①贾逵：宋仁宗时将领。元丰初拜建武军节度使、殿前都指挥使。

其子贾祐元祐三年（1088）为内殿崇班阁门祗候。徐州：苏轼熙宁十年（1077）至元丰二年（1079）在此任知州。

②甚少：稗海本、《东坡外集》卷五三《书贾祐论真玉》《苏轼文集》作"至少"。此句前"步军指挥使贾逵之子祐为将官徐州为予言"十八字，底本原无，据《苏轼文集》《东坡外集》补。

③沙碾：切割、制作和打磨玉器称为"碾"，碾玉时要使用一种沙，名"解玉沙""碾玉沙"。"沙碾"就是以沙碾玉的意思。

④特：只是。珉（mín）：似玉的美石。

⑤定州：宋属河北西路，今属河北省。北宋时定州是著名的烧制瓷器的地方，所制瓷器有定瓷、定窑之称。磁（cí）芒：指瓷器上的芒刺，小凸起。磁，瓷器。云：此字稗海本无。

⑥后苑：北宋皇宫的御苑（皇家园林），在宫城北端。除了举行游观、习射、垂钓等活动外，后苑还是制作器具、珍玩的场所。《续资治通鉴长编》中提到"后苑珠玉之工""后苑作玉工"。苑，原作"死"，据稗海本、《苏轼文集》改。

【译文】

步军指挥使贾逵的儿子贾祐在徐州为将官，对我说：如今世上真正的玉石很少，世人以为只要不能用金铁，而要用解玉沙来加工的便是真玉。其实未必即是，那只是优质的珉石而已，真正的玉石应该是用定州瓷的芒刺也无法损伤于它。我去问后苑的制玉的老工匠，他也不知道这说法是否可信。

红丝石

【题解】

唐彦猷《砚录》以红丝石为天下第一，苏轼曾见真净克文禅师所藏红丝石砚，以为名不虚传。元丰七年（1084），苏轼离开黄州，先游庐山，后到筠州（今江西高安）访弟弟苏辙，此时见到克文禅师。又见《苏轼文集》卷七十《书云庵红丝砚》。

　　唐彦猷以青州红丝石为甲①。或云惟堪作骰盆②，盖亦不见佳者。今观云庵所藏③，乃知前人不妄许尔。

【注释】

①唐彦猷（yóu）：唐询，字彦猷，钱塘（今浙江杭州）人。北宋仁宗时的官员。曾出知青州等地，官至判太常寺，进给事中。卒赠礼部侍郎。《宋史》有传。唐询有《砚录》二卷，今佚，但有佚文保存于《续谈助》《苕溪渔隐丛话》《墨池编》等书中。青州红丝石：产于青州（今属山东）的一种石材。《续谈助》载《砚录》录砚十五品，以青州红丝石为第一。《苕溪渔隐丛话》（后集卷二九）引《砚录》云：“红丝石出于青州黑山，其理红黄相参，二色皆不甚深，理黄者其丝红，理红者其丝黄，其纹上下通彻匀布，渍之以水，则有滋液出于其间，以手摩拭之，久而黏着如膏，若覆之以匣，至开时，数日墨色不干，经夜即其气上下蒸濡，着于匣中，有如雨露。”

②骰（tóu）盆：供赌博抛掷骰子之用的盘子。

③云庵：底本作“雪庵”，据《苏轼文集》《苕溪渔隐丛话》（后集卷二九）引东坡语改。云庵，即克文禅师，“云庵”为其号，俗姓郑，陕州阌（wén）乡（今河南灵宝西）人。黄龙慧南禅师法嗣。曾住江西高安县的洞山寺、靖安县的泐潭寺等寺。与王安石、苏轼、苏辙等人交往甚密。

【译文】

　　唐彦猷认为青州红丝石是最好的砚台。有人说那石头只可做骰盆，应是没见到其中的佳品。今天我看到云庵所藏的红丝石砚，便知道前人并非是胡乱轻易地称赞它。

井河

【题解】

本门2条。一记蜀中盐井在北宋庆历之后兴起的一种新的采盐法，一记北宋汴河两岸设斗门淤田失败之事。可见苏轼对经济事务的关注。

筒井用水鞴法

【题解】

蜀中盐井的历史十分悠久，北宋中期蜀人又发明了筒井（或称"卓筒井"）法采盐，当时不少人曾写到其事，如文同云："自庆历已来，始因土人凿地植竹为之卓筒井，以取咸泉，鬻炼盐色。"（《奏为乞差京朝官知井研县事状》）范镇云："蜀江有咸泉，有能相度泉脉者，卓竹江心，谓之卓筒井。大率近年不啻千百井矣。"（《东斋记事》卷四）但关于筒井法的具体形制和原理，只有苏轼详细描写过，因此本文也是盐业史上的重要材料。在此之外，苏轼还认为《后汉书》说的"水鞴"（水排），其实也是一种取水筒。不过这里苏轼的看法有误，《后汉书》里的水排其实是用水力驱动的鼓风装置，和筒井无关。又见《苏轼文集》卷七三《蜀盐说》。

蜀去海远，取盐于井①。陵州井最古②，洯井、富顺盐亦久矣^③,惟邛州蒲江县井^④,乃祥符中民王鸾所开^⑤,利入至厚。自庆历、皇祐以来^⑥,蜀始创"筒井",用圜刃凿如碗大^⑦,深者数十丈。以巨竹去节,牝牡相衔为井^⑧,以隔横入淡水,则碱泉自上^⑨。又以竹之差小者出入井中为桶,无底而窍其上,悬熟皮数寸^⑩,出入水中,气自呼吸而启闭之,一筒致水数斗。凡筒井皆用机械,利之所在,人无不知^⑪。《后汉书》有"水鞲"^⑫,此法惟蜀中铁冶用之,大略似盐井取水筒。太子贤不识^⑬,妄以意解,非也。

【注释】

① 井:原作"叔",据稗海本、《苏轼文集》改。

② 陵州:今四川仁寿。《元丰九域志·成都府路》载陵井监云:"唐陵州。皇朝淳化三年升团练州。熙宁五年废为监。治仁寿县。"

③ 淯(yù)井:其地在今四川长宁双河镇。北宋熙宁八年(1075)置淯井监,属梓州路泸州。富顺:今属四川。宋乾德四年(966)置富义监,太平兴国元年(976)改富顺监,属梓州路。

④ 邛(qióng)州蒲江县:今四川蒲江,北宋属成都府路。《元丰九域志·成都府路》记邛州蒲江县有"盐井一监"。以上提到的陵井、淯井、富顺及蒲江在北宋时均有盐井,以产盐闻名。

⑤ 祥符:大中祥符,宋真宗赵恒的年号(1008—1016)。

⑥ 庆历:宋仁宗赵祯的年号(1041—1048)。皇祐:宋仁宗赵祯的年号(1049—1053)。

⑦ 圜(yuán)刃:大约是一种圆圈形的刀,用来挖凿地下的泥土。圜,同"圆"。《苏轼文集》作"圆"。凿:《苏轼文集》作"凿山"。

⑧ 牝(pìn)牡相衔:将一根竹子较细的一端与另一根竹子较粗的一端相衔接,形成套管,插入井洞中。

⑨醎（xián）：同"咸（鹹）"。《苏轼文集》作"鹹（咸）"。

⑩熟皮：鞣（róu）制加工过的皮革。这里是说将皮革覆盖在细竹筒的上端，但不密封固定，当细竹筒放下入粗竹筒形成的井洞时，空气冲开上端的皮盖排出，当细竹筒从井中抽出时，皮盖落下覆盖，细竹筒中的咸水因为空气压力可以保持稳定、不会泄出。

⑪知：《苏轼文集》作"智"。

⑫《后汉书》有"水鞲（bài）"：《后汉书·杜诗传》云："造作水排，铸为农器，用力少，见功多，百姓便之。"李贤注："排，音蒲拜反，冶铸者为排以吹炭，今激水以鼓之也。'排'当作'橐（bài）'，古字通用也。"水排是一种倚靠水车的水力驱动的鼓风装置，并不像苏轼认为那样是类似筒井的东西。

⑬太子贤：李贤，祖籍陇西成纪（今甘肃秦安），唐高宗李治与武后的儿子。上元二年（675）册为太子，调露二年（680）被废为庶人，后被逼自杀。景云二年（711）追谥章怀。李贤为太子时曾令东宫学者注《后汉书》，今存。

【译文】

蜀地距离大海很远，便从井中取盐。陵州的盐井最为古老，淯井、富顺的盐井也颇有些历史了，而邛州蒲江县的盐井，乃是大中祥符年间平民王鸾开凿的，获利丰厚。自从庆历、皇祐以来，蜀地创造发明了"筒井"，以圆圈形的刃挖凿地面，洞口如碗大，深有数十丈。用内部已去除竹节的大竹，相互嵌套形成套筒井，以隔绝从四周渗入的淡水，而井底的咸水自然漫进来。又用稍细的竹子嵌套为套筒长筒，其下端开口，上端有孔，孔上挂直径数寸的熟皮革，细竹筒出入水中时，空气如呼吸那样自然出入其中，皮革随之自然开启关闭，这样一筒出来的咸水有数斗。其实筒井所用都是机械的道理，这样可以获利，人人皆知。《后汉书》里提到"水鞲"，这种方法只有蜀中冶铁的时候运用，其原理模式与盐井的取水竹筒大致相同。李贤注《后汉书》不懂这一点，妄自以自己的理解去解释,并不准确。

汴河斗门

【题解】

宋神宗时大兴水利,《宋史·河渠志三》记载,熙宁六年(1073)夏,都水监丞侯叔献请求"引汴水淤府界闲田,(王)安石力主之。水既数放,或至绝流,公私重舟不可荡,有阁折者",这就是本文开篇所说的事情。苏轼看白居易文章提到唐代汴河即有斗门做灌溉,可见他虽然反对新法,但对新法所倡导的水利之事是十分留意的,他在杭州等地也切实地做过一些水利工程,造福百姓。又见《苏轼文集》卷六六《书汴河斗门》。

数年前朝廷作汴河斗门以淤田[①],识者皆以为不可,竟为之,然卒亦无功。方樊山水盛时放斗门[②],则河田、坟墓、庐舍皆被害,及秋深水退而放,则淤不能厚,谓之"蒸饼淤"[③],朝廷亦厌之而罢。偶读白居易《甲乙判》有云[④]:"得转运使以汴河水浅不通运,请筑塞两河斗门,节度使以当管营田悉在河次,在斗门筑塞,无以供军。"乃知唐时汴河两岸皆有营田斗门,若运水不乏[⑤],即可沃灌。古有之而不能,何也?当更问知者。

【注释】

①汴河:又名"通济渠",唐宋时期连接河南和江淮地区的一条大运河,由今河南荥阳北的黄河口(汴口)始,向东南流,经过开封、商丘、宿州等地,到泗州(今江苏盱眙、泗洪一带)入淮河。《宋史·河渠志》云:"汴河,自隋大业初疏通济渠,引黄河通淮,至唐

改名广济。宋都大梁，以孟州河阴县南为汴首受黄河之口，属于淮、泗。"斗门：古代一种控制水流的闸门。淤田：用河水冲刷田地，将泥沙淤积在田地上，可以使田地变得肥沃，有益耕种。神宗时于汴河修建斗门，原本是为了灌溉。《宋史·河渠志五》载秘书丞侯叔献建言："汴岸沃壤千里，而夹河公私废田，略计二万馀顷，多用牧马。计马而牧，不过用地之半，则是万有馀顷常为不耕之地。观其地势，利于行水。欲于汴河两岸置斗门，泄其馀水，分为支渠，及引京、索河并三十六陂，以灌溉田。"朝廷即令其人提举开封府界常平，施行计划。其后"叔献又引汴水淤田，而祥符（今河南开封）、中牟之民大被水患"，淤田失败。

②樊山水：古时曾将六月中旬以后至七月间的黄河涨水称为"樊山水"。见陆深《俨山外集》卷十七。

③蒸饼：古人又称"炊饼"，今称"馒头"。《苏轼文集》作"煎饼"。

④白居易《甲乙判》：贞元十八年（802）白居易为参加书判拔萃科考试做准备，拟写了一百道判词，以甲乙丙丁为事主，故称《甲乙判》，又名"百道判"，收入今传之《白居易集》中。下面的话见《甲乙判》第十六道判的题目，《得转运使以汴河水浅，运水不通，请筑塞两河斗门，节度使以当军营田悉在河次，若斗门筑塞，无以供军》。"两河"一本作"两岸"。营田，军队屯田。河次，河的近旁，河边。

⑤运水：船运所需之水，运河之水。

【译文】

几年前朝廷在汴河两岸修建斗门，放水淤田，有识之士都认为这样做不可行，但还是施行了，最后也未能成功。当六月中旬后河水暴涨时，开放斗门，附近的田地、坟墓、屋舍都会被冲毁，如果等到深秋水退的时候开放，则泥沙淤积不多，称之为"蒸饼淤"，朝廷最后无法忍受此事劳而无功，最终放弃了。我偶然读白居易的《甲乙判》，看到上面说："转运使因为汴水水浅不能运输，请求堵塞两岸的斗门，而节度使认为所管辖的营田都在汴水岸旁，如果堵塞斗门而田中无水，无法供应军方的粮饷。"由此知道唐朝时汴水两岸都有斗门，若河水不至少到无力承载航船，便可以用来灌溉。古代汴河两岸建有斗门和营田而现在不行，这是什么原因？以后应当问问懂得此事的人士。

卜居

【题解】

卜居是择地居住的意思。本门共4条。

太行卜居

【题解】

苏轼喜爱名山胜景，从少时直至晚年，常有山林之兴，他曾自述"少时本欲逃窜山林"（《苏轼文集》卷六十《与王庠五首》其一），答黄庭坚诗说"阴求我辈人，规作林泉伴"（《往在东武，与人往反作粲字韵诗四首，今黄鲁直亦次韵见寄，复和答之》），而他人为东坡作的画像，是"黄冠野服山家容，意欲置我山岩中"（《赠写真何充秀才》）亦得其认可，皆是明证。本书卷二《致仕·贺下不贺上》还提到致仕后的"脱冠佩，访林泉"之乐。元祐三年（1088）九月苏轼在京为官，听人说起太行山麓的百泉胜景，又萌发了卜居林泉的念头。又见《苏轼文集》卷七一《书赠柳仲矩》。

柳仲举自共城来①，抟太官米作饭食我②，且言百泉之奇胜③，劝我卜邻④。此心飘然，已在太行之麓矣。元祐三年九月七日⑤,东坡居士书。

【注释】

①柳仲举:苏轼堂妹婿柳子文(字仲远)的兄弟。《苏轼文集》作"柳十九仲矩"。共城:今河南辉县。

②抟(tuán):稗海本作"传",《苏轼文集》作"持"。太官:原作"大官",据《苏轼文集》改。"太官"是宫中掌管饮食的官职或机构。

③百泉:地名。在今河南辉县,今为百泉风景区,其地在太行山东麓。

④卜邻:语出《左传·昭公三年》:"且谚曰:'非宅是卜,唯邻是卜。'二三子先卜邻矣。"意为选择邻居。这里是柳仲举劝苏轼去百泉居住并和他做邻居。

⑤九月七日:《苏轼文集》作"九月十七日"。

【译文】

柳仲举从共城来看我,用宫中太官的米做饭团给我吃,并说起百泉的奇观胜景,劝我去那里居住,和他做邻居。此时我的心已经飘往太行山的东麓了。元祐三年(1088)九月七日,东坡居士书。

范蜀公呼我卜邻

【题解】

苏轼在黄州时,致仕居住在许下的范镇来信,约他移居许下做邻居。苏轼说自己习惯了穿着蓑衣戴着箬笠,放浪东坡之上,怎么能再侍奉公卿大人呢!这和李白"安能摧眉折腰事权贵"的表述有几分相似。范镇约苏轼卜邻,应在苏轼初从黄州移汝州时,元丰七年(1084)七月苏轼在金陵会见王安石,王安石约卜居金陵,十月苏轼在扬州上表乞于常州居住。范镇来信及本文之作,大约在此时前后。又见《苏轼文集》卷七一《书蜀公约邻》。

　　范蜀公呼我卜邻许下①。许下多公卿，而我蓑衣箬笠②，放荡于东坡之上③，岂复能事公卿哉？若人久放浪④，不觉有病，忽然持养⑤，百病皆作。如州县久不治，因循苟简⑥，亦曰无事，忽遇能吏，百弊纷然，非数月不能清净也。要且坚忍不退，所谓一劳永逸也⑦。

【注释】

①范蜀公：范镇，字景仁，成都华阳（今四川成都）人。累封蜀郡公。见卷三《异事·记范蜀公遗事》。许下：即今河南许昌。宋初为许州，元丰三年（1080）升颍昌府，属京西北路。范镇致仕后晚年居住在颍昌，有《镇卜居许下，虽未有涯，先作五十六言奉寄子华相公持国端明玉汝待制》诗，司马光有《闻景仁迁居许昌为诗寄之》。苏轼《答范蜀公十一首》其三："蒙示谕，欲为卜邻，此平生之至愿也。寄身函丈之侧，旦夕闻道，又况忝姻戚之末，而风物之美，足以终老，幸甚！幸甚！"（《苏轼文集》卷五十）

②蓑（suō）衣：用竹叶或草、棕编成的雨披。箬（ruò）笠：用笋壳或竹篾编制的宽边斗笠。"蓑衣""箬笠"的表达出自张志和《渔歌子》："青箬笠，绿蓑衣，斜风细雨不须归。"

③放荡：稗海本作"放浪"。东坡：元丰四年（1081）苏轼在黄州时，好友马梦得为他向官府申请得故营地数十亩，其地在黄州城东，苏轼将其命名为"东坡"。这也是"东坡居士"名号的由来。陆游《入蜀记》卷四："十九日早游东坡，自州门而东，冈垄高下，至东坡则地势平旷开豁，东起一垄颇高，有屋三间。"苏轼曾打算在东坡终老，苏轼《与子安兄七首》其一："近于城中得荒地十数亩，躬耕其中。作草屋数间，谓之东坡雪堂。种蔬接果，聊以忘老。"（《苏轼文集》卷六十）《江城子（梦中了了醉中醒）》亦记其东坡

雪堂,末云"吾老矣,寄馀龄"。

④若人:原作"居人",据秤海本、《苏轼文集》改。

⑤忽然:原作"或然",据《苏轼文集》改。

⑥因循苟简:做事因循,得过且过。

⑦一劳永逸:辛劳一时可得永久的好处和安逸。班固《封燕然山铭》:"兹可谓一劳而久逸,暂费而永宁也。"张衡《西京赋》:"高祖创业,继体承基,暂劳永逸,无为而治。"

【译文】

范蜀公约我在许下定居。许下那里的公卿贵人很多,而我习惯了穿蓑衣、戴箬笠,浪迹于东坡之上,怎能再去侍奉那些公卿贵人呢?就好比一个人放浪形骸太久了,不觉得有病痛,如果忽然要保养身体,反而是各种疾病都会发作。就好比地方的州县长久没有整治,凡事都沿袭旧例,无为清简,也不会出事,要是忽然遇到一位能干的官吏,各种弊病便会纷纷出现,没有几个月的时间是不能把政事理顺而重归清静的。总归倒不如坚持本性,毫不退却,这就是所谓的一劳永逸了。

合江楼下戏

【题解】

从惠州合江楼眺望,除了自然美景,还有贫民的茅屋,歪歪斜斜地散落在水边。绍圣二年(1095)两次大水造成贫民死亡,苏轼从他们的悲惨命运联想到贬谪惠州的自己,不也是别人的"眼中沙"吗?南宋薛季宣《无眠》诗说:"人情风上草,身世眼中沙。"似即道出苏轼的感慨。又见《苏轼文集》卷七一《题合江楼》。

合江楼下①,秋碧浮空,光摇几席之上,而有茅苫庐屋七八间②,横斜砌下。今岁大水再至,居人散避不暇。岂无寸土可迁，而乃眷眷不去，常为人眼中沙乎^③？

【注释】

①合江楼：在惠州。苏轼绍圣元年（1094）十月和绍圣二年（1095）三月至三年（1096）四月，两度居住于其地。见卷一《送别·别王子直》。《苏轼文集》于此句前有"青天孤月，故是人间一快，而或者乃云不如微云点缀，乃是居心不净者常欲滓秽太清"，稗海本以此为另外一段（卷八第十七条），置于"合江楼下"条前，而"孤月"作"素月"，"故"作"固"，"是"作"知"。

②茅苫（shān）：用茅草覆盖。原作"茅店"，稗海本作"茅苫"，《苏轼文集》作"葵苫"，当以"茅苫"为是。苏轼《吴中田妇叹》："茅苫一月垄上宿，天晴获稻随车归。"

③乃眷眷（juàn）不去，常为人眼中沙乎：这一句字面义是说，这些岸边的居民难道会因留恋故居而不迁去别处，而淹死化为水中的沙子吗？实际在说自己，我难道不该早些远离危险之地（朝廷）吗？难道还贪恋官位，成为别人的眼中沙（钉）吗？此句之后，《苏轼文集》有"绍圣二年九月五日"八字。眷眷，恋恋不舍的样子。

【译文】

合江楼下，秋日澄碧的天空映照水中，反射的光在几案坐席上摇动，附近有七八间茅棚屋舍，杂乱歪斜地分布在台阶石砌之旁。今年发了两次大水，居民逃避不及。难道他们没有其他地方可去，而对此地恋恋不舍，最终成为人们眼中的沙子吗？

名西阁

【题解】

元丰七年（1084）苏轼由黄州移汝州，往来江淮一带，经过楚州山阳

（今江苏淮安）时，淮南转运副使蔡景繁请他为西阁命名并求诗。苏轼登西阁时，蔡景繁出巡未归，本文实是苏轼留给蔡景繁的便条。苏轼当时还写有《蔡景繁官舍小阁》诗，诗中以蔡谟、蔡廓比蔡景繁父子，即本文后半部分所说的内容。古典诗中凡赠答多以古代同姓人作比，这也是东坡非常喜欢的一种手法，不过他在这里也犯了一点儿小错误。《施顾注东坡先生诗》卷二十二《蔡景繁官舍小阁》诗题注："东坡自黄移汝，以元丰七年至日过山阳，登西阁。时景繁方行部，既赋此诗，且以帖与景繁云：'西阁诗不敢不作，然未敢便写板上。阁名亦思之，未有佳者。蔡谟、蔡廓，名父子也，晋、宋间第一流，辄以仰比公家，不知可否？'"帖语又见《苏轼文集》卷五五《与蔡景繁十四首》其十四。本条似是后人据施顾注改写而成，又见《苏轼文集》卷七一《名西阁》。

　　元丰七年冬至^①，过山阳^②，登西阁^③，时景繁出巡未归^④。轼方乞归常州^⑤，得请，春中方当复过此。故有阁欲名，思之未有佳者。蔡谟、廓，名父子也^⑥，晋宋间第一流，辄以仰比公家^⑦，不知可否？

【注释】

①七年：原作"三年"，据《施顾注东坡先生诗》改。

②山阳：山阳县，楚州州治，今江苏淮安。

③西阁：蔡景繁在山阳县官署的一座阁楼。苏轼《蔡景繁官舍小阁》诗云："使君不独东南美，典型尚记先君子。戏嘲王叟短辕车，肯为徐郎书纸尾。三年弭节江湖上，千首放怀风月里。手开西阁坐虚明，目净东溪照清泚。素琴浊酒容一榻，落霞孤鹜供千里。……相逢一醉岂有命，南来寂寞君归矣。"

④景繁：蔡承禧，字景繁，临川（今江西抚州临川区）人。累迁太常博士，出为淮南转运副使。生平见苏颂《承议郎集贤校理蔡公墓

志铭》。繁，底本原作"烦"，据稗海本、《苏轼文集》改。

⑤乞归常州：元丰七年（1084）十月十九日，汝州团练副使苏轼未至汝州时，在扬州上表乞求在常州居住。

⑥蔡谟（mó）、廓，名父子也：原作"蔡谟廓名之子也"，据稗海本改。《苏轼文集》作"蔡廓谟之子也"。《施顾注东坡先生诗》《苏轼文集》卷五五《与蔡景繁十四首》其十四作"蔡谟、蔡廓，名父子也"。蔡谟，字道明，陈留考城（今河南民权）人。东晋学者。累官至光禄大夫、开府仪同三司。卒赠侍中、司空，谥文穆。蔡廓：字子度，济阳考城（今河南民权）人。蔡谟曾孙。东晋时为御史中丞，入宋为祠部尚书。蔡廓是蔡谟的曾孙，本文称二人为父子，有误。

⑦晋、宋间第一流，辄以仰比公家：此句意为，请以晋宋之时的蔡谟、蔡廓"父子"（误）来比拟你父亲和你。蔡景繁父亲名元导，字濬仲（一作"睿中"），嘉祐二年（1057）进士，终剑南推官。苏轼《蔡景繁官舍小阁》诗开篇即说到蔡景繁父子二人，"使君不独东南美，典型尚记先君子"，接下来"戏嘲王叟短辕车，肯为徐郎书纸尾"二句，就分别用了蔡谟、蔡廓的两个故事。仰比公家，原无"比"字，据《施顾注东坡先生诗》《苏轼文集》卷五五《与蔡景繁十四首》其十四补。

【译文】

元丰七年（1084）冬至，我经过山阳，登上西阁，此时蔡景繁外出巡视，尚未归来。我最近刚刚上表朝廷乞求居住在常州，如果得到批准，春天时当再来此处。公请我为现有的西阁命名，想来想去没有合适的。蔡谟和蔡廓，是历史上有名的父子，在晋宋之间为第一流的人物，我诗中用以比拟公的家世，不知可否？

亭堂

【题解】

本门4条。涉及苏轼在黄州时的临皋亭、陈氏草堂、雪堂，以及在惠州时的容安亭（轩）。

临皋闲题

【题解】

本条写临皋亭下的江水，苏轼念及故乡之水奔流到此。由江水而思及故乡，苏轼在《游金山寺》中也写过："我家江水初发源，宦游直送江入海。"文中"江山风月，本无常主，闲者便是主人"，可与《赤壁赋》中"天地之间，物各有主"一段相对照。"风月主"后来被黄庭坚用入诗中："试问淮南风月主，新年桃李为谁开。"（《次韵文潜立春日三绝句》其一）。本文最后苏轼问范子丰，你的宅第园林和我的江山风月，谁的景色更好？如果一定要说我有什么不如你的，是不用交两税及助役钱。贬谪黄州本是人生挫折，苏轼看到的却是由此带来的江山风月的美景和不交税的好处，而将不交税说成是"不如君子"的事，则又是一种含有讥讽和幽默的反话。又见《苏轼文集》卷五十《与范子丰八首》其八。

临皋亭下八十数步^①，便是大江，其半是峨嵋雪水^②，吾饮食沐浴皆取焉，何必归乡哉！江山风月，本无常主，闲者便是主人。问范子丰新第园池^③，与此孰胜^④？所以不如君子^⑤，上无两税及助役钱尔^⑥。

【注释】

①临皋（gāo）亭：黄州江边的亭子，苏轼元丰三年、四年间（1080、1081）居住于此，其《书临皋亭》云："东坡居士酒醉饭饱，倚于几上，白云左绕，清江右洄，重门洞开，林峦坌入。当是时，若有思而无所思，以受万物之备。惭愧，惭愧。"（《苏轼文集》卷七一）八十数步：稗海本作"八十馀步"，《苏轼文集》作"不数十步"。

②峨嵋：即峨眉山，在今四川峨眉山市。苏轼是眉山人，距离其山不远，他在《送杨孟容》即说"我家峨眉阴"。苏轼常常提起峨眉和江水，作为故乡的象征。如《次韵徐积》："若说峨眉眼前是，故乡何处不堪回。"《秀州报本禅院乡僧文长老方丈》："万里家山一梦中，吴音渐已变儿童。每逢蜀叟谈终日，便觉峨眉翠扫空。"

③问：原作"闻"，据稗海本、《苏轼文集》改。范子丰：范百嘉，字子丰，成都华阳（今四川成都）人。范镇第三子。苏轼亲家（苏过娶范百嘉女）。中进士，为大理评事。

④孰（shú）：哪一个。

⑤所以不如君子：稗海本作"所以不如君者"，《苏轼文集》作"所不如者"。

⑥上无两税及助役钱：两税，指春秋两季所交之税。助役钱，是熙宁变法后，原差役法取消，百姓需缴纳雇役钱或助役钱，以免除差役。这句有讥讽朝廷之意。

【译文】

从临皋亭往下走八十多步，便是长江，江水有一半是来自峨眉山的雪水,我日常的饮食沐浴用水都取之于江水,何必回家乡呢! 江山风月,本无长久的主人,闲者便是主人。请问范子丰,你新建的宅第园林水池,比此江景如何? 我所不如你的,只是我这里没有两税钱和助役钱罢了。

名容安亭

【题解】

苏轼在惠州时想建造一个小轩,以"容安"名之。这个名字来源于陶渊明的《归去来兮辞》,虽然这座轩亭最终没能建成,但本文反映出苏轼对陶渊明的喜爱。黄庭坚说:"饱吃惠州饭,细和渊明诗。"在惠州时苏轼开始大量和陶,立志"要当尽和其诗"(《和陶归园田居六首》)。又见《苏轼文集》卷七一《名容安亭》,末题"丙子十二月二十一日",是绍圣三年(1096)在惠州时所作。

陶靖节云①:"倚南窗以寄傲,审容膝之易安②。"故常欲作小轩③,以"容安"名之④。

【注释】

①陶靖节:陶潜,字渊明,东晋诗人。后世称"靖节先生"。
②倚南窗以寄傲,审容膝之易安:出自陶潜《归去来兮辞》。大意是说,倚在南窗边寄托自傲之情,深知仅能容下双膝的狭小之室却能令人心安。
③小轩:《苏轼文集》作"小亭"。
④以"容安"名之:《苏轼文集》于此句后有"丙子十二月二十一日"九字。丙子,是绍圣三年(1096),苏轼时在惠州。

【译文】

陶渊明说:"倚南窗以寄傲,审容膝之易安。"故而我常想建造一个小轩，以"容安"命名。

陈氏草堂

【题解】

元丰七年（1084）四月，苏轼离开黄州，先应知兴国军杨绘和永兴县令李翔之邀，到兴国军相会，后又到大冶县磁湖镇，与参寥、陈慥（zào）观瀑布。其具体时间，据王质《东坡先生祠堂记》云："先生去齐安以四月一日，至富川以七日，去以十日，至庐山以十五日。"又见《苏轼文集》卷七二《记参寥龙丘答问》。

慈湖陈氏草堂①，瀑流出两山间，落于堂后，如悬布崩雪，如风中絮，如群鹤舞。参寥子问主人乞此地养老②，主人许之。东坡居士投名作供养主③，龙丘子欲作库头④。参寥不纳，云："待汝一口吸尽此水⑤，令汝作。"

【注释】

①慈湖：当作"磁湖"，时为兴国军磁湖镇。兴国军治永兴县（今湖北阳新），磁湖在今湖北黄石下陆区。《舆地纪胜》卷三三《江南西路·兴国军·景物·磁湖》云："在大冶县。东坡谓其湖边之石皆类磁石，而多产菖蒲，故后人名曰'磁湖'。"陈氏：《苏轼文集》作"程氏"。王质《东坡先生祠堂记》提到"磁湖陈氏"，《舆地纪胜》卷三三《江南西路·兴国军·人物》记大冶人程师德，"东坡先生尝与之游"，不知是否一人。

②参寥子：释道潜，苏轼好友。见卷一《记游·逸人游浙东》。

③投名：投递名帖。此处为主动加入的意思。供养：佛教信徒供养

佛、法、僧三宝，为僧人提供饮食财物等。

④龙丘子：陈慥（zào），字季常，号方山子、龙丘居士，眉山（今属四川）
人。苏轼在黄州时与陈慥多往来，曾作《方山子传》。苏轼《岐
亭五首》序说："元丰三年正月，余始谪黄州。至岐亭北二十五里
山上，有白马青盖来迎者，则余故人陈慥季常也。……凡余在黄
四年，三往见季常，而季常七来见余，盖相从百馀日也。七年四
月，余量移汝州，自江淮徂洛，送者皆止慈湖，而季常独至九江。"
库头：寺庙里负责库房管理工作的僧人。

⑤一口吸尽此水：这是用唐代庞蕴居士的公案。《景德传灯录》卷八
云："（庞蕴）之江西参问马祖云：'不与万法为侣者，是什么人？'
祖云：'待汝一口吸尽西江水，即向汝道。'居士言下顿领玄要。"

【译文】

磁湖陈氏草堂，有瀑布由两山之间流出，落于堂后，如大布高悬，飞
雪崩落，又如风中飘絮，群鹤起舞。参寥子向主人乞求于此地建道场养
老，主人答应了。东坡居士自告奋勇愿意做供养人，陈慥想为参寥做库
头。参寥不肯接纳，说："待你一口吸尽此瀑布水，便让你做库头。"

雪堂问潘邠老名大临

【题解】

本文通过对话的形式展现了苏轼在黄州时的思想和心态，原是一篇
正式写作的文章，但可能因为苏轼感觉不够完善，没有收入早先的《东
坡集》和《东坡后集》中。《东坡外集》卷三十收入，题为《黄州雪堂记》，
本书题《雪堂问潘邠老（名大临）》，似以对答之"客"为黄州的潘大临
（字邠老）。客先说苏轼你有智慧，但不应表现出来，苏轼正是因为其智
慧和名声为人所嫉，才有黄州之贬。客又说，苏轼建雪堂以愉悦自己的
身心，实际无益而有害。苏轼辩解自己是偶然建造雪堂，原是无心。客

说，你一旦有此堂，目睹四壁的雪景图画，必然会心动，进而引起烦恼，丧失本心。苏轼说，黄帝游赤水登昆仑而遗玄珠，"忘其本"后又要"复其初"，我作雪堂观景，不过是因为"性之便，意之适"。由此可以看出苏轼对人生的不断思考，最终以遵从本性和适意为自己的安身立命之处。又见《苏轼文集》卷十二《雪堂记》。

苏子得废园于东坡之胁①，筑而垣之②，作堂焉，号其正曰"雪堂"③。堂以大雪中为，因绘雪于四壁之间，无容隙也。起居偃仰④，环顾睥睨⑤，无非雪者，苏子居之，真得其所居者也。苏子隐几而昼瞑⑥，栩栩然若有所适⑦，而方兴也未觉⑧，为物触而寤。其适未厌也⑨，若有失焉。以掌抵目，以足就履⑩，曳于堂下⑪。

【注释】

①东坡：黄州城东的一个地方，苏轼曾在此开荒种地。见本卷《卜居·范蜀公呼我卜邻》。胁：本指人的身体侧面腋下至腰部的部位，此处指侧旁。

②垣：墙。此处为动词，立了堵墙。

③雪堂：元丰五年（1082）苏轼在黄州时所建。《方舆胜览》卷五十《黄州·堂馆·雪堂》："在州治东百步。蜀人苏子瞻谪居黄三年，故人马正卿为守，以故营地数十亩与之，是为东坡。以大雪中筑室，名曰雪堂，绘雪于堂之壁。西有小桥，堂下有暗井。七年移汝州，去黄之日，遂以雪堂付潘大临兄弟居焉。崇宁壬午，党禁既兴，堂遂毁。"苏轼在《江城子（梦中了了醉中醒）》的自注和《与子安兄七首》其一中，都写到自己筑雪堂的事。

④偃仰：指安卧、安居。偃，仰卧。

⑤睥睨（pì nì）：斜视，打量。

⑥隐几：语出《庄子·齐物论》："南郭子綦隐机而坐，仰天而嘘。"意指靠着几案。《孟子·公孙丑下》也有"隐几而卧"，但本文多用老庄语，故以其属《庄子》。昼瞑（míng）：白天打瞌睡。

⑦栩栩（xǔ）然：语出《庄子·齐物论》："昔者庄周梦为胡蝶，栩栩然胡蝶也。"形容自得欢喜的样子。

⑧兴：起。觉：与下文"寤"，皆醒的意思。

⑨厌：满足。

⑩履（lǚ）：鞋。

⑪曳（yè）：拖。

【译文】

苏子在东坡的侧旁得到一个废弃的园子，于是修建垣墙，建造房屋，将正堂称为"雪堂"。雪堂是在大雪中建成的，因而在四面的墙壁上都画了雪景，没有空隙。日常起居躺卧的时候，环顾或斜眼扫视时，看到的都是雪景，苏子住在这里，真是找到了一处好地方。苏子倚靠着几案打瞌睡，怡然自得，似乎要去什么地方，正要站起却感觉是在梦中，碰到了什么东西便就醒了。此时想出去走走的感觉还没得到满足，若有所失。于是用手揉了揉眼睛，穿上鞋子，走到了堂下。

客有至而问者，曰："子世之散人耶①？拘人耶②？散人也而未能，拘人也而嗜欲深③。今似系马止也④，有得乎？而有失乎？"苏子心若省而口未尝言⑤，徐思其应⑥，揖而进之堂上。客曰："嘻，是矣！子之欲为散人而未得者也。予今告子以散人之道：夫禹之行水⑦，庖丁之提刀⑧，避众碍而散其智者也⑨。是故以至柔驰至刚，故石有时以泐⑩；以至刚遇至柔，故未尝见全牛也。子能散也⑪，物固不能缚；不能散也，物固不能释。子有惠矣，用之于内可也，今也如猬之在囊，而时动其脊胁^⑫，见于外者，不特一毛二毛而已。风不可抟^⑬，影不可捕，童子知之。名之于人，犹风之与影也，子独留之。故愚者视而惊，智者起而轧^⑭。吾固怪子为今日之晚也。子之遇我，幸矣！吾今邀子为籓外之游^⑮，可乎？"

【注释】

①散人：闲散无用之人，散诞逍遥之人。《庄子·人间世》中论说散木（不成材的木料），又提及"几死之散人"。陆龟蒙《江湖散人传》云："散人者，散诞之人也。心散、意散、形散、神散，既无羁限，为时之怪民，束于礼乐者外之曰：'此散人也。'散人不知耻乃从而称之。"

②拘人：自我拘束的人。

③嗜（shì）欲深：欲望深重。《庄子·大宗师》："其耆（嗜）欲深者，其天机浅。"

④似系（jì）马止：语出《庄子·天道》："似系马而止也。"像拴住马使之不能奔驰。

⑤省（xǐng）：明白，知晓。

⑥徐：慢慢地。

⑦禹之行水：大禹疏导洪水。《孟子·离娄下》："禹之行水也，行其所无事也。"

⑧庖（páo）丁之提刀：《庄子·养生主》记庖丁为文惠君解牛，文惠君赞叹其技，庖丁说："臣之所好者道也，进乎技矣。始臣之解牛之时，所见无非全牛者。三年之后，未尝见全牛也。"这是因为掌握了诀窍，顺着肌理，运刀于骨节空隙处，"恢恢乎其于游刃必有余地矣，是以十九年而刀刃若新发于硎。虽然，每至于族，吾见其

难为，怵然为戒，视为止，行为迟。动刀甚微，谍然已解，如土委地。提刀而立，为之四顾，为之踌躇满志，善刀而藏之。"庖丁，厨师。提刀，《苏轼文集》作"投刀"，应为"投刃"。"投刃"出自孙绰《游天台山赋》"投刃皆虚，目牛无全"，苏轼《次韵钱穆父还张天觉行县诗卷》有"投刃皆虚有馀地"之句。

⑨避众碍：这是说大禹治水疏导阻碍洪水的地方，庖丁解牛避开阻碍进刀的地方。《庄子·养生主》记庖丁解牛能顺着肌理，运刀于骨节空隙处，"依乎天理，批大却，导大窾，因其固然。技经肯綮之未尝，而况大軱乎"。散其智：谓不用其智。《孟子·离娄下》："禹之行水也，行其所无事也。如智者亦行其所无事，则智亦大矣。"

⑩泐（lè）：石头受到水的侵蚀（而开裂塌陷）。《周礼·考工记序》："石有时以泐。"

⑪子能散：原作"予能散"，据稗海本改。

⑫脊胁：脊椎和两胁。《庄子·秋水》："蛇谓风曰：予动吾脊胁而行。"成玄英疏："蛇既无足，故行必动于脊胁也。"

⑬风不可抟：《庄子·逍遥游》："鹏之徙于南冥也，水击三千里，抟扶摇而上者九万里。"抟，此处为抓捏之意。

⑭轧（yà）：倾轧，排挤。

⑮藩外：藩篱之外，比喻世外、方外。《庄子·大宗师》："吾愿游于其藩。"藩，指藩篱，用竹木编制的篱笆。

【译文】

这时有客人来了，他问道："你是世间放荡不羁的散人？还是自我束缚的拘人？说你是散人，你还没能做到；说你是拘人，你的欲望还很深。如今你就像被拴住的马一样停止不前，这样得到了什么，失去了什么？"苏子心里好像有所领悟但还没有开口，心里慢慢想着怎么回答，又对客人行礼请他进屋。客人说："哈哈，这就对了！你是想做散人但还没有做到的人。我来告诉你散人之道：大禹治水，庖丁解牛，都是避开阻碍而不用其智慧。所以至柔之水冲刷至刚之石,石头终会侵蚀开裂;以至刚之刀对付至柔之牛,眼中并没看到整只牛。你如果真能散诞,外物固然不能束缚你;如果你不能散诞,于世间外物也就无法释怀。你是有智慧的,但是在心里脑中运用就行了,可现在你就像布袋里的刺猬,时不时地扭动身体,在外面看见的就不只是一两根针刺了。风是抓不到的,影子也是捕捉不了的,这道理小孩子都知道。名声对人来说,就像风和影一样不可捕捉,唯独你却要强留。所以愚笨的人见到你会惊恐害怕,而智者则会群起倾轧你。你现在的遭遇来得这么晚,我都感觉奇怪。你能遇到我,真是幸运!我现在邀请你陪我一起到世外游历,可以吗?"

苏子曰:"予之于此,自以为籓外久矣,子又将安之乎?"客曰:"甚矣! 子之难晓也。夫势利不足以为籓也,名誉不足以为籓也①,阴阳不足以为籓也,人道不足以为籓也②,所以籓子者③,特智也尔。智存诸内,发而为言,则言有谓也,形而为行,则行有谓也。使子欲嘿不欲嘿④,欲息不欲息,如醉者之呓言⑤,如狂者之妄行,虽掩其口,执其臂,犹且喑呜局蹙之不已⑥。则籓之于人,抑又固矣。人之为患以有身⑦,身之为患以有心。是圃之构堂,将以佚子之身也⑧,是堂之绘雪,将以佚子之心也。身待堂而安,则形固不能释,心以雪而警,则神固不能凝⑨。子之和既焚而烬矣⑩,烬又复然,则是堂之作也,非徒无益,而又重子蔽蒙也。子见雪之白乎? 则恍然而目眩。子见雪之寒乎? 则竦然而毛起。五官之为害,惟目为甚,故圣人不为⑪。雪乎雪乎,吾见子之为目也⑫,子其殆矣!"

【注释】

①名誉不足以为藩也：名誉（名声）算不上什么藩篱。这是说，你不追求势利和名誉，就自以为在藩篱之外了，其实势利和名誉本来就算不上是藩篱。欧阳修《记旧本韩文后》："予之所为者，岂所以急名誉而干势利之用哉，亦志乎久而已矣。"

②阴阳不足以为藩也，人道不足以为藩也：《庄子·人间世》："事若不成，则必有人道之患；事若成，则必有阴阳之患。"阴阳，是说做事的喜（成）与忧（败）。人道，指为人之道。

③子：原作"予"，据稗海本、《东坡外集》改。

④嘿：同"默"，沉默不语。

⑤恚（huì）言：骂人的话。

⑥喑（yīn）呜：生气发怒的样子和声音。局蹙（jú cù）：不安的样子。不已：原作"而已"，据稗海本、《东坡外集》《苏轼文集》改。

⑦人之为患以有身：人之所以产生忧患烦恼是因为自己身体的存在。这个思想来自《老子》第十三章："吾所以有大患者，为吾有身。及吾无身，吾有何患？"苏轼《答径山琳长老》云："大患缘有身，无身则无疾。"

⑧佚：安乐，舒适。

⑨神固不能凝：神思固然无法聚集。《庄子·达生》："用志不分，乃凝于神。"

⑩和：指平和、中和。《庄子·外物》："众人焚和。"成玄英疏："众人，犹俗人也，不能守分无为，而每驰心利害，内热如火，故烧焰中和之性。"

⑪圣人不为：圣人不以目为要事。《老子》第十二章："五色令人目盲，五音令人耳聋，五味令人口爽，驰骋畋猎令人心发狂，难得之货令人行妨。是以圣人为腹不为目，故去彼取此。"

⑫之：原作"知"，据稗海本、《东坡外集》改。

【译文】

苏子说:"我现在到黄州这儿,自认为在世外已很久了,你又要带我到哪里啊?"客人说:"你真是难以明白其中的道理啊!权势和利益不是能作为束缚你的藩篱,名声也不足以作为束缚你的藩篱,甚至天地也不足以作为束缚你的藩篱,为人之道也不足以作为束缚你的藩篱,真正束缚你的藩篱,只是你的智慧思想。智慧存在体内,通过言语表现出来,其言有其意义;通过行为表现出来,其行有其意义。想让你沉默,你却不想沉默,想让你停下,你却不想停下,这样就像醉酒的人骂骂咧咧,疯子狂言妄行,即使捂住他的嘴,抓住他的胳膊,仍然会口中呜呜,躁动不安。可见智慧的樊篱在人身上,可谓是根深蒂固。人之所以有忧患是由于有自身的存在,身体的祸患则是由于有心智。如今在这园圃上建造雪堂,将会让你的身体舒适安逸,在雪堂墙壁上画雪景,将会让你的心智舒适安逸。身体要依赖雪堂而得到安逸,说明你的形骸不能放松,心智要用雪来自警,说明你的神思不能凝聚。你的平和已焚烧成为灰烬,却又死灰复燃,那么雪堂的建造,不但毫无益处,而是又一次使你受到的蒙蔽。你看见雪的洁白了吗?那使人目眩。你感觉到雪的寒冷了吗?那让人汗毛竖起。五官带来的祸害,眼睛为其中最甚者,所以圣人说要'为腹不为目'。雪啊雪啊,我见你却为了眼睛而绘画,你已经危险了!"

客又举杖而指诸壁,曰:"此凹也,此凸也。方雪之杂下也,均矣,厉风过焉,则凹者留而凸者散。天岂私于凹凸哉^①?势使然也。势之所在,天且不能违,而况于人乎!子之居此^②,虽远人也,而圃有是堂,堂有是名,实碍人耳,不犹雪之在凹者乎?"苏子曰:"予之所为,适然而已,岂有心哉?殆也,奈何?"

【注释】

①私于凹凸：对凹凸有私心偏见。《东坡外集》《苏轼文集》作"私于凹而厌于凸"。

②子：原作"予"，据稗海本、《东坡外集》《苏轼文集》改。

【译文】

客人又举起手杖指着墙壁，说："此处凹，此处凸。当雪花杂乱飘落的时候，本来是均等的，狂风吹过，则凹处的雪会留住，而凸处的雪被吹散。上天难道对凹或凸有所偏私吗？这是自然之势使它这样的。自然之势的存在，上天都不能违背，何况人呢！你住在这里，虽然远离众人，而园圃上有堂，堂又有雪堂之名，其实已经妨碍了某些人，不就像凹处会停留堆积雪一样吗？"苏子说："我的所作所为，只是一种偶然，哪里是有心这样做呢？若真是危险，又能如何？"

　　客曰："子之适然也①？适有雨②，则将绘以雨乎？适有风，则将绘以风乎？雨不可绘也，观云气之汹涌，则使子有怒心；风不可绘也，见草木之披靡③，则使子有惧意。睹是雪也，子之内亦不能无动矣。苟有动焉，丹青之有靡丽④，冰雪之有水石⑤，一也。德有心，心有眼⑥，物之所袭⑦，岂有异哉！"苏子曰："子之所言是也，敢不闻命？然未尽也，予不能默。此正如与人讼者，其理虽已屈，犹未能绝辞者也。子以为登春台与入雪堂⑧，有以异乎？以雪观春，则雪为静，以台观堂，则堂为静。静则得，动则失。黄帝，古之神也。游乎赤水之北，登乎昆仑之丘，南望而还，遗其玄珠焉⑨。游以适意也，望以寓情也，意适于游，情寓于望，则意畅情出而忘其本矣，虽有良贵⑩，岂得而宝哉？是以不免有遗珠之失也。

虽然，意不久留，情不再至，必复其初而已矣⑪，是又惊其遗而索之也。余之此堂，追其远者近之，收其近者内之，求之眉睫之间，是有八荒之趣⑫。人而有知也，升是堂者，将见其不溯而偓⑬，不寒而栗，凄凛其肌肤，洗涤其烦郁，既无炙手之讥⑭，又免饮冰之疾⑮。彼其趑趄利害之途⑯，猖狂忧患之域者⑰，何异探汤执热之俟濯乎⑱？子之所言者，上也；余之所言者，下也。我将能为子之所为，而子不能为我之为矣。譬之厌膏粱者⑲，与之糟糠，则必有怼词；衣文绣者，被之以皮弁⑳，则必有愧色。子之于道，膏粱文绣之谓也，得其上者耳。我以子为师，子以我为资，犹人之于衣食，缺一不可。将其与子游，今日之事，姑置之以待后论，予且为子作歌以道之。"

【注释】

①迁然：偶然。

②适：刚好，恰好。

③披靡（mǐ）：草木随风倒伏。

④丹青之有靡丽：丹青，是指丹砂和青䨷（wò），古人用作绘画颜料。这句是说，绘画中有丹青等各种色彩的艳丽夺目。有，《东坡外集》作"与"。

⑤冰雪之有水石：自然的冰雪世界中有美丽可爱的水流和泉石。冰雪，原作"水雪"，据稗海本、《东坡外集》改。有，《东坡外集》作"与"。

⑥德有心，心有眼：语见《庄子·列御寇》："贼莫大乎德有心而心有睫，及其有睫也而内视，内视而败矣。"《庄子》在宋代的有些版本

"睫"作"眼"。成玄英疏:"率心为役,用心神于眼睫,缘虑逐境,不知休止,致危败甚矣。"是说心神受役于眼睫,追逐外物,必至危败。本文的"心有眼"近于今天说的"心眼多"的意思。

⑦物之所袭:德和心都会受到外物之侵袭。袭,指侵袭、触动或熏染。

⑧登春台:《老子》第二十章:"众人熙熙,如享太牢,如春登台。"

⑨遗其玄珠:《庄子·天地》:"黄帝游乎赤水之北,登乎昆仑之丘而南望,还归,遗其玄珠。"

⑩良贵:真正可贵的东西。《孟子·告子上》:"人之所贵者,非良贵也。"

⑪复其初:语出《庄子·缮性》:"缮性于俗,学以求复其初。"意为回复到最初的本性。苏轼将黄帝寻找玄珠看作是求其本性、本心。

⑫八荒:八方荒远之地。

⑬不溯(sù)而僾(ài):《诗经·大雅·桑柔》:"如彼溯风,亦孔之僾。"溯,迎着、对着(风)。僾,气息不顺畅。

⑭无炙手之讥:没有攀附权贵的非议。炙手,是指炙手可热的权贵。

⑮饮冰:语本《庄子·人间世》:"今吾朝受命而夕饮冰,我其内热与?"形容内心焦虑。

⑯趑趄(zī jū):形容踟蹰徘徊,犹豫观望。

⑰猖狂:随心所欲、狂妄得意的样子。

⑱俟(sì):等待。濯(zhuó):洗。

⑲膏粱:膏,指肉之肥者;粱,指食之精者。后以"膏粱"称肥美丰盛的食物。

⑳衣文绣者,被之以皮弁(biàn):稗海本作"衣文被绣者,与之以皮弁"。皮弁,古代一种用鹿皮制成的冠。

【译文】

客人说:"你是偶然的吗?恰逢有雨,就把雨画上去吗?恰逢有风,就把风画上去吗?雨当然不能画,看见云气汹涌翻腾,会使你有愤怒心;风也不能画,看见草木随风倒伏,会使你有恐惧感。其实就算是看到雪,你的内心也不会无所触动。若是心有所动，那么和绘画中有艳丽的部分，自然界的冰雪中有美丽的泉石，是一样的，都会引人心动。德性中若有私心，心中有了心眼，外物便会侵袭，这不是一样的情况吗！"苏子说："你所说的是对的，怎敢不听从教诲呢？然而还有未尽之意，我不能不说。这就像与人争论，虽然已经理屈，仍有话要说。你觉得登上春台和进入雪堂，有什么区别吗？从雪的角度看春，则雪是安静的；从台的角度看堂，则堂是安静的。静则有所得，动则有所失。黄帝，是古代的神明。游于赤水北边，登上昆仑之山，向南眺望后返回，却丢失了一颗玄珠。游玩是为了愉悦心情，眺望是为了寄托情感，心情在游玩中得到放松，情感在眺望时得以寄托，于是心情欢畅、感情抒发，但却忘记了本来之性，虽然它是真正宝贵的东西，此时却不被珍惜，这样就难免会丢失玄珠。然而，心情不能长久地保持愉悦而不变，情感也不能再次生发，此时必然要回复到最初的状态，于是又会惊觉其遗失的玄珠而四处寻找。我这个雪堂，把远方的景物通过绘画使之变近，把近的景物收纳于堂中，只是在眉毛眼睛之间，就会有游览八方的兴趣。但凡有知觉的人，进入这个雪堂，就会感到并没有对着风却呼吸困难，虽不寒冷却会身体战栗，肌肤感受着清冷，烦恼郁闷得以一洗而空，这样就没有攀附权贵的非议，也能免于内心的焦虑。那些在利害之途中徘徊犹疑的人，在忧患之场上狂妄自得的人，和将手放进热汤抓取热物出来冲洗，有什么差别呢？你所说的是上策，我所说的是下策。我可以做到你所说的，而你做不到我所说的。这就像吃习惯了精美食物的人给他糟糠，他必定会有怨愤之词，穿着华丽锦绣的人给他戴皮弁，他必定感到羞耻。你的道理，是针对吃精美食物和穿华丽锦绣的人而说的，是上者之道。我把你当作老师，而你以我为资用，就好像对人来说，衣服和食物缺一不可。我将和你一起去游玩，今日之事，姑且等以后再讨论，我现在为你写首歌来说明。"

歌曰：

雪堂之前后兮春草齐，雪堂之左右兮斜径微。雪堂之上兮有硕人之颀颀①，考槃于此兮芒鞋而葛衣②。挹清泉兮③，抱瓮而忘其机④；负顷筐兮⑤，行歌而采薇⑥。吾不知五十九年之非而今日之是⑦，又不知五十九年之是而今日之非。吾不知天地之大也寒暑之变，悟昔日之癯而今日之肥⑧。感子之言兮，始也抑吾之纵而鞭吾之口，终也释吾之缚而脱吾之鞿⑨。是堂之作也，吾非取雪之势，而取雪之意；吾非逃世之事，而逃世之机。吾不知雪之为可观赏，吾不知世之为可依违⑩。性之便，意之适，不在于他，在于群息已动⑪，大明既升⑫，吾方辗转，一观晓隙之尘飞。子不弃兮，我其子归⑬！

【注释】

①硕人之颀颀（qí）：《诗经·卫风·硕人》有"硕人其颀"，郑玄笺："言庄姜仪表长丽俊好，颀颀然。"颀颀，指身长。

②考槃（pán）：语出《诗经·卫风·考槃》。原意指成德乐道，后引申指隐居。芒鞋：草编的鞋。葛衣：葛布制成的夏衣。"芒鞋""葛衣"皆是较为简朴的装束。

③挹（yì）：以瓢舀取。清泉：雪堂西侧有"北山之微泉"，见苏轼《江神子》词自注，该词写雪堂隐居之情云："雪堂西畔暗泉鸣。北山倾。小溪横。南望亭丘，孤秀耸曾城。都是斜川当日境，吾老矣，寄馀龄。"

④抱瓮而忘其机：据《庄子·天地》记载，子贡经过汉阴时，见一老丈抱着瓮汲水灌圃。子贡说，有一种机械可以日灌百畦，用力寡而见功多，为什么不用呢？老丈说：我听我老师说，有机械者必有

机事,有机事者必有机心,机心存于胸中,心地便不再纯正完备,神魂便不能安定。

⑤顷筐:一种斜口的盛物的筐子。《诗经·周南·卷耳》:"采采卷耳,不盈顷筐。"毛传:"顷筐,畚属,易盈之器也。"郑笺:"器之易盈而不盈者,志在辅佐君子,忧思深也。"

⑥行歌而采薇:《史记·伯夷列传》记孤竹君二子伯夷和叔齐,在周武王伐纣、天下宗周之后,"义不食周粟,隐于首阳山,采薇而食之。及饿且死,作歌"。本文的"采薇"喻指隐士生活。

⑦五十九年之非:《庄子·则阳》:"蘧伯玉行年六十而六十化,未尝不始于是之,而卒诎(qū)之以非也。未知今之所谓是之非五十九非也。"

⑧昔日之癯(qú)而今日之肥:《韩非子·喻老》:"子夏见曾子,曾子曰:'何肥也?'对曰:'战胜,故肥也。'曾子曰:'何谓也?'子夏曰:'吾入见先王之义则荣之,出见富贵之乐又荣之,两者战于胸中,未知胜负,故臞。今先王之义胜,故肥。'"苏轼用这个故事来表达自己的感悟,他明白了应如何对待先王道义和世间荣辱,只要心安而意适,便能心广体胖。癯,同"臞",消瘦之意。肥,丰满、丰腴。

⑨靮(jī):马嚼子。

⑩依违:顺从。

⑪群息:各种静止的物类。该词由陶渊明的"日入群动息"(《饮酒二十首》其七)发展而来,"群动"指各种活动着的物类,"群息"与之相对。

⑫大明:指太阳。《周易·乾》:"云行雨施,品物流行,大明终始,六位时成。"李鼎祚《集解》引侯果:"大明,日也。六位,天地四时也。……大明以昼夜为终始,六位以相揭为时成。"

⑬归:这里是陶渊明"归去来"和"归隐"的意思。

【译文】

歌曰：

　　雪堂前后长着整齐的春草，雪堂左右有蜿蜒的小径。雪堂之上有修长的美人啊，他隐居于此，穿着草鞋和葛衣。舀取清泉啊，他抱着水瓮灌园，忘了机心；背负斜筐啊，他一边唱歌，一边采薇。我不知道到底是今是而昨非，还是昨是而今非。我不知道天地之广大，寒暑之变迁，明白了古人由癯而肥的故事背后的道理。感谢你的话啊，一开始抑制我的放纵，鞭打我的嘴，最终松开了我的束缚，解除了我的羁绊。这个雪堂的建造，我并非取下雪的自然之势，而是取下雪的意境；我并不是逃避人世间的事物，而是逃避人世间的机诈。我本没想雪是可以观赏的，也没想去依从讨好世人。令我的性情意志喜欢的事情，不是其他，而是当静止的事物开始活动，太阳已经升起，我辗转床上，看那破晓的阳光射入堂中照见的飞尘。你若不嫌弃我，我将同你一同归去！

　　客忻然而笑[①]，唯然而出[②]，苏子随之。客顾而颔之曰[③]："有若人哉[④]！"

【注释】

①忻（xīn）然：高兴的样子。稗海本作"欣然"，义同。

②唯然：轻声答应的样子。

③颔：点头。

④若人：这样的人。

【译文】

　　客人欣然而笑，答应着往外走，苏子跟随在后。客人转过头说："竟有像你这样的人啊！"

人物

【题解】

本门共29条。纵论古代人物,表达了苏轼对这些历史人物和相关事件的看法。其中涉及的人物从上古到宋代都有,以汉魏晋和宋代为主。

尧舜之事

【题解】

此条前面文字抄写《史记·伯夷列传》开篇的一段,司马迁在原文中对卞随、务光之事表示了怀疑,而本条最后是苏轼引用《孟子》的一句话,有的人连箪食豆羹都舍不得,言下之意是,更何况让王、逊位那样的事呢?所以苏轼是不信这些传说的。又见《苏轼文集》卷六五《尧逊位于许由》。

夫学者载籍极博①,犹考信于六艺②。《诗》《书》虽阙③,然虞、夏之文可知也。尧将逊位,让于虞舜,舜、禹之间,岳牧咸荐④,乃试之于位,典职数十年,功用既兴,然后授政,示天下重器⑤,王者大统,传天下若斯之难也。而说者曰:尧让天下于许由⑥,由不受,耻之,逃隐。及夏之时,有卞随、务光⑦。此何以称焉?东坡先生曰:士有以箪食豆羹见于色者⑧,自吾观之,亦不信也。

【注释】

①载籍:书籍,典籍。《苏轼文集》于此句前有"司马迁曰"。由此至"此何以称焉",乃是《史记·伯夷列传》的原文。

②考信:考求其真实可信的情况。六艺:即六经,指《诗》《书》《礼》《乐》《易》《春秋》。

③阙(quē):缺失。

④岳牧:传说尧舜时有四岳和十二牧,为各地诸侯。咸:都,皆。

⑤重器:本指国家宗庙中的宝器、宝物,这里指代王位和政权。

⑥许由:尧时住于箕山之下、颍水之旁的一位隐士。传说尧要将王位让给他,他不接受,还在颍水边洗耳,表示受到了尘世之污染。《庄子·外物》云:"尧与许由天下,许由逃之;汤与务光,务光怒之。"

⑦卞随、务光:传说夏末的两位隐士。《庄子·让王》记载汤将伐桀时,先后找到卞随、瞀光(即务光)询问,二人皆不欲闻其事。汤伐纣成功、获得天下后,要把王位让给卞随、瞀光,二人认为受到了污辱,投水而死。"务光"二字后,稗海本、《苏轼文集》有"者"字。

⑧士有以箪(dān)食豆羹见于色者:语自《孟子·尽心下》:"好名之人,能让千乘之国;苟非其人,箪食豆羹见于色。"原意是说,欲传不朽之声名的人,可以让出千乘之国,如果不是那样的人,哪怕是让出箪食和豆羹都会面露不悦。箪食,指一箪(竹编的盛饭容器)之食。豆羹,指一豆器(很小的容器)所盛之羹。

【译文】

学者们的书籍众多,仍须通过六经来考察其实。《诗》《书》虽有残缺,但虞舜、夏禹之文明尚可见。尧将退位,禅让给虞舜,以及后来虞舜和大禹之间的禅让，都是先由诸侯推荐，让他试用，掌管政事数十年，功业既已兴盛，然后正式授以政权，示以天下重器和王者大统，可见传天下是如此之难啊。而有人说尧让天下给许由，许由不接受，反以为耻，逃亡隐居。到了夏朝时，又有卞随、务光也是如此。为何又会称扬这样的事呢？东坡先生曰：孟子说有的士人连箪食和豆羹都不愿出让，脸上露出不舍的神色，因此在我看来，许由那样的事也是不能相信的。

论汉高祖羹颉侯事

【题解】

苏轼读《汉书·楚元王传》时，看到封羹颉侯事，感觉《汉书》里常说刘邦大度是不准确的；又联想起"分一杯羹"的故事，便在抄写了一段《汉书》后，写下了一段感慨。又见《苏轼文集》卷六五《汉高祖封羹颉侯》。

高祖微时①，尝避事②，时时与宾客过其丘嫂食③。嫂厌叔与客来，阳为羹尽④，辗釜⑤，客以故去。已而视其釜中有羹，由是怨嫂。及立齐、代王⑥，而伯子独不侯。太上皇以为言⑦，高祖曰："非敢忘之也，为其母不长者。"封其子信为羹颉侯⑧。高祖号为大度不记人过者⑨，然不置辗釜之怨，独不畏太上皇缘此记"分杯"之语乎⑩？

【注释】

①高祖：汉高祖，名刘邦，汉朝开国皇帝。微时：指汉高祖尚未显达、微贱之时。微，贫贱，卑下。自"高祖微时"至"封其子信为羹颉侯"，文字见《汉书·楚元王传》。

②避事：逃避职事，休假。汉高祖早年为泗上亭长，后曾"告归之田"（《汉书·高帝纪》）。

③丘嫂：大嫂，长嫂。此指刘邦大哥刘伯的妻子。刘伯早卒。

④阳：假装。

⑤轑（láo）釜：用勺子刮和敲锅。《汉书·楚元王传》颜师古注："以勺轑釜，令为声也。"轑，刮取。

⑥齐、代王：汉六年（前201），刘邦封二兄刘仲（名喜）为代王，刘邦的长子刘肥为齐王。

⑦太上皇：皇帝父亲的称号。此指刘邦的父亲。

⑧羹颉（jiá）侯：《汉书·楚元王传》颜师古注："颉音戛（jiá），言其母戛羹釜也。"戛，是刮的意思。

⑨高祖号为大度：《汉书·高帝纪》称高祖"常有大度"，郦食其亦说"吾视沛公大度"。大度，气量宽宏。

⑩"分杯"之语：指刘邦所说的"分一杯羹"的话。前204年，刘邦与项羽在广武（今河南荥阳东北）作战。对峙时，项羽以刘邦的父亲为要挟，将他绑在俎案之上，对刘邦说，如果不立即投降，就烹煮杀死其父。刘邦说：我与你都受楚怀王之命，结为兄弟，"吾翁即汝翁。必欲亨乃翁，幸分我一杯羹"（见《汉书·项籍传》）。

【译文】

汉高祖早年贫贱的时候，经常逃避职事，常常与他的客人朋友们去大嫂家吃饭。大嫂受够了他和他的客人们，假装羹汁已经吃完了，用勺子刮着锅底，客人们因此离去。高祖看见锅中还有羹汁之后，对大嫂颇为不满。后来齐王、代王封立之时，唯独大哥的儿子没有封侯。高祖父亲因此问他，高祖说："不是我敢忘记侄儿，只是因为他的母亲不像做兄嫂的样子。"便封大哥的儿子刘信为羹颉侯。汉高祖号称为人大度，不记人的过失，却对刮锅一事不能释怀，难道他不怕太上皇因此而想起"分一杯羹"的话吗？

武帝踞厕见卫青

【题解】

本条主要写对西汉名将卫青的嘲讽。苏轼为何如此鄙视卫青？他在《论语义》的《君使臣以礼》中道出了原因。该文开篇便说："君以利使臣，则其臣皆小人也。幸而得其人，亦不过健于才而薄于德者也。君以礼使臣，则其臣皆君子也。不幸而非其人，犹不失廉耻之士也。其臣皆君子，则事治而民安。士有廉耻，则临难不失其守。小人反是。"后面举例，便有"武帝踞厕而见卫青，不冠不见汲黯。青虽富贵，不改奴仆之姿，而黯社稷臣也，武帝能礼之而不能用，可以太息矣"（《苏轼文集》卷六）。可见苏轼是有感于当时的君臣关系而发的。又见《苏轼文集》卷六五《卫青奴才》。

汉武帝无道①，无足观者，惟踞厕见卫青②，不冠不见汲长孺③，为可佳耳。若青奴才，雅宜舐痔④，踞厕见之，正其宜也。

【注释】

①汉武帝：名刘彻，汉朝皇帝。汉景帝刘启之子。前141年至前87年在位。无道：指君主不行正道，违背仁义。

②踞厕：有人解释为卧在床上，有人解释为蹲在厕所。卫青：字仲卿，河东平阳（今山西临汾）人。汉武帝时名将。官至大司马、大将军，封长平侯。卫青是汉武帝卫皇后的弟弟，而卫皇后（名子夫）本是汉武帝姐姐平阳公主家的歌女，他们姐弟的母亲也是平阳公主家的奴隶，故而下文称"青奴才"。

③不冠不见汲长（zhǎng）孺：汲黯，字长孺，濮阳（今属河南）人。汉武帝时的大臣，曾官主爵都尉，淮阳太守。《史记·汲郑列传》记载，大将军卫青侍卫汉武帝时，"上踞厕而视之"，丞相公孙弘平常

私下相见时,武帝有时不带冠,"至如黯见,上不冠不见也"。

④舐(shì)痔:舔痔疮。《庄子·列御寇》云:"秦王有病召医,破痈溃痤者得车一乘,舐痔者得车五乘。所治愈下,得车愈多。"

【译文】

汉武帝是无道之君,没什么好说的,不过他蹲在厕所接见卫青,不戴冠便不见汲长孺,是值得称道的。像卫青这样的奴才,本就该以舌舔痔疮,武帝蹲在厕所见他,正好合适。

元帝诏与《论语》《孝经》小异

【题解】

此条并非论汉代的人和事,实际是讨论古书的异文和谬误。《论语》中的"亡之",成帝诏书中作"蔑之",是为异文。而《孝经》中"富贵不离其身",元帝诏书中的"富贵不离于身",苏轼认为都应是"富贵离其身"之误。又见《苏轼文集》卷六五《元成诏语》,本书题目只称"元帝",并不全面。

楚孝王嚣疾①,成帝诏云②:"夫子所痛,'蔑之③,命矣夫!'"东平王不得于太后④,元帝诏曰⑤:"诸侯在位不骄⑥,然后富贵离其身⑦,而社稷可保⑧。"皆与今《论语》《孝经》小异。离,附离也⑨,今作"不离于身",疑为俗儒所增也。

【注释】

①楚孝王嚣:刘嚣,汉宣帝子。甘露二年(前52)为定陶王,三年徙封楚王。成帝和平中入朝,有疾,次年薨,谥孝。《汉书》有传。《汉书》记载成帝河平中刘嚣入朝,时被疾,天子悯之,下诏曰:

"盖闻天地之性人为贵,人之行莫大于孝。楚王嚣素行孝顺仁慈,
之国以来二十餘年,纎(同"纤")介之过未尝闻,朕甚嘉之。今
乃遭命,离于恶疾,夫子所痛,曰:'蔑之,命矣夫,斯人也而有斯
疾也!'"

②成帝:汉成帝,名刘骜(ào),字太孙,元帝子,前33年至前7年在位。

③蔑之,命矣夫:今本《论语·雍也》作:"亡之,命矣夫,斯人也而有
　斯疾也! 斯人也而有斯疾也!"蔑,是"无"的意思。

④东平王不得于太后:东平王,名刘宇,汉宣帝子,甘露二年(前52)
　封为东平王。东平王与其母亲公孙婕好关系不好,"太后上书言
　之,求守杜陵(宣帝陵)园。上于是遣太中大夫张子蛴奉玺书敕
　谕之,曰:'皇帝问东平王。盖闻亲亲之恩,莫重于孝,尊尊之义,
　莫大于忠,故诸侯在位不骄,以致孝道,制节谨度,以翼天子,然后
　富贵不离于身,而社稷可保。'"(《汉书·东平思王刘宇传》)东平
　王,《苏轼文集》作"东平王宇"。

⑤元帝诏曰:元帝,汉元帝,名刘奭,汉宣帝子,前48年至前33年在
　位。元帝诏书中使用了《孝经》的句子,《孝经·诸侯》云:"在上
　不骄,高而不危,制节谨度,满而不溢。高而不危,所以长守贵也;
　满而不溢,所以长守富也;富贵不离其身,然后能保其社稷。"

⑥诸侯在位不骄:《苏轼文集》此句后有"制节谨度"四字,《汉书》
　亦有,见前。

⑦富贵离其身:富贵附于其身。今本《汉书》载元帝诏作"富贵不
　离于身",苏轼认为"不"字是"俗儒所增"。苏轼以为元帝诏和
　古《孝经》都应作"富贵离其身"。

⑧社稷:本指古代帝王或诸侯所祭的土神和谷神,这里指诸侯各国
　的封地和政权。

⑨离,附离也:离,有附离之意。附离,意思是附着、依附。《庄子·骈
　拇》:"附离不以胶漆,约束不以缠索。"成玄英疏:"离,依也。"附

离也,《苏轼文集》作"附丽之离也"。

【译文】

楚孝王刘嚣生病,汉成帝诏书云:"就像夫子痛惜冉伯牛病死,乃说'就要失去这个人了,命呀!'"东平王和母亲关系不合,汉元帝诏书曰:"诸侯在位不骄傲自满,然后富贵就会附着其身,而社稷可保全。"这些都和《论语》《孝经》小异。离,本来就是附着之意,现在写作"不离于身",怀疑是后来的俗儒所增。

跋李主词

【题解】

《破阵子》是南唐后主李煜的名作,苏轼抄写这首词,并不是赞叹其情深意切,感伤李煜亡国之命运,而是责备他在国破之时,不能"恸哭于九庙之外,谢其民而后行",却与宫娥泪别,听教坊演奏别离之曲。熙宁七年(1074)作于常州。又见《苏轼文集》卷六八《书李主词》。本书题目原作"跋李王词",据改"王"为"主"。

"三十馀年家国①,数千里地山河,几曾惯干戈?一旦归为臣虏,沈腰潘鬓消磨②。最是仓惶辞庙日,教坊犹奏别离歌③,挥泪对宫娥。"后主既为樊若水所卖④,举国与人,故当恸哭于九庙之外⑤,谢其民而后行⑥,顾乃挥泪宫娥⑦,听教坊离曲!

【注释】

①三十馀年家国:此为李煜《破阵子》词,今传本文字略异,云:"四十年来家国,三千里地山河。凤阙龙楼连霄汉,玉树琼枝作烟萝,

几曾识干戈？一旦归为臣虏，沈腰潘鬓销磨。最是苍黄辞庙日，教坊独奏别离歌，垂泪对宫娥。"南唐国祚，自南唐李昪建立政权（937年），经中主李璟，到后主李煜降宋（975年），前后三十九年。

②沈腰潘鬓：沈约的腰和潘岳的鬓。《梁书·沈约传》记沈约给人写信说自己生病，"百日数旬，革带常应移孔，以手握臂，率计月小半分。以此推算，岂能支久？"后以"沈腰"来表达病体瘦弱。潘岳在《秋兴赋》序中说"余春秋三十有二，始见二毛"（二毛，指头发有两色），赋中又说"斑鬓彪（biāo，毛发下垂的样子）以承弁兮，素发飒以垂领"，后以"潘鬓"表示年龄不大便已鬓发花白。

③教坊：古代宫廷中音乐的演奏团队和管理机构。

④后主：李煜，字重光，徐州彭城（今江苏徐州）人。生于金陵（今江苏南京），五代时期南唐最后一位国君，史称"后主"。北宋建隆二年（961）即位，开宝八年（975）降宋，太平兴国三年（978）死于宋都汴京。樊若水：一名"樊知古"，字仲师，京兆长安（今陕西西安）人。徙家池州。在南唐举进士不第，入宋诣阙上书，言江南可取，请造浮梁以济宋师，终灭南唐。《宋史》有传。

⑤恸（tòng）哭：痛哭。九庙：指帝王的宗庙。古时帝王祭祀祖先，有太祖庙及三昭、三穆庙，王莽增至九庙。

⑥谢其民：向百姓人民道歉谢罪。

⑦顾：却，只是。

【译文】

"三十馀年家国，数千里地山河，几曾惯干戈？一旦归为臣虏，沈腰潘鬓消磨。最是仓惶辞庙日，教坊犹奏别离歌，挥泪对宫娥。"南唐后主李煜被樊若水出卖，把国家送给别人，本应当在宗庙外痛哭，向民众谢罪后再离去，他却只对着宫女落泪，还听那教坊演奏别离之曲！

真宗仁宗之信任

【题解】

此条记载元祐三年（1088）兴龙节时苏轼听到的两件事：一是苏颂讲真宗不忘李沆二十年前的话，苏颂以为是李沆无私心的缘故，苏轼表示赞同；一是王巩说陈执中曾荐举吴育，苏轼认为陈执中虽为俗吏，尚有公论，荐人无私，故能取信于君主。又见《苏轼文集》卷七二《真宗信李沆》。

真宗时，或荐梅询可用者[①]，上曰："李沆尝言其非君子[②]。"时沆之没，盖二十馀年矣。欧阳文忠公尝问苏子容曰[③]："宰相没二十年，能使人主追信其言，以何道？"子容言："独以无心故尔。"轼因赞其语[④]，且言："陈执中俗吏耳[⑤]，特至公[⑥]，犹能取信主上，况如李公之才识，而济之无心耶！"时元祐三年兴龙节[⑦]，赐宴尚书省，论此。是日，又见王巩云其父仲仪言[⑧]："陈执中罢相，仁宗问：'谁可代卿者？'执中举吴育[⑨]，上即召赴阙。会乾元节侍宴[⑩]，偶醉坐睡，忽惊顾，拊床呼其从者[⑪]。上愕然，即除西京留台[⑫]。"以此观之，执中虽俗吏，亦可贤也。育之不相，命矣夫！然晚节有心疾[⑬]，亦难大用，仁宗非弃材之主也。

【注释】

①梅询：字昌言，宣州宣城（今安徽宣城）人。北宋太宗端拱二年（989）进士，仁宗时曾为翰林侍读学士、群牧使，迁给事中，知审官院。《宋史》有传。梅询是梅尧臣的叔父，欧阳修应梅尧臣之请为撰《翰林侍读学士给事中梅公墓志铭》，说真宗"数欲以知制

诰,宰相有言不可者,乃已",即本文所说之事。

② 李沆(hàng):字太初,洺州肥乡(今河北肥乡)人。北宋太平兴国五年(980)进士,真宗咸平初自户部侍郎、参知政事拜同中书门下平章事。

③ 欧阳文忠公尝问苏子容:欧阳文忠公,欧阳修谥文忠。见卷一《记游·黎檬子》。苏子容,苏颂,字子容。见卷二《时事·记告讦事》。

④ 轼:稗海本、《宋朝事实类苑》卷五七《知人荐举·陈恭公》作"某"。

⑤ 陈执中:字昭誉,洪州南昌(今江西南昌)人。庆历五年(1045)、皇祐五年(1053)两次入相。见卷三《夷狄·曹玮语王畿元昊为中国患》。

⑥ 特至公:原作"持至公",据稗海本、《苏轼文集》《宋朝事实类苑》卷五七《知人荐举·陈恭公》改。《宋朝事实类苑》卷八《名臣事迹·李文靖》《五朝名臣言行录》卷二《丞相李文靖公》作"特以至公"。

⑦ 兴龙节:宋哲宗生辰。宋哲宗出生于熙宁九年十二月七日(1077年1月4日),由于这天是宋僖祖(太祖赵匡胤的曾祖父)忌日,改以十二月八日为兴龙节。

⑧ 王巩:字定国,号清虚居士,大名莘县(今山东莘县)人。北宋神宗时为大理评事、秘书省正字,哲宗时除太常博士。《宋史》有传。王巩与苏轼交往密切,苏轼有《王定国诗集叙》(《苏轼文集》卷十)。仲仪:王素,字仲仪,王巩之父。见卷二《致仕·贺下不贺上》。苏轼《三槐堂铭》说:"吾不及见魏公(王旦),而见其子懿敏公,以直谏事仁宗皇帝,出入侍从将帅三十余年,位不满其德。"(《苏轼文集》卷十九)

⑨ 吴育:字春卿。见卷三《女妾·贾婆婆荐昌朝》。

⑩ 乾元节:宋仁宗生日。宋仁宗出生于大中祥符三年四月十四日

（1010年5月30日）。

⑪拊床：拍打坐床。

⑫除：拜官，授职。西京留台：宋代设在西京洛阳的留守司御史台，北宋常以判西京留台为闲职。吴育即以集贤院学士判西京留司御史台。

⑬心疾：心理疾病。

【译文】

真宗时，有人推荐梅询可以重用，真宗说："李沆曾经说他不是君子。"那时候距李沆去世有二十馀年了。欧阳修曾问苏颂："宰相李沆去世了二十年，还能让君主回忆信任他的话，这是用了什么方法？"苏颂说："只是因为没有私心的缘故。"我赞同他的话，并说："陈执中不过是个平常俗吏，只是秉持至公之道，尚能取信于主上，何况像李沆那样有才识而没有私心的人呢！"这是元祐三年（1088）的兴龙节，朝廷赐宴于尚书省，我说了上面这些话。这一天，又听到王巩说他的父亲王仲仪曾言："陈执中罢相时，仁宗问：'谁人可替代你做宰相？'陈执中推举吴育，仁宗即召他入朝。适逢乾元节宴会，吴育醉酒，在座上睡着了，忽然惊醒四顾，拍打着坐床呼叫他的随从。仁宗感到惊愕，因而只是任命吴育判西京留台。"由此可见，陈执中虽然是俗吏，也有可称贤能之处。吴育未能任命为宰相，是命啊！而且他晚年患有心理疾病，也难有大用，仁宗不是抛弃人材的君主啊。

孔子诛少正卯

【题解】

孔子诛少正卯之事最早见于《荀子》记载，自朱熹开始学者多怀疑其事之不可信。但北宋人普遍相信此事，而且在党争背景下多次引此作为排除异己的圣人事例。如元祐元年（1086）六月，前宰相吕惠卿虽已贬官,苏辙、朱光庭、王觌(dí)等人仍上奏,以为其人险诐诡诈,罪大恶极,"若不深为圈槛,投畀无人之境,臣等恐其防闲稍缓,窃出害人。不然,臣等岂不知降四官、落一职为分司官,在于常人不为轻典乎?盖以尧之四凶,鲁之少正卯,既非常人,不当复用常法治也"(苏辙《论吕惠卿第三状》)。苏轼此条大约写于同一时期,是因事而触发的一时念头,本书卷五《论古·七德八戒》以唐明皇不杀安禄山等事为七德,应该更能代表其一贯的思想。又见《苏轼文集》卷六五《孔子诛少正卯》。

孔子为鲁司寇①,七日而诛少正卯②,或以为太速。此叟盖自知其头方命薄③,必不久在相位,故汲汲及其未去发之④。使更迟疑两三日,已为少正卯所图矣。

【注释】

①司寇:春秋战国时期的官名。掌管刑狱之事。

②诛少正卯:少正卯,春秋时鲁国的大夫。鲁定公十四年(前496)被刚任司寇、摄行相事的孔子诛杀。《荀子·宥坐》记孔子解释其理由是:"人有恶者五,而盗窃不与焉:一曰心达而险,二曰行辟而坚,三曰言伪而辩,四曰记丑而博,五曰顺非而泽。此五者有一于人,则不得免于君子之诛,而少正卯兼有之。故居处足以聚徒成群,言谈足饰邪营众,强足以反是独立,此小人之桀雄也,不可不诛也。""心达而险"是说心中通晓事理却凶险,"行辟而坚"是说行为乖僻而坚忍,"言伪而辩"是说言语虚伪欺诈却讲得头头是道,"记丑而博"是说所知所学有很多怪事异闻,"顺非而泽"是说跟随错误并发扬光大。

③头方:脑袋方正,比喻性格刚正梗直。赵令畤《侯鲭录》卷八云:"今人谓拙直者名'方头'。"

④汲汲:急切的样子。

【译文】

孔子做鲁国的司寇，上任七天便杀了少正卯，有人说太快。此老应是自知性格正而命不好，在相位必定不能长久，故而在还没有免官前便急急做了。如果再迟疑两三日，恐怕已经被少正卯算计了。

戏书颜回事

【题解】

颜回和盗跖的不同命运，曾引起司马迁对天道的质疑："或曰：'天道无亲，常与善人。'若伯夷、叔齐，可谓善人者非耶？积仁絜行如此而饿死！且七十子之徒，仲尼独荐颜渊为好学。然回也屡空，糟糠不厌，而卒蚤夭。天之报施善人，其何如哉？盗跖日杀不辜，肝人之肉，暴戾恣睢，聚党数千人，横行天下，竟以寿终。是遵何德哉？"（《史记·伯夷列传》）而苏轼在此却产生奇想，他想到盗跖两日的禄料便够颜回吃七十年了，但转念一想，只怕颜回是不会要盗跖的任何东西的。最终他的思路又回到儒家的"君子固穷"。元符三年（1100）苏轼在合浦时见到欧阳晦夫，四十年前梅圣俞对他以及苏轼兄弟都曾以雏凤期许，但现在却是"固穷亦略相似"，"圣俞之所谓凤者，例皆如是哉！天下皆言圣俞以诗穷，吾二人者又穷于圣俞，可不大笑乎！"（《苏轼文集》卷六八《书圣俞赠欧阳阀诗后》）虽历经忧患，年届晚景，苏轼仍能坦然面对自己的"穷"，是因为他心中坚守的君子理念。又见《苏轼文集》卷六五《颜回箪瓢》。

颜回箪食瓢饮①，其为造物者费亦省矣②，然且不免于夭折。使回更吃得两箪食、半瓢饮③，当更不活得二十九岁④。然造物者辄支盗跖两日禄料⑤，足为回七十年粮矣，但恐回不要耳。

【注释】

①颜回箪（dān）食瓢饮：《苏轼文集》作"孔子称颜回屡空至于箪食瓢饮"。颜回，也称"颜子""颜渊"，春秋末期鲁国人。孔子最得意的弟子。《论语·雍也》中记载孔子说："贤哉！回也。一箪食，一瓢饮，在陋巷。人不堪其忧，回也不改其乐。贤哉！回也。"

②费：原作"废"，据稗海本改。

③半瓢饮：《苏轼文集》作"几瓢饮"。

④二十九岁：《史记·仲尼弟子列传》里说颜回年二十九，发尽白，早死。

⑤盗跖（zhí）：传说为春秋时期的盗贼。《庄子·盗跖》云："盗跖从卒九千人，横行天下，侵暴诸侯。"《史记·伯夷列传》云："盗跖日杀不辜，肝人之肉，暴戾恣睢，聚党数千人，横行天下。"禄料：泛指禄钱和粮食。

【译文】

颜回只有一箪食、一瓢饮，这为造物者节省了花费，然而不免于夭折。如果让颜回再多吃两箪食、半瓢饮，恐怕还活不到二十九岁。若是造物者支取盗跖两日的禄料给颜回，就足够颜回七十年的粮食了，但只怕颜回是不要的。

辨荀卿言青出于蓝

【题解】

苏轼对荀子常有严厉的批评，其《子思论》说"荀卿、扬雄，皆务为相攻之说"，不满其好立论及由此引发纷纭的论辩，而《荀卿论》则进一步指出李斯的祸害应追溯到荀卿："昔者常怪李斯事荀卿，既而焚灭其书，大变古先圣王之法，于其师之道，不啻若寇仇。及今观荀卿之书，然后知李斯之所以事秦者皆出于荀卿，而不足怪也。荀卿者，喜为异说而不让,敢为高论而不顾者也。其言愚人之所惊,小人之所喜也。"并将二人思想的发展关系,比喻为"其父杀人报仇,其子必且行劫"。本文则主要批评荀子的名言"青出于蓝而青于蓝"是胡说。客观地说,苏轼此处的批评并没有道理。又见《苏轼文集》卷六五《荀子疏谬》。

　　荀卿云①:"青出于蓝而青于蓝,冰生于水而寒于水②。"世之言弟子胜师者,辄以此为口实③,此无异梦中语!青即蓝也,冰即水也。酿米为酒④,杀羊豕以为膳羞⑤,曰"酒甘于米,膳羞美于羊",虽儿童必笑之,而荀卿以是为辨⑥,信其醉梦颠倒之言⑦!以至论人之性⑧,皆此类也⑨。

【注释】

①荀卿:即荀子,名况,赵国人,战国后期的思想家。

②青出于蓝而青于蓝,冰生于水而寒于水:《荀子·劝学》云:"君子曰:学不可以已。青,取之于蓝,而青于蓝;冰,水为之,而寒于水。"

③口实:话柄,话头。

④酿米为酒:《苏轼文集》作"今酿米为酒"。

⑤膳羞:珍馐美味。

⑥以是:《苏轼文集》作"乃以"。

⑦醉梦颠倒之言:语见《般若波罗蜜多心经》:"远离颠倒梦想,究竟涅槃。"指醉梦中的胡言乱语和颠三倒四的错乱的话,本是说世界如梦境一般虚幻不实。

⑧以至论人之性:《苏轼文集》作"至以性为恶"。荀子有性恶说。

⑨皆此类也:《苏轼文集》作"其疏谬,大率皆此类也"。

【译文】

荀子说:"青出于蓝而青于蓝,冰生于水而寒于水。"世人说起弟子胜过老师,往往用这句话为话头,这无异于梦中的话!青色就是蓝色,冰就是水。比如酿米制成美酒,宰杀猪羊制成美食,就说"酒比米甘香,美食比猪羊更好吃",即便是儿童都会觉得可笑,但荀子却以此来辩论,说出这样酒醉和做梦才会说出的颠倒错乱的话!至于谈论人性的问题,也是这类胡话。

颜蠋巧于安贫

【题解】

苏轼常以穷困自嘲,曾说他自己和马梦得"为穷之冠"(卷一《命分·马梦得同岁》)。本文又对颜蠋(chù)的"巧于居贫"的"处穷"之道进行了赞赏和评论,不过他认为颜蠋心中还是不忘肉和车,尚"未闻道",这和本书卷一《修养·赠张鹗》的议论相同。苏轼在《答毕仲举书二首》其一里也说过类似的意思:"偶读《战国策》,见处士颜蠋之语'晚食以当肉',欣然而笑。若蠋者,可谓巧于居贫者也。菜羹菽黍,差饥而食,其味与八珍等;而既饱之馀,刍豢满前,惟恐其不持去也。美恶在我,何与于物。"(《苏轼文集》卷五六)又见《苏轼文集》卷六五《颜蠋巧贫》。

颜蠋与齐王游①,食必太牢②,出必乘车,妻子衣服丽都③。蠋辞去,曰:"玉生于山,制则破焉,非不宝贵也,然而太璞不完④;士生于鄙野,推选则禄焉,非不尊遂也,然而形神不全。蠋愿得归,晚食以当肉,安步以当车⑤,无罪以当贵,清静贞正以自娱。"嗟乎!战国之士,未有如鲁连、颜蠋之贤者也⑥,然而未闻道也。晚食以当肉⑦,安步以当车,是犹有意于肉、于车也⑧。晚食自美⑨,安步自适,取其美与适足矣⑩,何以当肉与车为哉!虽然,蠋可谓巧于居贫者也。

未饥而食，虽八珍犹草木也；使草木如八珍^⑪，惟晚食为然。蠋固巧矣，然非我之久于贫，不能知蠋之巧也。

【注释】

①颜蠋（zhú）：也写作"颜斶（chù）""颜歜（chù）"，战国时齐国人。这里讲的颜蠋与齐王（齐宣王）的一段对话，见《战国策·齐策四》。颜斶还说过"士贵、王者不贵"的话，广为人知。晋皇甫谧《高士传》收录其人。

②太牢：古代祭祀时以牛、猪、羊三牲齐全者为太牢，只用猪羊为少牢。"食必太牢，出必乘车"，是说颜蠋享用高级待遇。

③丽都：华丽，华贵。

④太璞："璞"是未经雕琢的玉石，"太璞"在此指原初的质朴状态。原无"太"字，据稗海本、《东坡外集》补。

⑤晚食以当肉，安步以当车：时间很晚饿了才吃饭，饭菜的味道就像吃肉；缓步徐行，感觉就像乘车。

⑥鲁连：鲁仲连，战国末齐国人。曾两次建立奇功而不接受任何封赏，逃隐海上。见卷五《论古·论子胥种蠡》。

⑦晚食以当肉：《苏轼文集》于句前有"曰"字。

⑧于车：稗海本作"与车"。

⑨晚食自美：《苏轼文集》于句前有"夫"字。

⑩取其美：稗海本、《苏轼文集》作"取于美"。

⑪八珍：最早见于《周礼·天官·膳夫》"珍用八物"，本指八种烹饪法，后泛指各种珍馐美味。

【译文】

颜蠋与齐王同游，吃饭必定有猪牛羊，出外必定乘车，他妻子的衣服也是雍容华贵。颜蠋辞别而去，说："美玉生于山中，制作玉器时必定割裂破坏，玉器虽然很宝贵，但是它作为璞玉的天然状态就没有了；士人生于野外,获得推荐则有官禄,这样虽然尊贵而有成,但形与神都得不到保全。我请求回归乡野,饿了再吃食物,那感觉如同吃肉,悠闲慢步而行,也像坐着车驾,没有罪过便当作富贵,以清静正直来令我快乐。"哎!战国的士人没有比鲁仲连、颜蠋更贤明的了,然而也还不够明白道理。饿了再吃、味道像吃肉,慢步而行当作乘车,这样还是留意于肉食和车驾。晚些吃饭自以为美,慢步而行自觉舒适,得到这样的美好和舒适便满足了,何必要当作肉食和车驾呢!虽然如此,颜蠋也算是懂得如何在贫穷中自处的人了。还没感到饥饿就进食,即使山珍海味也会是味同草木;如果想让草木吃出山珍海味的味道,只有晚些进餐。颜蠋的办法虽然巧妙,但如果不是像我这样长期处于贫困的人,是不可能理解颜蠋的巧妙办法的。

张仪欺楚商於地

【题解】

本文借张仪欺骗楚怀王之事,进而言及"后世之臣欺其君者",这样的人吹嘘说,施行其言则能令"四夷毕服,礼乐兴而刑罚措",实际上无丝毫收获,反而"丧已不胜言"。文末说是因为读《晁错传》而书此。固然晁错也是一个能说服皇帝的人,在重农贵粟、守边备塞、削夺诸侯等方面都有不少建议,但苏轼此篇之意恐怕针对的是当时推行新法、好为大言的人。又见《苏轼文集》卷六五《张仪欺楚》。

张仪欺楚王以商於之地六百里[①],既而曰"臣有奉邑六里"[②],此与儿戏无异。天下无不疾张子之诈,而笑楚王之愚也。夫六百里岂足道哉?而张又非楚之臣[③],为秦谋耳,何足深过?若后世之臣欺其君者曰:"行吾言,天下举安,四夷毕服,礼乐兴而刑罚措④。"其君之所欲得者,非特六百里也⑤,而卒无丝毫之获,岂特无获,所丧已不胜言矣⑥。则其所以事君者,乃不如张仪之事楚。因读《晁错传》⑦,书此。

【注释】

① 张仪:战国时魏国安邑(今山西夏县西北)人,战国时期的纵横家。前328年,任秦相,拥戴秦惠文君称王。前313年,秦欲伐齐,他入楚游说楚怀王,许诺以商於之间(约为今陕西商洛商州区至河南内乡之间)土地六百里,换取楚国解除与齐国的联盟。楚怀王与齐国绝交后,张仪乃云六里,楚怀王大怒,兴师伐秦,却被打败。张仪后又游说韩、齐、赵、燕等国,秦武王即位后他回到魏国任国相,不久去世。楚王:此指楚怀王,战国时期楚国国君。即位之初曾任用屈原等人才,国势强盛,后轻信小人,被秦国欺骗和打败。前299年被秦昭王骗至秦国,囚禁至死。

② 臣有奉邑六里:《史记·张仪列传》:"(楚王)乃使勇士至宋,借宋之符,北骂齐王。齐王大怒,折节而下秦。秦、齐之交合,张仪乃朝,谓楚使者曰:'臣有奉邑六里,愿以献大王左右。'楚使者曰:'臣受令于王,以商於之地六百里,不闻六里。'还报楚王,楚王大怒,发兵而攻秦。"奉邑,即"封邑""食邑",古代王侯赐给贵族以收取赋税作为俸禄的封地。

③ 张:指张仪。稗海本作"张仪",《苏轼文集》作"张子"。

④ 措:弃置,废弃。

⑤ 非特:原作"非欲",据稗海本、《苏轼文集》改。

⑥ 所丧已不胜言矣:《苏轼文集》作"其所丧已不可胜言矣"。

⑦ 《晁错传》:指《汉书·晁错传》。晁错,颍川(今河南禹州)人。西汉官员。汉文帝时为太子家令。汉景帝时为内史、御史大夫。他建议汉景帝推行削藩之策,引发吴楚七国叛乱,因此被杀。

【译文】

张仪用商於之间的六百里土地欺骗楚怀王，后来却说："我只有奉邑六里。"这跟儿戏一样。天下人没有不痛恨张仪的欺诈，而笑话楚怀王愚蠢的。其实那六百里的土地有什么值得说呢？张仪并非楚国的臣子，他只是为秦国谋划而已，哪里值得深受责难？至于后世有臣子欺骗其君，说："按照我说的做，可以令天下安定，四夷臣服，礼乐兴盛而刑罚废止。"那君主所希望得到的，岂止是六百里土地，而最终却丝毫无获，岂止是丝毫无获，所损失的实在是说也说不完。这些臣子这样侍奉其君，还不如张仪对待楚王呢。我因为读《晁错传》有感，写下这段文字。

赵尧设计代周昌

【题解】

本文议论西汉初赵尧代周昌之事。初看起来赵尧似乎是一举两得，既解决了刘邦的担心，而自己又因此得到刘邦赏识，升任御史大夫之职，但是几年后吕后杀害赵王，复治赵尧之罪。在苏轼看来，赵尧费尽心机地谋划，最终却一场空，周昌说他是刀笔吏，是一点儿错都没有。又见《苏轼文集》卷六五《赵尧真刀笔吏》。

　　方与公谓周昌之吏赵尧，年虽少①，奇士②，"君必异之，且代君。"昌笑曰："尧刀笔吏尔③，何至是？"居顷之，尧说高祖为赵王置贵强相④，独周昌为可。高祖用其策，尧竟代昌为御史大夫。吕后杀赵王⑤，昌亦无能为，特谢病不朝尔。由此观之，尧特为此计代昌尔⑥，安能为高祖谋哉！吕后怨尧为此计⑦，亦抵尧罪。尧非特不能为高祖谋，其自为谋亦不善矣⑧。昌谓之刀笔吏，岂诬也哉⑨！

【注释】

①方与公谓周昌之吏赵尧，年虽少：周昌，沛（今江苏沛县）人。秦
时与其从兄周苛俱为泗水卒史，刘邦由沛起兵，二人相从。周苛
死后，周昌为御史大夫，封汾阴侯。后为赵王如意之相，如意为吕
后所杀，他称病不朝，三岁而薨。赵尧，汉初人。初为周昌的符
玺御史，高祖担心自己死后戚夫人和她的儿子赵王如意为吕后所
害，赵尧献策以周昌任赵相以护之，高祖用其计，并擢赵尧为御史
大夫。后又从击陈豨有功，封江邑侯。《史记·张丞相列传》："赵
人方与公谓御史大夫周昌曰：'君之吏赵尧，年虽少，然奇才也。
君必异之，是且代君之位。'周昌笑曰：'尧年少，刀笔吏耳，何能
至是乎！'"《汉书·周昌传》同。方与公，"方与"是县名，治在今
山东鱼台。"公"是其人的封号，一说是方与县令。

②奇士：《苏轼文集》《历代名贤确论》卷四十《赵尧》引东坡作"然
奇士"。

③刀笔吏：掌文书的小吏，因经常使用笔和刀（在简牍上刮削文
字），故名。

④高祖：汉高祖，名刘邦，汉朝开国皇帝。赵王：名如意，是高祖和
戚姬的儿子。汉高祖和吕后的儿子刘盈于前205年立为太子，前
197年，高祖曾想废刘盈而立如意为太子，后因张良的计谋和周
昌的劝阻而作罢。前195年，汉高祖去世，刘盈为惠帝，吕后摄
政，次年吕后杀害赵王如意和戚夫人。置：底本无此字，据稗海
本、《苏轼文集》补。贵强相：地位尊贵而强势的国相。此三字为
《史记》原文所使用。汉高祖听从赵尧语，便以周昌为赵王之相。

⑤吕后杀赵王：《苏轼文集》《历代名贤确论》作"至杀赵王"。吕
后，名吕雉，单父（今山东单县）人。汉高祖刘邦的皇后。汉惠帝
在位期间（前194—前188），吕后独揽朝政。惠帝死后，吕后临朝
称制，诸吕封王用事，几危汉室。高后元年（前187），怨恨赵尧以

前曾为刘邦谋划以周昌为赵王相,"乃抵尧罪"(《史记·张丞相列传》)。

⑥此计:稗海本、《苏轼文集》《历代名贤确论》作"此计规"。

⑦吕后怨尧为此计:《苏轼文集》《历代名贤确论》作"其后吕后怨尧为此计"。

⑧不善:《苏轼文集》《历代名贤确论》作"不审"。

⑨岂诬也哉:《苏轼文集》《历代名贤确论》作"真不诬哉"。

【译文】

方与公说御史大夫周昌的属吏赵尧,虽然年少,却是一位奇士,提醒周昌说:"你一定要注意他,他将来会取代你。"周昌笑着说:"赵尧就是一个文书小吏,怎可能有那样的事?"过了不久,赵尧劝说汉高祖为赵王配一个地位尊贵而强大的辅相,认为只有周昌可任此职。汉高祖采纳了他的计策,赵尧最后取代周昌成为御史大夫。后来吕后杀害赵王,周昌对此无能为力,只是称病不上朝。由此看来,赵尧只是设此一计来取代周昌罢了,哪里是为汉高祖出谋划策啊!吕后后来怨恨赵尧为汉高祖献上此计,也治了赵尧的罪。赵尧不仅不能为高祖出谋献策,他给自己的谋划也不行。周昌说他是文书小吏,岂是妄言!

黄霸以鹖为神爵

【题解】

自《汉书·循吏传》记载黄霸"治为天下第一"之后,黄霸在历代均被当作良吏的代表。唐代《蒙求》有"黄霸政殊,梁习治最"的内容,宋初王禹偁(chēng)诗说"次公治颍川,仁政被一方"(《凤皇陂》),苏轼诗也有"宁非叔度家,岂出次公门"(《送黄师是赴两浙宪》)。不过,苏洵的朋友史经臣则由《汉书》所载的两件事情对黄霸提出了质疑。又见《苏轼文集》卷六五《史彦辅论黄霸》。

吾先君友人史经臣彦辅①,豪伟人也。尝言:"黄霸本尚教化②,庶几于富而教之者③,乃复用乌攫小数④,陋哉！颍川凤皇⑤,盖可疑也,霸以鹖为神爵⑥,不知颍川之凤以何物为之?"虽近于戏,亦有理也。

【注释】

①史经臣:字彦辅,眉山(今属四川)人。苏洵好友。见卷一《怀古·广武叹》。

②黄霸:字次公,阳夏(今河南太康)人。西汉昭帝、宣帝时官员。曾为谏大夫、给事中,出为颍川太守,迁御史大夫。五凤三年(前55)代丙吉为丞相,封建成侯,食邑六百户。《汉书·循吏传·黄霸》记载黄霸为颍川太守时,"以外宽内明得吏民心,户口岁增,治为天下第一"。

③庶几于富而教之:此处用孔子和冉有的对话。《论语·子路》:"子适卫,冉有仆。子曰:'庶(指人口众多)矣哉!'冉有曰:'既庶矣,又何加焉?'曰:'富之。'曰:'既富矣,又何加焉?'曰:'教之。'"

④乌攫:《汉书·循吏传·黄霸》记载黄霸在颍川时派属吏巡察地方,令其隐秘其事,不使当地知晓。吏外出时便不住邮亭官驿,在路边吃饭时,有乌鸦飞下攫取他正吃的肉。有一人来颍川府衙言事,刚好经过吏旁而见之,便对黄霸提到此事。不久吏还,黄霸迎接慰问,并说:"你外出很辛苦,在路边吃饭还被乌鸦抢了肉。"吏大为惊讶,以为他的日常情况尽为黄霸所知,故而不敢有丝毫隐瞒。小数:小权术,小手段。

⑤颍川凤皇:《汉书·循吏传·黄霸》记载黄霸为颍川太守时,"凤皇、神爵数集郡国,颍川尤多",汉宣帝下诏称扬黄霸,赐爵关内侯,后数月即迁御史大夫。颍川,是秦汉时期的郡名。治阳翟县,在今河

南禹州。凤皇，即凤凰。

⑥霸以鶡（hé）为神爵（què）：《汉书·循吏传·黄霸》记载黄霸为
丞相时，京兆尹张敞家养的鶡飞到丞相府，黄霸不知，准备上奏
其鶡乃是神雀。张敞上奏言其事，说担心"长吏、守丞畏丞相指，
归舍法令，各为私教"。宣帝于是让侍中前往丞相府教诫黄霸，
黄霸甚感惭惧。鶡，一种像野鸡的鸟。神爵，稗海本作"神雀"。
爵，通"雀"。

【译文】

　　我父亲的朋友史经臣，是个豪放的人。他曾说："黄霸原本推崇教
化，他差不多能让百姓富足，但他使用'乌攫'那样的小手段，就浅薄鄙
陋了！颍川的凤凰也很可疑，黄霸既能把鶡当作神雀，不知颍川的凤凰
又是用什么来充当的？"这话虽然有些玩笑，也是有道理的。

王嘉轻减法律事见《梁统传》

【题解】

　　据《后汉书·梁统传》记载，汉哀帝时丞相王嘉，鉴于当时刑律严苛
繁碎，建议减轻刑罚，革除律条。此事《汉书·王嘉传》和《汉书·刑法
志》中均无记载，苏轼在《后汉书》中读到后，认为是班固记载的疏漏。
他又感叹东汉梁统建议增重刑律，故而二子皆死于非命，玄孙梁冀最终
灭族。又见《苏轼文集》卷六五《梁统议法》。

　　汉仍秦法，至重。高、惠固非虐主①，然习所见以为常，
不知其重也。至孝文始罢肉刑与参夷之诛②。景帝复挛戮
晁错③，武帝罪戾④，有增无损，宣帝治尚严⑤，因武之旧。至
王嘉为相⑥，始轻减法律，遂至东京⑦，因而不改。班固不记

其事⑧,事见《梁统传》⑨,固可谓疏略矣。嘉,贤相也,轻刑
又其盛德之事,可不记乎? 统乃言高、惠、文、景以重法兴⑩,
哀、平以轻法衰⑪,因上书乞增重法律,赖当时不从其议。此
如人年少时不节酒色而安,老后虽节而病,见此便谓酒色
可以延年⑫,可乎? 统亦东京名臣,一出此言,遂获罪于天,
其子松、竦皆以非命而死⑬,冀卒灭族⑭。呜呼! 悲夫,戒
哉⑮!"疏而不漏"⑯,可不惧乎?

【注释】

①高、惠:汉高祖、汉惠帝,汉初的两位皇帝。前194年,汉高祖刘邦
去世,其子刘盈即位,即汉惠帝,在位七年而卒。

②孝文:汉文帝,名刘恒,刘邦子,曾为代王,前180年至前157年在
皇帝位。罢肉刑与参夷之诛:肉刑,指对肉体造成永久性伤害的
刑罚,古代常指墨黥(qíng,刺面)、劓(yì,削鼻)、剕(fèi,断足)、
刖(yuè,断足或断趾)、宫刑等。文帝十三年(前167),文帝下诏
曰:"夫刑至断支体,刻肌肤,终身不息,何其楚痛而不德也,岂称
为民父母之意哉! 其除肉刑。"(《史记·孝文帝本纪》)参夷之
诛,指诛灭三族,始于申不害、商鞅。文帝二年(前178),文帝认
为犯法者已有处置,"而使无罪之父母妻子同产坐之及收,朕甚弗
取"(《汉书·刑法志》),令丞相、太尉、御史等议,于是废除连坐。

③景帝复孥(nú)戮晁错:景帝,汉景帝,名刘启,汉文帝刘恒长子,
前157年至前141年在位。晁错,汉文帝时为太子家令。汉景帝
时为内史,御史大夫。汉文帝时晁错便建议削吴王封地,景帝三年
(前154)晁错又上《削藩策》,吴楚等七国因此反叛,以诛晁错为
名。景帝为平息事态,听从袁盎建议,将其腰斩。当时丞相、廷尉
等人劾奏,"错当要(腰)斩,父母妻子同产无少长皆弃市",景帝

予以批准。孥戮，诛及罪人子孙的刑罚。晁错的父母、妻、子、同产（同母生兄弟姊妹）也牵连被杀，故称"孥戮"。苏轼有《晁错论》，认为"昔者晁错尽忠为汉，谋弱山东之诸侯，山东诸侯并起，以诛错为名。而天子不察，以错为说。天下悲错之以忠而受祸，而不知错之有以取之也"（《苏轼文集》卷四）。

④武帝：汉武帝，名刘彻，汉景帝刘启之子，前141年至前87年在位。

⑤宣帝：汉宣帝，名刘询，汉武帝曾孙，戾太子刘据之孙。前74年，汉昭帝驾崩，无嗣，大将军霍光等初迎昌邑王刘贺为帝，旋废，复立刘病已（即刘询）为帝。

⑥王嘉：字公仲，平陵（今陕西咸阳西北）人。汉哀帝时为丞相，封新甫侯。因反对哀帝封董贤为侯，下狱而死。

⑦东京：指东汉。

⑧班固：字孟坚，扶风安陵（今陕西咸阳东北）人。东汉文学家，史学家。著有《汉书》。

⑨梁统：字仲宁，安定乌氏（今甘肃平凉西北）人。东汉初将领。曾平定陇右、河西等地，因功封侯。后任九江太守，封陵乡侯。《后汉书·梁统传》记其上疏，说"至哀、平继体，而即位日浅，听断尚寡，丞相王嘉轻为穿凿，亏除先帝旧约成律，数年之间，百有馀事，或不便于理，或不厌民心"。李贤注："案《嘉传》及《刑法志》并无其事，统与嘉时代相接，所引故不妄矣，但班固略而不载也。"已经提到班固《汉书》的缺略。

⑩高、惠、文、景：《东坡外集》卷二十《梁统议法》、茅维本《全集》在此后有"宣武"二字，《苏轼文集》改作"武宣"。

⑪哀、平：汉哀帝和汉平帝。汉哀帝，名刘欣，汉元帝刘奭之孙，前7年即位。汉平帝，名刘衎（kàn），汉元帝刘奭（shì）之孙。前1年即位。

⑫见此便谓酒色可以延年：原无"色"字，《东坡外集》、茅维本《全集》

作"便谓酒色延年"，《苏轼文集》作"便谓酒色可以延年"，据补。

⑬松、竦皆以非命而死：《东坡外集》作"松、竦皆非命"，《苏轼文集》作"松、竦皆死非命"。松、竦，梁松、梁竦。梁松，字伯孙，梁竦，字叔敬，都是梁统之子。梁松嗣梁统，永平四年（61）以诽谤罪下狱死。梁竦有二女为汉明帝贵人，汉章帝建初八年（83）为窦氏谮杀，梁竦也被考案，下狱死。

⑭冀卒灭族：冀，梁冀，字伯卓，安定乌氏（今甘肃平凉西北）人。东汉顺帝至桓帝时的外戚、权臣。父梁商是梁竦之孙。梁冀的两个妹妹是顺帝皇后和桓帝皇后，因此家族势力庞大，骄横不法，专权二十馀年，质帝称其为"跋扈将军"。延熹二年（159），桓帝命人包围梁冀府第，收其印绶。梁冀与妻孙寿自杀。又收捕其子以及"诸梁氏、孙氏中外宗亲送诏狱，无少长皆弃市"（《资治通鉴·汉纪·汉桓帝二年》）。

⑮哉：此字原无，据稗海本、《苏轼文集》补。

⑯疏而不漏：《老子》第七十三章："天网恢恢，疏而不失。"

【译文】

汉继承了秦的刑法，非常严苛。汉高祖和汉惠帝本不是暴虐的君主，却对此习以为常，不知道刑法太重了。至汉文帝时才废除肉刑和诛灭三族的刑法。汉景帝又杀晁错并株连其妻子儿女兄弟，汉武帝暴戾，对旧法有增无减，汉宣帝治国崇尚严刑峻法，沿袭汉武帝的旧法。至王嘉做丞相，才开始减轻刑法，直到东汉，沿袭不改。班固《汉书》不记王嘉的这件事，这事见《后汉书·梁统传》，班固可谓是疏略。王嘉是位贤相，轻刑又是他的盛德之事，怎可不记？梁统却说高、惠、文、景帝之时因为用重刑所以兴盛，哀帝、平帝时因为用轻刑而衰弱，于是上书请求加重刑法，幸好当时没有遵从他的建议。这就像人年少时，不节制酒和色却安稳无事，到老之后哪怕节制酒色还是会生病，看到这现象便说酒可以延年，这能行吗？梁统也是东汉名臣，然而提出这样的建言，便获罪于天,他的儿子梁松、梁竦都死于非命,梁冀最终招致灭族。呜呼! 可悲啊,戒之戒之! 所谓"天网恢恢,疏而不漏",能不警惧吗?

李邦直言周瑜

【题解】

李邦直认为周瑜二十四岁已经建立功业,而自己四十岁却一事无成,只是能多吃多睡,感觉惭愧。他听说苏轼也是一味快活,以此来问苏轼,我俩比比谁更贤明? 其实李邦直的话也是玩笑,是为他和苏轼找个多睡善饭的理由。宋人颇求闲适,苏轼在给陈季常的书信中就说:"恐造物者不容人如此快活,一枕无碍睡,辄亦得之耳。"(《苏轼文集》卷五三《与陈季常十六首》其十三)表示人在世间,快活不易,而睡场大觉便能略得其味。梅询见一老兵晒着太阳,伸着懒腰,且不识字,也感叹其"快活"(《梦溪笔谈》卷二三《讥谑》)。本条写作时间,应是李邦直四十岁前后,即熙宁四年(1071)。又见《苏轼文集》卷六六《记李邦直言周瑜》。

李邦直言①:周瑜二十四经略中原②,今吾四十,但多睡善饭,贤愚相远如此③。安上言吾子似快活④,未知孰贤⑤?

【注释】

①李邦直:李清臣,字邦直,安阳(今属河南)人。皇祐五年(1053)中进士,宋神宗时为吏部尚书、尚书右丞。宋哲宗初,出知河阳、河南、永兴军等地,后召为户部尚书,拜中书侍郎。宋徽宗时为礼部尚书,拜门下侍郎。李清臣与苏轼交往颇多,苏轼有《答李邦直》《和李邦直沂山祈雨有应》《台头寺雨中送李邦直赴史馆,分韵得忆字人字,兼寄孙巨源二首》等诗,及《书李邦直超然台赋后》等文。《施顾注东坡先生诗》卷十《答李邦直》题下注云:"东

坡七年瘴海,仅得生还,推原厥本,实自邦直发之。"

②周瑜:字公瑾,庐江舒县(今安徽庐江西南)人。汉末时期的东吴将领。建安十三年(208),周瑜率孙权、刘备的联合军队,在赤壁打败了曹操军队。《三国志·吴书·周瑜传》载:建安三年(198),孙策授周瑜建威中郎将,"即与兵二千人,骑五十匹。瑜时年二十四,吴中皆呼为周郎。以瑜恩信著于庐江,出备牛渚,后领春谷长。顷之,策欲取荆州,以瑜为中护军,领江夏太守,从攻皖,拔之"。经略:经营治理。

③如此:原作"如叔",据稗海本、《苏轼文集》改。

④安上:似是人名,不确是否指王安上。王安上,字纯甫,临川(今属江西)人。王安石弟。吾子:您,对方的尊称。这里所指是苏轼还是李清臣,难以明确。似:原作"以",据稗海本、《苏轼文集》改。

⑤未知孰贤:原作"未知孰贤与否",《苏轼文集》及稗海本亦如此。但在稗海本中,此六字为文末小字,计其数,原本或误与下条相连,"与否"二字属下,实为"与朱"二字之误。故删本条"与否"二字。以上两句意思难解,疑原文有讹误。

【译文】

李邦直说:周瑜二十四岁便能谋划中原,现在我四十岁了,只是能睡能吃,和周瑜相比,真是一贤一愚,相差到如此地步。安上说,先生你似乎也很快活,不知我俩相比谁贤谁愚?

与朱勃逊之

【题解】

此条本是苏轼记《赠朱逊之》的引(序),见《苏轼诗集》卷三四《赠朱逊之并引》。原序前有"元祐六年九月"六字,可见写作时间。当时苏轼在颍州,与"知陈州李承之、府界提刑罗适、都水监所差官及本路提刑、转运司"，"会议开八丈沟利害"（《苏轼文集》卷三三《奏论八丈沟不可开状》），京西路转运判官朱勃也参加会议，大概其间聊起菊花的话题，苏轼认为他的见解很好，便记录下来。本条题目原无"与朱"二字，文意不全，据《赠朱逊之》补。

与朱勃逊之会议于颍^①，或言洛人善接花，岁出新枝，而菊品尤多。逊之曰："菊当以黄为正，馀可鄙也。"昔叔向闻鬷蔑一言^②，得其为人，予于逊之亦云然。

【注释】

①朱勃：字逊之，洛阳（今属河南）人。北宋元祐中曾为京西路转运判官、监察御史、河东路转运副使。"与朱"二字原无，据稗海本及《赠朱逊之》（并引）补。由上条《李邦直言周瑜》末句校语，可知上条末"与否"二字，即本条前之"与朱"二字。

②昔叔向闻鬷（zōng）蔑一言：叔向，即羊舌肸（xī），"叔向"为其字，春秋时晋国的贤臣，博学多闻。鬷蔑，字然明，春秋时郑国的大夫。《左传·昭公二十八年》记载，叔向到郑国时，鬷蔑装作收拾饮食器具的人，想来观察叔向，由于说了一句话，就被叔向发现他必定不是常人，还说"子若无言，吾几失子矣"。苏轼借这个故事表明，他仅凭朱勃议论菊花，便知道朱勃是颇有见识的人。

【译文】

与朱勃在颍州会面谈论事情时，有人说起洛阳人善于接插鲜花，每年都有新花样，而菊花的品种尤其多。朱勃说："菊花当以黄色为正，其馀花色都显得鄙俗。"以前叔向听闻鬷蔑的一句话，便知道他的为人，我对于朱勃也是这样。

刘聪吴中高士二事

【题解】

刘聪已是皇帝,却仍追求富贵,甚至不惧怕死亡;戴逵是著名隐士,但却追求名声,竟希望死的人是自己。苏轼从这两个历史故事中洞察了人的奇妙心理。又见《苏轼文集》卷六六《偶书二首》其一,其二为:"张睢阳生犹骂贼,嚼齿穿龈;颜平原死不忘君,握拳透爪。"(即稗海本《东坡志林》卷一第三十三条)似是为撰文对偶做材料准备的。

刘聪闻当为须遮国王,则不复惧死①,人之爱富贵,有甚于生者;月犯少微,吴中高士求死不得②,人之好名,有甚于生者。

【注释】

①刘聪闻当为须遮国王,则不复惧死:刘聪,字玄明,新兴(今山西忻州)人。匈奴族。十六国时期汉赵(前赵)的君主,刘渊第四子。《晋书·刘聪载记》里说,刘聪儿子刘约死了,后又醒来,说在阴间曾见到爷爷刘渊以及死去的公卿将相,刘渊对他说,东北有遮须夷国,很久没有国君,等你父亲三年后来做国主。刘约告别返回时经过猗尼渠余国,送给他一个皮囊。刘约醒来,在旁边几案上找到这皮囊,打开有一方白玉,上面有题字说:"猗尼渠余国天王敬信遮须夷国天王,岁在摄提,当相见也。"派人将玉送到刘聪那里,刘聪说:"若审如此,吾不惧死也。"苏轼此文将"遮须夷国"误写为"须遮国"。

②月犯少微,吴中高士求死不得:《晋书·谢敷传》记载谢敷是会稽的隐士,"初,月犯少微,少微一名处士星,占者以隐士当之。谯国戴逵有美才,人或忧之。俄而敷死,故会稽人士以嘲吴人云:吴中

高士，便是求死不得死"。少微，指少微星。

【译文】

刘聪听说在阴间会做遮须国的国王，便不再怕死，人之贪求富贵，有甚于生者；月犯少微星时，吴中高士戴逵想死而不得，人之爱好名声，有甚于生者。

郗超出与桓温密谋书以解父

【题解】

郗超将死，为了不让父亲因此伤心而患病，便公开自己和桓温的来往书信，以断绝父亲对他的感情。苏轼认为这是小人之孝，不是君子之孝。这个说法以及二者的区别，大概是从《论语》里孔子说的小人儒、君子儒而来。又见《苏轼文集》卷六五《郗超小人之孝》。苏轼《郗方回郗嘉宾父子事》（《苏轼文集》卷六五，稗海本《东坡志林》卷一第三十四条）亦论此事，可参。

郗超虽为桓温腹心①，以其父愔忠于王室②，不令知之③。将死，出一箱付门生④，曰："本欲焚之，恐公年尊⑤，必以相伤为毙⑥。我死后，公若大损眠食，可呈此箱，不尔便烧之。"愔后果哀悼成疾，门生以指呈之⑦，则悉与温往反密计。愔大怒，曰："小子死晚矣！"更不复哭矣。若方回者，可谓忠臣矣，当与石碏比⑧。然超谓之不孝，可乎？使超知君子之孝，则不从温矣。东坡先生曰：超，小人之孝也。

【注释】

①郗（xī）超：字景兴，一字嘉宾，高平金乡（今山东嘉祥南）人。郗

愔长子。曾为桓温参军,多为之谋划。历中书侍郎、司徒左长史、散骑常侍。底本《东坡志林》"郗"字原作"郄"(书前目录及本段小题亦是),此据《苏轼文集》及《晋书》等改。桓温:字元子,谯国龙亢(今安徽怀远)人。任荆州刺史,曾率众北伐。晚年专擅朝政,图谋不轨。《晋书》有传。

②愔(yīn):郗愔,字方回,郗鉴长子,郗超父。曾为临海太守,与王羲之、许询等交往。奉道甚笃。复出为会稽内史,都督徐兖青幽扬州之晋陵诸军事,领徐兖二州刺史、假节。晚乞骸骨,因居会稽,卒。赠侍中、司空,谥文穆。《晋书》有传。

③不令知之:原无"令"字,据《苏轼文集》《曲洧旧闻》(卷五)所引东坡语补,《晋书·郗超传》亦有"令"字。

④门生:在门下的役使之人。

⑤恐:原作"恶",据稗海本、《苏轼文集》改。年尊:年纪大,年老。

⑥必以相伤为毙:《晋书·郗超传》原文作"必以伤愍为弊"。毙,通"弊",困顿,衰弱。

⑦指:旨意,意向。

⑧石碏(què):春秋时卫国人。卫庄公有嬖妾所生子州吁,有宠而好兵,石碏谏而庄公弗听。其子石厚与州吁游,劝诫亦弗听。卫庄公二十三年(前735),庄公卒,卫桓公即位。卫桓公十六年(前719),州吁弑桓公而自立为君,未能和其民。石厚向石碏请教安定君位的办法,石碏建议他们去陈国,通过陈桓公朝觐周天子。二人前往陈国,石碏便请陈国拘留二人,派人前往将二人杀死。《左传》隐公三年、四年载此事,后引君子曰:"石碏,纯臣也。恶州吁而厚与焉。'大义灭亲',其是之谓乎!"

【译文】

郗超虽为桓温的心腹,但他的父亲郗愔忠于王室,他便不让郗愔知道自己为桓温效力。郗超将死时,取出一口箱子交给门下役使之人,说:

"我本想烧掉,又担心父亲年老,会因我伤心以致衰病。我死后,如果我父亲睡不好觉,吃不下饭,可将此箱给他,如果不是这样便烧掉他。"郗愔后来果然伤悼而病,门下役使便按郗超的生前意旨,将箱子呈上,里面都是郗超与桓温来往的密计。郗愔大怒道:"这小子死得太晚了!"不再为他哭泣。像郗愔这样的人,自然是忠臣,堪与石碏相比。但要说郗超不孝,可以吗?假如郗超知道君子之孝,就不会跟从桓温了。东坡先生曰:郗超,是小人之孝罢了。

论桓范陈宫

【题解】

三国时期司马懿发动高平陵政变,桓范曾为曹爽出谋划策,不听。东汉末陈宫为吕布谋士,常常出谋划策,皆不听。桓范曾被称为"智囊",而陈宫也自谓"智有馀",但在苏轼看来,二人跟随曹爽、吕布这样糟糕的人,便足见他们完全谈不上"智"。又见《苏轼文集》卷六五《桓范奔曹爽》。

司马懿讨曹爽①,桓范往奔之②。懿谓蒋济曰③:"智囊往矣④!"济曰:"范则智矣。驽马恋栈豆⑤,必不能用也。"范说爽移车驾幸许昌,招外兵,爽不从。范曰:"所忧在兵食,而大司农印在吾许⑥。"爽不能用。陈宫、吕布既擒⑦,曹操谓宫曰⑧:"公台平生自谓智有馀,今日何如?"宫曰:"此子不用宫言,不然,未可知也!"仆尝论此二人:吕布、曹爽何人也!而为之用,尚何言智⑨!臧武仲曰"抑君似鼠"⑩,此之谓智。元祐三年九月十八日书⑪。

【注释】

① 司马懿讨曹爽：司马懿，字仲达，河内温县（今属河南）人。三国时期魏国大臣，西晋王朝的奠基人。曹爽，字昭伯，沛国谯县（今安徽亳州）人。三国时期魏国大臣和宗室，曹真子。景初三年（239），魏明帝曹叡病危，命曹爽与司马懿共同辅政太子曹芳。曹芳即位后，曹爽逐渐总揽大权。正始十年（249）正月，曹爽与皇帝曹芳离开都城洛阳，前往高平陵（魏明帝陵，在洛阳南，今河南汝阳大安乡）祭拜，司马懿关闭洛阳城门，发动政变。曹爽请罪罢职，不久被诛三族。史称"高平陵之变"。

② 桓范往奔之：桓范，字元则，沛国（今安徽淮北相山区）人。三国时期魏国大臣。正始年间，桓范为大司农，曾劝曹爽、曹羲兄弟不宜一同离开都城，以免有人关闭城门。正始十年（249）正月，曹爽、曹羲兄弟与少帝曹芳出城祭拜，司马懿发动政变，关闭城门，矫太后诏令罢曹爽兄弟兵权，以侯爵回归府第。桓范出城找到曹爽兄弟，劝他们带皇帝前往许昌，召集各地军队以及曹羲在城外的"别营"军平叛。二人不听，请罪投降。桓范被杀。《三国志·魏书·桓范传》注引《魏氏春秋》，还记载曹爽罢兵后说："我不失作富家翁。"桓范哭道："曹子丹（曹真）佳人，生汝兄弟，犊耳！何图今日坐汝等族灭矣！"

③ 蒋济：字子通，楚国平阿（今安徽怀远西南）人。三国时期魏国名臣。魏明帝时为中护军、护军将军。曹芳继位之后，徙为领军将军，晋爵昌陵亭侯，迁太尉。正始十年（249）高平陵之变时，蒋济随司马懿屯兵洛水浮桥。其间大司农桓范出城投奔曹爽，司马懿说："智囊往矣。"蒋济说："范则智矣。驽马恋栈豆，爽必不能用也。"（《三国志·魏书·桓范传》注引干宝《晋书（纪）》）他认为桓范虽有智谋，但曹爽这样的人如劣马贪恋槽中的豆子，必不会用桓范之计。

④智囊：指有智慧、为人出谋划策的人。该词最早见《史记·樗里子甘茂列传》："樗里子滑稽多智，秦人号曰'智囊'。"

⑤驽马：劣马。栈：给牲口喂食的槽。

⑥大司农：汉魏时期的官名。掌管租税、钱谷、盐铁以及国家的财政收支。吾许：就是说"我这里"。许，"处"的意思。

⑦陈宫、吕布既擒：陈宫，字公台，东郡东武阳（今山东莘县东南）人。东汉末年吕布的谋士。最初跟随曹操，后投吕布，为其出谋划策甚多。吕布，字奉先，五原郡九原（今内蒙古乌拉特前旗东南）人。东汉末年著名将领。建安三年（198），吕布、陈宫等在下邳（今江苏睢宁西北古邳镇东）被曹操包围，十二月癸酉（199），吕布手下将领捆缚陈宫，率众投降，吕布也在白门楼投降，二人旋即被杀。《后汉书·吕布传》记载："操谓陈宫曰：'公台平生自谓智有馀，今意何如？'宫指布曰：'是子不用宫言，以至于此。若见从，未可量也。'"（又见《三国志·魏书·吕布传》注引《典略》）即苏轼所述之语。

⑧曹操：字孟德，沛国谯县（今安徽亳州）人。三国时期魏国的创立者。见卷一《怀古·涂巷小儿听说三国语》。

⑨尚何言智：原作"尚何言知"，据稗海本改为"尚何言智"字。《苏轼文集》作"尚何言智乎"。

⑩臧武仲曰"抑君似鼠"：臧武仲，名纥（hé），臧孙氏，春秋时鲁国大夫。《左传·襄公二十三年》记载，臧武仲逃至齐国，齐庄公打算给他一些田邑，臧武仲不想接受，故意说"抑君似鼠"（然而君就像老鼠），又说："夫鼠，昼伏夜动，不穴于寝庙，畏人故也。今君闻晋之乱而后作焉，宁将事之，非鼠如何？"齐庄公于是没有封赏他田邑。两年后庄公被杀。

⑪元祐三年：稗海本作"元祐二年"。

【译文】

　　司马懿讨伐曹爽时,桓范投奔曹爽。司马懿对蒋济说:"智囊去曹爽那边了!"蒋济说:"桓范确实有智慧。但是驽劣之马贪恋槽中的豆子,他的谋划必定不会被曹爽采纳。"桓范劝说曹爽带皇帝到许昌去,召集在洛阳城外的部队来平叛,曹爽不听从。桓范说:"所担忧的不过是军队的粮草,而大司农印在我这里。"曹爽不用其说。陈宫和吕布被擒之后,曹操对陈宫说:"陈宫你平生自认为足智多谋,今日以为何如?"陈宫说:"此人不听我的话,不然,还不知道胜负如何呢!"我曾经评论这两个人:吕布、曹爽,都是什么样的人啊!桓范、陈宫竟为他们所用,还谈得上什么智慧!臧武仲说"君王像老鼠一样",这才叫智慧。元祐三年(1088)九月十八日书。

录温峤问郭文语

【题解】

　　本文前半部分温峤与郭文的问答实是抄写《晋书·郭文传》中的文字,本篇题名《录温峤问郭文语》,非常准确。这段问答蕴含道理,为苏轼所欣赏,故抄之。后面的小段文字是苏轼的补充,提到自己为杭州通判时曾游馀杭九锁山,访大涤洞天,即当年郭文隐居的地方。又见《苏轼文集》卷六六《书郭文语》。

　　温峤问郭文曰①:"人皆有六亲相娱②,先生弃之,何乐?"文曰:"本行学道,不谓遭世乱,欲归无路耳。"又曰:"饥思食,壮思室③,自然之理。先生独无情乎?"曰:"情由忆生④,不忆故无情。"又问:"先生独处穷山,死为乌鸢所食,奈何?"曰:"埋藏者食于蝼蚁,复何异?"又问:"猛虎害人⑤，先生独不畏耶？"曰："人无害兽心，则兽亦不害人。"又问："世不宁则身不安，先生不出济世乎⑥？"曰："非野人之所知也⑦。"予尝监钱塘郡⑧，游馀杭九锁山⑨，访大涤洞天⑩，即郭生之旧隐。洞大有巨壑⑪，深不可测，盖尝有敕使投龙简云⑫。戊寅九月七日书⑬。

【注释】

①温峤（qiáo）：字太真，太原祁县（今山西祁县）人。东晋大臣。郭文：字文举，河内轵（zhǐ，今河南济源东南）人。东晋隐士。郭文在西晋末即隐居，永嘉五年（311）洛阳陷落，他南渡过江，隐居于吴兴馀杭大辟山（即大涤山）。王导闻其名，召之入京（建康，今江苏南京），为置西园居之，朝士来观。《晋书·郭文传》记载了当时温峤与郭文的一段问答，即后文苏轼所述的部分。

②六亲：《老子》第十八章："六亲不和有孝慈。"王弼注："六亲，父、子、兄、弟、夫、妇也。"娱：原作"容"，据《东坡外集》卷三八《书郭文语》、《苏轼文集》《晋书·郭文传》改。

③壮思室：成年便渴望结婚成家。室，指妻子。《礼记·曲礼上》："人生十年曰幼，学；二十曰弱，冠；三十曰壮，有室。"郑玄注："有室，有妻也。妻称室。"

④忆：思念，思忆。

⑤猛虎：《东坡外集》《苏轼文集》《晋书·郭文传》作"猛兽"。

⑥先生不出济世乎：《东坡外集》作"先生何不出以济世乎"，《晋书·郭文传》此句作"今将用先生以济时，若何"。

⑦野人：乡野之人，村野之人。

⑧监钱塘郡：苏轼熙宁四年（1071）至七年（1074）任杭州通判。监郡，指通判。钱塘郡，指杭州。

⑨餘杭：即今浙江杭州餘杭区。九锁山：原作"九镇山"，据《苏轼文集》改。九锁山是杭州大涤山中的一个区域。元代邓牧《大涤洞天记》卷中《九锁山》云："自餘杭西郭外行十有八里，逆溪水上，左右合七峰，皆拔地数百尺，其趾犬牙相错，行路并溪屈折者九，故曰'九锁'。"《大涤洞天记》卷中《大涤山》云："在宫北，凡四峰，于九锁内最为巨山。西洞据其领，石室出其半，天坛冠其颠，皆山中胜处也。是山以洞名之，旧志谓大可以洗涤尘心，故名'大涤'。"

⑩大涤洞天：在浙江杭州餘杭区西的大涤山中（其地今属杭州临安区），道教三十六洞天之一，称"天目山洞"。此地唐有天柱观（宫），宋真宗时改名"洞霄宫"，是宋代著名宫观，盛极一时。元代邓牧有《大涤洞天记》（一名《洞霄图志》），记载历史、宫观、遗迹、碑记等甚详。后宫观遭毁弃，现仅存遗迹。苏轼有《洞霄宫》《监洞霄宫俞康直郎中所居四咏》等诗。

⑪洞大：稗海本作"洞天"，《东坡外集》、茅维本《全集》作"洞"。

⑫投龙简：道教斋醮仪式中使用的一种物品。古代帝王进行重大斋醮仪式时，常将祈愿文字写在简上，和玉璧、金龙等物品一起投掷于名山大川中，以祈福佑，称为"投龙"或"投龙简"，简亦称"投龙简"。

⑬戊寅九月七日书：稗海本作"戊寅九月七日东坡居士夜半录此"，《东坡外集》《苏轼文集》作"戊寅九月七日东坡居士夜坐录此"。戊寅，元符元年（1098）。时苏轼在海南昌化军（儋州）。

【译文】

温峤问郭文："人都有六亲，相处欢乐，您却抛弃亲人，有何快乐？"郭文说："我立身学道，没想到遇到战乱，现在想回去和亲人在一起，也没有办法。"又问："饥饿时会想食物，成年时会想有妻室，这是自然的道理。先生难道就没有情感吗？"答："情感是由思念产生，我不去思念，便不会产生情感。"又问:"先生独处山野之中,死后会被乌鸦老鹰所食,该怎么办呢?"答:"埋葬在地下也会被蝼蚁所食,又有什么分别?"又问:"山中猛虎会伤人,先生难道不害怕?"答:"人没有伤害野兽的心,那么野兽也不会伤害人。"又问:"世道不安宁,自己也难于安身,先生为何不出来济世?"答:"这不是山野之人所知道的。"我曾经担任过杭州通判,游馀杭九锁山,探访大涤洞天,也就是郭文过去隐居的地方。那里洞穴很大,有巨大的山谷,深不可测,曾有皇帝使者投下的投龙简。戊寅年(1098)九月七日书。

刘伯伦

【题解】

刘伶有"死即埋我"的名言,此事唐人视为旷达,如白居易诗云:"抱琴荣启乐,荷锸刘伶达。"(《洛阳有愚叟》)但苏轼认为,"死则已矣,何必更埋",可见刘伶还是有所记挂或执着。苏轼《和顿教授见寄,用除夜韵》诗也说:"我笑刘伯伦,醉发蓬茅散。二豪苦不纳,独以锸自伴。既死何用埋,此身同夜旦。"苏轼看法的背后,是佛教无分别、无罣碍(无挂碍)的思想。又见《苏轼文集》卷六五《刘伯伦非达》。

刘伯伦常以锸自随①,曰:"死即埋我。"苏子曰:伯伦非达者也,棺椁衣衾②,不害为达。苟为不然,死则已矣,何必更埋!

【注释】

①刘伯伦:刘伶,字伯伦。《晋书·刘伶传》记载:"常乘鹿车,携一壶酒,使人荷锸而随之,谓曰:'死便埋我。'其遗形骸如此。"即苏轼所述之事。锸(chā):也写作"臿",一种类似于锹的工具。

②棺椁（guǒ）：泛指盛殓死者的棺材。内为棺，较大的装在外层的为椁。衣衾（qīn）：指死者所穿的衣服和覆盖的被子。《管子·禁藏》："棺椁足以朽骨，衣衾足以朽肉，坟墓足以道（导）记。"

【译文】

刘伯伦常在出行时让人带着锸跟随，说："我如果突然死了，马上就地埋掉我。"苏子说：刘伯伦并非通达之人，穿丧服，盖丧被，装入棺椁，并不妨害通达。如若不然，死了就算了，何必又去埋！

房琯陈涛斜事

【题解】

房琯于陈涛斜大败的原因，《旧唐书》本传的分析是房琯"喜谈论，用兵素非所长"，"既自无庙胜，又以虚名择将吏，以至于败"；《新唐书》本传则说他"高谈有馀，而不切事"，"又知人不明，以取败挠"。苏轼强调了房琯信用刘秩为参谋的原因，和《新唐书》相近。苏轼在《拟进士对御试策》中也说到房琯称赞刘秩的事情："今无知人之明，而欲立非常之功，解纵绳墨以慕古人，则是未能察脉而欲试华佗之方，其异于操刀而杀人者几希矣。房琯之称刘秩，关播之用李元平是也。至今以为笑矣。"（《苏轼文集》卷九）又见《苏轼文集》卷六五《房琯之败》。

房次律败于陈涛斜①，杀四万人，悲哉！世之言兵者或取《通典》②，《通典》虽杜佑所集，然其源出于刘秩③。陈涛之败，秩有力焉。次律云："曳洛河虽多，安能当我刘秩④！"挟区区之辩⑤，以待曳洛河，疏矣。

【注释】

①房次律败于陈涛斜：房次律，房琯（guǎn），字次律，河南（今河南

洛阳）人。唐玄宗天宝中为琅琊郡、邺郡、扶风郡太守等,迁左庶子、宪部（刑部）侍郎。至德元载（756）玄宗逃至蜀中,房琯追驾至蜀,拜文部（吏部）尚书,同中书门下平章事。八月受玄宗命至灵武（今宁夏灵武西南）册立太子李亨为皇帝（肃宗）。不久房琯自请平贼,率军与安禄山叛军作战,大败。至德二载（757）贬为太子少师。乾元元年（758）贬邠（bīn）州（今陕西彬州）刺史。宝应二年（763）卒于阆州（今四川阆中）。陈涛斜,古地名。也作"陈陶斜""咸阳斜",在今陕西咸阳东。至德元载（756）十月,房琯率兵与安禄山叛军在陈涛斜大战。房琯用春秋时的车战法,被敌人用火攻而大败,"伤杀者四万馀人,存者数千而已"（《旧唐书·房琯传》）。杜甫《悲陈陶》诗云:"孟冬十郡良家子,血作陈陶泽中水。野旷天清无战声,四万义军同日死。"

②《通典》:唐代杜佑撰写的一部记载典章制度的政书。共两百卷,分食货、选举、职官、礼、乐、刑、州郡、边防八门。

③《通典》虽杜佑所集,然其源出于刘秩:杜佑,字君卿,京兆万年（今陕西西安）人。唐代宰相。先后辅佐唐德宗、唐顺宗和唐宪宗。封岐国公。卒赠太傅,谥安简。刘秩,字祚卿,徐州彭城（今江苏徐州）人。刘知几第四子。曾为宪部员外郎、陇西司马。后贬为阆州刺史、抚州长史,卒。曾撰《政典》《止戈记》《至德新议》等书,均佚。《新唐书·杜佑传》载:"刘秩撼百家,仿周六官法,为《政典》三十五篇,房琯称才过刘向。佑以为未尽,因广其阙,参益新礼,为二百篇,自号《通典》。"后文所说即据此而言。

④次律云"曳洛河虽多,安能当我刘秩":《新唐书·房琯传》记载房琯率三军趋京师长安时,"其佐李揖、刘秩等皆儒生,未尝更军旅,琯每诧曰:'彼曳落河虽多,能当我刘秩乎?'"曳洛河,原作"热洛河",误,据新、旧《唐书·房琯传》改。《历代名贤确论》卷八一《房琯》引东坡说亦作"曳洛河"。曳洛河是个音译词,在唐代胡

语中指壮士、健儿等。后文"以待热洛河"亦改作"以待曳洛河"。

⑤挟区区之辩:"挟"字原无,据稗海本、《苏轼文集》《历代名贤确
论》补。区区,意谓微不足道,不值一提。辩,这里是指刘秩的巧
言、大言。

【译文】

房琯在陈涛斜大败,死了四万人,可悲啊!世上谈兵法军事的人有
的会取用《通典》,《通典》虽是杜佑编集,但其源头出于刘秩。陈涛斜之
败,刘秩有很大的原因。房琯说:"曳洛河虽然很多,怎能抵挡我刘秩!"
用那不值一提的巧言大言来抵挡曳洛河,实在是疏失。

张华《鹪鹩赋》

【题解】

张华《鹪鹩赋》是赋中的名篇,以鹪鹩这样一种小鸟自比,"动翼而
逸,投足而安。委命顺理,与物无患",希望能够避祸远害,即如苏轼指
出的那样,"欲自全于祸福之间"。但事实上张华正因为其首鼠两端,不
能听从刘卞之言,早除贾氏,后来竟被当作贾后馀党而杀害,苏轼认为是
"正求全之过"。王夫之对张华的评论,可以看作是苏轼意见的发挥:"拒
刘卞之说,不欲为陈蕃之为,以冀免于祸,抑不可不谓工于全身。然而身
卒殒、国卒危者,何也?智有馀而义不足也。"(《读通鉴论》卷十二)又
见《苏轼文集》卷六五,题《阮籍求全》,题目显然与文义不符。

阮籍见张华《鹪鹩赋》①,叹曰:"此王佐才也②!"观其
意,独欲自全于祸福之间耳,何足为王佐乎?华不从刘卞
言③,竟与贾氏之祸④,畏八王之难⑤,而不免伦、秀之虐⑥。
此正求全之过,失鹪鹩之本意。

【注释】

①阮籍：字嗣宗，陈留尉氏（今河南尉氏）人。魏晋时期的名士，"竹林七贤"之一。张华：字茂先，范阳方城（今河北固安西南）人。西晋大臣，文学家。《鹪鹩（jiāo liáo）赋》：是张华写作的一篇赋，文见《文选》卷十三以及《晋书·张华传》。《晋书·张华传》说张华"初未知名，著《鹪鹩赋》以自寄"，阮籍见后感叹道："王佐之才也！"由是声名始著。鹪鹩，是一种体型较小的鸟，又名"巧妇鸟"。

②王佐才：辅佐君王的才能。

③刘卞：字叔龙，东平须昌（今山东东平东）人。西晋官员。晋惠帝皇后贾南风欲废太子司马遹（yù），左卫率刘卞为太子所信遇，便告诉司空张华贾后的预谋，劝说道："公居阿衡之任，若得公命，皇太子因朝入录尚书事，废贾后于金墉城。"（《晋书·张华传》）张华犹豫未决，未能采取行动。

④贾氏之祸：贾氏，指晋惠帝皇后贾南风。见卷三《女妾·贾氏五不可》。"贾氏之祸"指司马伦废贾后、杀贾氏族人及大臣之事。愍怀太子被废及杀害之后，赵王司马伦发动政变，矫诏废贾后（不久杀死），诛杀贾谧等贾后族人以及大臣张华、裴颁（wěi）等。《晋书·张华传》记载司马伦的党羽张林责问张华："卿为宰相，任天下事，太子之废，不能死节，何也？"张华说曾有进谏。张林又说："谏若不从，何不去位？"华不能答。遂被杀。

⑤八王之难：也称"八王之乱"。晋惠帝时期，皇后贾南风干政弄权，元康元年（291）召楚王司马玮带兵进京，废武帝皇后杨太后（后赐死），杀太傅杨骏等人，不久又借机先后杀掉汝南王司马亮和楚王司马玮。元康九年（299）贾后又废太子，次年赐死。赵王司马伦矫诏废贾后为庶人，杀贾氏族人及大臣等，自为相国。永康二年（301）司马伦囚禁惠帝，自立为皇帝。随后司马家族的诸

王争权夺利，长期混战，直至光熙元年（306）东海王司马越迎惠帝还洛阳。不久惠帝中毒而死，司马越又立惠帝之弟司马炽为帝（晋怀帝），大权为司马越掌控。"八王之乱"至此结束。

⑥不免伦、秀之虐：伦、秀，指西晋的赵王司马伦和他的亲信孙秀。这句话是说，张华在司马伦废贾后、诛贾谧等人的过程中，也被杀害。虐，《苏轼文集》作"害"。

【译文】

阮籍看到张华的《鹪鹩赋》，赞叹说："这人真是有辅佐帝王的才能！"我看其文之意，只是要在祸福是非之中保全自己，哪里能辅佐帝王？张华不听从刘卞的建言，最终牵连进贾氏之祸，害怕八王之乱，后来却不能免于司马伦、孙秀的残害。这正是他欲求保全性命的过失，失去了做鹪鹩的本意。

王济王恺

【题解】

王济以人乳蒸小猪，王恺乱杀女妓，苏轼由二人之事知晋室早已陷于混乱，武帝时已然如此，不必等惠帝时的八王之乱，便可知晓晋朝的结局了。又见《苏轼文集》卷六五《贵戚专杀》。

王济以人乳蒸豚①，王恺使妓吹笛②，小失声韵便杀之，使美人行酒③，客饮不尽亦杀之。时武帝在也④，而贵戚敢如此⑤，知晋室之乱也久矣。

【注释】

①王济：原作"王齐"（题目亦作"王齐"），据《苏轼文集》改。王济，字武子，太原晋阳（今山西太原）人。晋司徒王浑子。尚晋

武帝女常山公主。官至骁骑将军、侍中。人乳蒸豚：事见《晋书·王济传》："帝尝幸其宅，供馔甚丰，悉贮琉璃器中。蒸肫甚美，帝问其故，答曰：'以人乳蒸之。'帝色甚不平，食未毕而去。"《世说新语·汰侈》记此事曰"以人乳饮独"。"肫""独"同"豚"，小猪。

②王恺(kǎi)：字君夫，东海郯(tán，今山东郯城)人。魏国名儒王肃之子，晋武帝的母舅。封山都县公，官至后军将军。使妓吹笛及美人行酒事，见《晋书·王敦传》："时王恺、石崇以豪侈相尚，恺尝置酒，敦与导俱在坐，有女伎吹笛小失声韵，恺便驱杀之。一坐改容，敦神色自若。他日，又造恺，恺使美人行酒，以客饮不尽，辄杀之。酒至敦、导所，敦故不肯持，美人悲惧失色，而敦傲然不视。"

③行酒：原作"饮酒"，稗海本、《苏轼文集》作"行酒"，同《晋书》，据改。

④武帝：晋武帝，晋朝的开国皇帝司马炎，字安世，河内温县(今河南温县)人。265年至290年在位。在也：《苏轼文集》作"尚在"。

⑤贵戚：帝王的亲戚。王济是晋武帝的女婿，王恺是晋武帝的舅舅，故云。

【译文】

王济用女子乳汁蒸小猪，王恺让家妓吹笛，声调稍有不准便杀掉，让美人来敬酒，客人不喝完便杀死美人。那时候晋武帝还在世，而他的亲戚竟敢如此胡作非为，可知晋室中蕴藏祸乱已经很久了。

王夷甫

【题解】

王衍是西晋著名的清谈领袖，其清谈误国是历史上的定评。苏轼《读〈王衍传〉》诗也说："文非经国武非英，终日虚谈取盛名。至竟开门延羯寇,始知清论误苍生。"本文重在批评其被俘后毫无气节的表现,并将他与其女作对比,认为不如其女惠风。又见《苏轼文集》卷六五《王衍之死》。

　　王夷甫既降石勒①,自解无罪,且劝僭号②。其女惠风为愍怀太子妃③,刘曜陷洛④,以惠风赐其将乔属⑤,属将妻之⑥,惠风杖剑大骂而死。乃知王夷甫之死,非独惭见晋公卿,乃当羞见其女也。

【注释】

①王夷甫:王衍,字夷甫,琅琊临沂(今山东临沂)人。西晋末年的重臣。历官黄门侍郎、北军中候、中领军、司空、司徒、太尉。石勒:字世龙,上党武乡(今山西榆社社城镇)人。羯胡族。初为匈奴汉国的大将,319年称赵王,史称"后赵"。太和三年(建平元年,330)称帝,建平四年(333)病逝。谥号明帝。西晋永嘉五年(311),尚为汉帝刘聪大将的石勒在宁平(今河南郸城东北)大败晋军,俘获晋军元帅王衍,王衍向石勒陈说西晋败亡的原因,并说责任不在自己身上,又"自说少不豫事,欲求自免,因劝勒称尊号。勒怒曰:'君名盖四海,身居重任,少壮登朝,至于白首,何得言不豫世事邪!破坏天下,正是君罪。'"随后王衍被杀。见《晋书·王衍传》。

②僭(jiàn)号:冒用皇帝的称号。这里是说王衍劝石勒称帝。当时石勒在刘聪的汉政权任征东大将军、并州刺史、汲郡公。

③惠风:王惠风,王衍小女,愍怀太子的太子妃。《晋书·列女传》云:"愍怀太子妃王氏,太尉衍女也,字惠风。贞婉有志节。太子既废居于金墉,衍请绝婚,惠风号哭而归,行路为之流涕。及刘曜陷洛阳,以惠风赐其将乔属,属将妻之。惠风拔剑距属曰:'吾

太尉公女,皇太子妃,义不为逆胡所辱。'属遂害之。"愍怀太子:
名司马遹(yù),字熙祖,晋惠帝之子。太熙元年(290)晋惠帝即
位,封司马遹为太子。元康九年(299)被惠帝皇后贾南风废为庶
人,次年赐死。

④刘曜(yào):字永明,新兴(今山西忻州)人。匈奴族。晋永嘉五
年(311)率兵攻入洛阳,俘晋怀帝,建元二年(316)陷长安,俘
晋愍帝。318年称帝,次年改国号为赵,史称"前赵"。

⑤乔属:原作"高属",据秭海本、《苏轼文集》及《晋书》改。

⑥属将妻之:"属"字原无,据《苏轼文集》及《晋书》补。

【译文】

　　王夷甫投降石勒后,辩解自己无罪,又劝石勒称帝。他的女儿惠风
是愍怀太子的太子妃,刘曜攻陷晋都洛阳时,以惠风赐其部将乔属,乔属
想以她为妻,惠风仗剑大骂而死。想来王夷甫死后,不只是羞于见到晋
朝的公卿,还应当羞于见到他的女儿。

卫瓘欲废晋惠帝

【题解】

　　此条也是苏轼读史的随感,前半抄史事,后半议论。苏轼认为卫瓘
当众说出废太子之事,惹怒贾后,是邓艾之冤造成卫瓘一时的丧失心智
而为之。其实当时人已将卫瓘杀邓艾和后来卫瓘一家九口被杀之事相
联系,《晋书·卫瓘传》说:"杜预闻瓘杀邓艾,言于众曰:'伯玉其不免
乎! 身为名士,位居总帅,既无德音,又不御下以正,是小人而乘君子之
器,当何以堪其责乎?'……终如预言。"又见《苏轼文集》卷六五《卫瓘
扪床》。

　　晋惠帝为太子①,卫瓘欲陈启废之策而未敢发②。会燕

凌云台③，瓘托醉跪帝前，曰："臣欲有所启。"欲言之而止者三，因拊床曰④："此座可惜⑤！"帝意乃悟，曰："公真大醉。"贾后由是怨之⑥。此何等语，乃于众中言之，岂所谓"不密失身"者耶⑦？以瓘之智，不宜暗此，殆邓艾之冤⑧，天夺其魄尔。

【注释】

①晋惠帝：名司马衷，字正度，晋武帝司马炎次子，西晋第二位皇帝。泰始三年（267）司马衷被立为太子，太熙元年（290）武帝去世，司马衷即位，为晋惠帝。

②卫瓘（guàn）欲陈启废之策而未敢发：卫瓘，字伯玉，河东安邑（今山西夏县西北）人。西晋大臣。见卷三《女妾·贾氏五不可》。《晋书·卫瓘传》载："惠帝之为太子也，朝臣咸谓纯质，不能亲政事。瓘每欲陈启废之，而未敢发。后会宴陵云台，瓘托醉，因跪帝床前曰：'臣欲有所启。'帝曰：'公所言何耶？'瓘欲言而止者三，因以手抚床曰：'此座可惜！'帝意乃悟，因谬曰：'公真大醉耶？'瓘于此不复有言。贾后由是怨瓘。"此即本文所述之事。废之策，稗海本作"废立之策"，"立之"二字为双行小字。

③燕：通"宴"，宴会。凌云台：《晋书》作"陵云台"。三国时期魏国都城洛阳的一处高大的楼台建筑，黄初二年（221）建造。

④拊：拍击。床：是当时使用的一种坐具。这里指皇帝（晋武帝）的坐床。

⑤座：原作"坐"，据稗海本、《苏轼文集》及《晋书·卫瓘传》改。

⑥贾后：晋惠帝皇后贾南风，平阳（今山西临汾）人。贾充之女。见卷三《女妾·贾氏五不可》、本卷《人物·张华〈鹪鹩赋〉》。永熙元年（290）晋惠帝即位，卫瓘与汝南王亮共辅朝政。贾后素怨卫

瓘，且忌其方直，向惠帝毁谤二人欲效伊尹放太甲、霍光废海昏侯刘贺之事，令帝作手诏免卫瓘官。楚王司马玮与卫瓘有怨，令人矫诏将卫瓘一家九人杀害。

⑦不密失身：《周易·系辞上》说："君不密则失臣，臣不密则失身，几事不密则害成，是以君子慎密而不出也。"

⑧邓艾：字士载，义阳棘阳（今河南新野）人。三国时期魏国将领。景元四年（263）八月，魏军分三路（锺会、邓艾、诸葛绪）伐蜀，征西将军邓艾率军穿越阴平道，直达江油，不久攻占绵竹、广汉，蜀汉后主刘禅投降。邓艾建立灭蜀奇功，在成都居功自傲，锺会诬其谋反，朝廷下诏让监军卫瓘逮捕邓艾父子，送往京师洛阳。景元五年（264）正月锺会密谋反叛，失败被杀，卫瓘怕邓艾到京后不利于己，派人追杀邓艾于绵竹。

【译文】

晋惠帝为太子的时候，卫瓘想对晋武帝启奏有关废除和另立太子的事，但一直不敢说出来。会逢在凌云台举行宴会，卫瓘假装醉酒跪在晋武帝面前说："臣有事启奏。"却多次欲言又止，便拍打武帝的坐床说："这座位真是可惜啊！"武帝领悟到他的意思，说："你真的喝醉了。"贾南风因此怨恨卫瓘。这是什么样的话，竟然在大庭广众中说出来，所谓"不密失身"就是这样吧？以卫瓘的心智，不应该如此糊涂，也许是因为邓艾冤死是由他造成的，上天夺走了他的魂魄吧。

刘凝之沈麟士

【题解】

南朝时期，宋的刘凝之，齐的沈麟士，都发生过类似的误认履的事情。当别人将履还回来的时候，刘"不肯复取"，沈"笑而受之"，这两种态度和处事方式，苏轼认为刘不如沈。金代王若虚对此有不同的看法：

"予谓沈亦未足为法也。君子之道,贵乎别嫌疑,明是非。其实吾物,何为受诬而与人? 使因而不还,则成彼奸计,而自贻不廉之名,果何图哉? 且所认有大于是者,皆可与之而不辨乎? 然则麟士所处虽差胜凝之,要亦不近于人情,而君子不贵也。苏氏尝以直不疑买金偿亡,不辨盗嫂为非,而顾复有取于麟士,何邪?"(《淮南遗老集》卷二八)又见《苏轼文集》卷六五《刘沈认履》。

《南史》①:刘凝之为人认所着履②,即与之,此人后得所失履,送还,不肯复取。又沈麟士亦为邻人认所着履③,麟士笑曰:"是卿履耶?"即与之。邻人得所失履④,送还,麟士曰:"非卿履耶⑤?"笑而受之。此虽小事,然处事当如麟士⑥,不当如凝之也。

【注释】

① 《南史》:一部记载宋、齐、梁、陈四朝历史的纪传体正史,共八十卷。作者是唐初学者李延寿。"南史"二字各本均作"梁史",然古代无《梁史》有《梁书》,但《梁书》不载刘凝之、沈麟士事,《宋书·隐逸传·刘凝之》及《南齐书·高逸传·沈麟士》分别有二人之传,但后书无履事。《南史·隐逸传》俱载二人传及履(屐)事,故改作《南史》。

② 刘凝之:字志安,南郡枝江(今湖北枝江)人。南朝宋时的隐士。《南史·隐逸传·刘凝之》云:"尝有人认其所着屐,笑曰:'仆着已败,令家中觅新者备君。'此人后田中得所失屐,送还,不肯复取。"履:《苏轼文集》《侯鲭录》卷七载东坡说、《历代名贤确论》卷六三《刘凝之》引东坡均作"屐(jī)",后文亦然。

③ 沈麟士:字云祯,吴兴武康(今浙江武康)人。南朝齐的隐士和学

者。《南史·隐逸传·沈麟士》云:"尝行路,邻人认其所着屐,麟
士曰:'是卿屐邪?'即跣而反。邻人得屐,送前者还之,麟士曰:
'非卿屐邪?'笑而受之。"本文及题目中"麟士"二字,底本均误
作"士麟",据稗海本、《苏轼文集》改。

④邻人得:《苏轼文集》《历代名贤确论》作"邻人后得"。

⑤耶:原作"即",据稗海本、《苏轼文集》改。

⑥此虽小事,然处事当如麟士:此句稗海本、《宋文鉴》卷一百七作
"此虽小事,然处世当如麟士",《苏轼文集》《历代名贤确论》作
"此虽小节然人处事当如麟士",《侯鲭录》卷七载东坡说作"士大
夫处世当如麟士"。

【译文】

《南史》记载:刘凝之穿的鞋被别人认为是他的,刘凝之便将鞋送给
那个人,那个人后来找到自己遗失的鞋,送还刘凝之的鞋,刘凝之不肯
要。此外,沈麟士也被邻居误以为是自己的鞋,沈麟士笑着说:"是你的
鞋吗?"便给了他。后来邻人找到自己遗失的鞋,送还,沈麟士说:"不是
你的鞋吗?"笑着将鞋接过来。这虽然是小事,但为人处事应当如沈麟
士,不当如刘凝之。

裴颁对武帝

【题解】

此条记裴颁(楷)诎对晋武帝之事,苏轼认为探策"得一",是神灵以
实相告,晋朝司马氏仅传一世(晋武帝),此后惠帝智弱,而愍帝、怀帝、
愍帝都不得善终,再后来继晋室的是东晋的元帝,但根据传说中的"牛
继马后",那是牛氏之后。又见《苏轼文集》卷六五《裴颁之诎》。本篇
中的"裴颁"大约是苏轼误书,各本均如此,但据《晋书·裴楷传》,此是
裴楷事。惟有宋人《历代名贤确论》卷五八《裴楷诎对》引东坡作"裴

楷”。暂仍其旧。

　　晋武帝探策[1]，岂亦如签也耶？惠帝不肖[2]，得“一”，盖神以实告。裴𫖮诡对[3]，士君子耻之，而史以为美谈，鄙哉！惠、怀、愍皆不终[4]，牛系马后[5]，岂及二乎[6]！

【注释】

①晋武帝：晋朝开国皇帝，名司马炎，字安世，河内温县（今河南温县）人。探策：抽签占卜。晋武帝探策事，见《晋书·裴楷传》："武帝初登阼，探策以卜世数多少，而得一，帝不悦，群臣失色，莫有言者。楷正容仪，和其声气，从容进曰：'臣闻天得一以清，地得一以宁，王侯得一以为天下贞。'武帝大悦，群臣皆称万岁。"裴楷所言见《老子》第三十九章。

②不肖：本谓子不似父。也指后代不成材，不正派。

③裴𫖮（wěi）：字逸民，河东闻喜（今山西闻喜）人。裴楷的侄子。苏轼误以裴楷为裴𫖮。裴𫖮诡对事，见前注。

④惠、怀、愍：晋惠帝、怀帝、愍帝。晋怀帝名司马炽，字丰度，河内温县（今河南温县）人。晋武帝司马炎之子。西晋第三位皇帝，307年至313年在位。晋愍帝名司马邺，字彦旗，河内温县（今河南温县）人。晋武帝司马炎之孙。西晋末代皇帝，313年至317年在位。晋怀帝和晋愍帝都是被刘聪杀害的。

⑤牛系马后：传说东晋的司马氏是牛氏的后代。"系"字在此义同"继"。《晋书·元帝纪》云："初，《玄石图》有'牛继马后'，故宣帝深忌牛氏，遂为二榼（kē），共一口，以贮酒焉，帝先饮佳者，而以毒酒鸩其将牛金。而恭王妃夏侯氏竟通小吏牛氏而生元帝，亦有符云。"宣帝指司马懿。司马懿的孙子司马觐封恭王，其子司马睿即后来建立东晋的晋元帝。

⑥岂及二乎：岂会传至二世。此句原作"岂及亡乎"，《苏轼文集》作
"岂及二王乎"，《历代名贤确论》卷五八《裴楷诡对》作"岂及二
乎"。

【译文】

晋武帝即位时探策以卜国运，难道就是现在的求签吗？晋惠帝不
肖，晋武帝探策而得"一"，这应是神灵以实相告仅有一世。裴楷花言巧
语诌媚武帝，士君子都以为耻，而史书以为是美谈，真是可鄙！后来晋惠
帝、晋怀帝、晋愍帝皆不得善终，还有"牛继马后"的事，晋武帝哪有"二
世"啊！

柳宗元敢为诞妄

【题解】

苏轼对柳宗元的诗文评价极高，说其诗"在陶渊明下，韦苏州上"，
"所贵乎枯澹者，谓其外枯而中膏，似澹而实美，渊明、子厚之流是也"
（《评韩柳诗》）；又说李杜之后，"独韦应物、柳宗元发纤秾于简古，寄至味
于澹泊，非余子所及也"（《书黄子思诗集后》，以上均见《苏轼文集》卷
六七）。但是苏轼对柳宗元的学问人品评价颇低，《与江惇礼五首》（其
一）论学，提到柳宗元《非国语》，"鄙意素不然之。……柳子之学，大率
以礼乐为虚器，以天人为不相知云云。……此所谓小人无忌惮者"（《苏
轼文集》卷五六）。《续欧阳子朋党论》云："凡才智之士，锐于功名而嗜
于进取者，随所用耳。孔子曰：'仁者安仁，智者利仁。'未必皆君子也。
冉有从夫子则为门人之选，从季氏则为聚敛之臣。唐柳宗元、刘禹锡使
不陷叔文之党，其高才绝学，亦足以为唐名臣矣。"（《苏轼文集》卷四）
将他看作是"锐于功名而嗜于进取"的人。柳宗元在死后一直被看作有
才无识之人，《旧唐书》评柳、刘二人"蹈道不谨，昵比小人，自致流离，遂
黩素业"，《新唐书》说柳宗元"少时嗜进"。而苏轼在神宗时代对所谓

"革新""进取"深有感触,故而不但接受而且强化了过去常见的对柳宗元的看法。又见《苏轼文集》卷六五《柳子厚诞妄》。

　　柳宗元敢为诞妄①,居之不疑②。吕温为道州、衡州③,及死,二州之人哭之逾月,客舟之道于永者④,必呱呱然⑤。虽子产不至此⑥,温何以得之!其称温之弟恭亦贤豪绝人者⑦,又云恭之妻裴延龄之女也⑧,孰有士君子肯为裴延龄婿者乎?柳宗元与伾、叔文交⑨,盖亦不羞于延龄姻也⑩。恭为延龄婿,不见于史,宜表而出之,见宗元文集《恭墓志》云。

【注释】

①柳宗元:字子厚,河中府河东(今山西永济)人。唐代文学家。诞妄:夸诞虚妄。这里是说柳宗元撰文有夸大不实之词。

②居之不疑:行事毫不迟疑。

③吕温:字和叔,一字化光,河中府河东(今山西永济)人。柳宗元表兄。贞元十四年(798)进士,永贞元年(805)为户部员外郎,转司封员外郎,与柳宗元、刘禹锡等人参与永贞革新。元和三年(808)贬道州刺史,五年(810)转衡州刺史,次年卒。

④道于永:原作"过于此",据稗海本、《苏轼文集》《仇池笔记》改。

⑤呱呱(gū):哭声。本文所叙之事见柳宗元《故衡州刺史东平吕君诔》:"君之卒,二州之人哭者逾月。……余居永州,在二州中间,其哀声交于北南,舟船之上下,必呱呱然。"道州和衡州两地的人都为吕温哭泣,在两地之间的柳宗元能听见来往湘江上的人的哭声。

⑥子产:名侨(或乔),字子产,谥成子,春秋时郑国人。郑穆公之孙。郑简公和郑定公时执掌郑国,功业显著。

⑦温之弟恭:吕恭,字敬叔,河中府河东(今山西永济)人。吕温弟。

贞元末为山南西道节度使判官,元和五年(810)为桂管都防御副使,元和八年(813)为岭南节度判官,病卒于广州。柳宗元《吕侍御恭墓志》云:"妻裴氏,户部尚书延龄女。"

⑧裴延龄:河东(今山西永济)人。唐德宗时为户部侍郎、判度支,颇为皇帝所信任。为政则聚敛搜刮,为人则谲诈虚妄。《旧唐书》本传记"延龄死,中外相贺",史臣评:"奸邪害正,自古有之;而矫诞无忌,妒贤伤善,未有如延龄、皇甫(镈)之甚也。"

⑨伾、叔文:王伾(pī)与王叔文。王伾,杭州(今属浙江)人。王叔文,越州山阴(今浙江绍兴)人。唐顺宗为太子时,二王为其亲信。顺宗即位后二王升任要职,重用刘禹锡、柳宗元等人,实行政治改革,史称"永贞革新"。不久顺宗内禅为太上皇,太子即位为宪宗,王叔文贬渝州司户,王伾贬开州司马,不久皆死。古人对"永贞革新"评价很低,如《旧唐书》将二王与奸臣裴延龄、皇甫镈(bó)同卷(卷一三五),卷末史臣还说:"(韦)执谊、叔文,乘时多僻,而欲斡运六合,斟酌万几;刘、柳诸生,逐臭市利,何狂妄之甚也!"叔文,原作"叔之",稗海本作"叔文",《苏轼文集》作"叔文为"。据稗海本改。

⑩差:原作"差",据稗海本、《苏轼文集》《仇池笔记》改。

【译文】

柳宗元敢于夸诞虚妄,毫无犹疑。他说吕温做道州刺史和衡州刺史,死之时两州的人悲伤痛哭,超过了一个月,当客船经过永州时,他还能听见哭泣之声。哪怕是子产也不到这种程度,吕温又是如何做得到!柳宗元说吕温的弟弟吕恭也是贤能豪爽,超绝凡人,又说吕恭的妻子是裴延龄的女儿,士人君子中哪有肯做裴延龄女婿的?柳宗元和王伾、王叔文交往,大概也不会对与裴延龄联姻的事情感到羞耻。吕恭是裴延龄的女婿,此事不见于史书,值得揭示出来,见柳宗元文集中的《吕恭墓志》。

卷五

论古

【题解】

《论古》所收的都是苏轼的史论文字，涉及很多历史人物和事件，与前面《人物》门中的史论文字相比，篇幅较长，是比较正式的史论文。本门共13篇，也就是《苏轼文集》卷五《论》所收的14篇（本书《论子胥种蠡》1篇，在《苏轼文集》以及《经进东坡文集事略》中均分为2篇）。除了《游士失职之祸》外，每篇文章都是先列史书记载的史实，再以"苏子曰"引出评论。《容斋三笔》卷十一《东坡引用史传》云："东坡先生作文，引用史传，必详述本末，有至百馀字者。盖欲使读者一览而得之，不待复寻绎书策也。"大概就是指本卷这些文章。《百川学海》本的《东坡志林集》以及《东坡七集》后集卷十一的《志林》，所收13首与本书文字完全一致，只是每条均无题目，而吕祖谦《宋文鉴》卷九八《志林》及黄震《黄氏日抄》卷六二《苏文·后集·志林》所载，均不出此13篇的范围。郎晔《经进东坡文集事略》卷十二的卷首云："自此以下十六篇，谓之《志林》，亦谓之《海外论》。"16篇之数，除析分《范蠡论》与《子胥论》外，又增加了《宋襄公论》《士燮论》，共有三卷。"海外论"之说，不知有何根据，如果真是在海外（海南）所作，则当写于绍圣四年（1097）至元符三年（1100）。

武王非圣人

【题解】

这是苏轼的一篇史论,对传统的武王是圣人的说法进行了质疑反驳。他首先认为孔子是"罪汤、武"的,《论语》中有些话称赞尧、舜、禹,却不提汤、武,且说《武》乐尽美而未尽善,又称赞反对武王伐纣的伯夷、叔齐,可见"罪汤、武"是孔氏家法。但是,后来孟子改变了这家法,他将汤伐桀、武王伐纣的事情说成是"诛一夫",而不是弑君,实是孔氏的罪人。苏轼敢于质疑武王是圣人的传统观念,可见他有突破传统束缚的一面,而他对孟子"诛一夫"说的否定,则表现出他固守忠君观念的另一面。苏轼似乎没有注意到荀子"诛独夫"的论证,他说希望是"有圣人者出而天下归之",其实荀子就是这样看待汤、武的。汤武革命原本就是儒家思想史上的热门议题,苏轼作论后引起更多学者的讨论,如朱熹、真德秀、俞文豹、戴埴、胡广、祝允明等。宋朝是观念解放和思想活跃的时期,也是包括忠君观在内的新思想形成的时期,本文正反映出这个思想史的演进过程。又见《苏轼文集》卷五《论武王》。《经进东坡文集事略》卷十二题为《武王论》。

　　武王克殷①,以殷遗民封纣子武庚禄父②,使其弟管叔鲜、蔡叔度相禄父治殷③。武王崩,禄父与管、蔡作乱,成王命周公诛之,而立微子于宋④。

【注释】

①武王:周武王,姓姬,名发,周王朝的建立者。约于前11世纪灭商建立周朝,建都镐(hào,在今陕西西安长安区),史称"西周"。

②以殷遗民封纣子武庚禄父:殷,本是地名,地在今河南安阳一带,商王盘庚从奄(今山东曲阜东)迁都至殷,故后来称商为"殷商"。

纣，商纣王，商朝末代暴君。武庚，是商纣王之子，字禄父，周武王
灭商后，封武庚在殷地管理商之遗民。

③使其弟管叔鲜、蔡叔度相禄父治殷：管叔名鲜，蔡叔名度，均是周
武王弟。武庚封殷后，周武王让管叔、蔡叔、霍叔监视他，称为
"三监"。相，辅助。

④"武王崩"四句：周成王是周武王之子，继位时年幼，由周公（名
旦）辅政。不久武庚与"三监"叛乱，周公平定叛乱，诛杀了武庚
和管叔，流放蔡叔，废霍叔为庶人，又封纣王兄微子（名启）为商
之后，奉商之祀，迁于商丘（今属河南），创建宋国。

【译文】

　　周武王伐灭殷商后，把殷地封给纣王的儿子武庚禄父，让他管理殷
商的遗民，让自己的弟弟管叔鲜和蔡叔度辅佐武庚禄父治理殷地。周武
王死后，武庚禄父与管叔、蔡叔叛乱，周成王命周公诛讨他们，然后立微
子为商后，封在宋地。

　　苏子曰：武王非圣人也。昔孔子盖罪汤、武，顾自以为
殷之子孙而周人也①，故不敢，然数致意焉②，曰："大哉！巍
巍乎尧、舜也。""禹，吾无间然。"③其不足于汤、武也亦明
矣。曰："《武》尽美矣，未尽善也④。"又曰："三分天下有
其二，以服事殷，周之德，其可谓至德也已矣⑤。"伯夷、叔
齐之于武王也，盖谓之弑君，至耻之不食其粟⑥，而孔子予
之⑦，其罪武王也甚矣。此孔氏之家法也。世之君子，苟自
孔氏，必守此法。国之存亡，民之死生，将于是乎在，其孰
敢不严？而孟轲始乱之，曰"吾闻武王诛独夫纣，未闻弑君
也"⑧。自是学者以汤、武为圣人之正若当然者，皆孔氏之
罪人也。使当时有良史如董狐者⑨，南巢之事必以叛书⑩，牧

野之事必以弑书⑪，而汤、武，仁人也，必将为法受恶⑫。周公作《无逸》曰："殷王中宗，及高宗，及祖甲，及我周文王，兹四人迪哲。"⑬上不及汤，下不及武王，亦以是哉？

【注释】

①昔孔子盖罪汤、武，顾自以为殷之子孙而周人也：这句是说，孔子觉得自己是殷人后代，同时又是周朝的人，所以不好直接说汤、武有罪。汤是商朝的建立者，通过讨伐夏朝最后一位王桀而建立商朝，周武王则通过讨伐商朝最后一位王纣而建立周朝。苏轼认为，孔子虽然没有明说，但其实是对汤、武有微词的。顾，但是，然而。殷之子孙，《史记·孔子世家》说孔子"其先宋人也"，故而此处说"殷之子孙"。

②致意：表达其思想用意。原作"至意"，据《百川学海》本、《东坡后集》《苏轼文集》《经进东坡文集事略》改。

③"大哉！巍巍乎尧、舜也""禹，吾无间然"：这两句话自《论语》变化而出，非原文。《论语·泰伯》："巍巍乎！舜、禹之有天下也，而不与焉。"又云："大哉！尧之为君也。巍巍乎！唯天为大，唯尧则之。荡荡乎！民无能名焉。巍巍乎其有成功也！焕乎其有文章！"又云："禹，吾无间然矣。"巍巍，崇高伟大之意。无间然，没有非议。

④《武》尽美矣，未尽善也：语见《论语·八佾（yì）》："子谓《韶》，尽美矣，又尽善也。谓《武》，尽美矣，未尽善也。"意思是说，舜的音乐《韶》，既美且善；武王的音乐《武》，美而未能尽善。程颐也认为："成汤放桀，惟有惭德，武王亦然，故未尽善。尧舜汤武，其揆一也。征伐非其所欲，所遇之时然耳。"（《二程外集》卷六）"成汤放桀于南巢，惟有惭德"是《尚书·仲虺（huǐ）之诰》中的话，程颐认为周武王也是如此。

⑤"三分天下有其二"四句：语见《论语·泰伯》。意思是说周文王当时已有天下的三分之二，仍然服事于商，故可谓"至德"。

⑥"伯夷、叔齐之于武王也"三句：伯夷、叔齐是商代孤竹君的两个儿子。周武王伐纣，二人叩马谏阻，武王灭商后，二人耻食周粟，逃到首阳山采薇而食，后来饿死。事见《史记·伯夷列传》。

⑦孔子予之：《论语·述而》中记孔子称赞伯夷、叔齐是"古之贤人"，《论语·公冶长》记孔子称二人"不念旧恶，怨是用希"，《论语·微子》记孔子说二人"不降其志，不辱其身"，这些都是孔子高度赞扬二人的话。予，赞许。

⑧孟轲（kē）始乱之，曰"吾闻武王诛独夫纣，未闻弑君也"：从孟子开始把这个道理弄乱了。《孟子·梁惠王下》记齐宣王问，像汤放桀、武王伐纣这样的事，"臣弑其君，可乎？"孟子回答说："贼仁者，谓之贼；贼义者，谓之残。残贼之人，谓之一夫。闻诛一夫纣矣，未闻弑君也。""一夫"就是独夫，指众叛亲离的人。荀子也说过诛独夫，他针对"桀纣有天下，汤武篡而夺之"的说法批评说："诛暴国之君若诛独夫，若是则可谓能用天下矣，能用天下之谓王。汤、武非取天下也，非夺桀、纣之天下也。修其道，行其义，兴天下之同利，除天下之同害，而天下归之也。"（《荀子·正论》）

⑨董狐：春秋时晋国的史官。晋灵公时赵盾为执政大夫，因灵公有加害之意而出逃，其族弟赵穿杀死灵公。赵盾返回朝中，太史董狐写下"赵盾弑其君"，在朝堂上展示。赵盾辩解说并非如此，董狐说："你是正卿，逃亡而不出国境，返回又不讨贼，不是你（弑君）又是谁？"孔子评论此事说："董狐是古代的良史，书写史书不隐讳。赵宣子是古代的好大夫，因为史书的书写笔法而蒙受恶名。可惜啊，如果逃出了晋国国境，就会免于这样的恶名。"见《春秋·宣公二年》"晋赵盾弑其君夷皋"下《左传》所载之事。

⑩南巢之事：《尚书·仲虺之诰》中说"成汤放桀于南巢"，推翻夏

朝，建立了商朝。南巢，在今安徽巢湖一带。

⑪牧野之事：《尚书·牧誓》记载武王与诸侯会于商郊牧野，大败商军，纣王兵败自焚。牧野，在今河南新乡北一带。

⑫为法受恶：因书法（史书的笔法）而遭受恶名。这句话来自《左传·宣公二年》记赵盾弑君事，董狐记载"赵盾弑其君"，孔子说："赵宣子，古之良大夫也，为法受恶。"

⑬"周公作《无逸》曰"及以下五句：所引的话见《尚书·无逸》，周公说殷之中宗（名太戊）、高宗（名武丁）、祖甲（武丁之子）以及周文王，这四人迪（遵循实行）哲（睿智贤哲）。《无逸》篇传说是周公教诫成王而作的。

【译文】

苏子说：周武王不是圣人。以前孔子就以为商汤和周武王有罪，但因为自己是殷商的子孙，又是周朝的人，所以不敢明确说，然而他多次表达了这个意思，他说："伟大啊，高尚啊，尧、舜！"又说："禹，我没有什么可非议他的地方。"孔子不满于商汤和周武王，也非常明显了。他说："《武》乐非常优美，但未能尽善。"又说："周文王三分天下而有其二，仍服侍殷商，周文王的德行，真可谓是至德了。"伯夷、叔齐看待武王，会说他是弑君，甚至耻于成为其臣民而不食周朝的粮食，而孔子赞许他们，可见孔子是谴责武王的。这是孔氏的家法。世上的君子如果是出自孔门，必当守此家法。国家的存亡，民众的生死，都在这里面，谁敢不严格遵守？自孟子开始变乱家法，他说"只听说周武王诛杀独夫纣，没听说弑君"。从此学者们认为商汤和武王所行是圣人之正道和理所当然的，都是孔门的罪人。如果当时有像董狐那样的良史，以前汤放桀的南巢之事，肯定会记载为叛乱，武王伐纣的牧野之事，肯定会记载为弑君，商汤和周武王这样的仁者，必会因春秋的书法而遭受恶名。周公作《无逸》说："殷商的中宗、高宗、祖甲，以及我朝的文王，这四人都遵循睿哲之道。"他往前面不提及商汤，往后面不提及周武王，是因为这个原因吧？

文王之时，诸侯不求而自至，是以受命称王，行天子之事①，周之王不王，不计纣之存亡也。使文王在，必不伐纣，纣不见伐，而以考终②，或死于乱，殷人立君以事，周命为二王后以祀殷③，君臣之道岂不两全也哉！武王观兵于孟津而归④，纣若改过，否则殷人改立君⑤，武王之待殷亦若是而已矣。天下无王，有圣人者出而天下归之⑥，圣人所以不得辞也。而以兵取之，而放之，而杀之，可乎？汉末大乱，豪杰并起。荀文若⑦，圣人之徒也，以为非曹操莫与定海内⑧，故起而佐之。所以与操谋者，皆王者之事也，文若岂教操反者哉？以仁义救天下，天下既平，神器自至，将不得已而受之，不至不取也，此文王之道，文若之心也。及操谋九锡，则文若死之⑨。故吾尝以文若为圣人之徒者，以其才似张子房而道似伯夷也⑩。

【注释】

①"文王之时"四句：《史记·周本纪》说西伯受命称王，《尚书·无逸》有"文王受命惟中身"，故苏轼说"受命称王，行天子之事"。古人对文王受命多有怀疑，梁肃有《西伯受命称王议》，欧阳修有《泰誓论》。今人王国维《古诸侯称王说》，可参。文王，姓姬，名昌，周太王之孙，季历之子。周朝的奠基者。商纣王时封为西伯，曾被纣王拘囚，后被赦返周。

②以考终：以老寿而死。考，老。

③周命为二王后以祀殷：《公羊传·隐公三年》"八月庚辰，宋公和卒"何休注："宋称公者，殷后也。王者封二王后，地方百里，爵称公，客待之而不臣也。"《礼记·乐记》记载武王克殷反商，"下车而

封夏后氏之后于杞,投殷之后于宋"。苏轼是说在周已称王且行
天子之事后,纣王无论结局如何,商人之后都会被封,并且认可周
作为天子的权位。文义是说周天子会分封夏、商二国的后人,分
别祭祀两国,但文字只说了"祀殷"。二王后,指夏、商二国之后。

④武王观兵于孟津:《史记·周本纪》记周武王"东观兵,至于盟
津",与八百诸侯会,但未伐殷商而还。两年后纣王杀王子比干,
囚箕子,微子逃亡,周武王乃起兵伐纣。孟津,在今河南孟州南,
古书亦称"盟津"。

⑤殷人:原无"人"字,据《百川学海》本、《东坡后集》《苏轼文集》补。

⑥有圣人者出而天下归之:有圣人出世,则天下人归心于他。这个
表达来自《孟子·公孙丑下》的"五百年必有王者兴",欧阳修
《丰乐亭记》的"圣人出而四海一"。苏轼认为"天下无王,有圣
人者出而天下归之",而实际上荀子就是从这个角度来肯定汤武
革命的正当性的。

⑦荀文若:荀彧(yù),字文若,颍川颍阴(今河南许昌)人。曹操的
重要谋臣。官至侍中。因反对曹操晋爵国公、加封九锡而为曹
操疏远,忧惧而死(一说被逼服毒而死)。苏辙《历代论·荀彧》
说:"荀文若之于曹公,则汉高帝之子房也。董昭建九锡之议,文
若不欲,曹公心不能平,以致其死。君子惜之。"

⑧曹操:字孟德,沛国谯县(今安徽亳州)人。为三国时期魏国的创
立奠定了基础。

⑨操谋九锡,则文若死之:《三国志·魏书·荀彧传》记载,建安十
七年(212),董昭等人欲为曹操晋爵为国公,赏九锡,向荀彧询
问,荀彧"以为太祖本兴义兵以匡朝宁国,秉忠贞之诚,守退让之
实;君子爱人以德,不宜如此"。荀彧由此为曹操所猜忌,忧惧而
死。九锡,是古代皇帝为尊崇大臣所赐的九种物品,具体的物品
各说不一。

⑩张子房：张良，字子房，战国时韩国相之后。秦汉之际辅佐刘邦灭
亡秦朝、击败项羽，建立汉朝，封留侯。《三国志·魏书·荀彧传》
记曹操称荀彧"吾之子房"。

【译文】

　　周文王的时候，诸侯不用召集便会自己前来，因此他受天命而尊称
为王，施行天子之事，周之王或是不王，不必考虑商纣的存亡。如果周文
王在世，肯定不会伐纣，纣王不被讨伐，最终老死，或者死于内乱，那时
殷人将新立一君并事奉之，周王命他为殷主以延续殷商之祀，这样的话，
君臣之间的道义岂不是得以两全！周武王在孟津会盟检阅军队后返回，
纣王若能改过，又或者殷人另立新君的话，武王这样对待殷人便可以了。
天下没有王的时候，有圣人出而天下归心，是圣人所无法推辞的事。却
以武力夺取王位，又放逐他，诛杀他，这样行吗？汉末大乱时，豪杰之士
纷纷起兵。荀彧，是圣人的门徒，认为非曹操不可定海内，所以出来辅佐
他。他所帮曹操谋划的，都是王者之事，何曾教导曹操谋反呢？用仁义
拯救天下，天下平定后，王位自然会来，那时候不得已而接受它，若不来
也不取，这是周文王之道，也是荀彧的心思。到曹操谋求九锡的时候，荀
彧为此而死。所以我曾说荀彧是圣人的门徒，因为他的才能像张良而道
义像伯夷。

　　杀其父，封其子，其子非人也则可，使其子而果人也，则
必死之。楚人将杀令尹子南，子南之子弃疾为王驭士，王泣
而告之。既杀子南，其徒曰："行乎？"曰："吾与杀吾父，行
将焉人？""然则臣王乎？"曰："弃父事仇，吾弗忍也！"遂缢
而死①。武王亲以黄钺诛纣②，使武庚受封而不叛，岂复人
也哉？故武庚之必叛，不待智者而后知也。武王之封，盖亦
有不得已焉耳。殷有天下六百年，贤圣之君六七作，纣虽无

道,其故家遗民未尽灭也③。三分天下有其二,殷不伐周,而周伐之,诛其君,夷其社稷④,诸侯必有不悦者,故封武庚以慰之,此岂武王之意哉⑤? 故曰:武王非圣人也。

【注释】

①"楚人将杀令尹子南"数句:子南是楚庄王之子,楚康王时任令尹,他的儿子弃疾是为楚康王驾车的人。楚康王打算杀死子南,告诉了弃疾。弃疾没有泄漏此事,子南遂死,弃疾认为自己参与了弑父之事,又不能做杀父仇人楚王的臣下,乃自缢而死。事见《左传·襄公二十二年》。令尹,春秋战国时楚国的高级官职,相当于宰相。

②武王亲以黄钺(yuè)诛纣:《史记·周本纪》里说武王在纣王自焚后"以黄钺斩纣头"。黄钺,是用黄金或铜制作的钺。《尚书·牧誓》里记载周武王"左杖黄钺,右秉白旄"(左手持黄钺,右手执白旄牛尾装饰的旗)。钺,是一种兵器,形状像斧。

③"殷有天下六百年"四句:《孟子·公孙丑上》:"由汤至于武丁,贤圣之君六七作。天下归殷久矣,久则难变也。武丁朝诸侯有天下,犹运之掌也。纣之去武丁未久也,其故家遗俗、流风善政,犹有存者。"这是本文"贤圣之君六七作"这段话的来源。遗民,《苏轼文集》作"遗俗"。

④夷其社稷:铲平、夷平殷商的社稷。社稷,本指古代帝王或诸侯所祭的土神和谷神,这里指国家实行重要祭祀的场所和宫殿。

⑤武王:原无"王"字,据《百川学海》本、《东坡后集》《苏轼文集》《经进东坡文集事略》补。

【译文】

杀死父亲,册封他的儿子,这个儿子如果不是人的话还可接受册封,如果这个儿子真是个人的话,就一定会拼命而死。楚王将杀令尹子南,子南的儿子弃疾是为楚王驾车的人,楚王流着泪告诉他谋杀的计划。子南被杀后,门人问弃疾:"你将离开吗?"弃疾答:"我参与了杀害父亲,离开又去哪里呢?""那么臣服于楚王吗?"答:"忘记父亲而侍奉仇人,我无法忍受!"于是自缢而死。周武王亲自用黄钺砍掉纣王的头,如果武庚接受分封而不叛乱,那还是人吗?所以武庚必然叛乱,不需智者便能知道。其实周武王封武庚为商后,也是迫不得已的。殷商统治天下六百年,贤圣的君主有六七位,纣王虽然无道,他原来家族中的人并没有全部消灭殆尽。三分天下周人已有其二,殷没有征伐周,而周反而征伐殷,诛杀其君,毁弃其社稷,这样做诸侯中必定有不悦者,故而分封武庚来安抚他们,这岂是武王的本意?所以说:武王不是圣人。

周东迁失计

【题解】

此条论周平王东迁定都洛邑是一个失败的策略。论文先简叙定都洛邑的过程及东迁后名存实亡的历史事实,又从富家不鬻田宅来反证东周放弃西周故业的错误,最后从正、反两个方面举历朝各国迁都或不迁都的存亡情况,进一步说明周朝东迁之失策。又见《苏轼文集》卷五《论周东迁》。《经进东坡文集事略》卷十二题为《平王论》。

太史公曰[1]:"学者皆称周伐纣,居洛邑,其实不然[2]。武王营之[3],成王使召公卜居九鼎焉[4],而周复都丰、镐[5]。至犬戎败幽王,周乃东徙于洛[6]。"

【注释】

[1]太史公:司马迁,字子长,夏阳(今陕西韩城南)人。汉武帝时为太史令,撰著《史记》一百卷。《史记》最早称"太史公书",书中

也常以"太史公曰"来议论或补叙史事。下面这段话见于《史记·周本纪》文末的"太史公曰"。

②其实不然：此四字之前，《史记》原文有"综"字。以上是说，西汉有很多学者认为，周武王伐纣之后，即将都城定于雒（洛）邑（今河南洛阳），司马迁认为并非如此。

③武王营之：《史记·周本纪》云："营周居于雒邑而后去。"营，这里是指丈量、规划的意思，但并未实际地建造城池。

④成王使召（shào）公卜居九鼎焉：《史记》原文作"成王使召公卜居，居九鼎焉"。成王，指周成王，名诵，西周王朝的第二任君主。周成王继位时尚年幼，由周公辅政。成王亲政后才完成武王之志，命召公（名奭，成王的叔父）去洛邑丈量，周公完成了营造，称为"王城"（遗址在今河南洛阳王城公园一带），意为王所居住的城。《史记·周本纪》云："成王在丰，使召公复营洛邑，如武王之意。周公复卜申视，卒营筑，居九鼎焉。"卜居，指占卜适宜居住的地方。这里也包括营造王城。居九鼎，是说将九鼎置于其地。九鼎，相传禹铸九只大鼎，后殷得之于夏，周又得之于殷。

⑤周复都丰、镐（hào）：周成王在洛邑建立王城之后，并没有带着周人都迁往那里，而是仍然居住在周文王、周武王时期周人居住地丰、镐一带。丰、镐，是西周初在沣水两岸先后建立的两处都城，其遗址在今陕西西安西马王街道和斗门街道。

⑥至犬戎败幽王，周乃东徙于洛：犬戎，是古民族名。为西戎人中居住靠近中原的部族。幽王，名宫湦（shēng），西周君主，前781年至前771年在位。前771年，周幽王被犬戎和申侯杀死，"于是诸侯乃即申侯而共立故幽王太子宜臼，是为平王，以奉周祀。平王立，东迁于雒（洛）邑，辟（避）戎寇。平王之时，周室衰微，诸侯强并弱，齐、楚、秦、晋始大，政由方伯"（《史记·周本纪》）。

【译文】

太史公说:"学者们都说周武王伐纣,之后便都于洛邑,事实上不是这样的。周武王时丈量规划了洛邑,周成王又派召公去占卜和营建,将九鼎放在那里,而周又回到故都丰、镐。到了犬戎打败周幽王,周才东迁到了洛邑。"

苏子曰:周之失计,未有如东迁之缪者也。自平王至于亡,非有大无道者也。颣王之神圣^①,诸侯服享^②,然终以不振,则东迁之过也。昔武王克商,迁九鼎于洛邑,成王、周公复增营之,周公既没,盖君陈、毕公更居焉^③,以重王室而已,非有意于迁也。周公欲葬成周,而成王葬之毕^④,此岂有意于迁哉?

【注释】

①颣(zī)王:指周灵王,名泄心,东周第十一代君主,前571年至前545年在位。《左传·昭公二十六年》记载周灵王"生而有髭,王甚神圣,无恶于诸侯",故名为"颣王"。颣,亦作"髭",嘴唇周围的胡须。"颣"字下原有小字注文"颣音兹,即灵王",《百川学海》本、《东坡后集》《苏轼文集》均无,疑是后人所加,非苏轼自注。

②服享:诸侯服从和进贡。《左传·昭公二十六年》:"诸侯服享,二世共职。"孔颖达疏:"服享,言诸侯服从,献国之所有。"

③君陈、毕公更居焉:君陈,是周公的儿子。周公平定"三监"之乱(见本卷《武王非圣人》)后,将殷商的遗民迁到成周(今河南洛阳东),亲自监视管理。周公死后,周成王命其子君陈继续管理当地事务。事见《尚书·君陈》(伪)。毕公,姬姓,名高,周公弟。周朝建立后分封在毕(今陕西咸阳西北)。周成王死后,周康王

（名钊，成王子）即位，他让毕公管理成周的民众，保卫洛邑的东郊。事见《尚书·毕命》（伪）。

④周公欲葬成周，而成王葬之毕：事见《史记·鲁周公世家》："周公在丰，病，将没，曰：'必葬我成周，以明吾不敢离成王。'周公既卒，成王亦让，葬周公于毕，从文王。"

【译文】

苏子说：周朝的失策，没有错得像东迁这样离谱的。从周平王到周朝灭亡，并没有特别无道的君王。周灵王神明圣贤，诸侯顺服并进贡，然而最终也没有振兴周朝，这便是东迁的过错。从前周武王灭商，把九鼎迁到洛邑，周成王、周公又增广营建，周公去世后，君陈、毕公先后住在洛邑，是为了加强周王室的威权，并没有东迁的想法。周公想要葬在成周，而周成王把他葬在了毕，这哪里会是有东迁的想法呢？

今夫富民之家，所以遗其子孙者，田宅而已。不幸而有败，至于乞假以生可也①，然终不可议田宅。今平王举文、武、成、康之业而大弃之，此一败而粥田宅者也②。夏、商之王，皆五六百年，其先王之德无以过周，而后王之败亦不减幽、厉③，然至于桀、纣而后亡④。其未亡也，天下宗之，不如东周之名存而实亡也。是何也？则不粥田宅之效也。

【注释】

①乞假以生：靠着乞讨和借贷为生。假，借。

②粥：同"鬻（yù）"，卖。

③幽、厉：周幽王和周厉王。周幽王，见前注。周厉王，名胡，西周第十位君主。他在位时暴虐无道，国人颇有怨言，召公（召穆公）进谏说"民不堪命矣"，"王怒，得卫巫，使监谤者，以告则杀之。其

谤鲜矣，诸侯不朝。三十四年，王益严，国人莫敢言，道路以目。厉王喜，告召公曰：'吾能弭（消除）谤矣，乃不敢言。'召公曰：'是鄣（同"障"）之也。防民之口，甚于防水。水壅而溃，伤人必多，民亦如之。是故为水者决之使导，为民者宣之使言'"，"王不听。于是国莫敢出言，三年，乃相与畔（通"叛"），袭厉王。厉王出奔于彘（zhì）"（《史记·周本纪》）。

④桀：夏桀，夏朝最后一位君主，以残暴荒淫昭著。纣：见前注。

【译文】

今天那些富裕人家，所留给子孙后代的东西，只是田宅罢了。有不幸的子孙败落了，也不过是以乞讨和借贷为生，终不会提议卖掉田宅。现在周平王把文王、武王、成王、康王的基业全部放弃，这好比一旦败落就卖掉田宅。夏朝、商朝统治天下都有五六百年，他们先王的品德没有超过周朝，而后来一些王之败落，也不逊于周幽王、周厉王，然而竟要到桀、纣时才灭亡。夏、商没有灭亡之时，天下诸侯都尊崇他们，而不像东周名存而实亡。这是为什么呢？就是不卖田宅的结果。

　　盘庚之迁也①，复殷之旧也。古公迁于岐②，方是时周人如狄人也，逐水草而居，岂所难哉？卫文公东徙渡河③，恃齐而存耳。齐迁临淄④，晋迁于绛、于新田⑤，皆其盛时，非有所畏也。其馀避寇而迁都，未有不亡；虽不即亡，未有能复振者也。春秋时楚大饥，群蛮叛之，申、息之北门不启，楚人谋徙于阪高。蒍贾曰："不可。我能往，寇亦能往。"⑥于是乎以秦人、巴人灭庸，而楚始大。苏峻之乱，晋几亡矣，宗庙宫室，尽为灰烬。温峤欲迁都豫章，三吴之豪欲迁会稽，将从之矣，独王导不可，曰："金陵，王者之都也。王者不以丰俭移都，若弘卫文大帛之冠，何适而不可？不然，虽乐土为墟矣。且北寇方强，一旦示弱，窜于蛮越，望实皆丧矣！"乃不果迁，而晋复安⑦。贤哉！导也。可谓能定大事矣！

【注释】

①盘庚之迁：盘庚是殷商的君主。他在位时将商的都城从奄（今山东曲阜东）迁到殷（今河南安阳），故商朝又名"殷商"。《尚书·盘庚》记其事。苏轼说"盘庚之迁，复殷之旧"，是根据《史记·殷本纪》的说法，其文说"汤始居亳"，又说"帝盘庚之时，殷已都河北，盘庚渡河南，复居成汤之故居，……治亳，行汤之政"，故苏轼有云。

②古公迁于岐（qí）：古公亶父，姬姓，名亶，后也称作"周太公""周大王"。他做周的君主时，率周人由豳（今陕西彬州一带）迁到岐（今陕西岐山东北）。《史记·周本纪》云："古公亶父复修后稷、公刘之业。……乃与私属遂去豳，度漆、沮，逾梁山，止于岐下。豳人举国扶老携弱，尽复归古公于岐下。及他旁国闻古公仁，亦多归之。于是古公乃贬戎狄之俗，而营筑城郭室屋，而邑别居之。"

③卫文公东徙渡河：卫文公名燬（huǐ），姬姓，卫国国君，前659年至前635年在位。前660年，狄人攻卫国，卫国都城朝歌（今河南淇县）被毁，卫懿公被杀。卫文公即位后，在齐桓公帮助下于黄河南岸的楚丘（今河南滑县东北）建立新都城，卫国得以重新建国。

④齐迁临淄（zī）：齐国为周初吕尚（姜尚）的封地，原都营丘（今山东淄博临淄区故城）。周夷王时，齐胡公（名静）迁都于薄姑（今山东博兴东南），后来齐哀公之弟率营丘人袭击攻杀齐胡公，自立为献公，将都城迁回营丘，改名"临淄"。

⑤晋迁于绛（jiàng）、于新田：晋国始于周成王封叔虞于唐，都翼（今山西翼城东南）。前746年晋昭侯即位后，将叔父成师封在曲沃

（今山西闻喜东北），此后居翼城和居曲沃的公族相互攻杀，至前678年曲沃武公夺取晋国政权，并获得周天子（周釐王）的认可。前669年晋献公以绛（今山西翼城东南）为都，前585年晋景公又迁都新田（今山西侯马西）。

⑥ "春秋时楚大饥"数句：以上所述史实见于《左传·文公十六年》。楚庄王三年（前611），楚国遭遇饥荒，四周蛮夷庸人、麇（jūn）人等皆率众攻打楚国。申（今河南南阳一带）、息（今河南息县）两地在楚国北境，不敢打开北城门。楚人谋划迁都阪高（今湖北当阳），蒍（wěi）贾说："不行，我能往，寇亦能往，不如伐庸。"于是在秦人和巴人帮助下消灭了庸（今湖北竹山西南）。楚始大，楚国从此开始强大。

⑦ "苏峻之乱"数句：苏峻，字子高，长广郡掖县（今山东莱州）人。东晋将领。晋成帝时庾亮执政，将苏峻兵权解除，咸和二年（327）十一月苏峻以讨庾亮为名，起兵反叛，次年二月攻入建康，专擅朝政。此时温峤、陶侃起兵讨伐，九月苏峻战败被杀。本文所述王导不赞成迁都的事，见《晋书·王导传》："及贼平，宗庙宫室并为灰烬，温峤议迁都豫章，三吴之豪请都会稽，二论纷纭，未有所适。导曰：'建康，古之金陵，旧为帝里，又孙仲谋、刘玄德俱言王者之宅。古之帝王不必以丰俭移都，苟弘卫文大帛之冠，则无往不可。若不绩其麻，则乐土为虚矣。且北寇游魂，伺我之隙，一旦示弱，窜于蛮越，求之望实，惧非良计。今特宜镇之以静，群情自安。'由是峤等谋并不行。"卫文大帛之冠，语见《左传·闵公二年》："卫文公大布之衣，大帛之冠，务材，训农，通商，惠工，敬教，劝学，授方，任能，元年，革车三十乘，季年，乃三百乘。"是指卫文公穿粗布衣，戴厚缯做的冠，这是诸侯居丧期间的服饰（当时堂兄卫懿公和文公之弟卫戴公刚死不久）。王导是劝晋成帝学习卫文公在国家丧亡之际发奋图强，发展经济，劝学授能。

【译文】

盘庚迁都,是回到殷商的旧都。古公亶父迁都到岐,在那时周人和狄人一样,逐水草而居,哪里是难事呢?卫文公东迁渡过黄河,靠着齐国帮助而使国家得以保全。齐国迁都临淄,晋国迁都到绛,又到新田,都是在他们强盛之时,并不是有所畏惧。至于其他因躲避贼寇而迁都的,没有不灭亡的;即便没有立即灭亡,也没有能够重振和复兴的。春秋时楚国发生了大饥荒,各个蛮族反叛,申和息的北门不打开,楚国人商议迁都到阪高。蒍贾说:"不行。我们能够前去那里,贼寇也能前去。"于是依靠秦人、巴人灭掉了庸,而楚国从此强大起来。东晋苏峻叛乱的时候,晋朝几乎要灭亡了,宗庙宫室都成为灰烬。温峤想迁都到豫章,三吴的豪族想迁都到会稽,人们正要跟从,只有王导不同意,说:"金陵,是王者之都。王者不会因为富庶或贫乏而迁都,像春秋时卫文公那样发展经济,劝学授能,到哪里不行呢?否则,即使是乐土的地方也会变成废墟。况且现在北方的敌人正强,一旦示弱,逃窜到蛮越之地,国家的名声和实力都会大受损害!"于是最终没有迁都,而晋室重新安定下来。王导真是贤能啊!可谓是能定夺大事的人!

嗟夫!平王之初,周虽不如楚强,顾不愈于东晋之微乎?使平王有一王导,定不迁之计,收丰、镐之遗民,修文、武、成、康之政,以形势临东诸侯,齐、晋虽强,未敢贰也,而秦何自霸哉?魏惠王畏秦,迁于大梁①;楚昭王畏吴,迁于鄀②;顷襄王畏秦,迁于陈③;考烈王畏秦,迁于寿春④:皆不复振,有亡征焉。东汉之末,董卓劫帝迁于长安⑤,汉遂以亡。近世李景,迁于豫章⑥,亦亡。

【注释】

① 魏惠王畏秦，迁于大梁：魏惠王，即梁惠王，姬姓，名罃（yīng），战国初期魏国国君。魏惠王九年（前361），为避免秦国的侵扰，将国都从安邑（今山西夏县西北）迁到大梁（今河南开封）。

② 楚昭王畏吴，迁于鄀（ruò）：楚昭王，芈（mǐ）姓，熊氏，名壬，春秋时楚国国君。楚昭王十年（前506）吴国攻入楚国都城郢（yǐng，今湖北江陵），秦国出兵助楚，吴军撤回。楚昭王十二年（前504）吴国又打败楚国水军，楚国恐惧，将都城从郢迁移至鄀（今湖北宜城）。

③ 顷襄王畏秦，迁于陈：楚顷襄王，芈姓，熊氏，名横，战国时楚国君主。楚顷襄王二十一年（前278），秦军破郢，楚顷襄王败走，将国都迁于陈（今河南周口淮阳区）。

④ 考烈王畏秦，迁于寿春：楚考烈王，芈姓，熊氏，名元（一作"完"）。楚顷襄王之子。楚考烈王二十二年（前241），楚、燕、赵、魏、韩五国攻秦，无功而回，楚国迁都寿春（今安徽寿县）。

⑤ 董卓劫帝迁于长安：董卓，字仲颖，陇西临洮（今甘肃岷县）人。东汉末年的军阀、权臣。初平元年（190）董卓挟持年仅九岁的汉献帝迁都长安，同时焚毁了当时的都城洛阳。

⑥ 近世李景，迁于豫章：李景，即李璟（jǐng），初名景通，字伯玉，徐州（今属江苏）人。五代时期南唐的第二位皇帝。李璟在位后期，南唐多次被北方的后周侵伐。交泰元年（958）南唐又败于周，李璟割地求和，去帝号，改称国主，使用周的年号。宋建隆二年（961）李璟迁都南昌府（古名豫章，今江西南昌），不久去世。太子李煜（yù）继位后复都江宁府（今江苏南京）。

【译文】

可叹啊！周平王初年，周虽然不如楚强，难道还不如东晋衰微之时吗？假使周平王有一个王导，定下不迁都的计策，收拢丰、镐的遗民，而修行文王、武王、成王、康王的政教,以关中的地形和势力面对山东诸侯,齐国、晋国虽然强大,也不敢有叛逆之心,而秦国又如何能称霸呢?魏惠王畏惧秦国,迁都大梁;楚昭王畏惧吴国,迁都于郢;楚顷襄王畏惧秦国,迁都于陈;楚考烈王畏惧秦国,迁都寿春:都不能重振,而有灭亡之征兆。东汉末年,董卓挟持皇帝迁都长安,汉朝于是灭亡。近世的李璟,迁都豫章,不久也灭亡了。

故曰:周之失计,未有如东迁之缪者也。

【译文】

所以说:周朝的失策,没有错得像东迁这样离谱的。

秦拙取楚

【题解】

苏洵、苏辙都写有《六国论》,探讨秦是如何吞并六国的,或者说六国失败的原因。苏轼没有写这个题目的史论,但本篇实际上便是回答这个问题的。苏轼认为,秦之所以能并吞六国,是因为他能吸取春秋末年智伯的教训,不同时与多国交战,而是逐一击破。相反,六国却不知学习韩、魏,共同抗秦。尤其是齐国在齐王建的时期,秦国不加兵四十馀年,以巧诈宽慰其心,让齐国坐视三晋及楚、燕等国逐一被秦攻伐灭国,不出一兵,最后自己也为秦国所灭。不过苏轼的这个看法,《史记·田敬仲完世家》已经说过:"(齐)不修攻战之备,不助五国攻秦,秦以故得灭五国。五国已亡,秦兵卒入临淄,民莫敢格者。"苏辙《六国论》也说,距秦较远的齐、楚、燕、赵四国,不但不暗中帮助直接面对秦国的韩、魏二国,反而"贪疆场(yì)尺寸之利,背盟败约,以自相屠灭,秦兵未出,而天下诸侯已自困矣。至使秦人得间其隙以取其国",也是归因于各国之间不能共同抗秦。本篇《苏轼文集》卷五题为《论秦》,《经进东坡文集事略》卷十三题为《始皇论上》。

秦始皇帝十八年,取韩;二十二年,取魏;二十五年,取赵、取楚;二十六年,取燕、取齐,初并天下[1]。

【注释】

[1]"秦始皇帝十八年"数句:秦始皇,嬴姓,名政,秦庄襄王之子。前247年庄襄王去世,嬴政即位为秦王。秦王政十七年(前230),秦内史胜攻韩,虏韩王安,尽取其地,韩亡。十九年(前228)秦将王翦等攻赵,赵都邯郸城破,赵王迁被虏,公子嘉奔代郡,自立为代王。二十二年(前225),秦将王贲攻魏,国都大梁城破,魏王假被虏,国灭。二十四年(前223),秦将王翦、蒙武破楚军,攻入都城寿春,虏楚王负刍,楚亡。二十五年(前222),秦将王贲攻燕,虏燕王喜,攻代,虏代王嘉。二十六年(前221),秦将王贲攻入齐都临淄,虏齐王建,至此秦统一六国,秦王称"始皇帝"。秦始皇建立了中国首个郡县制的大一统政权,奠定了中国古代两千馀年的政治格局。苏轼此处说"秦始皇帝十八年"不太准确,严格来说,只有二十六年(前221)后秦王才能称"始皇帝"。

【译文】

秦始皇帝十八年(前229),攻取韩国;二十二年(前225),攻取魏国;二十五年(前222),攻取赵国和楚国;二十六年(前221),攻取燕国和齐国,由此统一天下。

苏子曰:秦并天下,非有道也,特巧耳[1],非幸也。然吾以为巧于取齐而拙于取楚,其不败于楚者,幸也。乌乎!秦之巧,亦创智伯而已②。魏、韩肘足接而智伯死③,秦知创智伯而诸侯终不知师韩、魏,秦并天下,不亦宜乎!

【注释】

①特:只是。巧:巧诈,机巧诈伪。

②创智伯:智伯,名瑶,春秋末年晋国六卿之一。前490年,晋国的智氏与赵、魏、韩打败了六卿中的另外两家范氏和中行氏。前454年,智伯联合韩、魏攻赵,赵襄子(名无恤)出奔,保守晋阳(今山西太原)。由于智伯盛气凌人,想在灭赵后再灭韩、魏两家,赵襄子派人暗中说服韩、魏,三家合谋,次年(前453)三月丙戌,联手消灭了智氏,共分其地。见《史记·赵世家》。苏轼说"创智伯",是说秦国以智伯为戒,不同时得罪多国,与多国开战,而是逐一击破。

③魏、韩肘足接:见《战国策·秦策四》:"昔者六晋之时,智氏最强,灭破范、中行,帅韩、魏以围赵襄子于晋阳。决晋水以灌晋阳,城不沉者三板耳(城墙没有被水淹的只有六尺高)。智伯出行水(查看水势),韩康子御(驾车),魏桓子骖乘(陪乘)。智伯曰:'始吾不知水之可亡人之国也,乃今知之。汾水利以灌平阳(今山西临汾,当时是韩氏都城),绛水利以灌安邑(今山西夏县西北,当时是魏氏都城)。'魏桓子肘韩康子,康子履魏桓子,蹴其踵。肘足接于车上,而智氏分矣。"魏桓子用肘部触碰韩康子,韩康子用脚踩魏桓子的脚后跟,表现出他们对智伯的不满,进而与赵联合消灭了智伯。

【译文】

苏子说:秦国吞并天下,并非有道者之行,其吞并天下的手段只不过是用巧诈,不能说是运气好。然而我觉得,准确地说应该是巧于取齐而拙于取楚,秦国没有败于楚国,其实是运气好。哎!秦国的巧诈手段,也不过是以智伯为戒而已。当初魏桓子与韩康子肘和足相接,于是反戈一击而智伯死,秦国懂得以智伯为戒,而诸侯最终也不知道学习韩、魏相互联合,秦国吞并天下,也有其道理啊!

　　齐湣王死,法章立①,君王后佐之②,秦犹伐齐也。法章死,王建立六年而秦攻赵,齐、楚救之,赵乏食,请粟于齐,而齐不予。秦遂围邯郸,几亡赵。赵虽未亡,而齐之亡形成矣③。秦人知之,故不加兵于齐者四十馀年。夫以法章之才而秦伐之,建之不才而秦不伐,何也?太史公曰:"君王后事秦谨,故不被兵。"④夫秦欲并天下耳,岂以谨故置齐也哉!吾故曰"巧于取齐"者,所以慰齐之心而解三晋之交也⑤。

【注释】

①齐湣王死,法章立:齐湣王,也作"齐愍王",名地,战国时齐国国君。前300年至前284年在位。齐湣王十七年(前284),秦、燕、三晋等国联军攻入齐国都城临淄(今山东淄博临淄区),齐湣王逃到莒,后被楚国将领杀死。法章是齐湣王之子,齐湣王死后莒人拥立法章即位,即齐襄王。齐襄王五年(前279),齐将田单攻破燕军,收复齐国失地,齐襄王回到都城临淄。齐襄王十九年(前265),齐襄王去世,其子田建继位,史称"齐王建"。

②君王后:齐襄王法章之妻,太史敫(jiǎo)的女儿。《史记·田敬仲完世家》:"湣王之遇杀,其子法章变名姓为莒太史敫家庸。太史敫女奇法章状貌,以为非恒人(常人),怜而常窃衣食之,而与私通焉。"后来莒人及齐国大臣寻找齐湣王之子,共立法章为王,太史氏女乃为王后,称"君王后"。生子建。齐王建十六年(前249),君王后卒。

③"王建立六年而秦攻赵"数句：齐王建,是齐国最后一代国君,前
264年至前221年在位。《史记·田敬仲完世家》："王建立六年
(前260),秦攻赵,齐、楚救之。秦计曰:'齐、楚救赵,亲则退兵,
不亲遂攻之。'赵无食,请粟于齐,齐不听。周子(齐国谋臣)曰:
'……且赵之于齐、楚,扞蔽(抵御保卫)也,犹齿之有唇也,唇亡
则齿寒。今日亡赵,明日患及齐、楚。且救赵之务,宜若奉漏瓮沃
焦釜(用有窟窿的水瓮往烧干的锅里注水)也。夫救赵,高义也;
却秦兵,显名也。义救亡国,威却强秦之兵,不务为此而务爱(吝
啬)粟,为国计者过矣。'齐王弗听。秦破赵于长平四十馀万,遂
围邯郸。"

④太史公曰"君王后事秦谨,故不被兵":太史公,此指司马迁。《史
记·田敬仲完世家》云:"始,君王后贤,事秦谨,与诸侯信,齐亦
东边海上,秦日夜攻三晋、燕、楚,五国各自救于秦,以故王建立四
十馀年不受兵。"这里说的"四十馀年",是指齐王建在位的时间
(前264—前221)。苏轼在这里说司马迁认为齐王建之所以不被
攻伐,是因为君王后事秦谨,这是对司马迁的误解。《史记·田敬
仲完世家》在后面还写到:"君王后死,后胜(人名)相齐,多受秦
间金,多使宾客入秦,秦又多予金,客皆为反间,劝王去从(合纵)
朝秦,不修攻战之备,不助五国攻秦,秦以故得灭五国。五国已
亡,秦兵卒入临淄,民莫敢格者。王建遂降,迁于共。故齐人怨王
建不蚤(早)与诸侯合从(纵)攻秦,听奸臣宾客以亡其国。"

⑤解三晋之交:解除齐国与三晋(赵、魏、韩)的联合。

【译文】

齐湣王死后,法章立为齐君,他的妻子君王后辅佐他,秦国仍然来攻
伐齐国。法章死后,其子建被立为齐君,到齐王建六年时秦攻赵,齐、楚
相救,此时赵国缺乏粮食,向齐国求粮,而齐国不给。秦国便得以包围邯
郸,差点儿就灭了赵国。赵国虽然没有灭亡,但齐国灭亡的形势已经出

现了。秦国人知道这一点，故而四十馀年都不再攻打齐国。法章是有才能的国君，秦国攻伐齐国，建是无能的国君，秦国却不攻伐，这是为何？太史公司马迁说："因为君王后小心事奉秦国，故而不被攻伐。"秦国是想要吞并天下的，怎会因为齐国的小心事奉便放过齐国呢！我之所以说"巧于取齐"者，正是因为秦国假意交好以宽慰齐国之心，而让齐国解除了和三晋的联合。

　　齐、秦不两立，秦未尝须臾忘齐也①，而四十馀年不加兵者，岂其情乎？齐人不悟而与秦合，故秦得以其间取三晋。三晋亡，齐盖岌岌矣②。方是时，犹有楚与燕也，三国合，犹足以拒秦。秦大出兵伐楚、伐燕，而齐不救③，故二国亡，而齐亦虏不阅岁④。如晋取虞、虢也⑤，可不谓巧乎！二国既灭，齐乃发兵守西界，不通秦使⑥。乌呼！亦晚矣。秦初遣李信以二十万人取楚⑦，不克，乃使王翦以六十万攻之，盖空国而战也。使齐有中主具臣知亡之无日⑧，而扫境以伐秦⑨，以久安之齐而入厌兵空虚之秦⑩，覆秦如反掌也。吾故曰"拙于取楚"。

【注释】

①须臾（yú）：片刻。

②岌岌（jí）：危急不安的样子。《孟子·万章上》："天下殆哉岌岌乎？"赵岐注："岌岌乎，不安貌也，故曰'殆哉'。"

③秦大出兵伐楚、伐燕，而齐不救：前227年秦伐燕，前226年秦伐楚。"秦"字原缺，据《百川学海》本、《东坡后集》《苏轼文集》补。

④阅岁：经过一年。据《史记·六国年表》，秦灭楚在秦王（始皇）二十四年（前223），秦灭燕在二十五年（前222），二十六年（前

221）虏齐王建，灭齐。

⑤晋取虞、虢（guó）：晋献公十九年（前658），晋派荀息送骏马、璧等给虞公，请求假道（借道）以攻打虢国。虞公贪利，应允借道。虞国大夫宫之奇谏之不听。晋遂伐虢，取虢都下阳（今山西平陆东北），虢徙都上阳（今河南三门峡）。晋献公二十二年（前655），晋再次向虞假道以伐虢，宫之奇复谏，以唇亡齿寒为喻，虞公不听。晋遂破上阳，虢灭。晋国回军时灭虞。事见《左传·僖公二年、僖公五年》《史记·晋世家》。

⑥齐乃发兵守西界，不通秦使：《史记·秦始皇本纪》："（秦王）二十六年，齐王建与其相后胜（人名）发兵守其西界，不通秦。秦使将军王贲从燕南攻齐，得齐王建。"

⑦秦初遣李信以二十万人取楚：《史记·白起王翦列传》记载，秦灭燕后，秦王（始皇）问李信，用多少人可以取楚？李信说二十万。秦王又问王翦，王翦说六十万。秦王遂派李信、蒙恬等将兵二十万伐楚，初胜而后败。秦王只好再请王翦率兵六十万出征，终灭楚，虏荆王（楚王）负刍。《史记》记王翦说"空秦国甲士而专委于我"，可见秦国差不多是空国而战。

⑧中主：德、才皆为中等的君主。具臣：语出《论语·先进》："季子然问：'仲由、冉求可谓大臣与？'子曰：'……所谓大臣者，以道事君，不可则止。今由与求也，可谓具臣矣。'"朱熹集注："具臣，谓备臣数而已。"指备位充数的大臣。

⑨扫境：倾全境（国）之力。

⑩厌兵：谓疲于军事行动。

【译文】

齐、秦两国不能并立，秦国从未有片刻忘记要消灭齐国，但四十馀年不攻伐齐国，这岂是它的真实想法？齐国人不明白这一点，却与秦国联合，因此秦国得到时间和机会攻取三晋。三晋灭亡，齐国也就岌岌可危了。但在这个时候，还有楚国与燕国在，如果三国联合，尚足以抵抗秦国。可是秦国派出大军攻伐楚国和燕国时，齐国不救，故而楚、燕二国刚灭亡，不到一年齐国便失败投降了。这就像春秋时晋国攻取虞、虢两国，难道不是用巧诈吗！楚、燕二国既亡，齐国发兵守卫西部边界，不与秦国使者相通。哎！一切都太晚了！秦国先是派李信率二十万人攻伐楚国，没成功，又让王翦率六十万人攻伐，可谓是空国而战。只要齐国有才能普通的中主和具臣，都知道齐亡之日不久，这时如倾全境之力以攻秦，以安定已久的齐国进入厌兵且空虚的秦国，灭秦易如反掌。我因此说秦国"拙于取楚"。

然则奈何？曰：古之取国者必有数①。如取龆齿也②，必以渐，故齿脱而儿不知。今秦易楚，以为龆齿也，可拔，遂抉其口，一拔而取之，儿必伤，吾指为啮③。故秦之不亡者，幸也，非数也。吴为三军迭出以肆楚④，三年而入郢。晋之平吴⑤，隋之平陈⑥，皆以是物也。惟符坚不然⑦，使坚知出此，以百倍之众，为迭出之计，虽韩、白不能支⑧，而况谢玄、牢之之流乎⑨！吾以是知二秦之一律也：始皇幸，胜；而坚不幸耳。

【注释】

①数：方法，技巧。

②龆（tiáo）齿：儿童的乳牙。苏轼《王翦用兵》也作过小儿取齿的比喻："善用兵者，破敌国当如小儿毁齿，以渐摇撼而后取之，虽小痛而能堪也。若不以渐，一拔而得齿，则取齿适足以杀儿。王翦以六十万人取荆，此一拔取齿之道也，秦亦惫矣，二世而败，坐此也夫！"（《苏轼文集》卷六五，又见稗海本《东坡志林》卷三第二条）

③为啮（niè）：《百川学海》本、《苏轼文集》作"必啮"。

④吴为三军迭出以肄（yì）楚：吴国以三支军队轮换出击，以使楚国劳顿疲惫。事见《左传·昭公三十年》，吴王阖闾问伍员（伍子胥）"伐楚如何？对曰：'楚执政众而乖，莫适任患。若为三师以肄焉，一师至，彼必皆出。彼出则归，彼归则出，楚必道敝。亟肄以罢（疲惫）之，多方以误之。既罢而后，以三军继之，必大克之。'阖庐（即阖闾）从之，楚于是乎始病。"三年后即阖闾九年（楚昭王十年，前506），吴军攻入楚国都城郢（yǐng，今湖北江陵），楚昭王出逃。肄，劳苦。

⑤晋之平吴：《晋书·羊祜传》云："帝将有灭吴之志，以祜为都督荆州诸军事、假节，散骑常侍、卫将军如故。……咸宁初，除征南大将军、开府仪同三司，得专辟召。初，祜以伐吴必藉上流之势。……表留（王）濬监益州诸军事，加龙骧将军，密令修舟楫，为顺流之计。祜缮甲训卒，广为戎备。至是上疏曰：'……今若引梁益之兵水陆俱下，荆楚之众进临江陵，平南、豫州，直指夏口，徐、扬、青、兖，并向秣陵，鼓旆以疑之，多方以误之，以一隅之吴，当天下之众，势分形散，所备皆急，巴汉奇兵出其空虚，一处倾坏，则上下震荡。吴缘江为国，无有内外，东西数千里，以籓篱自持，所敌者大，无有宁息。……'帝深纳之。"羊祜（hù）卒后二年，吴国平定，武帝以为"此羊太傅之功也"。

⑥隋之平陈：《隋书·高颎传》记载，隋文帝曾问高颎（jiǒng）取陈之策，高颎云："江北地寒，田收差晚，江南土热，水田早熟。量彼收获之际，微征士马，声言掩袭。彼必屯兵御守，足得废其农时。彼既聚兵，我便解甲，再三若此，贼以为常。后更集兵，彼必不信，犹豫之顷，我乃济师，登陆而战，兵气益倍。又江南土薄，舍多竹茅，所有储积，皆非地窖。密遣行人，因风纵火，待彼修立，复更烧之。不出数年，自可财力俱尽。"开皇九年（589），陈朝灭亡。

⑦符坚：即苻（fú）坚，字永固，略阳临渭（今甘肃秦安）人。氐族。前秦第三位君主。建元十九年（383），苻坚率大军攻打东晋，在淝水之战中大败，前秦随之陷入纷乱，迅速衰败。事见《晋书·苻坚载记》。

⑧韩、白：指韩信、白起。韩信是西汉初大将，白起是战国时秦国的大将。唐宋人论名将，常以"韩白"并称。苏轼《王仲仪真赞》也有："虽有韩、白之勇，良、平之奇，岂能坐胜默成如此之捷乎？"（《苏轼文集》卷二一）

⑨谢玄：字幼度，陈郡阳夏（今河南太康）人。东晋名将。谢安的侄子。太元八年（383）谢玄、谢石、谢琰等率军抗击前秦军队，取得淝水之战的胜利。谢玄乘胜收复兖、青、司、豫四州，以功封康乐县公。《晋书》有传。牢之：刘牢之，字道坚，徐州彭城（今江苏徐州）人。东晋名将。谢玄镇守广陵时，刘牢之入为参军。后随谢玄参加淝水之战，随军北伐，平定孙恩之乱，均有战功。《晋书》有传。

【译文】

那么秦应该怎么做呢？曰：古时候攻取别国都有方法手段。好比给小孩取乳牙，必须慢慢来，如此则乳牙脱落小孩也不知道。现在秦国攻取楚国，以为那是乳牙，可以拔掉，于是打开其口，猛然拔取，小孩必然受伤，而大人的手指也会被咬伤。所以说，秦国没有灭亡，是运气好，不是方法得当。春秋时吴国派三支大军轮番出击，令楚国劳顿疲惫，三年后终于攻入其国都郢都。晋朝平定吴，隋朝平定陈，都是用这样的策略。只有苻坚不是这样，如果他知道这策略，以百倍于敌方的大军，实行轮番出击的打法，哪怕韩信、白起也不能抵挡支撑，何况是谢玄、刘牢之这样的一些人！由此可知，战国时的秦和十六国时期的秦是一样的：秦始皇运气好，成功了，而前秦苻坚的运气差，失败了。

秦废封建

【题解】

秦始皇统一天下之后，废封建，立郡县，但在之后的两千馀年时间里，某些朝代的某些时期还实行过部分的封建制度，历代学者对封建和郡县两种制度的利弊，以及在当时的适宜情况，有过很多讨论，本文就提到了曹元首、陆机、李百药等人。而柳宗元撰写《封建论》认为，尧、舜、禹、汤、文、武等人，并非不想改变封建之制，但无能为力，是"势不可也"，因为人类社会的发展必然形成封建之势，并非圣人之意。文章后面说到："秦之所以革之者，其为制，公之大者也；其情，私也，私其一己之威也，私其尽臣畜于我也，然而公天下之端自秦始。"将问题的讨论推向了一个新维度。柳宗元的看法得到苏轼的热烈赞扬，"当为万世法"。而且，和柳宗元论述三代不能改封建是因为"势"的论说角度相似，苏轼认为秦始皇分郡县、置守宰是因为"时"。南宋理学家黄震对此批评道："谓秦罢侯置守为时所趋可矣，以柳宗元之论为万世法，恐主之已甚也。昔五帝、三王以盛德为天下共主，而听其人之自治，秦始力战而兼有之，尺布斗粟，皆输王府矣。顾以帝王为私，秦为公，孰公孰私耶？"（《黄氏日抄》卷六二《苏文·后集·志林》）郡县制强化了皇帝之"家天下"，破坏了自治，是应予指出的。又见《苏轼文集》卷五《论封建》。《经进东坡文集事略》卷十四题为《始皇论中》。

秦初并天下，丞相绾等言[1]："燕、齐、荆地远，不置王无以镇之，请立诸子。"始皇下其议，群臣皆以为便。廷尉斯曰[2]："周文、武所封子弟同姓甚众[3]，然后属疏远，相攻击如仇雠[4]，诸侯更相诛伐，天子不能禁止。今海内赖陛下神灵一统，皆为郡县，诸子功臣以公赋税重赏赐之[5]，甚足易制。

天下无异意，则安宁之术也。置诸侯不便。"始皇曰："天下共苦战斗不休，以有侯王。赖宗庙天下初定，又复立国，是树兵也，求其宁息，岂不难哉！廷尉议是。"分天下为三十六郡，郡置守、尉、监。

【注释】

①丞相绾（wǎn）：王绾，秦朝丞相。在秦国统一天下后，丞相王绾与御史大夫冯劫、廷尉李斯建议秦王称"泰皇"，秦王取其"皇"字，改名为皇帝，并自称"始皇帝"。王绾又建议分封诸侯，秦始皇未采纳。以下文字见《史记·秦始皇本纪》。

②廷尉斯：李斯，楚国上蔡（今河南上蔡）人。李斯在楚国时师从荀子，后入秦辅佐秦王嬴政统一六国。秦朝建立后为丞相，建言"定一尊"，禁私学，除文学诗书、百家语。秦始皇死后，赵高说服李斯伪造遗诏，迫令秦始皇长子扶苏自杀，立少子胡亥为二世皇帝。后为赵高和秦二世所杀。《史记》有传。见本卷《赵高李斯》。

③周文、武：周文王、周武王。见本卷《武王非圣人》注所封子弟同姓甚众：武王伐纣得天下，分封子弟、同姓（姬姓）、功臣以及古帝王之后为各地诸侯。《史记·周本纪》云："于是封功臣谋士，而师尚父为首封。封尚父于营丘，曰齐。封弟周公旦于曲阜，曰鲁。封召公奭（shì）于燕。封弟叔鲜于管，弟叔度于蔡。馀各以次受封。"此后周武王子成王又封康叔于卫，封叔虞于唐（后为晋侯）。《左传·僖公二十三年》："昔周公吊二叔之不咸（和），故封建亲戚以蕃屏周。管、蔡、郕、霍、鲁、卫、毛、聃、郜、雍、曹、滕、毕、原、酆、郇，文之昭也；邗、晋、应、韩，武之穆也；凡、蒋、邢、茅、胙、祭，周公之胤（子嗣）也。"这些分别是周文王、周武王和周公及成王所封之地（国）。

④仇雠（chóu）：仇敌，对头。

⑤以公：原作"供"，据《苏轼文集》《经进东坡文集事略》及《史记·秦始皇本纪》改。《百川学海》本、《东坡后集》作"公"。

【译文】

秦国统一天下之初，丞相王绾等人进言说："燕、齐、楚之地偏远，不在那里设王就无法镇抚，请封立秦国的诸子为王。"秦始皇把建言发下给群臣商议，群臣都认为这样做有利。廷尉李斯说："周文王、周武王分封子弟和同姓亲属很多，可是他们的后代逐渐疏远，互相攻杀，像仇人一样，诸侯之间互相征战，周天子无法阻止。现在天下仰赖陛下神灵而得统一，划分成了郡县，皇子和功臣用国家的赋税重赏恩赐，足以控制。如此则天下没有异心，这才是使天下安宁的好办法。总之设置诸侯是没有好处的。"秦始皇说："天下人皆苦于战争无休无止，就是因为有各地的诸侯王。现在我倚仗宗庙的神灵，天下刚刚安定，如果又设立诸侯国，就等于是树立兵乱之源，想要天下安宁，人民休息，岂不是困难吗！廷尉说得对。"于是分天下为三十六个郡，每郡都设置守、尉、监。

苏子曰：圣人不能为时，亦不失时①。时非圣人之所能为也，能不失时而已。三代之兴②，诸侯无罪不可夺削，因而君之虽欲罢侯置守，可得乎？此所谓不能为时者也。周衰，诸侯相并，齐、晋、秦、楚皆千馀里，其势足以建侯树屏③。至于七国皆称王④，行天子之事，然终不封诸侯，不立强家世卿者，以鲁三桓、晋六卿、齐田氏为戒也⑤。久矣！世之畏诸侯之祸也。非独李斯、始皇知之。始皇既并天下，分郡邑，置守宰，理固当然。如冬裘夏葛⑥，时之所宜，非人之私智独见也，所谓不失时者，而学士大夫多非之。汉高帝欲立六国后，张子房以为不可⑦，世未有非之者。李斯之论与子房何异？世特以成败为是非耳。高帝闻子房之言，吐哺骂郦生⑧，知诸侯之不可复，明矣。然卒王韩、彭、英、卢⑨，岂独高帝，子房亦与焉⑩。故柳宗元曰⑪："封建非圣人意也，势也。"

【注释】

①圣人不能为时，亦不失时：语出《战国策·秦策三》："圣人不能为时，时至而弗失。"《吕氏春秋·恃君览·召类》亦云："圣人不能为时，而能以事适时。事适于时者，其功大。"

②三代：指夏、商、周三个朝代。

③建侯树屏：语出《尚书·康王之诰》："乃命建侯树屏，在我后之人。"孔颖达疏："封立贤臣为诸侯者，树之以为藩屏。"意谓封立诸侯作为中央之屏障。

④七国：战国时期的七国，指秦、齐、楚、燕、赵、魏、韩。

⑤鲁三桓：指春秋时鲁国大夫孟孙（仲孙）、叔孙、季孙氏三家，都是鲁桓公的后代，故称"三桓"，三家势力强大，侵夺鲁国政权。见本卷《论鲁三桓》。晋六卿：晋国六个势力强大的公族，即范、中行、知（智）、赵、韩、魏六氏。见本卷《秦拙取楚》。齐田氏：指齐国的田氏，出自陈厉公之子完，妫（guī）姓，田（陈）氏。他避祸奔齐，以田为氏。齐国本为齐太公之后，姜姓。田氏数代之后成为齐国大族，逐渐控制齐国朝政。齐康公十九年（前386）田和将齐康公迁于海上，让周天子（周安王）承认自己为诸侯。二十六年（前379）齐康公卒，田和之孙田因齐为齐威王。

⑥冬裘（qiú）夏葛：冬天穿裘皮衣，夏天穿葛布制成的薄衣。

⑦汉高帝欲立六国后，张子房以为不可：张良，字子房，其祖、父皆为韩国相。张良是汉初杰出的谋臣，辅佐刘邦建立汉朝，封留侯。

据《史记·留侯世家》记载，汉三年（前204），汉王刘邦被项羽军围困，与郦食其（yì jī）商议谋略。郦食其劝说汉王刘邦复立六国后世子孙，以获得六国遗民的支持。张良听说后反对此计，提出此事有八不可，刘邦听后大骂郦食其。

⑧吐哺（bǔ）：吐出嘴里的食物。《史记·留侯世家》记载，当郦食其劝刘邦封六国、张良说了八不可的意见后，"汉王辍食吐哺，骂曰：'竖儒，几败而公事！'"

⑨韩、彭、英、卢：指韩信、彭越、英布、卢绾（wǎn）。汉初时刘邦陆续分封了八个异姓王，分别是楚王韩信（初封齐王）、梁王彭越、赵王张耳、淮南王英布、燕王臧荼、韩王韩信、燕王卢绾和长沙王吴芮。韩信，淮阴（今江苏淮安淮阴区）人。汉四年（前203）灭齐后封齐王，次年灭项羽后封楚王。汉十年（前197）陈豨（xī）在代地反叛，刘邦出征，韩信欲里应外合，计泄被杀。彭越，砀郡昌邑（今山东巨野南）人。楚汉相争时助汉击楚，参与垓下（今安徽灵璧东南）之战，因功封梁王。高帝十一年（前196）被杀。英布，又名"黥布"，六县（今安徽六安）人。楚汉相争时，英布背楚投汉，刘邦封其为淮南王。高帝十一年（前196）被杀。卢绾，丰县（今属江苏）人。汉五年（前202）以击臧荼功封燕王。高帝十二年（前195）刘邦派樊哙等讨卢绾，卢绾逃入匈奴，不久去世。

⑩子房亦与焉：张良也参与了刘邦封建侯王之事。《史记·高祖本纪》记韩信平定齐地后，派人向汉王要求封自己为齐之"假王"，"汉王欲攻之。留侯曰：'不如因而立之，使自为守。'乃遣张良操印绶立韩信为齐王"。《史记·淮阴侯列传》更详载其事。《史记·魏豹彭越列传》记载汉五年（前202）汉王被项羽击败后，召彭越并力击楚，彭越在魏地，不愿出兵。张良建言：韩信刚封为齐王，心中并不踏实。彭越平定梁地（魏）有功，汉王封他魏相国，魏王豹死后他想做魏王。不如和他二人约定，如果打败项羽，自睢

阳以北至谷城封给彭越为王,从陈以东至大海给韩信。汉王如能拿出这两块地许给二人,二人便会为王击楚。汉王遵行。二人参与垓下之战,遂破楚。汉王称皇帝,徙韩信为楚王,封彭越为梁王。

⑪柳宗元:字子厚,蒲州河东(今山西永济)人。唐代文学家。撰有《封建论》一文。后引"封建非圣人意也,势也",即见该文。

【译文】

苏子说:圣人不能创造时机,也不会错过时机。时机不是圣人所能创造的,圣人只是能够不失时机而已。三代之兴,诸侯无罪不可以剥夺其封爵土地,君王想废爵而设置官守,哪有可能呢?这就是所谓不能创造时机。周朝衰落之时,诸侯相并齐、晋、秦、楚诸国皆有上千里的地,其势力足以在本国封土建侯,树立屏障,然而七国都称王,行天子之事,始终不封诸侯,不设公族和世袭公卿,都是以鲁国的三桓、晋国的六卿、齐国的田氏为戒啊。世人畏惧诸侯之祸患很久了!不只是李斯、秦始皇懂得这一点。秦始皇吞并天下后,分置郡县,设立官守,道理上本来就应当是如此的。这就好比冬天穿裘皮,夏天穿葛衣,是因为适宜天时,不是由于个人有独到的智慧和见识,这就是不失时,但有不少学士大夫却非议李斯和秦始皇不封建。然而汉高帝想封六国君王的后人,张良以为不可,世人却没有非议张良的。可李斯之论和张良又有什么区别呢?世人不过是以成败论是非罢了。汉高帝听了张良的话,大骂郦食其,知道诸侯不可再立,道理很明白了。然而后来又封韩信、彭越、英布、卢绾等人,而且不只是高帝,张良也参与了。所以柳宗元说:"封建并不是圣人的本意,是形势不得不如此。"

昔之论封建者,曹元首、陆机、刘颂①,及唐太宗时魏徵、李百药、颜师古②,其后有刘秩、杜佑、柳宗元③。宗元之论出,而诸子之论废矣,虽圣人复起,不能易也。故吾取其说而附益之,曰:凡有血气必争④,争必以利,利莫大于封建。封建者,争之端而乱之始也。自书契以来,臣弒其君,子弒其父,父子兄弟相贼杀,有不出于袭封而争位者乎? 自三代圣人以礼乐教化天下,至刑措不用,然终不能已篡弒之祸。至汉以来⑤,君臣父子相贼虐者,皆诸侯王子孙,其馀卿大夫不世袭者⑥,盖未尝有也。近世无复封建,则此祸几绝。仁人君子,忍复开之欤? 故吾以为李斯、始皇之言,柳宗元之论,当为万世法也。

【注释】

①曹元首:曹冏(jiǒng),字元首,魏明帝曹叡之子,封清河王。著《六代论》(收入《文选》卷五二)。陆机:字士衡,吴郡(今江苏苏州)人。西晋著名诗人。著有《五等诸侯论》(收入《文选》卷五四)。刘颂:字子雅,广陵(今江苏扬州广陵区)人。《晋书·刘颂传》载其上疏,论封建之利:"为社稷计,莫若建国","周之建侯,长享其国,与王者并,远者仅将千载,近者犹数百年",希望能"建籓屏之固"。曹冏、陆机、刘颂之论,均以三代封建为长治久安之策。

②魏徵:字玄成,钜鹿下曲阳(今河北晋州西)人。唐初大臣,学者。李百药:字重规,定州安平(今河北安平)人。隋内史令李德林之子。唐太宗时历官中书舍人、礼部侍郎。《贞观政要·论封建》详载其论封建的上疏。颜师古:名籀(zhòu),字师古,京兆万年(今陕西西安)人。隋唐之际著名学者。颜师古有《论封建表》(见《全唐文》卷一四七)。《新唐书·宗室传》赞对以上三人的观点有所概括,云:"时天下已定,帝与名臣萧瑀等喟然讲封建事,欲与三代比隆,而魏徵、李百药皆谓不然。徵意以唐承大乱,民人凋丧,始复生业,遽起而瓜分之,故有五不可之说。百药称帝王自有命,历祚之短长不缘封建。又举春秋二百四十二年之祸,亟于哀、

平、桓、灵，而诋曹元首、陆士衡之言以为缪悠。而颜师古独议建诸侯，当少其力，与州县杂治，以相维持。"

③刘秩：字祚卿，徐州彭城（今江苏徐州）人。唐代学者。见卷四《人物·房琯陈涛斜事》。《新唐书·宗室传》赞云："至名儒刘秩目武氏之祸，则建论以为设爵无土，署官不职，非古之道，故权移外家，宗庙绝而更存。存之之理，在取顺而难逆；绝之之原，在单弱而无所惮。至谓郡县可以小宁，不可以久安。大抵与曹、陆相上下。"杜佑：字君卿，京兆万年（今陕西西安）人。唐代宰相，学者。见卷四《人物·房琯陈涛斜事》。杜佑《通典》卷三一《王侯总叙》对封建和郡县各自的优劣有论述，云："若以为人而置君，欲求既庶，诚宜政在列郡，然则主祀或促矣。若以为君而生人，不病既寡，诚宜政在列国，然则主祀可永矣。主祀虽永乃人鲜，主祀虽促则人繁。建国利一宗，列郡利万姓。损益之理，较然可知。夫立法作程，未有不弊之者，固在度其为患之长短耳。政在列国也，其初有维城磐石之固，其末有下堂中肩之辱。远则万国屠灭，近则鼎峙战争，所谓其患也长。政在列郡也，其初有四海一家之盛，其末有土崩瓦解之虞。"

④凡有血气必争：语见《左传·昭公十年》："凡有血气，皆有争心，故利不可强，思义为愈。"

⑤至汉以来：《经进东坡文集事略》作"秦汉以来"。

⑥卿大夫：《经进东坡文集事略》作"卿士大夫"。

【译文】

过去论述封建的人，有曹元首、陆机、刘颂，以及唐太宗时的魏徵、李百药、颜师古，后来还有刘秩、杜佑、柳宗元。柳宗元的《封建论》出来后，前面各家的议论都可以弃置了，哪怕圣人复出，也无法改变。我根据柳宗元的说法再补充一点：凡有血气的人必定会争斗，争的都是利益，而最大的利益莫过于封土建国。所以封建，就是争斗和祸乱的起始。自从有书籍记载以来，臣弑其君，子弑其父，父子兄弟互相残杀，有不因为承袭爵土而争位的吗？三代圣人起初都以礼乐教化天下，曾到了刑罚都弃置不用的地步，然而最终却不能停息篡弑之祸。汉代以来，君臣父子相互残杀的，都是诸侯王的子孙，而那些不能世袭的卿和大夫，却没有这种事情。近世不再封建，这种篡弑之祸基本上绝迹了。仁人君子忍心重启祸端吗？所以我认为李斯和秦始皇的话，柳宗元的论述，应当作为万世之法。

论子胥种蠡

【题解】

此篇论春秋时期的伍子胥、文种、范蠡三人，主要是范蠡、伍子胥二人。对于范蠡，苏轼认为其离开吴国后"好货"，不是有道者所为，如果能像鲁仲连那样隐于海上，终身不见，"则去圣人不远矣"。论伍子胥，主要是针对扬雄的批评而发，扬雄认为"三谏不去、鞭尸籍馆"是伍子胥的罪过，苏轼认为伍子胥是吴之宗臣，要与国存亡，而鞭尸是复仇，籍馆是阖闾之命，皆非其罪。古人多有对伍子胥和范蠡的评论，除本文所及外，如《越绝书·叙外传记》云，"子胥勇而智，正而信。范蠡智而明，皆贤人"，"范蠡单身入越，主于伯，有所不合，故去也""去止（臣谏君不从则去，陈力就列不能者止），事君之义也。义无死，胥死者，受恩深也。今（如果）蠡犹重也，不明甚矣"，"范蠡遭世不明，被发佯狂，无正不行，无主不止。色斯而举，不害于道。亿则屡中，货财殖聚。作诈成伯，不合乃去"。汉唐时人并不认为"亿则屡中，货财殖聚"是有损德行的事，司马迁也说范蠡"十九年之中三致千金，再分散与贫交疏昆弟。此所谓富好行其德者也"（《史记·货殖列传》）。而苏轼批评范蠡聚敛财货，则反映出宋人的新观念。本篇在《经进东坡文集事略》卷十三中分为《范蠡论》与《子胥论》两篇，《范蠡论》为本篇前二段，《子胥论》篇首增加了一段叙事："楚平王既杀伍奢、伍尚，而伍子胥亡入吴，事吴王阖闾。及楚平王卒，子昭王立后，子胥与孙武兴兵及唐蔡，伐楚，夹汉水而阵，楚大败。于是吴王乘胜而前，五战遂至郢。楚昭王出亡，吴兵入郢。子胥求昭王既不得，乃掘平王墓，出其尸，鞭之五百，以报父兄之仇。"其下"苏子曰"则为本篇第三段。中华书局本《苏轼文集》从之亦分作两篇，分别题为《论范蠡》《论伍子胥》。

　　越既灭吴①，范蠡以为勾践为人长颈鸟喙②，可与共患难，不可与共逸乐，乃以其私徒属浮海而行，至于齐。以书遗大夫种曰③："蜚鸟尽，良弓藏，狡兔死，走狗烹。子可以去矣！"

【注释】

①越既灭吴：前514年吴王阖闾即位后，任用逃亡到吴国的楚国人伍子胥，还有齐国人孙武，加强战备，前506年打败楚军，攻入楚国都城郢。楚国后来联越制吴。前496年越国新君勾践即位，吴国兴兵攻伐，却被打败，阖闾临终前命其子夫差"必毋忘越"。前494年越王勾践先发制人，却被吴国打败，被围困在会稽山，求和乞命。此后勾践励精图治，任用范蠡、文种，恢复国力。吴、越两国又经多次战争，至前473年勾践攻入吴国都城姑苏（今江苏苏州），俘获夫差，夫差自杀，吴国灭亡。

②范蠡（lí）：字少伯，又称"鸱（chī）夷子皮""陶朱公"，春秋时楚国人。前494年越国被吴国打败后，范蠡为越王勾践谋划，又前往吴国为奴二年。前473年越灭吴后，范蠡离开吴国到齐国，耕田、经商，获利颇丰。见《史记·越王勾践世家》。勾践：春秋末年越国国君，越王允常之子，前496年至前465年在位。《史记·越王

勾践世家》记其灭吴之后，"乃以兵北渡淮，与齐、晋诸侯会于徐
州，致贡于周。周元王使人赐勾践胙（封赏），命为伯。勾践已
去，渡淮南，以淮上地与楚，归吴所侵宋地于宋，与鲁泗东方百里。
当是时，越兵横行于江淮东，诸侯毕贺，号称霸王"。鸟喙（huì）：
鸟的尖嘴。原作"鸟啄"，后文两处亦是，均据《百川学海》本、
《东坡后集》《苏轼文集》改。

③ 大夫种：文种，春秋时楚国人。越国大臣和谋略家。曾任楚国的
宛（今河南南阳）令，后与范蠡入越，共同辅佐越王勾践灭吴。此
后范蠡离开越国去齐国，"自齐遗大夫种书曰：'蜚（飞）鸟尽，良
弓藏；狡（健）兔死，走狗烹。越王为人长颈鸟喙，可与共患难，不
可与共乐。子何不去？'"（《史记·越王勾践世家》）有人进谗言
说文种将要作乱，勾践命其自杀。

【译文】

越国灭吴之后，范蠡认为勾践的面相是长颈鸟嘴，这种人可与他共
患难，不可与他共安乐，便带着家人和徒众由海路到了齐国。他写给大
夫文种一封信，说："飞鸟尽，良弓藏，狡兔死，走狗烹。你可以离去了！"

苏子曰：范蠡知相其君而已，以吾相蠡，蠡亦鸟喙也。
夫好货，天下之贱士也，以蠡之贤，岂聚敛积财者？何至耕
于海滨，父子力作，以营千金，屡散而复积①，此何为者哉？
岂非才有馀而道不足，故功成名遂身退②，而心终不能自放
者乎？使勾践有大度，能始终用蠡，蠡亦非清净无为而老于
越者也，故曰"蠡亦鸟喙也"。鲁仲连既退秦军③，平原君欲
封连，以千金为寿。笑曰："所贵于天下士者，为人排难解纷
而无所取也。即有取，是商贾之事，连不忍为也。"遂去，终
身不复见④。逃隐于海上，曰："吾与富贵而诎于人，宁贫贱

而轻世肆志焉！"使范蠡之去如鲁连，则去圣人不远矣。呜呼！春秋以来，用舍进退未有如蠡之全者⑤，而不足于此，吾以是累叹而深悲焉。

【注释】

① 屡散而复积：范蠡积财事见《史记·越王勾践世家》："范蠡浮海出齐，变姓名，自谓鸱夷子皮，耕于海畔，苦身戮力，父子治产。居无几何，致产数十万。……尽散其财……止于陶，……复约要父子耕畜废居，候时转物，逐什一之利。居无何，则致资累巨万。天下称'陶朱公'。"原无"积"字，据《百川学海》本、《东坡后集》《苏轼文集》补。

② 功成名遂身退：《老子》（河上公本）第九章："功成、名遂、身退，天之道。"李白《悲歌行》诗："范子何曾爱五湖，功成名遂身自退。"（苏轼认为此诗是伪作）

③ 鲁仲连既退秦军：前259年，秦军围攻赵国都城邯郸，魏国使者劝说赵国尊秦为帝，以换取退兵。鲁仲连见使者，说服他改变主张，秦军闻之而退兵五十里。魏公子信陵君率魏军来救赵，秦军撤去。后十馀年燕国攻齐，鲁仲连又助齐将田单收复聊城，他射书给占据聊城的燕国将军，令其自裁而死。"（田单）归而言鲁连，欲爵（封爵）之。鲁连逃隐于海上，曰：'吾与富贵而诎（qū）于人，宁贫贱而轻世（指轻慢藐视世俗）肆志（指纵情、快意）焉。'"（《史记·鲁仲连邹阳列传》）

④ "平原君欲封连"数句：平原君，赵胜，赵武灵王之子，赵惠文王之弟，号平原君，战国四公子之一。《史记·鲁仲连邹阳列传》记载，邯郸围解后，"平原君欲封鲁连，鲁连辞让者三，终不肯受。平原君乃置酒，酒酣起前，以千金为鲁连寿（以千金为礼）。鲁连笑曰：'所贵于天下之士者，为人排患释难解纷乱而无取也。即有取者，

是商贾之事也,而连不忍为也。'遂辞平原君而去,终身不复见。"

⑤用舍:出自《论语·述而》:"子谓颜渊曰:'用之则行,舍之则藏,唯我与尔有是夫!'"指任用和不任用。进退:指仕进和退隐。《周易·乾卦·文言》:"知进退存亡而不失其正者,其唯圣人乎!"苏轼《贺欧阳少师致仕启》:"是以用舍行藏,仲尼独许于颜子;存亡进退,《周易》不及于贤人。"(《苏轼文集》卷四七)

【译文】

苏子说:范蠡只知道看勾践的面相,以我来看范蠡的面相,范蠡也有鸟喙那样的尖嘴。贪财者,是天下士人中的贱士,以范蠡的贤明,怎会是聚敛财货的人?为何到海滨去耕种,父子竭力劳作,经营挣得千金,屡次用完后又积攒,这是在干什么呢?岂不是才能有余而道德不足,所以虽然能功成名就,身退于越,而心里始终不能纵情的人吗?假使勾践大度,始终重用范蠡,恐怕范蠡也不是能够清净无为、终老越国的人,所以我说"范蠡也长了鸟喙"。鲁仲连令秦军退却之后,平原君要封赏他,以千金为礼。鲁仲连笑着说:"天下士人所看重的,是为人排难解纷后一无所取。如果因此获取好处,那是商贾的事,我鲁仲连做不了这样的事。"于是离去,终身不再出现。他隐居于海上,说:"与其为了富贵而屈从于别人,不如安享贫贱却笑傲俗世,纵情快意!"假如范蠡离开越国也像鲁仲连那样,那么他的行为就接近圣人了。唉!自春秋以来,在入出进退之间没人能像范蠡那样完备的,但在对待财货的事情上范蠡有些缺憾,因此我常为此而感慨悲叹。

子胥、种、蠡皆人杰①,而扬雄②,曲士也③,欲以区区之学疵瑕此三人者④:以三谏不去、鞭尸籍馆,为子胥之罪⑤;以不强谏勾践而栖之会稽,为种、蠡之过⑥。雄闻古有三谏当去之说⑦,即欲以律天下士,岂不陋哉!三谏而去,为人臣交浅者言也^⑧，如宫之奇、洩冶乃可耳^⑨。至如子胥，吴之宗臣^⑩，与国存亡者也，去将安往哉？百谏不听，继之以死，可也。孔子去鲁，未尝一谏^⑪，又安用三？父不受诛，子复仇^⑫，礼也。生则斩首，死则鞭尸，发其至痛，无所择也。是以昔之君子皆哀而恕之，雄独非人子乎？至于籍馆，阖闾与群臣之罪，非子胥意也。勾践困于会稽，乃能用二子，若先战而强谏以死之，则雄又当以子胥之罪罪之矣。此皆儿童之见，无足论者，不忍三子之见诬，故为之言。

【注释】

①子胥：伍子胥，名员，字子胥，春秋楚国人。其父伍奢、其兄伍尚被楚平王所杀，伍子胥逃至吴国。前514年吴王阖闾即位，以伍子胥为辅佐，大败楚军，入楚都郢，伍子胥鞭楚平王尸。阖闾死后，夫差不听伍子胥劝谏，放走越王勾践。吴国北伐齐国，夫差也不听伍子胥劝谏。最后伍子胥被夫差赐死。事见《史记·伍子胥列传》。

②扬雄：字子云，蜀郡郫县（今四川成都郫都区）人。汉代文学家，学者。著有《法言》《太玄》《蜀王本纪》等书。《汉书》有传。

③曲士：《庄子·秋水》："夏虫不可以语于冰者，笃于时也；曲士不可以语于道者，束于教也。"司马彪注："曲士，乡曲之士也。"指见识不足、孤陋寡闻的人。

④区区之学：微不足道的学问。疵瑕：指责，批评。

⑤以三谏不去、鞭尸籍馆，为子胥之罪：扬雄认为伍子胥三次进谏夫差而不被采纳，却没有离去，另外还曾鞭打楚平王尸，霸占楚国君臣家产宫室，这些都是他的过错。见扬雄《法言·重黎》："或问：'子胥、种、蠡孰贤？'曰：'胥也，俾吴作乱，破楚入郢，鞭尸籍

馆（吴国国君和大臣住在楚王及其大臣之家），皆不由德。谋越谏齐不式（用），不能去，卒眼之（伍子胥被杀时请求挖下他的眼睛置于吴东门，观越之灭吴）。种、蠡不强谏而山栖（困在山上），俾其君诎社稷之灵而童仆（为吴王之仆），又终弊吴。贤皆不足邵（美）也。至蠡策种而遁（隐遁），肥矣哉！'"所谓"籍馆"，是说吴入郢后，"君居其君之寝，而妻其君之妻；大夫居其大夫之寝，而妻其大夫之妻"（《穀梁传·定公四年》）。

⑥不强谏勾践而栖之会稽（kuài jī），为种、蠡之过：扬雄认为，文种、范蠡没有努力劝谏勾践，让他兴兵伐吴，终至失败，被围困在会稽山上，这是二人的过错。

⑦三谏当去：《礼记·曲礼下》："为人臣之礼：不显谏，三谏而不听，则逃之。"《公羊传·庄公二十四年》："三谏不从，遂去之，故君子以为得君臣之义也。"《孟子·万章下》记孟子说贵戚之卿与异姓之卿的不同，前者"君有大过则谏，反覆之而不听，则易位（废除国君）"，后者"君有过则谏，反覆之而不听，则去"。扬雄认为伍子胥是异姓之卿，应离开吴国。

⑧交浅：原作"浅交"，据《百川学海》本、《东坡后集》《经进东坡先生文集事略》《苏轼文集》改。

⑨宫之奇：春秋时虞国人。晋献公十九年（前658），晋派荀息送骏马、璧等给虞公，请求假道（借道）以攻打虢国。宫之奇进谏不听，晋遂伐虢，取虢都下阳（今山西平陆南），虢徙都上阳（今河南三门峡）。晋献公二十二年（前655），晋再次向虞假道以伐虢，宫之奇以唇亡齿寒的道理进谏虞公，虞公仍然不听，允许借道。宫之奇只好带着族人离开虞国。洩冶：春秋时期陈国的大夫。陈灵公十四年（前600），陈灵公、孔宁、仪行父都和夏姬有私情，他们将夏姬的内衣拿到朝堂上嬉戏。洩冶进谏，孔宁与仪行父请求杀死洩冶，灵公不阻止，洩冶乃死。事见《左传·宣公九年》。《孔

子家语·子路初见》记载子贡问洩冶和比干谏而死,可谓仁乎,孔子说:"比干于纣,亲则诸父,官则少师,忠报之心在于宗庙而已,固必以死争之,冀身死之后,纣将悔寤,其本志情在于仁者也;洩冶之于灵公,位在大夫,无骨肉之亲,怀宠不去,仕于乱朝,以区区之一身,欲正一国之淫昏,死而无益,可谓狷矣。"

⑩宗臣:位高名重的大臣。

⑪孔子去鲁,未尝一谏:鲁定公十四年(前496)孔子为鲁国司寇,摄行相事。齐国送来女乐,季桓子和鲁君往观之,三日不听政,郊祭的膰(fán)肉也不送给孔子,孔子于是离开鲁国,开始十馀年的周游列国之行。《论语·微子》:"齐人归女乐,季桓子受之,三日不朝。孔子行。"《孟子·告子下》:"孔子为鲁司寇,不用,从而祭,燔肉不至,不税冕(脱去礼冠)而行。"见本卷《论鲁三桓》。

⑫父不受诛,子复仇:《公羊传·定公四年》:"父不受诛,子复仇,可也。"不受诛,是无罪而受诛的意思。这种情况下子可以为父复仇。原无"不"字,据《百川学海》本、《东坡后集》补。复仇,《越绝书·越绝篇叙外传记》:"臣不讨贼,子不复仇,非臣子也。"

【译文】

伍子胥、文种、范蠡都是杰出的人物,而扬雄只是孤陋寡闻的人,却以他浅薄的学识挑剔这三人:以三次劝谏而不去、鞭打楚平王尸体、霸占楚国国君和公卿的宫室,作为伍子胥的罪过;以不极力劝谏勾践勿伐吴,使勾践被困于会稽,是文种、范蠡的过失。扬雄听说古人有三次进谏不获接纳便离去的说法,便想用这来衡量天下士人,岂不是太鄙陋了!大臣三次进谏不听便离去,那是对那些与国君交情浅的人臣说的,像宫之奇、洩冶那样的人是可以的。而伍子胥身为吴国的重臣,便应与吴国共存亡,就算离开又能去哪里呢?上百次的进谏后君王都不接纳,接着以死进谏也可以。而像孔子离开鲁国,没有进谏一次,又何需三谏而后离去?父亲无罪而被诛杀,儿子为父报仇,这是礼。仇人若活着就斩首,死了就鞭尸，发泄其心中深深的悲痛，舍此别无选择。所以过去的君子会同情并宽恕伍子胥的行为，扬雄难道不是人之子吗？至于籍馆之事，是吴王阖闾和群臣的罪过，并非伍子胥的本意。勾践被围困于会稽后，才能重用文种和范蠡二人，如果他们在开战前极力进谏并为此而死，那么扬雄又会以伍子胥的罪名加于他们身上了。这些本来都是儿童之见，不足论辩，只是我不忍见这三人遭到诬陷责备，故而为他们说说话。

论鲁三桓

【题解】

此篇苏轼先叙孔子堕三都之事，由此而称赞孔子之圣，"必有不言而信，不怒而威者"；进一步又论孔子欲以礼和《春秋》之法治国。文中最后一段辩驳"或曰"之说，"孔子知哀公与三子之必不从，而以礼告也欤？"其意是说孔子原本已知鲁哀公与三桓不会同意，但仍要按照礼法规定禀告。这里涉及对《论语》中一段话的理解。据苏辙《论语拾遗》的看法，"孔子为鲁大夫，邻国有弑君之祸，而恬不以为言，则是许之也。哀公、三桓之不足与有立也，孔子既知之矣，知而犹告，以为虽无益于今日，而君臣之义，犹有徵于后世也"。苏辙在此还引述了子瞻（即苏轼）的一段话，正是本篇"哀公患三桓之逼"以下至结尾的文字。可见"或曰"之人就是苏辙。苏辙早年写有《论语略解》，后苏轼写《论语说》有所参考，本文最后一段可能就是其中的片段（今辑本已由此辑出）。有意思的是，苏辙晚年写《论语拾遗》时又对兄长的看法提出了不同意见："予以为不然，古之君子，将有立于世，必先择其君。齐桓虽中主，然其所以任管仲者，世无有也，然后九合之功，可得而成。今哀公之妄，非可以望桓公也，使孔子诚克田氏而返，将谁与保其功？然则孔子之忧，顾在克齐之后，此则孔子之所不为也。"苏辙的问题提得不错，孔子就算能打败齐国的田氏，鲁哀公和三桓就能保其功、行其政吗？又见《苏轼文集》卷五

《论孔子》。《经进东坡文集事略》卷十三题为《孔子论》。

鲁定公十三年①，孔子言于公曰："臣无藏甲，大夫无百雉之城②。"使仲由为季氏宰③，将堕三都④。于是叔孙氏先堕郈。季氏将堕费，公山不狃、叔孙辄率费人袭公⑤。公与三子入于季氏之宫，孔子命申句须、乐颀下伐之⑥，费人北⑦，二子奔齐，遂堕费。将堕成，公敛处父以成叛⑧，公围成，弗克。或曰："殆哉！孔子之为政也。亦危而难成矣！"孔融曰："古者王畿千里，寰内不封建诸侯。"⑨曹操疑其论建渐广⑩，遂杀融。融特言之耳，安能为哉？操以为天子有千里之畿，将不利己，故杀之不旋踵⑪。季氏亲逐昭公⑫，公死于外，从公者皆不敢入，虽子家羁亦亡⑬。季氏之忌刻忮害如此⑭，虽地势不及曹氏⑮，然君臣相猜，盖不减操也，孔子安能以是时堕其名都而出其藏甲也哉？考于《春秋》，方是时，三桓虽若不悦，然莫能违孔子也。以为孔子用事于鲁，得政与民，三桓畏之欤？则季桓子之受女乐也⑯，孔子能却之矣。"彼妇之口，可以出走"，是孔子畏季氏，季氏不畏孔子也。孔子盍姑修其政刑⑰，以俟三桓之隙也哉？

【注释】

①鲁定公十三年：前497年。本篇篇首叙事据《史记·孔子世家》，"孔子堕三都"事在鲁定公十三年，《春秋》记事在鲁定公十二年。鲁定公，名宋，春秋时期鲁国国君，前509年至前495年在位。

②百雉（zhì）之城：长度达到三百丈的城墙。雉，是古代计算城墙面积的单位，长三丈高一丈为一雉。按《礼记·坊记》的说法，"都

城不过百雉",诸侯国的都城不超过百雉,而鲁国三桓之都均逾越礼制,超过了百雉。

③仲由:字子路,又字季路。孔子弟子。曾为鲁国季孙氏之宰,卫国孔悝之宰。

④堕(huī)三都:是鲁定公时期发生的大事。当时孔子执政,计划毁坏鲁国公族季孙氏、叔孙氏、孟孙氏的私邑,三都是季孙氏(季桓子)的费(今山东费县西北)、孟孙氏(孟懿子)的成(也作"郕",今山东宁阳东北)、叔孙氏(叔孙武叔)的郈(hòu,今山东东平东南)。结果费、郈均毁,成则未能毁废。见后注。堕,毁弃,毁坏。

⑤公山不狃(niǔ):亦作"公山弗扰",鲁国季孙氏的家臣。季桓子令其为费邑宰,鲁定公八年(502)与阳虎作乱,执季桓子,季桓子逃脱。孔子堕三都时,公山不狃与叔孙辄率费人作乱,攻入季氏宫。孔子命申句须和乐颀讨伐,打败了公山不狃与叔孙辄,二人出逃到齐国。叔孙辄:春秋时期鲁国人,鲁公族叔孙氏之庶子。

⑥申句须、乐颀(qí):鲁国两位大夫,率兵平定了公山不狃的叛乱。

⑦北:败北。

⑧公敛处父:春秋时期鲁国人,孟孙氏的家臣,成宰。鲁定公八年(502)阳虎作乱,成宰公敛处父帅成人打败阳虎。《史记·孔子世家》记载,孔子堕三都时,公敛处父对孟孙氏(孟懿子)说:"堕成,齐人必至于北门。且成,孟氏之保障,无成是无孟氏也。我将弗堕。"十二月,鲁定公率兵围成,没能攻克。

⑨孔融曰"古者王畿(jī)千里,寰内不封建诸侯":孔融,字文举,鲁国(今山东曲阜)人。东汉文学家。后文所引的话见《后汉书·孔融传》:"时年饥兵兴,操表制酒禁,融频书争之,多侮慢之辞。既见操雄诈渐著,数不能堪,故发辞偏宕,多致乖忤。又尝奏宜准古王畿之制,千里寰内,不以封建诸侯。操疑其所论建渐广,益惮之。"后孔融为人诬告,被杀。"王畿千里"的说法出自《周礼·夏

官·职方氏》："乃辨九服之邦国,方千里曰王畿。"畿,是疆界、界限的意思。

⑩论建:议论、建言。

⑪不旋踵:形容时间很短。旋踵,指掉转脚跟。

⑫昭公:指鲁昭公,春秋时鲁国国君。鲁昭公二十五年(前517)伐季平子失败,逃到齐国,后至晋,七年后死于晋国乾侯(今河北成安东)。

⑬子家羁(jī):字驹,亦称"子家子",春秋时期鲁昭公的大夫,谥懿(yì)伯。鲁昭公二十五年(前517)伐季平子失败,子家羁随鲁昭公流亡齐国和晋国。鲁定公元年(前509),叔孙成子到晋国乾侯迎昭公丧,并转告季氏的话说欲召子家羁归国,委以政事。子家羁不从。当昭公丧至坏隤时,公子宋先入(回国后即位为鲁定公),"从公者皆自坏隤反",即由此返回晋国。见《左传·定公元年》。

⑭忌刻忮(zhì)害:刻薄无情,凶残恶毒。忌刻,《百川学海》本、《东坡后集》《苏轼文集》《经进东坡文集事略》均作"忌克",义同。

⑮地势:土地和权势,地位权势。《经进东坡文集事略》作"其势"。

⑯受女乐:《史记·孔子世家》记载,"定公十四年,孔子年五十六,由大司寇行摄相事",为政清明,颇见成效,"齐人闻而惧,曰:'孔子为政必霸,霸则吾地近焉,我之为先并矣。盍致地焉?'黎鉏曰:'请先尝沮之,沮之而不可则致地,庸迟乎!'于是选齐国中女子好者八十人,皆衣文衣而舞康乐,文马三十驷,遗鲁君。陈女乐、文马于鲁城南高门外,季桓子微服往观再三,将受,乃语鲁君为周道游,往观终日,怠于政事。子路曰:'夫子可以行矣。'孔子曰:'鲁今且郊,如致膰乎大夫,则吾犹可以止。'桓子卒受齐女乐,三日不听政;郊,又不致膰俎于大夫。孔子遂行,宿乎屯。而师己送,曰:'夫子则非罪。'孔子曰:'吾歌可夫?'歌曰:'彼妇之口,可以出走;彼妇之谒,可以死败。盖优哉游哉,维以卒岁!'"

《孔子家语·子路初见》亦载此事,注:"言妇人口请谒,足以使人死败,故可出走。"

⑰盍(hé)姑:何不姑且。二字原作"盖始",据《东坡后集》《苏轼文集》《经进东坡文集事略》改。

【译文】

鲁定公十三年(前497),孔子对鲁定公说:"大臣不应藏有兵甲,大夫的城也不能超过百雉。"孔子让仲由做季孙氏的宰,准备拆毁鲁国三桓的三座都邑。于是叔孙氏首先拆毁了郈。季孙氏要拆毁费之时,公山不狃和叔孙辄带领费邑的人攻打鲁定公。鲁定公和三个儿子躲进季孙氏的宫室,孔子命申句须、乐颀下去反击,费邑人战败,公山不狃和叔孙辄逃到齐国,费于是被拆毁。将要拆毁成的时候,公敛处父率成邑人反叛了,鲁定公派兵包围了成,未能攻克。有人说:"真危险啊!孔子执政很危险!难以成功!"孔融说:"古时王的邦畿有方圆千里之地,在境内不对诸侯封土建国。"曹操担心他议论建言所涉及的事情越来越广,便杀了孔融。其实孔融只不过是说说罢了,哪能做得了什么呢?曹操认为如果天子拥有千里的国土,将会对自己不利,所以很快就杀了孔融。季孙氏亲自驱逐了鲁昭公,鲁昭公死在国外,跟从鲁昭公的人都不敢回到鲁国,即使是子家羁也逃走了。季孙氏的凶残恶毒到了这种地步,虽然他的土地和权势比不上曹操,但君臣之间互相猜疑的程度,并不少于曹操的时候,孔子怎能在这个时候拆毁三都并收取他们的兵甲呢?考察《春秋》,当时三桓虽然有所不满,但是还不能违抗孔子。难道是因为孔子治理鲁国,得到民众的拥戴,三桓畏惧孔子吗?如果是这样,那么季桓子接受齐国女乐时,孔子就能制止他了。所谓"彼妇之口,可以出走",说明是孔子畏惧季氏,而季氏并不畏惧孔子啊。孔子何不姑且实行其政,等待三桓之间出现裂缝呢?

苏子曰:此孔子之所以圣也。盖田氏、六卿不服①,则齐、晋无不亡之道；三桓不臣，则鲁无可治之理。孔子之用于世，其政无急于此者矣。彼晏婴者亦知之②，曰："田氏之僭，惟礼可以已之。在礼，家施不及国，大夫不收公利③。"齐景公曰④："善哉！吾今而后知礼之可以为国也。"婴能知之而不能为之，婴非不贤也，其浩然之气⑤，以直养而无害，塞乎天地之间者，不及孔、孟也。孔子以羁旅之臣，得政期月⑥，而能举治世之礼，以律亡国之臣，堕名都，出藏甲，而三桓不疑其害己，此必有不言而信，不怒而威者矣⑦。孔子之圣见于行事，至此为无疑也。婴之用于齐也久于孔子，景公之信其臣也愈于定公，而田氏之祸不少衰，吾是以知孔子之难也。

【注释】

①田氏、六卿：春秋时齐国的田氏和晋国的六卿。见本卷《秦废封建》注。

②晏婴：即晏子，字平仲，夷维（今山东高密）人。春秋后期齐国国相。

③"田氏之僭"五句：齐景公时，田氏（陈氏）对民宽厚，受到民众拥戴。齐景公九年（前539）晏婴出使晋国，"与叔向私语曰：齐政卒归田氏"（《史记·齐太公世家》）。齐景公三十二年（前516），齐景公向晏婴炫耀其宫殿，晏婴又表达了对陈氏的担忧，"其取之公也薄，其施之民也厚。公厚敛焉，陈氏厚施焉，民归之矣"。景公问该怎么办，晏婴说："唯礼可以已之。在礼，家施不及国，民不迁，农不移，工贾不变，士不滥（无节制），官不滔（傲慢），大夫不收公利。"（《左传·昭公二十六年》）景公说："善哉！我不能矣。吾今而后知礼之可以为国也。"家施不及国，指一家的恩惠不能

到达国家的层面。大夫不收公利,指国中的大夫不能侵没属于国
家的利益。

④齐景公:名杵臼,春秋时期齐国君主。前547年即位,在位58年。
在位期间任用晏婴为相,直至齐景公四十八年(前500)晏婴去世。

⑤浩然之气:《孟子·公孙丑上》:"我善养吾浩然之气,……其为气
也,至大至刚,以直养而无害,则塞于天地之间。"

⑥期(jī)月:一年。《论语·子路》:"子曰:'苟有用我者,期月而已
可也。三年有成。'"

⑦不言而信,不怒而威:这两句是说孔子德行卓著。《礼记·乐记》:
"天则不言而信,神则不怒而威。"《周易·系辞上》:"默而成之,
不言而信,存乎德行。"稗海本《东坡志林》卷十第四条有类似的
评价:"孔子为鲁司寇,堕郈、费,三桓不疑其害己也。非孔子,能
之乎?"

【译文】

苏子说:这就是孔子之所以是圣人的地方。齐国的田氏、晋国的六
卿不听从命令,那么齐国和晋国便没有不亡的道理;鲁国的三桓不臣服,
那么鲁国就没有治理好的道理。孔子要推行于世的政教,没有比这件
事更急切的了。齐国的晏婴也懂得这点,他说:"田氏的僭越行为,只有
靠礼来制止。按照礼,田氏私家的恩惠不能施行于全国,大夫不能收取
公家的利益。"齐景公说:"太好了! 从现在开始我知道礼可以治理国家
了!"晏婴知道这道理却不能施行,不是晏婴不贤明,是他的浩然正气,
那种用正直来培养而不妨害的、充塞天地之间的正气,不如孔子和孟子
啊。孔子以羁旅之臣的身份,施政不过一年,便能用治世的礼法约束那
些要亡国的臣子,毁坏他们的城邑,收缴他们的兵甲,而三桓并不怀疑孔
子要加害他们,这必定是因为某种不言而信、不怒而威的德行存在。孔
子之圣见于其行事,在这件事上可以说是毫无疑问的了。晏婴在齐国受
重用的时间比孔子长,齐景公信任他的程度也超过鲁定公之于孔子,但

田氏的祸乱并没有减少，由此我便知道孔子有多么艰难。

孔子以哀公十六年卒，十四年，陈恒弑其君[①]，孔子沐浴而朝，告于哀公曰："请讨之！"吾是以知孔子之欲治列国之君臣，使如《春秋》之法者[②]，至于老且死而不忘也。或曰："孔子知哀公与三子之必不从，而以礼告也欤？"曰："否，孔子实欲伐齐。孔子既告哀公[③]，公曰：'鲁为齐弱久矣，子之伐之，将若之何？'对曰：'陈恒弑其君，民之不予者半。以鲁之众，加齐之半，可克也。'此岂礼告而已哉？哀公患三桓之逼，尝欲以越伐鲁而去之[④]。夫以蛮夷伐国，民不予也，皋如、出公之事[⑤]，断可见矣，岂若从孔子而伐齐乎？"若从孔子而伐齐，则凡所以胜齐之道，孔子任之有馀矣。既克田氏，则鲁之公室自张，三桓不治而自服也。此孔子之志也。

【注释】

①陈恒弑其君：陈恒，原作"陈桓"，据《百川学海》本、《东坡后集》《苏轼文集》改。陈恒，即田成子，亦名田常，春秋末期齐国的大夫。齐简公时，陈恒与阚（kàn）止辅政。简公四年（前481）陈恒弑君，阚止也被杀，立简公弟为新君，是为齐平公。《论语·宪问》："陈成子弑简公。孔子沐浴而朝，告于哀公曰：'陈恒弑其君，请讨之。'公曰：'告夫三子！'孔子曰：'以吾从大夫之后，不敢不告也。君曰"告夫三子"者。'之三子告，不可。"

②《春秋》之法：《春秋》里的义法。司马迁引述董仲舒的话说，孔子作《春秋》是要"贬天子，退诸侯，讨大夫，以达王事而已"，其

书"辩是非,故长于治人",又说"拨乱世,反之正,莫近于《春秋》","有国者不可以不知《春秋》","为人臣者不可以不知《春秋》"(《史记·太史公自序》)。苏轼认为孔子是要按《春秋》之义法来要求当时诸国的君臣。

③孔子既告哀公:以下对话见《左传·哀公十四年》。孔子认为陈恒弑君,齐国人中有一半都不赞成,如鲁国出兵,得到一半齐国人支持,一定能成功。

④以越伐鲁:靠越国来消灭鲁国三桓的势力。《史记·鲁周公世家》:"二十七年(前468)春,季康子卒。夏,哀公患三桓,将欲因诸侯以劫之,三桓亦患公作难,故君臣多间。……公欲以越伐三桓。八月,哀公如陉氏。三桓攻公,公奔于卫,去如邹,遂如越。"《左传·哀公二十七年》:"公欲以越伐鲁而去三桓,秋,八月甲戌,公如公孙有陉氏。因孙(逃亡)于邾(邹),乃遂如越。"

⑤皋如、出公之事:皋如,越国大夫。出公,卫出公,名辄。前470年卫出公被卫人赶出卫国,逃亡到宋国,派人往越国求兵。次年,鲁国的叔孙舒,与越国的皋如、后庸,宋国的乐筏率师送卫出公返国。卫人开城守陴以待,卫出公不敢入,师还。后来卫出公死于越国。事见《左传·哀公二十六年》。

【译文】

孔子去世于鲁哀公十六年(前479),鲁哀公十四年(前481)时,陈恒弑杀其君齐简公,孔子沐浴斋戒后上朝,对鲁哀公说:"请出兵讨伐陈恒!"我由此知道孔子想要治理各国的君臣,让君臣都按《春秋》之义行事,直至年老将死之时也没有遗忘。有人说:"孔子知道鲁哀公和鲁国三桓必定不会听从,那是按礼去禀告一下吗?"我说:"不对,孔子确实打算攻打齐国。孔子去告诉鲁哀公后,哀公说:'鲁国被齐国削弱好多年了,你去讨伐,将会如何呢?'孔子答道:'陈恒弑君,齐国民众不赞同的人有一半。凭借鲁国的兵力,加上齐国一半的民众,是能够战胜的。'这难道只是根据礼仪报告吗？鲁哀公担忧三桓的侵逼，曾打算靠越国伐鲁来去除三桓。用蛮夷之人兴兵伐国，民众不能接受，这从皋如、出公的事情就可以看出来，还不如听从孔子之言攻打齐国呢。"如果听从孔子的建议去攻打齐国，那么所有能够战胜齐国的办法，孔子都胜任有馀。战胜齐国的田氏后，鲁国的公室自然就会扩张，三桓不用治理就臣服了。这才是孔子的志向啊。

司马迁二大罪

【题解】

苏轼此篇论司马迁《史记》有两大罪过，即书写商鞅和桑弘羊的功绩。在苏轼看来，二人之名污秽，不齿于君子，二人之术攫利，有害于国家。但是国君往往乐于采用其说，因为这种富国之术方便容易，就像服寒食散一样，短时间内能令人精神焕发，然而长久便"疽背呕血"，而"二子之术用于世者，灭国、残民、覆族、亡躯者相踵也"。苏轼的这种看法，早在他著名的《上神宗皇帝书》中就说过："唯商鞅变法，不顾人言，虽能骤致富强，亦以召怨天下，使其民知利而不知义，见刑而不见德，虽得天下，旋踵而失也。至于其身，亦卒不免，负罪出走，而诸侯不纳，车裂以徇，而秦人莫哀。"（《苏轼文集》卷二五）苏轼在本篇中对商鞅、桑弘羊以及司马迁的这种愤恨，显然是因神宗时期的新法而发，文中称道引述的司马光的一大段话，就是司马光和王安石辩论时所说的，苏轼在《司马温公行状》里也大书特书过。《经进东坡文集事略》卷十四题名为《商鞅论》，题下注："此论亦为荆公发也。"又见《苏轼文集》卷五《论商鞅》。

商鞅用于秦^①，变法定令，行之十年，秦民大悦。道不拾遗，山无盗贼，家给人足，民勇于公战，怯于私斗，秦人富强。天子致胙于孝公^②，诸侯毕贺。

【注释】

① 商鞅：亦称"卫鞅"，战国时卫人，曾封于商（今陕西商洛商州区），故名"商鞅"。前361年秦孝公即位后征召能强秦之人，卫鞅西入秦，说以强国之术。孝公六年（前356）卫鞅为左庶长，开始变法，史称"商鞅变法"。十馀年后秦国强盛。孝公二十四年（前338）孝公死后，商鞅被诬谋反，车裂示众，尽灭其家。苏轼《商君功罪》云："商君之法，使民务本力农，勇于公战，怯于私斗，食足兵强，以成帝业。然其民见刑而不见德，知利而不知义，卒以此亡。故帝秦者商君也，亡秦者亦商君也。其生有南面之乐，既足以报其帝秦之功矣，而死有车裂之祸，盖仅足以偿其亡秦之罚，理势自然，无足怪者。后之君子，有商君之罪而无其功，享商君之福而未受其祸者，吾为之惧矣。"（《苏轼文集》卷六五，又见稗海本《东坡志林》卷三第二十七条）

② 致胙（zuò）：古时天子行祭礼后，将祭肉赏赐诸侯，以示礼遇。胙，祭祀用的肉。"致伯"是说尊为霸主，"伯"字读为"霸"。《史记·商君列传》的"致胙"当是"致伯"之误，苏轼沿其误。孝公：秦孝公，春秋时秦国国君，前361年至前338年在位。秦孝公时期任用商鞅变法，国力大增。《史记·商君列传》云："行之十年，秦民大说，道不拾遗，山无盗贼，家给人足。民勇于公战，怯于私斗，乡邑大治。……居五年，秦人富强，天子致胙于孝公，诸侯毕贺。"据《史记·秦本纪》和《六国年表》，秦孝公二年（前360）天子（周显王）致胙，秦孝公十九年（前343）天子致伯。

【译文】

　　商鞅在秦国受到重用，变法行令，新法推行了十年，秦国百姓都很满意。路不拾遗，山无强盗，家家丰裕，人人富足，百姓勇于为国家打仗，而不敢为私利争斗，秦国变得富强。周天子赐给秦孝公祭肉，诸侯都来祝贺。

　　苏子曰：此皆战国之游士邪说诡论[1]，而司马迁暗于大道[2]，取以为史。吾尝以为迁有大罪二[3]。其先黄老，后六经，退处士，进奸雄，盖其小小者耳。所谓大罪二，则论商鞅、桑弘羊之功也[4]。自汉以来，学者耻言商鞅、桑弘羊，而世主独甘心焉[5]，皆阳讳其名而阴用其实，甚者则名实皆宗之，庶几其成功。此则司马迁之罪也。

【注释】

①战国之游士邪说诡论：战国时纵横家游说之士人的邪说怪论。苏轼认为司马迁《史记·商君列传》里的故事来自纵横家的杂书小说，不可信。

②暗于大道：昧于大道。此说和后文的"先黄老"云云，借鉴了班固在《汉书·司马迁传》里对《史记》的评价："是非颇谬于圣人。论大道则先黄老而后六经，序游侠则退处士而进奸雄，述货殖则崇势利而羞贱贫，此其所弊也。"

③尝以为：《百川学海》本、《东坡后集》作"常以为"，《经进东坡文集事略》作"以谓"二字。

④桑弘羊：洛阳（今属河南）人。汉武帝时期的政治家，官至御史大夫。桑弘羊在汉武帝支持下，推行盐铁酒榷（官方专卖）、平准（平抑物价）、均输（官方统购统销和运输）、算缗（计算财产而征税）、告缗（揭发富户隐匿的财产）等政策，令朝廷获得大量财富。见《史记·平准书》。

⑤世主：君主，国君。

【译文】

　　苏子说：这些都是战国游说之士的邪说怪谈，司马迁却昧于大道，取来写进了史书。我一直认为司马迁有两大罪过。先讲黄老之说，再讲六经,忽视没做官的处士,抬高奸雄的地位,班固说的这些都还是小事情。我所说的两大罪,是他写商鞅和桑弘羊二人的功劳。自从汉代以来,学者都以谈论商鞅、桑弘羊为耻,但是国君却甘之如饴,表面上不提到他们的名字,暗地里采用他们的学说,更有甚者则从名到实都宗奉他们,希望治国也能够像他们那样成功。这就是司马迁的罪过啊。

秦固天下之强国,而孝公亦有志之君也,修其政刑十年,不为声色畋游之所败①,虽微商鞅②,有不富强乎?秦之所以富强者,孝公务本力穑之效③,非鞅流血刻骨之功也④。而秦之所以见疾于民,如豺虎毒药,一夫作难而子孙无遗种⑤,则鞅实使之。至于桑弘羊,斗筲之才⑥,穿窬之智⑦,无足言者,而迁称之曰"不加赋而上用足"⑧。善乎司马光之言也⑨,曰:"天下安有此理?天地所生财货百物,止有此数,不在民则在官,譬如雨泽,夏涝则秋旱。不加赋而上用足,不过设法阴夺民利,其害甚于加赋也⑩。"

【注释】

①声色:指淫声与女色。畋(tián)游:指畋猎游乐。

②微:没有,无。

③务本:注重国家之本。此指农耕。自汉文帝时即强调以农为本,文帝二年(前178)诏"农,天下之本",十三年(前167)又诏"农,天下之本,务莫大焉。"(《史记·孝文本纪》)务本,《苏轼文集》作"敦本",义近。力穑(sè):指努力耕作。《尚书·盘庚上》:"若农服田力穑,乃亦有秋。"《东坡后集》作"立穑"。

④流血:指杀人。刻骨:指刑法严酷。

⑤一夫作难而子孙无遗种:指秦末陈胜起义,天下诸侯纷起,赵高逼

秦二世自杀,立二世兄子公子婴为秦王。不久沛公入咸阳,秦王子婴降。后项籍(项羽)杀公子婴及秦诸公子宗族。"一夫作难"沿用了贾谊《过秦论》的表达:"一夫作难而七庙堕,身死人手,为天下笑者。"

⑥斗筲(shāo)之才:语出《论语·子路》:"斗筲之人,何足算也!"朱熹注:"斗,量名,容十升。筲,竹器,容斗二升。斗筲之人,言鄙细也。"指才识鄙陋细碎,关注财货之事。

⑦穿窬(yú)之智:挖墙洞和爬墙头的智力本事,比喻智识低下。《论语·阳货》:"色厉而内荏,譬诸小人,其犹穿窬之盗也欤!"

⑧迁称之:《苏轼文集》作"迁之言"。不加赋而上用足:《史记·平准书》:"桑弘羊为治粟都尉,领大农,尽代仅管天下盐铁。……弘羊又请令吏得入粟补官,及罪人赎罪。令民能入粟甘泉各有差,以复终身(终身不用服徭役),不告缗(免税赋)。……一岁之中,太仓、甘泉仓满,边馀谷诸物,均输帛五百万匹。民不益赋而天下用饶。"

⑨司马光:字君实,号迂叟,世称"涑水先生",陕州夏县(今山西夏县)人。宋代著名学者、政治家。

⑩"天下安有此理"数句:见苏轼《司马温公行状》,在其后尚有一段话:"此乃桑洪(弘)羊欺汉武帝之言,太史公书之,以见武帝不明耳。至其末年,盗贼蜂起,几至于乱。若武帝不悔祸,昭帝不变法,则汉几亡。"(《苏轼文集》卷十六)阴夺,原作"侵夺",据《百川学海》本、《东坡后集》《苏轼文集》《经进东坡文集事略》改。苏轼《司马温公行状》亦作"阴夺"。

【译文】

秦国本来就是天下强国,秦孝公也是有为有志之君,他好好地施政十年,不沉溺于声色游猎,即便没有商鞅,秦国有不富强的道理吗?秦国之所以能富强,是秦孝公以农为本,秦人努力耕种的成效,并非商鞅的严刑峻法的功劳。不过秦国后来被百姓忌恨,视为豺狼毒药,一人揭竿而起而天下大乱,以致秦国的子孙尽灭,倒是商鞅导致的。至于桑弘羊,才识短浅,偷盗伎俩,不值一提,可司马迁却称赞他说"不用增加赋税而朝廷用度富足"。还是司马光说得好,他说:"天下哪有这种道理?天地间所生的财货百物,只有那么多,不在老百姓手里就在官府手里,就好像雨水润泽大地,夏天涝秋天就会干旱。不增加赋税而朝廷用度充足,不过是想方设法暗中侵夺百姓的利益罢了,它的害处比增加赋税还要严重。"

二子之名在天下者,如蛆蝇粪秽也,言之则污口舌,书之则污简牍。二子之术用于世者,灭国、残民、覆族、亡躯者相踵也,而世主独甘心焉,何哉?乐其言之便己也。夫尧、舜、禹①,世主之父师也;谏臣拂士②,世主之药石也;恭敬慈俭、勤劳忧畏③,世主之绳约也。今使世主日临父师而亲药石、履绳约,非其所乐也。故为商鞅、桑弘羊之术者,必先鄙尧笑舜而陋禹也,曰:"所谓贤主,专以天下适己而已。"此世主之所以人人甘心而不悟也。世有食钟乳、乌喙而纵酒色以求长年者④,盖始于何晏⑤。晏少而富贵,故服寒食散以济其欲⑥,无足怪者。彼其所为⑦,足以杀身灭族者日相继也,得死于寒食散⑧,岂不幸哉!而吾独何为效之?世之服寒食散,疽背呕血者相踵也⑨,用商鞅、桑弘羊之术,破国亡宗者皆是也,然而终不悟者,乐其言之美便,而忘其祸之惨烈也。

【注释】

①尧、舜、禹:上古的三位帝王,常与汤并称。苏轼此处不连汤而并

言，和他《武王非圣人》的观点一致，"其不足于汤、武也，亦明矣"。

②拂（bì）士：能辅佐君主的贤士。拂，通"弼"。

③恭敬慈俭、勤劳忧畏：这是说君王要居安思危，随时保持戒慎忧惧。出自《老子》第六十七章："我有三宝，持而保之：一曰慈，二曰俭，三曰不敢为天下先。"慈俭，指慈爱俭朴。忧畏，指忧虑畏惧（国事败坏）。

④钟乳：钟乳石。见卷二《异事·王烈石髓》。乌喙（huì）：中药材附子的别称。古人认为钟乳、乌喙都是热性的药物。苏轼《盖公堂记》："医以为热，授之以寒药，旦朝吐之，暮夜下之，于是始不能食。惧而反之，则钟乳、乌喙杂然并进，而癃疽、痈疥、眩瞀之状，无所不至。"（《苏轼文集》卷十一）以求长年：原作"所以求长年"，据《百川学海》本、《东坡后集》《苏轼文集》《经进东坡文集事略》删"所"字。

⑤何晏：字平叔，南阳宛（今河南南阳）人。三国时期魏国大臣、玄学家。何晏是东汉末大将军何进之孙，年幼时被曹操收养，后娶曹操女金乡公主为妻。可谓出身富贵。后来在齐王芳时期，何晏依附曹爽，骄奢无道，有人将他和丁谧、邓飏称为台中三狗，其意言三狗皆欲啮人。高平陵事变（见卷四《人物·论桓范陈宫》）后，何晏被杀。

⑥寒食散：魏晋时期流行的一种服食药物，当时人认为可以治病提神，实际上毒性很大。其药多用紫石英、白石英、赤石脂、钟乳石、硫黄等五石配制而成，故名"五石散"。《世说新语·言语》："何平叔云：服五石散，非唯治病，亦觉神明开朗。"刘孝标注引秦丞相《寒食散论》曰："寒食散之方虽出汉代，而用之者寡，靡有传焉。魏尚书何晏首获神效，由是大行于世，服者相寻也。"

⑦彼其所为：《苏轼文集》作"彼之所为"。

⑧寒食散：《苏轼文集》《经进东坡文集事略》作"服寒食散"。

⑨疽（jū）背：背部长毒疮。相踵：足踵相接，相继不绝的意思。

【译文】

这二人在天下的名声，就像是蛆虫苍蝇，粪便秽物，说出来有污口舌，写下来有污简牍。这二人的方法为世人所用，亡国、害民、灭族、身死，相继不绝，但君主偏偏甘之如饴，这是为什么呢？是因为他们的学说对自己便利啊。尧、舜、禹，是国君的师父；直谏的大臣、辅弼的贤士，是国君的药石；恭敬慈俭、勤劳忧惧，是国君的约束戒条。如果让国君每天面对着师父教训，身受药石之苦，践履约束性的戒条，那不是他所乐意的。所以实行商鞅、桑弘羊之术的国君，一定会先鄙视嘲笑尧、舜、禹，说："所谓贤明的君主，应让天下都来满足自己。"这就是每个君主都乐意商鞅、桑弘羊之术却不能醒悟的原因。世上有吃钟乳、乌喙，纵情酒色，以求长生不老的人，大概是从何晏开始的。何晏年少而富贵，因此能服用寒食散来满足其欲望，这不足为怪。本来他的所作所为，就足以导致杀身灭族，如果是因为服用寒食散而死，岂不是幸运！我为什么单单要效仿他？世上服用寒食散导致脊背生疮、呕血的人很多，就像用商鞅、桑弘羊之术而灭国亡宗的比比皆是，然而最终还是有不醒悟的人，因为安乐于他们学说之美好便利，而忘掉了其祸害之惨烈啊。

论范增

【题解】

本篇论项羽谋士范增，是苏轼史论的名篇。大意谓范增当于项羽杀宋义时早去，不必待陈平用反间计时才乞归。此论行文曲折颇多，如《古文关键》所说，"这一篇看抑扬处，渐次引入"（卷下《范增论》），《文章轨范》说，"一句一字，增减不得，句句有法，字字尽心，后生只熟读暗记此一篇，义理融明，音律谐和，下笔作论，必惊世绝俗。此论最好处，在'方羽杀卿子冠军时增与羽比肩事义帝'一段。当与《晁错论》并观"（卷三《范增论》）。不过从事理上批评的也多有其人，如黄震说："羽欲成事，势不得不杀义帝，既杀义帝，则身犯弑逆之名，势不得不亡。增之拙谋，莫此为甚。而苏子以论增之功既误矣，增实事羽为君，义帝不过增所假设以欺人者，乃谓增与羽比肩而事义帝，力能诛羽则诛之，何哉？"（《黄氏日抄》卷六二《苏文·后集·志林》）明王世贞撰《书苏子范增论后》，清梁玉绳撰《反苏子范增论》，皆驳苏轼所论。又见《苏轼文集》卷五《论项羽范增》。《经进东坡文集事略》卷十四题为《范增论》。

汉用陈平计[1]，间疏楚君臣。项羽疑范增与汉有私[2]，稍夺其权。增大怒曰："天下事大定矣，君王自为之。愿赐骸骨归卒伍[3]！"归未至彭城，疽发背死。

【注释】

[1]陈平：河南阳武（今河南原阳）户牖（yǒu）乡人，汉朝开国功臣。刘邦汉朝建立后封曲逆侯，曾为刘邦丞相。吕后死，陈平与周勃平定诸吕之乱，迎立代王为汉文帝。事见《史记·陈丞相世家》。

[2]项羽：名籍，字羽，楚国名将项燕之孙。秦末随叔父项梁起兵，后大破秦军，自立为西楚霸王，分封诸侯。刘邦与之争天下，最后项羽被围于垓下（今安徽灵璧东南），兵败自杀。范增：居鄛（今安徽巢湖）人。项羽的重要谋士，被称为"亚父"。据《史记·项羽本纪》载，前204年，刘邦被围于荥阳，乃请和，"项王欲听之。历阳侯范增曰：'汉易与耳，今释弗取，后必悔之。'项王乃与范增急围荥阳。汉王患之，乃用陈平计间项王。项王使者来，为太牢具，举欲进之，见使者，详惊愕曰：'吾以为亚父使者，乃反项王使者。'更持去，以恶食食项王使者。使者归报项王，项王乃疑范增与汉有私，稍夺之权。范增大怒，曰：'天下事大定矣，君王自为

之。愿赐骸骨归卒伍。'项王许之。行,未至彭城(今江苏徐州),
疽发背而死"。事又见《史记·陈丞相世家》。

③愿赐骸(hái)骨:请求退职归乡,以保有骸骨得以归葬。卒伍:古
代民户编制单位。五家为一伍,三百家为一卒(齐国)。

【译文】

汉王刘邦采用陈平的反间计,离间楚国君王和大臣。项羽怀疑范增
与汉王有私下勾结,逐渐剥夺其权力。范增大怒道:"天下大局已定,君
王您自己好自为之吧。希望赐我骸骨归乡!"还没回到彭城,背上毒疮
发作而死。

苏子曰:增之去,善矣。不去,羽必杀增,独恨其不蚤
耳①。然则当以何事去?增劝羽杀沛公②,羽不听,终以此失
天下,当于是去耶?曰:否。增之欲杀沛公,人臣之分也,羽
之不杀,犹有君人之度也,增曷为以此去哉?《易》曰:"知几
其神乎③?"《诗》曰:"相彼雨雪,先集维霰④。"增之去,当以
羽杀卿子冠军时也⑤。

【注释】

①独:原作"犹",据《百川学海》本、《东坡后集》《苏轼文集》《经进
东坡文集事略》改。恨:遗憾。蚤:通"早"。

②增劝羽杀沛公:刘邦夺取关中后,项羽屯兵新丰鸿门(今陕西西
安临潼区东北)。范增劝急击刘邦,张良旧友项伯来告,刘邦乃
请项伯先报项羽劝解,并亲往鸿门谢罪。项羽设宴,席间"范增
数目项王,举所佩玉玦以示之者三,项王默然不应。范增起,出召
项庄",令其舞剑时击杀沛公。后经项伯、樊哙救护,刘邦化险为
夷,又以上厕所的借口逃脱。张良奉上白璧和玉斗给项王、范增

二人，"项王则受璧，置之坐上。亚父受玉斗，置之地，拔剑撞而破之，曰：'唉！竖子不足与谋。夺项王天下者，必沛公也，吾属今为之虏矣。'"（《史记·项羽本纪》）

③知几其神乎：语见《周易·系辞上》。意思是人若能预知事物发展的几微，便如同神一样。

④相彼雨雪，先集维霰（xiàn）：语见《诗经·小雅·頍（kuǐ）弁》："如彼雨雪，先集维霰。"郑玄笺："将大雨雪，始必微温，雪自上下，遇温气而抟，谓之霰，久而寒胜，则大雪矣。"苏轼引用这句话，是强调其见微知著之意。

⑤卿子冠军：名宋义，秦末起义将领。据《史记·项羽本纪》记载，宋义先在项梁军中，秦军破项梁后，以为楚地兵不足忧，乃渡河击赵。楚怀王心召宋义计事，大悦，乃命为上将军，项羽为次将，范增为末将，共同救赵。"诸别将皆属宋义，号为卿子冠军。行至安阳，留四十六日不进"，项羽催促之，宋义不听，项羽杀宋义及其子宋襄。

【译文】

苏子说：范增离开是正确的。如果不离开，项羽一定会杀死他，我只是遗憾他没能早点儿离开。那么他应该以何事离去呢？范增曾劝项羽杀刘邦，项羽不听，最终因此而失去天下，应该在这时离开吗？回答说：不是。范增想杀死刘邦，这是作为人臣的职分，项羽不杀刘邦，还有些君主的大度，范增怎可为此而离去呢？《周易》说："能够看出几微之事，差不多就是神人了。"《诗经》说："相彼雨雪，先集维霰。"范增应该在项羽杀宋义时离开。

　　陈涉之得民也①，以项燕、扶苏②；项氏之兴也③，以立楚怀王孙心④，而诸侯叛之也，以弑义帝也⑤。且义帝之立，增为谋主矣。义帝之存亡，岂独为楚之盛衰，亦增之所与同祸福也⑥，未有义帝亡而增独能久存者也。羽之杀卿子冠军也，是弑义帝之兆也。其弑义帝，则疑增之本心也⑦，岂必待陈平哉！物必先腐也而后虫生之，人必先疑也而后谗入之，陈平虽智，安能间无疑之主哉？

【注释】

①陈涉：名陈胜，字涉。秦二世元年（前209）征戍渔阳（今北京密云），因雨失期，与吴广乃杀尉起义，攻占陈县（今河南周口淮阳区），假托扶苏、项燕之名，立王号为张楚。史亦称"陈王"。次年陈胜军被秦将章邯打败，陈胜被其御者庄贾杀害。据《史记·陈涉世家》记载，陈胜与吴广谋起事时，陈胜说："天下苦秦久矣。吾闻二世少子也，不当立，当立者乃公子扶苏。扶苏以数谏故，上使外将兵。今或闻无罪，二世杀之。百姓多闻其贤，未知其死也。项燕为楚将，数有功，爱士卒，楚人怜之。或以为死，或以为亡。今诚以吾众诈自称公子扶苏、项燕，为天下唱，宜多应者。"因此他们起义后，"乃诈称公子扶苏、项燕，从民欲也"。

②项燕：战国末楚国将领。前224年，秦军王翦、蒙武击破楚军，项燕被杀。项燕是后来抗秦将领项梁之父，项羽的祖父。扶苏：秦始皇的长子。秦始皇三十五年（前212），扶苏因多次直谏，被派往上郡（今陕西榆林、延安一带）监兵，蒙恬为将。秦始皇三十七年（前210）秦始皇巡行途中病死，遗诏命扶苏回咸阳处理丧事，赵高串通丞相李斯，立胡亥为帝，矫遗诏命扶苏自杀。见本卷《赵高李斯》。

③项氏：这里指项梁和项羽。项梁是楚国大将项燕之子，秦二世二年（前208）陈胜、吴广起义后，项梁与侄子项羽在吴中起兵，自立为会稽守，后矫陈王（陈胜）命为楚王上柱国。陈胜死后，"居

　　鄢人范增，年七十，素居家，好奇计，往说项梁曰：'陈胜败固当。
夫秦灭六国，楚最无罪。自怀王入秦不反，楚人怜之至今，故楚南
公曰"楚虽三户，亡秦必楚"也。今陈胜首事，不立楚后而自立，
其势不长。今君起江东，楚蜂起之将皆争附君者，以君世世楚将，
为能复立楚之后也。'于是项梁然其言，乃求楚怀王孙心民间，为
人牧羊，立以为楚怀王，从民所望也"(《史记·项羽本纪》)。项
梁自号为武信君。不久为秦将章邯击败而死。

④楚怀王孙心：楚怀王的孙子，名心。秦二世二年(前208)，项梁用
范增计立心为楚怀王。不久项梁败死，秦军围赵，怀王令宋义、项
羽、范增救赵，令沛公(刘邦)西向入关，并与诸将约定先入关中
者王之。沛公破秦后，项羽亦入关，杀子婴，屠烧咸阳宫室，"项羽
怨怀王不肯令与沛公俱西入关，而北救赵，后天下约。乃曰：'怀
王者，吾家项梁所立耳，非有功伐，何以得主约！本定天下，诸将
及籍也。'乃详(佯)尊怀王为义帝，实不用其命"。后来项羽逼
迫义帝迁长沙郴县(今湖南郴州)，命人杀害，"汉王闻之，袒而大
哭。遂为义帝发丧，临三日。发使者告诸侯曰：'天下共立义帝，
北面事之。今项羽放杀义帝于江南，大逆无道。寡人亲为发丧，
诸侯皆缟素。悉发关内兵，收三河士，南浮江汉以下，愿从诸侯王
击楚之杀义帝者。'"(《史记·高祖本纪》)

⑤诸侯叛之也，以弑义帝也：据《史记·高祖本纪》："项羽出关，使
人徙义帝。曰：'古之帝者地方千里，必居上游。'乃使使徙义帝
长沙郴县，趣义帝行，群臣稍倍叛之，乃阴令衡山王、临江王击之，
杀义帝江南。"此后田荣、陈馀、张耳等皆叛项羽。

⑥与：原作"以"，据《百川学海》本、《东坡后集》《苏轼文集》《经进
东坡文集事略》改。

⑦本心：《苏轼文集》《经进东坡文集事略》无"心"字。

【译文】

　　陈涉之所以得民心，是因为打出项燕和扶苏的名义；项梁、项羽之兴，是因为立楚怀王的孙子心为义帝，而诸侯背叛他，又是因为他杀死了义帝。拥立义帝，范增是谋主，义帝的生死，不只关系西楚的盛衰，也是与范增祸福相关的，不可能义帝被杀而范增还能长久地活着。项羽杀宋义，是要弑义帝的先兆。项羽弑杀义帝时，其实已经怀疑范增的意图了，哪还要等到陈平的反间计呢！物必定是先腐烂了然后生虫，人必定是先起了疑心然后谗言才能被听信，陈平虽然聪明，又怎能离间无疑心的君主呢？

　　吾尝论义帝，天下之贤主也，独遣沛公入关而不遣项羽^①，识卿子冠军于稠人之中而擢以为上将^②，不贤而能如是乎？羽既矫杀卿子冠军，义帝必不能堪，非羽弑帝，则帝杀羽，不待智者而后知也。增始劝项梁立义帝，诸侯以此服从，中道而弑之，非增之意也。夫岂独非其意，将必力争而不听也。不用其言，杀其所立，项羽之疑增必自是始矣。

【注释】

①独遣沛公入关而不遣项羽：据《史记·高祖本纪》，秦二世二年（前208）楚怀王令宋义、项羽、范增救赵，令沛公（刘邦）西向入关，与诸将约定先入关中者王之。项羽因秦军破项梁，欲报仇，愿与沛公西入关。但怀王诸老将认为，项羽屠杀太多，"不如更遣长者扶义而西，告谕秦父兄。秦父兄苦其主久矣，今诚得长者往，毋侵暴，宜可下。……独沛公素宽大长者，可遣"。怀王乃不许项羽向西。

②稠（chóu）人：众人。

【译文】

我曾经评价义帝,认为是天下的贤主,他只派刘邦西向入关而不派项羽,在众人之中发现宋义并提拔他为上将军,如果不贤明能像这样吗?所以项羽假借义帝的王命杀死宋义,义帝必定不能容忍,不是项羽杀义帝,就是义帝杀项羽,这不用多聪明的人就能知道。范增一开始劝项梁拥立义帝,诸侯因此而服从项梁,到中途项羽弑杀义帝,并非是范增的主意。岂止不是他的主意,他还会竭力劝阻但项羽不听。不听取他的谏言,杀死他所拥立之人,项羽怀疑范增必定是从这时候开始的。

方羽杀卿子冠军,增与羽比肩而事义帝,君臣之分未定也。为增计者①,力能诛羽则诛之,不能则去之,岂不毅然大丈夫也哉?增年已七十,合则留,不合则去,不以此时明去就之分②,而欲依羽以成功,陋矣!虽然,增,高帝之所畏也,增不去,项羽不亡。呜呼!增亦人杰也哉③。

【注释】

①者:原作"也",据《东坡后集》《苏轼文集》《经进东坡文集事略》改。
②去就:离去和接近。《庄子·秋水》:"宁于祸福,谨于去就。"多用来表示去和留、舍和取、遁世和入仕(处和出)等选择。
③人杰:人中的豪杰。《史记·高祖本纪》记载汉高祖称张良、萧何、韩信三人"皆人杰也,吾能用之,此吾所以取天下也。项羽有一范增而不能用,此其所以为我擒也"。

【译文】

当项羽杀宋义的时候,范增和项羽还并肩共同侍奉义帝,他们之间的君臣身份还未确定。替范增考虑的话,若有能力诛杀项羽就杀掉他,若不能就离开他,这样做岂不是行事果断的大丈夫?范增已过七十,意见相合便留下，不合便离开，不在这时候搞明白去留的道理，却想依附项羽取得成功，真是浅陋啊！即便如此，范增依然是汉高帝所畏惧的人，范增不离开，项羽不会灭亡。唉！范增也是人中豪杰啊！

游士失职之祸

【题解】

本篇所论为战国时的养士之风。苏轼在此提出了一个有意思的话题，他认为天下有一些"天民之秀杰者"，在智、勇、辩、力四方面有所长，就好比"鸟兽之有鸷猛，昆虫之有毒螫"，这些人是不会粗衣劣食地为人所役使的，而要"役人以自养"。有识的君主应该把他们从人群中找出来妥善安置，这样天下才能安定，战国之时养士便是如此。苏轼这个思想，大约来源于《左传·襄公九年》的"君子劳心，小人劳力，先王之制也"，还有《孟子·滕文公上》的"有大人之事，有小人之事"以及"或劳心，或劳力。劳心者治人，劳力者治于人。治于人者食人，治人者食于人"，这里区分了劳心与劳力，食人与食于人，苏轼所说的秀杰者，便是治人者。而《资治通鉴》卷十八全文照录了班固和荀悦对游侠的评论，则可能直接促成了苏轼本文的写作，苏轼所举事例甚至表达语句都有和班固一致的地方。苏轼曾在《徐州上皇帝书》中请求给京东等五路别开仕进之途，这样一来，"则豪杰英伟之士，渐出于此途，而奸猾之党，可得而笼取也"（《苏轼文集》卷二六）。豪杰和奸猾在一定的环境和时事下是可以相互转化的，而他们都属于"天民之秀杰者"。黄震评本文云："论春秋战国之士为天民之秀杰，而失职者善观世变作，亦足以见东坡胸襟宏阔，足以包容天下之士。然战国世变，难以常论，而士之沦胥其间，往往多盗贼小人之为。若尽以为天民之秀杰，则恐大过。"（《黄氏日抄》卷六二《苏文·后集·志林》）其实未能体会苏轼的深意，盗贼也是秀杰者。不过苏轼也清楚，给这些人出路，只是面对现实的社会和人性的一种权宜安排,本文最后也说了,先王之政不是这样的,无论君子还是小人,无论豪杰还是奸猾,都应该学道啊。又见《苏轼文集》卷五《论养士》。《经进东坡文集事略》卷十四题为《六国论》,不准确。

春秋之末,至于战国,诸侯卿相皆争养士。自谋夫说客、谈天雕龙、坚白同异之流①,下至击剑扛鼎、鸡鸣狗盗之徒②,莫不宾礼,靡衣玉食以馆于上者③,何可胜数。越王勾践有君子六千人④,魏无忌、齐田文、赵胜、黄歇、吕不韦⑤,皆有客三千人,而田文招致任侠奸人六万家于薛⑥。齐稷下谈者亦千人⑦,魏文侯、燕昭王、太子丹⑧,皆致客无数。下至秦、汉之间,张耳、陈馀号多士⑨,宾客厮养⑩,皆天下豪杰⑪,而田横亦有士五百人⑫。其略见于传记者如此,度其馀,当倍官吏而半农夫也。此皆奸民蠹国者⑬,民何以支而国何以堪乎?

【注释】

①谈天雕龙:《史记·孟子荀卿列传》记战国时齐国人说,"谈天衍,雕龙奭",意思是说驺(邹)衍谈天道,驺(邹)奭修饰驺衍之说,如雕镂龙纹那样繁复,故曰"雕龙"。坚白同异:指战国时公孙龙的学说。《史记·孟子荀卿列传》:"而赵亦有公孙龙为坚白、同异之辩。"《庄子·秋水》记公孙龙之语:"龙少学先王之道,长而明仁义之行;合同异,离坚白。"今存《公孙龙子》六篇,有《坚白论》一篇。

②击剑扛(gāng)鼎:"击剑"指善于击剑,"扛鼎"指力能举鼎。《庄子·说剑》:"昔赵文王喜剑,剑士夹门,而客三千馀人。"《史记·项羽本纪》:"籍长八尺馀,力能扛鼎。"鸡鸣狗盗:鸡鸣狗盗

之徒，原是指战国时孟尝君的两个门客，一人会学鸡鸣，一人会学狗穿穴为盗，均在危急关头帮助了孟尝君（见《史记·孟尝君列传》）。这里泛指具有各种技艺的人。

③靡衣玉食：犹言锦衣玉食。靡衣，指靡丽的衣服。《汉书·韩信传》："名闻海内，威震诸侯，众庶莫不辍作怠惰，靡衣偷食，倾耳以待命者。"颜师古注："靡，轻丽也。"

④越王勾践有君子六千人：越王勾践，见本卷《论子胥种蠡》。"君子六千人"的说法出自《史记·越王勾践世家》："发习流二千人，教士四万人，君子六千人，诸御千人，伐吴。"

⑤魏无忌：战国时魏国公子无忌，号信陵君，魏昭王少子、魏安釐（xī）王的异母弟。《史记·魏公子列传》记其礼贤下士，不敢以富贵骄士，"士以此方数千里争往归之，致食客三千人。当是时，诸侯以公子贤，多客，不敢加兵谋魏十馀年"。齐田文：战国时齐国田文，号孟尝君，其父田婴是齐威王的少子。曾为齐国相。《史记·孟尝君列传》称其有食客三千人。赵胜：赵武灵王之子，号平原君，曾为赵惠文王及赵孝成王相。《史记·平原君虞卿列传》记其"宾客盖至者数千人"。黄歇：战国时楚国人。曾为楚考烈王相，号春申君，封于吴。《史记·春申君列传》记"春申君客三千馀人"。吕不韦：战国时人，生于濮阳（今属河南）。原为阳翟商人，将秦国公子异人从赵国送回秦国，立为太子，前249年异人即位为秦庄襄王，吕不韦为相，封文信侯。前237年罢相，迁蜀，自杀。《史记·吕不韦列传》："当是时，魏有信陵君，楚有春申君，赵有平原君，齐有孟尝君，皆下士，喜宾客以相倾。吕不韦以秦之强，羞不如，亦招致士，厚遇之，至食客三千人。"

⑥田文招致任侠奸人六万家于薛：《史记·孟尝君列传》太史公曰："孟尝君招致天下任侠奸人入薛中，盖六万馀家矣。""薛"是孟尝君田文的封地，其地在今山东枣庄薛城区与滕州一带。

⑦齐稷（jì）下谈者亦千人：稷下，是齐国国都临淄（今山东淄博临
淄区）的一处地名，齐威王始于其地建学宫，招揽天下贤才。其
学至齐宣王时尤盛。《史记·田敬仲完世家》："宣王喜文学游说
之士，自如驺衍、淳于髡、田骈、接予、慎到、环渊之徒七十六人，
皆赐列第，为上大夫，不治而议论。是以齐稷下学士复盛，且数
百千人。"亦，原作"六"，据《百川学海》本、《东坡后集》《苏轼文
集》《经进东坡文集事略》改。

⑧魏文侯：名斯，战国时魏国国君，前445年至前396年在位。魏文
侯以子夏为师，礼敬段干木、田子方，使用吴起、李克等人。《史
记·魏世家》载秦人语，"魏君贤人是礼，国人称仁"。燕昭王：战
国时燕国国君。燕王哙之子。《史记·燕召公世家》："燕昭王于
破燕之后即位，卑身厚币以招贤者。……郭隗曰：'王必欲致士，
先从隗始。况贤于隗者，岂远千里哉！'于是昭王为隗改筑宫而
师事之。乐毅自魏往，邹衍自齐往，剧辛自赵往，士争趋燕。"太
子丹：名丹，战国末年燕王喜之子。曾养士荆轲、秦舞阳等以刺秦
王。《史记·燕召公世家》："燕见秦且灭六国，秦兵临易水，祸且
至燕。太子丹阴养壮士二十人。"

⑨张耳：大梁（今河南开封）人。秦末汉初将领。陈胜起义后，张
耳、陈馀随陈胜将武臣攻入河北，武臣自立赵王。武臣死后，张
耳、陈馀以赵歇为赵王。秦军围赵歇、张耳于钜鹿，陈馀不救，二
人乃生嫌隙，终至反目。前206年项羽屠咸阳，自立为西楚霸王，
封张耳为常山王。陈馀与田荣叛楚，攻张耳。张耳归附汉王刘
邦。前204年韩信破赵，陈馀死，张耳封赵王。陈馀：大梁（今河南
开封）人。秦末汉初将领。项羽封诸王之后，陈馀与田荣叛楚攻
赵，迎立赵歇为赵王，自为代王。后为韩信军击败而死。张耳、陈
馀事见《史记·张耳陈馀列传》。多士：众多的贤士。《诗经·大
雅·文王》："济济多士，文王以宁。"《史记·张耳陈馀列传》太史

公曰:"张耳、陈馀,世传所称贤者;其宾客厮役,莫非天下俊桀,所居国无不取卿相者。"

⑩宾客厮养:厮养,指劈柴和烹饪。这里是说张耳、陈馀手下的一个干杂活的人。《史记·张耳陈馀列传》记载,武臣(赵王)与张耳、陈馀攻占河北后,不听从陈涉之命西向击秦,而是向北攻略燕地。赵王偶然被燕军俘获囚禁,燕人提出要分一半的赵地,才能归还赵王。"使者往,燕辄杀之以求地。张耳、陈馀患之。有厮养卒谢其舍中曰:'吾为公说燕,与赵王载归。'"此人成功劝说燕将释放赵王,与之俱归。

⑪豪杰:《百川学海》本、《东坡后集》《苏轼文集》作"豪俊",《经进东坡文集事略》作"俊杰"。

⑫田横:齐国贵族。秦末陈胜起义后,田横与兄田儋、田荣占据齐地,田儋称齐王,旋为章邯军所败。后田荣为王,复为项羽所败。田横立田荣子田广为齐王,自为相。前201年韩信破齐,田横逃亡。前202年刘邦称帝后,田横与五百徒属入海居岛中。刘邦派人召田横至洛阳,田横途中自杀。其从者二人及在海岛中的五百人亦皆自杀。见《史记·田儋列传》。

⑬奸民蠹(dù)国:祸害人民和蛀蚀国家。荀悦《汉纪》卷十:"世有三游,德之贼也:一曰游侠,二曰游说,三曰游行。立气势,作威福,结私交,以立强于世者,谓之游侠。饰辨辞,设诈谋,驰逐于天下以要时势者,谓之游说。色取仁以合时好,连党类、立虚誉以为权利者,谓之游行。此三游者,乱之所由生也。伤道害德,败法惑世,失先王之所慎也。国有四民,各修其业,不由四民之业者,谓之奸民。奸民不生,王道乃成。凡此三游之作,生于季世,周秦之末尤甚焉。"荀悦这段话被司马光收入《资治通鉴》卷十八。此外班固《汉书·游侠传》序(《资治通鉴》卷十八亦采入)所举史实,如四公子、陈豨、吴濞、淮南、魏其、武安等,也见于本文。可

见《资治通鉴》所引班固、荀悦的文字，对本文有直接的影响。
蠹，蛀蚀。

【译文】

　　春秋末年直至战国时期，诸侯卿相都争相养士。从谋士说客，到谈天的邹衍，雕龙的邹奭，论辨坚白、同异的名家，下至善于击剑、力能扛鼎的武士，鸡鸣狗盗之徒，无不待以上宾的礼遇，穿上华丽的衣服，享用美食佳肴，住在上等馆舍，这样的人不可胜数。越王勾践有君子六千人，魏国的信陵君魏无忌、齐国的孟尝君田文、赵国的平原君赵胜、楚国的春申君黄歇、秦国的宰相吕不韦，都各有宾客三千人，而孟尝君田文还招揽天下侠客和奸盗之人六万家到薛地。齐国稷下学宫中能言善辩的也有千人，魏文侯、燕昭王、燕太子丹，都招致无数的宾客。到秦、汉之际，张耳、陈馀都号称手下贤士众多，甚至从事杂役的宾客都是天下豪杰，而田横也有士五百人。于史书传记中粗略可见的已然如此，推想其馀，这些诸侯卿相所养的士人，应当有官吏的一倍之多，农民的一半之数。这些害民祸国之人，民众如何能支撑他们的花费，国家又何以承受这群人的负担？

　　苏子曰：此先王之所不能免也。国之有奸也，犹鸟兽之有鸷猛①，昆虫之有毒螫也②。区处条理，使各安其处，则有之矣；锄而尽去之，则无是道也。吾考之世变，知六国之所以久存而秦之所以速亡者，盖出于此，不可以不察也。

【注释】

①鸷（zhì）：凶猛的鸟。
②毒螫（shì）：毒物，毒虫。

【译文】

　　苏子说：这种人哪怕在先王的时代都不能避免。国家中有奸民，就像鸟兽中有猛禽猛兽、昆虫中有毒螫之虫一样。把他们好好地安顿处置，让他们各得其所，那还可以办到；要把他们全部铲除干净，那是做不到的。我考察世道之演变，明白六国之所以能长久，而秦朝之所以会速亡，大概就是由于这个原因，人们不能不细察啊。

　　夫智、勇、辩、力，此四者皆天民之秀杰者也①。类不能恶衣食以养人，皆役人以自养者也，故先王分天下之富贵与此四者共之②。此四者不失职③，则民靖矣。四者虽异，先王因俗设法，使出于一：三代以上出于学④，战国至秦出于客，汉以后出于郡县吏⑤，魏、晋以来出于九品中正⑥，隋、唐至今出于科举，虽不尽然，取其多者论之。六国之君虐用其民，不减始皇、二世⑦，然当是时百姓无一人叛者，以凡民之秀杰者多以客养之，不失职也。其力耕以奉上，皆椎鲁无能为者⑧，虽欲怨叛，而莫为之先。此其所以少安而不即亡也。

【注释】

①辩：原作"辨"，据《百川学海》本、《东坡后集》《苏轼文集》《经进东坡文集事略》改。天民：指民间的贤人。《孟子·尽心上》："有天民者，达可行于天下而后行之者也。"朱熹注："民者，无位之称。以其全尽天理，乃天之民，故谓之天民。"苏轼在《祭张文定公文三首》其一中称父亲苏洵为"古之天民"（《苏轼文集》卷六三）。

②富贵：原作"贵富"，据《百川学海》本、《东坡后集》《苏轼文集》《经进东坡文集事略》改。

③此：原作"其"，据《百川学海》本、《东坡后集》《苏轼文集》《经进东坡文集事略》改。

④三代以上出于学：夏、商、周三代时从学校里选拔人才。根据《礼记·王制》的说法："命乡，论秀士，升之司徒，曰选士。司徒论选士之秀者而升之学，曰俊士。升于司徒者，不征于乡；升于学者，不征于司徒，曰造士（孔颖达注：学业既成，即为造士）。""王命三公、九卿、大夫、元士皆入学。""大乐正论造士之秀者以告于王，而升诸司马，曰进士。司马辨论官材，论进士之贤者以告于王，而定其论。"《孟子·滕文公上》："设为庠序学校以教之。庠者养也，校者教也，序者射也。夏曰校，殷曰序，周曰庠，学则三代共之，皆所以明人伦也。"

⑤汉以后出于郡县吏：汉代人才多有出于郡县小吏的。苏轼《徐州上皇帝书》："汉法：郡县秀民，推择为吏，孝行察廉，以次迁补，或至二千石，入为公卿。古者不专以文词取人，故得士为多。黄霸起于卒史，薛宣奋于书佐，朱邑选于啬夫，丙吉出于狱吏，其馀名臣循吏，由此而进者不可胜数。"（《苏轼文集》卷二六）顺便说，《徐州上皇帝书》建议神宗在京东等五路别开仕进之门，因为苏轼在密州、徐州为官时，发现这些地方的人多"胆力绝人，喜为剽掠，小不适意，则有飞扬跋扈之心，非止为盗而已"，而不善科举应试，故朝廷应为之另谋出路。苏轼建议让五路监司郡守选以补牙职（官府的警卫），"则豪杰英伟之士，渐出于此途，而奸猾之党，可得而笼取也"。本文可以说是《徐州上皇帝书》的理论基础。

⑥九品中正：魏晋南北朝时期的官吏选拔制度，亦称"九品官人法"。该法是在各郡国设中正一人，由其参考乡里的评论，将本郡之士分为一至九品的等级，状其德行，向朝廷汇报。该法始于220年，根据陈群的建议而施行。《三国志·魏书·常林传》注引《魏略》云："国家始制九品，各使诸郡选置中正，差叙自公卿以下至于郎吏，功德材行所任。"

⑦始皇、二世：秦始皇和秦二世。秦始皇，前247年为秦王，前221年

秦国灭山东六国，统一天下，称"始皇帝"。见本卷《秦拙取楚》。秦二世，名胡亥，秦始皇子。前210年秦始皇病死，赵高串通丞相李斯，立胡亥为皇帝。二世三年（前207）被逼自杀。

⑧椎（chuí）鲁：愚钝，愚鲁。

【译文】

智慧、勇敢、善辩、有力，有这四种能力的人都是天下的优秀人才。他们原本就不可能让自己忍受粗劣的衣食而去供养侍奉他人，都是靠着役使别人来养活自己，所以先王要把天下的富贵和这四类人共享。如果这四类人不失其所从事的职业，则民众安定。这四类人虽然各有不同，先王还是根据世俗风尚来设置法度，令他们能从一个地方冒出来：夏、商、周从学校选拔出来，战国至秦朝出于宾客，汉代出于郡县官吏，魏、晋以来出于九品中正制，隋、唐至今出于科举，虽然不是全都出于此途，这里取其大多数而言。战国时六国国君残虐其民，程度并不比秦始皇和秦二世轻，但当时没有一人反叛的，这是因为那些秀杰之士大多作为宾客养了起来，未失其职事。而那些仅凭力气耕地以供养上层的人，都是一些愚钝而无所作为的人，虽然会怨恨而想反叛，可没有人来带头。这就是当时国家少有安宁而又没迅速灭亡的原因了。

　　始皇初欲逐客，因李斯之言而止①。既并天下，则以客为无用，于是任法而不任人，谓民可以恃法而治，谓吏不必才取，能守吾法而已。故堕名城，杀豪杰②，民之秀异者散而归田亩。向之食于四公子、吕不韦之徒者③，皆安归哉？不知其能槁项黄馘以老死于布褐乎④？抑将辍耕太息以俟时也⑤？秦之乱虽成于二世，然使始皇知畏此四人者，有以处之，使不失职，秦之亡不至若是速也⑥。纵百万虎狼于山林而饥渴之，不知其将噬人⑦。世以始皇为智，吾不信也。

【注释】

①始皇初欲逐客,因李斯之言而止:秦王嬴政十年(前237),秦国宗室大臣建议秦王驱逐各国来秦的客,楚人李斯为秦之客卿,亦在驱逐之列,乃上书。秦王阅后乃除逐客之令,复李斯官。事和上书之文均见《史记·李斯列传》。其文章后被《文选》收入,名《上秦始皇书》,今通称《谏逐客书》。

②堕(huī)名城:《史记·秦始皇本纪》引贾谊《过秦论》:"堕名城,杀豪俊,收天下之兵聚之咸阳,销锋铸镰,以为金人十二。"《集解》引应劭注:"坏坚城,恐人复阻以害己也。"堕,毁坏。义同前《论鲁三桓》之"堕三都"。

③向:以前,之前。四公子:战国四公子,即前面提到的魏无忌(信陵君)、田文(孟尝君)、赵胜(平原君)、黄歇(春申君)。《史记·秦始皇本纪》引贾谊《过秦论》:"当是时,齐有孟尝,赵有平原,楚有春申,魏有信陵。此四君者,皆明知而忠信,宽厚而爱人,尊贤重士,约从离衡。"

④槁项黄馘(xù):语出《庄子·列御寇》:"夫处穷闾厄巷,困窘织屦,槁项黄馘者,商之所短也。"成玄英疏:"颈项枯槁而颠顇,头面黄瘦而馘厉(长癞疮)。"意为枯槁的颈项,黄瘦的面容。馘,指面、脸。

⑤辍耕太息:停下耕作而叹息。暗指陈胜(陈涉)事。《史记·陈涉世家》:"陈涉少时,尝与人佣耕,辍耕之垄上,怅恨久之,曰:'苟富贵,无相忘。'庸者笑而应曰:'若为庸耕,何富贵也?'陈涉太息曰:'嗟乎!燕雀安知鸿鹄之志哉!'"苏轼在这里提出的问题,答案显然是后者,也就是那些六国和吕不韦之客,后来成为像陈胜那样的人。实际上陈胜起义后天下群雄兴起,很多就是这些人。如张耳少时就曾是信陵君之客。侯:原作"侯",据《百川学海》本、《东坡后集》《苏轼文集》《经进东坡文集事略》改。

⑥若是速:《苏轼文集》作"若此之速"。

⑦噬（shì）：咬。

【译文】

秦始皇一开始打算驱逐宾客，因为李斯的建言而停止。统一天下后，秦始皇认为宾客已经无用，于是施用法令而不任用人才，认为老百姓可以靠法令来统治，认为吏不必考虑其才能而举用，只要能严格执行法令就行了。所以拆毁名城，诛杀豪杰，秀杰之士分散而归于田间。过去取食于战国四公子和吕不韦的那些人，都到哪里去了呢？不知他们是否会在粗布短褐的贫苦生活中面黄肌瘦地老死？还是会辍耕叹息、等待时机到来呢？秦末之战乱虽然在秦二世时发生，然而假如秦始皇知道畏惧这四种人，设法安置他们，让他们不失去职事，秦朝的灭亡不至于如此迅速。把百万只虎狼放归山林之中而不给它们吃的喝的，竟然不知道它们将会出来吃人。世人认为秦始皇有智慧，我是不相信的。

　　楚、汉之祸①，生民尽矣，豪杰宜无几，而代相陈豨从车千乘②，萧、曹为政③，莫之禁也。至文、景、武之世④，法令至密，然吴濞、淮南、梁王、魏其、武安之流⑤，皆争致宾客，世主不问也。岂惩秦之祸，以为爵禄不能尽縻天下士⑥，故少宽之，使得或出于此也耶？若夫先王之政则不然，曰："君子学道则爱人，小人学道则易使也⑦。"呜呼！此岂秦汉之所及也哉！

【注释】

①楚、汉之祸：秦末纷争，西楚霸王项羽和汉王刘邦争夺天下，最终刘邦胜利，建立汉朝。

②陈豨（xī）：宛朐（今山东菏泽西南）人。汉初将领，前202年封阳夏侯。前200年汉高祖任陈豨为代相，监赵、代两地的边兵。前

196年反叛,自立为代王,兵败身死。《史记·韩信卢绾列传》:"豨常告归过赵,赵相周昌见豨宾客随之者千餘乘,邯郸官舍皆满。"

③萧、曹:萧何与曹参。萧何,沛县(今属江苏)人。汉朝开国功臣。刘邦为汉王时即为丞相,刘邦登基后封鄼侯,论功为第一。曹参,沛县(今属江苏)人。汉朝开国功臣。继萧何为相国。曹参死后,百姓歌曰:"萧何为法,覯(jiǎng)若画一。曹参代之,守而勿失。载其清净,民以宁一。"(《史记·曹相国世家》)

④文、景、武:西汉的文帝、景帝、武帝。见卷四《人物·王嘉轻减法律事见梁统传》。

⑤吴濞(pì):指吴王刘濞,汉高祖刘邦兄长刘仲之子。汉高帝十二年(前195)封吴王,定都广陵(今江苏扬州)。汉景帝三年(前154),吴王刘濞联合楚王刘戊、赵王刘遂、济南王刘辟光、淄川王刘贤、胶西王刘卬、胶东王刘雄渠反叛,三个月后被平定。史称"七国之乱"。见《史记·吴王濞列传》。传中提到吴王"麾下壮士数千人"。吴濞,《苏轼文集》作"吴王濞"。淮南:淮南王刘安,汉高祖刘邦之孙,淮南王刘长之子。汉文帝十六年(前164)封淮南王。汉武帝元狩元年(前122),刘安与衡山王刘赐(刘安弟)谋反,事泄被杀。《史记·淮南衡山列传》言刘安"阴结宾客",《索隐》引《淮南要略》云:"安养士数千,高才者八人,苏非、李尚、左吴、陈由、伍被、毛周、雷被、晋昌,号曰八公也。"梁王:梁孝王刘武,汉景帝同母弟。前168年为梁王。"七国之乱"时,刘武御敌有功,又以窦太后宠爱,欲继景帝为皇帝,事未成。《史记·梁孝王世家》记梁孝王"招延四方豪杰,自山以东,游说之士莫不毕至,齐人羊胜、公孙诡、邹阳之属",可见其养士之盛。魏其:魏其侯窦婴,观津(今河北衡水)人。汉初大臣。文帝时为吴相,景帝时初为詹事,后为太子太傅,大将军。因平定"七国之乱"有功,封魏其侯。武帝时为丞相,后被杀。《史记·魏其武安

侯列传》云:"七国兵已尽破,封婴为魏其侯。诸游士宾客争归魏其侯。""籍福说武安侯曰:'魏其贵久矣,天下士素归之。'"武安:武安侯田蚡(fén),汉景帝皇后的同母异父弟。汉景帝时为太中大夫。汉武帝即位后封为武安侯,任太尉。后两次任丞相,与窦婴争权。《史记·魏其武安侯列传》云:"武安侯新欲用事为相,卑下宾客,进名士家居者贵之,欲以倾魏其诸将相。"

⑥縻(mí):束缚,捆绑。

⑦君子学道则爱人,小人学道则易使也:语见《论语·阳货》。

【译文】

经过楚、汉相争,百姓差不多死光了,豪杰也应该所剩无几,然而跟随代相陈豨的车子居然有千辆之多,萧何、曹参为相执政,也不能禁止。到了汉文帝、景帝、武帝的时候,法令已经相当严密,可是吴王刘濞、淮南王刘安、梁王刘武、魏其侯窦婴、武安侯田蚡这些人,都争先恐后地广招宾客,而皇帝也不过问。难道是吸取了秦朝灭亡的教训,认为朝廷的官爵俸禄还不能捆住天下士人,所以稍为宽限,让他们有可能从这里得到出路吧?至于古代先王的政治则不是这样,孔子说:"君子学道则会爱护别人,小人学道就容易被人役使。"哎!这哪是秦汉所能赶上的啊!

赵高李斯

【题解】

本篇由赵高、李斯杀扶苏的话题入手,认为秦国"禁奸备乱"的办法很严密,却招致此乱。苏轼认为,其实天欲亡一国,"其祸败必出于智所不及",不是靠智慧就能解决的,"圣人为天下,不恃智以防乱,恃吾无致乱之道耳",而秦国的"致乱之道,在用赵高"。苏轼由此批判了"阉尹之祸","以戒后世人主如始皇、汉宣者"。在此之后,苏轼又提出新的论题,即秦之失道,其实在于商鞅制定的严刑峻法,苏轼由此提倡为政应以

"忠恕为心而以平易为政"。谢枋得分析此论"主意有两说","前一段说
始皇罪在用赵高,附入汉宣任恭、显事;后一段说始皇之果于杀,其祸反
及其子孙,附入汉武杀戾太子事。此文法尤妙"(《文章轨范》卷三《秦
始皇扶苏论》)。又见《苏轼文集》卷五《论始皇汉宣李斯》。《经进东坡
文集事略》卷十四题为《始皇论下》。

　　秦始皇帝时,赵高有罪,蒙毅案之,当死,始皇赦而用
之①。长子扶苏好直谏,上怒,使北监蒙恬兵于上郡②。始
皇东游会稽,并海走琅琊,少子胡亥、李斯、蒙毅、赵高从③。
道病,使蒙毅还祷山川,未反而上崩。李斯、赵高矫诏立胡
亥,杀扶苏、蒙恬、蒙毅,卒以亡秦。

【注释】

①"秦始皇帝时"五句:赵高,原为赵国人,后入秦为宦官,曾为中
　　车府令、郎中令。秦始皇三十七年(前210),秦始皇在巡行天下
　　时死去,此时长子扶苏在上郡(今陕西榆林、延安一带),秦始皇
　　有遗诏令扶苏将兵交给将军蒙恬,回咸阳会葬。丞相李斯秘不发
　　丧,赵高扣留了给扶苏的遗诏,劝胡亥自立。赵高又说服李斯,
　　一同立胡亥为太子,假造遗诏给扶苏和蒙恬,命他们自杀。事定
　　后乃发丧,以胡亥为二世皇帝。后赵高构陷杀害李斯。秦末天下
　　起义,赵高杀秦二世,立子婴为秦王,不久被子婴所杀。事见《史
　　记》的《秦始皇本纪》《李斯列传》《蒙恬列传》。蒙毅,原为齐国
　　人,秦将蒙武之子,蒙恬之弟。秦始皇时位至上卿,颇受亲信。秦
　　始皇巡游天下,病重,命蒙毅去名山大川祈祷,期间秦始皇病死,
　　胡亥为二世皇帝,赵高谗毁蒙毅、蒙恬兄弟,皆杀之。《史记·蒙
　　恬列传》记载:"(赵)高有大罪,秦王令蒙毅法治之。毅不敢阿

法，当高罪死，除其宦籍。帝以高之敦于事也，赦之，复其官爵。”

②“长子扶苏好直谏”三句：扶苏，秦始皇长子。秦始皇三十五年（前212），扶苏因多次直谏，被派往上郡（今陕西榆林、延安一带）监兵。两年后（前210），秦始皇在巡行途中病死，遗诏命扶苏回咸阳处理丧事，赵高串通丞相李斯，立胡亥为帝，矫遗诏命扶苏自杀。见《史记》的《秦始皇本纪》《李斯列传》《蒙恬列传》。蒙恬，先世为齐人，秦国大将。前221年蒙恬在灭齐战争中有功，拜为内史。随后率三十万众北逐匈奴，修筑长城。秦始皇三十五年（前212）公子扶苏至上郡监兵，蒙恬为将。秦始皇死后，赵高、李斯矫诏杀害扶苏和蒙恬。见《史记·蒙恬列传》。

③“始皇东游会稽”三句：胡亥，秦始皇子，即秦二世皇帝。李斯，秦朝丞相。秦始皇死后，李斯在赵高劝说下立胡亥为太子，旋即位为二世皇帝。不久李斯被赵高构陷，诬其父子谋反，被腰斩，灭三族。见《史记·李斯列传》。《史记·李斯列传》云：“始皇三十七年十月，行出游会稽，并海上，北抵琅邪。丞相斯、中车府令赵高兼行符玺令事，皆从。始皇有二十馀子，长子扶苏以数直谏上，上使监兵上郡，蒙恬为将。少子胡亥爱，请从，上许之。馀子莫从。”又据《史记·蒙恬列传》，秦始皇“道病，使蒙毅还祷山川”，故知蒙毅亦从始皇游。会稽，今浙江绍兴。并海，挨着、沿着海岸。琅琊，秦时琅琊在今山东青岛。

【译文】

秦始皇时，赵高有罪，蒙毅负责审理，本应当判处死刑，秦始皇赦免了赵高并且任用他。长子扶苏喜欢直谏，秦始皇很生气，让他北上去上郡监督蒙恬的军队。秦始皇东游会稽，沿海行船来到琅琊，少子胡亥与李斯、蒙毅、赵高都跟随他。秦始皇在途中得病，派蒙毅到名山大川去祷告，还没返回秦始皇便驾崩了。李斯、赵高假造诏书立胡亥为皇帝，杀害扶苏、蒙恬、蒙毅，最终秦国灭亡。

　　苏子曰：始皇制天下轻重之势①，使内外相形以禁奸备乱者，可谓密矣。蒙恬将三十万人，威振北方，扶苏监其军，而蒙毅侍帷帐为谋臣②，虽有大奸贼，敢睥睨其间哉③？不幸道病，祷祠山川尚有人也，而遣蒙毅，故高、斯得成其谋。始皇之遣毅，毅见始皇病，太子未立而去左右，皆不可以言智。然天之亡人国，其祸败必出于智所不及。圣人为天下，不恃智以防乱，恃吾无致乱之道耳。始皇致乱之道，在用赵高。夫阉尹之祸④，如毒药猛兽，未有不裂肝碎胆者也⑤。自书契以来，惟东汉吕强、后唐张承业二人⑥，号称善良⑦，岂可望一二于千万，以徼必亡之祸哉⑧？然世主皆甘心而不悔，如汉桓、灵⑨，唐肃、代⑩，犹不足深怪，始皇、汉宣皆英主⑪，亦湛于赵高、恭、显之祸⑫。彼自以为聪明人杰也，奴仆熏腐之馀何能为⑬，及其亡国乱朝，乃与庸主不异。吾故表而出之，以戒后世人主如始皇、汉宣者。

【注释】

①制天下轻重之势：裁量决断天下各地轻重之不同。

②帐：《百川学海》本、《东坡后集》《苏轼文集》《经进东坡文集事略》作"幄"。

③睥睨（pì nì）：窥视，窥探。

④阉（yān）尹：管理宦者的宦官。也指宦者（太监）中的高级官员。《吕氏春秋·仲冬纪·十一月》："是月也，命阉尹，申宫令，审门间，谨房室，必重闭。"高诱注："阉，宫官。尹，正也。于《周礼》为宫人，掌王之六寝，故命之。"

⑤裂肝碎胆：形容极其沉痛或愤怒。胆，《百川学海》本、《东坡后

集》《苏轼文集》《经进东坡文集事略》作"首"。

⑥吕强：字汉盛，河南成皋（今河南荥阳西北）人。东汉末年宦官。
少以宦者为小黄门，再迁中常侍。为人清忠奉公。黄巾起事时，
汉灵帝问其所宜施行，吕强建议先诛左右贪浊者，大赦党人，料
简（考核）刺史、二千石能否。不久为中常侍赵忠、夏恽等构陷，
自杀。事见《后汉书·吕强传》。张承业：本姓康，字继元，同州
（今陕西大荔）人。唐末宦官。乾宁三年（896）为河东节度使李
克用的监军，颇得其信用。908年李克用去世，张承业受遗命辅
佐其子李存勖，李存勖以兄事之。921年，李存勖因诸将劝进，欲
登基称帝。张承业在病中，令人将他从晋阳（今山西太原）抬到
邺宫（在今河北临漳西南），劝止其称帝，次年病死。

⑦号称：原作"号称为"，据《百川学海》本、《东坡后集》《苏轼文集》
《经进东坡文集事略》删"为"字。

⑧徼（jiǎo）：通"侥"，侥幸。这里的意思为侥幸免于。底本原作"致"，
《东坡后集》《苏轼文集》《历代名贤确论》作"徼"，据改。《经进东
坡文集事略》作"邀"，《百川学海》本作"傲"。

⑨汉桓、灵：东汉的桓帝和灵帝。汉桓帝，名刘志，字意，东汉末皇
帝，146年至168年在位。在位时依赖宦官势力清除了外戚梁氏势
力，造成宦官专权的局面，延熹九年（166）兴起第一次党锢之狱。
汉灵帝，名刘宏，东汉末皇帝，168年至189年在位。灵帝在位期间，
兴起了第二次党锢之惑。中平元年（184）黄巾起事，成为引起汉
末群雄争战，最终导致东汉灭亡的导火索。

⑩唐肃、代：唐肃宗和唐代宗。唐肃宗，名李亨，唐玄宗之子，唐朝
皇帝，756年至762年在位。唐肃宗在位时，信用宦官李辅国，宫
廷中的宦官势力大为加强。唐代宗，名李豫，唐肃宗长子，唐朝
皇帝，762年至779年在位。唐代宗即位后，先尊宦官李辅国为尚
父，后派刺客将其暗杀。此后宦官程元振、鱼朝恩又相继为代宗

宠信,总管禁军。

⑪始皇、汉宣:秦始皇、汉宣帝。秦始皇,嬴姓,名政。前247年即位为秦王,前230年至前221年,秦国先后灭韩、赵、魏、楚、燕、齐六国,统一天下,称"始皇帝"。汉宣帝,名刘询,汉武帝曾孙,戾太子刘据之孙,前74年至前48年在位。

⑫亦湛(chén)于赵高、恭、显之祸:这句是说,秦始皇没有杀赵高,汉宣帝没有杀弘恭、石显,招致后来的大祸。湛,同"沉",沉陷,沉没。赵高,见前注。弘恭和石显(字君房)是西汉时的宦官。汉宣帝时,弘恭为中书令,石显为尚书仆射。汉元帝即位后数年,弘恭死,石显为中书令。元帝因生病,不亲政事,委石显以政。事无大小,皆依其决断,贵幸倾朝。后谋害丞相萧望之、太中大夫张猛、魏郡太守京房、待诏贾捐之等人。成帝即位后免官归故郡,道中病死。

⑬熏腐:古代宦者在阉割之后,必熏灼使伤口愈合,故称宦者为"熏腐之馀"。《后汉书·宦者传》序:"其有更相援引、希附权强者,皆腐身熏子,以自衒达。"李贤引韦昭注:"古者腐刑必熏合之。"

【译文】

苏子说:秦始皇裁断天下轻重的形势,让朝廷内外相互制约,以禁止奸贼,防备叛乱,可谓相当周密。蒙恬统率三十万大军,威震北方,又让扶苏监督其军,而蒙毅则作为谋臣在宫中侍奉,即使有大奸贼,哪敢窥伺其间?秦始皇在巡游途中不幸生病,本来可派往山川祷告的人很多,却偏偏派遣蒙毅,故而赵高和李斯实现了他们的阴谋。秦始皇派遣蒙毅,蒙毅看到秦始皇病重,在太子尚未确立时便离开,都不能算是有智慧。然而天意要灭亡一个国家,其祸患败亡肯定是智虑所不能及的。圣人治理天下,并不是依靠智谋来防备祸乱,而是靠那不造成祸乱的方法行事。秦始皇招致祸乱,根本在任用赵高。宦官之祸,如同毒药猛兽,没有不让人裂肝碎胆的。自有书籍记载以来,只有东汉的吕强和后唐的张承业,在宦官中可以称得上是善良，岂能寄希望于这成千上万中的一两个人，侥幸免于必当灭亡之祸患？然而历代国君都乐于任用宦官而不悔恨，如汉代的桓帝、灵帝，唐代的肃宗、代宗，这些倒还不必过多责怪，而像秦始皇、汉宣帝都是英明的君主，也深陷于赵高、弘恭、石显之祸。他们自以为是聪明杰出之人，那些受过腐刑阉割过的奴仆还能有什么作为，等到宦官亡国乱政之时，那些国君与平庸的君主也没什么分别。我因此揭示出来，用以告诫后世那些如同秦始皇、汉宣帝的君主。

或曰："李斯佐始皇定天下，不可谓不智。扶苏亲始皇子，秦人戴之久矣，陈胜假其名犹足以乱天下[1]，而蒙恬持重兵在外，使二人不即受诛而复请之，则斯、高无遗类矣[2]。以斯之智而不虑此，何哉？"

【注释】

①陈胜假其名犹足以乱天下：陈胜假借扶苏的名义起事，见本卷《论范增》。假，借。

②无遗类：没有活着的，全被消灭。

【译文】

有人说："李斯辅佐秦始皇平定天下，不能说没有智慧。扶苏是秦始皇的亲生儿子，秦人一直拥戴他，陈胜假借其名尚足以扰乱天下，而蒙恬率领重兵在外，如果他们二人不立即接受自杀之名令，而再次请命，那么李斯和赵高就会被消灭。以李斯的智慧竟然没有想到这一点，这是为什么呢？"

苏子曰：呜呼！秦之失道，有自来矣，岂独始皇之罪？自商鞅变法[1]，以诛死为轻典，以参夷为常法[2]，人臣狼顾胁息③,以得死为幸,何暇复请?方其法之行也,求无不获,禁无不止,鞅自以为轶尧、舜而驾汤、武矣④。及其出亡而无所舍⑤,然后知为法之弊。夫岂独鞅悔之,秦亦悔之矣。荆轲之变,持兵者熟视始皇环柱而走,莫之救者⑥,以秦法重故也。李斯之立胡亥,不复忌二人者,知威令之素行⑦,而臣子不敢复请也。二人之不敢请,亦知始皇之鸷悍而不可回也⑧,岂料其伪也哉?

【注释】

①商鞅变法:战国时卫国人商鞅在秦国变更法令,以求富国强兵。见本卷《司马迁二大罪》。

②参夷:诛灭三族。见卷四《人物·王嘉轻减法律事见梁统传》。参,原作"惨",据《百川学海》本、《东坡后集》《苏轼文集》改。《经进东坡文集事略》作"叁"。

③狼顾:狼行走时常转头回看,以防袭击,后以喻畏惧。胁息:指屏住气息。后以喻因害怕而不敢出气。胁,通"翕(xī)",收缩。

④鞅自以为轶(yì)尧、舜而驾汤、武:商鞅自以为超越了尧、舜和汤、武。《商君书·来民》云:"且古有尧、舜,当时而见称;中世有汤、武,在位而民服。此四王者,万世之所称也,以为圣王者也。然其道犹不能取用于后。……然则非圣别说,而听圣人难也。"轶,本指后车超前车,引申为超越。

⑤其出亡而无所舍:指商鞅逃亡而无人接纳之事。《史记·商君列传》记载,秦孝公死后,公子虔等诬告商鞅谋反,新君秦惠王发兵抓捕,"商君亡至关下,欲舍客舍。客人不知其是商君也,曰:'商君之法,舍人无验者坐之。'商君喟然叹曰:'嗟乎,为法之敝,一至此哉!'去之魏。魏人怨其欺公子卬而破魏师,弗受"。商君返

秦，出兵拒捕被杀。见《史记·商君列传》。

⑥"荆轲之变"三句：荆轲，战国末卫国人。为燕太子丹刺杀秦王。《史记·刺客列传》记载刺杀时的细节："（荆）轲既取图奏之，秦王发图，图穷而匕首见。因左手把秦王之袖，而右手持匕首揕之。未至身，秦王惊，自引而起，袖绝。拔剑，剑长，操其室。时惶急，剑坚，故不可立拔。荆轲逐秦王，秦王环柱而走。群臣皆愕，卒起不意，尽失其度。而秦法，群臣侍殿上者不得持尺寸之兵，诸郎中执兵皆陈殿下，非有诏召不得上。方急时，不及召下兵，以故荆轲乃逐秦王。而卒惶急，无以击轲，而以手共搏之。"苏轼文中说"持兵者熟视始皇环柱而走，莫之救者"，并不准确。

⑦威：《苏轼文集》作"法"。素行：是说一贯认真执行（法令）。《孙子·行军》："令素行，以教其民，则民服；令不素行，以教其民，则民不服。"素，平素。

⑧鸷（zhì）悍：凶猛、凶悍。

【译文】

苏子说：唉！秦朝之失道，是有其根本原因的，岂止是秦始皇一人之罪？自从商鞅变法以来，把诛死视为较轻的刑罚，而以诛灭三族为平常的法规，臣子担惊受怕，大气都不敢出，能得一死已是万幸，哪里还会再次请命？当商鞅的法令施行之时，所欲求的都能得到，所禁止的都能禁止，商鞅自以为超越了尧、舜以及商汤、周武王。直至他逃亡的时候找不到投宿的地方，才知道其法令的弊端。这岂止是商鞅感到悔恨，秦始皇也应悔恨啊。荆轲刺杀秦始皇的时候，手持兵器的卫士都眼睁睁地看着秦始皇绕着殿柱奔逃，没有人上前营救，就是秦法太严造成的。李斯立胡亥为帝，不顾忌扶苏和蒙恬，因为他知道秦国法令一贯认真施行，臣子是不敢再请命的。他们二人不敢再请示，也是知道秦始皇的凶悍、其令不可收回，又怎能料到诏书是伪造的呢？

　　周公曰："平易近民，民必归之^①。"孔子曰："有一言而可以终身行之，其'恕'矣乎?"^②夫以忠恕为心而以平易为政，则上易知而下易达，虽有卖国之奸，无所投其隙，仓卒之变，无自发焉。然其令行禁止^③，盖有不及商鞅者矣，而圣人终不以彼易此。商鞅立信于徙木，立威于弃灰，刑其亲戚师傅^④，积威信之极。以及始皇，秦人视其君如雷电鬼神，不可测也。古者公族有罪，三宥然后制刑^⑤。今至使人矫杀其太子而不忌，太子亦不敢请，则威信之过故也。夫以法毒天下者，未有不反中其身及其子孙者也。汉武与始皇^⑥，皆果于杀者也，故其子如扶苏之仁，则宁死而不请，如戾太子之悍^⑦，则宁反而不诉，知诉之必不察也。戾太子岂欲反者哉? 计出于无聊也^⑧。故为二君之子者，有死与反而已。李斯之智，盖足以知扶苏之必不反也。吾又表而出之，以戒后世人主之果于杀者。

【注释】

①平易近民，民必归之：语见《史记·鲁周公世家》。

②"孔子曰"及引语：语见《论语·卫灵公》："子贡问曰：'有一言而可以终身行之者乎?'子曰：'其恕乎! 己所不欲，勿施于人。'"恕，指以己度物（朱熹注），保持同理心、同情心。后来也表示宽厚、宽恕的意思。朱熹注《论语·里仁》"夫子之道，忠恕而已矣"句："尽己之谓忠，推己之谓恕。"

③令行禁止：有令即行，有禁即止。《逸周书·文传》："令行禁止，王始也。"

④"商鞅立信于徙木"三句：这句是讲商鞅为建立威信所做的三件

事。"商鞅立信徙木"事，见《史记·商君列传》："恐民之不信，已
乃立三丈之木于国都市南门，募民有能徙置北门者予十金。民
怪之，莫敢徙。复曰：'能徙者予五十金。'有一人徙之，辄予五十
金，以明不欺。""弃灰"事，见《史记·李斯列传》："故商君之法，
刑弃灰于道者。夫弃灰，薄罪也，而被刑，重罚也。彼唯明主为能
深督轻罪。夫罪轻且督深，而况有重罪乎？故民不敢犯也。""刑
其亲戚师傅"事，见《史记·商君列传》："于是太子犯法。卫鞅
曰：'法之不行，自上犯之。'将法太子。太子，君嗣也，不可施刑，
刑其傅公子虔，黥其师公孙贾。明日，秦人皆趋令。"后记赵良劝
商鞅之言也有"君又杀祝欢而黥公孙贾"。祝欢其人不详。苏轼
大约将公子虔和公孙贾视为秦太子的亲戚。

⑤三宥（yòu）：《礼记·文王世子》："公族其有死罪，则磬（吊死）于
甸人（掌田野及行刑之事）。其刑罪，则纤剸（刺割），亦告于甸
人。公族无宫刑。狱成，有司谳于公。其死罪则曰'某之罪在大
辟'，其刑罪则曰'某之罪在小辟'。公曰'宥之'。有司又曰'在
辟'。公又曰'宥之'。有司又曰'在辟'。及三宥，不对，走出，
致刑于甸人。"苏轼在《省试刑赏忠厚之至论》中曾将上面的故事
加到尧和皋陶身上："当尧之时，皋陶为士，将杀人，皋陶曰'杀之'
三，尧曰'宥之'三。"（《苏轼文集》卷二）成为一桩著名的公案。

⑥汉武：汉武帝，名刘彻，汉朝皇帝。始皇：秦始皇。见前注。

⑦戾（lì）太子：刘据，又称"卫太子"，汉武帝的长子。汉武帝元狩
元年（前122）立为太子。征和二年（前91），刘据被江充构陷，
遭遇巫蛊之案，无奈起兵，杀江充。武帝以为刘据作乱，命丞相刘
屈氂平乱，双方混战数日，刘据兵败自杀。次年武帝知道详情，为
太子平反，诛灭江充三族，杀刘屈氂及其妻、子。

⑧无聊：无奈，没有办法。

【译文】

周公说："平易近人，民众必定归心。"孔子说："有一句话可以终身奉行的，那就是'恕'吧？"如果用忠恕为君心，以平易为行政之法，那么统治者的政令便容易理解，而政令也容易颁下施行，这样哪怕有卖国的奸贼，他也无处找到间隙下手，突然的事变也无从发生。虽然要说令行禁止，这比不上商鞅的严刑峻法，但圣人始终不肯以商鞅之法取代它。商鞅采用了徙木立信、弃灰立威以及对太子的亲戚和师傅用刑的办法，可以说其威信累积到了极点。到秦始皇的时候，秦人把君主看成是如雷电鬼神那样不可预测。古代诸侯中如公族有罪，要经三次赦免才会动刑。现在有人假造诏书杀害太子而无所顾忌，太子也不敢请命，这是威信太过造成的。那些利用酷法毒害天下的人，没有不反过来害了自己以及其子孙的。汉武帝与秦始皇都是诛杀果决的人，所以他们的儿子，扶苏仁慈，宁死也不再请命，戾太子蛮悍，宁愿造反也不去申诉，因为知道即使申诉也得不到明察。戾太子哪里是要造反啊？实在是无可奈何了。所以当秦始皇和汉武帝的儿子，只有死亡和造反两个结局。以李斯的智慧，他当然知道扶苏是一定不会造反的。我把这一点也揭示出来，用以告诫后世那些果于杀人的君主。

摄主

【题解】

本文讨论《春秋》学的一个热门话题，即鲁隐公是否是"摄"（暂代执政）的问题，苏轼认为鲁隐公是"摄主"，就像西周初年的周公一样。文章的后面提到"吾宋之曹、高、向"，透露出本文的写作时间。元符三年（1100）正月宋哲宗崩，未定子嗣，神宗的皇后向氏在曾布等大臣支持下令端王赵佶即位，是为宋徽宗。从正月到六月，向太后垂帘听政，至七月罢。由于次年七月苏轼即去世，故此文必当作于这一年之间。苏轼在

"乌台诗案"时,曹后曾向神宗求情,而神宗去世后的元丰八年(1085)三月至年底以及元祐年间(1086—1094),高后听政,支持旧党,故苏轼得到大用。可以说苏轼一生受到三位皇后的恩惠。但本文原本是为讨论一个《春秋》学的问题而作,宋代的三后摄政只是顺便提到,并非文章重点,而苏轼显然严持传统,是反对女子执政的。又见《苏轼文集》卷五《论鲁隐公》。《经进东坡文集事略》卷十二题为《隐公论上》。

鲁隐公元年①,不书即位,摄也②。欧阳子曰③:隐公非摄也④。使隐而果摄也,则《春秋》不书为公,《春秋》书为公,则隐非摄无疑也。

【注释】

①鲁隐公:名息,春秋时期鲁国的国君,前722年至前712年在位。鲁隐公之父鲁惠公去世时,元妃(正妻)早卒,次妃仲子生允(后为桓公),年幼,声子生息,年长,故立为国君,即隐公。但隐公是否是正式的国君,还是仅是摄政以待允长大为国君,历史上一直存在争议。

②摄:代理,代行,暂摄其政。《春秋》记载鲁国历史,以鲁隐公元年(前722)为始,而这一年的第一句话是"春,王正月",不像有些鲁国国君在元年下写"春,王正月,公即位",如桓公、文公、宣公等。对于隐公元年不书"公即位"三字,《公羊传》《穀梁传》《左传》以及后来很多学者都对此做了解释。《左传》认为:"不书即位,摄也。"即鲁隐公是暂时摄政。杜预注《左传》也说:"假摄君政。不修即位之礼,故史不书于策。"

③欧阳子:即欧阳修。

④隐公非摄也:欧阳修撰《春秋论》,认为鲁隐公既然在《春秋》中称为"公",便不是摄政。文中说:"经于鲁隐公之事,书曰'公及

邾仪父盟于蔑',其卒也,书曰'公薨',孔子始终谓之公","孔子
于名字氏族不妄以加人,其肯以公妄加于人而没其善乎?以此而
言,隐实为摄,则孔子决不书曰公,孔子书为公,则隐决非摄"。

【译文】

鲁隐公元年,《春秋》不写"公即位",是因为鲁隐公是暂代而摄政。
欧阳修说:隐公并非摄政。假如隐公果真是摄政,那么《春秋》便不会记
他是"公";《春秋》既称他为"公",那么隐公并非摄政这一点便是确定无
疑的。

苏子曰:非也。《春秋》,信史也,隐摄而桓弑①,著于史
也详矣。周公摄而克复子者也②,以周公薨,故不称"王"。
隐公摄而不克复子者也,以鲁公薨,故称"公"。史有谥,国
有庙,《春秋》独得不称公乎?

【注释】

①隐摄而桓弑:隐公摄政而桓公弑隐公。桓公,名允,春秋时鲁国国
君。鲁惠公之子,鲁隐公弟。前712年至前694年在位。隐公十
一年(前712),公子翚(huī)向隐公请求杀允(桓公),为自己谋
求做大宰。隐公说,我摄政是因为桓公年纪小,现在我要把政权
给他了,去菟裘(今山东新泰西)建造新邑,我将去那里养老。公
子翚反过来向桓公说隐公坏话,并请求杀掉隐公,不久便"使贼弑
公于寪(wěi)氏,立桓公"(《左传·隐公十一年》)。见下篇《隐
公不幸》。

②周公摄而克复子:周公摄政,终能还政于成王。西周初年周武王
去世后,成王即位,因为年幼,周公摄政七年,后来还政于成王。
苏轼认为,周公还政后以"公"的身份去世,故不称"王"。隐公

本来是要还政于桓公的,但未能实现,以鲁公的身份死去,故而称
"公"。

【译文】

苏子说:不是这样的。《春秋》是一部信史,鲁隐公摄政而鲁桓公弑
杀隐公,这在书中记载得很详细了。周公摄政而能还政于周成王,以周
公的身份去世,故而史书中不称其为"王"。鲁隐公摄政而没能归还政
权,以鲁国国君的身份去世,故而史书称为"公"。史书上有谥号,国家
有祭祀的宗庙,《春秋》能不称他为"公"吗?

然则隐公之摄也,礼欤?曰:礼也。何自闻之?曰:闻
之孔子。曾子问曰①:"君薨而世子生②,如之何?"孔子曰:
"卿、大夫、士从摄主,北面于西阶南③。"何谓摄主④?曰:古
者天子、诸侯、卿、大夫之世子未生⑤,而死,则其弟若兄弟
之子次当立者为摄主⑥。子生而女也,则摄主立;男也,则
摄主退。此之谓摄主。古之人有为之者,季康子是也⑦。季
桓子且死⑧,命其臣正常曰⑨:"南孺子之子,男也,则以告而
立之;女也,则肥也可⑩。"桓子卒,康子即位。既葬,康子在
朝。南氏生男,正常载以如朝,告曰:"夫子有遗言,命其圉
臣曰⑪:'南氏生男,则以告于君与大夫而立之。'今生矣,男
也,敢告。"康子请退。康子之谓摄主,古之道也,孔子行之。

【注释】

①曾子:名曾参,字子舆,春秋时鲁国人。孔子弟子。

②世子生:原作"世子未生",据《百川学海》本、《东坡后集》《苏轼
　文集》《经进东坡文集事略》《礼记·曾子问》原文改。世子,嫡
　长子,太子。

③北面于西阶南：站立于西阶的南面，向北面（祭拜去世的国君）。以上对话见《礼记·曾子问》，是讲国君刚去世时世子便出生、应如何祭告国君的礼仪。孔颖达疏：《丧大记》云：'君之丧，既正尸，卿、大夫、父、兄子姓立于东方。'……是朝夕内外哭位皆在东方也。今乃从摄主，北面于西阶南，故云'变于朝夕哭位也'。必于西阶南者，以将告殡近殡位故也。"于，原作"而"，据《百川学海》本、《东坡后集》《苏轼文集》《经进东坡文集事略》改。

④何：原作"向"，据《百川学海》本、《东坡后集》《苏轼文集》《经进东坡文集事略》改。

⑤卿大夫：《苏轼文集》于此下有"士"字。

⑥若：或。

⑦季康子：名肥，谥康，春秋末期鲁国的正卿。季桓子之子。事鲁哀公。《论语》中有七次记录他和孔子的对话，孔子的著名教诲有："政者，正也。子帅以正，孰敢不正？""子为政，焉用杀？子欲善而民善矣。君子之德，风；小人之德，草。草上之风，必偃。"

⑧季桓子：季氏，名斯，谥桓，春秋时期鲁国正卿。

⑨正常：季桓子的宠臣。

⑩"南孺子之子"五句：以上所述事见《左传·哀公三年》。不过要补充的是，当鲁哀公派人去查验的时候，婴孩已经被杀。南孺子，季桓子的妻（一说妾）。

⑪圉（yǔ）臣：臣下自谦之辞，犹言贱臣。

【译文】

那么鲁隐公的摄政，符合礼吗？答：合礼。凭什么这样说呢？答：根据孔子的说法。曾参问孔子："国君刚去世之时世子出生，应当怎么办？"孔子说："卿、大夫、士跟着摄主，面向北面，站立在西阶的南面向先君告殡。"什么叫作"摄主"？答：古代天子、诸侯、卿、大夫的世子未出生时而本人去世，那么他的弟弟或兄弟之子按次序当继立的人为摄主。如果生下是女子，那么摄主便立为国君；如果生下是男子，那么摄主就退位。这就叫"摄主"。古人有这样的例子，就是鲁国的季康子。季桓子临死前，命令他的家臣正常说："南孺子生的孩子，如果是男的，就禀告国君并立为季氏之主；如果是女的，那么季孙肥做季氏之主也行。"季桓子去世，季康子即位。季桓子安葬后，季康子到鲁国的朝堂上执政。不久南孺子生下男婴，正常乘车到了鲁国朝堂上，报告说："季桓子留下遗言，命令贱臣说：'如果南孺子生的是男婴，就向国君和大夫禀告，立他为季氏的继嗣者。'现在生的是男的，因此前来报告。"季康子请求退位。季康子称"摄主"，这是古代的礼制，孔子遵行，因此在《春秋》中写隐公为摄主。

　　自秦、汉以来不修是礼也^①，而以母后摄。孔子曰："惟女子与小人为难养也^②。"使与闻外事且不可，曰"牝鸡之晨，惟家之索"^③，而况可使摄位而临天下乎^④？女子为政而国安，惟齐之君王后、吾宋之曹、高、向也^⑤，盖亦千一矣。自东汉马、邓不能无讥^⑥，而汉吕后、魏胡武灵、唐武氏之流^⑦，盖不胜其乱，王莽、杨坚遂因以易姓^⑧。由此观之，岂若摄主之庶几乎？使母后而可信也，摄主亦可信也^⑨，若均之不可信，则摄主取之，犹吾先君之子孙也，不犹愈于异姓之取哉？

【注释】

①不修是礼也：《经进东坡文集事略》无"也"字。

②惟女子与小人为难养也：语见《论语·阳货》。

③牝（pìn）鸡之晨，惟家之索：语见《尚书·牧誓》："王曰：'古人有言曰："牝鸡无晨。牝鸡之晨，惟家之索。"今商王受（纣），惟妇言是用。'"孔传："喻妇人知外事，雌代雄鸣则家尽，妇夺夫政则国

亡。"原文本是针对商纣王听信妲己之言而说的,后人多借来批
评后宫干政。索,尽,空。

④摄位:原作"摄主",据《百川学海》本、《东坡后集》《苏轼文集》《经
进东坡文集事略》改。

⑤齐之君王后:战国末年齐襄王的王后。生子建。君王后在建即位之
后辅政,至齐王建十六年(前249)去世。见本卷《秦拙取楚》。曹、
高、向:指宋朝的三位太后。曹后,真定灵寿(今河北灵寿)人。宋
初大将曹彬的孙女,宋仁宗皇后,谥号慈圣光献皇后。嘉祐八年
(1063)三月英宗即位,曹氏为皇太后,听政十三个月。高太后,亳
州蒙城(今安徽蒙城)人。宋英宗皇后,谥号宣仁圣烈皇后。庆历
七年(1047)为赵宗实(后改名曙)妻,嘉祐八年(1063)三月赵
曙即位为皇帝(英宗),高氏册封为皇后。治平四年(1067)正月
英宗驾崩,宋神宗即位,尊为皇太后。元丰八年(1085)三月神宗
驾崩,哲宗继位,高氏被尊为太皇太后,听政直至去世。向太后,
神宗皇后,谥号钦圣献肃皇后。宋哲宗立,尊为皇太后。元符三
年(1100)正月哲宗崩,无子,向太后决策迎立端王赵佶即位,是
为宋徽宗。向太后听政六月乃还政徽宗。

⑥马、邓:马皇后、邓皇后。马皇后,东汉初将军马援之女,汉明帝皇
后,谥号明德。永平十八年(75)明帝驾崩,章帝即位,尊其为皇
太后。建初四年(79),章帝封马氏兄弟三人为列侯。邓皇后,名
邓绥(suí),南阳新野(今河南新野)人。东汉开国元勋邓禹之孙
女,汉和帝皇后,谥号和熹。元兴元年(105)和帝死后,邓氏先后
立汉殇帝和汉安帝,临朝称制十六年,直至去世。《后汉书·和熹
邓皇后纪》论曰:"邓后称制终身,号令自出,术谢前政之良,身阙
明辟之义。"

⑦汉吕后:名吕雉,单父(今山东单县)人。汉高祖刘邦的皇后,汉
惠帝刘盈的母亲。汉惠帝在位期间(前194—前188),吕后独揽

朝政。惠帝死后，吕后临朝称制，诸吕封王用事，几危汉室。吕后
死后，陈平、周勃等大臣诛杀诸吕，迎立代王刘恒即位为汉文帝。
见《史记·吕太后本纪》。魏胡武灵：北魏宣武灵皇后，安定临泾
（今甘肃镇原东南）人。北魏大臣胡国珍之女，北魏宣武帝的皇
后，谥灵皇后。延昌四年（515）宣武帝去世，胡后之子元诩年幼
即位为明帝，胡太后听政，秽乱宫廷，败坏朝政，最终导致北魏灭
亡。唐武氏：自取名武曌（zhào），唐高宗皇后。唐高宗永徽六年
（655）册封为皇后，上元元年（674）加号"天后"，与高宗并称为
"二圣"，参与朝政。高宗死后中宗李显即位，不数月被废，又立睿
宗李旦，武后临朝称制。载初元年（690）武氏为皇帝，改国号为
周，改元天授。神龙元年（705）武氏被迫传位李显，还政于唐，不
久去世，遗诏称"则天大圣皇后"。

⑧王莽：字巨君，西汉末大臣，外戚。汉元帝皇后王政君之侄。元始
五年（5）十二月汉平帝病死，王莽以刘婴（孺子婴）为皇太子，自
称"假皇帝"，改元居摄。居摄三年（8）改国号为新，建立新朝。
地皇四年（23）王莽被杀，新朝灭亡。杨坚：即隋文帝，弘农郡华
阴（今陕西华阴）人。北周大定元年（581）二月，杨坚封隋王，同
月北周静帝下诏禅让，杨坚即皇帝位，改国号为隋，改元开皇。

⑨摄主亦可信也：《经进东坡文集事略》作"则摄主亦可信也"，《苏
轼文集》作"则摄主何为而不可信"。

【译文】

　　然而自秦、汉以来，早已不遵行这个礼制了，而以母后摄政。孔子
说："唯女子与小人难以教养。"让女子参与外朝事务尚且不可，古人说
"母鸡报晓，便会家败"，何况让她摄政而治理天下呢？女子执政而国家
安定的，只有齐国的君王后和我大宋的曹后、高后、向后，也只是千分之
一的概率而已。东汉的马后、邓后，已难免被人指责，而汉代的吕后、魏
代的胡武灵、唐代的武则天这些人，制造的祸乱不可胜数，王莽、杨坚等

人便能借机改朝易姓。由此看来，难道不是摄主比母后摄政还好一些吗？如果母后可信，摄主也应该可信，如果都不可信任终不还政，摄主夺取君位，他还是先君的子孙，不是比被异姓取代更好些吗？

　　或曰①："'君薨，百官总己以听于冢宰三年'②，安用摄主？"曰：非此之谓也。嗣天子长矣③，宅忧而未出令④，则以礼设冢宰⑤。若太子未生，生而弱，未能君也，则三代之礼，孔子之学，决不以天下付异姓，其付之摄主也，夫岂非礼而周公行之软？故隐公亦摄主也。郑玄⑥，儒之陋者也。其传"摄主"也⑦，曰"上卿代君听政者也"⑧。使子生而女，则上卿岂继世者乎？苏子曰：摄主，先王之令典，孔子之法言也，而世不知；习见母后之摄也，而以为当然。故吾不可不论，以待后世之君子。

【注释】

①或曰：原无"或"字，据《百川学海》本、《东坡后集》《苏轼文集》《经进东坡文集事略》补。

②君薨，百官总己以听于冢宰三年：语见《论语·宪问》。朱熹集注："总己，谓总摄己职。"是说百官都统领自己的属下听命于冢宰。冢宰，是说管理各项事务的统领。冢，是大的意思。《尚书·周官》："冢宰掌邦治，统百官，均四海。"《东坡书传》："政教礼刑，无所不掌，谓之邦治，而百官总己以听焉。"

③嗣天子长：继嗣的天子（新王）已经成人。《尚书·立政》："周公若曰：'拜手稽首，告嗣天子王矣。'"《东坡书传》："今王矣，不可以幼冲自待。"

④宅忧：语出《尚书·说命上》："王宅忧,亮阴三祀。"意指处在父母
　丧事期间。《东坡书传》："谅,信也。阴,默也。居忧,信任冢宰而
　不言。""宅忧"和"谅阴"（或"亮阴""谅闇(ān)"）两词,后来
　一般用于帝王的丧事。宅,是居的意思。

⑤设冢(zhǒng)宰：设置冢宰。设,《苏轼文集》作"从",《经进东坡
　文集事略》作"摄"。

⑥郑玄：字康成,北海国高密（今山东高密西南）人。东汉经学家。
　今传有《毛诗传笺》和三礼注等。

⑦传：解说,注释。下文所引郑玄的话,见其注《礼记·曾子问》,
　云："摄主,上卿代君听国政。"

⑧上卿：春秋时,卿分上、中、下三等,上卿是最高等级的卿。《左
　传·成公三年》："次国之上卿,当大国之中,中当其下,下当其上
　大夫。小国之上卿,当大国之下卿,中当其上大夫,下当其下大
　夫。上下如是,古之制也。"

【译文】

有人说："'国君去世,百官各自统领自己管辖的部门听命于冢宰三
年',哪里用得到摄主？"答：不是这样的。继位的君主如已长大成人,但
是在居丧期间不能颁布命令,便根据礼制设立冢宰。假如太子还没出
生,或者虽出生但年纪还小,不能担当君主之任,无论三代的礼制还是
孔子的学说,都是断不许把天下交托给异姓的,把政权交给摄主,这不就
是周公所行的摄政之礼吗？所以说鲁隐公也是摄主。郑玄,是鄙陋的儒
生。他解释"摄主",说是"代理国君之位的上卿"。假使遗腹子生下来
是女的,上卿难道就成为继承君位的人吗？苏子说：摄主,是先王制定的
法令典章,是孔子所说的礼法之言,世人却不了解；世人常见到母后摄政
之事,便以为是理所当然的。所以我不可不来论述一番,以待后世君子
参考。

隐公不幸

【题解】

本篇先论鲁隐公,次及里克和李斯,最后叙及郑小同和王允之。苏轼说"感其所遇祸福如此,故特书其事",除王允之幸免于难外,四人皆受乱臣贼子之害。全篇的重点在论隐公和李斯,苏轼认为隐公应先诛公子翚,再让位于桓公,这样不但避免了被杀害,德行也很完美。至于李斯,苏轼感叹其计算利害,担心将来被蒙恬取代,故与赵高同谋,然而最终身被五刑。苏轼在《上神宗皇帝书》中也表达过这层意思:"及观李斯忧蒙恬之夺其权,则立二世以亡秦;卢杞忧李怀光之数其恶,则误德宗以再乱。其心本生于患失,而其祸乃至于丧邦。"(《苏轼文集》卷二五)又见《苏轼文集》卷五《论鲁隐公里克李斯郑小同王允之》。《经进东坡文集事略》卷十二题为《隐公论下》。

公子翚请杀桓公①,以求太宰。隐公曰②:"为其少故也,吾将授之矣。使营菟裘③,吾将老焉。"翚惧,反谮公于桓公而弑之④。

【注释】

①公子翚(huī):字羽父,春秋初鲁国大夫。

②隐公:春秋时鲁国国君,鲁惠公之子。见上篇《摄主》。

③菟(tú)裘:鲁邑。今山东新泰西。

④谮(zèn):诬陷,谗毁,说坏话。以上事见《左传·隐公十一年》:"羽父请杀桓公,将以求大宰。公曰:'为其少故也,吾将授之矣。使营菟裘,吾将老焉。'羽父惧,反谮公于桓公而请弑之。……羽父使贼弑公于寪氏,立桓公。"

【译文】

公子翚让鲁隐公杀死鲁桓公，以便自己得到太宰的职位。鲁隐公说："由于他年少我才摄政，现在我要还政于他了。让人去建造菟裘，我要到那里安享晚年。"公子翚惧怕被告发，就向鲁桓公毁谤鲁隐公，最后使鲁桓公杀死了隐公。

苏子曰：盗以兵拟人^①，人必杀之，夫岂独其所拟，涂之人皆捕击之。涂之人与盗非仇也^②，以为不击则盗且并杀己也。隐公之智，曾不若是涂人也^③，哀哉！隐公，惠公继室之子也^④，其为非嫡与桓均耳，而长于桓。隐公追先君之志而授国焉^⑤，可不谓仁人乎？惜乎其不敏于智也^⑥。使隐公诛翚而让桓，虽夷、齐何以尚兹^⑦？

【注释】

①盗以兵拟人：盗贼拿着兵器对着人。拟，比划，对着。

②涂之：此二字原无，据《百川学海》本、《东坡后集》《苏轼文集》《经进东坡文集事略》补。

③是涂人：《经进东坡文集事略》作"是涂之人"，《苏轼文集》作"涂之人"。

④隐公，惠公继室之子：鲁隐公是鲁惠公继室的儿子。惠公妻孟子，孟子早卒无子。孟子的侄娣（诸侯嫁女时以其兄之女或妹妹陪嫁）声子，生隐公。《左传·隐公元年》："惠公元妃孟子。孟子卒，继室以声子，生隐公。宋武公生仲子。仲子生而有文在其手，曰为鲁夫人，故仲子归于我。生桓公而惠公薨，是以隐公立而奉之。"继室，本义是继正妻（夫人）之后在室内陪侍君主。

⑤隐公追先君之志而授国：隐公追成先君惠公之志意，把国君之位

还给桓公。杜预注《左传》"隐公立而奉之"曰："隐公,继室之子,当嗣世,以祯祥之故,追成父志。为桓尚少,是以立为大子,帅国人奉之。"

⑥敏:通晓,聪慧。《左传·襄公十四年》:"有君不吊,有臣不敏。"杜预注:"敏,达也。"

⑦夷、齐:伯夷、叔齐。商朝孤竹君的两个儿子。孤竹者想立次子叔齐,他死后叔齐让位给长子伯夷,伯夷不受,二人都让国不居。周武王伐纣时,二人叩马谏阻,商亡后二人耻食周粟,逃到首阳山采薇而食,后来饿死。见《史记·伯夷列传》。尚:上,在其之上的意思。

【译文】

苏子说:盗贼拿着武器对着人,那人一定会杀死他,不只是被他比划威胁的人会这样,路人也会抓捕或击杀他。路人与盗贼并非仇人,但他们认为如果不去杀盗贼,盗贼便会一并杀害自己。鲁隐公的智慧,竟然还不如这些路人,真是悲哀!鲁隐公是鲁惠公继室的儿子,并非嫡子,这一点他与鲁桓公身份相同,但年纪长于鲁桓公。鲁隐公追念先君的遗志,要把国政让给鲁桓公,能说他不是仁人吗?可惜他不够聪明。如果鲁隐公杀死公子翚再让位给鲁桓公,即使伯夷、叔齐那样的人又如何能在其之上呢?

骊姬欲杀申生而难里克,则施优来之①;二世欲杀扶苏而难李斯,则赵高来之②。此二人所行相同③,而其受祸亦不少异:里克不免于惠公之诛④,李斯不免于二世之虐⑤,皆无足哀者。吾独表而出之为世戒⑥。君子之为仁义也,非有计于利害,然君子之所为,义利常兼,而小人反是。李斯听赵高之谋,非其本意,独畏蒙氏之夺其位⑦,故勉而听高⑧。使斯闻高之言,即召百官、陈六师而斩之⑨,其德于扶苏岂有既乎⑩?
何蒙氏之足忧? 释此不为,而具五刑于市⑪,非下愚而何⑫!

【注释】

①骊(lí)姬欲杀申生而难里克,则施优来之:骊姬欲杀申生,但觉得
里克不好办,施优让里克归顺。晋献公时有宠妃骊姬,生子名奚
齐。骊姬欲杀害太子申生,但害怕大臣里克,找优施(名施的优
人,苏轼写作"施优")商议。优施到里克家饮酒,席间唱歌,让里
克明白现在朝中骊姬得势,而申生之母早死,且身受毁谤。宴后
里克夜半召优施,优施说献公已经同意骊姬杀太子而立奚齐了,
里克说自己保持中立,希望能免祸。于是里克称疾不上朝,三旬
后申生被害。事见《国语•晋语二》。来,归顺、归附之意。

②二世欲杀扶苏而难李斯,则赵高来之:秦二世想杀死扶苏,但觉得
李斯不好办,赵高去说服他。秦始皇三十七年(前210),秦始皇
在巡行天下时死去,此时长子扶苏在上郡(今陕西榆林、延安一
带),秦始皇有遗诏令扶苏将兵交给将军蒙恬,回咸阳会葬。丞
相李斯秘不发丧,宦者赵高扣留了给扶苏的遗诏。赵高劝胡亥自
立,又说服李斯,一同矫诏立胡亥为太子,赐书扶苏和蒙恬,命他
们自杀。事定后乃发丧,以胡亥为二世皇帝。见《史记•李斯列
传》及本卷《赵高李斯》。

③此二人所行相同:《百川学海》本、《东坡后集》《苏轼文集》《经进
东坡文集事略》作"此二人之智若出一人"。

④里克不免于惠公之诛:里克在骊姬杀太子申生时保持中立,前651
年晋献公去世后,大夫荀息先后立奚齐、卓子(一作"悼子",骊姬
妹之子)为国君,都被里克杀死,荀息也自杀。里克派人迎逃亡在
外的公子重耳,重耳不就,又迎公子夷吾回国,为晋惠公。前650
年,惠公不给里克汾阳邑,并夺其权,"惠公以重耳在外,畏里克为

变，赐里克死。谓曰：'微里子，寡人不得立。虽然，子亦杀二君、一大夫，为子君者不亦难乎？'"里克乃自杀。见《史记•晋世家》。

⑤虐：原作"戮"，《百川学海》本、《东坡后集》《经进东坡文集事略》均作"虐"，据以改之，为暴虐、残害之意，如卷四《人物•张华鹪鹩赋》说张华"不免伦秀之虐"。

⑥为世戒：《苏轼文集》《经进东坡文集事略》作"以为世戒"。

⑦蒙氏：蒙恬。见本卷《赵高李斯》。据《史记•李斯列传》，赵高劝李斯参与立胡亥时说，如果扶苏回咸阳即位后必用蒙恬为丞相。

⑧勉：原作"侥"，据《百川学海》本、《东坡后集》《苏轼文集》《经进东坡文集事略》改。

⑨六师：也称"六军"。按《周礼•夏官•序官》："万有二千五百人为军。王六军，大国三军，次国二军，小国一军。"《尚书•康王之诰》："今王敬之哉！张皇六师，无坏我高祖寡命。"孔颖达疏："今王新即王位，其敬之哉！当张大我之六师，令国常强盛，无令倾坏我高祖寡有（罕有）之命。"

⑩既：穷尽，终了。

⑪具五刑：同时施用五种刑法。按《周礼•秋官司寇•司刑》，"五刑"是墨（刺面并染黑）、劓（割鼻子）、宫（割生殖器）、刖（断足）、杀。秦二世即位后，李斯被赵高构陷，称与其子李由谋反，"二世二年（前208）七月，具斯五刑，论腰斩咸阳市。……夷三族"（《史记•李斯列传》）。《汉书•刑法志》："（汉初）尚有夷三族之令。令曰：'当三族者，皆先黥，劓，斩左右止（足），笞杀之，枭其首，菹其骨肉于市。其诽谤詈诅者，又先断舌。'故谓之'具五刑'。彭越、韩信之属皆受此诛。"

⑫下愚：原作"不愚"，据《百川学海》本、《东坡后集》《苏轼文集》《经进东坡文集事略》改。

【译文】

　　春秋时晋国的骊姬想杀害申生，但觉得里克不好办，优施说服了里克；秦二世想杀害扶苏，但觉得李斯不好办，赵高说服了李斯。这两个人所做的事相同，后来遭受的祸患也类似：里克被晋惠公诛杀，李斯被秦二世处以五刑而死，都不值得怜悯。我这里特意提出来，是用以警戒世人。君子行仁义，并不计算其利害得失，然而君子所为，义利常能兼得，而小人则相反。李斯听从赵高之谋，并非他本意如此，只是怕蒙恬取代他的丞相地位，所以才勉强听从赵高。如果李斯听完赵高的话，便召集百官和六军，当众斩杀赵高，那么他对扶苏的恩德哪里有穷尽呢？还担心什么蒙恬？丢下这不做，最后在咸阳集市之上遭受五刑被杀，难道不是愚蠢至极吗！

　　呜呼！乱臣贼子犹蝮蛇也①，其所螫草木犹足以杀人②，况其所噬啮者钦？郑小同为高贵乡公侍中③，尝诣司马师④，师有密疏未屏也⑤，如厕还⑥，问小同："见吾疏乎？"曰："不见。"师曰："宁我负卿，无卿负我。"遂鸩之⑦。王允之从王敦夜饮⑧，辞醉先寝。敦与钱凤谋逆⑨，允之已醒，悉闻其言，虑敦疑己，遂大吐，衣面皆污。敦果照视之，见允之卧吐中，乃已。哀哉小同，殆哉岌岌乎⑩，允之也！孔子曰："危邦不入，乱邦不居⑪。"有由也夫⑫！吾读史得隐公、里克、李斯、郑小同、王允之五人⑬，感其所遇祸福如此，故特书其事，后之君子可以览观焉。

【注释】

①蝮（fù）蛇：毒蛇。

②螫（shì）草木犹足以杀人：柳宗元《宥蝮蛇文》："或慊不得于人，

则愈怒，反啮草木，草木立死。后人来触死茎，犹堕指、挛腕、肿足，为废病。"螫，毒蛇或毒虫咬。

③郑小同：高密（今属山东）人。三国时期魏国学者，东汉经学家郑玄之孙。高贵乡公：名曹髦，字彦士，沛国谯（今安徽亳州）人。三国时期魏国第四任皇帝，魏文帝曹丕之孙。正始五年（244）封郯县高贵乡公。嘉平六年（254）司马师废齐王曹芳后，立曹髦为帝。甘露五年（260）曹髦不满司马昭专权，率宫中奴仆讨伐，失败被杀。

④司马师：字子元，河内温县（今河南温县）人。司马懿长子，司马昭的兄长，三国时期魏国权臣。

⑤密疏：秘密的奏疏。屏：屏挡，遮掩。

⑥如厕：上厕所。《史记》中多有此语，如《项羽本纪》："坐须臾，沛公起如厕，因招樊哙出。"厕，原作"厮"，据《百川学海》本、《东坡后集》《苏轼文集》《经进东坡文集事略》改。

⑦鸩（zhèn）：用毒酒杀死。苏轼此处误记，当是司马昭之事。《三国志·魏书·三少帝纪》甘露三年下注引《魏氏春秋》："小同诣司马文王，文王有密疏，未之屏也。如厕还，谓之曰：'卿见吾疏乎？'对曰：'否。'文王犹疑而鸩之，卒。"司马文王即司马昭，字子上，河内温县（今河南温县）人。景元五年（264）封晋王，加九锡。次年八月病死，谥文王。十二月，其子司马炎代魏，建立晋朝。

⑧王允之：字深猷，琅琊（今山东临沂）人。晋彭泽县侯王舒之子。王敦：字处仲，琅琊（今山东临沂）人。辅佐晋元帝建立东晋，任大将军。永昌元年（322）叛乱，起兵攻入建康，诛除异己。太宁二年（324）再次起兵攻建康，不久病死。

⑨钱凤：字世仪，吴郡嘉兴（今浙江嘉兴）人。曾为王敦参军。太宁二年（324）王敦举兵反叛，钱凤等率军进逼京城，后兵败而死。本段所述故事见《晋书·王允之传》："允之字深猷。总角，从伯

敦谓为似己，恒以自随，出则同舆，入则共寝。敦尝夜饮，允之辞
醉先卧。敦与钱凤谋为逆，允之已醒，悉闻其言，虑敦或疑己，便
于卧处大吐，衣面并污。凤既出，敦果照视，见允之卧吐中，以为
大醉，不复疑之。时父舒始拜廷尉，允之求还定省，敦许之。至
都，以敦、凤谋议事白舒，舒即与导俱启明帝。"

⑩殆（dài）：危险。岌岌（jí）：急切的样子。

⑪危邦不入，乱邦不居：语见《论语·泰伯》。

⑫有由：《百川学海》本、《东坡后集》《苏轼文集》《经进东坡文集事略》
作"有以"。

⑬隐公、里克、李斯：《百川学海》本、《东坡后集》《苏轼文集》作"鲁隐
公晋里克秦李斯"，《经进东坡文集事略》作"鲁公晋里克秦李斯"。

【译文】

唉！乱臣贼子就像蝮蛇一样，被它所咬啮过的草木便足以杀人，何
况被它咬啮呢？郑小同在魏国高贵乡公时任侍中，曾进见司马师，司马
师有秘密的奏疏没有遮掩，他上厕所回来，问郑小同："你看见我的奏疏
了吗？"郑小同回答说："没有看见。"司马师说："宁可我有负于你，不能
让你有负于我。"于是毒死了他。王允之跟随王敦去夜饮，王允之醉后
告辞先去睡觉。王敦与钱凤谋划造反，王允之已经醒来，听到他们全部
的言论，担心王敦怀疑自己，于是大吐，衣服和脸上都沾有污秽。王敦果
然拿着烛火来看，看见王允之躺在呕吐物中沉睡，便放下了杀心。悲哀
啊郑小同，岌岌可危啊王允之！孔子说："危险的国家不要进入，混乱的
国家不可居住。"很有道理啊！我读史书时看到隐公、里克、李斯、郑小
同、王允之五人，感慨他们所遭受的祸福各异，因此特地把他们的事写出
来，后世的君子可以观览和思考。

七德八戒

【题解】

本文先从管仲治国之道说起，认为他不能"诚意正身以刑其国"，不能致齐桓公于王道，故孔子有"器小"之说，但他"辞子华之请而不违曹沫之盟"，是盛德之事。由此苏轼历述历史上七件有盛德的人事，以及与其正好相反的八事。有盛德的事情都是帝王之不杀，而相反的则是帝王好杀。虽然那些没有被杀的人后来都成为祸乱，但苏轼并不认为他们在当年就应被杀死，而与之相反的是，那些因为谣言、谶语以及一点儿小事而被杀的人，则是无辜受害者，后人应引以为戒。苏轼从史书中找出这些相似的事例，实是有感于帝王之好杀。本卷的《论范增》中说，"增之欲杀沛公，人臣之分也，羽之不杀，犹有君人之度也"，苏轼并不赞成项羽在鸿门宴时杀害刘邦，其观点是符合本篇思想的。苏轼在《思子台赋》里也表达了"吾将以嗜杀为戒也"（《苏轼文集》卷一，实为苏过之作）。黄震《黄氏日抄》卷六二《苏文·后集·志林》云："《郑子华论》备载不以疑忌杀人者为盛德事。其说甚厚，有补将来。"又见《苏轼文集》卷五《论管仲》。《经进东坡文集事略》卷十三题为《管仲论》。

郑太子华言于齐桓公[①]，请去三族而以郑为内臣[②]，公将许之，管仲不可。公曰："诸侯有讨于郑，未捷，苟有衅[③]，从之不亦可乎？"管仲曰："君若绥之以德[④]，加之以训，辞[⑤]，而率诸侯以讨郑，郑将覆亡之不暇，岂敢不惧？若总其罪人以临之，郑有辞矣。"公辞子华，郑伯乃受盟[⑥]。

【注释】

①郑太子华：春秋时郑国郑文公的太子，名华。母亲陈妫（guī）。齐

桓公：名小白，春秋时期齐国的国君。任用管仲为相，国力富强，以"尊王攘夷"的名义讨伐和号召诸侯，成为春秋五霸之首。以下所叙见《左传·僖公八年》。

②三族：指郑国的洩氏、孔氏、子人氏三大权臣家族，或说即当时郑国的叔詹、堵叔、师叔三位大夫的家族。内臣：国内之臣。言郑国可作为齐国的内臣。

③衅（xìn）：间隙，裂痕，争端。

④绥（suí）之以德：以道德、德行安抚他。绥，安。

⑤辞：辞谢，表示拒绝。

⑥郑伯：郑文公，春秋时期郑国国君，前672年至前628年在位。前653年齐国伐郑，郑文公害怕，杀掉申侯示好求和。齐桓公召集鲁、宋以及陈国世子和郑国世子（即太子华）会盟，主要是讨论怎么处置郑国和郑文公。太子华想攀上齐桓公，除掉国内有实力的三家贵族，稳固自己的地位，便向齐桓公提出请求，愿意做齐国的内臣。齐桓公认为郑国现在有内乱，可以趁机扶持太子华以取代郑文公。但管仲认为，齐桓公如果以德行安抚郑国，同时对郑文公加以训诫，如果郑不接受，那时候率诸侯讨伐，郑必将覆灭，他一定会害怕。如果现在带着罪人（指图谋不轨的太子华）前往讨伐，郑国就有理由和说辞拒绝齐国。于是齐桓公拒绝了太子华，郑文公专门派人去向齐桓公请罪和结盟。

【译文】

郑国的太子华对齐桓公说，请齐国帮他去除三族的势力，将来郑国愿意成为齐国的内臣，齐桓公将要答应，管仲认为不可。齐桓公说："现今诸侯正讨伐郑国，尚未能成功，如果郑国国内有了争端，我们跟着太子华趁机收其为内臣不好吗？"管仲说："国君如果以德行来安定郑国，向他们训诫，若不听，然后率诸侯讨伐郑国，那么郑国便会面临覆亡，怎敢不畏惧？如果带领郑国的罪人前去攻打郑国，那么郑国便有托辞了。"

齐桓公于是拒绝了太子华的请求，郑文公便与齐国结盟。

苏子曰：大哉！管仲之相桓公也。辞子华之请而不违曹沫之盟①，皆盛德之事也，齐可以王矣②。恨其不学道，不自诚意正身以刑其国③，使家有三归之病而国有六嬖之祸④，故桓公不王，而孔子小之⑤。然其予之也亦至矣⑥，曰："桓公九合诸侯，不以兵车，管仲之力也。如其仁，如其仁⑦！"曰："仲尼之徒无道桓、文之事者"⑧，孟子盖过矣。

【注释】

① 曹沫（mò）之盟：曹沫，春秋时鲁国大夫。据《史记·齐太公世家》记载，齐桓公五年（前681），齐伐鲁，鲁军将败，"鲁庄公请献遂邑以平（求和），桓公许，与鲁会柯而盟。鲁将盟，曹沫以匕首劫桓公于坛上，曰：'反鲁之侵地！'桓公许之。已而曹沫去匕首，北面就臣位。桓公后悔，欲无与鲁地而杀曹沫。管仲曰：'夫劫许之而倍信杀之，愈一小快耳，而弃信于诸侯，失天下之援，不可。'于是遂与曹沫三败所亡地于鲁。"事又见《史记·刺客列传》。或以为曹沫即曹刿（guì），前684年曾指挥鲁国打败齐国。沫，原作"洙"，据《百川学海》本、《东坡后集》《苏轼文集》《经进东坡文集事略》改。

② 齐可以王：意思是齐桓公因为有这样的盛德之事，可以推行王道。齐国是春秋时的重要国家，但它只是周天子（周王）分封的诸侯国，根据当时的礼法，是不可称王的。春秋时期称王的国家，只有南方的楚国和吴越等国。直到进入战国的前334年，才有齐、韩两国的国君同时称王。

③ 诚意正身：语自《礼记·大学》的诚意、正心、修身。刑：作为示范

和典型。苏轼《贺冬表》有"自正身而刑家邦"(《苏轼文集》卷二四),家邦就是家国。《苏轼文集》卷六五《管仲无后》(稗海本《东坡志林》卷三第三条)亦论管仲,批评他与民争利。

④三归:《论语·八佾》里说"管氏有三归,官事不摄",一般认为"三归"是管仲储存财货的三个地方。事见《韩非子·外储说左下》《说苑·善说》。苏轼《管仲分君谤》中说"管仲故为三归之家",是为了分齐桓公之谤,但苏轼认为管仲不谏桓公之过是"器小"(见下条注)。六嬖(bì):齐桓公有六个宠爱的姬妾。《左传·僖公十七年》:"齐侯好内,多内宠,内嬖如夫人者六人:长卫姬,生武孟;少卫姬,生惠公;郑姬,生孝公;葛嬴,生昭公;密姬,生懿公;宋华子,生公子雍。……管仲卒,五公子皆求立。"齐桓公的五个儿子都想继嗣君位,后引发祸乱,故本文说"六嬖之祸"。

⑤孔子小之:语见《论语·八佾》:"子曰:'管仲之器小哉!'或曰:'管仲俭乎?'曰:'管氏有三归,官事不摄,焉得俭?'"苏轼《论语说》云:"自修身正家以及于国,则其本深,其及者远,是谓大器。扬雄所谓'大器犹规矩准绳,先自治而后治人'者是也。管仲三归、反坫,桓公内嬖六人,而霸天下,其本固已浅矣。管仲死,桓公薨,天下不复宗齐。"朱熹注:"器小,言其不知圣贤大学之道,故局量褊浅,规模卑狭,不能正身修德以致主于王道。"苏轼《管仲分君谤》亦云:"管仲之爱其君亦陋矣,不谏其过而务分谤焉。或曰:管仲不可谏也。苏子曰:用之则行,舍之则藏。谏而不听,则不用而已矣。故孔子曰:管仲之器小哉!"(《苏轼文集》卷六五,又见稗海本《东坡志林》卷三第一条)

⑥予:称赞,赞许。

⑦"桓公九合诸侯"五句:出自《论语·宪问》。桓公九合诸侯,史书记载,齐桓公在位四十三年,纠合诸侯二十多次,其中有九次规模及影响较大的(或以为指自鲁庄公十四年鄄之会至僖公七年

宁母之盟共九次盟会，详见刘宝楠《论语正义》)，故称"九合"。《史记》也这样说，如《封禅书》记齐桓公自言"兵车之会三，而乘车之会六，九合诸侯，一匡天下，诸侯莫违我"，《管晏列传》云"齐桓公以霸，九合诸侯，一匡天下，管仲之谋也"。如其仁，朱熹注："如其仁，言谁如其仁者，又再言以深许之。盖管仲虽未得为仁人，而其利泽及人，则有仁之功矣。"

⑧仲尼之徒无道桓、文之事者：出自《孟子·梁惠王上》："齐宣王问曰：'齐桓、晋文之事，可得闻乎?'孟子对曰：'仲尼之徒无道桓、文之事者，是以后世无传焉，臣未之闻也。'"意思是孔子的门徒传颂王道之事，不去称道传说齐桓公、晋文公的霸业。

【译文】

苏子说：伟大啊，管仲辅佐齐桓公！拒绝太子华的请求而不违背曹沫的盟约，都是盛德的事，齐国可以称王了。只可惜管仲不学治国之道，不能正心诚意、修身齐家以令国家进于王道，以致管仲家有三归之台，齐桓公有六嬖之妾及其祸乱，故而齐桓公不能为王，孔子对管仲也有"器小"的评价。不过，孔子对管仲好的地方评价也很高，说："齐桓公九次会合诸侯，都不诉诸武力，这是管仲的功劳。正是其仁德，正是其仁德！"孟子说"孔子的门徒不谈论齐桓公、晋文公的事"，说得有点儿过头了。

吾读《春秋》以下史而得七人焉，皆盛德之事，可以为万世法，又得八人焉，皆反是，可以为万世戒，故具论之。

【译文】

我读《春秋》以及后来的史书，得知七位人物，都有盛德之事，可以为万世效法；又得知八人，恰与之相反，可以为万世警戒。在此一一论述。

太公之治齐也①,举贤而上功②。周公曰:"后世必有篡弑之臣。"③天下诵之,齐其知之矣。田敬仲之始生也,周史筮之,其奔齐矣,齐懿氏卜之,皆知其当有齐国也④。篡弑之疑,盖萃于敬仲矣⑤,然桓公、管仲不以是废之,乃欲以为卿,非盛德能如此乎?故吾以为楚成王知晋之必霸而不杀重耳⑥,汉高祖知东南之必乱而不杀吴王濞⑦,晋武帝闻齐王攸之言而不杀刘元海⑧,符坚信王猛而不杀慕容垂⑨,唐明皇用张九龄而不杀安禄山⑩,皆盛德之事也。

【注释】

①太公:姜姓,吕氏,称"姜尚""吕望""太公望"等。西周初年大臣。因辅助周武王灭商有功,封于齐,为齐国始祖。

②上功:通"尚功"(《苏轼文集》作"尚功"),崇尚功绩。

③周公曰"后世必有篡弑之臣":《汉书·地理志》:"昔太公始封,周公问:'何以治齐?'太公曰:'举贤而上功。'周公曰:'后世必有篡杀之臣。'"

④"田敬仲之始生也"五句:田敬仲名完,陈厉公之子,妫(guī)姓,亦称"陈完"。陈宣公二十一年(前672)陈国内乱,陈完出奔至齐,被齐桓公任为工正。其后代逐渐强大,传至田和而位列诸侯,取得齐政权。陈完出生时,周太史为他卜卦,说他的子孙能成为异国国君。陈完到齐,齐懿仲想把女儿嫁给他,使人卜卦,说:"凤皇于蜚(飞),和鸣锵锵。有妫之后,将育于姜。五世其昌,并于正卿。八世之后,莫之与京。"预言他们的子孙将占有齐国。以上之事见《史记·田敬仲完世家》。齐懿(yì)氏,齐国贵族。

⑤萃(cuì):聚集,汇集。

⑥楚成王知晋之必霸而不杀重耳:楚成王,春秋时期楚国国君,名

恽,楚文王之子。重耳,即晋文公,春秋时期晋国国君,晋献公之子,名重耳。晋献公二十一年(前656),太子申生被诬自杀,重耳出逃,次年又逃至翟,此后流亡在外十九年。前636年回国即位,修德任贤,国力渐强,成为"春秋五霸"之一。前637年重耳到楚国,楚成王宴请,问公子如果返回晋国,将何以报答。重耳说,如果有幸回国,晋楚兵戎相见时,当退避三舍(退军九十里),如果不能获得谅解,只能与楚作战。楚国令尹子玉请求杀死重耳,楚成王说:"晋公子广而俭,文而有礼。其从者肃而宽,忠而能力。晋侯无亲,外内恶之。吾闻姬姓唐叔之后,其后衰者也,其将由晋公子乎! 天将兴之,谁能废之? 违天必有大咎。"(《左传·僖公二十三年》)

⑦汉高祖知东南之必乱而不杀吴王濞(pì):汉高祖,名刘邦,汉朝开国皇帝。吴王濞,名刘濞,汉高祖刘邦兄长刘仲之子。汉高帝十二年(前195)封吴王,定都广陵(今江苏扬州)。汉景帝三年(前154),吴王刘濞联合楚王刘戊、赵王刘遂、济南王刘辟光、淄川王刘贤、胶西王刘昂、胶东王刘雄渠反叛,三月后即被平定。史称"七国之乱"。据《史记·吴王濞列传》记载,高祖封刘濞吴王后召见他,见其形貌有反相,心中后悔,但已经拜受,不好变更,便拊其背说:"汉后五十年东南有乱者,岂若(你)邪? 然天下同姓为一家也,慎无反!"刘濞顿首说:"不敢。"

⑧晋武帝闻齐王攸之言而不杀刘元海:晋武帝,名司马炎,字安世,河内温县(今河南温县)人。晋朝开国皇帝。齐王攸,即司马攸,字大猷,河内温县(今河南温县)人。司马昭次子。晋朝建立后封齐王。刘元海,刘渊,字元海,新兴(今山西忻州)人。匈奴族。五胡十六国前赵的开国国君。刘渊父刘豹魏晋时为北方边地的部帅,刘渊在洛阳为人质。秦州、凉州被鲜卑攻占,有人推荐让刘渊率兵攻打,孔恂说:"元海若能平凉州,斩树机能,恐凉州方有难

耳。蛟龙得云雨,非复池中物也。"武帝乃止。后王弥从洛阳东归,刘渊在九曲之滨饯行,为自己在洛阳受猜忌而唏嘘感慨,"纵酒长啸,声调亮然,坐者为之流涕。齐王攸时在九曲,比闻而驰遣视之,见元海在焉,言于帝曰:'陛下不除刘元海,臣恐并州不得久宁。'"王浑说:"大晋方表信殊俗,怀远以德,如之何以无萌之疑杀人侍子,以示晋德不弘。"武帝听从了王浑之言(《晋书·刘元海载记》)。后来刘渊趁"八王之乱"建立了基业,称王称帝。

⑨符坚信王猛而不杀慕容垂:符坚虽然很信任王猛却没有听从他说的而杀掉慕容垂。符坚,即符坚,字永固,祖籍略阳临渭(今甘肃秦安)。氐族。前秦第三位君主。王猛,字景略,北海郡剧县(今山东寿光南)人。前秦丞相。慕容垂,后燕成武帝,字道明,鲜卑族。太和四年(369)符坚灭燕,"慕容垂避害奔于坚,王猛言于坚曰:'慕容垂,燕之戚属,世雄东夏,宽仁惠下,恩结士庶,燕、赵之间咸有奉戴之意。观其才略,权智无方,兼其诸子明毅有干艺,人之杰也。蛟龙猛兽,非可驯之物,不如除之。'坚曰:'吾方以义致英豪,建不世之功。且其初至,吾告之至诚,今而害之,人将谓我何!'"(《晋书·符坚载记》)后来符坚在淝水之战中大败,慕容垂趁机而起,复建燕国(后燕)。

⑩唐明皇用张九龄而不杀安禄山:唐明皇重用张九龄却不听他所说的而杀掉安禄山。唐明皇,即唐玄宗,名李隆基,唐代皇帝,712年至756年在位。唐玄宗在位之时,社会安定,国强民富。天宝四载(745)后宠幸杨贵妃,荒废朝政,导致"安史之乱"。张九龄,字子寿,韶州曲江(今广东韶关)人。玄宗开元二十一年(733)为相,二十四年(736)因李林甫谮,罢相。安禄山,营州柳城(今辽宁朝阳西南)人。玄宗时任平卢、范阳、河东三镇节度使。天宝十四载(755)与史思明叛乱,史称"安史之乱"。《新唐书·张九龄传》:"安禄山初以范阳偏校入奏,气骄蹇,九龄谓裴光庭曰:'乱

幽州者,此胡雏也。'及讨奚、契丹败,张守珪执如京师,九龄署其
状曰:'穰苴出师而诛庄贾,孙武习战犹戮宫嫔,守珪法行于军,禄
山不容免死。'帝不许,赦之。九龄曰:'禄山狼子野心,有逆相,
宜即事诛之,以绝后患。'帝曰:'卿无以王衍知石勒而害忠良。'
卒不用。"

【译文】

姜太公治理齐国,举贤能,尚功绩。周公说:"后世一定有篡弑的臣
子。"天下都传诵此语,齐国应该也是早知道的。田敬仲出生的时候,周
的史官占卦,后来逃到齐国,齐懿氏也占卜,都预言他将来会占有齐国。
周公说的篡弑的嫌疑,聚集在田敬仲身上,但是齐桓公、管仲没有因此而
废弃他,反而打算任命他为卿,如果不是有盛德的人能这样吗?所以我认
为,楚成王知道晋国必定称霸却不杀重耳,汉高祖知道东南会叛乱却不杀
吴王刘濞,晋武帝听到齐王攸的话却不杀刘元海,符坚信任王猛却不杀慕
容垂,唐明皇信用张九龄却不杀安禄山,这些都是盛德的事啊。

　　而世之论者,则以为此七人者皆失于不杀以启乱,吾
以谓不然。七人者皆自有以致败亡,非不杀之过也。齐景
公不繁刑重赋,虽有田氏,齐不可取[1];楚成王不用子玉,虽
有晋文公,兵不败[2];汉景帝不害吴太子,不用晁错,虽有吴
王濞,无自发[3];晋武帝不立孝惠,虽有刘元海,不能乱[4];符
坚不贪江左,虽有慕容垂,不能叛[5];明皇不用李林甫、杨国
忠,虽有安禄山,亦何能为[6]?秦之由余[7],汉之金日磾[8],唐
之李光弼、浑瑊之流[9],皆蕃种也,何负于中国哉?而独杀元
海、禄山!且夫自今而言之,则元海、禄山死有馀罪,自当时
而言之,则不免为杀无罪。岂有天子杀无罪而不得罪于天
者[10]?上失其道,涂之人皆敌也,天下豪杰其可胜既乎[11]?

【注释】

① "齐景公不繁刑重赋"三句：齐景公，见本卷《论鲁三桓》。《史记·齐太公世家》云："景公好治宫室，聚狗马，奢侈，厚赋重刑。"晏婴曾对叔向说："齐政卒归田氏。田氏虽无大德，以公权私，有德于民，民爱之。"

② "楚成王不用子玉"三句：子玉，名得臣，春秋时楚国的令尹。前632年，晋国为救被楚攻击的宋国，出兵攻击与楚结盟的曹、卫两国，楚成王因此退军至申（今河南南阳），命子玉解宋围，子玉不肯，坚决请战。后率军与晋军在卫国的城濮（今山东鄄城西南）大战，由于子玉轻敌骄傲，指挥失当，最终楚军大败，子玉自杀。事见《左传·僖公二十八年》《史记·晋世家》。

③ "汉景帝不害吴太子"四句：汉景帝，名刘启，汉朝皇帝，汉文帝子，前157年至前141年在位。吴太子，吴王刘濞的太子刘贤。汉文帝时，吴太子入宫，侍皇太子（即后来的汉景帝）饮宴博戏，一次因博戏争执，皇太子用棋盘将吴太子打死。归葬吴国后，吴王刘濞便称疾不朝。见《史记·吴王濞列传》。晁错是汉景帝时大臣，建议推行削藩策，引发吴楚七国之乱。见卷四《人物·王嘉轻减法律事见梁统传》。

④ "晋武帝不立孝惠"三句：孝惠，即晋惠帝，名司马衷，字正度，晋武帝司马炎次子，西晋第二位皇帝。晋惠帝智力低下，在位时皇后贾南风弄权作乱，杀害太子，最终酿成"八王之乱"。见卷四《人物·张华〈鹪鹩赋〉》。

⑤ "符坚不贪江左"三句：符坚，即苻坚。王猛在临死之前曾劝苻坚勿伐晋。《晋书·王猛传》云："及疾笃，坚亲临省病，问以后事。猛曰：'晋虽僻陋吴、越，乃正朔相承。亲仁善邻，国之宝也。臣没之后，愿不以晋为图。'"后来苻坚将伐晋时，太子苻宏、弟苻融都反对，但苻坚一意孤行，终于招致淝水之战的大败。江左，指长江

下游以南地区。这里指东晋。不能,《苏轼文集》作"不敢"。

⑥"明皇不用李林甫、杨国忠"三句:李林甫,祖籍陇西,唐朝宗室、宰相。李林甫担任宰相十九年,专擅大权,蔽塞言路。玄宗时有节度使入知政事为宰相的惯例,李林甫为了杜绝有人出将入相与自己争权,便建议用寒族和蕃人为帅,"自是高仙芝、哥舒翰皆专任大将,林甫利其不识文字,无入相由,然而禄山竟为乱阶,由专得大将之任故也"(《旧唐书·李林甫传》)。杨国忠,本名钊,蒲州永乐(今山西芮城西南)人。唐朝天宝后期宰相。杨贵妃堂兄。杨国忠任相期间专权误国,贿赂公行。与杨贵妃姐妹败坏朝纲,直接招致安禄山之变。《旧唐书》史臣曰:"李林甫以诎佞进身,位极台辅。……杨国忠禀性奸回,才薄行秽,领四十馀使,恣弄威权,天子莫见其非,群臣由之杜口,致禄山叛逆,銮辂播迁,枭首覆宗,莫救艰步。以玄宗之睿哲,而惑于二人者,盖巧言令色,先意承旨,财利诱之,迷而不悟也。"

⑦由余:春秋时期秦国的大夫。其先为晋人,后入西戎。秦穆公时,西戎令其入秦了解国情。秦穆公与之交谈后,认为是一位邻国的圣人,想方设法离间他和戎王的关系。又送女乐于戎王,令其享乐,由余数谏不听,遂去而降秦。秦王待以客礼,询问征伐其西戎之形势。前623年,"秦用由余谋伐戎王,益国十二,开地千里,遂霸西戎"(《史记·秦本纪》)。

⑧金日䃅(mì dī):字翁叔,匈奴休屠王太子。汉武帝元狩二年(前121)匈奴昆邪王杀休屠王,率众降汉,金日䃅随之入汉,在宫中养马。后汉武帝见其容貌不凡,问而知其身世,升为侍中、驸马都尉、光禄大夫。武帝临终时,遗诏命他与霍光、桑弘羊等共同辅政。次年病卒,谥为敬侯。《汉书·金日䃅传》赞曰:"金日䃅夷狄亡国,羁虏汉庭,而以笃敬寤主,忠信自著,勒功上将,传国后嗣,世名忠孝。"

⑨李光弼：营州柳城（今辽宁朝阳西南）人。契丹族。唐朝大将。其父为契丹将领李楷洛。安史乱起，郭子仪向唐玄宗推荐他为河东节度副使、河北采访使，在平定"安史之乱"中功劳巨大。封临淮郡王，谥武穆。浑瑊（jiān）：皋兰州（今宁夏青铜峡西南）人。属铁勒族的浑部。唐朝大将。"安史之乱"时，曾从郭子仪、李光弼定河北，复两京。唐德宗时朱泚叛乱，浑瑊坚守奉天（今陕西乾县），又败李怀光叛军。升中书令。谥曰忠武。《旧唐书·浑瑊传》说他："位极将相，无忘谦抑，物论方之金日磾，故深为德宗委信，猜间不能入，君子多之。"

⑩天：《苏轼文集》作"天下"。

⑪既：完尽，穷尽。苏轼在这里表达的天下豪杰不可胜除的思想，和《游士失职之祸》是一致的。

【译文】

　　然而世上的议论，都认为这七人当时没有杀人，后来招致祸乱是一种失策，我认为不是这样。这七人的败亡都有他们自身的原因，并不是不杀人造成的。齐景公如果不是施行繁苛的刑罚和沉重的赋税，即使有田氏，齐国也并不会被取代，楚成王如果不任用子玉，即使有晋文公出现，楚军也不会败于城濮；汉景帝如果不杀害吴太子，不任用晁错，哪怕有吴王刘濞，他也无法发动叛乱；晋武帝如果不立孝惠为帝，即使有刘元海，也不会为乱；苻坚如果不贪图东晋，即使有慕容垂，也不能反叛；唐明皇如果不任用李林甫、杨国忠，就算有安禄山，又能有什么作为？秦代的由余，汉代的金日磾，唐代的李光弼、浑瑊等人，都是外族蕃人，又有哪里对不住中国的呢？而唯独要杀刘元海、安禄山！况且在今天看来，刘元海、安禄山自然是死有馀辜，但从当时的情况来看，如果杀了他们就是滥杀无辜。难道有天子滥杀无辜而不得罪于上天的吗？在上者失去道义，路途之人都会成为他的敌人，天下的豪杰难道能杀得完吗？

　　汉景帝以鞅鞅而杀周亚夫^①，曹操以名重而杀孔融^②，晋文帝以卧龙而杀嵇康^③，晋景帝亦以名重而杀夏侯玄^④，宋明帝以族大而杀王彧^⑤，齐后主以谣言而杀斛律光^⑥，唐太宗以谶而杀李君羡^⑦，武后以谣言而杀裴炎^⑧，世皆以为非也。此八人者，当时之虑岂非忧国备乱、与忧元海、禄山者同乎？久矣！世之以成败为是非也。故夫嗜杀人者^⑨，必以邓侯不杀楚子为口实^⑩。以邓之微，无故杀大国之君，使楚人举国而仇之，其亡不愈速乎？吾以谓为天下如养生，忧国备乱如服药。养生者不过慎起居饮食、节声色而已，节慎在未病之前^⑪，而服药于已病之后。今吾忧寒疾而先服乌喙^⑫，忧热疾而先服甘遂^⑬，则病未作而药杀人矣。彼八人者，皆未病而服药者也。

【注释】

①汉景帝以鞅鞅而杀周亚夫：周亚夫，沛县（今属江苏）人。西汉名将。西汉开国功臣周勃之子。汉景帝时任太尉、丞相。平定七国之乱有功，后受景帝猜忌，下狱绝食而死。《史记·绛侯周勃世家》记载汉景帝召周亚夫到禁中宴会，端上来一大块肉，却没有切开，也没有筷子。周亚夫心中不平，问尚席索要筷子。周亚夫离开的时候，"景帝以目送之，曰：'此鞅鞅者非少主臣也！'"鞅鞅，通"怏怏"，不高兴的样子。

②曹操以名重而杀孔融：见本卷《论鲁三桓》。

③晋文帝以卧龙而杀嵇康：晋文帝，原作"晋武帝"，据《百川学海》本、《东坡后集》《苏轼文集》《经进东坡文集事略》改。即司马昭，字子上，河内温县（今河南温县）人。其子司马炎代魏建立晋

朝,追尊司马昭为文帝。嵇康,字叔夜,谯国铚县(今安徽濉溪临涣镇)人。三国时期的文学家、思想家。《晋书·嵇康传》记锺会向司马昭谮毁说:"嵇康,卧龙也,不可起。公无忧天下,顾以康为虑耳。"又说嵇康欲助毌丘俭叛乱,嵇康、吕安等人"言论放荡,非毁典谟,帝王者所不宜容。宜因衅除之,以淳风俗"。司马昭轻信锺会,于是杀害嵇康。

④晋景帝亦以名重而杀夏侯玄:晋景帝即司马师,字子元,河内温县(今河南温县)人。司马懿长子,司马昭的兄长,三国时期魏国权臣。晋朝建立后,追尊为景王,上尊号曰景皇帝。夏侯玄,字太初,沛国谯县(今安徽亳州)人。三国时魏国大臣。嘉平六年(254),中书令李丰、光禄大夫张缉等密谋剿灭司马氏,欲以夏侯玄代司马师为大将军,事情败露,被杀害。

⑤宋明帝以族大而杀王彧(yù):宋明帝,名刘彧,字休炳,南朝宋的皇帝。465年至472年在位。王彧,字景文,琅琊临沂(今山东临沂)人。南朝宋的名臣。王彧出身著名的琅琊王氏家族,宋文帝对他颇为钦重,为子(明帝)娶其妹为妃,并以彧名太子。明帝时王彧为尚书左仆射、丹阳尹。宋明帝担心自己死后皇族以及皇后外戚势力过大,不利于太子刘昱,便杀死了一些兄弟和大臣。《宋书·王景文传》云:"时上既有疾,而诸弟并已见杀,唯桂阳王休范人才本劣,不见疑,出为江州刺史。虑一旦晏驾,皇后临朝,则景文自然成宰相,门族强盛,藉元舅之重,岁暮不为纯臣。泰豫元年春,上疾笃,乃遣使送药赐景文死。"

⑥齐后主以谣言而杀斛(hú)律光:齐后主,名高纬,字仁纲,渤海蓨(tiáo)县(今河北景县)人。北齐的皇帝。斛律光,字明月,朔州(今山西朔州西南)人。敕勒族。北齐大将。斛律光与北周作战多年,屡立战功。周将军韦孝宽制造谣言,说"百升飞上天,明月照长安",又曰"高山不推自崩,槲树不扶自竖"。宦官穆提婆以

谣言启帝曰："斛律累世大将，明月声震关西，丰乐（斛律光之子斛律羡）威行突厥，女为皇后，男尚公主，谣言甚可畏也。"齐后主乃召斛律光进宫杀害。见《北齐书·斛律光传》。

⑦唐太宗以谶（chèn）而杀李君羡：李君羡，洺州武安（今河北武安）人。隋末事王世充，后归唐，屡立战功。贞观中为左武侯中郎将，封武连郡公，宿卫于玄武门。当时有"当有女武王者"的谣言，太宗因李君羡的官名、封邑均有"武"字，小名又为"五娘子"，因御史奏李君羡与妖人图谋不轨，遂诛之。见《旧唐书·李君羡传》。

⑧武后以谣言而杀裴炎：武后，唐高宗皇后，自名为"曌"，曾建立周政权。见本卷《摄主》。裴炎，字子隆，绛州闻喜（今山西闻喜）人。唐高宗时宰相。高宗卒后命为中宗辅政大臣，后与武后定策废中宗，立睿宗。曾谏武后不立武氏七庙，又请还政睿宗，武后不悦，命御史审讯，以谋反之名杀害。谣言之事不见于两《唐书》。唯《朝野佥载》（《太平广记》卷二八九《骆宾王》引）记，徐敬业欲反，令骆宾王造谣言曰，"一片火，两片火，绯衣小儿当殿坐"，裴炎闻而有反意，欲于徐敬业为内应。为人告发，乃被诛。苏轼之意，似以武后误信"绯衣小儿当殿坐"（裴炎当皇帝）之谣而杀裴炎。

⑨夫：《苏轼文集》作"凡"。

⑩邓侯不杀楚子：邓侯，即邓祁侯，春秋时邓国国君。楚子，即楚文王。《左传·庄公六年》载，前688年楚伐申（今河南南阳），取道于邓（今河南邓州至湖北襄阳一带），邓祁侯因为楚文王是其妹邓曼的儿子，特意款待。邓祁侯的另外三个外甥劝他杀掉楚文王，并且说"亡邓国者，必此人也"。邓祁侯不听。十年后楚国灭邓。

⑪节慎：节制，小心。

⑫乌喙：中药材附子的别称，性热而有毒。见本卷《司马迁二大罪》。

⑬甘遂：一种味苦性寒的中药，有毒。

【译文】

汉景帝因为周亚夫露出不满的表情而杀死他，曹操因为孔融的名气大而杀死他，晋文帝因为怕嵇康是卧龙而杀死他，晋景帝也因夏侯玄名气大而杀死他，宋明帝因为王彧的家族势力大而杀死他，齐后主因为谣言而杀死斛律光，唐太宗因为谶语而杀死李君羡，武后因为谣言而杀死裴炎，世人都认为这是不对的。这八个人，当时难道不也是因忧虑国家、为防祸乱而杀人，其做法不就与那些担忧刘元海、安禄山造反而建议杀死的人相同吗？世人以成败来论是非，已经很久了！所以那些嗜杀的人，必定引用春秋时邓侯不杀害楚文王为口实。以邓国的微弱，无故杀大国的国君，让楚人举国报仇，邓国之灭亡不是更快吗？我认为治理天下就如同养生，担忧国运、防备祸乱就像服药。养生的人只是注意其饮食起居，对声色之事有所节制，节制和谨慎在未生病以前，而服用药物在生病以后。如果我担心得寒病而先服用乌喙，担心得热疾而先服用甘遂，那么疾病还没有发作药力便毒死人了。这八个人，都是未病而先服药的人。

附录

稗海本《东坡先生志林》

　　稗海本《东坡志林》十二卷，是《东坡志林》的一卷本和五卷本之外的重要版本。民国初年涵芬楼在重刻赵开美五卷本《东坡志林》时，夏敬观曾有跋语（题己未仲春，即1919年）论及《东坡志林》版本，他说"商刻包综赵刻《志林》《仇池笔记》几十之八九"，这是不错的，但又"疑商刻《志林》为明时好事者所为"，判定五卷本"要为宋人所辑"。这样就对这两种版本做出了优劣的判断，于是后人多从其说，看重五卷本而忽视十二卷本。中华书局收入"唐宋史料笔记丛刊"的《东坡志林》也以涵芬楼校印的五卷本为底本，虽然王松龄点校说明中说，十二卷本"蒐罗甚丰"，"此本自有其价值"，但并未收入十二卷本的正文。这进一步强化了五卷本的地位。后来在曾枣庄、舒大刚主编的《三苏全集》和朱易安、傅璇琮主编的《全宋笔记》，十二卷本虽然收入，却将其中与五卷本相同的条文删除。这样既丧失了十二卷本的完整性，也让人难以看出它和五卷本的关系。

　　现在所知宋代的《东坡志林》有两种：一是一卷本的，见《东坡后集》卷十一，后收入《百川学海》《说郛》中，一是《东坡大全集》本。《东坡大全集》今已亡佚，但有证据表明，稗海本的《东坡志林》很可能就来自《东坡大全集》。这里简单举三个理由。一，陈振孙《直斋书录解题》著录《东坡手泽》时说，"今俗本《大全集》中所谓《志林》者也"。今所见涵芬楼《说郛》卷二九保存的《东坡手泽》佚文15条，除"益智"条外的其他14条均见于稗海本《志林》。此外宋代文献中引及《东坡手泽》佚文4条，《儋耳手泽》佚文1条，也都见于稗海本《志林》，这可以印证陈振孙的说法。二，南宋和元代的文献所引《东坡志林》条文，几乎全都见于稗海本《志林》。如朱熹《五朝名臣言行录》引5处，袁文《瓮牖闲评》引4处，王宗稷《东坡先生年谱》引8处，《南溪笔录群贤诗话》引《东坡志林》8处，全部在稗海本中。尤其值得指出的是，《南溪笔录群贤诗话》同时还引了8条《东坡诗话》，却无一条见于稗海本之中。考虑到诗话在宋元也常被视为小说，稗海本《志林》中也有一些诗话条文（《南溪笔录群贤诗话》所引《东坡志林》均是），因此，《东坡志林》和《东坡诗话》在《南溪笔录群贤诗话》中分得清清楚楚，而稗海本也丝毫不乱，正说明它来源有据。三，商濬刻《稗海》（初名《稗海大观》），利用的是其舅钮石溪世学楼的藏书。黄宗羲说："越中藏书之家，钮石溪世学楼其著也。余见其小说家目录亦数百种，商氏之《稗海》，皆从彼借刻。"（《天一阁藏书记》）小说笔记是世学楼的藏书特色，今国家图书馆收藏有世学楼的明钞《说郛》，孙𬭁说钮石溪有《说钞目》（《与余君房论小说家书》），可证。因此，世学楼所藏的《东坡志林》恐怕并非是明人的重（新）辑本（通过文字比对也可以推翻其来自《东坡外集》等书的可能），而很可能就是《东坡大全集》里面的本子。

　　稗海本《东坡志林》共有364则条文，其中151条与赵开美本重合。在这些共有的条文中，有的条文的分合、缺失以及错误也是一样的。如商本卷二末的第三十一条同赵本卷三《异事·修身历》，实际应分为三条，商本卷七第十九条同赵本卷三《四民·论贫士》，实际应分为二条。商本卷十一第五条和赵本卷四《玉石·辨真玉》，文前都缺《东坡外集》的"步军指挥使贾逵之子祐为将官徐州为予言"十八个字。有不少证据表明，赵本实际上利用和参考过商本或其来源之本（世学楼藏本）。除上述二本共有的错误之外，稗海本自身也存在一些讹误：有分合问题，如卷二的第二十条自"永叔作《醉翁亭记》"以下当独立为一条；有他人作品的误入，如卷九第三十二条是北宋末仙井人李新所写，卷十二第二十一条是欧阳修所写；有条文重出，如卷四第二十五条与卷九第三十五条的文字全同。至于文字的讹夺倒衍就更多了。本书在整理稗海本《东坡志林》时，对应分列的条文未予改变，以保持其旧貌（可能是《东坡大全集》本的原貌），而对错讹的文字则进行校改，限于体例，不另出校。为便于读者阅读和使用，每条前增添了序号，标识有＊号的表明该条也见于赵开美的五卷本中。

卷一

一

仆尝梦见人，云是杜子美，谓仆曰："世人多误解吾诗《八阵图》，诗云：'江流石不转，遗恨失吞吴。'人皆以为先主、武侯皆欲与关羽复仇，故恨其不能灭吴，非也。我本意谓吴、蜀唇齿之国，不当相图，晋之所以能取蜀者，以蜀有吞吴之意，此为恨耳。"此理甚长。然子美死凡四百年而犹不忘诗，区区自别其意，此真书生习气耶？

二

韩退之《青龙寺》诗终篇言赤色，莫晓其故。尝见小说：郑虔寓青龙寺，贫无纸，取柿叶书，九月柿叶赤而实红。则退之诗乃谓此也。

三*

退之诗云："我生之辰，月宿南斗。"乃知退之磨蝎为身宫。而仆乃以磨蝎为命，平生多得谤誉，殆是同病也。

四

石介作《三豪诗》，其略云：曼卿豪于诗，永叔豪于文，而杜默师雄豪于歌也。永叔亦赠默诗云："赠之三豪篇，而我滥一名。"默之歌少见于世，初不知之，后闻其一篇云："学海波中老龙，圣人门前大虫。"皆此等语。甚矣，介之无识也，永叔不欲嘲笑之者，此公恶争名且为介讳也。吾观杜默豪气，正是京东学究饮私酒、食瘴死牛肉、醉饱后所发者也。作诗狂怪，至卢仝、马异极矣，若更求奇，便作杜默矣。

五 *

昨日太守杨君采、通判张公规邀余出游安国寺,坐中论调气养生之事,余云:"皆不足道,难在去欲。"张云:"苏子卿啮雪啖毡,蹈背出血,无一语少屈,可谓了死生之际矣,然不免为胡妇生子。穷居海上,而况洞房绮縠之下乎?乃知此事不易消除。"众客皆大笑。余爱其语有理,故记之。

六

唐末五代文章衰尽,诗有贯休,书有亚栖,村俗之气,大率相似。如苏子美家收张长史书云:"隔帘歌已俊,对坐貌弥精。"语既凡近,而字无法,真亚栖之流。近见曾子固编《李太白集》,后谓颇获遗亡,而有《赠怀素草书歌》并《笑矣乎》数首,皆贯休以下辞格。二人皆号有知识者,故深可怪。如白乐天赠徐凝,退之赠贾岛之类,皆世俗无知者所托,此不足多怪。

七 *

元祐元年,余为中书舍人,时执政患本省事多漏泄,欲于舍人厅后作露篱,禁同省往来。余白诸公:"应须简要清通,何必栽篱插棘?"诸公笑而止。明年竟作之。暇日读《乐天集》,有云:"西省北院新构小亭,种竹开窗,东通骑省,与李常侍隔窗小饮作诗。"乃知唐时得西掖作窗以通东省,而今日本省不得往来,可叹也。

八

舟中读《文选》,恨其编次无法,去取失当。齐梁文章衰陋,而萧统尤为卑弱,《文选序》斯可见矣。如李陵书、苏武五言皆伪,而不能辨。今观《渊明集》可喜者甚多,而独取数首,以知其馀人忽遗者多矣。渊明作《闲情赋》,所谓"国风好色而不淫",正使不及《周南》,与屈、宋所陈何异?而统大讥之,此乃小儿强作解事者。

九

李善注《文选》，本末详备，极可喜，所谓五臣者，真俚儒之荒陋者也，而世以为胜善，亦谬矣。谢瞻《张子房诗》云："苛慝暴三殇。"此《礼》所谓上中下殇，言暴秦无道，戮及孥稚也，而乃引"苛政猛于暴虎，吾父、吾子、吾夫皆死于是"，谓夫与父为殇。此岂非俚儒之荒陋者乎？诸如此类甚多，不足言，故不言也。

十

玉川子作《月蚀诗》，以谓"蚀月者，月中之虾蟆也"，梅圣俞作《日蚀诗》，云"食日者，三足乌也"，此固因俚说以寓其意也。然《战国策》曰："日月辉于外，其贼在于内。"则俚说亦尚矣。

十一

余在岐下，见秦州进一马，骏如牛领下垂胡，侧立倒项，毛生肉端。番人云："此肉骏马也。"乃知杜公《聪马行》云："肉骏碨礧连钱动。"当作"肉骏"。

十二

《悲陈陶》云："四万义军同日死。"此房琯之败也。《唐书》作"陈涛斜"，抑不知孰是？时琯临败，犹欲持重，以有所伺，而中人邢延恩促战，遂大败。故次篇《悲青坂》云："焉得附书与我军，留待明年莫仓卒。"又《北征》诗云："桓桓陈将军，仗钺奋忠烈。"此谓陈玄礼也。玄礼佐玄宗平内难，又从幸蜀，首建诛国忠之策。《洗兵马行》云："张公一生江海客，身长九尺须眉苍。"此张镐也。明皇虽诛萧至忠，然常怀之，侯君集云"蹭蹬至此"，至忠亦蹭蹬者耶？故子美亦哀之，云："赫赫萧京兆，今为时所怜。"及《后出塞》云："我今良家子，出师亦多门。将骄益愁思，身贵不足论。跃马三十年，恐辜明主恩。坐见幽州骑，长驱河洛昏。中夜间道归，故里但空村。恶名幸脱免，投老无儿孙。"详味此诗,盖禄山反时其将校有脱身归国、而禄山尽杀其妻子者,不知其姓名,可恨也。

十三

故人董传善论诗,尝云:"杜子美诗不免有凡语,'已知仙客意相亲,更觉良工心独苦',岂非凡语耶?"余笑曰:"此句殆为君发,凡人用意深处,人罕能识,此所以为独苦,岂独画哉?"

十四

《忆昔》诗云:"关中小儿坏纪纲",谓李辅国也;"张后不乐上为忙",谓肃宗张皇后也;"为留猛士守未央",谓子仪夺兵柄入宿卫也。

十五

子美自许契与稷,人未必许也,然其诗云:"舜举十六相,身尊道何高。秦时用商鞅,法令如牛毛。"此自是契、稷辈人口中语也。又云:"知名未足称,局促商山芝。"又云:"王侯与蝼蚁,同尽随丘墟。愿闻第一义,回向心地初。"乃知子美诗外别有事在也。

十六

乐天为王涯所谮,谪江州司马。甘露之祸,乐天在洛,适游香山寺,有诗云:"当君白首同归日,是我青山独往时。"不知者以乐天为幸之。乐天岂幸人之祸者哉?盖悲之也。

十七

刘子玄辨《文选》所载李陵与苏武书非西汉文,盖齐梁间文士拟作者也。吾因悟陵与苏武赠答五言,亦后人所拟。今日读《列女传》蔡琰二诗,其词明白感慨,颇类世所传《木兰诗》,东京无此格也。建安七子犹含养圭角,不尽发见,况伯喈女乎?又琰之流离,为在父没之后,董卓既诛,伯喈方遇祸,今此诗乃云为董卓所驱虏入胡中,尤知其非真也。盖拟作者疏略,而范晔荒浅,遂载之本传,可以一笑也。

十八

柳子厚诗云:"盛时一失贵反贱,桃笙葵扇安可常。"不知桃笙为何物。偶阅《方言》:簟,宋、魏之间谓之笙。乃悟桃笙以桃竹为簟也。梁简文《答南王献簟书》云:"五离九拆,出桃枝之翠笋。"乃谓桃枝竹簟也。桃竹出巴渝间,杜子美有《桃竹杖引》。

十九

元丰七年十二月,浴泗州雍熙塔下,戏作《如梦》两阕,云:"水垢何曾相受,细看两俱无有。寄语揩背人,尽日劳君挥肘。轻手,轻手,居士本来无垢。"又云:"自净方能洗彼,我自汗流呀气。寄语澡浴人,且共肉身游戏。但洗,但洗,俯为世间一切。"此曲本唐庄宗制,一名"忆仙姿",嫌其不雅驯,后改云"如梦"。庄宗作此词,卒章云:"如梦,如梦,和泪出门相送。"取以为之名。

二十

旧读苏子美《六和寺诗》云:"松桥待金鲫,竟日独迟留。"初不喻此语,及倅钱塘,乃知寺后池中有此鱼,如金色。昨日复游池上,投饼饵,久之乃略出,不食,复入,不可复见。自子美作诗至今四十馀年,已有迟留之语,则此鱼自珍贵盖久矣,苟非难进易退而不妄食,安得如此寿耶!

二十一

寇元弼言:去岁春,徐州通判李陶有子,年十七八,素不善作诗,忽咏《落花诗》云:"流水难穷目,斜阳易断肠。谁同研光帽,一曲舞《山香》。"父惊,问之,若有物凭附者,自云是谢中舍。问研光帽事,云西王母宴群仙,有舞者带研光帽,帽上簪花。舞《山香》一曲,曲未终,花皆落去。

二十二

孔壁汲冢竹简科斗，皆漆书也，终于蠹坏，景钟、石鼓益坚，古人之为不朽之计，亦至矣。然其妙意所以不坠者，特以人传人耳，大哉人乎！《易》曰："神而明之，存乎其人。"吾作《易》《书》传、《论语说》，亦粗备矣。呜呼！又何以多为？

二十三

汉武讳巫蛊之事，疾之如仇雠。盖夫妇、君臣、父子之间，嗷嗷然不聊生矣。然《史记·封禅书》云：丁夫人、雒阳虞初等，以方祠诅匈奴、大宛。己且为巫蛊之魁，何以责其下？此最可笑云。

二十四*

陶靖节云："倚南窗以寄傲，审容膝之易安。"故常欲作小轩，以容安名之。

二十五*

刘聪闻当为须遮国王，则不复惧死：人之爱富贵有甚于生者。月犯少微，吴中高士求死不得：人之好名有甚于生者。

二十六*

今年吾当请广陵，暂与子由相别。至广陵逾月，遂往南郡。自南郡诣梓州，溯流归乡，尽载家书而行。迤逦致仕，筑室种果于眉，以须子由之归而老焉。不知此愿遂否？言之怅然也。

二十七

韩魏公在中山，狄青为副总管，陈荐为幕客。今魏公之子师朴出镇，而青之子咏、荐之子厚，复践此职，亦异事也。

二十八

九江陈辅之有於陵仲子之操，不娶，无子，曰："我罪人也。"东坡曰："有犹子乎？"曰："有。"东坡曰："鲁山、道州，乃前比也。"辅之一笑,曰:"'赖古多此贤',陶彭泽不解事,忍饥作此诗,意古贤能饱人。"
辅之今为丹阳南郭人。

二十九*

朱氏子出家,小名照僧,少丧父,与其母尹皆愿出家。照僧师守
素,乃参寥弟子也。照僧九岁,举止如成人,诵余《赤壁赋》,铿然鸾
鹤声也。不出十年,名闻四方。此参寥之法孙,东坡门僧也。

三十

柳公权论研,甚贵青州石末,云"墨易冷",世莫晓其语。此研青
州甚易得,凡物尔,无足珍者,盖出陶灶中,无润泽理。唐人以此作羯
鼓戟,与定州花瓷作对,岂研材乎? 研当用石,镜当用铜,此其材本性
也。以瓦为研,如使铁镜耳。人之待瓦研、铁镜也微,而责之也轻,粗
能磨墨照影,便称奇物,其实岂可与真材本性者同日而语哉?

三十一*

蕲州庞君安常,善医而聩,与人语,须书始能晓。东坡笑曰:"吾
与君皆异人也,吾以手为口,君以眼为耳,非异人乎?"

三十二*

孔子为鲁司寇,七日而诛少正卯,或以为太速。此叟盖自知头方
命薄,必不久在相位,故汲汲及其未去发之,使更迟疑三两日,已为少
正卯所图矣。

三十三

张睢阳生犹骂贼,嚼齿穿龈;颜平原死不忘君,握拳透掌。

三十四

郗嘉宾既死,出其所与桓温密谋之书一箧,嘱其门生曰:"若家君
眠食大减,即出此书。"方回见之曰:"是儿死已晚矣。"乃不复念。余
读而悲之曰:"士之所甚好者,名也,而爱莫加于父子。嘉宾以父之故

而不匿其恶名,方回以君之故而不念其子,嘉宾可谓孝子,方回可谓忠臣也。悲夫!"或曰:"嘉宾与桓温谋畔,而子以孝子称之,可乎?"曰:"采葑采菲,无以下体。嘉宾之不忠,不待诛绝而明者,其孝可废乎?"王述之子坦之,欲以女与桓温,述怒排坦之,曰:"汝真痴耶!乃欲以女与兵。"坦之是以不与温之祸。使郗氏父子能如此,吾无间然矣。

三十五

子由之达,盖自幼而然。方先君与某笃好书画,每有所获,真以为乐,唯子由观之漠然,不甚经意。今日有先见,固宜也。

三十六 *

吾无求于世矣,所须二顷田以足饘粥耳,而所至访问,终不可得。岂吾道方艰难、无适而可耶? 抑人生自有定分,虽一饱亦如功名富贵不可轻得也。

三十七 *

范蜀公呼我卜邻许下。许下多公卿,而我蓑衣箬笠放浪于东坡之上,岂复能事公卿哉? 若人久放浪,不觉有病,或然持养,百病皆作。如州县久不治,因循苟简,亦日无事,忽遇能吏,百弊纷然,非数月不能清净也。要且坚忍不退,所谓一劳永逸也。

三十八 *

《泗州大圣僧伽传》云:和尚,何国人也。又云世莫知其所从来,云不知何国人也。近读《隋史·西域传》,乃有何国。余在惠州,忽被命责儋耳。太守方子容自携告身来,且吊余曰:"此固前定,可无恨。吾妻沈素事僧伽谨甚,一夕梦和尚告别,沈问所往,答云:'当与苏子瞻同往,后七十二日当有命。'今适七十二日矣,岂非前定乎?"余以为事之前定者,不待梦而知。然余何人也,而和尚辱与同行,得非夙世有少缘契乎?

卷二

一

"若稽古"，其训曰"顺"。考古之所谓"若"，今之所谓"顺"也，古之所谓"诚"，今之所谓"真"也，非以"若"易"顺"，"诚"易"真"也。曰"惠"，亦"顺"也。方《虞书》时，未有云"顺"者也。

二

班固有云："当孝文时，天下以郦寄为卖友。夫卖友者，谓见利而忘义也。若寄父为功臣而又势劫，摧吕禄以安社稷，谊存君亲，可也。"东坡先生曰：当是时，寄固不得不卖友也，罪在于以功臣子而与国贼游，且相厚善也。石碏之子厚，与州吁游，碏禁之，不从，卒杀之。君子无所讥，曰"大义灭亲"。郦商之贤，不及石碏，故寄得免于死，古之幸人也。而固又为洗卖友之秽，固之于义，陋矣！

三

蔡延庆所生母亡，不为服久矣。闻李定不服所生母，为台所弹，乃乞追服，乃知蟹匡蝉緌，不独成人之弟也。是时有朱寿昌，其所生母三岁舍去，长大刺血写经，誓毕生寻访，凡五十年乃得之，奉养三年而母亡，寿昌至毁焉。善人恶人，相去乃尔远耶！余谪居于黄，而寿昌为鄂守，与余往还甚熟，余为撰《梁武忏引》者也。

四*

郗超虽为桓温腹心，以其父愔忠于王室，不令知之。将死，出一箱,付门生曰:"本欲焚之,恐公年尊,必以相伤为毙。我死后,公若大损眠食,可呈此箱。不尔,便焚之。"愔后果哀悼成疾,门生依旨呈此,则悉与温往返密计。愔大怒曰:"小子死晚矣!"更不复哭。若方回者,可谓忠臣矣,当与石碏比,然超谓之不孝,可乎? 使超知君子之孝,则不从温矣。东坡先生曰:超,小人之孝也。

五

徐积,字仲车,古之独行也,於陵仲子不能过。然其诗文则怪而放,如玉川子,此一反也。耳聩甚,画地为字,乃始通语,终日面壁坐,不与人接,而四方事无不周知其详,虽新且密,无不先知,此二反也。

六 *

钱塘寿禅师,本北郭税务专知官,每见鱼虾,辄买放生,以是破家。后遂盗官钱为放生之用,事发坐死,领赴市矣。吴越钱王使人视之,若悲惧如常人,即杀之;否,则舍之。禅师澹然无异也,乃舍之。遂出家,得法眼净。禅师应以市曹得度,故菩萨乃见市曹以度。以学出生死法,得向死地走之一遭,抵三十年修行。吾窜逐海上,去死地稍近,当于此证阿罗汉果。

七 *

《南史》:刘凝之为人认所着履,即予之,此人后得所失履,送还,不肯复取。又沈麟士亦为邻人认所着履,麟士笑曰:"是卿履耶?"即予之。邻人得所失履,送还,麟士曰:"非卿履耶?"笑而受之。此虽小事,然处世当如麟士,不当如凝之也。

八 *

柳宗元敢为诞妄,居之不疑。吕温为道州、衡州,及死,二州之人哭之逾月,客舟之道于永者,必呱呱然。虽子产不至此,温何以得之! 其称温之弟恭亦贤豪绝人者,又云恭之妻裴延龄女也。孰有士君子肯为裴延龄婿者乎？宗元与佋、叔文交，盖亦不羞与延龄姻也。恭为延龄婿，不见于史，宜表而出之，见宗元文集《恭墓志》云。

九*

元符三年八月，余在合浦，有老人苏佛儿来访，年八十二，不饮酒食肉，两目烂然，盖童子也。自言十二岁斋居修行，无妻子，有兄弟三人，皆持戒念道，长者九十二，次者九十。与论生死事，颇有所知。居州城东南六七里，佛儿尝卖菜之东城，见老人言："即心是佛，不在断肉。"余言："勿作此念，众人难感易流。"老人大喜曰："如是，如是。"

十*

马梦得与仆同岁月生，少仆八日。是岁生者，无富贵人，而仆与梦得为穷之冠，即吾二人而观之，当推梦得为首。

十一

王僧虔居建康里马粪巷，子孙皆笃实谦和，时人称马粪诸王为长者。《东汉》赞论李固，云"视胡广、赵戒犹粪土"。粪土之秽也，一经僧虔，便为佳号，而以比胡广，则粪土有时而不幸。

十二*

芝上人言：近有节度判官朱炎，学禅久之，忽于《楞严经》若有所得者。问讲僧义江曰："此身死后，此心何住？"江云："此身未死，此心何在？"炎良久以偈答曰："四大不须先后觉，六根还向用时空。难将语默呈师也，只在寻常语默中。"师可之。炎后竟坐化，真庙时人也。

十三

杜子美诗云："自平宫中吕太一。"世莫晓其义，而妄者至以为唐时有自平宫。偶读《玄宗实录》，有宫人吕太一叛于广南。杜诗盖云"自平宫中吕太一"，故下文有"南海收珠"之句。见书不广，而以意改文字,鲜不为人所笑也。

十四

子由为人,心不异口,口不异心,心即是口,口即是心。近日忽作禅语,岂世之自欺者耶?欲移之于老兄而不可得。如人饮水,冷暖自知,死生可以相待,祸福可以相共,唯此一事,对面相分付不得。珍重,珍重!

十五

徐陵多忘,每不识人,人以此咎之。陵曰:"公自难识。若曹、刘、沈、谢辈,暗中摸索亦合认得。"诚哉是言。

十六*

东海徐则隐居天台,绝粒养性。太极真人徐君降之,曰:"汝年出八十,当为王者师,然后得道。"晋王广闻其名,往召之。则谓门人曰:"吾年八十来召我,徐君之言信矣。"遂诣扬州。王请受道法,辞以时日不利,后数日而死,肢体如生,道路皆见其徒步,云"得放还山"。至旧居,取经书分遗弟子,乃去。既而丧至。予以谓徐生高世之人,义不为炀帝所污,故辞不肯传其道而死。徐君之言,盖聊以避祸,岂所谓危行言逊者耶?不然,炀帝之行,鬼所唾也,而太极真人肯置之齿牙哉!

十七*

颜斶与齐王游,食必大牢,出必乘车,妻子衣服丽都。辞去,曰:"玉生于山,制则破焉,非不宝贵也,然而太璞不完;士生于鄙野,推迁则禄焉,非不尊遂也,然而形神不全。斶愿得归,晚食以当肉,安步以当车,无罪以当贵,清净贞正以自娱。"嗟乎!战国之士,未有如鲁连、颜斶之贤者也,然而未闻道也。晚食以当肉,安步以当车,是犹有意于肉与车也。晚食自美,安步自适,取于美与适,足矣,何以当肉与车为哉！虽然，蝎可谓巧于居贫者也。未饥而食，虽八珍犹草木也；使草木如八珍，唯晚食为然。蝎固巧矣，然非我之久于贫，不能知蝎之巧也。

十八*

男子之生也覆，女子之生也仰，其死于水也亦然。男子内阳而外阴，女子反是，故《易》曰"坤至柔而动也刚"，《书》曰"沉潜刚克"，古之达者盖如此也。秦医和曰："天有六气，淫为六疾；阳淫热疾，阴淫寒疾，风淫末疾，雨淫腹疾，晦淫惑疾，明淫心疾。夫女，阳物而晦时，故淫则为内热蛊惑之疾。"女为蛊惑，世之知者众，其为阳物而内热，虽良医未之言也。五劳七伤，皆热中而蒸，晦淫者不为蛊则中风，皆热之所生也。医和之语，吾当表而出之。读《左氏》，书此。

十九

吾昔少年时，所居书室前有竹柏杂花，丛生满庭，众鸟巢其上。武阳君恶杀生，儿童婢仆皆不得捕取，鸟雀数年间皆巢于低枝，其𪃟可俯而窥也。又有桐花凤，四五日翔集其间，此鸟羽毛至为珍异难见，而能驯扰，殊不畏人。间里间见之，以为异事，此无他，不忮之诚，信于异类也。有野老言：鸟雀去人太远，则其子有蛇鼠狐狸鸱鸢之忧，人既不杀，则自近人者，欲免此害也。由是观之，异时鸟鹊巢不敢近人者，以人为甚于蛇鼠之类也。"苛政猛于虎"，信哉！

二十

韩退之喜大颠，如喜澄观、文畅之意尔，非信佛法也。世乃妄撰退之与大颠书，其词凡陋，退之家奴仆亦无此语。有一士人又于其末妄题云："欧阳永叔谓此文非退之莫能及此。"又诬永叔也。永叔作《醉翁亭记》，其辞玩易，盖戏云尔，又不自以为奇特也，而妄庸者亦作永叔语云："平生为此文最得意。"又云："吾不能为退之《画记》，退之又不能为吾《醉翁亭记》。"此又大妄也。仆尝谓退之《画记》近似甲乙帐耳，了无可观。世人识真者少，可叹亦可愍也。

二十一*

李邦直言：周瑜二十四经略中原，今吾四十，但多睡善饭，贤愚相远如此。安上言吾子似快活，未知孰贤？

二十二*

与朱勃逊之会议于颍，或言洛人善接花，岁出新枝，而菊品尤多。逊之曰："菊当以黄为正，馀可鄙也。"昔叔向闻鬷蔑一言，得其为人，予于逊之亦云然。

二十三

汉武帝违韩安国而用王恢，然卒杀恢，是有秦穆违蹇叔之罪，而无用孟明之德也。

二十四*

夫学者载籍极博，犹考信于六艺，《诗》《书》虽阙，然虞、夏之文可知也。尧将逊位，让于虞舜，舜、禹之间，岳牧咸荐，乃试之于位，典职数十年，功用既兴，然后授政。示天下重器，王者大统，传天下若斯之难也。而说者曰："尧让天下于许由，由不受，耻之，逃隐。及夏之时，有卞随、务光者。此何以称焉？"东坡先生曰：士有以箪食豆羹见于色者，自吾观之，亦不信也。

二十五

子由作《栖贤僧堂记》，读之便如在堂中，见水石阴森，草木胶葛也。仆当为书之，刻石堂上，且欲与庐山结缘，予他日入山，不为生客也。

二十六

过姑熟堂下，读李白十咏，疑其语浅陋，不类太白。孙邈云："闻之王安国，此李赤诗，秘阁下有赤集，此诗在焉，白集中无此。"赤见柳子厚集，自比李白，故名赤，卒为厕鬼所惑而死。今观此诗止如此，而以比太白，则其人心疾已久，非特厕鬼之罪。

二十七*

杜牧集有《敦煌郡僧正兼州学博士僧慧苑除临坛大德制词》，盖宣宗复河湟时事也。蕃僧最贵中国紫衣、师号，种世衡知青涧城，无以使此等，辄出牒补授。君子予其权，不责其专也。

二十八

《周礼》有金镯，《国语》有"镯于丁宁"，萧齐始兴王鉴尝得之。高三尺六寸六分，围二尺四寸，圆如筒，铜色黑如漆。上有铜马，以绳悬马，令出地尺馀，灌之以水，又以器盛水于下，以芒茎当心跪注镯于，清响如雷，良久乃已。记者能道其尺寸之详如此，而拙于遣词，使古器形制不可复得其仿佛，甚可恨也！

二十九*

乐天行张平叔户部侍郎判度支制诰，云："吾坐而决事，丞相以下不过四五，而主计之臣在焉。"以此知唐制，主计盖坐而论事也。不知四五者悉何人？平叔议盐法至为割剥，事见退之集。今乐天制诰亦云"计能析秋毫，吏畏如夏日"，其人必小人也。

三十

余来黄州，闻光、黄人二三月皆群聚讴歌，其词固不可解，而其音亦不中律吕，但宛转其声，高下往返，如鸡唱尔。与朝堂中所闻鸡人传漏，微有所似，但极鄙野尔。《汉官仪》："宫中不畜鸡，汝南出长鸣鸡。卫士候朱雀门外，专传鸡鸣。"又应劭曰："今《鸡鸣歌》也。"《晋太康地道记》曰："后汉固始、鲖阳、公安、细阳四县卫士习此曲，于阙下歌之。今《鸡鸣》是也。"颜师古不考本末，妄破此说。今余所闻岂亦《鸡鸣》之遗声乎？今土人谓之山歌云。

三十一 *

　　子由言：有一人死而复生，问冥官如何修身可以免罪，答曰："子宜置一卷历，旦昼之所为，暮夜必记之，但不记者，是不可言、不可作也。"无事静坐，便觉一日似两日，若能处置此生常似今日，得至七十便是百四十岁，人世间何药可能有此效？既无反恶，又省药钱。此方人人收得，但苦无好汤使，多咽不下。晁无咎言：司马温公有言："吾无过人者，但平生所为，未尝有不可对人言者耳。"予亦记前辈有诗曰："怕人知事莫萌心。"皆至言，可终身守之。

卷三

一

宋君夺民时以为台而民非之,无忠臣以掩其过也。子罕释相而为司空,民非子罕而善其君。齐桓公宫中七市,女闾七百,国人非之,管仲所为三归之台以掩桓公。此《战国策》之言也。苏子曰:管仲,仁人也,《战国策》之言庶几是乎! 然世未有以为然者也。虽然,管仲之爱其君亦陋矣,不谏其过而务分谤焉。或曰:管仲不可谏也。苏子曰:用之则行,舍之则藏。谏而不听,则不用而已矣。故孔子曰:"管仲之器小哉!"

二

善用兵者,破敌国当如小儿毁齿,以渐摇撼取之,虽小痛而能堪也。若不以渐,一拔而得齿,则取齿足以杀儿。王翦以六十万人取荆,此一拔取齿之道也,秦亦愈矣,二世而败,坐此也夫!

三

左氏云:"管仲之世祀也宜哉。"谓其有礼也,而管仲之后不复见于齐者。余读其书,大抵以鱼盐富齐耳,余然后知管子所以无后于齐者。孔子曰:"微管仲,吾其被发左衽矣。"又曰:"如其仁。"夫以孔子称其仁,左丘明称其有礼,然不救其无后,利不可与民争也如此。桑弘羊灭族,韦坚、王铁、杨慎矜、王涯之徒,皆不免于祸,孔循诛死,有以也夫!

四

常病太史公言宰我与田常作乱,夷其族,使吾先师之门乃有叛臣焉,而天下通祀者容叛臣其间,岂非千载不蠲之惑也耶?近令儿子迈考阅旧书,究其所因,则宰我不叛,其验明甚。太史公固陋承疑,使宰我负冤千载,而吾先师与蒙其诟,自兹一洗,亦古今之快也!

五

芳贾论子玉过三百乘,而郤克自谓不如先大夫,请八百乘,将以用寡为胜,抑将以多为贤也。如淮阴侯言"多多益善",是用多亦不易。古人以兵多败者,不可胜数,如王寻、符坚、哥舒翰者多矣。子玉刚而无礼,少与之兵,或能戒惧而可不败耶?

六*

晋惠帝为太子,卫瓘欲陈启废立之策而未敢发。会燕凌云台,瓘托醉跪帝前,曰:"臣欲有所启。"欲言之而止者三,因拊床曰:"此座可惜!"帝意乃悟,曰:"公真大醉。"贾后由是怨之。此何等语,乃于众中言之,岂所谓"不密失身"者耶?以瓘之智,不宜暗此,殆邓艾之冤,天夺其魄耳。

七*

晋武帝欲为太子娶妇,卫瓘曰:"贾氏有五不可,青、黑、短、妒而无子。"竟为群臣所举,娶之,竟以亡晋。妇人黑白美恶,人人知之,而爱其子,欲为娶妇且使多子者,人人同也,然至其惑于众口,则颠倒错谬如此。俚语曰"证龟成鳖",此未足怪也,以此观之,当云"证龟成蛇"。小人之移人也,使龟蛇易位,而况邪正之在其心、利害之在岁月后者耶?

八*

阮籍见张华《鹪鹩赋》,叹曰:"此王佐才也!"观其意,独欲自全于祸福之间耳,何足为王佐乎? 华不从刘卞言,竟与贾氏之祸,畏八王之难,而不免伦、秀之虐,此正求全之过,失鹪鹩之本意。

九

桓温之所成,殆过于刘越石,而区区慕之者,英雄必自有以相伏,初不以成败言。以此论之,光武之度,本不如玄德,唐文皇之英气,未必过刘寄奴也。

十

观昌邑王与张敞语,真清狂不慧者耳,乌能为恶。既废则已矣,何至诛其从官二百馀人? 以吾观之,其中从官必有谋光者,光知之,故立、废贺,非专以淫乱故也。二百人者方诛,号呼于市,曰"当断不断,反受其乱",此其有谋明矣。特其事秘,史无缘得之,著此者,亦欲后人微见其意也。武王数纣之罪,孔子犹且疑之,光等数贺之恶,可尽信哉!

十一*

匈奴围汉平城,群臣上言:"胡者全兵,请令强弩傅两矢外乡,徐行出围。"李奇注"全兵"云:"惟弓矛,无杂仗也。"此说非是。使胡有杂仗,则傅矢外乡之策不得行欤? 且奇何以知匈奴无杂仗也。匈奴特无弩耳。"全兵"者,言匈奴自战其地,不致死不得与我行此危事也。

十二

人君不得与臣下争善,同列争善,犹以为妒,可以君父而妒臣子乎? 晋宋间人主至与臣下争作诗写字,故鲍照多累句,王僧虔用拙笔以避祸。悲夫,一至于此哉! 汉文帝言:"久不见贾生,自以为过之,今乃不及。"非独无损于文帝,乃所以为文帝之盛德也,而魏明乃不能堪,遂作汉文胜贾生之论。此非独求胜其臣,乃与异代之臣争善,岂惟无人君之度? 正如妒妇不独禁忌其夫,乃妒他人之妾也。

十三

魏武帝既胜乌桓，曰："吾所以胜者，幸也。前谏我者，万全之计也。"乃赏谏者，曰："后勿难言。"袁绍既败于官渡，曰："诸人闻吾败，必相哀，惟田别驾不然，当幸其言之中也。"乃杀丰。为明主谋而不忠，不惟无罪，乃有赏；为庸主谋而忠，赏固不可得，而祸随之。乃知本初、孟德所以兴亡者。

十四*

方与公谓周昌之吏赵尧，年虽少，奇士，君必异之，且代君。昌笑曰："尧，刀笔吏尔，何至是？"居顷之，尧说高祖为赵王置贵强相，独周昌为可。高祖用其策，尧竟代昌为御史大夫。吕后杀赵王，昌亦无能为，特谢病不朝尔。由此观之，尧特为此计规代昌尔，安能为高祖谋哉！吕后怨尧为此计，亦抵尧罪。尧非特不能为高祖谋，其自为谋亦不善矣。昌谓之刀笔吏，岂诬也哉！

十五*

荀卿云："青出于蓝而青于蓝，冰生于水而寒于水。"世之言弟子胜师者，辄以此为口实，此无异梦中语。青即蓝也，冰即水也。酿米为酒，杀羊豕以为膳羞，曰"酒甘于米，膳羞美于羊豕"，虽儿童必笑之，而荀卿以是为辩，信其醉梦颠倒之言。以至论人之性，皆此类也。

十六

西汉风俗诌媚，不为流俗所移，唯汲长孺耳。司马迁至伉简，然作《卫青传》，不名，但谓之"大将军"；贾谊何等人也，而谓之爱幸于河南太守吴公。此等语甚可鄙，而迁不知，习俗使然也。本朝太宗时，士大夫亦有此风，至今未甚衰。吾尝发策学士院，问两汉所以亡者难易相反，其意在此也，而答者不能尽。吾亦尝于上前论之。

十七

唐太宗时，雉数飞集宫中。上以问褚遂良，良曰："昔秦文公时，童子化为雉，雌鸣陈仓，雄鸣南阳，童子曰：'得雄者王，得雌者霸。'文公得其雌，遂雄诸侯。光武得其雄，起南阳，有四海。陛下本封秦，故雌雄并见，以告明德。"上悦，曰："人不可以无学。遂良所谓多识君子哉！"余以谓秦雉，陈宝也，岂常雉乎？今见雉即谓之宝，犹得白鱼，便自比武王，此诡佞之甚，愚瞀其君者，而太宗喜之，史不讥焉。野鸟无故数入宫，此正灾异，使魏徵在，必以高宗鼎耳之祥谏也。遂良非不知此，舍鼎耳而取陈宝，非忠臣也。

十八*

八蜡，三代之戏礼也，岁终聚戏，此人情之所不免也，因附以礼义。亦曰：不徒戏而已矣。祭必有尸，无尸曰奠，始死之奠与释奠是也。今蜡谓之祭，盖有尸也，猫虎之尸，谁当为之？置鹿与女，谁当为之？非倡优而谁。葛带榛杖，以丧老物，黄冠草笠，以尊野服，皆戏之道也。子贡观蜡而不悦，孔子譬之曰："一弛一张，文武之道。"盖为是也。

十九

唐高祖起兵汾晋间，时子建成、元吉、楚哀王智云，皆留河东护家。高祖起兵，乃密召之。隋购之急，建成、元吉能间道赴太原，智云幼，不能逃，为吏所诛。高祖以父子之故，不能少缓义师数日，以须建成等至乎？以此知为秦王所逼，高祖逼于裴寂乱宫之事，不暇复为三子性命计矣。太宗本谋于是时，借隋吏以杀兄弟，其意明甚。新旧史皆曲为太宗润饰杀兄弟事，然难以欺后世矣。建成、元吉之恶，亦孔子所谓下流必归欤！

二十*

吾先君友人史经臣彦辅，豪伟人也。尝言："黄霸本尚教化，庶几于富而教之者,乃复用乌攫小数,陋哉! 颍川凤凰,盖可疑也,霸以鶡为神雀,不知颍川之凤以何物为之?"虽近于戏,亦有理也。

二十一

李斯上书谏二世,其略曰:"田常为简公臣,布惠施德,下得百姓,上得群臣,阴取齐国,杀宰予于庭。"是宰我不从田常,为常所杀也。《弟子传》乃云:"宰我与田常作乱,而灭其族,孔子耻之。"李斯事荀卿,去孔子不远,宜知其实。《弟子传》妄也。

二十二

乐正子春曰:"自吾母而不用吾情,吾安所用其情。"故不情者,君子之所甚恶也,虽若孝弟者,犹所不与。以德报怨,行之美者也,然孔子不取者,以其不情也。直不疑买金偿亡,不辩盗嫂,亦士之高行矣,然非人情。其所以蒙垢受诬,非不求名也,求名之至也。太史公窥见之,故其赞曰:"塞侯微巧,周文处诌,君子讥之,为其近于佞也。"不疑蒙垢以求名,周文秽迹以求利,均以为佞。佞之为言智也。太史公之论后世无晓者,吾是以疏之。

二十三

巢、由不受尧禅,尧、舜不害为至德;夷、齐不食周粟,汤、武不害为至仁。故孔子不废是说,曰:"《武》尽美矣,未尽善也。"杨雄者独何人,乃敢废此,曰:"允哲尧让舜,则不轻于由矣。"陋哉斯言! 使夷、齐不经孔子,雄亦且废之矣。世祖诚知揖逊之水尚污牛腹,则干戈之粟岂可溷夷、齐之口乎? 于以知圣人以位为械,以天下为牢,庶乎其不骄士矣。

二十四

《史记·舜本纪》:"舜归而言帝,请流共工于幽陵,以变北狄;放驩兜于崇山,以变南蛮;迁三苗于三危,以变西戎;殛鲧于羽山,以变东夷。"太史公多见先秦古书,故其言时有可考,以证西汉以来儒者之失。四族者,若皆穷奸极恶,则必诛于尧之世,不待舜矣。屈原云:"鲧悻直以亡身。"则鲧盖刚而犯上者耳。若四族者皆小人也,则安能以变四夷之俗哉! 由此观之,四族之诛皆非诛死,亦不废弃,但迁之远方、为要荒之君长尔。如左氏之言,皆后世流传之过,若尧世有大奸在朝而不能去,则尧不足为尧矣。

二十五*

汉仍秦法,至重,高、惠固非虐主,然习所见以为常,不知其重也,至孝文始罢肉刑与参夷之诛。景帝复挐戮晁错,武帝罪戾,有增无减,宣帝治尚严,因武之旧。至王嘉为相,始轻减法律,遂至东京,因而不改。班固不记其事,事见《梁统传》,固可谓疏略矣。嘉,贤相也,轻刑又其盛德之事,可不记乎? 统乃言高、惠、文、景以重法兴,哀、平以轻法衰,因上书乞增重法律,赖当时不从其议。此如人年少时不节酒色而安,老后虽节而病,见此便谓酒色可以延年,可乎? 统亦东京名臣,一出此言,遂获罪于天,其子松、竦皆以非命而死,冀卒灭族。呜呼! 悲夫,戒哉!"疏而不漏",可不惧乎?

二十六*

张仪欺楚王以商於之地六百里,既而曰"臣有奉邑六里",此与儿戏无异。天下无不疾张子之诈,而笑楚王之愚也。夫六百里岂足道哉? 而张仪又非楚之臣,为秦谋耳,何足深过? 若后世之臣欺其君者曰:"行吾言,天下举安,四夷毕服,礼乐兴而刑罚措。"其君之所欲得者,非特六百里也,而卒无丝毫之获,岂特无所获,丧已不胜言矣。则其所以事君者,乃不如张仪之事楚。因读《晁错传》,书此。

二十七

商君之法,使民务本力农,勇于公战,怯于私斗,食足兵强,以成帝业。然其民见刑而不见德,知利而不知义,卒以此亡。故帝秦者商君也,亡秦者亦商君也。其生有南面之乐,既足以报其帝秦之功矣,而死有车裂之祸,盖仅足以偿其亡秦之罚,理势自然,无足怪者。后之君子,有商君之罪而无其功,享商君之福而未受其祸者,吾为之惧矣。元丰三年九月十五日读《战国策》书。

二十八

刘禹锡既败,为书自解,言王叔文实工言治道,能以口辨移人,既得用,所施为,人不以为当。太上久疾,宰相及用事者不得对。宫掖事秘,建桓立顺,功归贵臣,由是及贬。《后汉·宦者传》论云:"孙程定立顺之功,曹腾参建桓之策。"与梁冀比。舍清河而立蠡吾,此汉之所以亡也,与广陵监国王岂可同年而语哉! 禹锡乃敢以为比。以此知小人为奸,虽已败,犹不悛也,其可复置之要地乎? 因读《禹锡传》有所感,书此。

卷四

一 *

天上失星，崔浩乃云："当出东井。"已而果然，所谓"亿则屡中"者耶？汉十月，五星聚东井，金、水尝附日不远，而十月日在箕尾，此浩所以疑其妄。以余度之，十月为正，盖十月乃今之八月尔，八月而得七月节，则日犹在翼、轸间，则金、水聚于井，亦不甚远。方是时，沛公未得天下，甘、石何意诒之？浩之说未足信也。

二 *

楚孝王嚣疾，成帝诏云："夫子所痛，蔑之，命矣。"夫东平王不得于太后，元帝诏曰："诸侯在位不骄，然后富贵离其身，而社稷可保。"皆与今《论语》《孝经》小异。离，附离也，今作"不离于身"，疑为俗儒所增也。

三 *

房次律败于陈涛斜，杀四万人，悲哉！世之言兵者或取《通典》，《通典》虽杜佑所集，然其源出于刘秩。陈涛之败，秩有力焉。次律云："曳洛河虽多，安能当我刘秩。"挟区区之辩，以待曳洛河，疏矣。

四

先友史经臣，字彦辅，眉山人，与先子同举制策，有名蜀中，世所共知。沆子疑者，其弟也，沆才气绝人，而薄于德。彦辅才不减沆，而笃于节义，博辩能属文，其《思子台赋》最善，大略言汉武、晋惠天资相去绝远，至其惑，则汉武与晋惠无异。竟不仕，年六十卒，无子。先君为治丧，立其同宗子为后，今为农夫，无闻于人。沉亦无子，哀哉！

五

《史记》司马穰苴，齐景公时人也，其事至伟，而《左氏》不载，余尝疑之。《战国策》云：司马穰苴为政者也，闵王杀之，大臣不亲。则其去景公也远矣。太史取《战国策》而作《史记》，当以《战国策》为信，凡《史记》所书大事而《左氏》无有者，皆可疑。如程婴、杵臼之类是也。穰苴之书不可诬，抑不在春秋之世矣，当更徐考之。

六

司马相如归蜀，临邛令王吉谬为恭敬，日往朝相如。相如称病，使从者谢吉。及卓氏为具，相如又称病不往，吉自往迎相如。观吉意，欲与相如为率钱之会尔，而相如遂窃妻以逃，大可笑。其《谕蜀父老》云"以讽天子"，以今观之，不独不能讽，殆几于劝矣。谄谀之意，死而不已，犹作《封禅书》，如相如，真所谓小人也哉！

七

晋士浮虚无实用，然其间亦有不然者。如孟嘉平生无一事，然桓温谓嘉曰："人不可无势，我乃能驾驭卿。"温平生轻殷浩，岂妄许人者哉？乃知孟嘉若遇，当作谢安，安不遇，不过如孟嘉。

八*

稷下之盛，胎骊山之祸，太学三万人，嘘枯吹生，亦兆党锢之冤。今吾闻本、秀二僧，皆以口耳区区奔走王公，汹汹都邑，安得而不败？殆非浮屠氏之福也。

九*

昔先友史经臣彦辅谓余："阮籍登广武而叹曰：'时无英雄，使竖子成其名。'岂谓沛公竖子乎？"余曰："非也，伤时无刘、项也。竖子指魏晋间人耳。"其后余游润州甘露寺,有孔明、孙权、梁武、李德裕之遗迹,余感之赋诗,其略曰:"四雄皆龙虎,遗迹俨未刊。方其盛壮时,争夺肯少安。废兴属造物,迁逝谁控抟。况彼妄庸子,而欲事所难。聊兴广武叹,不待雍门弹。"则犹此意也。今日读李太白《登广武古战场》诗云:"沉湎呼竖子,狂言非至公。"乃知太白亦误认嗣宗语,与先友之意无异也。嗣宗虽放荡,本有志于世,以魏晋间多故,故一放于酒,何至以沛公为竖子乎?

十*

真宗时,或荐梅询可用者,上曰:"李沆尝言其非君子。"时沆之没,盖二十馀年矣。欧阳文忠公尝问苏子容曰:"宰相没二十年,能使人主追信其言,以何道?"子容言:"独以无心故耳。"某因赞其语,且言:"陈执中俗吏耳,特至公,犹能取信主上,况如李公之才识,而济之以无心耶!"元祐三年兴龙节,赐宴尚书省,论此。是日,又见王巩云其父仲仪言:"陈执中罢相,仁宗问:'谁可代卿者?'执中举吴育。上即日召赴阙。会乾元节侍宴,偶醉坐睡,忽惊顾,拊床呼其从者。上愕然,即除西京留台。"以此观之,执中虽俗吏,亦可贤也。育之不相,命矣夫!然晚节有心疾,亦难大用,仁宗非弃材之主也。

十一

张舜民言:"永洛之役,李舜举、徐禧、李稷皆在围中。上以手诏赐西人,若能保全吏士,当尽复侵地。诏未至而舜举等已死。"圣主可谓重一士而轻千里矣,惜此等不被其赐也,哀哉,哀哉!舜举,中官也,将死,以败纸半幅书其上云:"臣舜举死无所恨,但愿陛下勿轻此贼,付一健黠者间走以闻。"时李稷亦将死,书纸后云:"臣稷千苦万屈。"上为一恸。然以见二人之贤不肖。

十二

方李宪用事时,士大夫或奴事之,穆衍、孙路至为执袍带;王中正盛时,俞充至令妻执板而歌,以侑中正饮,若此类不可胜数。而彭孙本以劫盗招出,气凌公卿,韩持国至诣其第,出妓饮酒,酒酣,慢持国,持国不敢对。然常为李宪濯足,曰:"太尉足何其香也!"宪以足踏其头曰:"奴谄我不太甚乎!"孙在许下造宅,私招逃军三百人,役之。予时将乞许,觊至郡,考其实,斩讫乃奏,会除颍州而止。

十三

张舜民芸叟,邠人也,通练西事,稍能诗,从高遵裕西征中途,作诗二绝,一云:"灵州城下千株柳,总被官军斫作薪。他日玉关归去路,将何攀折赠行人?"一云:"青铜峡里韦州路,十去从军九不回。白骨似沙沙似雪,将军莫上望乡台。"为转运判官李察所奏,得罪,贬郴州监税。舜民言:"官军围灵武不下,粮尽而返。西人从城上问官军:'汉人兀攃否?'或仰而答曰'兀攃',城上皆大笑。"西人谓"惭"为"兀攃"也。

十四*

天圣中,曹玮以节镇定州。王鬷为三司副使,疏决河北囚徒,至定州。玮谓鬷曰:"君相甚贵,当为枢密使,然吾昔为秦州,闻德明岁使人以羊马货易于边,课所获多少为赏罚,时将以此杀人。其子元昊,年十三,谏曰:'吾本以羊马为国,今反以资中原,所得皆茶綵轻浮之物,适足以骄惰吾民,今又欲以此戮人!茶綵日增,羊马日减,吾国其削乎!'乃止不戮。吾闻而异之,使人图其形,信奇伟。若德明死,此子必为中国患,其当君之为枢密时乎?盍自今学兵讲边事?"鬷虽受教,盖亦未必信也。其后鬷与张观、陈执中在枢府,元昊反,杨义上书论土兵事,上问三人,皆不知,遂皆罢之。鬷之孙为子由婿,故知之。

十五*

元祐二年二月十七日,见王伯虎炳之言:"昔为枢密院礼房检详文字,见高丽公案。始因张诚一使契丹,于虏帐中见高丽人,私语本国主向慕中国之意,归而奏之,先帝始有招来之意。枢密使吕公弼因而迎合,亲书札子乞招致,遂命发运使罗拯遣商人招之。"天下知非拯,而不知罪公弼。如诚一,盖不足道也。

十六

前日见邸报,范景仁乞上殿,不知其何为也。近得其倅伯禄书云:"景仁上殿,为定大乐也。"景仁本以言新法不便致仕,乃以功成治定,自荐于乐,则新法果便也? 杨子云言:"齐鲁有大臣,史失其名,叔孙通欲制君臣之仪,征先生于齐鲁,所不能致者二人。"以景仁观之,杨雄之言可谓谬矣。

十七

今日见王巩云:"张安道向渠说:苏子瞻比吾孔北海、诸葛孔明。孔明则吾岂敢? 北海或似之,然不若融之蠢也。"吾谓北海以忠义气节冠天下,其势足与曹操相轩轾,决非两立者。北海以一死捍汉室,所谓轻于鸿毛者,何名为蠢哉!

十八

孔道辅为御史中丞,劾冯士元事,尽法不阿。仁宗称之,有意大用。时大臣与士元通奸利,最甚者宰相程琳。道辅既得其情矣,而退傅张士逊不喜道辅,欲有以中之。上使道辅送札子中书,士逊屏人,与语久之。时台官纳札子,犹得于宰相公厅后也。因言:"公将大用。"道辅喜。士逊曰:"公所以致此,谁之力也? 非程公,公不至此。"道辅怅然,愧而德之。不数日上殿,遂力救琳。上大怒,既贬琳,亦黜道辅兖州。道辅知为士逊所卖,感愤得疾,死中路。元祐三年五月三日,闻之苏子容。

十九

杜正献公为相,蔡君谟、孙之翰为谏官,屡乞出。仁宗云:"卿等审欲得郡,当具所欲乞奏来。"于是蔡除福州,之翰安州。正献云:"谏官无故出,终非美事,乞且仍旧。"上可之。退书圣语。时陈恭公为执政,不肯书,曰:"吾初不闻。"正献惧,遂焚之。由此遂罢相。议者谓正献当俟明日审奏,不当遽焚其书也。正献言:"始在西府时,上每访以中书事,及为相,中书事不以访。"公因言:"君臣之间能全始终者,盖难也!"

二十*

温成皇后乳母贾氏,宫中谓之"贾婆婆",贾昌朝连结之,谓之"姑姑"。台谏论其奸,吴春卿欲得其实而不可。近侍有进对者曰:"近日台谏言事虚实相半,如'贾姑姑'事,岂有是哉?"上默然久之,曰:"贾氏实曾荐昌朝。"非吾仁祖盛德,岂肯以实语臣下耶?

二十一

李士衡之父一,以豪恣不法诛死,士衡方进用,王钦若欲言之而未有路。会真宗论时文之弊,因言:"路振,文人也,然不识体法。"上曰:"何也?"曰:"李士衡父诛死,而振为赠告曰'世有显人'。"上领之。士衡以故不大用。

二十二

欧阳文忠公撰范文正神道碑,载章献太后临朝时,仁宗欲率百官朝太后,范公力争,乃罢。其后某先君奉诏太常因革礼,求之故府,而朝正案牍具在。考其始末,无谏止之事,而有已行之明验。先君质之于文忠公,公曰:"文正公实谏,而卒不从,墓碑误也,当以案牍为正。"今日偶与客论此事,夜归乃记之。

二十三

吴元济以蔡叛,犯许、汝以惊东都,此岂可不讨者也。当时议者欲置之,固为非策,然不得武、裴二杰,事亦未易办也。白乐天岂庸人哉?然其议论,亦似欲置之者,其诗有"海图屏风"者,可见其意,且注云:"时方讨淮、蔡。"吾以是知仁人君子之于兵,盖不忍轻用如此。淮、蔡且欲以德怀,况欲弊所恃以勤无用乎?悲夫,此未易与世士谈也!

二十四

王郎反河北,独钜鹿、信都为世祖坚守。世祖既得二郡,议者以为可因二郡兵自送还长安,惟邳彤不可,以为若行此策,岂徒空河北,必更惊动三辅。公若无复征战之意,则虽信都之兵亦难会也,何者?公既西,则邯郸之兵不肯捐父母、背城主而千里送公,其离散逃亡可必也。世祖深感其言而止。苏子曰:此东汉兴亡之决,邳彤可谓汉之元臣也。景德契丹之役,群臣皆欲避敌江南、西蜀,独莱公不可。武臣中独高琼与莱公意同尔。公既争之力,上曰:"卿,文臣,岂能尽用兵之利害?"公曰:"请召高琼。"琼至,乃言避敌固为安全,但恐扈驾之士路中逃亡,无与俱西南者耳。上乃大惊,始决北征。琼之言大略似邳彤,皆一代雄杰也。

二十五

齐高帝云:"吾当使金土同价。"意则善矣,然物岂有此理哉?孟子曰:"物之不齐,物之情也。巨屦、小屦同价,人岂为之哉?"而孟子亦自忘此言,为"菽粟如水火"之论。金之不可使贱如土,犹土之不可使贵如金也。尧之民比屋可封,桀之民比屋可诛,信此说则尧时诸侯满天下,桀时大辟遍四海也。

二十六*

汉武帝无道,无足观者,唯踞厕见卫青,不冠不见汲长孺,为可佳尔。若青,奴才,雅宜舐痔,踞厕见之,正其宜也。

二十七*

儋耳进士黎子云言:城北十五里许有唐村,庄民之老曰允从者,年七十馀,问子云言:"宰相何苦以青苗久困我?于官有益乎?"子云言:"官患民贫富不均,富者逐什一益富,贫者取倍称,至鬻田质口不能偿,故为是法以均之。"允从笑曰:"贫富之不齐,自古已然,虽天公不能齐也,子欲齐之乎?民之有贫富,由器用之有厚薄也,子欲磨其厚,等其薄,厚者未动,而薄者先穴矣!"元符三年二月二十一日,子云过予言此。负薪能谈王道,正谓允从辈耶?

卷五

一

昨日子由寄《老子新解》，读之，不尽卷而叹。使战国时有此书，则无商鞅、韩非；使汉初有此书，则孔、老为一；晋、宋间有此书，则佛、老不为二。不意老年见此奇特。

二

元祐八年五月十日，雍丘令米芾有书，言县有虫，食麦叶，不食实。适会金部郎中张元方见过，云："麦、豆未尝有虫，有虫，盖异事也，既食其叶，则实自病，安有不为害之理。"元方因言："子方虫为害甚于蝗，有小甲虫，见辄断其腰而去，俗谓之旁不肯。"前此吾未尝闻也，故录之。

三

扬州芍药为天下冠，蔡繁卿为守，始作万花会，用花十馀万枝。既残诸园，又吏因缘为奸，民大病之。余始至，问民疾苦，以此为首，遂罢之。万花会本洛阳故事，亦必为民害也，会当有罢之者。钱惟演为留守，始置驿贡洛花，识者鄙之。此宫妾爱君之意也。蔡君谟始加法造小团茶贡之。富彦国叹曰："君谟乃为此耶！"近者余安道、孙献策榷饶州陶器，自监榷得提举，死焉。偶读《太平广记》，贞元五年，李白子伯禽为嘉兴徐浦下场榷盐官，侮慢庙神以死。以此知不肖子代不乏人也。

四 *

昨日见泗倅陈敦固道，言："胡孙作人状，折旋俯仰中度，细观之，其相侮慢也甚矣。人言'弄胡孙'，不知为胡孙所弄。"其言颇有理，故为记之。又见淮东提举黄寔言：见奉使高丽人言："所致赠作有假金银锭，夷人皆折坏，使露胎素，使者甚不乐。夷云：'非敢慢也，恐北虏有觇者以为真耳。'"由此观之，高丽所得吾赐物，北虏盖分之矣。而或者不察，谓北虏不知高丽朝我，或以为异时可使牵制北虏，岂不误哉！今日又见三佛齐来贡者，过泗州，官吏妓乐，纷然郊外，而椎髻兽面，睢盱船中，遂记胡孙弄人语良有理，故并记之。

五 *

王夷元龙言：钱子飞有治大风方，极验，常以施人。一日梦人自云："天使已以此病人，君违天怒，若施不已，君当得此病，药不能救。"子飞惧，遂不施。予以为天之所病不可疗耶，则药不应服有效；药有效者，则是天不能病。当是病之祟畏是药，而假天以禁人耳。晋侯之病，为二竖子，李子豫赤丸，亦先见于梦，盖有或使之者。子飞不察，为鬼所胁。若余则不然，苟病者得愈，愿代受其苦。家有一方，能下腹中秽恶，在黄州试之，病良已，今后当常以施人。

六 *

自省事以来，闻世所谓道人有延年之术者，如赵抱一、徐登、张无梦，皆近百岁，然竟死，与常人无异。及来黄州，闻浮光有朱元经尤异，公卿尊师之者甚众。然卒亦病，死时中风搐搦，但实能黄白，有馀药金，皆入官。不知世果无异人耶？抑有而人不见，此等举非耶？不知古所记人虚实，无乃与此等不大相远，而好事者缘饰之耶？

七

退之诗曰："百年未满不得死，且可勤买抛青春。"《国史补》云：

"酒有郢之富春,乌程之若下春,荥阳之土窟春,富平之石冻春,剑南之烧春。"杜子美亦云:"闻道云安曲米春,才倾一盏便醺人。"裴铏作《传奇》,记裴航事,亦有酒名松醪春。乃知唐人名酒多以春,则"抛青春"亦是酒名也。

八

过太平州,见郭祥正,言尝从章惇辟,入梅山溪洞中,说谕其首领。见洞主苏甘家有神画像,被服如士大夫,事之甚严。问之,云:"此知桂府李大夫也。"问其名,曰:"此岂可名哉?"扣头称死罪数四,卒不敢名。徐考其年月本末,则李公师中诚之也。诚之常为提刑,权知桂府尔。吾识诚之,知其为一时豪杰也。然小人多异议,不知夷獠乃尔畏信之,彼其利害不相及耳。

九

王介甫先封舒公,后改封荆。《诗》曰:"戎狄是膺,荆舒是惩。"识者谓宰相不学之过也。

十

近世人轻以意改书,鄙浅之人,好恶多同,故从而和之者众,遂使古书日就讹舛,深可愍疾。孔子曰:"吾犹及史之阙文也。"自予少时,见前辈皆不敢轻改书。故蜀本大字书皆善本。蜀本《庄子》云:"用志不分,乃疑于神。"此与《易》"阴疑于阳"、《礼》"使人疑汝于夫子"同。今四方本皆作"凝"。陶潜诗:"采菊东篱下,悠然见南山。"采菊之次,偶然见山,初不用意,而境与意会,故可喜也。今皆作"望南山"。杜子美云:"白鸥没浩荡,万里谁能驯。"盖灭没于烟波间耳。而宋敏求谓余云,鸥不解没,改作"波"字。二诗改此两字,便觉一篇神气索然也。

十一

杞人马正卿作太学正,清苦有气节。学生既不喜,博士亦忌之。余偶至其斋中,书杜子美《秋雨叹》一篇壁上,初无意也,而正卿即日辞归,不复出。至今白首穷饿,守节如故。正卿字梦得。

十二

孙卿子书有韵语者,其言鄙近,多言"成相",莫晓其义。《前汉·艺文志·诗赋类》中有《成相杂词》十一篇,则"成相"者,盖古讴谣之名也。疑所谓"邻有丧,舂不相",及《乐记》云"治乱以相讯也",亦恐由此得名。更当细考之。

十三

王介甫多思而喜凿,时出一新说,已而悟其非也,则又出一说以解之,是以其学多说。常与刘贡父食,辍箸而问曰:"孔子不撤姜食,何也?"贡父曰:"《本草》:生姜多食损智。道非明民,将以愚之。孔子以道教人者也,故不撤姜食,所以愚之也。"介甫欣然而笑,久之,乃悟其戏己也。贡父虽戏言,然王氏之学,实大类此。庚辰三月十一日,食姜粥,甚美。叹曰:"无怪吾愚,吾食姜多矣。"因并贡父言记之,以为后世君子一笑。

十四

五臣注《文选》,盖荒陋愚儒也。今日偶读嵇中散《琴赋》云:"间辽故音庳,弦长故徽鸣。"所谓庳者,犹今俗云敔声也。敔音鲜,出《羯鼓录》。两弦之间远则有敔,故曰"间辽"。"弦鸣"云者,今之所谓泛声也。弦虚而不按,乃可泛,故云"弦长而徽鸣"也。五臣皆不晓,妄注。又云:"《广陵》《止息》,《东武》《太山》,《飞龙》《鹿鸣》,《鹍鸡》《游弦》。"中散作《广陵散》,一名《止息》,此特一曲尔,而注云"八曲"。其他浅妄可笑者极多,以其不足道,故略之。聊举此,使后之学者勿凭此愚儒也。五臣既陋甚，至于萧统，亦其流尔。宋玉《高唐神女赋》自"玉曰唯唯"以前，皆赋也，而统谓之序，大可笑也。相如赋又首有子虚、乌有、亡是三人论难，岂亦序耶？其馀缪陋不一，亦聊举其一耳。

十五*

晋武帝探策，岂亦如签也耶？惠帝不肖，得一，盖神以实告。裴颁诡对，士君子耻之，而史以为美谈，鄙哉！惠、怀、愍皆不终，牛系马后，岂及亡乎？

十六

萧子云尝答敕云："臣昔不能赏拔，随时所贵，规模子敬，多历年所。年二十六著《晋史》，至《二王列传》，欲作论草隶法，言不尽意，遂不能成，略指论飞白一事而已。十许年乃见敕旨论书一卷，商略笔状，洞彻字体，始变子敬，全法元常。逮尔以来，自觉功进。"此又见《梁书》本传。今阁下法帖十卷中乃有卫夫人与一僧书，班班取子云此文，其伪妄可知也。

十七

陆士衡与士龙书云："登铜雀台，得曹公所藏石墨数瓮，今分寄一螺。"《大业拾遗记》："宫人以蛾绿画眉。"亦石墨之类也。近世无复此物。沈存中帅鄜、延，以石烛烟作墨，坚重而黑，在松烟之上。曹公所藏，岂此物也耶？

十八

田单使人食必祭，以致乌鸢，又设为神师，皆近儿戏，无益于事。盖先以疑似置齐人心中，则夜见火牛龙文，足以骇动，取一时之胜，此其本意也。

十九*

眉州青神县道侧有小佛屋,俗谓之"猪母佛",云百年前有牝猪伏于此,化为泉,有二鲤鱼在泉中,云盖猪龙也。蜀人谓牝猪为母,而立佛堂其上,故以名之。泉出石上,深不及二寸,大旱不竭,而二鲤莫有见者。余一日偶见之,以告妻兄王愿,愿深疑,意余之诞也。余亦不平其见疑,因与愿祷于泉上,曰:"余若不诞者,鱼当复见。"已而二鲤复出。愿大惊,再拜谢罪而去。此地应为灵异。青神文及者,以父病求医,夜过其侧,有髦而负琴者邀至室。及辞以父病不可留,而其人苦留之,欲晓乃遣去。行未数里,见道傍有劫盗所杀人,赫然未冷也。否者及亦不免矣。泉在石佛镇南五里许,去青神二十五里。

二十*

眉州人任达为余言:少时见人家畜数百鱼深池中,沿池砖甃,四周皆屋舍,环绕方丈间,凡三十余年,日加长。一日,天清无雷,池中忽发大声如风雨,鱼皆踊起,羊角而上,不知所往。达云:旧说不以神守,则为蛟龙所取,此殆是尔。余以谓蛟龙必因风雨,疑此鱼圈局三十余年,日有腾拔之念,精诚不衰,久而自达,理自然尔。

二十一*

吾昔为扶风从事,岁大旱,问父老境内可祷者,云:"太白山至灵,自昔有祷无不应。近岁向传师少卿为守,奏封山神为济民侯,自此祷不验,亦莫测其故。"吾方思之,偶取《唐会要》看,云:"天宝十四年,方士上言,太白山金星洞有宝符灵药,遣使取之而获,诏封山为灵应公。"吾然后知神之所以不悦者。即告太守,遣使祷之,若应,当奏乞复公爵。且以瓶取水归郡。水未至,风雾相缠,旗幡飞舞,仿佛若有所见。遂大雨三日,岁大熟。吾作奏检,具言其状,诏封明应公。吾复为记之,且修其庙。祀之日,有白鼠长尺余,历酒馔上,嗅而不食。父老云："龙也。"是岁嘉祐七年。

二十二*

昨日读《隋书·地里志》，黄州乃永安郡。今黄州东十五里许有永安城，而俗谓之女王城，其说甚鄙野，而《图经》以为春申君故城，亦非是。春申君所都乃故吴国，今无锡惠山上有春申君庙，庶几是乎？

二十三*

昔吾先君夫人僦宅于眉之纱縠行。一日，二婢子熨帛，足陷于地，视之，深数尺，有大瓮，覆以乌木板。先夫人急命以土塞之。瓮中有物，如人咳声，凡一年乃已。人以为此有宿藏物，欲出也。夫人之侄之问者闻之，欲发焉。会吾迁居，之问遂僦此宅，掘丈馀，不见瓮所在。其后某官于岐下，所居大柳下，雪方丈不积，雪晴，地坟起数寸。某疑是古人藏丹药处，欲发之。亡妻崇德君曰："使吾先姑在，必不发也。"某愧而止。

二十四*

眉之彭山进士有宋筹者，与故参知政事孙抃梦得同赴举。至华阴，大雪，天未明过华山下，有牌堠云"毛女峰"者。见一老姥坐堠下，鬓如雪而无寒色。时道上未有行者，不知其所从来，雪中亦无足迹。孙与宋相去数百步，宋先过之，亦怪其异而莫之顾。孙独留连与语，有数百钱挂鞍，尽以予之。既追及宋，道其事。宋悔，复往求之，已无所见。是岁孙第三人及第，而宋老死无成。此事蜀人多知之者。

二十五*

蜀人单骧者，举进士不第，顾以医闻，其术虽本于《难经》《素问》，而别出新意，往往巧发奇中，然未能十全也。仁宗皇帝不豫，诏孙兆与骧入侍，有间，赏赉不赀。已而大渐，二子皆坐诛，赖皇太后仁圣，察其非罪，坐废数年。今骧为朝官，而兆已死矣。予来黄州，邻邑人庞安常者,亦以医闻,其术大类骧,而加以针术妙绝。然患聋,自不能愈,而愈人之病如神,此古人所以寄论于目睫也耶?骧、安常皆不以贿谢为急,又颇博物,通古今,此所以过人也。元丰五年三月,余偶患左手肿,安常一针而愈,聊为记之。

二十六*

欧阳文忠公尝言:"少时有僧相我:耳白于面,名满天下,唇不着齿,无事得谤。其言颇验。"耳白于面,则众所共见,唇不着齿,余亦不敢问公,不知其何如也。

二十七

今日见提举陈贻叔,云:"舒州有医人李惟熙者,为人清妙,善论物理。云:菱芡皆水物,菱寒而芡暖者,菱开花背日,芡开花向日故也。又云:桃、杏花双仁辄杀人者,其花本五出,六出必双。旧说草木花皆五出,惟栀子与雪花六出,此殆阴阳之理。今桃杏六出双仁皆杀人者,失常故也。木石之蠹者,必不沙烂,沙烂者必不蠹而能浮,不浮者亦杀人。"余尝考其理,既沙烂,散则不能蕴蓄而生虫,瓜至甘而不蠹者,以其沙也。此虽末事,亦理有不可欺者。

二十八*

富彦国在青社,河北大饥,民争归之。有夫妇襁负一子,未几,迫于饥困,不能皆全,弃之道左空冢中而去。岁定还乡,过此冢,欲收其骨,则儿尚活,肥健愈于未弃时,见父母,匍匐来就。视冢中空无有,惟有一窍滑易,如蛇鼠出入,有大蟾蜍如车轮,气咻咻然,出穴中。意儿在冢中常呼吸此气,故能不食而健。自尔遂不食,年六七岁,肌理如玉。其父抱儿来京师,以示小儿医张荆筐。张曰:"物之有气者能蛰,燕、蛇、虾蟆之类是也。能蛰则能不食,不食则寿,此千载虾蟆也。法不当与药,若听其不食不娶,长必得道。"父喜,携去,今不知所在。

张与余言,盖嘉祐六年也。

二十九*

石普好杀人,以杀为娱,未尝知其暂悔也。醉中缚一奴,使其指使投之于河,指使哀而纵之。既醒而悔,指使畏其暴,不敢以实告。居久之,普病,见奴为祟,自以必死。指使呼奴示之,祟不复出,普亦愈。

三十*

元丰六年十二月二十七日,天欲明,梦数吏人持纸一幅,其上题云"请祭春牛文"。予取笔疾书其上,云:"三阳既至,庶草将兴,爰出土牛,以戒农事。衣被丹青之好,本出泥涂;成毁须臾之间,谁为喜愠?"吏微笑曰:"此两句复当有怒者。"旁一吏云:"不妨,此是唤醒他。"

三十一

近闻黄州小民贫者,生子多不举,初生便于水盆中浸杀之,江南尤甚,闻之不忍。会故人朱寿昌康叔守鄂州,某以书遗之,乃立赏罚以变此风。而黄之士古耕道,虽椎鲁无他长,然颇诚实,喜为善。乃使率黄人之富者岁出十千,如愿过此者亦听,使耕道掌之,多买米布绢絮,使安国寺僧继连书其出入。访间里田野,有贫甚不举子者,辄少遗之。若岁活得百个小儿,亦闲居一乐事也。吾虽贫,亦当出十千。

卷六

一*

黄州岐亭有王翊者，家富而好善，梦于水边见一人，为人所殴伤，几死，见翊而号，翊救之，得免。明日偶至水边，见一鹿为猎人所得，已中几枪。翊感悟，以数千赎之。鹿随翊起居，未尝一步舍翊。又翊所居后有茂林果木，一日，有村妇林中见一桃，过熟而绝大，独在木杪，乃取而食之。翊适见，大惊。妇人食已，弃其核。翊取而剖之，得雄黄一块，如桃仁，乃嚼而吞之，甚甘美。自是断荤肉，斋居一食，不复杀生，亦可谓异事也。

二

杜叔元字君懿，为人文雅，学李建中书，作诗亦有可观。蓄一砚，云家世相传，是许敬宗砚。始亦不甚信之，其后官于杭州，渔人于浙江中网得一铜匣，其中有铸成许敬宗字。砚有两足，正方，而匣亦有容足处，不差毫毛，始知是真敬宗物。君懿与吾先君善，先君欲求其砚而不可。君懿既死，其子沂以砚遗余，求作墓铭。余平生不作此文，乃归其砚，不为作。沂乃以遗孙觉莘老而得志文。余过高邮，莘老出砚示余曰："敬宗在，正好棒杀，何以其砚为？"余以为憎而知其善，虽其人且不可废，况其砚乎？乃问莘老求而得。砚，端溪紫石也，而滑润如玉，杀墨如风，其磨墨处微洼，真四百馀年物也。匣今在唐谭处，终当合之。

三*

昨日梦有人告我云:"知真飨佛寿,识妄吃天厨。"予甚领其意。或曰:"真即享佛寿,不妄吃天厨。"予曰:"真即是佛,不妄即是天,何但享而吃之乎?"其人甚可予言。

四*

今年三月,有书吏陈昱者暴死,三日而苏。云:初见壁有孔,有人自孔掷一物,至地化为人,乃其亡姊也。携其手自孔出,曰:"冥吏追汝,使我先见。"吏在旁。昏黑如夜,极望有明处,空有桥,榜曰"会明",人皆用泥钱。桥极高,有行桥上者。姊曰:"此生天也。"昱行桥下,然犹有在下者,或为鸟鹊所啅,姊曰:"此网捕者也。"又见一桥曰"阳明",人皆用纸钱。有吏曹十馀人,以状及纸钱至者,吏辄刻除之,如抽贯然。已而见冥官,则陈襄述古也。问昱:"何故杀乳母?"昱曰:"无之。"呼乳母至,血被面,抱婴儿,熟视昱,曰:"非此人也。乃门下吏陈周。"官遂放昱还,曰:"路远,当给竹马。"又使诸曹检己籍,示之,年六十九,官左班殿直。曰:"以平生不烧香,故不甚寿。"又曰:"吾辈更此一报,即不同矣。"意谓当超也。昱还,道见追陈周往。既苏,周果死。

五

鹅能警盗。钱塘人喜杀,日屠百鹅而鬻之市。余自湖上夜归,过屠者之门,群鹅皆号,声震衢路,若有诉者。余凄然,欲赎其死,念终无所置之,故不果,然至今往来予心也。鹅不独能警盗,亦能却蛇,其粪盖杀蛇。蜀人园池养鹅,蛇即远去。有此二能,而不能免死,且又有祈雨之厄。悲夫,安得人人如逸少乎?

六

吾昔求地蕲水田在山谷间,投种一斗,得稻十斛。问其故。云:

"连山皆野草散木,不生五谷,地气不耗,故发如此。"吾以是知五谷耗地气为最甚也。王莽末,天下旱蝗,黄金一斤,易粟一斛。至建武二年,野谷旅生,麻菽尤盛,野蚕成茧,被于山泽,人收其利,岁以为常。至五年,谷渐少而农事益修。盖久不生谷,地气无所耗,蕴蓄自发而为野蚕、旅谷,其理明甚。庚辰正月六日,读《世祖本纪》,书其事以为卫生之方。地不生草木者,多产金锡珠贝,亦此理也。

七

水族痴暗,人轻杀之。或云不能偿冤,是乃欺善怕恶,杀之,其不仁甚于杀能偿冤者。李公择尝谓余:"鸡有无雄而卵者,抱之虽能破壳而出,然不数日辄死。此卵可食,非杀之也。"余曰:"不然。凡能动者,皆佛子也。竹虱,初如涂粉竹叶上尔,然久乃能动者,百千为曹,无非佛子者。梁武水陆画像有六道外者,以淡墨作人、畜、禽、兽等形,冈冈然于空中也,乃是佛子流浪,陋劣之极。至于湿生如竹虱者,尤不可得,但若存若亡于冥漠间尔,而谓水族、鸡卵可杀乎? 但吾起一杀念,则地狱已具,不在其能诉不能诉也。"吾久戒杀,到惠州忽破戒,数食蛤蟹。然自今日忏悔,复修前戒。今日从者买一鲤,长尺有咫,虽困,尚能微动,乃置水瓮中,须其死而食,生即赦之。聊记其事,以为一笑。

八

脉之难明,古今所病也,至虚有盛候而大实有羸状,差之毫厘疑似之间,便有死生祸福之异。此古今所病也。病不可不谒医,而医之明脉者,天下盖一二数。骐骥不时有,天下未尝徒行;和、扁不世出,病者未尝徒死,亦因其长而护其短尔。士大夫多秘所患以求诊,以验医之能否,使索病于冥漠之中,辨虚实冷热于疑似之间。医不幸而失,终不肯自谓失也,则巧饰遂非,以全其名。至于不救,则曰"是固难治也"。间有谨愿者,虽或因主人之言,亦复参以所见,两存而杂治,以故药不效。此世之通患而莫之悟也。吾平生求医,盖于平时默验其工拙,至于有疾而求疗,必先尽告以所患而后求诊,使医了然知患之所在也,然后求之诊。虚实冷热,先定于中,则脉之疑似不能惑也。故虽中医治吾疾常愈。吾求疾愈而已,岂以困医为事哉!

九*

尔朱道士晚客于眉山,故蜀人多记其事。自言受记于师云:"汝后遇白石浮,当飞仙去。"尔朱虽以此语人,亦莫识所谓。后去眉山,乃客于涪州,爱其所产丹砂,虽琐细而皆矢镞状,莹彻不杂土石,遂止。炼丹数年,竟于涪之白石仙去,乃知师所言不谬者。闻长老道其事甚多,然不记其名字,可恨也。《本草》言丹砂出符陵谷。陶隐居云:符陵是涪州,今无复采者。吾闻熟于涪者云:采药者时复有之,但时方贵辰、锦砂,故此不甚采尔。读《本草》,偶记之。

十*

吾故人黎錞,字希声,治《春秋》有家法,欧阳文忠公喜之。然为人质木迟缓,刘贡父戏之为"黎檬子",以谓指其德,不知果木中真有是也。一日联骑出,闻市人有唱是果鬻之者,大笑,几落马。今吾谪海南,所居有此,霜实累累,然二君皆已登鬼录,坐念故友之风味,岂复可见!刘固不泯于世者,黎亦能文守道,不苟随者也。

十一*

幸思顺,金陵老儒也。皇祐中,沽酒江州,人无贤愚皆喜之。时劫江贼方炽,有一官人舣舟酒垆下,偶与思顺往来相善,思顺以酒十壶饷之。已而被劫于蕲、黄间,群盗饮此酒,惊曰:"此幸秀才酒耶?"官人识其意,即绐曰:"仆与幸秀才亲旧。"贼相顾叹曰:"吾侪何为劫幸老所亲哉!"敛所劫还之,且戒曰:"见幸慎勿言。"思顺年七十一,日行二百里,盛夏曝日中不渴,盖常啖物而不饮水云。

十二*

戊寅十一月,余在儋耳,闻城西民李氏处子病卒两日复生。余与进士何旻同往,见其父,问死生状。云:初昏,若有人引去,至官府,帘下有言:"此误追。"庭下一吏云:"可且寄禁。"又一吏云:"此无罪,当放还。"见狱在地窟中,隧而出入。系者皆儋人,僧居十六七。有一妪,身皆黄毛,如驴马,械而坐。处子识之,盖儋僧之室也。曰:"吾坐用檀越钱物,已三易毛矣。"又一僧,亦处子邻里,死已二年矣,其家方大祥,有人持盘飧及钱数千,云"付某僧"。僧得钱,分数百遗门者,及持饭入门去,系者皆争取其饭,僧饭所食无几。又一僧至,见者攀跪作礼。僧曰:"此女可差人速送还。"送者以手擘墙壁使过,复见一河,有舟,使登之。送者以手推舟,舟跃,处子惊而寤。是僧岂所谓地藏菩萨耶?书此为世戒。

十三*

吾八岁入小学,以道士张易简为师,童子几百人,师独称吾与陈太初者。太初,眉山市井人也。余稍长之,学日益,遂第进士、制策,而太初乃为郡小吏。其后予谪居黄州,有眉山道士陆惟忠自蜀来,云:"太初已尸解矣。蜀人吴师道为汉州太守,太初往客焉。正岁旦见师道,求衣食钱物,且告别,持所得尽与市人贫者,反坐于戟门下,遂寂。师道使卒舁往野外焚之,卒骂曰:'何物道士,使我正旦舁死人!'太初微笑开目,曰:'不复烦汝。'步自戟门至金雁桥下,趺坐而逝。焚之,举城人见烟焰上眇眇焉有一陈道人也。"

十四

吾尝在湖北,见农夫用秧马行泥中,极便。顷来江西,作《秧马歌》以教人,罕有从者。近读《唐书·回鹘部族黠戛斯传》云,其人以竹马行水上,以板荐之,以曲木支腋下,一蹴辄百馀步。意殆与秧马类欤？聊复记之，异日详问其状，以告江南人也。

十五*

蜀去海远，取盐于井。陵州井最古，淯井、富顺盐亦久矣。惟邛州蒲江县井，乃祥符中民王鸾所开，利入至厚。自庆历、皇祐以来，蜀始用"筒井"，用圜刃凿如碗大，深者数十丈，以巨竹去节，牝牡相衔为井，以隔横入淡水，则醎泉自上。又以竹之差小者出入井中为桶，无底而窍其上，悬熟皮数寸，出入水中，气自呼吸而启闭之，一筒致水数斗。凡筒井皆用机械，利之所在，人无不知。《后汉书》有"水鞴"，此法唯蜀中铁冶用之，大略似盐井取水筒。太子贤不识，妄以意解，非也。

十六

丙子寒食日前，宝积长老昙颢言：惠州海澄十五指挥使姚欢，守把阜民监。熙宁中赵庶明知州，巡检姓申者，与知监俞懿有隙。吏士与监卒忿争，遂告监卒反，庶明为闭衙门，出甲付巡检任讨之。欢执梃立监门，白巡检以身任监卒不反，乞不交锋。巡检无以夺，为敛兵而止。是日微欢，惠州几殆。欢今年八十馀，以安南军功迁雄略指挥使，老于黄州，须发不白。自言年六十岁患癣疥，周匝顶踵，或教服黄连，遂愈，久服，故发不白。其法以黄连去须，酒浸一宿，焙干为末，蜜圆如梧桐子大，空心，日午、临卧，酒吞二十粒。

十七*

王彭尝云：涂巷中小儿薄劣，其家所厌苦，辄与钱，令聚坐听说古话。至说三国事，闻刘玄德败，频眉蹙有出涕者；闻曹操败，即喜唱快。以是知君子小人之泽，百世不斩。彭，恺之子，为武吏，颇知文章。余尝为作哀辞。字大年。

十八*

苏子得废园于东坡之胁，筑而垣之，作堂焉，其正曰雪堂。堂以大雪中为,因绘雪于四壁之间,无容隙也。起居偃仰,环顾睥睨,无非雪者。苏子居之,真得其所居者也。苏子隐几而昼瞑,栩栩然若有所适,而方兴也未觉,为物触而寤。其适未厌也,若有失焉,以掌抵目,以足就履,曳于堂下。客有至而问者曰:"子世之散人耶?拘人耶?散人也而未能,拘人也而嗜欲深,今似系马止也,有得乎?有失乎?"苏子之心若省而口未尝言,徐思其应,揖而进之堂上。客曰:"噫,是矣!子欲为散人而未得者也。予今告子以散人之道。夫禹之行水,庖丁之提刀,避众碍而散其智者也。是故以至柔驰至刚,故石有时而泐;以至刚遇至柔,故未尝见全牛也。子能散也,物固不能缚;不能散也,物固不能释。子有惠矣,用之于内可也。今也如猬之在囊,而时动其脊胁,见于外者,不特一毛二毛而已。风不可拘,影不可捕,童子知之。名之于人,犹风之与影也,子独留之,故愚者视而惊,智者起而轧。吾固怪子为今日之晚也。子之遇我,幸矣,吾今要子为藩外之游,可乎?"苏子曰:"予之于此,自以为藩外久矣,子又将安之乎?"客曰:"甚矣!子之难晓也。夫势利不足以为藩也,名誉不足以为藩也,阴阳不足以为藩也,人道不足以为藩也。所以藩子者,特智也尔。智存诸内,发而为言,则言有谓也;形而为行,则行有谓也。使子欲嘿不欲嘿,欲息不欲息,如醉者之恚言,如狂者之妄行,虽掩其口,执其臂,犹且喑呜局蹙之不已。则藩之于人,抑又固矣。人之为患以有身,身之为患以有心。是圃之构堂,将以佚子之身也;是堂之绘雪,将以佚子之心也。身待堂而安,则形固不能释;心以雪而警,则神固不能凝。子之和既焚而烬矣,烬又复然,则是堂之作也,非徒无益,而又重子蔽蒙也。子见雪之白乎,则恍然而目眩;子知雪之寒乎,则悚然而毛起。五官之为害,惟目为甚,故圣人不为。雪乎雪乎,吾见子知为目也,子其殆矣。"客又举杖而指诸壁曰:"此凹也,此凸也。方雪之杂下也均矣，厉风过焉，则凹者留而凸者散。天岂私于凹凸哉？势使然也。势之所在，天且不能违，而况于人乎？子之居此，虽远人也，而圃有是堂，堂有是名，实碍人耳，不犹雪之在凹者乎？"苏子曰："予之此为，适然而已，岂有心哉？殆也，奈何？"客曰："子之适然也，适有雨，则将绘以雨乎？适有风，则将绘以风乎？雨不可绘也，观云气之汹涌，则使子有怒心；风不可绘也，见草木之披靡，则使子有惧意。睹是雪也，子之内亦不能无动矣。苟有动焉，丹青之有靡丽，冰雪之有水石，一也。德有心，心有眼，物之所袭，岂有异哉？"苏子曰："子之所言是也，敢不闻命。然未尽也。予不能默此，正如与人讼者，其理虽已屈，犹未能绝辞者也。子以为登春台与入雪堂有以异乎？以雪观春，则雪为静，以台观堂，则堂为静。静则得，动则失。黄帝，古之神也，游乎赤水之北，登乎昆仑之丘，南望而还，遗其玄珠焉。游以适意也，望以寓情也。意适于游，情寓于望，则意畅情出，而忘其本矣，虽有良贵，岂得而宝哉？是以不免有遗珠之失也。虽然，意不久留，情不再至，必复其初而已矣，是又惊其遗而索之也。余之此堂，追其远者近之，收其近者内之，求之眉睫之间，是有八荒之趣。人而有知也，升是堂者，将见其不溯而僾，不寒而栗，凄凛其肌肤，洗涤其烦郁，既无炙手之讥，又免饮冰之疾。彼其趋趄利害之徒，猖狂忧患之域者，何异探汤执热之俟濯乎？子之所言者上也，余之所言者下也。我将能为子之所为，而子不能为我之为矣。譬之厌膏粱者，与之糟糠，则必有怨词；衣文被绣者，与之以皮弁，则必有愧色。子之于道，膏粱文绣之谓也，得其上者耳。我以子为师，子以我为资，犹人之于衣食，阙一不可。将其与子游，今日之事，姑置之以待后论，予且为子作歌以道之。歌曰：雪堂之前后兮春草齐，雪堂之左右兮斜径微。雪堂之上兮，有硕人之颀颀。考槃于此兮，芒鞋而葛衣。把清泉兮，抱瓮而忘其机；

负顷筐兮,行歌而采薇。吾不知五十九年之非而今日之是,又不知五十九年之是而今日之非。吾不知天地之大也,寒暑之变,悟昔日之癯而今日之肥。感子之言兮,始也抑吾之纵而鞭吾之口,终也释吾之缚而脱吾之靰。是堂之作也,吾非取雪之势,而取雪之意;吾非逃世之事,而逃世之机。吾不知雪之为可观赏,吾不知世之为可依违。性之便,意之适,不在于他,在于群息已动,大明既升,吾方辗转一观晓隙之尘飞。子不弃兮,我其子归。"客欣然而笑,唯然而出,苏子随之。客顾而颔之曰:"有若人哉!"

十九

东坡居士移守文登,五日而去官,眷恋山海之胜,与同僚饮酒日宾楼上。酒酣,作此木石一纸,投笔而叹,自谓此来之绝。河内史全叔取而藏之。

二十*

子开将往河北相度河宁,以冬至前一日被旨,过节遂行。仆以节日来贺,且别之,留饮数盏,颓然径醉。案上有此佳纸,故为作草露书数纸。迟其北还,则又春矣,当为我置酒蟹、山药、桃李,是时当复从公饮也。

二十一*

昔年过洛,见李公蔀之言:真宗既东封,访天下隐者,得杞人杨朴,能为诗。召对,自言不能。上问:"临行有人作诗送卿否?"朴曰:"唯臣妻有一首云:'更休落魄耽杯酒,且莫猖狂爱咏诗。今日捉将官里去,这回断送老头皮。'"上大笑,放还山。余在湖州,坐作诗追赴诏狱,妻子送余出门,皆哭。无以语之,顾谓妻曰:"独不能如杨处士妻作一诗送我乎?"妻子不觉失笑,余乃出。

卷七

一*

"三十年馀家国，数千里地山河。几曾惯干戈，一旦归为臣虏，沈腰潘鬓消磨。最是仓惶辞庙日，教坊犹奏别离歌。挥泪对宫娥。"后主既为樊若水所卖，举国与人，故当恸哭于九庙之外，谢其民而后行，顾乃挥泪宫娥，听教坊离曲！ 跋李后主词。

二

仆责居黄州，郑元舆君乘亦官于黄。一日，以此纸一轴求仆字，云："有故人孟访者，酷好君书，嘱我为求之。"仍出孟君书数纸。其人亦自善，用笔洒然，虽仆何以加之。郑君言其意勤甚，殆不可阻。后数日适会中秋，仆与客饮酒江亭上，醉甚，乃为此数字，时元丰四年也。明日视之，纸乃绢也。然古者本为绢纸，近世失之。君乘简中云孟倅之子，本谓河阳倅也，而仆误以为姓郑也。子瞻虽醉甚，亦是川藠苴故态，视绢为纸，以郑为孟，适当子瞻看朱成碧时耳。此公胸中落落，决不至如刘仪同访同舍，见其子犹不悟也。

三*

某倅武林日，梦神宗召入禁中，宫女围侍，一红衣女童捧红靴一只，命某铭之。觉而记其一联，云："寒女之丝，铢积寸累；天步所临，云蒸雷起。"既毕，进御。上极叹其敏，使宫女送出。睇视裙带间有六言诗一首，云："百叠漪漪风皱，六铢縰縰云轻。植立含风广殿，微闻环佩摇声。"

四*

予尝梦客有携诗相过者,觉而记其一诗云:"道恶贼其身,忠先爱厥亲。谁知畏九折,亦自是忠臣。"又有数句若铭赞者云:"道之所以成,不害其耕;德之所以修,不贼其牛。"

五*

元祐六年十一月十九日五更,梦数人论《左传》云:"《祈招》之诗固善讽,然未见所以感切穆王之心、已其车辙马迹之意者。"有答者曰:"以民力从王事,当如饮酒,适于饥饱之度而已。若过于醉饱,则民不堪命,王不获没矣。"觉而念其言似有理,故录之。

六

吾昔在钱塘,一日昼寝宝山僧舍,起题其壁云:"七尺顽躯走世尘,十围便腹贮天真。此中空洞浑无物,何止容君数百人。"其后有数小子亦题名壁上,见者乃谓予诮之也。周伯仁所谓君者,乃王茂弘之流,岂此等辈哉!世子多讳,盖僭者也。吾尝作《李太白真赞》云:"生平不识高将军,手污吾足乃敢嗔。"吾今复书此者,欲使后之小人少知自揆也。

七

与次公同听贤师琴,贤求诗,仓卒无以应之。次公言:"古人赋诗,皆歌所学,何必己云?"次公因诵欧阳公《赠李师》诗,嘱予书之以赠焉。元祐四年九月二十一日,东坡居士记。

八

唐雷氏琴,自开元至开成间世有人,然其子孙渐志于利,追世好而失家法,故以最古者为佳,非贵远而贱近也。予家有一琴,其中铭云:"开元十年造,雅州灵关村雷家记八日合。"未晓"八日合"为何等语也。庐山处士崔成老弹之，以为绝伦云。元丰六年十月初四日书。

九

元祐五年十二月一日游小灵隐，听林道人论琴棋，极有妙语。予虽不通此伎，然以理度之，知其言足信也。杜子美论画云："更觉良工心独苦。"用意之妙，有举世莫知之者，此其所以独苦也。

十

王中令既平蜀，捕逐馀寇，与步队相远，饥甚，入一村寺中。一僧醉甚，箕踞，公怒，欲斩之。僧应对不惧，公奇而赦之，问求蔬食。僧云："有肉无蔬。"公益奇之。馈以一蒸猪头，食之甚美。公喜，问僧止能饮酒食肉耶？抑有他技也？僧自言能诗。公令赋蒸豚，援笔立成。诗云："嘴长毛短浅含膘，久向山中食药苗。蒸处已将蕉叶裹，熟时更用杏浆浇。红鲜雅称金盘饤，软熟真堪玉箸挑。若把膻根来比并，膻根只合吃藤条。"公大喜，与紫衣。

十一*

予旧过陈州，留七十馀日，近城可游观者无不至。柳湖旁有丘，俗谓之"铁墓"，云陈胡公墓也，城濠水往啮其址，见有铁锢之。又有寺曰"厄台"，云孔子厄于陈、蔡所居者。其说荒唐不可信。或曰东汉陈愍王宠散弩台、以控扼黄巾者，此说为近之。

十二*

数年前，朝廷作汴河斗门以淤田，议者皆以为不可，竟为之，然卒亦无功。方樊山水盛时放斗门，则河田、坟墓、庐舍皆被害；及秋深水退而放，则淤不能厚，谓之蒸饼淤，朝廷亦厌之而罢。偶读白居易《甲乙判》有云："得转运使以汴河水浅不通运，请筑塞两河斗门。节度使以当管营田悉在河次，在斗门筑塞，无以供军。"乃知唐时汴河两岸皆有营田斗门，若运水不乏，即可沃灌。古有之而不能，何也？

当更问知者。

十三 *

元丰七年冬至,过山阳,登西阁,时景繁出巡未归。某方乞归常州,得请,春中方当复过此。故有阁欲名,思之未有佳者。蔡谟、廓,名父子也,晋宋间第一流,辄以仰公家,不知可否?

十四 *

虔州布衣赖仙芝言:连州有黄损仆射者,五代时人。仆射盖仕南汉也,未老退归,一日,忽遁去,莫知其所存亡。子孙画像事之,凡三十二年,复归,坐阼阶上,呼家人。其子适不在,孙出见之。索笔书壁云:"一别人间岁月多,归来人事已消磨。惟有门前鉴池水,春风不改旧时波。"投笔竟去,不可留。子归,问其状貌,孙云:"甚似影堂老人也。"连人相传如此。其后颇有禄仕者。

十五 *

章詧,字隐之,本闽人,迁于成都数世矣。善属文,不仕。晚用太守王素荐,赐号冲退处士。一日,梦有人寄书召之者,云东岳道士书也。明日,与李士宁游青城,濯足水中。詧谓士宁曰:"脚踏西溪流去水。"士宁答曰:"手持东岳寄来书。"詧大惊,不知其所自来也。未几,詧果死。其子禩亦以逸民举,仕一命乃死。士宁,蓬州人也,语默不常,或以为得道者,百岁乃死。常见予成都,曰:"子甚贵,当策举首。"已而果然。

十六

韩缜为秦州,酷暴少恩,以贼杀不辜去官。秦人语曰:"宁逢暴虎,不逢韩玉汝。"玉汝,缜字也。孙临最喜滑稽,尤善对。或问曰:"莫逢韩玉汝,当以何对?"临应声曰:"可怕李金吾。"天下以为口实。

十七

七言之伟丽者,杜子美云:"旌旗日暖龙蛇动,宫殿风微燕雀高。""五更鼓角声悲壮,三峡星河影动摇。"尔后寂寥无闻焉。直至欧阳永叔"苍波万古流不尽,白鹤双飞意自闲","万马不嘶听号令,诸番无事乐耕耘",可以并驱争先矣。小生亦云:"令严钟鼓三更月,野宿貔貅万灶烟。"又云:"露布朝驰玉关塞,捷书夜到甘泉宫。"亦庶几焉耳。

十八*

世人见古有见桃花而悟道者,争颂桃花,便将桃花作饭,五十年转没交涉。正如张长史见担夫与公主争道,而得草书之气。欲学长史书,便日就担夫求之,岂可得哉?

十九*

俗传书生入官库,见钱不识,或怪而问之,生曰:"固知其为钱,但怪其不在纸裹中耳。"予偶读《归去来辞》云:"幼稚盈室,瓶无储粟。"乃知俗传信而有征。使瓶有储粟,亦甚微矣,此翁平生只于瓶中见粟也耶?马后纪夫人见大练乃以为异物,晋惠帝问饿民何不食肉糜,细思之,皆一理也。聊为好事者一笑。永叔尝言:"孟郊诗:'鬓边虽有丝,不堪织寒衣。'就使堪织,能得多少?"

二十

陶潜诗:"采菊东篱下,悠然见南山。"采菊之次,偶然见山,初不用意,而景与意会,故可喜也。今皆作"望南山"。杜子美云:"白鸥没浩荡,万里谁能驯。"盖灭没于烟波间耳。而宋敏求谓予云,鸥不解没,改作"波"字。二诗改此两字,觉一篇神气索然也。

二十一

"秋菊有佳色,裛露掇其英。泛此忘忧物,远我遗世情。一觞虽独进,杯尽壶自倾。日入群动息,归鸟趋林鸣。笑傲东轩下,聊复得此生。"靖节以无事自适为"得此生",则见役于物者,非失此生耶?

二十二

渊明《饮酒》诗云:"客养千金躯,临化消其宝。"宝不过躯,躯化则宝亡矣。人言靖节不知道,吾不信也。

二十三

欧阳文忠公言:"晋无文章,唯陶渊明《归去来兮》一篇而已。"予亦谓:"唐无文章,唯韩退之《送李愿归盘谷序》一篇而已。"平生欲效此作一文,每执笔辄罢,因自笑曰:"不若且放,教退之独步。"

二十四

徐寅,唐末号能赋。谒朱全忠,误犯其讳,全忠色变。寅狼狈走出,未及门,全忠呼知客,将责以不先告语,斩于界石南。寅欲遁去,恐不得脱,乃作《过太原赋》以献。其略曰:"千金汉将,感精魄以神交;一眼胡奴,望英风而胆落。"全忠大喜,遗绢五百匹。全忠自言梦见淮阴,使受兵法。一眼胡奴,指李克用也。寅虽免一时之祸,殊不忧一眼胡奴见此赋也,可笑。

二十五

《诗》云:"縠则异室,死则同穴。"古今之葬者,皆为一室,独蜀人为同坟而异葬,其间为通道,高不及眉,广不能容人。生者之室,谓之寿堂,以偶人被甲执戈,谓之寿神以守之,而以石甃塞其通道。既死而葬,则去之。某先夫人之葬也,先君为寿室,追为先人墓志。故其文曰:"蜀人之祔也,同垄而异圹。"君实谦以为己之文不敢与欧阳公同藏也。东汉寿张侯樊宏,遗令棺柩一藏,不宜复见,如有腐败,伤孝子之心,使与夫人异藏。光武善之,书以示百官。盖古亦有是也。然不为通道,又非诗人同穴之义。故蜀人之葬,最为得礼也。

二十六

《宋书·乐志》：宋文帝元嘉十三年，给彭城王义康伎，相承给三十六人。太常傅隆以为，《左传》诸侯用六，杜预以为三十六人，非是。舞所以节八音，故必以八人为列。自天子至士，降杀以两。两者，减其二列乐。若如预言，至士止有四人，岂复成乐。服虔注《左传》与隆同。又《春秋》，晋悼公纳郑女乐二八，晋以一八赐魏绛，此乐以八人为列也。予按《说文》，佾，从人，骨声。骨，许吃切。骨，从肉八声，其解云"振也"。八无缘为骨之声，疑古文从人从肉。

二十七

旧传阳关三叠，然今世歌者，每句再叠而已，若通一首言之，又是四叠。皆非是。或每句三唱，已应三叠之说，则丛然无复节奏。余在密州，有文勋长官以事至密，自云得古本阳关，其声宛转凄断，不类向之所闻，每句皆再唱，而第一句不叠。乃知唐本三叠盖如此。及在黄州，偶得乐天《对酒》云："相逢且莫推辞醉，听唱阳关第四声。"注云："第四声，劝君更尽一杯酒。"以此验之，若一句再叠，则此句为第五声，今为第四声，则一句不叠审矣。

二十八*

世有附语者，多婢妾贱人，否则衰病不久当死者也。其声音举止皆类死者，又能知人密事。然皆非也。意有奇鬼能为是耶？昔人有远行者，欲观其妻于己厚薄，取金钗藏之壁中，忘以语之。既行而病且死，以告其仆。既而不死。忽闻空中有声，真其夫也，曰：吾已死，以为不信，金钗在某处。妻取得之，遂发丧。其后夫归，妻乃反以为鬼也。

二十九*

尝有三老人相遇，或问之年。一人曰："吾年不可记，但忆少年时与盘古有旧。"一人曰:"海水变桑田时,吾辄下一筹,尔来吾筹已满十间屋。"一人曰:"吾所食蟠桃,弃其核于昆仑山之下,今已与昆仑齐矣。"以予观之,三子者与蜉蝣、朝菌何以异哉!

三十

元丰六年十月十二日夜,故人有得风疾者,急往视之,已不能言矣。方死生之争,其苦有甚于刀锯木索者矣。予知其不可救,嘿为祈死而已。呜呼哀哉! 此复何罪乎? 酒色之娱而已。古人云:"甘嗜毒药,戏猛兽之爪牙。"岂虚言哉! 明日,见一少年,以此戒之。少年笑曰:"甚矣! 子言之陋也。色,吾之所甚好,而死生疾苦,非吾之所怖也。"予曰:"有行乞于道,偻而号曰:'遗我一盂饭,吾今以千斛之粟报子。'则市人皆掩口笑之。有千斛之粟,无一盂之饭,不可以欺于小儿。怖生于爱,子能不怖死生而犹好色,其可以欺我哉!"今世之为高者,皆少年之徒也。戒生定,定生慧,此不刊之语也。如其不从戒、定生者,皆妄也,如慧而实痴也,如觉而实梦也。悲夫!

卷八

一

乐事可慕，苦事可畏，此是未至时心尔。及苦乐既至，以身履之，求畏慕者，初不可得。况既过之后，复有何物比之。寻声捕影，系风趁梦，此四者犹有仿佛也。如此推究，不免是病，且以此病，对治彼病，彼此相磨，安得乐处，当以至理语君，今则不可。元祐三年八月五日书。

二

予少不喜杀生，时未能断也。近年始能不杀猪羊，然性嗜蟹蛤，故不免杀。自去年得罪下狱，始意不免，既而得脱，遂自此不复杀一物。有见饷蟹蛤者，皆放之江中，虽知蛤在江中无活理，然犹庶几万一，便使不活，亦愈于煎烹也。非有所求觊，但以亲经患难，不异鸡鸭之在庖厨，不复以口腹之故，使有生之类受无量怖苦尔。犹恨未能忘味，食自死物也。《南史·隐逸传》："始兴人卢度，字彦章。有道术。少随张永北伐魏，永败，魏人追急，阻淮水不得过。自祝云：'若得免死，从今不复杀生。'须臾见两楯流来，接之得过。后隐居庐陵西昌三顾山，鸟兽随之。夜有鹿触其壁，度曰：'汝勿坏我壁。'鹿应声去。屋前有池养鱼，皆名呼之次第取食。逆知死年月，竟以寿终。"偶读此书，与余事粗相类，故拜录之。

三

予在黄州，与陈慥季常往来。每往过之，辄作"泣"字韵诗一篇。

季常不禁杀，故以此风之。季常既不复杀，而里中皆化之，至有不食肉者皆云，"未死神已泣"，此语使人凄然也。

四

吾有诗云："日日出东门，步寻东坡游。城门抱关卒，怪我此何求。我亦无所求，驾言写我忧。"章子厚谓参寥曰："前步而后驾，何其上下纷纷也。"仆闻之曰："吾以尻为轮，以神为马，何曾上下乎？"参寥曰："子瞻文过有理，似孙子荆。"子荆曰："所以枕流，欲洗其耳。"

五

吾酒后乘兴作数十字，觉酒气拂拂从十指上出去也。

六

《晋史》：董京字威辇，作诗答孙子荆，其略曰："玄鸟纤幕，而不被害。鸟隼远举，或以致死。眄彼梁鱼，逡巡倒尾。沉吟不决，忽焉失水。嗟乎！鱼鸟相与，万世而不悟。以我观之，乃明其故。焉知不有达人，深穆其度，亦将窥我，噉臡而去。"京之意盖曰：以鱼自观万物，不悟其非也，我所以知鱼鸟之为非者，以我不与鱼鸟同欲恶也。彼达人者，不与我同欲恶，则其观我之所为，亦如我之观鱼鸟矣。京，得道异人也，世俗不晓其语，故粗为说之。戊寅八月八日，读《隐逸传》。

七

岭南天气卑陋，气蒸溽，而海南尤甚，秋夏之交，物无不腐坏者。人非金石，其何以能久？然儋耳颇有老人，百有馀岁者往往皆是，八九十岁者不论也。乃知寿夭无定，习而安之，则冰蚕火鼠，皆可以生。吾当湛然无思，寓此觉于物表，使折胶之寒，无所施其冽，流金之暑，无所措其毒，百馀岁何足道哉！彼愚老人，初不知此，特如蚕鼠生于其中，兀然受之而已。一呼之温，一吸之凉，相续亡有间断，虽长生可也。《庄子》曰："天之穿之，日夜无间，人则固塞其窦。"岂不然哉！

九月二十七日，秋霖不已，顾视帏帐间有蝼蚁，帐已腐烂，感叹不已，信手书此。时戊寅岁也。

八*

东坡居士迁于海南，忧患之馀，戊寅九月晦，游天庆观，谒北极真圣，探灵签，以决馀生之祸福吉凶。其辞曰："道以信为合，法以智为先，二者不离析，寿命乃得延。"览之竦然，若有所得，谨书藏之，以无忘信道、法智二者不相离之意。某恭书，古之真人，未有不以信入者。子思则曰："自诚明谓之性。"孟子曰："执中无权，犹执一也。"法而不智，则天下之死法也。道不患不知，患不凝；法不患不立，患不活。以信合道则道凝，以智先法则法活。道凝而法活，虽度世可也，况延寿乎！

九

"世之所谓君子者，惟法是修，惟礼是克。手执圭璧，足履绳墨。行愿为目前检，言愿为无穷则。少称乡党，长闻邻国。上欲图三公，下不失九州牧。独不见群虱之处裈中乎？游乎深缝，匿乎败絮，自以为吉宅也。行不敢离缝际，动不敢出裈裆，自以为得绳墨也。然炎丘火流，焦邑灭都，群虱之处于裈中不能出也。君子之处域内，何异夫虱之处裈中乎？"此阮籍之胸怀本趣也。籍未尝臧否人物，口不及世事，然礼法之士，疾之如仇雠，独赖司马景王保持之耳，其去死无几。以此论之，亦虱之出入往来于衣裈之间者也，安能笑裈中之藏乎！吾故书之，为将来君子一笑。

十

近世笔工，不能经师匠，妄生新意，择毫虽精，形制诡异，不与人手相谋。独钱塘程奕所制，有三十年前意味，使人作字不知有笔，亦是一快。予不久行，当致数百枚而去，北方无此笔也。

十一

予来汝南，地平无山，清颖之外，无以娱予者。而地近亳社，特宜桧柏，自拱把而上，辄有樛枝纽纹。治事堂二柏与荐福两桧，尤为殊绝。孰为使予安此寂寞而忘归者，非此君也欤。

十二

道士某人，面欺主人，旁苦邻座。厕左元放之席，已自厚颜；倾西王母之杯，宜从薄罚。可罚一大青盏。

十三

予作蜜酒格，与真水乱。每米一斗，用蒸饼面二两半，饼子一两半，如常法取醅液，再入蒸饼面一两酿之。三日尝看，味当极辣且硬，则以一斗米炊饭投之；若甜软，则每投更入曲与饼各半两。又三日再投而熟。全在酿者斟酌增损也。入水少为佳。

十四*

僧谓酒为般若汤，谓鱼为水梭花，鸡为钻篱菜，竟无所益，但欺而已，世常有之。人有为不义而文之以美名者，与此何异哉！

十五

贵公子雪中饮醉，临槛向风，曰："爽哉！"左右有泣下者。公子惊问之，曰："吾父昔日以爽亡。"楚襄王登台，有风飒然而至，王曰："快哉！此风。寡人与庶人共之者耶？"宋玉讥之："此独大王之风，庶人安得而共之。"不知者以为谄也，知之者以为风也。唐文宗诗曰："人皆苦炎热，我爱夏日长。"柳公权续之曰："薰风自南来，殿阁生微凉。"惜乎宋玉不在傍也。

十六

烂蒸同州羔，灌以杏酪，食之以匕，不以箸。南都拨心面作槐芽温淘，掺以襄邑抹猪，炊共城香稻，荐以蒸子鹅。吴兴庵人斫松江鲈鲙，继以庐山康王谷水烹曾坑斗品。少焉解衣仰卧，使人诵东坡《赤壁》前、后赋，亦足以一快也。《侯鲭集》同。

十七

青天素月，固是人间一快。而或者乃云不如微云点缀，乃知居心不净者，常欲滓秽太清。

十八 *

合江楼下，秋碧浮空，光摇几席之上，而有茅苫庐屋七八间，横斜砌下。今岁大水再至，居人散避不暇。岂无寸土可迁，而乃眷眷不去，常为人眼中沙乎？

十九 *

高祖微时，尝避事，时时与宾客过其丘嫂食。嫂厌叔与客来，阳为羹尽，辘釜，客以故去。已而视其釜中有羹，由是怨嫂。及立齐代王，而伯子独不侯。太上皇以为言，高祖曰："非敢忘之也，为其母不长者。"封其子信为羹颉侯。高祖号为大度，不记人过者，然不置辘釜之怨，独不畏太上皇缘此记"分杯"之语乎？

二十

楚元王敬礼穆生，每置酒，常为穆生设醴。及王戊即位，常设，后忘设焉。穆生退，曰："可以逝矣。醴酒不设，王之意怠，楚人将钳我于市。"称疾卧。申公与白生强起之，曰："独不念先王之德乎？今王一旦失小礼，何足至此？"穆生曰："君子见几而作，不俟终日。先王所以礼吾三人者，为道之存故也。今而忽之，是忘道也。亡道之人，胡可与久处？岂为区区之礼哉！"遂谢病去。申公、白生独留。王戊稍淫暴，与吴通谋，二人谏不听，衣之赭衣，使杵臼舂于市。申公愧之，归鲁，教授，不出门。已而赵绾、王臧言于武帝，复以安车蒲轮召，卒坐臧事病免，死。穆生远引于未萌之前，而申公眷恋于既悔之后，谓祸福皆天不可避就者，未必然也。可书之座右，为士君子终身之戒。

二十一

吾尝疑米元章用笔妙一时，而所藏书真伪相半。元祐四年六月十二日，与章致平同过元章。致平谓："吾公尝见亲发锁，两手捉书，去人丈馀，近辄掣去者乎？"元章笑，遂出二王、长史、怀素辈十许帖子。然后知平时所出，皆苟以适众目而已。

二十二*

吾昔谪黄州，曾子固居忧临川，死焉，人有妄传吾与子固同日化去，且云如李长吉时事，以上帝召他。时先帝亦闻其语，以问蜀人蒲宗孟，且有叹息语。今谪海南，又有传吾得道，乘小舟入海不复返者，京师皆云儿子书来言之。今日有从广州来者，云太守柯述言吾在儋耳，一日忽失所在，独道服在耳，盖上宾也。吾平生遭口语无数，盖生时与韩退之相似。吾命在斗间，而退之身宫在焉，故其诗曰："我生之辰，月宿南斗。"且曰："无善声以闻，无恶声以扬。"今谤吾者或云死，或云仙，退之之言，良非虚耳。

二十三

唐末五代，文章藻丽，字画随之。而杨公凝式笔迹独雄强，往往与颜、柳相上下，甚可怪也。今世多称李建中、宋宣献，此二人书，仆所不晓：宋寒而李俗，殆是浪得名。惟近日蔡君谟，天资既高，学识亦至，当为本朝第一。

二十四

茶蘼花似通草花，桃花似腊花，杏花似绢花，罂粟花似纸花。三月十一日会王文甫家，众议评花如此。吕穆卿言：芍药不及牡丹者，以重耳。戴芍药一枝，比牡丹三四，花间犹当着数品。盖有其地而无其花，譬如荔子之与温柑也耶？

二十五

东汉肃宗时，谷贵，经用不足。尚书张林请以布帛为租，官自煮盐，且行均输。独朱晖文季以为不可。事既寝，而陈事者复以为可行，帝颇然之。晖独奏曰："王制，天子不言有无，诸侯不言多少，食禄之家，不与百姓争利。今均输之法，与贾贩无异。盐利归官，则下人宿怨。布帛为租，吏当奸盗。皆非明王所当行。"帝方以林言为然，发怒，切责诸尚书。晖等皆自系狱。三日诏出，曰："国家乐闻驳议，黄发无愆，诏书过也，何故自系？"晖因称病笃。尚书令以下惶怖，谓曰："今得谴，奈何称病，其祸不细。"晖曰："行年八十，蒙恩得在机密，当以死报。若心知不可而顺于雷同，负臣子之义。今耳目无所闻见，伏待死命。"遂闭口不复言。诸尚书不知所为，乃共劾奏晖。帝意解，寝其事。后数日，诏使直事郎问晖起居，太医视疾，太官赐食，晖乃起。元祐七年七月二十日，偶读《后汉·朱文季传》，感叹不已。肃宗号称长者，诏书既引罪而谢文季矣，诸尚书何怖之甚也。文季于此强立，不足多贵，而诸尚书为可笑也。云"其祸不细"，不知何等为祸？盖以帝不悦后必不甚进用为莫大之祸也。悲夫！

二十六*

已卯上元，予在儋耳，有老书生数人来过，曰："良月佳夜，先生能一出乎？"予欣然从之。步城西，入僧舍，历小巷，民夷杂揉，屠酤纷然。归舍已三鼓矣。舍中掩关熟寝，已再鼾矣。放杖而笑，孰为得失？问先生何笑？盖自笑也。然亦笑韩退之钓鱼无得，更欲远去，不知走海者未必得大鱼也。

卷九

一

杜几先以此纸求予书，云大小不得过此，且先于卷首自写数字，其意不问工拙，但恐大字费纸，不能多耳。严子陵若见，当复有卖菜之语。无以惩其失言，当干没此纸耳。

二

去病穿域蹋鞠，此正不学古兵法者之过也。学即不是，不学亦不可。子瞻书。

三

刘十五论李十八草书，谓之"鹦哥娇"。意谓鹦鹉能言，不过数句，即杂以鸟语。十八其后稍进，以书问仆："近日比旧如何？"仆答之："可作秦吉了矣。"然仆此书自有公在乾侯之态也。子瞻书。

四

欧阳文忠公论书云："蔡君谟独步当世。"此为至言。君谟行书第一，小楷第二，草书第三。就其所长而求其所短，大字为少疏也。天资既高，又辅以笃学，其独步当世，宜哉！近岁论君谟书者颇有异论，故特为明之。

五

自苏子美死，遂觉笔法中绝。近年蔡君谟独步当世，往往谦让不肯主盟。往年予尝戏谓君谟云："学书如溯急流，用尽气力，船不离处所。"君谟颇诺,以为能取譬。今思此语已二十馀年,觉如何哉?

六

仆寓吴兴,有《游飞英诗》云:"微雨止还作,小窗幽更妍。盆中不见日,草木自苍然。"非至吴越,不见此景也。

七

孔子曰:"参乎,吾道一以贯之。"曾子曰:"唯。"子出。门人问曰:"何谓也?"曰:"夫子之道,忠恕而已矣。"师弟子答问,未尝不"唯",而曾子之"唯"独记于《论语》。一"唯"之外,口耳俱丧,而门人方欲问其所谓,此系风捕影之流,何足实告哉!

八

从《召南》之教,其志固可嘉;空冀北之群,所恳宜不允。

九

张怀民与张昌言围棋,赌仆书字一纸,胜者得此,负者出钱五百足,作饭会以饭仆。社鬼听之,若不赛者,俾坠其师,无克复国。

十*

黄州守居之数百步为赤壁,或言即周瑜破曹公处,不知果是否?断崖壁立,江水深碧,二鹘巢其上,有二蛟,或见之。遇风浪静,辄乘小舟至其下,舍舟登岸,入徐公洞。非有洞穴也,但山崦深邃耳,《图经》云是徐邈,不知何时人,非魏之徐邈也。岸多细石,往往有温莹如玉者,深浅红黄之色,或细纹如人手指螺文也。既数游,得二百七十枚,大者如枣栗,小者如芡实。又得一古铜盆盛之,注水粲然。有一枚如虎豹者,有口鼻眼处,以为群石之长。

十一*

黄州东南三十里为沙湖,亦曰螺师店。予买田其间,因往相田,得疾,闻麻桥人庞安常善医而聋,遂往求疗。安常虽聋,而颖悟绝人,以指画字,不书数字,辄深了人意。予戏之曰:"予以手为口,君以眼为耳,皆一时异人也。"疾愈,与之同游清泉寺。寺在蕲水郭门外二里许,有王逸少洗笔泉,水极甘。下临兰溪,溪水西流。予作歌云:"山下兰芽短浸溪,松间沙路净无泥。萧萧暮雨子规啼。谁道人生无再少?君看流水尚能西。休将白发唱黄鸡。"是日剧饮而归。

十二

世传王子敬帖有"黄柑三百颗"之语。此帖乃在刘季孙家,景文死,不知今在谁家矣。韦苏州有言:"书后欲题三百颗,洞庭须待满林霜。"盖苏州亦见此帖也。予亦尝有诗与景文云:"君家子敬十六字,气压邺侯三万签。"刘季孙景文,平之子也。慷慨奇士,博学能诗。仆荐之,得隰州以殁,哀哉!尝有诗寄仆:"四海共知霜鬓满,重阳能插菊花无。"死之日,家无一钱,但有书三万轴,画数百幅耳。

十三*

仆以元丰三年二月一日至黄州。时家在南都,独与儿子迈来,郡中无一人旧识者,时时策杖至江上,望云涛渺然,亦不知有文甫兄弟在江南也。居十馀日,有长髯者惠然见过,乃文甫之弟子辩。留语半日,云:"迫寒食,且归东湖。"仆送之江上,微风细雨,叶舟横江而去。仆登夏隩尾高丘以望之,仿佛见舟及武昌,步乃还。尔后遂相往来,及今四周岁,相过殆百数。遂欲买田而老焉,然竟不遂。近忽量移临汝,念将复去而后期未可必,感物凄然,有不胜怀者。浮屠不三宿桑下者,有以也哉!七年三月九日。

十四*

柳仲举自共城来,传大官米作饭食我,且言百泉之奇胜,劝我卜邻。此心飘然,已在太行之麓矣。元祐三年九月七日东坡居士书。

十五*

司马懿讨曹爽,桓范往奔之。懿谓蒋济曰:"智囊往矣!"济曰:"范则智矣。驽马恋栈豆,必不能用也。"范说爽移车驾幸许昌,招外兵,爽不从。范曰:"所忧在兵食,而大司农印在吾许。"爽不能用。吕布既擒,曹操谓陈宫曰:"公台平生自谓智有馀,今日何如?"宫曰:"此子不用宫言,不然,未可知也!"仆尝论此二人者,吕布、曹爽何人也! 而为之用,尚何言智! 臧武仲曰:"抑君似鼠。"此之谓智。元祐二年九月十八日书。

十六*

仆在徐州,王子立、子敏皆馆于官舍,而蜀人张师厚来过。二王方年少,吹洞箫,饮酒杏花下。明年予谪黄州,对月独饮,尝有诗云:"去年花落在徐州,对月酣歌美清夜。今日黄州见花发,小院闭门风露下。"盖忆与二王饮时也。张师厚久已死,今年子立复为古人。哀哉!

十七

久在江湖间,不见伟人。前在金山,见滕元发乘小舟破巨浪来相见,出船巍然,使人神耸。好一个没兴底张镐相公,且为我致意,别后酒狂甚长也。

十八*

王烈入山得石髓,怀之以饷嵇叔夜。叔夜视之,则坚为石矣。当时若杵碎,或错磨食之,岂不贤于云母、钟乳辈哉! 然神仙要有定分,不可力求。退之有言:"我能诘曲自世间,安能从汝巢神山?"如退之性气虽出世间,人亦不能容。叔夜悻直又甚于退之也。

十九

与郭生游于寒溪,主簿吴亮置酒,郭生善作挽歌,酒酣发声,坐为凄然。郭生言恨无佳词。因为略改乐天《寒食》诗歌之，坐客有泣者。其词曰："乌啼鹊噪昏乔木，清明寒食谁家哭。风吹旷野纸钱飞，古墓累累春草绿。棠梨花映白杨路，尽是死生离别处。冥漠重泉哭不闻，萧萧暮雨人归去。"每句杂以散声。

二十*

张愈，西蜀隐君子也，与予先君游，居岷山下白云溪，自号"白云居士"。本有经世志，特以自重难合，故老死草野，非槁项黄馘、盗名者也。偶至西湖静轩，见其遗句，怀仰其人，命寺僧刻之石。

二十一*

庞安常为医，不志于利，得法书古画，喜辄不自胜。九江胡道士颇得其术，与予用药，无以酬之，为作行草数纸而已。且告之曰："此安常故事，不可废也。"参寥子病，求医于胡，自度无钱，且不善书画，求予甚急。予戏之曰："子粲、可、皎、彻之徒，何不下转语作两首诗乎？庞、胡二君与吾辈游，不日'索我于枯鱼之肆'矣。"

二十二*

近世医官仇鼎，疗痈肿为当时第一。鼎死，未有继者。今张君宜所能殆不减鼎。然鼎性行不甚纯淑，世或畏之。今张君用心平和，专以救人，为事殆过于鼎远矣。元丰七年四月七日。

二十三

蜀中有杜处士，好书画，所宝以百数。有戴嵩《牛》一轴，尤所爱，锦囊玉轴。一日曝书画，有一牧童见之，拊掌大笑，曰："此画斗牛也。牛斗，力在角，尾搐入两股间，今乃掉尾而斗，谬矣。"处士笑而然之。古语云："耕当问奴，织当问婢。"不可改也。

二十四

吴道子始见张僧繇画，而曰虚得名耳。已而坐卧其下，三日不能去。

二十五

昔人以海苔为纸，今无复有，今人以竹为纸，亦古所无有也。王逸少《竹叶帖》，长安水丘氏传宝之，今不知所在，三十年前见其摹本于雷寿。

二十六

"湘中老人读黄老，手援紫藟坐碧草。春至不知湘水深，日暮忘却巴陵道。"唐末有见人作是诗者，辞气殆是李谪仙。余在都下见有人携一纸文书，字则颜鲁公也，墨迹如未干，纸亦新健。其首两句云："朝披梦泽云，笠钓青茫茫。"此语亦非太白不能道也。

二十七

诗须要有为而后作，当以故为新，以俗为雅。好奇务新，乃诗之病。柳子厚晚年诗极似渊明，知诗病也。

二十八

或曰：柳子厚《瓶赋》拾《酒箴》而作。非也。子云本以讽谏设问，以见意耳，当复有答酒客语，而陈孟公不取，故史略之。子厚盖补亡耳。然子云论屈原、伍子胥、晁错之流，皆以不智讥之，而子厚以瓶为智，几于信道知命者，子云不及也。子云临忧患，颠倒失据，而子厚尤不足观，二人当有愧于斯文也耶。元祐六年六月二十七日。

二十九

施道民为孙威敏所黥，既而复得为民，借小字军人肩舆而出。曾子固见之曰："一只好夹注轿子。"闻者为之绝倒。

三十

"人间无漏仙，兀兀三杯醉。世上无眼禅，昏昏一觉睡。虽然无交涉，其奈略相似。相似尚如此，何况真个是。"予少官凤翔，见邸店壁上书此数句,爱而诵之。

三十一

松脂以真定者为良。细布袋盛,渍水一日,沸汤煮,浮水面者,以新竹笮篱掠取,投新水中。久煮不出者,皆弃不用。入生白茯苓末,不制,但削去皮,捣罗细末,拌匀。每日早取三钱匕着口中,用少熟水搅漱,仍以指如常法熟揩齿,毕,更啜少熟水咽之,仍以漱吐如常法。能牢牙、驻颜、乌髭也。赠米元章。

三十二

南都王谊伯《书江滨驿垣》谓:子美诗历五季兵火,多舛缺奇异,虽经其祖文公所理,尚有疑阙者。谊伯谓:"西川有杜鹃,东川无杜鹃,涪万无杜鹃,云安有杜鹃",盖是题下注,断自"我昔游锦城"为首句。谊伯误矣。且杜子美诗备诸家体,非必率合程度侃侃然者也。是篇句落处凡五杜鹃,岂可以文害词、词害意耶?原子美之意,类有所感,托物以发者也。亦六义之比兴、《离骚》之法欤?按《博物志》:杜鹃生子,寄之他巢,百鸟为饲之。胡江东所谓"杜宇曾为蜀帝王,化禽飞去旧城荒"是也。且禽鸟之微,知有尊,故子美诗云"重是古帝魂",又云"礼若奉至尊",子美盖讥当时之刺史,有不禽鸟若也。唐自明皇以后,天步多棘,刺史能造次不忘于君者,可得而考也。严武在蜀,虽横敛刻薄,而实资中原,是"西川有杜鹃"耳。其不虔王命,负固以自抗,擅军旅,绝贡赋,如杜克逊在梓州,为朝廷西顾忧,是"东川无杜鹃"耳。至于涪、万、云安刺史,微不可考,凡其尊君者为有也,怀贰者为无也,不在夫杜鹃真有无也。谊伯以为来东川闻杜鹃声烦而急,乃始疑子美诗跋寘纸上语。又云"子美不应叠用韵"。子美自我作古,叠用韵无害于为诗。仆所见如此。谊伯博学强辩,殆必有以折衷之。

三十三

今日厢界有杀狗公事，司法言，近新书不禁杀狗。问其说，出于《礼·乡饮酒》："烹狗于东方。"不禁。然则《礼》云："宾客之牛角尺。"亦不当禁杀牛乎？孔子曰："敝帷不弃，为埋马也。敝盖不弃，为埋狗也。"死犹不忍食其肉，况可杀乎？

三十四

予在东坡，尝亲执铫匕煮鱼羹以设客，客未尝不称善，意穷约中易为口腹耳。今出守钱塘，厌水陆之品。今日偶与仲夫贶、王元直、秦少章会食，复作此味。客皆云：此羹超然有高韵，非世俗庖人所能仿佛。岁莫寡欲，聚散难常，当时作此，以发一笑也。元祐四年十一月二十九日。

三十五

齐高帝云："吾当使金土同价。"意则善矣，然物岂有此理哉？孟子曰："物之不齐，物之情也。巨屦小屦同价，人岂为之哉？"而孟子亦自忘此言，为"菽粟如水火"之论。金之不可使贱如土，犹土之不可使贵如金也。尧之民比屋可封，桀之民比屋可诛，信此说，则尧时诸侯满天下，桀之时大辟遍四海也。

三十六*

前日与欧阳叔弼、晁无咎、张文潜同在戒坛，予病目昏，数以热水洗之。文潜曰："目忌点洗。目有病，当存之，齿有病，当劳之，不可同也。"又记鲁直语云："治目当如治民，治齿当如治军。治民当如曹参之治齐，治军当如商鞅之治秦。"颇有理，故追录之。

三十七

蜀人任介、郭震、李畋，皆博学能诗，晓音律，相与为莫逆之交，游荡不羁，礼法之士鄙之。然皆才识过人。李顺之将乱，震游成都，忽赋诗曰："今日出东郊,东郊好春色。青青原上草,莫放征马食。"遂走京师,上书言蜀将乱,不报。期年,其言乃效。震竟不仕。介为陕西一幕官而死。畋稍达,仕至尚书郎。震将死,其友往问之,侧身欹枕而言。其友曰："子且正身。"震笑曰："此行岂可复替名哉!"虽其平生谈谐之馀习,然亦足以见其临死生而不乱也。

三十八

　　唐彬与王濬伐吴为先驱,所至皆下,度孙皓必降,未至建邺二百里许,称疾不行。已而先到者争财,后到者争功,当时有识莫不高彬此举。予读《晋书》至此,未尝不废卷太息也。然本传云:武帝欲以彬及杨宗为监军,以问文立。立云："彬多财欲,而宗嗜酒。"帝曰:"财欲可足,酒不可改。"遂用彬。此言进退无据,岂有人如唐彬而贪财者? 使诚贪财,乃远不如嗜酒,何可用也。文立独何人斯,安知非蔽贤者耶?

三十九

　　竹有雌雄,雌者多笋,故种竹当种雌,自根而上至生稍一节发者为雌。物无逃于阴阳,可不信哉!

四十

　　或问东坡草书。坡云:"不会。"进云:"学人不会。"坡云:"则我也不会。"

卷十

一*

至和二年，成都人有费孝先者，始来眉山。云近往青城山，访老人村，坏其一竹床。孝先谢不敏，且欲偿其直。老人笑曰："子视其下字。云：此床以某年月日造，至某年月日为费孝先所坏。成坏自有数，子何以偿为？"孝先知其异，乃留师事之。老人授以《易》轨革卦影之术，前此未知有此学者。后五六年，孝先以致富。今死矣，然四方治其学者所在而有，皆自托于孝先，真伪不可知也。聊复记之，使后人知卦影之所自也。

二

端午，日未出，于艾中以意求似其人者，辄撷之以灸，殊有效。幼时见一书中云尔，忘其为何书也。艾未有真似人者，于明暗间苟以意命之而已。万法皆妄，无一真者，复何疑耶？

三

司马长卿始以污行不齿于蜀人，既而以赋得幸天子，未能有所建明，亡丝毫之善以自赎也，而创开西南夷。逢君之恶，以患苦其父母之邦，乃复矜其车服节旄之美，使邦君负弩先驱，岂诗人致恭桑梓、万石君下里门之义乎？

四

圣人之所以能绝人者，不可以常情疑其有无。孔子为鲁司寇，堕郈、费，三桓不疑其害己也。非孔子，能之乎？伊尹去亳适夏，既丑有夏，复归于亳。伊尹为政于商，既贰于夏矣，以桀之暴戾，纳其执政而不疑，往来两国之间，而商人父师之。非圣人能如是乎？是以放太甲而不怨，复其位，太甲不疑。不可以常情断其有无也。后世惟诸葛孔明近之。玄德将死之言，乃真实语也。使孔明据刘禅位，蜀人岂异词哉！元祐八年，读柳宗元《伊尹五就桀赞》，终篇皆委伊尹往来两国之间，岂有意教诲桀而全其国耶？不然，汤之当王也久矣，伊尹何疑焉？桀能改过而免于讨，可庶几也，能用伊尹而得志于天下，虽至愚知其不然矣。宗元意欲以此自解其从二王之罪也。

五

玉川子作《月蚀诗》云："岁星主福德，官爵奉董秦。忍使黔娄生，覆尸无衣巾。"详味此诗，则董秦当是无功而享厚禄者。董秦，李忠臣也，天宝末骁将，屡立战功。虽粗暴，亦颇知忠义。代宗时吐蕃犯阙，征兵，忠臣即日赴难。或劝择日，忠臣怒曰："君父在难，乃择日耶！"后卒污朱泚伪命，诛。考其终始，非无功而享其厚禄者，不知玉川何以有此句？绍圣元年十月二十三日。

六*

近读《六祖坛经》，指说法、报、化三身，使人心开目明。然尚少一喻，试以眼喻：见是法身，能见是报身，所见是化身。何谓见是法身？眼之见性，非有非无，无眼之人，不免见黑，眼枯睛亡，见性不灭，故云"见是法身"。何谓能见是报身？见性虽存，眼根不具，则不能见，若能安养其根，不为物障，常使光明洞彻，见性乃全，故云"能见是报身"。何谓所见是化身？根性既全，一弹指顷，所见千万，纵横变化，俱是妙用，故云"所见是化身"。此喻既立，三身愈明，如此是否？

七

潞公坐客有言《新义》极迂怪者,公笑不答,久之,曰:"颇尝记明皇坐勤政楼上,见钉校者,上呼曰:'朕有一破损平天冠,汝能钉校否?'此人既为完之。上曰:'朕无用此冠,以与汝为工直。'其人惶恐谢罪。上曰:'俟夜深闭门后独自戴,甚无害也。'"

八*

元祐八年八月十一日,将朝尚蚤,假寐,梦归觳行宅,遍历蔬圃中。已而坐于南轩,见庄客数人方运土塞小池,土中得两芦菔根,客喜,食之。予取笔作一篇文,有数句云:"坐于南轩,对修竹数百,野鸟数千。"既觉惘然,怀思久之。南轩,先君名之曰"来风"者也。

九*

近日颇多贼,两夜皆来入吾室。吾近护魏王葬,得数千缗,略已散去。此梁上君子当是不知耳。

十*

导引家云:"心不离田,手不离宅。"此语极有理。又云:"真人之心,如珠在渊;众人之心,如泡在水。"此善譬喻者。

十一

近时世人好蓄茶与墨,闲暇辄出二物校胜负,云:"茶以白为尚,墨以黑为胜。"予既不能校,则以茶校墨,以墨较茶,未尝不胜也。

十二

真松煤远烟,馥然自有龙麝气,初不假二物也。世之嗜者,如滕达道、苏浩然、吕行甫,暇日晴暖,研墨水数合,弄笔之馀,少啜饮之。蔡君谟嗜茶,老病不能复饮,则把玩而已。看茶而啜墨,亦事之可笑者也。

十三 *

慈湖陈氏草堂，瀑流出两山间，落于堂后，如悬布崩雪，如风中云，如群鹤舞。参寥子问主人乞此地养老，主人许之。东坡居士投名作供养主，龙丘子欲作库头，参寥子不纳，云："待汝一口吸尽此水，令汝作。"

十四 *

浮玉老师元公欲为吾买田京口，要与浮玉之田相近者，此意殆不可忘。吾昔有诗云："江山如此不归山，山神见怪惊我顽。我谢江神岂得已，有田不归如江水。"今有田矣，不归，无乃食言于神也耶？

十五

元丰七年二月一日，东坡居士与徐得之、参寥子步自雪堂，并柯池入乾明寺，观竹林，谒乳姥任氏坟，锄治茶圃。遂造赵氏园探梅堂，至尚氏第，观老枳偃蹇如龙蛇形。憩定惠僧舍，饮茶任公亭、师中庵，乃归。且约后日携酒寻春于此。

十六 *

温峤问郭文曰："人皆有六亲相娱，先生弃之，何乐？"文曰："本行学道，不谓遭世乱，欲归无路耳。"又曰："饥思食，壮思室，自然之理。先生独无情乎？"曰："情由忆生，不忆故无情。"又问："先生独处穷山，死为乌鸢所食，奈何？"曰："埋藏者食于蝼蚁，复何异？"又问："猛虎害人，先生独不畏耶？"曰："人无害兽心，则兽亦不害人。"又问："世不宁则身不安，先生不出济世乎？"曰："非野人之所知也。"予尝监钱塘郡，游馀杭九锁山，访大涤洞天，即郭生之旧隐。洞天有巨蟹，深不可测，盖尝有敕使投龙简云。戊寅九月七日，东坡居士夜半录此。

十七*

颜回箪食瓢饮，其为造物者费亦省矣，然且不免于夭折，使回更吃得两箪食、半瓢饮，当更不活得二十九岁。然造物者辄支盗跖两日禄料，足为回七十年粮矣，但恐回不要耳。

十八

世言竹纸可试墨，误矣，当于不宜墨纸上。竹纸盖宜墨，若池歙精白玉版，乃真可试墨，若于此纸黑，无所不黑矣。褪墨砚上研，精白玉版上书，凡墨皆败矣。

十九

元祐三年十二月二十一日，驸马都尉王晋卿致墨二十六丸，凡十馀品。予杂研之，作数十字，以观其色之浅深。若果佳，当捣合为一品，亦当为佳墨。予昔在黄州，邻近四五郡皆送酒，予合置一器中，为雪堂义尊。今又当为雪堂义墨耶？

二十

己卯腊月二十二日夜，墨灶火大发，几焚屋，救灭，遂罢作墨。得佳墨大小五百丸，入漆者几百丸，足以了一世著书，仍以遗所不知何人也。馀松明一车，留以照夜。二十八日二鼓作此纸。

二十一

司马温公曰："茶与墨正相反。茶欲白，墨欲黑，茶欲重，墨欲轻，茶欲新，墨欲陈。"予曰："二物之质诚然矣，然亦有同者。"公曰："何谓？"予曰："奇茶妙墨皆香，是其德同也；皆坚，是其操同也。譬如贤人君子，妍丑黔皙之不同，其德操蕴藏实无以异。"公笑以为是。

二十二

窦婴、田蚡俱好儒术，推毂赵绾、王臧，迎鲁申公，欲设明堂，令列侯就国，除关，以礼为服制，欲以兴太平。会窦太后不悦，绾、臧下吏,婴、蚡皆罢。观婴、蚡所为,其名亦善矣。然婴既沾沾自喜,蚡又专为奸利,太平岂可以文致力成哉! 申公始不用穆生言,为楚人所辱,亦可以少惩矣。晚又为婴、蚡起,又可一笑。凤凰翔于千仞,乌鸢弹射不去,诚非虚语也。

二十三*

汉时讲堂今犹在,画故俨然。丹青之古,无复前比。

二十四

孔北海与曹公论盛孝章云:"孝章,实丈夫之雄也。游谈之士,假以成声。今以少年喜谤前辈,或能讥评孝章,孝章要为有天下重名,九牧之人,所共称叹。"吾读之,未尝不废书太息也。嗟乎! 英伟奇逸之士不容于世俗也久矣。虽然,自今观之,孔北海、盛孝章犹在,而向之讥评者与草木同腐久矣。昔吾举进士,试名于礼部。欧阳文忠公见吾文曰:"此我辈人也,吾当避之。"方是时,士以剽裂为文,聚而见讪,讪公者所在成市。曾不数年,忽若潦水之归壑,无复见一人在此,岂复待后世哉! 今吾衰老废学,自视缺然,而天下之士不吾之弃,以为可以与于斯文者,犹以文忠公之故也。张文潜、秦少游,此二人者,士之超逸绝尘者,非独吾云尔,二三子亦自以为莫及也。士骇所未闻,不能无异同,故纷纷之论,未尝及吾与二子,吾策之审矣。士如良金美玉,市有定价,岂可以爱憎口舌贱贵之欤? 少游之弟少章,复从吾游,不及期年而议论日新,若将施于用者,欲归省其亲,且不忍去。呜呼! 子行矣,归而求诸兄,吾何加焉。作《太息》一篇,以饯其行,使藏于家,三年然后出之。

二十五*

时雨降,多置器广庭中,所得甘滑不可名,以泼茶、煮药,皆美而有益。正尔食之不辍,可以长生。其次井泉甘冷者,皆良药也。《乾》

以九二《离》化,《坤》以六二化《坎》,故天一为水。吾闻之道士,人能服井花水者,其热与石硫黄、钟乳等,非其人而服之,亦能发背脑为疽,盖尝观之。又分、至日取井水,储之有方,后七日辄生物如云母,故道士谓"水中金",可养炼为丹,此固尝见之者。此至浅近,世独不能为,况所谓玄者乎!

二十六

诗人有写物之功:"桑之未落,其叶沃若。"他木殆不可以当此。林逋《梅花》诗云:"疏影横斜水清浅,暗香浮动月黄昏。"决非桃、李诗。皮日休《白莲》诗云:"无情有恨何人见,月晓风清欲坠时。"决非红莲诗。此乃写物之功。若石曼卿《红梅》诗云:"认桃无绿叶,辨杏有青枝。"此至陋语,盖村学究体也。元祐三年十月十六日付过。

二十七

浮屠不三宿桑下,东坡盖三宿矣,去后重修,便当复念我耶?庚辰八月二十四日,合浦清乐轩书。

二十八

唐人煎茶用姜,故薛能诗云:"盐损添常戒,姜宜煮更夸。"据此则又有用盐者矣。近世有用此二物者,辄大笑之。然茶之中等者,若用姜煎,信佳也,盐则不可。

二十九

司空表圣自论其诗,以为得味外味,"绿树连村暗,黄花入麦稀",此句最善。又云:"棋声花院闭,幡影石坛高。"吾尝独游五老峰,入白鹤观,松阴满地,不见一人,惟闻棋声,然后知此句之工也。但恨其寒俭有僧态。若杜子美云:"暗飞萤自照,水宿鸟相呼。""四更山吐月,残夜水明楼。"则材力富健,去表圣之流远矣。

三十

儿子迈幼尝作《林檎》诗云:"熟颗无风时自脱,半腮迎日斗先红。"于等辈中亦号有思致者。今已老,无他技,但亦时出新句也。尝作酸枣尉,诗云:"叶随流水归何处,牛载寒鸦过别村。"此句亦可喜也。

三十一

陶靖节诗云:"平畴交远风,良苗亦怀新。"非古人之耦耕植杖者,不能道此语;非予之世农,亦不能识此语之妙也。

三十二 *

临皋亭下八十馀步便是大江,其半是峨眉雪水,吾饮食、沐浴皆取焉,何必归乡哉! 江山风月,本无常主,闲者便是主人。问范子丰新第园池,与此孰胜? 所以不如君者,上无两税及助役钱尔。

三十三 *

王夷甫既降石勒,自解无罪,且劝僭号。其女惠风为愍怀太子妃,刘曜陷洛,以惠风赐其将乔属,将妻之,惠风仗剑大骂而死。乃知夷甫之死,非独惭见晋公卿,乃当羞见其女也。

三十四 *

王敦至石崇家如厕,脱故着新,意色不怍。厕中婢曰:"此客必能作贼也。"其婢能知人,而崇乃令执事厕中,殆是无所知也。

三十五 *

绍圣元年十月十二日,与幼子过游白水佛迹院,浴于汤池,热甚,其源殆可熟物。循山而东,少北,有悬水百仞,山八九折,折处辄为潭,深者磓石五丈不得其所止。雪溅雷怒,可喜可畏。水涯有巨人迹数十,所谓佛迹也。暮归倒行,观山烧壮甚。俯仰度数谷,至江,山月出,击汰中流,掬弄珠璧。到家二鼓,复与过饮酒,食馀甘,煮菜,顾影颒然,不复甚寐。书以付过。东坡翁。

三十六*

苏台定惠院净人卓契顺,不远数千里,陟岭渡海,候无恙于东坡。东坡问:"将什么土物来?"顺展两手。坡云:"可惜许数千里空手来。"顺作荷担势,信步而出。

三十七*

昙秀来惠州见坡,将去,坡曰:"山中见公还,必求一物,何以与之?"秀曰:"鹅城清风,鹤岭明月,人人送与,只恐他无着处。"坡曰:"不如将几纸字去,每人与一纸,但向道此是言法华书,里头有灾福。"

三十八*

绍圣元年十月三日,始至惠州,寓于嘉祐寺松风亭,杖屦所及,鸡犬相识。明年,迁于合江之行馆,在江楼豁彻之观,忘幽谷窈窕之趣,未见其所休戚。峤南、江北,何以异也!虔州鹤田处士王原子直不远千里访予于此,留七十日而去。东坡居士书。

三十九*

石塔来别东坡,坡云:"经过草草,恨不一见石塔。"塔起立云:"遮着是砖浮图耶?"坡云:"有缝塔。"塔云:"若无缝,何以容世间蝼蚁?"坡首肯之。

四十*

《观音经》云:"咒诅诸毒药,所欲害身者,念彼观音力,还着于本人。"东坡居士曰:"观音,慈悲者也。今人遭咒诅,念观音之力而使还着于本人,则岂观音之心哉?"今改之曰:"咒诅诸毒药,所欲害身者,念彼观音力,两家总没事。"

卷十一

一

仆尝问:"荔枝何所似?"或曰:"荔枝似龙眼。"坐客皆笑其陋。荔枝实无所似也。仆云:"荔枝似江瑶柱。"应者皆怃然。仆亦不辨。昨日见毕仲游,问:"杜甫似何人?"仲游曰:"似司马迁。"仆喜而不答,盖与曩言会也。

二

眉山矮道士李伯祥,好为诗,诗格亦不能高,往往有奇语,如"夜过修竹寺,醉打老僧门"之句,皆可爱也。予幼时尝学于道士张易简观中,伯祥与易简往来,尝见予,叹曰:"此郎君贵人也。"不知其何以知之。

三

郑君先辈知其俊敏笃学,向观所为诗文,非止科场手段也。人去,忙作书,不及相见,且致此意。李公弼亦再三传语。蒙许远访,何幸如之。海州穷独,见人即喜,况君佳士乎。林行婆当健,有香与之,到日使去也。八郎房下不幸,伤悼。

四*

有二措大相与言志,一云:"我平生不足,惟饭与睡耳,他日得志,当吃饱饭了便睡,睡了又吃饭。"一云:"我则异于是,当吃了又吃,何暇复睡耶?"吾来庐山,闻马道士嗜睡,于睡中得妙。然吾观之,终不及彼措大得吃饭三昧也。

五 *

今世真玉至少，虽金铁不可近，须沙碾而后成者，以为真玉矣。然犹未也，特珉之精者，真玉须定州磁芒所不能伤者乃是。尝问后苑老玉工，亦莫知其信否。

六

伊尹云："德惟一，动罔不吉。德二三，动罔不凶。"贫贱人但有常德，非复富贵，即当得道。虽当大富贵，苟无常德，其后必败。予以此占之多矣。

七

孟子曰："形色，天性也。惟圣人然后可以践形。"中虽不然，犹知强之于外。此所以为天性也。

八

十六及第，当以凤味、风字大研与之，请文甫收此为据。十六及第，却当以石碌、天猊为仆作利市。

九

川纸，取布头机馀、经不受纬者治作之，故名"布头笺"。此纸冠天下，六合人亦作，终不及尔。

十

饮官法酒，烹团茶，烧衙香，用诸葛笔，皆北归嘉事也。

十一 *

契嵩禅师常瞋，人未尝见其笑；海月慧禅师常喜，人未尝见其怒。予在钱塘，亲见二人皆趺坐而化。嵩既茶毗，火不能坏，益薪炽火，有终能不坏者五。海月比葬，面如生，且微笑。乃知二人以瞋喜作佛事也。世人视身如金玉，不旋踵为粪土，至人反是。予以是知一切法以爱故坏，以舍故常在，岂不然哉！予迁岭南，始识南华重辨长老,语终日,知其有道也。予自岭南还,则辨已寂久矣。过南华吊其众,问塔墓所在,曰:"我师昔有寿塔在南华之东数里,有不悦师者葬之别墓,既七百馀日矣,今长老明公独奋不顾,发而归之寿塔,改棺易衣,举体如生,衣皆鲜芳。众乃大服。"东坡居士曰:"辨视身为何物,弃之尸陁林以饲乌鸢何有,安以寿塔为?明公知辨者,特欲以化服同异而已。"乃以茗果奠其塔而书其事,以遗其上足南华塔主可兴师。时元符三年十一月十九日。

十二

绍圣元年九月二十六日,东坡居士迁于惠州,舣舟泊头镇。明晨,肩舆十五里,实二十里,至罗浮山。入延祥宝积寺,礼天竺瑞像,饮梁僧景泰禅师卓锡泉,品其味,出江水上远甚。东三里至长寿观。又东北三里至冲虚观,观有葛稚川丹灶。登朱仙人朝斗坛,观坛上有获铜龙六、鱼一。坛北有洞,曰朱明,榛莽不可入。水出洞中,锵鸣如琴筑,水中皆菖蒲,生石上。道士邓守安,字道立,有道者也,访之,适出山。坐遗履轩,望麻姑峰。方饮憩,进士许毅来游,呼与饮,既醉,还宿宝积阁中。夜大风,山烧壮甚,有声。晨粥已,还舟,憩华光寺。从游者,幼子过,巡检史玉,宝积长老齐德,延祥长老绍冲,冲虚道人陈熙。山中可游而未暇者,明福宫、石楼、黄龙洞,期以明年三月复来。

十三

绍圣三年八月六日夜雨风,且视东西有巨人迹五。是月某日,眉山苏某与男过来观。

十四*

身如芭蕉,心如莲花,百节疏通,万窍玲珑。来时一,去时八万四千。此义出《楞严》,世未有知之者也。元符三年九月二十一日,书赠都峤邵道士。

十五

李卫公言,唐俭辈不足惜。观其容貌,殆非所谓名下无虚士。

十六

唐初即用隋乐,武德九年,始诏祖孝孙、窦琎等定乐。初,隋用黄钟宫,惟击七钟,其五钟悬而不击,谓之哑钟。张文收乃依古断竹为十二律,与孝孙等吹调五钟,扣之而应,由是十二钟皆用。至肃宗时,山东人魏延陵得律一,因李辅国奏之,云:"大常乐调皆下,不合黄钟,请悉更制诸钟磬。"帝以为然。乃悉取诸乐器磨刬之,二十五日而成。然以汉律考之,黄钟,太簇也,当时议者以为非是。唐自肃宗以后,政日急,民日困,俗日偷,以至于亡。以理推之,所谓下者,乃中声也。悲夫!

十七

此道以老聃、佛语兼修之,常自念:"此身犹如槁木,坚定不动,若复动摇一毫发许,即堕大地狱。如孙武令,商君法,有死无犯。"郑大士所得,辄与老夫不谋而同,乃知前生俱是一会中人也。

十八*

妙总师参寥子,予友二十馀年矣,世所知独其诗文,所不知者盖过于诗文也。独好面折人过失,然人知其无心,如虚舟之触物,盖未尝有怒者。

十九*

径山长老维琳,行峻而通,文丽而清。始,径山祖师有约,后世止以甲乙住持。予谓以适事之宜而废祖师之约,当于山门选用有德,乃以琳嗣事。众初有不悦其人,然终不能胜悦者之多且公也。今则大定矣。

二十 *

杭州圆照律师，志行苦卓，教法通洽，昼夜行道，二十馀年矣，无一念顷有作相。自辨才归寂，道俗皆宗之。

二十一 *

秀州本觉寺一长老，少盖有名进士，自文字言语悟入。至今以笔研作佛事，所与游皆一时文人。

二十二 *

净慈楚明长老自越州来。始，有旨召小本禅师住法云寺，杭人忧之，曰："本去则净慈众散矣。"予乃以明嗣事。众不散，加多，益千馀人。

二十三 *

苏州仲殊师利和尚能文，善诗及歌词，皆操笔立成，不点窜一字。予曰："此僧胸中无一毫发事。"故与之游。

二十四 *

苏州定慧长老守钦，予初不识。比至惠州，钦使侍者卓契顺来问予安否，且寄十诗。予题其后曰："此僧清逸绝俗，语有璨、忍之通，而诗无岛、可之寒。"予往来吴久矣，而不识此僧，何也？

二十五 *

下天竺净慧禅师思义，学行甚高，综练世事。高丽非时遣僧来，予方请其事于朝，使义馆之。义日与讲佛法，词辨蜂起，夷僧莫能制。又具得其情以告。盖其才有过人者。

二十六 *

孤山思聪闻复师，作诗清远如画工，而雅逸可爱，放而不流，其为人称其诗。

二十七 *

祥符寺可久、垂云清顺二阇黎，皆予监郡日所与往还诗友也。清介贫甚,食仅足于久几而不足也,然未尝有忧色。老矣,不知尚健否?

二十八*

　　法颖沙弥,参寥子之法孙也,七八岁事师如成人。上元夜予作乐灭慧,颖坐一夫肩上观之。予谓曰:"出家儿亦看灯耶?"颖愀然变色,若无所容,啼呼求去。自尔不复出嬉游。今六七年矣,后当嗣参寥者。

二十九*

　　予在惠州,有永嘉罗汉院僧惠诚来谒曰:"明日当还浙东。"问所欲干者。予无以答之。独念吴、越多名僧,与予善者常十九,偶录此数人以授惠诚,使归见之,致予意,且为道予居此起居饮食状,以解其念也。信笔书纸,语无伦次,又当尚有漏落者,方醉,不能详也。绍圣二年三月二十三日东坡居士书。

卷十二

一

罗浮道士何宗一,以其犹子为童子,状貌肥黑矮小。予尝戏之曰:"此罗浮茯苓精也。"俗谚曰:下有茯苓,上生兔丝。因名之曰苓之,字表丝。且祝老何善待之,壮长非庸物也。

二

桃符仰视艾人而骂曰:"汝何等草芥,辄居我上。"艾人俯而应曰:"汝已半截入土,犹争高下乎?"桃符怒,往复纷然不已。门神解之曰:"吾辈不肖,方傍人门户,何暇争闲气耶?"请妙总大士着此一转语。

三

王焘集《外台秘要》,有《代茶饮子》一首云,格韵高绝,惟山居逸人乃当作之。予尝依法治服,其利鬲调中,信如所云,而其气味乃一服煮散耳,与茶了无干涉。薛能诗云:"粗官乞与真抛却,赖有诗情合得尝。"又作《鸟嘴茶》诗云:"盐损添尝戒,姜宜煮更夸。"乃知唐人之于茶,盖有河朔脂麻气也。

四*

陆道士惟忠,字子厚,眉山人,好丹药,通术数,能诗,萧然有出尘之姿,久客江南,无知者。予昔在齐安,盖相从游,因是谒子由高安,子由大赏其诗。会吴远游过彼,遂与俱来惠州,出此诗。

五*

《晋·方技传》有幸灵者，父母使守稻，牛食之，灵见而不驱，牛去，乃理其残乱者。父母怒之。灵曰："物各饮食，牛方食，奈何驱之？"父母愈怒，曰："即如此，何用理乱者为？"灵曰："此稻又欲得生。"此言有理，灵固有道者耶？吕猗母皇得痿痹病十馀年，灵疗之，去皇数步坐，瞑目寂然，有顷，曰："扶起夫人坐。"猗曰："老人得疾十年，岂可仓卒令起耶？"灵曰："且试扶起。"两人夹持而立，少顷，去夹者，遂能行。学道养炁者，至足之馀，能以气与人，都下道士李若之能之，谓之"布气"。吾中子迨少羸多疾，若之相对坐为布气，迨闻腹中如初日所照，温温也。盖若之曾遇得道异人于华岳下云。

六

古人有言，有若无，实若虚，况汝实无而虚者耶？使人谓汝庸人，实无所能，闻于吾者，乃吾之望也。慎言语，节饮食，晏寝早起，务劳其形骸为善也。临别以是告汝。四月十五日。

七

李献之遗予天台玉版，殆过澄心堂，顷所未见。

八

月石屏，扣之曰微凸，乃伪也。真者必平，然多不圆。圆而平，桂满而不出者，此至难得，可宝。

九*

乐天作庐山草堂，盖亦烧丹也，欲成而炉鼎败，来日忠州刺史除书到。乃知世间、出世间事，不两立也。仆有此志久矣，而终无成者，亦以世间事未败故也，今日真败矣。《书》曰："民之所欲，天必从之。"信而有征。

十

王文甫好典买古书奇物，今日自言已典两端砚，及陈归圣篆字，用钱五千。余请攀归圣例，每日持一两纸，只典三百文。文甫言甚幸。川僧悟清在傍知状。

十一

王十六秀才好蓄予书，相从三十年，得两牛腰。既入太学，重不可致，乃留文甫，许分遗，然缄锁牢甚。文甫云："相与有瓜葛，那得尔耶？"

十二*

诸葛亮造八阵图于鱼腹平沙之上，叠石为八行，相去二丈。桓温征谯纵，见之，曰："此常山蛇势也。"文武皆莫识。吾尝过之，自山上俯视，百馀丈，凡八行，为六十四蕝。蕝正圆，不见凹凸处，如日中盖影。予就视，皆卵石，漫漫不可辨，甚可怪也。

十三*

王济以人乳蒸豚，王恺使妓吹笛，小失声韵便杀之，使美人行酒，客饮不尽亦杀之。时武帝在也，而贵戚敢如此，知晋室之乱也久矣。

十四*

到杭一游龙井，谒辨才遗像，仍持密云团为献龙井。孤山下有石室，前有六一泉，白而甘，当往一酌。湖上寿星院竹极伟，其傍智果院有参寥泉及新泉，皆甘冷异常，当时往一酌。仍寻参寥子妙总师之遗迹，见颖沙弥亦当致意。灵隐寺后高峰塔，一上五里，上有僧，不下三十馀年矣，不知今在否？亦可一往。

十五

老杜云："张公一生江海客，身长九尺须眉苍。"谓张镐也。萧嵩荐之，云："用之为帝王师，不用则穷谷一叟耳。"

十六

今日舟中霜寒，十指如悬槌，适有人致佳酒，遂独饮一杯，醺然径醉。念贾处士贫甚，无以慰其意者，乃作怪石古木一纸，每遇饥时辄开看，还能饱人否？若是吴兴有好事者，能为君月致米三石、酒三斗，终君之世者，便以赠之。不尔，令双莲收掌，须添丁长以付之可也。

十七

此蔡公家赐纸也。建安徐得之于公之子毂，以求东坡居士草书。居士既为作此数语。得之，天下奇男子也，世未有能用之者。然丈夫穷达，固自有时耶？

十八

江湖间有鸟，鸣于四、五月，其声若云"麦熟即快活"。今年二麦如云，此鸟不妄语也。

十九

崔成老来雪堂，日日昼寝，会东坡作陂喧喧，不复成寐。吾能于桔槔之上听打百面腰鼓，一畔鵵鵵，且吃茶罢，当传此法也。

二十*

贺下不贺上，此天下通语。士人历官一任，得外无官谤，中无所愧于心，释肩而去，如大热远行，虽未到家，得清凉馆舍，一解衣漱濯，已足乐矣。况于致仕而归，脱冠佩，访林泉，顾平生一无可恨者，其乐岂可胜言哉！予出入文忠公门最久，故见其欲释位归田可谓切矣，他人或苟以借口，公发于至情，如饥者之念食也，顾势有未可者耳。观与仲仪书，论可退之节三，至欲以得罪、病而去。君子之欲退，其难如此，可以为进者之戒。

二十一

作字要手熟，则神气完实而有馀，于静坐中自是一乐。

二十二*

赵贫子谓人曰:"子神不全。"其人不服,曰:"吾僚友万乘,蝼蚁三军,糠秕富贵而昼夜死生,何谓神不全乎?"贫子笑曰:"是血气所扶,名义所激,非神之功也。"明日问其人曰:"子父母在乎?"曰:"亡久矣。""尝梦见乎?"曰:"多矣。""梦中知其亡乎?抑以为存也?"曰:"皆有之。"贫子曰:"父母之存亡,不待计议而知者也。昼日问子,则不思而对;夜梦见之,则以亡为存。死生之于梦觉有间矣。物之眩子而难知者,甚于父母之存亡,子自以神全而不学,可忧也哉!"予尝与其语,故录之。

二十三

曹操既得志,士人靡然归之。自文若盛名,犹为之经营谋虑,一旦小异,便为所杀。程昱、郭嘉之流,固不足数也。孔文举奇逸博闻,志大而才疏,每所论建,辄中操病,况肯为用乎?然终亦不免。桓温谓孟嘉曰:"人不可无势,我乃能驾御卿。"夫温之才百倍于嘉,所以云尔者,自知其阴贼险狠,不为高人胜士所比数尔。管幼安怀宝遁世,龙蟠海表,其视曹操父子,真穿窬斗筲而已。终身不屈。既不可得而用,其可得而杀乎?余以谓贤于文若、文举远矣。绍圣二年十二月,与客饮,醉甚,归坐雕堂西阁,面仆案上,睡久之,忽惊觉,已三鼓矣。残烛耿然,偶取一册书,视之,则《幼安传》也。会有所感,不觉书此。眼花手软,不复成字。

中华经典名著
全本全注全译丛书
（已出书目）

读通鉴论	素书
宋论	新书
文史通义	淮南子
老子	九章算术（附海岛算经）
道德经	新序
帛书老子	说苑
鹖冠子	列仙传
黄帝四经·关尹子·尸子	盐铁论
孙子兵法	法言
墨子	方言
管子	白虎通义
孔子家语	论衡
曾子·子思子·孔丛子	潜夫论
吴子·司马法	政论·昌言
商君书	风俗通义
慎子·太白阴经	申鉴·中论
列子	太平经
鬼谷子	伤寒论
庄子	周易参同契
公孙龙子（外三种）	人物志
荀子	博物志
六韬	抱朴子内篇
吕氏春秋	抱朴子外篇
韩非子	西京杂记
山海经	神仙传
黄帝内经	搜神记